སྤོ་བོའི་ལོ་རིམ་མེ་ལོང་།

波密年鉴

2019（总第4卷）

中共波密县委员会　　主办
波 密 县 人 民 政 府

中共波密县委办公室　　编

方志出版社
Publishing House of Local Records

图书在版编目（CIP）数据

波密年鉴. 2019 / 中共波密县委办公室编. -- 北京：方志出版社，2019.12
ISBN 978-7-5144-4066-9

Ⅰ. ①波… Ⅱ. ①中… Ⅲ. ①波密县－2019－年鉴 Ⅳ. ①Z527.54

中国版本图书馆CIP数据核字（2019）第300592号

波密年鉴（2019）

编　　者：中共波密县委办公室
责任编辑：李志瑜

出 版 者：方志出版社
地址　北京市朝阳区潘家园东里9号（国家方志馆 4 层）
邮编　100021
网址　http://www.fzph.org
发　　行：方志出版社图书经销中心
电话（010）67110500
经　　销：各地新华书店
印　　刷：河南金雅昌文化传媒有限公司

开　　本：889×1194　1/16
印　　张：31
字　　数：796千字
版　　次：2019年12月第1版　2019年12月第1次印刷
印　　数：001～500册

ISBN 978-7-5144-4066-9　定价：350.00元

数字波密 2018

全境面积：16700平方公里

辖区乡镇：7乡3镇

村（居）委会：85个

总人口：38608人

平均海拔：3300米左右

年均气温：9.9℃

年均降水量：579.5毫米

年均日照时长：1429小时

无霜期：191天

年生产总值：23.55亿元

第一产业：2.67亿元

第二产业：9.44亿元

第三产业：11.44亿元

财政公共预算收入：0.70亿元

社会固定资产投资：37.27亿元

社会消费品零售总额：2.61亿元

农村居民人均可支配收入：16365元

森林覆盖率：34.3%

林地面积：630329.999公顷

耕地面积：5252.14公顷

大美波密

DAMEIBOMI

一、朗秋冰川：位于藏东南的念青唐古拉山脉东部尾闾与伯舒拉岭西侧接合部，属现代海洋性冰川，冰舌伸入原始森林达5公里以上，末端海拔3668米，冰舌末端有巨型冰瀑布、黑白相间的冰川弧拱构造等景观，同时也有美丽的冰川湖泊—拥措。通往朗秋冰川的岔路口位于318国道波密县城东南方向30公里处，松宗镇向西7公里处。朗秋旅游景点包括朗秋冰川、朗秋天然岩洞、原始森林、田园风光、天然牧场等景点，此处旅游资源丰富、气候湿润，是一处集冰川、岩洞、森林、牧场、田园风光为一体的景区。

春季的朗秋冰川

摄影攻略（仅供参考）：拍摄朗秋冰川的最佳摄影点为松宗镇栋曲村观景台，适合全年拍摄，最佳拍摄时间为桃花盛开期间（3月底至4月中）。

秋季的米堆冰川

二、米堆冰川：位于波密县以东110公里处的玉普乡米堆村，主峰海拔6800米，雪线海拔4600米，末端海拔2400米。冰川下段穿行于针阔叶混交林带，为西藏最重要的海洋型冰川，也是世界上海拔最低的冰川。2005年12月，被中国地理杂志评选为“中国最美六大冰川之一”。

由于冰面较暖，常年生活着冰蚯蚓、冰蚤等动物。米堆冰川所在纬度为北纬29°，冰川末端比北纬（近44°）天山博格多山冰川还要低，这是我国现代冰川中较为特殊的现象。米堆冰川冰洁如玉、景色优美，周围有成群的牛羊、古朴的藏式民居、雄伟壮观的雪山，有常年不离的盘羊等野生动物。

摄影攻略（仅供参考）：适合全年拍摄，秋季的米堆冰川周边森林叠翠流金，层林尽染，是拍摄的最佳季节。

三、朱西冰川：位于波密县西北部的倾多镇朱西村，距波密县城所在地扎木镇39公里，距镇政府3公里；朱西村四面环山，野生动植物资源非常丰富，有青岗、云杉、冷杉等300余种野生动植物，西面是千年形成的冰川群，规模宏大、气势磅礴、蜿蜒千里；冰川下面有180多个色彩斑斓、颜色各异的小湖与冰川群对应相照；北面半山腰坐落着具有四百多年历史的普龙寺，该寺是波密县最大的寺庙，在全区信教群众中有很高的声誉；此外，跟整个冰川群相呼应的有茂密的原始森林、风光秀丽的田园景色和淳朴、豪放的民风民俗。

秋季的朱西冰川

摄影攻略（仅供参考）：每年春季桃花盛开的春季（3月底-4月初）、大雪覆盖的冬季为最佳拍摄季节；朱西村委会周边、普龙寺为最佳摄影点。

四、盔甲山：距松宗镇政府、318国道各1公里。盔甲山原名阿里措日。其接近山顶部分全由石板岩层构成，经线长而分明，经风化形成很长的台阶若干层，每年4—5月或9—10月，积雪在石板崖上化掉一部分后，远远望去，呈现出与布达拉宫一样的城堡图案，也像古代兵勇所披盔甲上的花纹，所以命名盔甲山。最佳观测点在松宗镇格尼村，西侧是河流，东侧是山峰。

摄影攻略（仅供参考）：适合全年拍摄，冬季大雪覆盖，阳光照耀，盔甲山层次明显，远看如将士的盔甲一般，是拍摄的最佳季节。

冬季的盔甲山

五、易贡国家地质公园：位于波密县西北部，距波密县城驻地扎木镇96公里，易贡乡政府75公里。易贡，藏语意为“美丽”。易贡河谷海拔最低1900米，最高2300米，年平均气温11.4℃，易贡境内森林密布，山清水秀，四季如春。这里有美丽的易贡茶场、将军楼、易贡湖、铁山等景点。

春季的易贡

摄影攻略（仅供参考）：适合全年拍摄，春季油菜花浪漫的季节（3月初—4月初）为最佳拍摄季节。易贡茶场拍摄点(乡政府对面茶场三连处)、格尼村油菜花拍摄点、茶场铁山观景台为最佳拍摄点。

六、波堆桃花谷：位于县城西北部，距离县城10公里，平均海拔2740米，总面积155.04平方公里，其中9个桃树集中分布区面积约25.36平方公里，占总面积的16.36%。桃花谷内现有桃树约18万-20万株，品种为光核桃（因其所结果实个体较小，内核表面光滑，故名“光核”）。谷内桃树高6-14米，冠幅8x8至12x12米，最大单株胸径1.43米。谷内桃树树龄多在10-400年，平均树龄约360年，最大树龄680年。每年3—4月，桃花由低海拔由低向高相续绽放，粉色花海绵延50余公里，2016年被上海大世界基尼斯总部评为“中国最大桃花谷”。

春季的桃花谷

摄影攻略（仅供参考）：春季桃花盛开期间为拍摄的最佳季节。

七、嘎瓦龙风景区：位于波密县南部，距波密县城所在地扎木镇30公里。主要景点：嘎瓦龙寺、多东寺、嘎瓦龙冰川等。嘎瓦龙以海拔4322米的多热拉为界，南部是墨脱县，北部是波密县。从多热拉向北看，可看到两座湖心小岛点缀的著名的嘎瓦龙天池。

摄影攻略（仅供参考）：每年11月—次年4月底为拍摄的最佳季节。

冬季的嘎瓦龙

春季的嘎朗湖

八、嘎朗湖：位于县城西北的古乡嘎朗村，距318国道1.7公里，距县城所在地扎木镇17公里，从卡达桥盘山约4公里经过嘎朗村即可到达。湖面面积15000多平方米。自然风光优美，民居建筑风格独特，“嘎朗王朝”遗址坐落期间。

摄影攻略（仅供参考）：适合全年拍摄，桃花盛开季（3月下旬—4月中旬）是拍摄的最佳季节。

九、岗云自然保护区：位于雅鲁藏布大峡谷国家级自然保护区的古乡巴卡村南部，距318国道6公里，距波密县城扎木镇22公里，保护区东西宽约12公里，南北长约24公里，西起错卡弄吧，东至大瑞弄吧沟谷，北抵帕龙藏布南岸，南靠墨脱县交界处（既山顶部），总面积4600公顷，其中森林面积约2800多公顷，这里盛产云杉、红杉，而且还生活着羚羊、豹、盘羊、黑熊、猕猴、角类、鹿、鹦鹉等野生动物。

摄影攻略（仅供参考）：适合全年拍摄，一年四季景不同，是摄影家及旅游爱好者的常去之地。

夏季的岗云杉林

2018年7月1日，中共第十六届中央候补委员、十七届中央委员、第十二届全国人大常委会副委员长向巴平措（前排左二）一行在波密县调研。波密县委书记朱正辉（左一）等陪同

2018年2月21日，西藏自治区党委书记吴英杰（二排右五）一行在波密县扎木镇巴琼村看望慰问结对帮扶贫困户

2018年8月5日，中国法学会会长、最高人民法院党组副书记、副院长江必新（前左三）一行在波密县人民法院开展法治文化进藏活动。图为江必新调研结束后与西藏自治区高级人民法院党组书记、院长索达（左二），林芝市中院党组书记、院长向巴次仁（左一），波密县委书记朱正辉（右二）及县法院干警合影留念

2018年4月3日，西藏自治区党委常委、政府常务副三席罗布顿珠（右二）一行在波密县古乡嘎朗村调研脱贫工作

2018年4月9日，西藏军区参谋长张久彪（左）一行在波密开展精准扶贫结对帮扶活动

2018年8月18日，西藏自治区人大常委会副主任、林芝市委书记马升昌（左二）一行在波密县完全小学调研基础教育工作。波密县委书记朱正辉（左四）等陪同

2018年5月1日，西藏自治区人大常委会副主任、林芝市委书记马升昌（前排右二）一行在波密县查看县城规划工作。波密县委书记朱正辉（右三），县委副书记、政府县长边巴（左三）等陪同

2018年3月7日，西藏自治区副主席罗梅（左三）一行在多东寺检查指导工作

2018年7月27日，自然资源部中国地质调查局党组副书记、副局长王研（左三）一行在易贡白龙沟就地质灾害防范工作开展现场评估指导

2018年7月7日，国家发改委基础产业司司长罗国三（左二）在波密县调研川藏铁路前期勘探工作。西藏自治区人大常委会副主任、林芝市委书记马升昌（右一）等陪同

2018年3月20日，西藏自治区党委组织部副部长李凤学（左二）一行在波密县古乡古村调研村集体经济发展情况。波密县委书记朱正辉（左一）等陪同

2018年4月2日，西藏自治区科技厅党组书记、副厅长王平（右一）一行在波密县产业园区调研指导工作

2018年8月21日，西藏自治区工商局局长达瓦欧珠（右二）、林芝市工商局党组书记杰布（左一）一行在波密县工商局检查指导工作

2018年4月10—11日，林芝市委副书记、市长旺堆（左二）一行在波密县阿西村、栋亚村、藏王大酒店和易贡乡调研产业发展、精准扶贫工作开展情况。波密县委书记朱正辉（左一）等陪同

2018年11月22日，林芝市委副书记、市长旺堆（右三）一行在波密县扎木镇调研乡村振兴战略工作开展情况。波密县委书记朱正辉（右二）等陪同

2018年11月1日，中编办三局副巡视员张林（右三）一行在波密县古乡、县委红楼调研相关工作。波密县委书记朱正辉（右四）陪同

2018年4月22日，林芝市委副书记、常务副市长许典辉（右一）一行在波密县调研藏猪产业发展、藏猪养殖基地建设情况。波密县委常委、政府常务副县长全保卫（右二）陪同

2018年12月11日，林芝市委常委、宣传部部长张海波（前排左二）一行在古乡古村调研基层党建工作

2018年2月5日，林芝市委常委、统战部部长达瓦（左三）一行在波密县曲宗寺慰问寺庙僧人和驻寺干部

2018年10月31日，林芝市副市长丁永勇辉（左四）一行在多吉乡调研高海拔乡镇集中供暖工作开展情况

2018年1月4日，波密县第十二届人民代表大会第三次会议召开

2018年1月18日，波密县委理论学习中心组召开2018年第一次学习会

2018年4月2日，中国共产党波密县第九届委员会第三次全体会议胜利召开

2018年4月9日，中共波密县第九届纪律检查委员会第三次全体会议第一次会议召开

2018年4月26日，中国人民政治协商会议第九届波密县委员会第三次会议闭幕

2018年7月14日，波密县召开脱贫摘帽评估专项检查协调大会

2018年9月6日，波密县召开318国道波密段AAAA创建及核心景观区AAAAA规划评审会，县委书记朱正辉（前排左三）主持会议

2018年8月3日，波密县文学艺术界联合会第三次代表大会开幕

2018年6月3—4日，广东省党政代表考察团在林芝考察调研援藏工作。3日晚，广东省委副书记、广州市委书记任学锋（左五）与广东省第八批援藏工作队波密工作组全体成员座谈并合影留念

2018年6月25—26日，广州市人大常委会主任、党组书记陈建华（左一）带队一行在波密县对古乡、扎木镇援藏项目建设情况和波密县经济社会发展情况进行考察调研

2018年1月6日，波密县委书记朱正辉（右一），县委常委、纪委书记、监委主任王芳为波密县监察委员会揭牌

2018年7月11日，波密县委书记朱正辉（右三）一行在古乡索通村泥石流灾害发生现场查看道路交通受损情况

2018年11月4日，波密县委书记朱正辉（左二），县委副书记、政府县长边巴（左三），县委常委、人大常委会主任马海蕴（右一）一行在红楼红色教育基地考察指导工作

2018年3月23日，波密县委副书记、政府县长边巴（右三）一行在古乡索通村调研养蜂产业

2018年4月19日，波密县委副书记、政府县长边巴（前排右一）一行在易贡调研茶树种植项目。县政府副县长索朗平措（前排右二）等陪同

2018年1月5日，波密县人大常委会副主任旺青罗布向当选的林芝市一届人大代表敬献哈达并颁发当选证书

2018年2月4日，多吉乡少儿“波卓”队圆满完成林芝市藏历新年晚会录制

2018年3月15日，波密县人民医院“二级乙等综合医院”正式挂牌

2018年3月16日，波密县直机关干部职工开展义务植树活动

2018年3月28日，波密县举办庆祝西藏百万农奴解放纪念日升国旗仪式

2018年4月5日，波密县组织全县各单位代表在烈士公园开展祭奠革命先烈扫墓活动

2018年4月11日，松宗赛马暨民俗文化节在松宗赛马场隆重开幕

2018年7月26日，广州市第四批三级医院对口帮扶医疗队与波密县卫生服务中心联合举办波密县医务人员技能培训班。波密县政府副县长达娃卓嘎(左二)出席开班仪式

2018年8月8日，第八批援藏医疗工作队举行急救医疗用车捐赠仪式

2018年9月28日，广东省第八批援藏工作队波密工作组组长、波密县委常务副书记李锋（右三），广东省第八批援藏队波密工作组副组长、波密县委副书记、常务副县长李伟成（左二）出席广州市增城区对口支援波密县康玉乡工作座谈会暨捐赠仪式

2018年9月30日，由广东省第八批援藏工作队波密工作组协助的波密县急救医疗体系和三级远程医疗会诊系统正式建成并使用

2018年10月8日，广东省第八批援藏工作队波密工作组组织波密县骨干教师、优秀校长代表等到广州大学跟岗学习，提高波密县教育事业水平

2018年10月8—10日，广东省眼科专家及志愿者开展白内障免费义诊活动

2018年10月9日，波密县党政代表团考察广州市番禺区锐丰公司

2018年10月9日，波密县委书记朱正辉带队波密县党政代表团在广州市番禺区开展对口支援对接交流活动

2018年4月17日，“大爱波密”慈善微平台上线启动仪式

2018年6月23日，国家艺术基金会2017年度资助项目民族音乐会《西藏春天》巡回演出在波密县举行

2018年7月11日，扎木镇东若村生态采摘园项目村集体分红16.5万元，全村50户村民每户增收3300元

2018年7月19日，波密县举行欢送国家脱贫攻坚验收组仪式，图为波密县党政主要领导与验收组合影留念

2018年7月21日，波密县多吉乡第二届非遗文化旅游节开幕活动现场

2018年7月25日，在西藏林芝·广东招商引资推介会上，广东省第八批援藏队波密工作组副组长、县委副书记、政府常务副县长李伟成（左五）代表波密县人民政府与26家企业签订项目意向协议书

2018年8月1日，波密县举办“不忘初心、牢记使命——争做神圣国土守护者、幸福家园建设者”建军91周年文艺晚会

2018年8月3日，波密县举办2017年度残疾人助学金发放仪式

2018年9月16日，林芝首个中学国防班在波密县中学开设，广大附中对波密县中学国防班从资金、物资、学员培训等方面给予大力支持

2018年9月23日，全国红军小学理事会慰问易贡乡中心小学学生

2018年9月26日，波密县首届藏王故里旅游文化节开幕式现场

2018年9月26日，在波密县第一届藏王故里文化旅游节开幕式上，波密县委书记朱正辉为参加开幕式的各乡镇演职人员颁奖

2018年10月12日，波密县倾多镇巴康村举行“冬青18号”千亩良种繁育基地开播仪式

2018年10月17日，波密县完成医疗急救体系、三级医疗远程会诊系统建成工程暨移交仪式

2018年11月4日，波密县“四个基地”在县委中心红楼揭牌

2018年11月22日，2018“中国旅游好资源”发现大会在波密县举办。图为波密县政府与签约企业举行波密县旅游投资开发项目合作协议签订仪式

2018年12月4日，波密县人民法院在县波茂广场开展“第五个国家宪法日”集中法制宣传活动

2018年12月9日，波密县举办第四届中小学生波卓波央比赛暨波央合唱比赛

《波密年鉴（2019卷）》编纂委员会

（2019年1月—4月）

《波密年鉴（2019卷）》编纂委员会

（2019年4月调整）

主　　任：朱正辉

常务副主任：边巴

副 主 任：李锋　马海蕴　巴桑　李伟成　全保卫　张斌

成　　员：张虎　李雪鹏　白玛四朗　次仁加措　大巴桑　尼玛次仁（组织部）　巴珍　普布罗布　拉桑　索朗罗布　刘斌　周荣波　田峰　普琼　毛卫林　达珍（团委）　达珍（妇联）　拥青卓嘎　普布　卿军力　金珠　王作谦　白玛泽成　扎西达瓦　陈东　次旦卓玛　卓玛央金　李静　张斌　次仁卓嘎　尼玛顿珠　江村　张洪涛　黄勇　次仁罗杰　李彦龙　田治国　杨帆　陶长能　张璇坤　古桑朗杰　尼玛次仁（八盖）　吉美才邓　拉巴　拉巴桑珠　王斌　陆文刚　周可　旦增尼玛　李波　桑杰　沈越刚　次仁扎西　补卫刚　杨建军　干尹超　贾晓龙　张昭洪　陈军　肖勇　彭森　沈佳运　贾晓龙　鲁金宝

《波密年鉴（2019卷）》编辑部

主　　编：朱正辉

副 主 编：边巴

执行主编：李伟成　张斌

编　　辑：张虎　郭凯前　索朗仁青　刘俊　益西群措　王身利　赵选贺　汪苗　王艳　吴万祥　雷泽念　牛玉昊　高芸　次旺卓嘎

编辑说明

一、《波密年鉴》2017年开始编纂，每年出版1卷，2019年卷为第4卷。

二、《波密年鉴》以马克思列宁主义、毛泽东思想、邓小平理论、“三个代表”重要思想、科学发展观、习近平新时代中国特色社会主义思想为指导，坚持辩证唯物主义和历史唯物主义的立场、观点、方法，始终坚持“实事求是、质量第一、存史资政、服务大众”的办鉴宗旨，全面、系统、翔实地记述波密县上一年度政治、经济、文化、社会等各项事业的基本情况，为社会各界与国内外人士了解和研究当今波密县提供翔实资料。

三、《波密年鉴》分为正文与彩页两部分。正文采取分类编辑法，以类目、分目、条目为主要框架结构，个别包含多方面资料的条目，则在段落间加插楷体标题提示，方便读者查阅全书。

四、《波密年鉴（2019）》载录波密县2018年经济社会发展的基本资料，设有特载、综述、大事记、政治、群团、援藏工作、军事、法治、经济管理、财政·税务、社会事业、农林牧水电、城市建设·环保、交通·通信、金融、乡（镇）概况、附录等内容。

五、《波密年鉴》的编辑宗旨，在于求真务实，力求真实生动地反映林芝波密县在改革开放和现代化建设中取得的崭新成就。

六、《波密年鉴》所提供的内容和数据，分别来自于林芝波密县各有关部门和乡（镇）人民政府，并经各级领导、编纂委员会和编辑部审核，但由于口径与统计方法不同，恐有不一致之处，使用时应以县统计局提供的数据为准。本书中农田土地面积的计量单位部分使用“亩”。

目　　录

特　　载

综　　述

大事记

政　　治

中共波密县委员会

中共波密县委办公室

波密县人民代表大会常务委员会

波密县人民代表大会常务委员会办公室

波密县人大财经农牧城建环保委员会

波密县人民政府

波密县人民政府办公室（法制办、信访局、综合执法局）

中国人民政治协商会议波密县委员会

中国人民政治协商会议波密县委员会综合专委会

中国人民政治协商会议波密县委员会办公室

中共波密县纪律检查委员会（波密县监察委员会）

中共波密县委组织部（编办）

中共波密县委宣传部

波密县互联网信息办公室

中共波密县委统战部

中共波密县委巡察办（组）

中共波密县委党校

中共波密县直属机关工作委员会

中共波密县委老干部局

波密县创先争优强基础惠民生活动领导小组办公室

群　　团

波密县总工会

共青团波密县委员会

波密县妇女联合会

波密县工商业联合会

波密县文学艺术界联合会

波密县残疾人联合会

援藏工作

广东省第八批援藏工作队波密工作组

军　事

波密县人民武装部

78536 部队

武警第二机动总队交通三支队

武警林芝支队执勤一大队

波密县消防大队

77550 部队

武警波密县森林中队

法 治

中共波密县委政法委员会（综治办）

波密县公安局

波密县人民检察院

波密县人民法院

波密县商务局

波密县旅游发展委员会(外事侨务办公室)

波密县食品药品监督管理局

波密县国土资源局

波密县城市投资有限责任公司

波密县波隅旅游开发有限公司

西藏林芝市波密县藏核农业科技有限公司

波密县顺达成品油销售有限公司

中国石油波密加油站

波密县实惠成品油销售有限公司

波密县卷烟配送中心

财政·税务

波密县财政局（国资委）

国家税务总局波密县税务局

社会事业

波密县民政局

波密县人力资源和社会保障局（公务员局）

波密县民族宗教事务局

波密县中学

波密县完全小学

波密县中心幼儿园

波密县第二幼儿园

波密县气象局

农牧林水电

波密县农牧（科技）局

波密县扶贫开发（农业综合开发）办公室

波密县城管监察大队

交通·通信

波密县交通运输局

扎墨公路养护管理段

林芝公路分局扎木机械化养护队

中国电信集团公司波密县电信局

中国移动通信集团西藏有限公司林芝波密县分公司

中国联合网络通信有限公司波密县营业部

金　融

中国农业银行股份有限公司波密县支行

中国邮政集团公司林芝市波密县分公司

乡(镇)概况

扎木镇

倾多镇

松宗镇

古乡

玉许乡

八盖乡

多吉乡

康玉乡

玉普乡

易贡乡

附 录

特　　载

中共波密县第九届委员会第四次全体会议工作报告

波密县委书记　朱正辉

（2019 年 2 月 23 日）

刚刚过去的 2018 年，于波密奋进发展而言，是波澜壮阔、不平凡的一年，是全县上下奋发有为、开拓创新的一年。一年来，在区、市各级党委、政府的坚强领导下，在广东人民的无私援助下，波密县委常委会深入学习贯彻习近平新时代中国特色社会主义思想和党的十九大精神，认真贯彻落实中央和区党委、市委一系列决策部署，贯彻落实吴英杰书记“五个走在前列”重要指示精神，正确应对和处理“十三对关系”，团结带领全县各级党组织和广大党员干部群众，以全力建设“五个波密”为主抓手，取得了党的建设不断加强、社会局势持续稳定、特色产业发展壮大、人民生活不断改善、生态建设成效显著的新成绩。

一年来，县委常委会紧盯年初既定工作任务，主要做了以下五个方面工作。

（一）从严从实抓党建、转作风，党的建设全面

加强。一年来，县委常委会深入贯彻新时代党的建设总要求，牢固树立“抓好党建是最大政绩”的工作理念，充分发挥党委统揽全局、协调各方的作用，以高度的政治责任感和历史使命感，切实加强思想政治建设、组织建设、干部队伍建设和作风建设，不断提升党建工作规范化科学化水平，推动改革发展稳定各项工作，实现了经济社会发展和党的建设同频共振、同向发力。思想政治建设不断强化。坚持把政治理论学习摆在首位，以县委理论中心组学习为龙头，深入学习习近平总书记重要讲话精神和中央、区市有关精神，切实提升政治理论素养。2018年召开县委理论中心组学习会12次，开展《习近平谈治国理政》专题学习15次。全县上下学习习近平新时代中国特色社会主义思想和《习近平谈治国理政》一、二卷蔚然成风，“四个意识”“四个自信”“两个维护”不断增强。结合十九大精神宣讲、四讲四爱等系列活动，县委班子成员带头深入基层一线开展宣讲活动，积极宣传党的富民兴藏政策，夯实基层思想根基。以党员政治教育为抓手，示范举办全县党员政治教育培训班6期，并辐射带动全县各基层党组织党员政治教育培训工作，累计举办政治教育培训班210余期、培训党员达4400余人次。严格按照“五个不能”工作要求，扎实推动“四讲四爱”群众教育实践活动向深度和广度延伸拓展。全年各级各领域共开展宣讲活动1500余场次，受教群众14万余人次。不断加强党对意识形态工作的领导，县委常委会定期听取工作汇报，做到与全局工作同部署、同落实、同检查、同考核，真正把责任落到实处；积极开展“净网”“护苗”“清源”“秋风”“固边”等专项行动，重点加强对微信、微博等新型传播媒介的综合管理，全力确保网络安全；进一步健全完善舆情监测制度，严格执行舆情日报告制度，妥善处置各类舆情，及时准确回应社会热点问题，营造风清气正的网络空间。基层党建不断夯实。认真落实主体责任，坚持“一把手”亲自安排部署、分管领导协调推进，共带队调研、督导党建工作20余次，召开推进会、研讨会2次，层层签订“军令状”189份，推动基层党建工作责任全面落实。进一步深化“书记抓、抓书记”工作内涵，及时组织召开乡镇党委书记座谈会和基层党建述职评议会，针对各乡镇党建工作薄弱环节“开方下药”，切实推动管党治党责任上肩、措施落地。扎实做好重点工作自查考评，围绕年度重点工作任务，采取现场点评、现场考核的方式公平公正开展考评，达到了在基层发现问题、解决问题、推动工作的良好效果。全面总结提炼“点轴线”党建模式阶段经验，以提升基层党组织组织力为目标，进一步明确基层党组织工作的目标任务、推进措施和具体要求，努力打造“听党话、跟党走，善团结、会发展，能致富，遇事不糊涂、关键时刻起作用”的坚强堡垒。以基层党组织标准化建设年为契机，紧扣区党委“四性”“三化”和打造“八个阵地”建设要求，整合各级各类资金8300余万元，扎实推进58个村级活动场所标准化建设工作。不断丰富“党建+”“+党建”内涵，打造了以“五亮两岗双争”为主题的岗巴村“党建+乡村旅游”示范村。整合各类资金1000余万元，发展了东若生态采摘园、达大绿色蔬菜种植、达曲昂思拉商贸有限公司等28个村集体经济，基层党组织的凝聚力、战斗力和组织力不断提升。同时，各驻村工作队围绕七项重点工作任务，累计成立驻村点临时党支部52个，整合强基惠民资金850余万元，建立健全各类制度640余条，理清发展思路539条，制定村级经济发展规划323项，开展各类宣讲1835场次，办实事做好事1479件。干部队伍建设不断深化。坚持树立正确用人导向，严格按照《党政领导干部选拔任用工作条例》、“二十字好干部标准”、民族地区“三个特别”要求，突出政治标准，对标做好干部选拔任用工作，不断深化队伍建设。全年选拔任用科级干部100名，其中提任62名，进一步使用12名，转正定级1名，交流调整25名。认真实施引才提升、人才培养等工程，从福建、广东引入专招生9名，选派19名党政骨干和专技人才到广州番禺区培训交流，选派152名干部在省外跟班学习培训，人才发展环境不断优化。作风建设不断从严。牢固树立抓党风廉政建设的政治责任意识，严格落实“两个责任”，班子成员认真履行“一岗双责”，坚持定期召开常委会专题研究部署作风建设各项工作任务，持之以恒推动作风建设向纵深发展。进一步健全完善廉政约谈、重大事项报告等工作常态化制度，坚持从严检查、从严管理、从严考核，形成了全面从严治党的工作合力。始终保持反腐高压态势，以零容忍的态度惩治腐败，采取明察暗访、畅通举报途径等方式，切实提升执纪监督力度。不断拓展廉政教育载体，通过召开警示教育大会、观看警示片等形式，强化教育管理，努力构建“不想腐”“不能腐”“不敢腐”的防腐机制。全力支持纪委监委履职尽责，积极推进国家监察体制改革试点工作，于2018年1月6日挂牌成立林芝市首个县级监察委员会，及时配齐配强县纪委监委领导班子，确保纪委监委的监督质量和监督实效稳步提升。一年来，县纪委开展各项监督检查133次，受理信访举报32件，立案19件，给予约谈13人，诫勉谈话5人，党纪处分24人，下达监察建议书2份，追缴违纪资金48.67万元。高扬巡察利剑，深入学习领会区党委新修订的《巡视工作五年规划》精神，坚持书记专题会及时听取巡察情况汇报制度，顺利完成九届县委第二轮、三轮巡察工作，第四轮巡察正有序推进，巡察利剑作用得到充分发挥。扎实开展不作为慢作为、文山会海等形式主义、官僚主义集中整治工作，及时组建工作专班，制定工作方案，明确目标任务，切实推动工作有效落实。

（二）全力以赴强举措、保稳定，祥和局面不断巩固。一年来，县委常委会认真把握习近平总书记关于治边稳藏的重要论述科学内涵，坚持把维护祖国统一、加强民族团结作为工作的着眼点和着力点，紧紧围绕“三无”“三不出”“三稳定”工作目标，积极应对“后达赖”向“达赖后”转变的重大挑战，认真落实自治区十项维稳举措，主动适应维稳工作新形势、新要求，圆满完成了各项维稳工作任务。不断压实维稳责任。坚持在思想上时刻绷紧维稳之弦，在工作上超前谋划，定期召开专题会议，专门听取全县综治、平安建设和维稳工作情况，密切关注综治维稳工作新情况、新动向，有力推动维稳工作全面落实。班子成员始终坚守在反分裂斗争第一线，精心组织、靠前指挥，强化保障、亲抓严管，实现了维稳一线督阵常态化。稳步推进综治惩防体系建设，及时研究和解决综治工作中存在的突出问题，确保各项工作有条不紊推进。扎实推进社会治理。进一步巩固“长安杯”成果，围绕建设“平安波密”的目标要求，积极开展综治宣传月、综治宣传周、平安西藏宣传日等宣传教育活动，切实做深做细综治各项工作。认真学习借鉴“枫桥经验”，深入开展矛盾纠纷排查调处工作。2018年各级综治部门累计开展矛盾纠纷排查2200余次，排查出矛盾纠纷54起，成功化解矛盾纠纷54起，化解率100%。扎实开展“先进双联户”创建评选活动，落实“先进双联户”各项优惠政策，努力构建群防群治维稳工作格局，实现城乡网格化与“双联户”服务管理无缝衔接。依法管理宗教工作。认真学习贯彻落实新修订的《宗教事务条例》，着力在“导”上下功夫，主动做好群众思想教育工作，引导农牧民群众理性对待宗教，努力推动宗教与社会主义社会相适应。严格佛事活动审批权限、审批程序和审批要求，按照属地管理原则，协调做好安保工作实施方案、应急预案，全县各寺庙佛事活动安全平稳过渡。扎实开展“遵行四条标准争做先进僧尼”教育实践活动，坚持周密安排、强力推进，累计开展集中宣讲160余场次，受教育僧众1560余人次。安全生产局面明显好转。坚持党政同责、一岗双责、齐抓共管、失职追责，切实将安全生产工作作为维护稳定、促进发展的头等大事来抓。积极实施交通安全“百日整治”行动，严格执行“两限一警”“两站两员”制度，深入整治交通违法行为，努力防范重特大交通事故。妥善处置“7·11”大型冰川泥石流灾害和“7·20”水毁路段灾害。认真开展森防消防、工程建设、食品药品安全等领域的专项整治和安全生产大检查，针对隐患及时落实整改责任，整治各类隐患257处。深入推进法治波密。全面贯彻落实依法治县方略，坚定支持各级政府依法行政，政府履职水平不断提升。建立健全县委理论中心组集体“学法”制度，严格落实领导干部遵法学法守法用法制度，同时强化对各项纪律、规矩的学习力度，全民法治观念不断增强。强化法治宣传，各级各部门围绕土地征用、城市建设、林业管护、交通安全等社会热点问题，深入乡镇、村居开展各类法制宣传活动120余场次，发放宣传资料1.4万余份，直接受教育群众2万余人次。“三个专项”斗争进展顺利。及时组建工作专班，召开各类会议，制定下发实施方案，明确工作责任，确保全县各级各部门思想同心、目标同向、工作同力、落实同步。健全完善了工作例会、定期通报等工作机制，针对获取的问题线索，细心研判甄别、依法严厉打击。累计排查405次，排查治安乱点29起，完成整治28起，处理各类治安违法涉案人员58人，调查研判涉黑涉恶线索3条。民族团结不断巩固。深入推进民族团结宣传教育和民族团结进步创建活动，及时召开民族团结进步表彰大会，表彰模范集体13个，模范个人15人，确保民族团结事业扎实推进。波密县被评为全国民族团结进步创建示范区、扎木镇荣获“林芝市民族团结进步示范乡镇”荣誉称号、扎木中心县委红楼被授为林芝市民族团结教育基地。

（三）持之以恒抓产业、促发展，经济活力愈加强劲。一年来，县委常委会坚持把推动波密长足发展作为首要任务，牢牢把握高质量发展这条主线，主动适应经济发展新常态，以“两产业一平台”建设为主线，以重点项目建设为着力点，以扩大招商引资为支撑，按照产业既定发展思路，切实推动县域经济社会快速发展。2018年，全县地区生产总值预计完成22.21亿元，同比增长13.7%；全社会固定资产投资预计增速达到95.75%；公共财政预算收入完成6978万元，同比增长12.55%；社会消费品零售总额预计完成2.64亿元，同比增长16%；城镇居民人均可支配收入预计达29990元，同比增长11.3%；农村居民人均可支配收入预计达16949元，同比增长14.7%。产业发展进中向好。坚持把推动产业发展作为群众增收致富的首要途径，不断增强造血功能、激发经济社会发展活力。生态旅游产业方面：立足全域旅游示范县和区域旅游中心，加快构建“一轴三线”旅游发展布局，持续打造318国道最美景观大道；国道318·西藏波密帕隆藏布河谷4A级景区规划业已完成，米堆冰川4A级景区规划通过市级评审。顺利举办桃花节、藏王故里文化旅游节、多吉非遗文化旅游节、易贡油菜花节等活动，波密旅游知名度和美誉度进一步提升；红楼陈列馆建成并挂牌，为全县旅游发展融入红色文化元素。2018年全县累计接待游客132万人次，实现旅游相关收入10.55亿元，分别同比增长73.81%和57.42%。乡村旅游蓬勃发展，全县共有家庭旅馆242家，床位数4615个，累计接待游客16.32万人次，实现收入2447.88万元。特色农牧产业方面：组建藏猪产业工作专班，编制《波密县2018年—2025年藏猪产业发展规划》，出台《波密县藏猪产业项目扶持以奖代补实施办法》，绘就藏猪产业发展蓝图；建成倾多镇热西村藏猪核心保种场和玉许乡棠木村标准化养殖场，顺利完成4000头能繁母猪耳标佩戴、入舍和集中养殖工作；成功引进2家企业开展藏猪养殖，并签订4万头商品藏猪养殖协议。积极引进3家企业开展茶树种植，累计投资9200万元，完成土地平整5300亩，种植茶树2968亩。强化波密本土农特产品品牌意识，加大地标申请注册。波密鲜松茸、波密干松茸、波密青稞、波密菜籽油4个农产品地理标志注册商标获得国家工商总局认证。文化产业方面：坚持“旅游＋文化”产业发展模式，将波密传统民俗文化与旅游资源有机结合，积极争取上级部门支持，成功申报“藏王故里舞台剧”项目。成立藏韵文化传媒有限公司，负责文化艺术策划、品牌推广、文化招商等各类活动。波密县首个数字影院——波韵影城于2018年5月29日正式对外营业。项目建设全面实施。坚持把项目建设作为拉动投资的有力抓手，狠抓项目落地实施。2018年，全县国家投资项目开复工152项，完成投资31.1亿元，完成年度总计划的193.8%。其中：藏中和昌都电网联网工程波密段、扎木至栋亚村110千伏输电线路、岗巴大桥、2017年小型农田水利重点县建设、2017年波密县农村安全饮水巩固提升工程、8个乡镇给排水工程等项目顺利竣工。同时，协调做好易贡湖生态修复与综合整治、川藏铁路、川藏高等级公路等项目的前期勘探、调研等工作。城乡面貌显著改善。紧扣乡村振兴战略“二十字”方针，制定出台《波密县乡村振兴战略实施方案》，编制完成《波密县乡村振兴战略规划（2018—2022年）》，加快推进城乡协同发展。深化人居环境整治，成功申报全国农村人居环境整治三年行动示范县，科学制定实施方案和指导意见，创新提出“拆违拆旧、垃圾治理、人畜分区、绿色篱笆、百花庭院”五大行动，大力推进厕所革命、农村生活垃圾治理、村庄规划管理等各项工作任务，不断提升乡村宜居水平。按照“一核四心”城镇化布局，突出城乡公共资源均衡配置，构建城乡协调发展新格局。县城民俗化改造、基础设施改造和民房屋顶改造项目稳步推进，城乡发展愈加协调。全面推进农村集体土地确权登记颁证工作，顺利完成全县农村集体土地、宅基地、集体建设用地的权属调查和地籍测量工作，全年颁发证件1923本。集体林权制度改革工作顺利完成并通过国家验收，核查集体林地8206亩。深入开展土地“五乱”专项整治，出台《波密县农村集体土地管理办法》《波密县临时用地管理办法》，坚持依法依规的工作原则，不断健全完善工作机制，规范土地使用管理。招商引资不断深化。依托桃花节、藏博会、广博会和藏王故里文化旅游节等活动，积极搭建招商引资桥梁，推动强企、大企入驻波密、共谋发展。2018年，全县招商引资完成投资9.3亿元，完成目标任务的103.4%。纵横商业街、友谊步行街、藏王大酒店等项目顺利建设完成，桃花里小镇、青梅种植等项目正在建设中。援藏工作成效显著。完成援藏规划内外建设项目投资4500余万元，积极落实广州市专项帮扶资金2000万元用于6个村级活动场所标准化建设，县城沿江路和扎木路风貌改造项目、县医疗急救体系、三级远程医疗会诊系统等项目顺利建设完成。协调“组团式”医疗援藏医生2批10人次进藏开展医疗帮扶工作，下乡义诊4次，实施手术205台次，抢救危重病人139人次。协调广州市教育部门促成5所优质小学与波密县中小学完成“一对一”帮扶对接，落实广州大学2批次支教老师25名在波密开展支教活动，精心组织开展“筑梦天路”“担当者行动”“助学圆梦”等活动，强化两地学校间的教育教学经验交流。建成“大爱波密”慈善助学微平台并正式上线运营。10个乡镇顺利完成“区乡对接”工作，并根据对口支援要求，在产业发展、人才培养、基础设施建设等方面达成共识。黄埔、番禺等区已累计投入规划外对口帮扶经费1600余万元。不断深化穗波交流渠道，全年顺利完成两地之间考察交流、帮扶对接30余次，完成干部交流300余人次。

（四）全心全意惠民生、增福祉，群众幸福感日益提升。一年来，县委常委会紧盯“人民对美好生活的向往”这一奋斗目标，坚持以人民为中心的发展思想，把改善民生、凝聚人心作为经济社会发展的出发点和落脚点，努力让人民群众共享改革发展成果。脱贫攻坚顺利告捷。坚持把脱贫攻坚作为经济社会发展的头等大事和第一民生工程，持续落实各项强农支农惠农政策，累计整合各类资金2.4亿元，稳步实施产业帮扶、美丽家园行动、十项提升等工作举措。成功接受中央巡视组专项检查、国家扶贫领域专项审计、省际交叉考核以及国务院第三方验收评估。2018年9月，波密县成功实现脱贫摘帽。全力做好“三岩”搬迁工作，坚持规划引领，编制完成《波密县“三岩”片区跨市整体异地扶贫搬迁规划》。目前，6个安置点房建和附属设施已建设完成。社会事业全面发展。全力做好“十件民生实事”，双创中心、农村道路建设、政务服务中心、高海拔乡镇集中供暖、厕所革命等项目稳步实施，人民群众的获得感幸福感安全感不断增强。认真贯彻落实习近平总书记致西藏民族大学建校60周年贺信精神，强化学习宣传力度，持续落实教育免费“三包”政策，积极营造尊师重教的良好氛围，进一步引导各级各界和农牧民群众重视教育工作、支持教育发展。以推进“五个100%”为抓手，加大教育投入力度，完成乡、村级幼儿园建设18所，办学条件进一步改善。认真组织实施“一师一优，一课一名师”、片区教研、教学大比拼等活动，累计评选出县级优课50节、市级优课31节、自治区级优课8节，针对优秀教学课程及时在全县推广，为提升师资能力建设奠定了坚实基础，全县中小学教育教学质量和水平得到显著提升。大力发展体育事业，积极参加林芝市第七届“尼洋河杯”足球比赛，并勇夺冠军。全面加强基层公共卫生基础设施建设，易贡乡卫生院、康玉乡卫生院、城镇医疗污水处理系统等项目顺利完工。全面落实疾病防治“一把手”工程，扎实推进包虫病筛查任务，筛查2.6万人，确诊阳性病例36例，及时做好跟踪治疗和动态监测，防治工作成效得以巩固。不断深化医疗援藏工作，完善

"院院对口、科科对应、医生对接"的组团式医疗援藏机制，深入开展传、帮、带工作，累计培训医务人员2684人次，县域医技业务能力和水平逐步加强。以"文化八进""五下乡"等形式为载体，开展各类惠民文艺演出100余场次，观演群众达3万余人次；打造"一乡一品"文化品牌，形成以多吉乡非遗文化节、易贡油菜花节、松宗赛马节为主的波密民俗文化活动。全面落实"四个最严""四有两责"要求，强化源头治理，完善监管制度，投资29万元建成嘉瑞超市、菜市场农产品快检室，并为10个乡镇配发食品药品安全快检箱，有效保障了人民群众"舌尖上的安全"。"双集中"工作取得实效，有意愿五保老人集中供养率和孤儿收养率达到100%。着力提升就业创业质量，实现城镇新增就业493人，农牧区转移就业5455人，城镇登记失业率1.08%。应届高校毕业生成功就业193人、就业率达92.34%。加强政策宣传，不断健全社保体系，加大医疗救助、临时救助力度，覆盖城乡的社会保障体系进一步完善。

（五）坚定不移防污染、守底线，生态建设深入推进。一年来，县委常委会坚持以习近平生态文明思想为指引，切实把生态文明建设放在突出位置，以高度的政治责任感打赢蓝天保卫战、碧水保卫战和净土保卫战，正确处理保护生态和富民利民的关系，为县域经济社会长足发展和长治久安提供绵绵后劲和生态支撑。不断加强生态建设。大力实施自然保护区、生态功能区建设以及重点区域造林、义务植树等工程，稳步推进国家森林城市创建工作，森林资源保护工作成效显著。全年完成义务植树370亩，森林抚育8000亩，受理各类涉林案件11起，其中查处森林刑事案件1起，治安案件5起。进一步强化责任落实，狠抓工作管理，加强督促检查，森林防火各项目标任务圆满完成。严格落实河湖长制生态管理责任，构建县、乡、村三级河湖长工作体系，完善制度建设，推动河湖治理工作规范化。抓实基础设施力量建设，为环保任务重的乡镇和部门配备垃圾摆臂车和转运车。全力做好环保督察反馈意见整改。针对中央和自治区环保督察反馈的意见，明确工作任务，压实整改责任，对所涉共性问题提出具体整改措施，推动整改工作有效落实。认真做好自治区环保督察反馈问题整改工作，办结转办案件2件。努力打好污染防治攻坚战。大力开展环境保护"六乱"治理和"八进"活动，编制完成《波密县重污染天气应急预案》《波密县水污染防治行动计划》《波密县土壤污染防治行动计划工作方案》，进一步深化工作举措，实现了波密天蓝地绿水清。

2018年，县委常委会带头抓好理论学习，深入学习贯彻党的十九大精神，坚持旗帜鲜明讲政治，切实将党的领导贯彻各项工作始终，带头增强"四个意识"，坚定"四个自信"，做到"两个坚决维护"，不断提升领导水平和执政能力，总揽全局、协调各方的核心作用不断加强。认真贯彻党章和《中国共产党党组工作条例》要求，坚持定期听取人大、政府、政协及法检两院党组工作汇报，支持县人大常委会依法监督、县政府依法行政、县政协民主监督、县法院和县检察院依法独立公正行使职权。积极重视人民武装工作，党政机构改革顺利推进，爱国统一战线、群团组织、老干部队伍凝心聚力作用明显提升，各方面的积极性主动性和创造性得到有效调动，各项事业都取得了明显进步，全县上下"努力奔跑、共同追梦"的良好局面更加生动。

一年来，县委常委会时刻铭记"打铁必须自身硬"的政治要求，坚持以上率下，切实加强自身建设，努力为全县各级党组织和广大党员干部作出表率。严格执行新形势下党内政治生活若干准则，严肃党内政治生活，高标准、高质量召开民主生活会，认真开展批评和自我批评，实现了班子成员相互帮助、相互改进、相互监督、共同进步。认真贯彻《中国共产党地方委员会工作条例》，健全完善"三重一大"事项集体决策制度，自觉遵守集体领导、民主集中、个别酝酿、会议决定的原则，做到重大问题集中讨论、重大事项集中决策，保证议事决策言路畅通、公正透明，常委会工作部署的科学性、针对性和指导性进一步增强。带头廉洁自律，严格遵守党纪党规，认真贯彻落实中央和区党委、市委关于开展整治领导干部利用名贵特产类特殊资源谋取私利问题的通知精神，主动做好自查自纠，在生活和工作中从不搞特殊化，下乡调研和检查时轻车简从，尽心竭力为群众做好事、办实事、解难事。认真落实中央八项规定精神和区党委“约法十章”“九项要求”，坚决反对各类形式主义、官僚主义，自觉接受同级纪委监督和人民群众监督，切实做到忠诚干净担当，永葆新时代共产党人政治本色。

成绩来之不易，经验弥足珍贵。2018 年波密县取得的累累硕果，得益于以习近平同志为核心的党中央对西藏的英明领导和亲切关怀，得益于区、市各级党委、政府的坚强领导和正确指导，得益于广东人民的无私援助和鼎力支持，得益于县四套班子团结一致、干部群众真抓实干和共同奋斗。在此，我谨代表县委常委会，向与会各位同志，向全县各级各部门和广大干部群众，向驻波密人民解放军指战员、武警官兵和政法干警，向所有关心、支持和参与波密发展的社会各界人士，表示衷心的感谢，并致以崇高的敬意！

在肯定成绩的同时，常委会也清醒地认识到，波密县在改革发展稳定中仍然存在着一些困难和挑战，主要表现在：一是经济发展质量和效益还不够高。经济总量小、发展不充分、财政收入质量不高，产业链条较为单一、集聚效应不强，品牌化建设和产品附加值较低；城乡公共服务功能有所欠缺，城镇管理工作理念和群众共建共管共享意识有待提升。二是维稳形势依然严峻。反分裂斗争形势依然尖锐复杂，公共安全管理任重而道远；日常性矛盾纠纷不容忽视，因争夺地界、林下资源、虫草采挖、草场资源以及征地拆迁、交通运输而引发的矛盾仍然存在；社会综合治理工作缺乏创新，越级访等非正常上访时有发生，个别上访老户教育管控难度大，影响社会和谐稳定的潜在因素依然较多；维稳工作协同作战水平不高，上下沟通、左右联系的工作机制尚未健全，维稳工作合力尚未全面形成。三是民生事业短板依旧存在。脱贫攻坚成果还需要进一步巩固和提升，教育、医疗等公共服务水平有待改善，群众就业增收渠道不宽；群众思想观念仍需提升，未能牢固树立“脱贫攻坚长期靠教育、经济社会发展必须靠教育、增收致富奔小康根本靠教育”的思想认识，全县控辍保学任务仍然艰巨；城乡之间、乡镇之间发展不平衡，特别是康玉乡和八盖乡受地域限制，“水、电、路、讯、网”等基础设施建设仍需进一步完善，城乡环境卫生综合整治仍需持续发力。四是作风建设还需不断深化。个别部门和领导干部思想保守，工作方式方法单一，缺乏创新；部分单位在具体工作落实中，不同程度存在“上热下冷”现象，个别干部不想干、不会干、不敢担当、不善作为的情况仍有发生，攻坚克难的韧劲和开拓创新的勇气有所缺乏。五是党建工作亟待提升。党建品牌影响力有限、辐射面不广，党内政治生活规范化、常态化落实未能到位，从严落实党建责任压力传导还不够。以上这些问题，既有当前的也有长远的，既有客观的也有主观的，都是波密发展过程中必须予以克服和解决的。对此，县委常委会将高度重视，认真分析研究，采取有效举措加以解决。同时，也希望同志们对县委常委会的工作提出意见和建议，帮助我们把工作做得更好。

各位委员，同志们。奋斗改变历史，实干铸就伟业。让我们更加紧密地团结在以习近平同志为核心的党中央周围，在中央、区党委和市委的正确领导下，以习近平新时代中国特色社会主义思想为指导，牢固树立以人民为中心的发展思想，坚持不忘初心、砥砺前行，牢记使命、坚定奋斗，不断奔跑、勇于追梦，聚焦乡村振兴战略，高质量建设“五个波密”，努力开创波密经济社会长足发展和长治久安新局面，以优异的成绩向新中国成立 70 周年和西藏民主改革 60 周年献礼！

注释：

1. 五个走在前列：2017 年 1 月 10 日，吴英杰书记在参加自治区十届人大五次会议林芝代表团审议时，提出林芝要在固边兴边上走在前列，要在产业发展上走在前列，要在农牧民增收上走在前列，要在脱贫攻坚上走在前列，要在宗教管理上走在前列。

2. 十三对关系：2016 年 12 月 31 日，在全区经济工作会议上，吴英杰书记提出做好 2017 年经济工作要处理好“十三对”关系，即：处理好国家投资和社会投资的关系，重大项目和民生项目的关系，发挥优势和补齐短板的关系，城镇就业和就近就便、不离乡不离土、能干会干的关系，扶贫搬迁向城镇聚集和向生产资料富裕、基础设施相对完善地区聚集的关系，央企在藏资源开发和解决当地农牧民增加收入的关系，保护生态和富民利民的关系，城市发展和提高农牧区基本公共服务能力的关系，高校毕业生政府就业和市场就业的关系，简政放权和地方承接的关系，企业增产提效和改善企业职工福利待遇、促进农牧民群众增收的关系，中央关心、全国支援和自力更生、艰苦奋斗的关系，鼓励干部担当干事和容错纠错的关系。

3. 五个波密：祥和波密、活力波密、幸福波密、美丽波密、法治波密。

4. 四个意识：政治意识、大局意识、核心意识、看齐意识。

5. 四个自信：道路自信、理论自信、制度自信、文化自信。

6. “五个不能”工作要求：“四讲四爱”群众教育实践活动中要坚持“主线不能偏、内容不能省、步骤不能减、要求不能降、活动不能走过场”。

7. “四讲四爱”群众教育实践活动：讲党恩爱核心、讲团结爱祖国、讲贡献爱家园、讲文明爱生活。

8. “点轴线”党建模式：一点，指波密县政府所在地扎木镇，一轴三线，指318国道和易贡沟、波堆沟、多吉沟。

9. 村级组织活动场所建设“四性”“三化”：突出政治性、服务性、群众性、开放性；坚持办公区域最小化、服务场所最大化、服务功能最优化。

10. 村级组织活动场所“八个阵地”建设要求：把村级组织活动场所打造成政治引领、服务群众、凝聚人心、民族团结、推动发展、维护稳定、法治宣传、文化活动的“八个阵地”。

11. 五亮两岗双争：即“亮身份、亮职责、亮承诺、亮监督、亮业绩；设立党员责任岗、党员示范岗；争创先进党组织、争当优秀党员”。

12. 驻村工作七项重点工作任务：深入学习宣传贯彻党的十九大精神、助力打赢脱贫攻坚战、推进乡村振兴战略、维护基层社会和谐稳定、强基础惠民生、加强基层精神文明建设、决胜全面建成小康社会。

13. 二十字好干部标准：信念坚定、为民服务、勤政务实、敢于担当、清正廉洁。

14. 民族地区“三个特别”要求：明辨大是大非立场特别清醒、维护民族团结行动特别坚定、热爱各族群众感情特别真挚。

15. “两个责任”：落实党风廉政建设责任制，党委负主体责任，纪委负监督责任。

16.“三无”“三不出”“三稳定”：三无，即无聚集、无上访、无自焚；三不出，即大、中、小事不出；三稳定，即持续稳定、全面稳定、长期稳定。

17. 自治区十项维稳举措：一要以开展创先争优强基惠民活动为有力抓手，提升驻村工作水平；二要以干部驻寺常态化为主要内容，加强和创新寺庙管理；三要以便民服务、维稳处突为首要职能，推行城市网格化管理；四要以维护藏传佛教正常秩序为基本目标，依法依规管理宗教事务；五要以强化社会面管控为有效途径，实现维稳措施全覆盖；六要以扩大就业、改善民生为关键举措，夯实和谐稳定的群众基础；七要以开展民族团结进步创建活动为重要载体，促进各民族和睦相处、和衷共济、和谐发展；八要以加强高校管理和青少年思想政治及“双语”教育为工作重点，培养合格的社会主义建设者和接班人；九要以提高社会主义先进文化的影响力为根本任务，确保西藏意识形态领域的绝对安全；十要以维护稳定为硬任务和第一责任，落实维稳工作责任制和应急处突机制。

18. 枫桥经验：20世纪60年代初，浙江省诸暨市枫桥镇干部群众创造了“发动和依靠群众，坚持矛盾不上交，就地解决。实现捕人少，治安好”的“枫桥经验”，并得到毛泽东同志批示。之后，“枫桥经验”得到不断发展，形成了具有鲜明时代特色的“党政动手，依靠群众，预防纠纷，化解矛盾，维护稳定，促进发展”的枫桥新经验，成为新时期把党的群众路线坚持好，贯彻好的典范。

19. “遵行四条标准争做先进僧尼”：遵行政治上靠得住的标准，争做旗帜鲜明、立场坚定的先进僧尼；遵行宗教上有造诣的标准，争做精进学识、勤学苦修的先进僧尼；遵行品德上能服众的标准，争做遵纪守法、道德高尚的先进僧尼；遵行关键时起作用的标准，争做积极作为、发挥作用的先进僧尼。

20. 两限一警：限速限载、一车一警。

21. 两站两员：乡镇交通安全管理站、交通安全管理员，行政村交通安全劝导站、交通安全劝导员。

22.“三个专项”斗争：“扫黑除恶”“打非治乱”“扫黄打非”。

23. “一轴三线”旅游发展布局：“一轴”即318国道，“三线”即易贡沟自然风光景观带，波堆沟历史人文景观带和多吉沟文化民俗景观带。

24. 乡村振兴战略“二十字”方针：产业兴旺、生态宜居、乡风文明、治理有效、生活富裕。

25. “一核四心”城镇化布局：以扎木镇为核心，松宗、倾多、古乡和通麦四个小集镇为中心的城镇化发展建设格局。

26. 土地“五乱”专项整治：依法依规治理整顿规划区内的乱签土地使用合同（协议）、乱圈、乱占、乱建、乱挖等“五乱”行为。

27. “五个100%”：中小学双语教育普及率100%，小学数学课程开课率100%，中学数理化生课程计划完成率100%，中学理化生实验课程开出率100%，职业技术学校国家目录规定课程开出率达到100%。

28. 五下乡：深入开展文化、科技、卫生、法律和爱国爱教宣传服务下乡活动。

29.“四个最严”：最严谨的标准、最严格的监管、最严厉的处罚、最严肃的问责。

30. “四有两责”：四有即，有职责、有岗位、有人员、有手段；两责即，落实日常监管责任和监督抽检责任。

31. “双集中”：对有意愿的五保对象实现集中供养，对孤儿实现集中收养。

32. 环境保护“六乱”治理：指治理垃圾乱丢、广告乱贴、摊位乱摆、车辆乱停、工地乱象、污水乱倒等现象。

33. 环境保护“八进”活动：城乡环境综合治理活动进机关、进企业、进社区、进村庄、进工地、进景区、进学校、进市场。

34. 两个坚决维护：坚决维护习近平总书记在党中央和全党的核心地位，坚决维护党中央权威和集中统一领导。

35. 三重一大：重大事项决策、重要干部任免、重要项目安排和大额资金的使用，必须经集体讨论做出决定的制度。

波密县人民代表大会常务委员会工作报告

——在波密县第十二届人民代表大会第六次会议上

波密县委常委、人大常委会主任 马海蕴

（2019 年 2 月 25 日）

2018 年主要工作

2018 年，波密县人大常委会在县委的正确领导和市人大的关心帮助下，以党的十九大精神、十三届全国人大一次会议精神和习近平新时代中国特色社会主义思想为指导，以助推县委决策部署深度落实为重点，以加快全面小康进程为目标，以推进民主法治建设、维护人民群众根本利益为主线，严格依法履职，积极主动作为，全年共召开人民代表大会 3 次、常委会会议 7 次、主任会议 8 次，听取和审议专项工作报告 11 个，开展视察检查调研 13 次，作出决议决定 6 个，组织代表“家访”1 次，开展评议工作 1 次，依法任免国家机关工作人员 9 人，较好地完成了 2018 年确定的各项目标任务。

一、紧扣中心大局，着力推动县委决策贯彻落实

县人大常委会坚持把人大工作放在全县大局中去思考、谋划、推进，紧紧围绕县委决策部署抓大事、强监督、保落实、促发展，为“五个波密”建设聚焦发力。

（一）强化计划财政审查。密切关注全县经济运行情况，听取和审议了 2018 年上半年国民经济和社会发展计划执行情况报告，促进县政府进一步落实稳增长、促改革、调结构、惠民生、防风险等各项措施，经济社会保持平稳较快发展。结合新预算法，听取和审议了《波密县人民政府关于 2017 年本级财政决算报告》《波密县人民政府 2017 年本级财政预算执行和其他财政收支情况的审计工作报告》《预算调整报告》，财经农牧城建环保委员会出台相关审议意见，切实推动县财政部门狠抓税源经济培植，增强依法理财能力，同时，不断完善审查监督机制，依法从紧控制政府债务增长，切实防范和化解财政运行风险。

（二）规范重大事项决策。依据中央和区、市相关文件要求，县人大常委会在原有基础上，在进一步明确人大行使重大事项决定权应遵循的总体要求和原则、决定重点和范围、工作程序和机制。一是听取和审议了县政府关于康玉乡、八盖乡总体规划（2017–2030）及其编修说明，形成相关决议，要求县政府按法定程序上报审批并认真组织实施，切实维护规划的权威性和严肃性。二是对政府重大投资项目的监督进一步加强，综合运用审查报告、调查研究、代表视察等方式，推动政府不断提升决策科学化、民主化水平，规范管理程序和制度，狠抓项目推进落实，保障三岩片区异地搬迁、倾多镇栋曲村灾后重建等重点民生工程顺利实施。

二、恪守民本导向，着力促进民生福祉持续增强

县人大常委会坚持把保障和改善民生作为工作的出发点和落脚点，积极回应关切，持续开展监督，推动政府切实解决“衣食住行养”等问题，不断提升全县人民获得感和幸福指数。

（一）助推社会事业进步。围绕“学有所教”目标，开展了《中华人民共和国职业教育法》和西藏自治区实施办法执法检查，建议政府加大教育保障力度，优化教育资源布局，提高整体教学质量，努力办好人民满意教育。围绕“病有所医”“老有所养”目标，听取了卫计委、人社局关于全县农牧区新型合作医疗以及城乡居民养老保险工作开展情况的报告，专题视察了玉许乡（镇）卫生院运行情况，并提出了相关意见建议，切实推动县政府及相关部门继续深化医疗和养老体制改革，完善公共服务体系，加快人才培养，更好地为群众提供安全有效、质优价廉的医疗服务。

（二）助推生态文明建设。一是听取了环保局关于2018年环保状况和环保目标完成情况报告，并建议政府树立绿色先行、生态优先的发展理念，坚持问题导向，强化环保执法，切实推进“美丽波密”建设。二是协助市人大常委会开展了《中华人民共和国大气污染防治法》《中华人民共和国非物质文化遗产法》和西藏自治区相关实施办法的执法检查，就投入保障、责任落实、机制建设等问题提出意见建议，形成专项报告，为市人大立法提供参考。

（三）助推部门履职尽责。对水利局、国土局、环保局、发改委四个单位工作进行评议，受评单位积极配合开展调查走访，召开班子成员座谈会、征求意见建议、发放测评表等，共收到意见建议12条。同时，召开评议工作会议，将评议整改意见下发，受评单位均及时制定整改方案，明确整改时限、措施和责任人，通过人大评议和受评单位整改，进一步防范了政府职能部门不作为、慢作为、乱作为等情况发生。

三、坚守公平正义，着力加快依法治县建设进程

一年来，县人大常委会始终以促进“一府一委两院”依法行政和公正司法为目标，为“法治波密”建设履职尽责。

（一）普法工作监督更加精准。在听取县司法局关于“七五”普法启动工作情况的汇报后，结合“六五”普法及“法治波密”建设工作中存在的问题与不足，出台了《关于在全县开展法治宣传教育第七个五年规划的决议》，要求县政府进一步突出普法重点，丰富普法内容，创新普法形式，注重普法实践，为全县经济快速发展和社会和谐稳定营造良好的法治环境。

（二）法律实施监督更加有效。对县政府贯彻执行《中华人民共和国预防未成年人犯罪法》和西藏自治区实施办法、《中华人民共和国妇女权益保障法》和西藏自治区实施办法等10部法律法规进行专项检查，在执法检查中分别提出了整改意见建议6条，并交县政府相关部门研究办理。同时，安排办公室对意见的落实情况进行跟踪监督，有力地保障了有关法律法规在我县的贯彻实施。

（三）司法工作监督更加深入。县人大常委会相继听取和审议了县人民法院、县人民检察院关于行政审判、民事行政检察等工作开展情况的报告，要求“两院”紧紧围绕中央关于全面推进依法治国基本方略和深化司法体制综合配套改革的统一部署，全面落实司法责任制，努力让人民群众在每一个司法案件中感受到公平正义，为全县经济社会发展提供更加有力的司法保障。此外，县人大常委会专门听取了《县检察院关于公益诉讼工作开展情况的报告》，根据全县实际，认真调研，出台了全市首

个《关于依法推进公益诉讼的决定》。

四、激活履职动能，着力发挥人大代表主体作用

县人大常委会坚持把代表工作作为基础性工作，积极创造条件，支持、规范和保障人大代表依法履职，充分发挥代表主体作用。

（一）注重阵地建设，切实发挥“家”的作用。始终将完善“人大代表之家”建设作为重要抓手，不断丰富“家”的活动，逐步解决了各级人大代表在闭会期间“代表难组织、活动难开展、能力难提高、作用难发挥、实效难体现”等问题，同时，建立了代表之家微信平台，切实推进“家”的信息化建设。

（二）提升办理质量，确保建议答复实效。把督办代表意见建议作为联系人大代表、为代表和群众排忧解难的重要工作来抓，切实提高代表建议的落实力度，着实解决了人民群众关注的热点、焦点问题。县十二届人大四次会议上，代表所提的44条意见建议均在法定时限内答复完毕，答复率为100%，满意率较上年度也有所提高。

（三）加强学习交流，提升代表履职能力。一是组织部分人大代表在阿里、那曲考察学习1次，在广州市人大学习培训1次，邀请市人大常委会副主任次旺晋美等有关领导为代表培训2次，参与代表达90余人次，有效开阔了代表眼界，提升了代表履职能力。二是扎实开展区、市、县“三级”农牧民人大代表家访活动，走访农牧民代表47户，切实增进了与广大代表的沟通交流，进一步了解了意见建议答复情况，并通过家访收集意见建议20条，及时反馈县政府，为全县经济社会发展提供参考。三是为强化县人大常委会组成人员与人大代表联系、人大代表与选民联系的工作，研究制定了“双联系”工作方案，并通过了县人大常委会会议的初审，目前正在修改完善中，将在2019年全面实施。

五、积极探索创新，着力推进基层人大规范建设

县人大常委会把推动乡（镇）人大工作为重要抓手，从配强人员力量、规范履职程序、深化代表活动等环节入手，推动乡（镇）人大逐步实现“三化”建设。

（一）自身建设标准化。全县10个乡（镇）按标准配备了人大办公室，添置了电脑、投影仪等办公设备，配齐人员，充实了乡（镇）人大工作力量，扭转了乡（镇）人大无专人理事、无固定场所办公的局面，并落实各乡（镇）人大经费8万元。

（二）履职行为规范化。指导各乡（镇）人大把开好人代会作为行权履职的主要方式，从规范乡（镇）人代会的内容、程序、会期和乡（镇）人大主席团的产生、人员组成、履职方式等各个环节入手，严格落实会期，规范会议程序，做到法定内容一个不少，法定程序一环不缺。

（三）代表活动经常化。督促各乡（镇）人大按照“代表之家”和“代表小组”活动要求，认真组织代表开展学习培训、视察调研等活动20余次，并严格执行“代表之家”规定动作。

六、立足务实创新，着力加强人大机关自身建设

县人大常委会高度重视自身建设，积极探索做好新时期人大工作的有效机制和途径，不断推进“四个机关”建设。

（一）始终坚持党的领导。始终坚持在县委的领导下开展工作，在指导思想上，增强党的观念。严格落实向县委报告工作制度，开展重大活动、召开重要会议等都及时向县委请示报告，保证党的路线、方针、政策和党委的决策部署在人大工作中得到落实。

（二）切实加强政治建设。进一步健全政治理论学习常态化机制，严格执行学习会议制度，定期开展集中学习研讨，分层组织机关党员干部深入学习习近平同志治国理政新思想新理论新战略，认真学习《宪法》《监察法》等法律法规，学习党的十九大关于人大工作的新论述。通过组织开展各类学习活动，不断强化人大机关干部“四个意识”，使大家始终保持敢于担当、勤于奉献、勇于创新的进取精神，切实增强机关干部做好新时期人大工作的使命感和责任感。

（三）不断强化宣传报道。加强与县委宣传部、县文化局沟通交流，通过新闻宣传报道人大会议及闭会期间的执法检查、视察调研、民主评议等活动。一年来，通过媒体宣传20余次，增强人大工作的社会知晓度，进一步根植人民代表大会制度和民主法制建设。

（四）扎实做好脱贫帮扶。认真抓好机关党员干部“四对一”结对帮扶脱贫工作，经常深入基层，赶赴各自联系点，帮助“亲戚”们理清发展思路，制定发展计划，协调解决资金问题，支持发展特色产业等。2018 年，人大机关共慰问 19 户困难户，送去慰问金 9500 元。

各位代表！过去的一年，县人大常委会各项工作取得了较好成绩，这是县委正确领导、县人大常委会组成人员共同努力、各级人大代表大力支持和“一府一委两院”积极配合的结果。在此，我谨代表县人大常委会，向关心、支持人大工作的社会各界人士表示崇高的敬意和衷心的感谢！

在总结成绩的同时，我们也清醒地看到，县人大常委会工作与民主法治建设的要求、与宪法和法律的规定、与人民群众的愿望相比，还存在一定的差距，主要是：监督机制有待进一步完善，监督实效还需增强；代表履职力度相对薄弱，履职能力与水平有待进一步提高；专委会作用发挥还不够明显。对此，我们将高度重视，采取切实措施加以解决。

2019 年工作重点

2019 年是新中国成立 70 周年、西藏民主改革 60 周年，也是全面建成小康社会关键之年。县人大常委会的总体工作思路是：高举习近平新时代中国特色社会主义思想伟大旗帜，深入学习贯彻习近平总书记关于坚持和完善人民代表大会制度的重要思想，深入贯彻落实习近平总书记关于治边稳藏的重要论述，牢固树立“四个意识”，坚定“四个自信”，做到“两个维护”，始终坚持以人民为中心，贯彻落实党的十九大，十九届二中、三中全会和中央第六次西藏工作座谈会精神，贯彻落实区党委、市委和县委重要决策部署，坚持党的领导、人民当家做主、依法治国有机统一，长期坚持、不断完善人民代表大会制度，认真履行宪法法律赋予的职责，紧扣发展稳定生态三件大事和着力打好三大攻坚战，围绕大力实施以“神圣国土的守护者、幸福家园的建设者”为主题的乡村振兴战略，全面加强和改进人大工作，在决胜全面建成小康社会、加快“五个波密”建设的征程上展现新气象新作为。

一、在坚持党的领导上下功夫，坚定正确政治方向

以习近平新时代中国特色社会主义思想为指导，旗帜鲜明地坚持党的领导，把党的领导贯穿于人大工作的全过程，树牢“四个意识”、坚定“四个自信”、做到“两个维护”，做党的基本理论、基本路线、基本方略的坚定捍卫者。坚持以人民为中心的发展方略，全面履行人大决定、监督、任免等职权，推动解决人民群众在脱贫、就业、增收、教育、医疗等方面的保障需求，积极回应民生关切，不断增进民生福祉。坚持人民当家作主，进一步健全民主制度、丰富民主形式、拓宽民主渠道，通过坚持和完善人民代表大会制度保障人民行使民主权利，实现人民当家作主。

二、在民主决策上提水平，依法审慎重大事项

进一步完善党组、主任会议、常委会会议等民主议政形式，深入开展调查研究，全面了解经济社会发展态势和群众意愿，确保人大作出的决议决定更加符合实际、贴近民意。认真落实中央关于健全人大讨论决定重大事项制度的要求，明确决定事项，突出决定重点，提升科学民主决策水平。围绕生态环境保护、重点项目实施、乡村振兴、民生保障等重点工作，适时作出决议决定，使县委决策部署上升为人民的共同意愿和自觉行动。

三、在依法监督上求实效，不断完善监督机制

牢固树立“寓监督于支持，在支持中实现监督”的理念，把监督发现的问题转化为“一府一委两院”改进工作的方向，确保“一府一委两院”在法律框架内、在法治轨道上正确履职。一是加强对政府工作的监督。强化经济运行监督，开展重点项目实施情况视察，听取和审议县政府关于国民经济和社会发展计划执行情况的报告，促进经济运行质量和效益不断提高；深化财政预决算监督，充分发挥人大财经农牧城建环保委员会职能，优化财政资金使用绩效；高度关注民生，对乡村振兴、市政工程等相关项目开展专项视察，着力促进民生改善。二是探索对监察委员会的监督。在县委统一领导下，依法任命监察委领导班子，支持监察委依法履职尽责，认真

研究和探索对监察委领导干部依法履职情况的监督，推进监督工作落地见效。三是深化对法检“两院”的监督。定期听取法检“两院”专项工作报告，加强对基层司法体制改革的调查研究，支持和推动“两院”改革顺利实施，促进审判权、检察权正确行使。四是强化规范性文件备案审查。建立规范性文件备查衔接联动机制，完善报备、审查、反馈工作流程，实行规范性文件统一管理、分工负责制度，提高备案审查工作的规范性和时效性。与此同时，注重增强监督实效，克服监督工作重审议轻跟踪、重决定轻执行、重检查轻落实等问题，加强对相关执行机关贯彻实施决议决定和审议意见的跟踪落实，确保县人大常委会作出的决议决定和审议意见执行到位。

四、在代表工作上创特色，焕发人大工作活力

代表主体作用的发挥直接关系到人民群众民主权利的落实，要加强代表教育培训，通过举办代表履职专题培训、开展代表活动等形式，提高代表调查研究、依法监督、凝聚民心的能力。深化拓展“双联系”活动，健全代表激励约束机制和退出机制，增强代表依法履职的责任感；丰富人大代表闭会期间的履职形式，坚持邀请代表特别是基层代表参与县人大常委会开展的视察调研、执法检查、评议测评等活动，切实发挥代表督政议政的作用；改进和完善代表小组、“六个一”活动的内容和形式，密切代表与群众的联系，切实发挥代表宣传党的方针政策和宪法法律、投身经济发展、引领社会风尚、维护和谐稳定的示范带动作用；开展“一好两优”评选活动，树立典型、看齐标杆，提高代表建议落实率，充分调动代表履职的热情和主观能动性。

五、在自身建设上再加力，不断提升履职水平

加强履职能力建设是提升履职实效的关键，要坚持继承、创新、完善相结合的原则，努力将人大及其常委会建设成为全面担负起宪法法律赋予的各项职责的工作机关，成为同人民群众保持密切联系的代表机关。一是要继续推进“两学一做”常态化制度化，巩固政治纪律教育学习成果，持续改进作风，在全面从严治党的道路上继续前行；二是要加强干部队伍教育培训，丰富履职活动，增强理论指导实践的效果；三是要密切人大机关干部、人大代表同群众的联系，凝聚推动人大工作发展的合力；四是要努力推动人大“一室三委”建设，塑造充满活力、务实高效、风清气正、勤政廉洁的人大干部队伍形象；五是要加强对宪法的学习宣传，不断增强宪法学习宣传实施的自觉性和主动性，全面推进“法治波密”建设；六是要强化人大宣传工作，广泛宣传人民代表大会制度、人大工作和代表履职先进典型，提升人大工作的影响力，唱好2019年人大工作主旋律。

各位代表！新时代呼唤新气象新作为。让我们在县委的坚强领导下，团结和依靠全县各族人民，谋发展之计，鼓实干之劲，造和谐之势，以坚如磐石的信心、只争朝夕的劲头、坚韧不拔的毅力，为率先全面建成小康社会、谱写大美波密新篇章而努力奋斗！

名词注解

1. 六个一：县人大常委会组成人员每年至少走访联系人大代表1次；人大代表每半年至少走访选民1次；县人大常委会每年至少确定1个调研课题进行调研；县人大常委会党组成员每年至少指导代表小组活动1次；代表小组每年至少提出1条建议；每届人大代表向选区选民述职1次。

2. 双联系：县人大常委会组成人员与代表联系、代表与选民联系。

3. 一好两优：好建议、优秀人大代表、优秀人大主席团。

4. 四个机关：坚定的政治机关、有为的权力机关、务实的代表机关、担当的工作机关。

5. 八簿一册：代表建议、批评和意见办理情况登记簿，代表活动考勤登记簿、代表联系选民登记簿、代表述职登记簿、选民意见转办情况登记簿、代表接待选民来信来访登记簿、代表为选民办实事登记簿、代表开展会议（活动）情况登记簿、代表花名册。

6. 一室三委：办公室、财经农牧城建环保委员会、法制司法民族宗教委员会、教育科学文化卫生委员会。

政府工作报告

——在波密县第十二届人民代表大会第六次会议上

波密县委副书记、人民政府县长　边　巴

（2019 年 2 月 25 日）

2018 年工作回顾

2018 年，我们高举习近平新时代中国特色社会主义思想伟大旗帜，在区、市党委政府坚强领导和县委直接领导下，坚持以人民为中心的发展思想，深入贯彻落实党的十九大和十九届二中、三中全会精神，深入贯彻落实自治区第九次党代会、区党委九届三次、四次全会和市委一届六次、七次全会精神，按照县委九届三次全会和全县经济工作会议部署要求，坚持党对经济工作的全面领导，以处理好“十三对关系”为根本方法，坚决打好精准扶贫、污染防治、防范化解重大风险三大攻坚战，全力做好发展稳定生态各项工作，全县经济发展势头呈现总体平稳、稳中趋快、稳中向好的运行态势。2018 年全县地区生产总值预计完成 22.21 亿元，同比增长 13.7%；地方公共财政预算收入预计完成 6978 万元，同比增长 12.55%；全社会固定资产投资增速预计达 95.75%；社会消费品零售总额预计完成 2.64 亿元，同比增长 15%；城镇居民人均可支配收入预计完成 29990 元，同比增长 11.3%；农村居民人均可支配收入预计完成 16949 元，同比增长 14.7%。

——脱贫攻坚首战告捷。聚焦脱贫攻坚硬战，坚持扶贫与扶志、扶智相结合，举全县之力整合各类扶贫资金 2.4 亿元，持续落实教育帮扶、医疗救助、产业扶持、政策兜底、人居环境整治、水电基础设施巩固提升等措施，取得阶段性成果：成功接受省际交叉考核、中央扶贫巡视、国家扶贫领域专项审计、国务院第三方评估验收、国家扶贫资金绩效考核，被自治区党委、政府评为全区 13 个脱贫攻坚优秀县之一。2018 年 9 月，波密成功脱贫摘帽。同时，抓实三岩片区易地扶贫搬迁，统筹谋划搬迁方案，配套产业规划，圆满完成区市下达任务。

——**民生事业持续改善**。稳步实施教学及辅助用房改扩建、县完全小学音乐之家和4所高海拔乡镇小学供暖工程,全年新开园幼儿园18所,位列全市首位。在全区首个成立中学国防班,易贡乡小学成功挂牌"'传承红色基因、继承中华文化'红色少年篆刻进校园示范学校""广州波密·区乡对接"教育帮扶模式初步形成,中、小学毛入学率100%,学前三年毛入园率83.54%。抓实群众就业,全年转移农牧区就业人口5455人,搭建双创中心平台实现创业人员550余名、带动就业1100余名,为54名波密籍未就业高校毕业生开发就业岗位,应届毕业生成功就业193人、就业率92.34%,新增城镇人口就业493人、困难群体就业119人、城镇失业人员再就业121人,城镇登记失业率1.08%。落实城乡居民健康体检、两癌筛查、孕产妇住院补助等政策,扎实推进包虫病综合防治、重点人群"三病"筛查、"两降一升"及基本卫生服务,全民参保登记25373人、参合率99.9%,"双集中"实现100%目标,全年兑现城乡低保补助资金2201.01万元、城乡医疗救助资金200.55万元、困难家庭救助资金35.87万元。坚持"党政同责",落实"四有两责",开展食品抽检186批次,合格率99.46%,投资29万元建成嘉瑞超市、菜市场农产品快检室,10个乡镇均配发食品药品安全快检箱,有力保障各族群众饮食用药安全。坚持文化富民,全国重点文物保护单位—扎木中心县委红楼陈列馆稳步建设,县级数字电影院投入运营,"多吉文化产业园""藏王故里舞台剧"项目成功申报,藏韵文化传媒有限公司正式成立,文化产业增加值超过9000万元,全县"三馆一站"公共文化设施建筑面积达1.82万平方米。

——**项目建设提档升级**。保持专注发展、转型发展战略定位,坚定不移落实稳增长政策措施,抓实"十三五"规划中期调整,围绕优势资源上项目、特色产业上项目、基础设施上项目,在协调做好易贡湖生态修复与综合整治、川藏铁路、川藏公路等重大项目工程服务的基础上,全力推进国家投资重点项目开复工建设,全年完成投资31.10亿元,完成年度计划的193.80%。藏中和昌都电网联网工程波密段、岗巴大桥、巴琼沟山洪治理、2017年小型农田水利重点县建设、2017年波密县农村安全饮水巩固提升工程等项目全面竣工,县城污水处理及收集系统、县委党校、省道303改建、村级组织活动场所标准化建设、棚户区改造等项目稳步推进,是历年来项目投资最高、规模最大、固定资产增长最快的一年。

——**产业结构日益优化**。紧扣林芝市"一带四基地"产业发展布局,产业链条有效延伸,产业富民效益有力彰显。成功举办首届藏王故里文化旅游节,波密山水、人文、森林、冰川散发无穷魅力,全年接待游客130余万人次,实现旅游相关收入10.5亿元,分别同比增长73.81%、57.42%。G318·西藏波密帕隆藏布河谷AAAA级景区规划已完成,米堆冰川AAAA级景区规划通过市级评审,16座景区(点)厕所建设完成。2018年乡村旅游接待游客16.32万人次,实现旅游相关收入2447.88万元。编制藏猪产业"一规划一办法",整合市、县财政资金8035万元推动藏猪产业发展,建成倾多镇热西村、玉许乡棠木村、多吉乡木古村标准化猪舍,完成4000头能繁母猪耳标佩戴、入舍和集中养殖,新发展藏猪养殖村集体经济7个,培养藏猪养殖大户12户,引进2家公司落户波密,藏猪产业步入正规化发展。注重发展优势产业,投入资金9200万元开展茶叶种植,完成土地平整5300亩,种植软枝乌龙、中小叶种茶苗2968亩。稳步实施重大动物疫情应急物资储备库及冷链设施建设等农牧项目21个,建立良种繁育基地4个,农机深松作业1.3万亩。波密鲜松茸、波密干松茸、波密青稞、波密菜籽油4个农产品地理标志注册商标,获得国家工商总局认证。

——**城乡建设成效显著**。紧扣乡村振兴战略"二十字"总要求,先行启动全国农村人居环境整治三年行动示范县建设,创新提出"拆违拆旧、垃圾治理、人畜分区、绿色篱笆、百花庭院"五大行动,完成扎木镇达兴村等15个示范村建设,改造44个行政村、1780户民房。按照城乡基础设施提质扩容和"一核四心"城镇化布局,完成《波密县城市总体规划(2013–2030)》《波密县主城区控制性详细规划》修编评审,完成9个乡(镇)总规、控制性详规和85个行政村村庄规划评审,《西藏林芝市波密县扎木镇城市设计》荣获全区优秀城乡规划设计二等奖。加快实施县城民俗化改造和基础设施改造项目，波密夜景成为网红新地标。投资2.36亿元的第一期棚户区改造项目极大改善城乡面貌，投资3.8亿元的通麦特色小镇、米堆冰川小镇、松宗温泉小镇、古乡康养小镇稳步建设，实现波密小镇串珠成链。

——环境保护稳步优化。正确处理保护生态和富民利民关系，创森工作稳步推进，全年完成义务植树370亩，完成重点区域庭院造林175亩6328株，依法查处涉林案件11起、涉案人员19人。集体林权制度改革通过最终验收，初步划定生态红线面积8370.01平方公里。编制完成《波密县重污染天气应急预案》《波密县水污染防治行动计划》《波密县土壤污染防治行动计划工作方案》，源头杜绝重污染、高排放项目落地。打好环境督察"整改战"，上报自治区环保督察迎检资料718份，办结自治区第六环境保护督察组群众来电来信转办案件2件。稳步实施河湖长制，县、乡、村三级河长210人，加大巡河巡湖力度，河湖得到有效保护。

——土地治理成效显著。稳步推进国有农垦土地确权，完成10个乡镇85个行政村农村集体土地、宅基地权属调查和地籍测量工作，颁发证件1923本、证明11本。制定出台《波密县农村集体土地管理办法》《波密县临时用地管理办法》，加强对侵占国有土地、乱圈乱占乱建、违规建筑、超面积使用等问题的整治查处力度，制止"五乱"行为129起，开展卫片执法图斑42宗，处没罚金54.81万元。坚持节约、集约利用土地，依法出让土地125.75亩，缴纳土地出让金3514.48万元。盘活幸福小区、古乡小集镇等一批闲置土地；储备康养小镇、温泉小镇等一批新开发用地。

——援藏工作硕果累累。完成援藏规划内外建设项目投资4000余万元，县城沿江路、扎木路风貌改造项目和县医疗急救体系、三级远程医疗会诊建设项目全面竣工，争取广州市援助资金2000万元推动6个村级活动场所标准化建设。正在编制《400万以下非必须公开招投标项目的波密县招投标管理办法》，推进政府投资性建设项目管理规范化。"三对"组团式医疗援藏新机制稳步实施，共计接受援藏医生2批次10人次，组团式医疗队下乡开展义诊4次。强化藏粤学校学术、经验交流，衔接广州市5所优质小学完成"一对一"帮扶，年度共引进广州大学2批次23名老师开展支教活动，洽商广州市幼儿师范学校对全县60余名幼儿师资进行培训，"大爱波密"慈善助学微平台上线运营。拓展穗波交流渠道，10个乡镇成功搭建"区乡对接"帮扶平台，乡镇基础设施建设、产业发展、干部能力提升等受援工作稳步推进，全年协调广州市各级党政考察团、驻穗机构及企业进藏考察交流、对接帮扶20余次，完成干部交流300余人次。

——社会局势和谐稳定。巩固"长安杯"县成果，持续推进人防和技防互为补充、专业力量和群防群治力量有机结合的立体防控体系建设。落实县级财政资金41.8万元开办区外学经回流人员教育转化培训班，25名区外学经回流人员"五个认同"思想不断增强。深入开展扫黑除恶、打非治乱专项行动，整治治安乱象27处，查处涉案人员55人。加强道路交通安全管理，查处各类道路交通违法行为5800余起，道路交通事故录入公安交通管理综合应用平台达100%。稳步推进民族团结进步创建工作，波密县获"2018年全国民族团结进步创建示范县（区）"殊荣，扎木镇成功列为林芝市首批民族团结进步创建示范点，各族群众"三个离不开"思想根深蒂固。加强和改进伊斯兰教管理工作，依法取缔伊斯兰教临时礼拜点1个。全面落实利寺惠僧政策，争取资金48万余元为僧人办好事、解难事，受到广大僧人的一致好评。聚焦驻村工作"七项重点任务"，落实扶贫项目35个，所涉资金1439万元，投入资金156万元为民办实事办好事1492件，开展慰问1890余人次，妥善化解各类矛盾纠纷隐患286件。

——政务环境持续优化。深入学习贯彻习近平新时代中国特色社会主义思想和党的十九大精神，深入推进"两学一做"学习教育常态化制度化，切实以理论塑造思想、以思想引领行动。细化重大行政决策程序，制定出台《波密县人民政府"三重一大"事项集体决策制度》。完善政府法律顾问制度，法治政府建设步伐不断加快。自觉接受县委领导，接受人大、政协、审计和社会各界监督，重大事项均请示县委决策、提请县级人大批准，全年承办人大建议 44 条、政协提案 33 件，答复率、满意率均达 100%。初步建成电子政务服务大厅，深化“放管服”改革，抓实县直部门权责清单动态调整，主动承接市级下放审批事宜。严格执行“五证合一”“一照一码”“证照分离”和“双告知”制度，企业登记办理程序大幅缩减。建立执法部门“一单两库一细则”，稳步推行物价信息公开，切实保障各族干部群众切身利益。强化行政执法，提升营商环境，全年累计进行治安行政警告 8 起、教育训诫 4 起、行政处罚 4 起。落实决策、执行、管理、服务、结果“五公开”工作机制，让政府权力在阳光下运行。驰而不息整治“四风”，全面落实党风廉政建设责任制，政府机关为民、务实、清廉形象进一步树立。

此外，2018 年我县国防建设、人民武装、军地共建、应急管理、地灾详查、统计、编译、保密、地方志等方面工作也取得了新成绩，妇女儿童、青少年、慈善、残疾人、理赔等事业健康发展。

各位代表，回顾过去的一年，我县成功打赢脱贫攻坚硬战，成功申报全国人居环境整治三年行动示范县，顺利举办首届藏王故里文化旅游节。成绩来之不易，这是以习近平新时代中国特色社会主义思想正确指引的结果，是自治区、林芝市党委政府坚强领导和县委直接领导的结果，是全国各族人民特别是广东人民无私援助的结果，是全县各族人民共同努力的结果。在此，我代表县人民政府，向全县 3.8 万各族干部群众辛勤付出和全体援藏干部人才无私奉献，表示衷心感谢！向给予政府工作大力支持的人大代表、政协委员和离退休干部，向驻地解放军指战员、武警官兵、政法干警，表示衷心感谢！向长期关心支持波密建设发展的社会各界人士，表示衷心感谢！

各位代表！在总结经验与成绩的同时，我们要看到推动波密高质量发展还面临一些困难和挑战：发展的质量和效益还不够高，有影响力的高特产业和龙头企业还处于起步阶段，土地可利用资源不够理想，实体经济发展水平有待提高；城市建设和管理还有不少短板，城乡一体化发展进程还需进一步加快，部分乡镇与国道 318 沿线乡镇在基础设施相比仍存在一定短板；教育、卫生等公共服务供给水平有待提高，群众就业渠道依然较为单一，社会治理领域复杂性、艰巨性长期存在；政府自身建设仍需加强，部分政府职能部门服务水平、责任担当和执行力有待进一步提高。对此，我们要增强忧患意识，抓住主要矛盾，有针对性地加以解决。

2019 年工作安排

各位代表！2019 年是新中国成立 70 周年，是西藏民主改革、波密县人民政府成立 60 周年，是全面建成小康社会关键之年，是巩固脱贫攻坚成果、推动乡村振兴战略深入实施之年，做好政府各项工作至关重要。我们必须坚持党对经济工作的全面领导，砥砺奋进、筑梦前行，切实走好增长与转型良性互动、发展与生态相得益彰、经济与社会协调并进的高质量发展之路，全面促进波密经济社会持续健康发展。

今年政府工作的总体思路是：高举习近平新时代中国特色社会主义思想伟大旗帜，全面贯彻落实党的十九大和十九届二中、三中全会精神，统筹推进“五位一体”总体布局和“四个全面”战略布局，坚决做到“五个坚持”，深入贯彻落实自治区第九次党代会、区党委九届三次、四次、五次全会精神，以处理好“十三对关系”为根本方法，按照市委一届六次、七次、八次全会和县委九届三次全会、县委经济工作会议部署要求，继续打好三大攻坚战，深入实施“两产业一平台”发展战略，统筹做好稳增长、调结构、强产业、惠民生、优生态、防风险各项工作，确保“五个波密”建设取得新的更大成就。

今年经济社会发展主要预期目标是：全县地区生产总值力争增长 10.5% 以上，地方公共财政预算收入力争增长 10% 左右，全社会固定资产投资力争增长 12% 左右，社会消费品零售总额力争增长 13% 以上，城乡居民人均可支配收入力争增长 11%、13% 左右，居民消费价格涨幅控制在 3% 以内。

围绕上述目标，我们要着力抓好以下九个方面重点工作：

一、突出惠民利民，着力增进人民福祉。坚持以人民为中心的发展思想，顺应群众关切，办好民生实事，推动人民群众幸福指数"节节高"。办好人民满意教育。全面落实教育优先发展战略，加大援藏资金投入力度，更好巩固义务教育均衡发展成果。强化经费保障，注重学前教育，持续巩固"五个100%"目标。加快完善"三包"核算中心建设，做好127名高中职教生委培工作，最大限度满足适龄青少年接受高中阶段教育需求。抓实就业保障。认真落实就业政策，统筹做好高校毕业生、农牧区转移劳动力、就业困难人员等重点人群就业工作。以创客中心为平台，制定入孵企业相关优惠政策，积极鼓励有创业意愿的高校毕业生返乡创业。深入开展和谐劳动关系创建活动，逐步完善"监察、仲裁、信访"三位一体的维权工作机制，妥善处理劳动争议案件。提升全民健康水平。规范乡村医疗一体化管理运行机制，继续强化县卫生服务中心内务建设，争创"二级甲等"医院。依托远程诊疗系统，强化三级医院对口帮扶工作，抓好医疗联合体建设，积极推进医疗卫生信息化。强化医德医风医技建设，着力提升基层医务人员操作、使用医疗器械水平。做好包虫病防治工作，开展农牧区先天性心脏病儿童免费救治及妇女"两癌"免费筛查。传承发展藏医药业，推进民族医药业健康发展。完善社会保障体系。全面实施全民参保登记计划，统筹失业、工伤、养老、医疗保险，推行社保"一卡通"。精准落实各类保障和救助政策，进一步发挥兜底政策社会"稳定器"作用，推进低保制度和社会救助、优抚安置等有机衔接，加强留守和城乡困难儿童关爱保护，着力维护残疾人、老年人、妇女儿童合法权益，让每一个身处困境的人都能感受到社会的关爱和温暖。丰富群众精神文化生活。深入实施"一乡一品、一县一特"创建，以文化广场和乡镇文化站为载体，以乡镇文化民俗节为抓手，开展丰富多彩的群众活动，推动全国重点文物保护单位—扎木中心县委红楼陈列馆对外开放，使文化发展成果更多更好惠及各族群众。

各位代表，2019年我们将着力办好以下民生十件实事：一是把稳就业摆在突出位置，完成转移就业4000人，开发就业岗位400个，实现更充分就业。二是增加学前教育投入力度，建成县中心幼儿园、第二幼儿园食堂，为适龄幼儿提供午餐，减轻家长负担。三是加大国道318线、乡村道路交通安全隐患排查，实施25条村道安全生命防护工程，提升农村道路安全系数。四是改造棚户区1199户，建成公租房150套，保障干部群众住有所居。五是实施康玉乡、多吉乡高海拔乡镇集中供暖工程，改善干部职工生产生活条件。六是完善县、乡、村三级便民服务体系，有效解决服务群众"最后一公里"问题。七是推进林芝东部区域医疗中心建设，全面完成2.6万农牧民群众"三病"筛查工作。八是稳步实施8个乡镇72个行政村7091人安全饮水巩固提升工程，保障干部群众饮水安全。九是开工建设波密县老年人照料中心和未成年人保护中心，实现老有所养、少有所教。十是完成波密文化广场改造升级，丰富群众文化广场活动。

二、强化项目支撑，着力改善基础设施。全力配合川藏铁路波密段、易贡湖生态修复与综合治理等重大项目建设，以项目建设为抓手，提升招商实效，聚焦优质要素，拓展发展空间，提高有效投资强度，努力打造新的经济增长点。加快重点项目建设。强化项目储备，加快项目审批进度，加快完成村级组织活动场所标准化建设、松宗镇特色小集镇基础设施建设项目，继续推进通麦小集镇一期基础设施建设项目、新一轮农网升级改造工程、曲宗藏布重点河段治理工程等项目建设，积极申报并稳步实施教育基建项目。加大招商引资力度。以林芝市桃花节、中国西部国际博览会、广州博览会、西藏旅游文化国际博览会等区内外重大活动为平台，加大对投资1000万元以上项目引进力度，持续做好2018年藏博会签约项目—常青国际项目跟踪服务。对意向性签约项目、已签约项目，建立"一套班子·专班服务"机制，提升项目落地率，确保落地项目尽快开工，实现开工项目尽快投产并发挥效益。强化项目储备、审批。聚焦产业、交通、水利、生态等投资热点精准发力，谋划梳理一批可行性强、回报率高、社会效益好的绿色生态项目，充实好"十四五"项目储备库，做到项目库及时更新、储备不断档。建立项目审批联席会议制度，推行限时审批，开辟绿色通道，做到快审、快批、快通过。

三、注重实体实业，着力夯实发展根基。把经济发展着力点放在实体经济上，紧扣全区“七大产业”目标任务，加快产业结构调整和转型升级，不断巩固和增强经济发展后劲。做精全域旅游。紧扣全域旅游示范县和区域旅游中心总体定位，加快构建“一轴三线”旅游发展布局，以G318·西藏波密帕隆藏布河谷旅游区4A级景区创建为抓手，实现“波密处处皆景点”。加大招商引资力度，补齐景区（点）旅游基础设施短板，对档次低、规模小的景区（点）实行提质扩容，实现标准化、品牌化、规范化经营。立足波密旅游资源禀赋，以项目拉动、包装和多渠道、多形式宣传推介，制作一批具有影响力的旅游指南和宣传片，打响“藏王故里、冰川之乡、桃花之最”旅游品牌。多渠道争取国家旅游发展资金，加大桃花沟、朗秋等景区（点）深度开发，加快推进景区（点）公共服务基础设施建设和厕所革命，持之以恒抓实旅游项目申报、落地等各项工作。扎实做好“旅游+”文章，促进生态旅游业与民俗文化、农牧特色产业深度融合，培育发展田园旅游、文化旅游、体育旅游、康养旅游、休闲旅游等新业态新产品。以旅游行业监管为突破口，强化旅游执法，严厉打击高价售卖、非法买卖等不正当经营行为，更好净化旅游市场，确保进藏游客“游得顺心、玩得开心、住得放心”。做强农牧特色产业。按照林芝市“一带四基地”产业布局，新增种植有机茶叶9200亩、设施蔬菜300亩、藏药材200亩，新增藏猪养殖4万头以上。建立以扎木镇、玉许乡、松宗镇为中心的藏药材种植基地，继续推广种植天麻、波棱瓜等藏药材。建成玉许沟、倾多沟、多吉沟为中心的藏猪产业基地，实现藏猪产业规模化发展。打造倾多镇、松宗镇、多吉乡小麦青稞特色良种繁育基地，打造康玉乡、多吉乡、玉许乡高原牦牛、犏奶牛特色养殖基地，建成八盖乡藏猪原种保护区，新建1个肉制品冷链及综合服务体系。加大“三品一标”示范县、示范乡、示范村创建工作，扶持龙头企业、专合组织开展产品包装和品牌申报。做实多种新型产业。鼓励引导企业和社会资本向绿色发展聚焦，结合川藏铁路、川藏公路建设，发挥波密地域优势，全力打造藏东南物流中心，全力支持商贸物流新型产业发展。加大产业园区申报工作，规划并力争启动集旅游观光、农牧特色产品集中销售、藏民族文化体验为一体的产业园区建设。

四、关注三农工作，着力推动乡村振兴。抓牢抓细抓实脱贫攻坚成果巩固提升，坚持“输血式”扶贫向“造血式”扶贫转变，注重大产业引领驱动、小产业入户创收，全面推广“4+1”扶贫产业发展模式，健全利益联结机制。坚持扶贫与扶志、扶智相结合，采取干部“走亲”“帮亲”等方式，继续教育引导贫困群众解放思想、改变观念，实现“要我脱贫”到“我要脱贫”的转变。狠抓易地扶贫搬迁任务，扎实做好三岩片区140户702人搬迁安置工作，有效确保群众搬得进、留得住、能致富。积极探索推广“田园综合体”发展模式，整合资金建设一批特色村落、产业新村。坚持充分尊重群众意愿，注重发挥基层创新性和创造力，高度重视“三农”人才建设，培养造就一支懂农业、爱农村、爱农牧民的“三农”工作队伍，切实让农牧民群众真正成为乡村振兴的主体。坚持建好、护好、管好、运营好农村公路，抓实农村安全饮水巩固提升，打造“水电路讯网、科教文卫保”指标过硬的小康示范样板村。健全自治、法治、德治相结合的乡村治理体系，完善村规民约，推动移风易俗，树立文明乡风。巩固农村土地制度改革成果，落实土地“三权分置”制度，深化农村集体产权制度和林权制度改革，完成农村“三资”清产核资，盘活农村集体资产，发展壮大集体经济，推动“资产变股权、资金变股金、农民变股民”改革，让农牧民群众获得更多资产性收入。

五、加速协调配合，着力城乡统筹发展。遵循城市发展规律，不断完善规划建设管理，补齐功能短板，优化人居环境质量，努力形成城乡互动、共同发展的新格局。强化规划引领。持续跟进乡镇、村庄规划后续工作，加强县城规划运用及管理，衔接做好城乡建设项目申报各项工作。建立健全城乡规划督察制度，强化规划执法，确保城乡规划从严管控、落地实施，严防项目实施与先行规划发生冲突。抓实特色小镇建设。坚持特色定位、错位发展，形成风格独特、亮点纷呈的小镇集群。加快推进通麦特色小镇、古乡康养小镇、松宗温泉小镇、玉普冰川小镇建设步伐，夯实小镇功能，强化小镇产业支撑。加快推进小集镇棚户区改造项目，力争提前完成目标任务。提升城市品位。全力打造生态之城、旅游之城、文化之城、宜居之城。进一步加快县城风貌改造，加强城市管理队伍执法规范化、科学化，在执法中强化管理、在管理中做好服务。加大环卫基础设施投入力度，提高环卫工人待遇水平。集中整治道路交通秩序，严厉打击车辆乱停乱放行为，切实解决县城内行车难、停车难问题。

六、深化改革创新，着力优化发展环境。深入贯彻落实庆祝改革开放40周年大会精神，围绕重点领域，紧扣关键环节，不断提升改革成效和创新质量。全面深化“放管服”改革。高标准运营好三级便民服务中心，大力实施“互联网＋政务服务”，推动行政审批部门入驻量化管理，规范办事流程，简化优化办事程序，实现服务事项“一号申请”“一窗受理”“一网通办”，让企业和群众少跑腿、好办事、不添堵。深入实施商事制度改革，深入实施“多证合一”“证照分离”，主动引导市场预期，提高市场主体“出生率”“成活率”。出重拳优化、整治市场秩序，严厉打击侵权假冒、哄抬物价、垄断市场公平竞争的违法行为，不断优化“双随机、一公开”监管体制。持续推进重点领域改革。全力做好政府机构改革，理顺部门职责，调整权责清单，优化运行机制，确保政府、市场和社会多方关系更加规范合理、高效通畅。盘活国有资产存量，优化资产分布，对岗云杉林等景区依法合规进行资产评估入库，多做打基础、利长远工作。扎实推进文化、教育、医药和供销社等改革，让改革精神贯穿于政府工作始终。大力发展非公经济。坚持“两个毫不动摇”“三个没有变”，引导资金更多投向实体经济并降低融资成本。因地制宜扶持壮大、做强做优村集体经济，切实跳出和扭转村级组织无钱办事困境。在综合考量环保、绿色等因素的前提下，降低企业准入门槛，营造法治化制度环境，给包括民营企业在内的各类所有制企业更加良好、稳定的市场预期，增强市场主体的发展信心，切实做到让利于企、让利于民，为企业发展创造良好条件。有序扩大对外开放。主动融入川渝经济圈、大香格里拉经济圈，深化与周边县区交流合作，力争打造林芝市政治、经济、文化的次中心。不断深化穗波合作，建立紧密型、常态化对接合作机制，推进“组团式”教育、医疗援藏纵向深入发展。做好第八、九批援藏交接。

七、坚持生态优先，着力建设美丽波密。牢固树立“绿水青山就是金山银山、冰天雪地也是金山银山”理念，齐抓共管、协同并进，努力建设天更蓝、水更清、地更绿、景更美的宜居家园。加快推进国土绿化。统筹山水林田湖草综合治理，推进人工造林、乡村绿化、苗圃建设等生态项目，大力实施封山育林、防沙治沙工程，推进裸露地块“穿衣”、重点区域植被恢复，突出抓好易贡乡4000亩土地补植复绿及管护工作，全年完成人工造林4545亩。强化环境综合治理。继续打好污染防治攻坚战，加强环境执法监管，强化环境监测，严查严打各类环境违法行为。抓实中央环保督察反馈问题整改工作，成功迎接中央环保督察和自治区环保督察“回头看”，完成第二次污染源普查，加大生态保护红线划定后续衔接、审批事宜。严格落实河长制、湖长制，坚持常态化巡河护河治河，全面加强河湖管理保护。健全完善权界清晰、对接有序、权责一致、运转高效、法制保障的不动产统一登记体系，推进不动产统一登记、数据库建设和档案移交各项工作，积极配合四川测绘地理信息局做好全县第三次国土统计调查。补齐环境工作短板。跟进县城污水处理及收集系统工程后续运行、管理，加快推进4个乡（镇）污水处理设施建设步伐。稳步推进农村生活垃圾治理、厕所粪污、农村生活污水等治理工作。开工建设通麦小集镇、古乡、松宗镇、易贡乡、玉普乡5座生活垃圾无害化处理设施。

八、夯实稳定基础，着力创新社会治理。高举法治旗帜，维护法律权威，依法管理社会事务，全面加强和创新社会治理，深入推进法治波密建设。强化维稳工作。全面落实区、市维稳措施，深入开展扫黑除恶、打非治乱、扫黄打非专项行动，始终保持高压态势，全力维护社会稳定。依法规范信访行为，完善多元调处机制，以推动领导定期下访、适时接受群众来访，加大矛盾纠纷隐患排查化解力度，切实维护人民群众合法权益，彰显社会公平正义。深化民族团结。大力推进民族团结进步创建工作，引导各族群众牢固树立“三个离不开”思想，增强“五个认同”，细化对民族团结进步模范集体、个人考核推荐评选工作，让民族团结贯穿政府工作始终。抓实宗教管理。牢牢把握宗教事务主动权，跟进宗教活动场所基础设施建设、寺庙维修工作。全面落实利寺惠僧政策，做实在编僧人养老、医疗保险及免费体检、免费巡诊工作。继续开展“遵行四条标准、争做先进僧尼”教育实践活动，形成“两活动一条例”学习宣传的良好氛围和效果。加强安全监管。树牢安全发展理念，落实安全生产责任，完善安全防范体系，夯实安全生产基础，强化重点领域、重点行业专项整治，全力防范和遏制重特大安全事故，坚决守住安全生产底线，确保实现“三控制、三下降、一遏制”目标。深入开展食品安全专项整治，以最严标准、最严监管、最严处罚、最严问责，确保各族群众“舌尖上的安全”。提升防灾减灾救灾能力。全面落实保障措施，建立健全预警出警机制，强化应急演练，切实加强对洪涝、地质灾害、森林草原火灾等突发事件应急处置工作。

九、牢记使命担当，严格履行政府职能。切实转变政府职能，改进工作作风，用系统化思维进一步提升政府治理能力和服务水平，努力打造人民满意政府。坚持从严治政。对标从严治党要求，突出强化政治建设，严守政治纪律和政治规矩，遵从党章、对党忠诚，不断厚植“四个意识”、坚定“四个自信”，坚决做到“两个维护”，自觉主动接受县委的直接领导，高站位、高标准、高质量推动落实政府各项工作。坚持依法履职。坚持在法治轨道上依法履行政府职能，组织开展1至2次法治专项培训、专项检查，引导政府各职能部门懂法、守法、依法行政。自觉主动接受人大及其常委会的法律监督，接受政协民主监督，接受社会、舆论监督，主动向社会公开财政预算、公共资源配置、重点建设项目、社会公益事业等事项，增强决策透明度和公众参与度，确保权力在阳光下运行。坚持能力建设。通过强化培训、挂职锻炼、集中学习、调查研究，着力提升广大干部职工驾驭市场经济的能力、招商引资的能力、服务市场主体的能力、发展特色产业的能力、推进项目建设的能力、应对复杂局面的能力、依法行政的能力和狠抓落实的能力。坚持作风转变。坚持以功成不必在我的胸襟，多谋打基础、利长远的事业，只要符合中央和自治区精神、符合波密实际及群众意愿，就大胆试、放手干，树牢执行意识，坚决破除畏难等靠要情绪和无所作为状态。坚持实事求是，强化责任担当，勇于战胜前进道路上的各类困难和挑战，一步一个脚印把美好蓝图变成现实。深入推进政府系统党风廉政建设，找准廉政风险点，打好“预防针”，念好“紧箍咒”，筑牢廉政防线。

各位代表！波密振兴发展正当其时，人民充满期盼！让我们更加紧密地团结在以习近平同志为核心的党中央周围，在区党委、政府，市委、市政府和县委的坚强领导下，在人大、政协和广大代表、委员的监督支持下，在广东人民特别是广州人民的无私援助下，鼓劲加油干，奋进再出发，全力谱写新时代新时期波密发展新篇章！

注释：

1. 十三对关系：2016年12月31日，在全区经济工作会议上，吴英杰书记提出做好2017年经济工作要处理好“十三对”关系，即处理好国家投资和社会投资的关系，重大项目和民生项目的关系，发挥优势和补齐短板的关系，城镇就业和就近就便、不离乡不离土、能干会干的关系，扶贫搬迁向城镇聚集和向生产资料富裕、基础设施相对完善地区聚集的关系，央企在藏资源开发和解决当地农牧民增加收入的关系，保护生态和富民利民的关系，城市发展和提高农牧区基本公共服务能力的关系，高校毕业生政府就业和市场就业的关系，简政放权和地方承接的关系，企业增产提效和改善企业职工福利待遇、促进农牧民群众增收的关系，中央关心、全国支援和自力更生、艰苦奋斗的关系，鼓励干部担当干事和容错纠错的关系。

2. “一孩双女”贫困家庭：夫妻双方均为农业户口；1933年1月1日以后出生；现存一个子女或两个女孩或子女死亡现无子女；年满55周岁以上。

3. 三病：结核病、肝炎、风湿病（骨关节疾病）。

4. 双集中：有意愿的五保户集中供养和有意愿的孤儿集中收养。

5. 四有两责："四有"即"有职责、有岗位、有人员、有手段"；"两责"即履行好日常监管职责和监督抽检职责。

6. 三馆一站：文化馆、图书馆、群艺馆和乡镇文化站。

7. 一带四基地："一带"即建立以巴宜区、米林县、朗县、米林农场为主的林果产业带；"四基地"即建立以巴宜区、工布江达县、米林县、波密县为主的藏猪繁育繁殖加工基地，以巴宜区、工布江达县、米林县、波密县、察隅县为主的藏药材种植基地，以波密县、墨脱县、察隅县为主的茶叶种植基地，以巴宜区为重点、各县城郊为补充的蔬菜生产基地。

8. 一规划一办法："一规划"即《波密县2018-2025年藏猪产业发展规划》，"一办法"即《波密县藏猪产业项目扶持和以奖代补实施办法》。

9. "二十字"方针：产业兴旺、生态宜居、乡风文明、治理有效、生活富裕。

10. 一核四心："一核"即以县城（扎木镇）为核心，"四心"即以松宗、倾多、古乡和通麦4个小集镇为中心的城镇化发展建设格局。

11. 五个认同：对伟大祖国的认同、对中华民族的认同、对中华文化的认同、对中国共产党的认同、对中国特色社会主义的认同。

12. 三个离不开：汉族离不开少数民族、少数民族离不开汉族、各少数民族之间也相互离不开。

13. 六个一：交一个朋友、开展一次家访、办一件实事、建一套档案、畅通一条渠道、形成一套机制。

14. 驻村工作"七项重点任务"：深入学习贯彻党的十九大精神；助力打赢脱贫攻坚战；推进乡村振兴战略；维护基层社会和谐稳定；强基础惠民生；加强基层精神文明建设；决胜全面建成小康社会。

15."三对"医疗援藏机制：院院对口、科科对应、医生对接。

16. "两学一做"：学党章、学系列讲话、做合格党员。

17. "三重一大"：重大决策、重要干部任免、重大项目安排和大额度资金的使用。

18. 五证合一、一照一码：通过"一窗受理、互联互通、信息共享"，将由工商、税务、人社、统计、质监五个部门分别核发不同证照，改为由工商部门核发加载统一社会信用代码的营业执照，组织机构代码证、税务登记证、社会保险登记证、统计登记证不再发放，为企业提供更加便利服务。

19. 证照分离："证"即指各相关行业主管部门颁发的经营许可证，"照"即指工商部门颁发的营业执照。"证照分离"即指只要到工商部门领取一个营业执照，便可以从事一般性的生产经营活动，若需要从事需要许可的生产经营活动，再到相关审批部门办理许可手续。

20. 双告知：工商办理注册登记后，告知市场主体和相关行政审批部门，及时办理后置审批事项。

21. "一单两库一细则"："一单"即随机抽查事项清单；"两库"即市场主体名录库、执法检查人员录库；"一细则"即规范"双随机"抽查工作细则。

22. 五位一体：经济建设、政治建设、文化建设、社会建设、生态文明建设。

23. 四个全面：全面建成小康社会、全面深化改革、全面依法治国、全面从严治党。

24. 五个坚持：坚持稳中求进工作总基调，坚持新发展理念，坚持推进高质量发展，坚持以供给侧结构性改革为主线，坚持深化市场化改革、扩大高水平开放。

25. "两产业一平台"：全力发展以生态旅游产业为龙头的绿色产业，大力发展藏猪产业，合力搭建旅游经济引导下的城镇化建设平台。

26. 五个波密：祥和波密、活力波密、幸福波密、美丽波密、法治波密。

27. 五个100%：中小学双语教育普及率100%，小学数学课程开课率100%，中学数理化生课程计划完成率100%，中学理化生实验课程开出率100%，职业技术学校国家目录规定课程开出率100%。

28. 两癌：妇女宫颈癌和乳腺癌。

29. 七大产业：2019年自治区《政府工作报告》中提出"全力培育和发展'七大产业'"，即快速发展高原生物产业、全域发展特色旅游文化产业、规模发展绿色工业、壮大发展清洁能源产业、整体发展现代服务业、创新发展高新数字产业、跨越发展边贸物流产业。

30. 一轴三线:“一轴”即318国道,“三线”即易贡沟自然风光景观带,波堆沟历史人文景观带和多吉沟文化民俗景观带。

31. 三权分置:所有权、承包权、经营权三权分置。

32. 三资:农村集体经济中的资金、资产、资源。

33. 双随机、一公开:监管过程中随机抽取检查对象,随机选派执法人员,抽查情况及查处结果及时向社会公开。

34. 两个毫不动摇:毫不动摇巩固和发展公有制经济,毫不动摇鼓励支持引导非公有制经济的发展。

35. 三个没有变:非公有制经济在中国经济社会发展中的地位和作用没用变,我们鼓励、支持、引导非公有制经济发展的方针政策没有变,我们致力于为非公经济发展营造良好环境和提供更多机会的方针政策没有变。

36. 两活动一条例:“两活动”即指“四讲四爱”群众教育实践活动、“遵行四条标准、争做先进僧尼”教育实践活动;“一条例”即新修订的《宗教事务条例》。

37. 四个意识:政治意识、大局意识、核心意识、看齐意识。

38. 四个自信:中国特色社会主义道路自信、理论自信、制度自信、文化自信。

39. 两个维护:坚决维护习近平总书记党中央的核心、全党的核心;坚决维护党中央权威和集中统一领导。

中国人民政治协商会议第九届波密县委员会常务委员会工作报告

——在政协第九届波密县委员会第四次会议上

波密县政协主席　巴　桑

（2019 年 2 月 24 日）

2018 年工作回顾

2018 年，是全面贯彻落实党的十九大精神开局之年，是决胜全面建成小康社会承上启下的一年。一年来，在市政协的精心指导和县委的坚强领导下，在县人大、县政府的大力支持下，在广东人民的无私援助下，县政协常委会团结引领全体政协委员和政协工作者，深入学习贯彻党的十九大、十九届二中、三中全会精神，系统领会习近平新时代中国特色社会主义思想精髓，牢牢把握新时代人民政协新方位新使命，紧扣团结、民主两大主题，聚焦发展、稳定、生态三件大事，正确处理“十三对”关系，充分发挥协调关系、汇聚力量、建言献策、服务大局作用，为波密改革发展稳定做出了积极贡献。

一、坚持以理论学习为先导，着力夯实团结奋斗的共同思想政治基础

坚持和加强党对政协工作的全面领导，坚持贯彻落实中央、区党委、市委、县委的决策部署，切实做到与党同心同向同行，从思想上政治上扣好履职尽职的第一粒扣子。系统制定政协党组、机关学习计划，把学习宣传贯彻习近平新时代中国特色社会主义思想和党的十九大、十九届二中、三中全会精神作为首要政治任务，把习近平总书记治边稳藏重要战略思想、习近平总书记关于加强和改进人民政协工作的重要思想，以及区党委九届三次、四次全会和市委一届六次、七次全会精神，自治区、林芝市人大、政协“两会”精神作为重点学习内容，开展主席会议学习研讨 3 次、常委会议集中学习 3 次、机

关集中学习35次、委员学习培训2次，帮助全体政协委员、机关干部提高政治站位，树牢“四个意识”，坚定“四个自信”，坚决做到“两个维护”，努力维护好人民政协旗帜鲜明讲政治的本色和传统。

二、坚持以服务中心为履职第一要务，助推波密社会经济持续发展

常委会始终将助推改革发展作为履职尽职第一要务，紧紧围绕全县中心工作，深入调研、认真协商、务实监督，努力做到建言建在需要时、议政议到点子上、监督监在关键处。助推波密社会经济发展。充分发挥全委会、主席会、常委会协商平台作用，组织委员在全会期间通过政协提案、小组讨论，与党组成员面对面交流等多种形式建言献策，汇总10个方面50条意见，供县委、县政府决策参考。全力巩固脱贫攻坚成果。组织全县政协力量积极投身脱贫攻坚主战场，建言献策巩固脱贫摘帽新成果。党组成员坚持深入一线，走访基层干部、困难群众100余人次，深入困难群众和驻村工作点进行教育引导11次，参与督导检查28人次；组织机关党员干部结对帮扶贫困群众25户，捐款捐物1.25万元。动员广大委员在扶贫活动中树立致富典型，发挥带动作用，帮助解决实际困难。2018年，白玛次仁、扎西多吉、珠嘎、边坝次仁、曲林5名委员在“百企帮百村”精准扶贫行动中，共帮扶困难群众29户114人，帮扶资金4.04万元；白玛次仁委员帮扶困难学生20名，帮扶资金1.31万；扎西多吉委员主动为受灾群众送温暖，捐资2万元，帮助重建家园。派出1名副主席、1名专委会主任，全力协助“三岩”办有序开展“三岩”片区异地扶贫搬迁工作。助推乡村振兴战略实施。聚焦拆危拆旧、绿色篱笆、庭院整治、垃圾治理、人畜分区，2018年8月，联合县人大常委会赴阿里、那曲部分县（区）开展考察学习活动1次，2018年11月，组织部分界别委员和相关部门负责人赴贵州凤冈县开展考察学习活动1次，2018年12月，组织带领区、县两级政协委员深入扎木镇达兴村、倾多镇扎西村等村（居）开展专题调研活动1次，从大力发展旅游产业、发展壮大村集体经济、推动乡风文明建设等方面资政建言，形成综合调研报告3篇，向县委县政府报送1篇。着力打造波密品牌。加强与区市政协、外地政协的沟通联系、联谊交往，认真接待广州市政协、内蒙古乌兰察布市政协、四川甘孜藏族自治州政协及区内各兄弟地市县政协的来访交流，积极宣传波密改革发展成就，为讲好波密故事，发好波密声音，树好波密形象，优化波密发展环境尽心尽责，努力工作。

三 、坚持以强化思想政治引领为使命担当，凝心聚力维护社会和谐稳定

坚决维护祖国统一和西藏稳定大局，坚决贯彻执行区党委维稳措施和市委、县委部署要求，坚定不移站在反分裂斗争的第一线。严格维稳值班巡逻制度。重要时段、重大节假日和敏感节点，主席会成员坚决服从县委统一部署，坚守在挂点乡（镇）全程督导维稳工作；各副主席坚持按县委排班要求，坚守在110指挥中心，统筹协调指挥，做好应急准备；机关全体党员干部和驻村派出干部坚决按县委维稳和安全生产指示精神，始终坚守在矛盾纠纷调处、安全隐患排查和突发事件处置的第一线，为我县团结稳定和谐发展保驾护航。深化各界人士交友联谊。充分发挥政协渠道畅通、团结面广的优势，进一步增强与党外知识分子、非公有制经济人士和新的社会阶层人士的联谊交友工作，积极为他们有序参与协商、合理表达诉求创造机会，搭建平台，促进各族各界安居乐业，交流融合。增进民族团结和宗教和睦。常委会充分发挥政协党外民主人士达妥·洛桑益西副主席的独特优势，在宗教界、农牧委员中集中开展了一次如何正确处理宗教与社会主义相适应、淡化宗教消极影响的专题讲座，深入“一线”开展法治宣传、党的民族宗教政策宣传、民族团结进步创建等活动，引导各族群众树牢“三个离不开”，树立正确“五观”，增进“五个认同”，淡化宗教消极影响，坚决抵御民族分裂主义和宗教极端思想渗透。

四、坚持以提升履职质量为目的，统筹兼顾推动政协工作

坚持抓牢抓实政协业务工作。提高提案办理水平。县政协九届三次会议闭幕后，及时联合县人大、政府召开提案交办会，对提案答复模式、办理程序、办理时限等提出明确要求，积极主动联系承办

单位，了解和掌握提案办理情况，共同分析探索提案办理有效途径和方法。县政协九届三次会议共收到提案50件，经归类整合审查立案33件。截至2018年10月31日，所有提案已办理答复完毕，有效解决了一批人民群众关心的热点、难点问题。提升委员队伍素质。以“知党恩、感党恩，主动履职、积极建言”为主题，联合县委统战部召开专题学习会，将理论学习与业务培训相结合，进一步深化感恩教育，提高政治站位，提升业务水平，激发委员履职的主动性、积极性；聚焦乡村振兴、旅游产业发展等工作，组织委员外出学习交流2次，使委员开阔了眼界，拓宽了思路，全面提高了履职尽责科学化水平。做实强基惠民工作。机关领导高度重视强基惠民工作，政协主席、副主席以及办公室主任前往驻村工作点指导工作14次，结合驻村工作点实际，从群众思想教育引导、基层党建标准化建设、农村集体经济发展壮大等方面提供了指导性意见，协调解决村道整治、村庄绿化等实际问题4项。抓好文史资料编撰。有序推进《西藏年鉴》波密篇编撰工作，全力配合市政协圆满完成了《林芝区域文化丛书》的编撰、出版、发行任务，获《林芝区域文化丛书》编撰工作先进集体二等奖和先进个人奖殊荣。

五、坚持以适应新时代新使命为导向，全面提升自身建设水平

人民政协要发挥作用、体现价值，就必须不断加强和改进自身建设。机关党建工作推进有序。以政协党组建设为核心，采取理论中心组集中学习与个人自学相结合的方式，深入学习新思想新理论、党章党规、法纪条规等30余次，党组成员撰写专题学习笔记和学习心得10余篇，树立了良好学风；以机关党支部建设为重点，深入开展了第二十三个党风廉政建设宣传教育月活动、召开了专题组织生活会，持续推进机关政治、思想、作风、组织、效能建设，不断夯实工作作风、提高服务能力和保障水平，努力打造一支政治坚定、廉洁高效、乐于奉献的高素质干部队伍；坚持“标本兼治、综合治理、惩防并举、注重预防”的方针，主席与副主席、副主席与办公室各成员之间签定了党风廉政建设责任书、党员廉政建设承诺书，切实从制度上保证了党风廉政建设活动的有效开展。委员主体作用发挥充分。制定《委员履职激励考核管理办法》，建立委员履职档案，对委员参加政协会议、撰写提案、上报社情民意等实行分项统计并建档，考核其履职能力、政治思想表现等情况，并加强对本届政协委员政治理论学习和业务培训，有效提升了委员的履职水平，委员工作成效显著。2018年，波密县政协荣获全区政协系统社情民意先进集体称号。基础设施条件极大改善。县委、政府高度重视政协自身建设，2018年，在县政府财力有限的情况下，解决32万元“政协委员之家”活动场所改造经费，为政协委员开展活动提供了必要场所，解决2万元的政协委员家访活动经费，为进一步优化政协工作方式、了解政协委员履职情况创造了条件；县委组织部解决8万元党建活动场所标准化建设资金，完善了政协党建室标准化建设，为政协下一步更好的开展党建工作奠定了坚实基础。

各位委员，过去一年所取得的成绩，根本在于习近平新时代中国特色社会主义思想的科学指引，关键在于市政协的精心指导和县委的坚强领导，主要在于县人大、县政府的大力支持，广东人民的无私援助，以及政协各参加单位、全体政协委员和政协工作者的共同努力，在此，我代表本届常委会向大家表示衷心的感谢！

回顾一年来的履职实践，我们深刻地体会到：只有毫不动摇地坚持党的领导，认真贯彻中央和区党委、市委、县委的重大决策部署，才是做好新时代政协工作的根本保证；只有毫不动摇地把握人民政协的性质定位，把建言献策与投身实践紧密结合，才是发挥政协独特作用的关键前提；只有毫不动摇地围绕中心、服务大局，聚焦人民群众最关心最直接最现实的利益问题建真言献良策办实事，才是体现人民政协价值的基本途径。

2019年工作安排

2019年，是全面学习贯彻习近平新时代中国特色社会主义思想和党的十九大精神的深化之年，是我县决胜全面建成小康社会的关键之年，也是伟

大祖国70华诞、人民政协成立70周年和西藏民主改革60周年、西藏政协成立60周年。今年县政协工作的总体思路是：高举中国特色社会主义伟大旗帜，坚持以习近平新时代中国特色社会主义思想为指导，深入贯彻落实习近平总书记关于加强和改进人民政协工作的重要思想和关于治边稳藏的重要论述，贯彻落实党的十九大、十九届二中、三中全会和中央第六次西藏工作座谈会精神，贯彻落实自治区、市人大、政协"两会"精神，紧扣团结民主两大主题，聚焦发展、稳定、生态三件大事和正确处理"十三对关系"，坚持在"落实下去"和"凝聚起来"两个方面双向发力，把提质增效贯穿履职工作全过程和各方面，充分发挥社会主义协商民主重要渠道和专门协商机构作用，全面做好思想引导、汇聚力量、议政建言、服务大局各项工作，为努力走出一条符合县情实际的高质量绿色化发展道路，建设"五个"波密贡献智慧和力量。

坚决强化理论武装 持续筑牢共同思想政治基础。坚持把理论武装摆在更加突出位置，利用县委、政协党组理论中心组集中学习，外出考察交流学习和个人自学等方式，深入学习贯彻习近平新时代中国特色社会主义思想和党的十九大、十九届二中、三中全会精神和中央第六次西藏座谈会精神和习近平总书记关于治边稳藏的重要论述，学习贯彻区党委三次、四次全会和市委一届六次、七次全会精神，引导广大政协委员、政协干部进一步树牢"四个意识"，增强"四个自信"，做到"两个维护"，在政治立场、政治方向、政治原则、政治道路上同以习近平同志为核心的党中央保持高度一致。认真学习贯彻习近平总书记关于加强和改进人民政协工作的重要思想，贯彻落实汪洋主席对西藏政协工作的重要指示精神，学习贯彻全国、全区、全市政协系统党建工作座谈会精神，在持续深入学习、抓好成果运用上下功夫，提高全体政协委员和政协机关干部思想理论水平，切实把思想和行动统一到中央、区党委、市委、县委的决策部署上来。

坚决强化大局意识，持续助推波密改革发展稳定。紧扣县委中心工作和县政府工作部署，聚焦发展、稳定、生态三件大事，聚焦波密"两产业一平台"发展战略，聚焦我县脱贫攻坚成果巩固和乡村振兴战略实施成效，聚焦农牧业特色产业发展、农村剩余劳动力和大学生就业创业、中小学生"控辍保学"等全县中心工作，深入县内各乡镇开展专题调研，广泛收集社情民意，认真撰写专项报告，努力为县委、县政府决策部署建睿智之言、献务实之策；围绕社会稳定、民族团结、宗教工作、深化改革、乡村振兴、普法宣传、村级文化场所标准化建设等政策措施的落实情况，以及重要法律法规、重要文件的贯彻执行情况，突出问题导向，敢于举旗亮剑、敢于正面发声，帮助党政机关发现问题，加以改进，助推县委政府决策部署在基层落实到位；继续发挥民族委员、农牧民委员的优势作用，支持他们立足实际讲政策，提升自我树典型；教育引导广大界别群众转变思想、转移注意力，淡化宗教消极影响，勤劳致富，谋事创业，过上美好生活；继续引导宗教界委员遵循宗教人士培养的"四条标准"，继续支持宗教委员发挥自身优势，引导广大信众和僧尼自觉维护祖国统一，反对民族分裂，促进佛事和顺、宗教和睦。

坚决强化政协工作"一线"意识，持续提升委员履职水平。按照习近平总书记关于政协工作的重要指示精神，切实把履职质量导向放在更加突出的位置，实现各项履职活动从注重"做了什么""做了多少"向"做出了什么效果"转变。适时组织召开专题民主协商。坚决围绕县委中心工作和民生大事，适时组织召开专题民主协商座谈会，进行交流协商讨论，汇总意见建议，为波密发展出谋划策，坚决做到尽职不越位，帮忙不添乱，切实不表面。创建对外交流学习平台。争取对口援藏支持，有针对性地选派一批政协委员前往广州市政协进行培训学习，组织部分委员赴区内兄弟市(县)和区外进行交流学习，努力提高委员的政治把握能力、调查研究能力、联系群众能力、合作共事能力和履职尽责科学化水平。加大委员培训力度。坚持以委员发挥作用不是靠"说了算"，而是靠"说得对"为导向，针对委员"说的站位不高""说的方向不准""说的眼光不远"等具体问题，以党的大政方针政策、政协章程、法律法规、提案撰写、安全生产等为重点内容，将政治思想教育与业务水平培养相结合，要求每名政协委员每年参加学习培训不少于1次，实现委员履职从“说了算”向“说得对”转变，提升履职科学化水平，树立委员良好形象。坚持联系走访委员制度。由一名副主席专管，组成委员家访工作小组，定期联系走访政协委员，了解把握委员的履职情况和思想动态，认真听取委员的意见和建议，帮助解决好委员生产生活中的实际困难，进一步加强机关干部与农牧民委员的沟通交流，激发委员的履职自觉性、积极性。严格委员履职量化考核。按照《政协波密县委员会关于三级政协委员履职量化考核评价办法》标准，加强委员的履职服务与管理工作，将考核量化结果作为表彰奖励优秀委员和下一届留任依据，不断规范委员履职活动，做好委员履职保障。

坚决强化作风建设，持续打造新时代政协机关。要把落实好中央八项规定及其实施细则精神和自治区党委实施办法以及市委、市纪委关于廉政建设规定要求常态化、长效化；要带头遵守党的政治纪律、组织纪律、廉洁纪律、群众纪律、工作纪律和生活纪律，真正把纪律和规矩挺在前面；严格落实党风廉政建设“两个责任”，切实加强对职责范围内党风廉政建设的组织领导和监督检查，对已有制度包括“三重一大”、财务、公务接待、公务用车等制度进行认真梳理，对经过实践检验行之有效、群众认可的制度，纳入长效机制；深入开展民主生活会、组织生活会，认真查摆工作和生活中存在的各类问题，形成问题整改清单，逐一整改落实到位，促使贯彻执行中央“八项规定”及其实施细则精神成为工作习惯和行动自觉；要加强深入开展“五型”机关党建品牌创建活动，通过完善学习制度、举办机关学习活动，推动机关干部掌握新知识、掌握新本领、开阔新视野，强化责任意识、一线意识，积极作为、用心干事，全力打造奋发向上、团结协助、清廉务实的政协机关。

各位委员，同志们！新时代担当新使命，新征程呼唤新作为。新的一年，让我们更加紧密地团结在以习近平同志为核心的党中央周围，坚持以习近平新时代中国特色社会主义思想和党的十九大精神为指导，在中共波密县委的坚强领导下，以舍我其谁的使命担当，以干事创业的务实精神，为“五个波密”建设献智出力，以优异的成绩向新中国成立70周年和西藏民主改革60周年献礼！

名词解释

1.“新时代人民政协的新方位新使命”：是习近平总书记对人民政协工作的新要求，即“推动人民政协这一具有中国特色的制度安排更加成熟，更加定型，发挥好专门协商机构的作用”。

2.“十三对关系”：国家投资和社会投资的关系，重大项目和民生项目的关系，发挥优势和补齐短板的关系，城镇就业和就近就便、不离乡不离土、能干会干的关系，扶贫搬迁向城镇聚集和向生产资料富裕、基础设施相对完善地区聚集的关系，央企在藏资源开发和解决当地农牧民增加收入的关系，保护生态和富民利民的关系，城市发展和提高农牧民基本公共服务能力的关系，高校毕业生政府就业和市场就业的关系，简政放权和地方承接的关系，企业增产提效和改善企业职工福利待遇、促进农牧民群众增收的关系，中央关心、全国支援和自力更生、艰苦奋斗的关系，鼓励干部担当干事和容错纠错的关系。

3.“四个意识”：政治意识、大局意识、核心意识、看齐意识。

4.“四个自信”：中国特色社会主义道路自信、理论自信、制度自信和文化自信。

5.“两个维护”：维护习近平总书记核心地位，维护党中央权威和集中统一领导。

6.昌都三岩片区搬迁工作简介：三岩片区位于昌都市贡觉县，在距贡觉县北部约145公里处的金沙江西岸。“三岩”藏语意为“险恶之地”，这里山高谷深，峭壁耸立，道路崎岖，贫穷闭塞。对三岩片区群众实施整体易地扶贫搬迁，是深入贯彻落实习近平总书记关于扶贫开发重要思想、特别是在深度贫困地区脱贫攻坚座谈会上的重要讲话精神的具体体现，是我区打赢脱贫攻坚战的实际行动，意义重大、十分必要。对三岩片区的群众实施整体易地扶贫搬迁有利于从根本上帮助贫困群众挪穷窝、拔穷根、换穷业、富口袋，阻断贫困代际传递；有利于发挥资金的最大效益，实现社会进步；有利于改善生态环境，推动生态富民；有利于让各族群众切实感受到总书记和党中央的无比厚爱，更加自觉地感党恩、听党话、跟党走，夯实党在西藏的执政基础。

7. 乡村振兴战略：习近平总书记在十九大报告中指出，实施乡村振兴战略。农业农村农民问题是关系国计民生的根本性问题，必须始终把解决好“三农”问题作为全党工作重中之重。要坚持农村优先发展，按照产业兴旺、生态宜居、乡风文明、治理有效、生活富裕的总要求，建立健全城乡融合发展体制机制和政策体系，加快推进农业农村现代化。

8. “新的社会阶层人士”：这一概念由习近平总书记在2013年提出，主要包括四大群体：私营企业和外资企业的管理人员和技术人员、社会组织从业人员、自由职业人员、新媒体从业人员。

9. “三个离不开”：汉族离不开少数民族、少数民族离不开汉族、各少数民族之间也相互离不开。

10. “五观”：国家观、民族观、宗教观、历史观和文化观。

11. “五个认同”：对伟大祖国的认同、对中华民族的认同、对中华文化的认同、对中国共产党的认同，对中国特色社会主义的认同。

12. “四讲四爱”：讲党恩爱核心、讲团结爱祖国、讲贡献爱家园、讲文明爱生活。

13. “五个波密”：活力波密、幸福波密、祥和波密、美丽波密、法治波密。

14. “两产业一平台”：全力发展天麻产业、大力发展旅游产业，合理搭建城镇化发展平台。

15. 宗教人士培养“四条标准：政治上靠得住、宗教上有造诣、品德上能服众、关键时起作用。

16. “一线”：全国政协主席汪洋同志在指导新时代人民政协工作时指出，人民政协处于凝心聚力第一线、决策咨询第一线、协商民主第一线、国家治理第一线，是党和国家一线工作的重要组成部分。

17. “五型”机关：学习型、服务型、创新型、引领型、战斗型机关。

做实两个维护　深化标本兼治
推动新时代波密纪检监察工作高质量发展

——在中国共产党波密县第九届纪律检查委员会第四次全体会议上的工作报告

波密县委常委、纪委书记、监委主任　三　芳

（2019 年 4 月 9 日）

2018 年工作回顾

2018 年，在县委的坚强领导下，在市纪委的有力指导下，全县纪检监察机关以学习宣传贯彻落实党的十九大精神为主线，以习近平新时代中国特色社会主义思想为指导，牢牢把握“两个维护”根本政治任务，坚决落实市纪委、县委决策部署，扎实推进监察体制改革，积极履行党内监督和国家监察双重职责，严格正风肃纪，强化监督，着力推动新时代纪检监察工作高质量发展。

（一）政治纪律和政治规矩更加严明。坚持严明政治纪律和政治规矩，教育督促党员干部牢固树立“四个意识”、坚定“四个自信”，把旗帜鲜明讲政治落实到具体行动中。协助县委制定印发《波密县关于开展加强政治纪律教育活动的实施方案》，成立以县委书记任组长、县委相关领导任副组长、相关单位负责人为成员的领导小组，各级各部门党组织也相应成立加强政治纪律教育活动领导小组，切实承担起政治纪律教育主体责任，确保活动不走形式、不走过场，县纪委主动承担起加强政治纪律教育活动日常工作。召开集中整治不作为慢作为文山会海等形式主义官僚主义突出问题暨政治纪律教育活动推进会，坚持政治纪律和政治规矩这根弦不放松，全县召开党员大会 122 场次，支部书记讲党课 230 余次，党员干部签订承诺书 1026 份，440 名党员领导干部在专题组织生活会上带头对照检

查发言，4458 名党员开展批评与自我批评。县委理论中心组学习会传达学习 13 篇重点篇目，学习人数 1400 余人次。印制 300 余份《习近平关于严明党的纪律和规矩论述摘编》发放全县各级党组织，全县党员结合个人实际撰写学习体会 2360 余篇。县纪委坚持“严”字当头、“实”字托底，对各级各部门开展政治纪律教育活动情况进行 60 余次监督检查，对发现的问题要求相关党组织立行立改。

（二）管党治党责任压得更紧更实。督促各级各部门细化梳理主体责任清单，认真贯彻落实全面从严治党要求，压实“两个责任”，协助县委先后 10 次召开会议研究部署党风廉政建设和反腐败工作，制定印发《深化落实党委（党组、党支部）党风廉政建设主体责任和纪委监督责任实施细则》，进一步厘清各级部门责任。县委书记以上率下，做到“五个亲自”，切实履行好第一责任人职责，抓好班子、带好队伍、作好表率；县委常委班子其他成员履行“一岗双责”，切实抓好职责范围内的党风廉政建设工作；各级纪委全面履行监督责任，积极协助党委推进全面从严治党、加强党风廉政建设和组织协调反腐败工作。各级党组织进一步明确党委（党组）书记第一责任人责任和班子成员“一岗双责”，对履责情况实行全程纪实，对 4 名履职不力的乡镇主要领导进行问责，确保责任压实。推行“两个责任”年终述职述廉报告制度，落实每季度监督检查制度，对执行清单不力、责任落实不到位的坚决纠正，督促整改，杜绝“上面九级风浪，下面纹丝不动”、压力传导层层递减情况。

（三）查纠“四风”持续深化。坚持“节前提醒预防、节中监督检查、节后通报曝光”，围绕重要时间节点开展常态化整治。紧盯突出问题，开展违反中央八项规定精神明察暗访 49 次、党员干部禁赌检查 61 次，检查宾馆、KTV、茶楼、停车场 211 次。聚焦形式主义、官僚主义问题，开展不作为慢作为专项整治，在全县设立 5 个信访举报箱，公布举报电话及电子邮箱，在窗口单位、便民服务中心、办事大厅张贴不作为慢作为监督举报公示 80 份，对问题线索逐一登记台账，实行专人管理和督办，确保件件有落实；对全县 8 个乡（镇）、11 个县直部门开展监督检查 4 次，对发现的问题督促立行立改。转发“四风”问题典型案例 4 期 12 起。督促相关职能部门出台公务接待、差旅费报销等办法，督促各级工作组主动缴纳伙食费，注重源头治理和抓好贯彻执行。

（四）反腐败斗争压倒性态势巩固发展。县纪委切实把主责主业抓在手上，落实检查的再检查、监督的再监督要求，由以往被动监督变主动监督，由临时性监督变常态化监督，建立健全问题线索发现处置机制。召开反腐败协调小组会议，讨论修改《波密县委反腐败协调小组工作细则》，建立反腐败协调小组框架下加强扫黑除恶工作问题线索移交制度和办案协调配合制度，进一步发挥反腐败协调小组作用，推动全县反腐败工作深入开展。严格依纪依法、安全文明办案，开展受处分人员“回访”、处分决定执行情况专项检查，取得较好的政治、法纪和社会效果。注重加强预防和警示教育，开展宣教月活动，全县党员干部学习宣讲 4501 人次，测试 1284 人次，印发学习手册、书籍、监督卡、海报 312 册，着力引导党员干部崇廉拒腐。2018 年，县纪委受理信访举报 32 件，其中市纪委转办 14 件，市委巡察移交 3 件，县纪委收到 15 件；了结 16 件，函询 1 件，立案 19 件（包括 17 名农牧民党员），拟立案 1 件，移交市纪委 3 件，正在初核 9 件；给予约谈 13 人，诫勉谈话 5 人，党纪处分 24 人，下达监察建议书 2 份，追缴违纪资金 48.67 万元。

（五）巡察利剑作用充分彰显。扎实开展巡察干部能力提升工程。派出 9 人参加区、市巡察业务培训，派出 2 名干部参加市委第七轮巡察和区党委第四轮巡视工作，进一步认识和明确巡什么、怎么巡的问题，提高巡察工作站位。完善巡察工作机制，制定《巡察办公室工作规则》《巡察组工作规则》《巡察干部管理办法》，巡察工作规章制度达 13 项。紧紧围绕落实“两个责任”，紧盯“三大问题”，紧扣“六项纪律”，准确把握政治巡察基本定位，突出工作重点，聚焦发现问题，充分发挥巡察工作“利剑”作用。2018 年共开展 3 轮巡察，抽调 55 名干部组成 7 个巡察组分别对 8 个乡镇、12 家县直单位党组织进行扶贫领域专项巡察和常规巡察，前两轮共提出整改反馈问题243条，整改意见建议66条，目前243条问题已整改到位。启动开展九届县委第四轮巡察工作。县委巡察办聚焦问题，及时开展巡察问题督促检查10次，保证了巡察反馈问题整改落实到位。

（六）民生领域监督执纪问责成效显著。制定印发《关于2018年至2020年开展扶贫领域腐败和作风问题专项治理的实施方案》。召开扶贫领域腐败和作风问题专项治理动员部署会和深化扶贫领域腐败和作风问题专项治理工作推进会，传达学习扶贫领域腐败和作风问题典型案例、党中央和区、市扶贫工作会议精神，压实各单位及乡镇纪委责任，确保扶贫领域监督执纪工作顺利开展，落实到位。成立扶贫领域监督检查办公室，建立相关台账，做好线索归类，开展扶贫领域监督检查180余次。2018年，受理扶贫领域问题线索11件，正在初核5件，立案2件，了结4件；给予约谈1人、诫勉谈话1人，党纪处分3人，追缴扶贫领域违纪资金24.5万元，挽回经济损失6.3万元。

（七）党的纪律检查和国家监察体制改革扎实推进。严格遵循中央纪委、自治区纪委确定的有关纪律检查体制改革的原则要求，以推进国家监察体制改革试点工作为契机，同步谋划、同步推进监察体制改革。在波密县深化国家监察体制改革试点工作小组的领导下，县纪委切实履行专责，紧扣“时间表”“路线图”，加强与有关单位的协作配合，强化组织领导、制定实施方案、精心谈心谈话、选配监委班子、合理设置机构、开展集中办公等工作，国家监察体制改革试点工作进展顺利，波密县监察委员会率先成立并挂牌。准确把握监察对象界定标准和管辖范围，对全县监察对象人数进行“大起底”，按照《监察法》中六类监察对象进行仔细甄别，波密县监察体制改革试点前监察对象837人，改革后2120人，增长153.3%，实现了对所有行使公权力公职人员监察全覆盖。转隶干部参与案件查办达8起，以实战练兵的方式促进了干部队伍的思想、能力融合磨合。

（八）纪检监察队伍自身建设进一步加强。县纪委常委会严格执行民主集中制，“三重一大”事项集体研究，各项工作规范高效运转。全面强化机关党建工作，将严肃党内政治生活抓在日常、严在经常，开展党支部集中学习30次，干部自学笔记20余万字，纪检监察干部自觉讲政治、守纪律、敢担当。大兴学习和实干之风，培养学思践悟的良好风气，强化日常培养和监督管理，加强干部的轮岗交流、实践锻炼，积极适应纪检监察体制改革的新形势新要求，着重从办案骨干力量和乡（镇）纪检干部中选派人员参加中央、自治区、市纪委各类培训66人次。制定完善《谈话点使用管理办法》《谈话安全应急预案》，制作《谈话点使用呈批表》《谈话点使用登记表》《谈话审批表》《谈话（询问、讯问）对象交接单》等相关配套制度和台账。开展消防安全演练和医疗应急处置培训，始终牢固树立办案安全意识。

2018年取得的成绩，离不开区纪委和市纪委的有力指导，离不开县委的坚强领导，离不开全县各级党组织的全力配合，离不开社会各界的支持参与，离不开广大纪检监察干部的忠诚履职。在此，我代表县纪委常委会，向全县纪检监察干部和关心支持纪检监察工作的领导和同志们，表示衷心的感谢并致以崇高的敬意！

在充分肯定成绩的同时，我们也清醒地看到工作中存在的问题和不足：一是滋生腐败的土壤依然存在，消除存量、遏制增量的任务依然艰巨；二是少数党组织管党治党责任意识不够，有的党员领导干部履行“一岗双责”不到位，缺乏担当精神；三是“四风”问题更趋隐蔽，回潮复燃隐患仍然存在，顶风违纪行为时有发生；四是形式主义、官僚主义特别是说得多行动少不落实的现象没有得到全面查处和纠正，干部群众反映仍然强烈；五是工作质量与新要求相比差距较大，特别是信访举报和巡察获取的问题线索成案率偏低。这些问题我们将严肃对待，认真加以改进。

2019年工作重点

2019年是中华人民共和国成立70周年，是西藏民主改革60周年，是全面建成小康社会的关键一年、实现第一个百年奋斗目标的关键之年，做好纪检监察工作责任重大。要以习近平新时代中国特色社会主义思想为指导，深入学习贯彻习近平总书记关于西藏工作的重要指示批示和党的十九大精神，认真贯彻落实十九届中央纪委三次全会、九届区纪委四次全会、一届市纪委五次全会精神，不忘初心、牢记使命，增强“四个意识”，坚定“四个自信”，忠实履行党章和宪法赋予的职责，带头维护以习近平同志为核心的党中央权威和集中统一领导，把党的政治建设摆在首位，深化国家监察体制改革工作，监督检查党的十九大精神贯彻落实和党章执行情况，持续正风肃纪，深入推进反腐败斗争，坚决惩治群众身边腐败问题，强化自我监督、自觉接受监督，为建设“五个波密”、决胜全面建成小康社会提供坚强政治、纪律和作风保证。

（一）聚焦学懂弄通做实习近平新时代中国特色社会主义思想，不忘初心、牢记使命，在知行合一上提升进位

增强党内政治生活。准确把握推进党的建设新的伟大工程要一以贯之的政治要求，坚决践行“两个维护”，紧紧围绕维护党中央权威和集中统一领导这一首要的政治任务，坚持边实践边学习，深入学习贯彻习近平新时代中国特色社会主义思想，认真学习《习近平谈治国理政》（第一、二卷）、《习近平关于严明党的纪律和规矩论述摘编》《习近平扶贫论述摘编》，及时跟进学习习近平总书记发表的重要讲话精神。

坚持正确政治方向。坚持学懂弄通做实，在学深悟透、务实戒虚、整改提高上持续发力，认真梳理当前波密县党内政治生活中存在的不健康不严肃等突出问题，进一步严明政治纪律和政治规矩。督促引导全县各级党组织和广大党员干部坚定执行党的政治路线，在政治立场、政治方向、政治原则、政治道路上同党中央保持高度一致。

（二）强化党的政治建设，把准政治方向，在严明政治纪律和政治规矩上提升进位

加强理想信念教育。引导党员干部坚定政治信仰，坚守共产党人的价值观。继续聚焦防范和解决“七个有之”问题，坚决同违反政治纪律和政治规矩的言行作斗争，坚决清除对党不忠诚不老实，阳奉阴违的“两面人”，严肃反分裂斗争纪律，坚决治理党员信教问题，坚决反对和纠正个人主义、分散主义、自由主义、本位主义、好人主义，对拉帮结派，搞圈子文化、码头文化的严肃查处、决不姑息。

建设健康政治生态。紧扣选人用人风气、正风反腐情况、人民群众对党风政风满意度等与政治生态建设密切相关的内容，深入查找突出问题，督促各级党组织有针对性地加强政治生态建设。建立完善“一把手”、重要岗位和后备干部廉政档案，严把选人用人政治关、廉洁关、形象关。大力弘扬忠诚老实、公道正派、实事求是、清正廉洁的优良传统和作风，坚决抵制商品交换原则对党员干部修身、做人、谋事、用权的侵蚀。

（三）健全监督体系，完善体制机制，在深化纪检监察体制改革上提升进位

统筹推进改革。进一步优化干部队伍结构，促进思想、理念、感情、人员、工作“大融合”。集中时间、分层分级开展纪检监察干部“大培训”，重点加强党章党规党纪和宪法法律法规知识的学习。全面履行监督、调查、处置职责，在严格审批程序、规范调查流程，严把事实关、程序关和法律适用关的前提下，全要素试用12种调查措施。坚持纪严于法、纪在法前，实现执纪审查与依法调查顺畅对接，加强监察机关与公安机关、审判机关、检察机关的工作衔接，形成既相互配合又相互制约的体制机制。适时授予乡镇纪委必要适度的监察职能，推动监察工作向基层延伸。

强化领导指导。认真落实“两个为主”，加强对乡镇纪委的领导指导，督促持续深化转职能、转方式、转作风，聚焦主责主业履行好职责使命。加强统筹指导，配齐配强乡镇纪委人员力量，强化管理考核，充分发挥乡镇纪委直面基层的作用。县纪委既要在同级党委和上级纪委领导之下，挺直腰杆、瞪大眼睛，勇于监督、秉公执纪；又要在职责范围内，加强对下级纪检监察机关开展日常监督、处置问题线索等工作的领导。

（四）落细落实监督检查，推进监督下沉，在强化监督第一职责上提升进位

锲而不舍防反弹。把贯彻执行中央八项规定

及实施细则精神作为纪检监察机关监督检查的重点任务和经常性工作，紧紧抓在手上丝毫不放松。紧盯享乐主义和奢靡之风，对我行我素、不收敛不收手的，以零容忍的态度严肃查处。加大通报曝光力度，凡是给予党纪政务处分的，原则上点名道姓通报曝光，不断深化警示震慑。继续盯住群众反映强烈的突出问题，围绕领导干部违规公款购买消费、变相收受“红包”礼金、大操大办婚丧喜庆借机敛财、违规使用公车或私车公养、接受管理服务对象宴请、违规变相发放津补贴、利用名贵土特产谋取私利等问题开展专项治理。坚持标本兼治、破立并举，注重从已查处的“四风”问题入手追根溯源，压实整改责任、延伸整治链条，针对思想根源和制度漏洞，强化思想教育，推进制度建设，深化源头治理。

聚焦弱项补短板。及时发现和掌握“四风”问题的新动向，有针对性地开展专项治理，对症施治，严防“老问题”隐形变异。在反对形式主义、官僚主义上下更大功夫，严肃查处表态多调门高、行动少落实差等突出问题，扎实推进不作为慢作为、文山会海等形式主义官僚主义突出问题专项整治，重点纠正一些领导干部爱惜羽毛、回避问题、慵懒无为，一些干部不作为、慢作为、冷硬横推等问题，以严肃整治和问责典型来带动和促进面上治理。紧盯“关键少数”，发挥以上率下“头雁效应”，坚决反对特权思想和特权现象。

（五）深化政治巡察，注重成果运用，在推进巡察监督质效上提升进位

优化政治巡察。坚持以政治建设为统领，提高发现问题和分析问题的能力，紧盯被巡察单位党组织政治立场和政治生态，检查党的十九大、习近平总书记系列重要讲话精神的贯彻落实和党章执行情况，检查践行“四个意识”、加强党的领导、推进党的建设、全面从严治党、严肃党内政治生活、执行党的路线方针政策情况，认真查找“四风”表现，着力发现形式主义、官僚主义突出问题。聚焦脱贫攻坚，加强巡察监督、民生监督的协作联动，抓深抓细抓实专项巡察。建立健全巡察发现问题分类处置、反馈督办机制，强化整改问责，确保整改落实。合理安排常规巡察、机动巡察、专项巡察和巡察“回头看”，让巡察监督的利剑震慑始终高悬。

深化督促检查。通过实地调研、约谈、专项监督等方式，加强对所辖地区、部门党组织和党员领导干部履行全面从严治党责任情况的监督检查，着力发现和解决管党治党宽松软、基层党组织软弱涣散、战斗堡垒作用不强等问题，将主体责任和监督责任同时压实。督促各级党组织特别是主要负责人严格对标对表，带头履责担当，做到真抓真管、严抓严管、常抓长管，推动形成一级带一级、一级抓一级、层层抓落实的良好工作局面，确保工作延伸到基层、责任落实在基层。

强化追责问责。紧紧盯住“责任”二字，牢牢抓住“问责”这个要害，推动各级党员领导干部切实把落实管党治党政治责任作为最根本的政治担当。对党的领导弱化、党的建设缺失、全面从严治党责任落实不到位，维护党的政治纪律和政治规矩失职失责、贯彻中央八项规定精神不力的，严肃问责；对该问责而不问责的，也要严肃问责。认真落实容错纠错机制，把握好追责与免责的界限，既旗帜鲜明地鼓励干事创业，又防止将干事作为贪腐的借口，真正树立起尽职免责、失职追责的鲜明导向。

（六）着力削减存量、有效遏制增量，在巩固发展反腐败压倒性胜利上提升进位

保持不敢腐强大震慑。坚持无禁区、全覆盖、零容忍，坚持受贿行贿一起查，坚持全面执纪，既严肃查处贪腐问题，又全面查处违反六大纪律的案件。聚焦党的十八大以来不收敛、不收手，问题线索集中、群众反映强烈，现在重要岗位且可能还要提拔使用的领导干部，重点查处政治腐败和经济腐败相互交织的案件。紧盯重点领域和关键环节，着力解决选人用人、审批监管、资源开发、大宗采购、土地出让、工程招投标以及公共财政支出等方面的腐败问题，不断强化震慑遏制作用，更有效地遏制增量、更有力地削减存量。进一步发挥反腐败协调小组职能作用，充分发挥纪委监委合署办公优势，构建权威高效的反腐败体制机制。严格依纪依法审查调查，确保办案安全、确保案件质量。

践行监督执纪“四种形态”。坚持严管和厚爱

相结合，抓常、抓长第一种形态，让咬耳扯袖、红脸出汗成为常态；加大谈话函询力度，让接受组织谈话函询的党员干部在民主生活会上作出说明。用好、用准“第二、第三种形态”，统筹考虑时间节点、问题性质、本人态度、群众口碑等因素，依纪依规作出恰当处理，既彰显“全面”“从严”的坚决态度，又体现组织的关心爱护。敢用、善用“第四种形态”，对严重违纪甚至涉嫌违法，执迷不悟、拒绝挽救、负隅顽抗到底的要坚决处理，持续强化不敢、知止的氛围。要提高精准把握执纪标准和运用政策的能力，防止出现适用不当、尺度不准、畸轻畸重的现象。

强化党章党规党纪教育。督促各级党组织把开展经常性纪律教育作为履行主体责任的重要内容，将党章党规党纪作为培训和理论学习中心组的必修课，教育引导党员干部明底线、知敬畏、存戒惧。督促各单位各乡镇进一步完善密切联系群众相关制度，认真落实驻村帮扶政策，教育引导党员干部自觉加强党性锻炼、传承党的优良传统和作风。

常态化开展警示教育。坚持以案促教，深入剖析典型案例，发挥其警示教育的价值。通过公开通报曝光、转发上级典型案例、召开党风廉政警示教育大会等方式，实现反腐倡廉警示教育常态化长效化。提高警示教育的政治性，举一反三、以案明纪，让党员干部引以为戒，实现查办一个案件、教育一批干部、形成一方正气的效果。

（七）持续整治群众身边腐败问题和作风问题，在增强人民群众的获得感、幸福感、安全感上提升进位

深化民生监督。开展扶贫领域腐败和作风问题专项治理，重点查处和纠正贯彻党中央脱贫攻坚决策部署不坚决不到位、弄虚作假，主体责任、监督责任和职能部门监管职责不落实等问题，紧盯政策落地、项目安排、资金使用、责任落实和工作作风等重点领域，严肃查处贪污挪用、截留私分、虚报冒领、强占掠夺等行为。会同有关部门合力行动，就教育医疗、低保养老、“三资”管理、危房改造、生态环保、征地拆迁等领域基层干部吃拿卡要、盘剥克扣、优亲厚友，甚至以权谋私、贪污受贿等违纪违法行为集中开展专项整治。

巩固执政基础。对民愤集中、性质恶劣的重点督办、限时办结，对工作推动不力、问题长期得不到解决的严肃问责，把查处群众身边不正之风和腐败问题的重大政治责任一级一级压紧压实。要把惩治“蝇贪”同扫黑除恶、打非治乱专项整治结合起来，对党员干部横行乡里、欺压百姓、暴力敛财的，绝不姑息。坚决查处涉黑腐败，坚决惩治放纵、包庇黑恶势力甚至充当“保护伞”的党员干部，以实际成效取信于民。

（八）坚持从严从实，加强自身建设，在锻造纪检监察铁军上提升进位

坚守职责定位。牢牢把握纪检监察机关是政治机关、从事的是政治工作的定位，始终把讲政治作为纪检监察机关第一位的要求，坚持把纪检监察工作放在政治和全局的高度来看待和把握，增强政治敏锐性，提高政治鉴别力，确保监督执纪问责各项工作始终保持正确政治方向、取得良好政治效果。要把对党忠诚作为纪检监察工作的首要政治原则、纪检监察干部的首要政治品质，带头贯彻中央和区党委、市委关于坚决维护以习近平同志为核心的党中央权威和集中统一领导的规定，始终保持政治定力、纪律定力、道德定力、抵腐定力，全力打造讲政治、守纪律、敢担当、拒腐蚀的政治机关。

坚持以身作则。县纪委常委会班子成员要发挥表率作用，带头严肃党内政治生活，严格执行民主集中制、模范遵守党章党规党纪，自觉接受各方面的监督。要担当作为，敢于为党和人民的利益唱“黑脸”、当“包公”，遇到困难不退缩、矛盾不回避、问题不上交，坚决同违纪违法行为作斗争，决不当“旁观者”“老好人”。要提高能力本领，坚持既向书本学、多读经典，又向实践学、问计于民，善于用历史、文化和哲学的思考破解现实问题。要切实改进作风，坚持实事求是、求真务实、真抓实干，模范践行“三严三实”要求。

坚持严管厚爱。拓宽选人用人视野，加大干部轮岗、交流力度，积极为纪检监察干部走向“四面八方”创造条件。进一步抓好机关党建工作，对干部既严格要求、严格管理，又真情关怀、真心爱护，努力营造风清气正、严肃认真、团结和谐、心情舒畅的

良好环境。结合“不忘初心、牢记使命”主题教育，引导干部正确对待公与私、是与非、义与利、亲与清，严格要求自我、严格约束自我、严格净化自我，以实际行动践行忠诚坚定、担当尽责、遵纪守法、清正廉洁的要求，坚决防止“灯下黑”，确保党和人民赋予的权力不被滥用、惩恶扬善的利剑永不蒙尘。

同志们，逆水行舟，一篙不可放缓；滴水穿石，一滴不可弃滞。在推进全面从严治党向纵深发展的道路上，纪检监察机关责任重如泰山。让我们更加紧密地团结在以习近平同志为核心的党中央周围，坚决贯彻落实市纪委和县委的决策部署，凝心聚力、牢记使命、奋发有为，为深入贯彻落实党的十九大精神、决胜全面建成小康社会、续写新时代波密改革发展新篇章不懈奋斗！

波密县人民法院工作报告

——在波密县第十二届人民代表大会第六次会议上

波密县人民法院副院长　边巴次仁

（2019 年 2 月 25）

2018 年主要工作

2018 年，波密县人民法院在县委坚强领导、人大有力监督、上级法院正确指导、政府、政协和社会各界关心支持下，高举中国特色社会主义，坚持以马克思列宁主义、毛泽东思想、邓小平理论、“三个代表”重要思想、科学发展观、习近平新时代中国特色社会主义思想为指导，坚持依法治藏、富民兴藏、长期建藏、凝聚人心、夯实基础的重要原则，认真贯彻落实党的十九大、十九届二中、三中全会精神，认真贯彻落实中央第六次西藏工作座谈会议精神和习近平总书记系列重要讲话精神，特别是“治国必治边、治边先稳藏”的重要战略思想和“加强民族团结、建设美丽西藏”的重要指示。认真贯彻中央、区党委政法工作会议、最高人民法院院长会议、自治区第九次党代会、区党委九届三次、四次会议精神，大力推进平安西藏、法治西藏和过硬队伍建设，努力让人民群众在每一个司法案件中感受到公平正义。

一、依法履行审判职能，维护社会公平正义

过去一年，波密县人民法院始终把执法办案作为第一要务，认真履行审判职责，维护社会公平正义，促进经济持续健康较快发展。全年共受理各类案件 152 件（旧存 10 件，新收 142 件，新收案件中包含 1 件司法救助案件），审、执结 140 件，综合结案率 92.11%，法定审限内结案率为 100%，综合结案率在林芝市基层法院中排名第三。

（一）坚持惩罚犯罪与保障人权并重，充分发挥刑事审判职能。准确把握社会治安形势和违法犯罪特点，依法严厉打击两抢一盗、故意伤害等多发性犯罪。严格落实疑罪从无、非法证据排除等法律原则和制度，坚持罪刑法定和罪、责、刑相适应，认真落实宽严相济刑事政策，充分保护刑事被害人及

其家属合法权益。有效发挥了保平安、促稳定的职能作用。2018 年，共受理各类刑事案件 29 件 55 人（旧存 3 件、新收 26 件），审结 26 件 39 人，刑事案件结案率为 89.66%，法定审限内结案率 100%，作出有罪判决 38 人。案件的类型为：盗窃罪、故意伤害罪、妨害公务罪、贪污、挪用公款罪、盗伐林木罪、挪用资金罪、盗掘古文化遗址、古墓葬罪、交通肇事罪、非法收购、运输盗伐、滥伐林木罪。

（二）坚持服务民生与化解矛盾并重，充分发挥民事审判职能。着眼于构建和谐社会、坚持“调解优先、调判结合、案结事了”的原则，把化解各种社会矛盾纠纷、理顺和建立和谐的社会关系作为审判机关履行社会管理职责的有效途径。2018 年，共受理各类民商事案件 96 件（旧存 7 件，新收 89 件），已结 87 件（其中调解结案 31 件、督促程序结案 6 件、撤诉 9 件，判决 41 件），未结 9 件，民事案件结案率为 90.63%，法定审限内结案率 100%。案件类型为：买卖合同纠纷、侵权责任纠纷、修理合同纠纷、借款合同纠纷、分期付款买卖合同纠纷、劳务合同纠纷、合伙协议纠纷、合同纠纷、同居关系纠纷、名誉权纠纷、建筑设备租赁合同纠纷、建设工程施工合同纠纷、房屋租赁合同纠纷、承揽合同纠纷、抚养费纠纷、提供劳务者受害责任纠纷、民间借贷纠纷、生命权、健康权、身体权纠纷、监护权纠纷、离婚纠纷、车辆租赁合同纠纷、运输合同纠纷、返还原物纠纷、申请支付令。

（三）创新举措破解执行难题，充分发挥执行职能。进一步加大执行力度，创新执行理念，规范执行工作，积极化解民间纠纷。一是创新举措，破解“执行难”问题。认真贯彻落实全国法院决胜“用两到三年时间基本解决执行难”相关会议精神，切实解决“执行难”问题，在原有的执行工作联动机制的基础上，结合波密实际制定了由 18 家成员单位参与的《波密县人民法院健全和完善执行联动实施细则》，明确了成员单位的职责和义务，并把执行工作纳入社会治安综合治理目标管理考核，形成了齐抓共管的格局。建立执行威慑机制，制定解决执行难问题联席会议制度，积极组织召开联席会议。建立与上级法院执行工作统一联动机制，加强上级法院对本院遇到的“执行难”问题的指导和协调。2018 年 8 月建立执行指挥中心，并多次与高院、中院进行视频会议。二是积极推进执行信息化建设。与公安部门、各大银行、工商、不动产登记等部门互联互通，将网络查控财产类型逐步扩展到银行理财产品等金融资产，通过网络执行查询系统，为执行案件提供查询冻结服务，确立以网络司法拍卖为原则、委托拍卖为例外的司法拍卖新模式，大力推行网络司法拍卖。为强化执行案款管理，与农业银行合作“一案一账号”执行案款管理系统，并于 2018 年 8 月上线运用。2018 年 7 月，与中国人民财产保险股份有限公司林芝分公司签订《战略合作协议》，引入财产保全、执行悬赏和执行救助保险机制，最大限度地提高财产保全的担保比例，实现保全申请与财产查控系统的有机衔接。全国法院一盘棋，始终站在全局的高度对待委托执行工作，对委托案件优先执行、优先采取强制措施，全年委托案件 8 件，10 天内执结达 100%。2018 年，我院共受理执行案件 27 件（全部为新收案件，其中 2 件为财产保全执行案件、1 件为执行救助案件），已结 27 件，执结率 100%。发放执行救助金 1 万元。全年无涉执信访案件，共公开失信被执行人 2 件 2 人（已自动履行 1 人）。

（四）加强立案登记和信访工作，为群众提供诉讼绿色通道。继续加强立案登记制度，做到有案必立、有诉必理。在立案接待环节，彰显司法人文关怀，实现“你有所呼，我有所应，你有所求，我有所为”服务承诺，以法院信息化为依托，大力推进网上立案工作。2018 年网上立案 1 件。注重矛盾纠纷源头治理，强化诉前调解和立案调解工作，把一部分案件化解在诉前和诉初，最大限度的降低诉讼成本，减轻当事人的诉累。院党组高度重视信访工作，加强人员配备，将信访工作摆上重要议事日程，积极化解各类矛盾，有效化解信访难题。充分发挥诉讼服务中心窗口作用，妥善解决各种社会矛盾，为群众提供诉讼绿色通道。

（五）严格司法警务工作，为审判提供有力的保障。司法警察大队严格按照上级法院的要求认真贯彻执行有关规定，强化警务管理，以服务审判为中心，充分发挥司法警察在法院安保、综治维稳和协助执行等方面的积极作用，做到严肃执法、热情服务，保障审判工作顺利有序进行。全年司法警察大队共参加刑事庭审 26 次，押解被告人 39 人次，参与值庭 116 人次，协助办理执行案件 27 件。在值庭过程中，无一起扰乱法庭秩序的事件发生。在看管被告人的过程中，无一人脱逃。

二、注重司法为民，回应群众关切、期待

始终坚持以人为本、司法为民，践行“为民服务的宗旨”，不断提升群众的满意度。

（一）深化司法公开，促进司法公正。一是继续加强审判流程公开、裁判文书公开和执行信息公开“三大公开平台”工作，充分发挥裁判文书宣传法律知识、规范公众行为、树立正确导向的功能，传递法治正能量，同时用公开促进法官提高自身业务素质和司法水平，树立法律权威。全年共对符合公开条件的 82 篇裁判文书在中国裁判文书网进行了公开。二是配合司法行政机关进一步完善人民陪审员选任、培训、参审等工作，确保每位人民陪审员每年都能参审一定数量的案件，充分发挥人民陪审员职能作用。2018 年，适用普通程序审理案件 45 件，人民陪审员共参审案件 44 件，普通程序案件参审率达 97.78%。切实增强了司法透明度，促进了司法民主。

（二）完善司法救助机制，加大司法救助力度。依法为困难当事人进行司法救助，对确有困难的农牧民贫困户、低保户、失业人员等弱势群体依法减、免、缓征诉讼费用，让经济确有困难的当事人真正得到实惠，全年依法减、免、缓交诉讼费共计人民币 11889.23 元。同时加大执行救助力度，对执行标的未到位和一些无可供执行财产、被执行人下落不明等难以执行到位的案件，执行人生活确有困难的，依法给予一定的执行救助，以解决申请执行人的现实困难，切实保障困难当事人的基本生活需求。2018 年，对符合条件的 1 名申请人发放执行救助金共计人民币 10000 元。

（三）充分利用各种平台，加大法制宣传力度。一是通过波密县人民法院官方微信公众平台，推送一些法院动态、法律常识。二是积极参加各类宣传日活动，开展集中法制宣传。三是充分利用车载流动法庭、乡镇人民法庭深入开展以案普法等有针对性的普法宣传工作。通过这些措施强化宣传广度和深度，积极落实“谁执法、谁普法”的宣传责任，潜移默化地提高全县广大干部群众的法律素养。

三、切实加强法院队伍建设，从严治党，全面促进审判事业发展

始终把队伍建设作为事关人民法院事业兴衰成败的根本性问题来抓，始终把政治建设置于队伍建设的首位，以更高的认识、更大的力度、更新的举措，建设一支符合人民期望的高素质队伍。认真落实中央八项规定要求，以提高素质、改进工作作风为重点，建立符合司法改革特点的法官队伍、司法辅助和司法行政队伍，全面提升法院队伍素质和形象。

（一）加强思想政治建设。认真落实定期学习制度，及时组织全院干警学习党的大政方针和新出台的法律法规、司法解释等，确保干警政治合格，业务过硬。坚持党组理论中心组学习制度，加强意识形态教育，强化理想信念教育，牢固树立正确的世界观、人生观和价值观。

（二）切实开展各项活动。按照上级相关部门的要求，积极开展“创先争优强基础惠民生活动”“两学一做”学习教育、“扫黑除恶、打非治乱、扫黄打非”专项斗争、党员政治教育、“政治纪律教育”“政法干警纪律作风整顿”“全面加强政治建警、打造过硬政法队伍”专项教育整顿和“第二十三个党风廉政建设宣传教育月”等活动，通过各项活动的开展提升队伍政治素质建设。

（三）加强教育培训，提高队伍整体素质。坚持以提升队伍素质为核心，积极按照县委、上级法院的安排部署，组织干警参加各类培训。全年共组织干警参加自治区、市、县组织的各类培训 27 次 39 人次，全面提升了法院干警的政治素质、业务素质和职业道德素质。

四、积极配合开展中心工作，促进“五个波密”建设

（一）加强维稳值班，维护社会大局稳定。深入开展反分裂斗争，牢固树立整体意识，转变单纯审判观念，积极与其他政法机关相互协作、密切配合、

形成合力，扎实做好维护社会稳定的源头性、基础性工作，确保敏感时段和重大节假日期间的社会稳定。2018 年共安排干警参与县维稳指挥中心、加油站及本院维稳值班 1600 余人次。

（二）主动接受各界监督，改进法院各项工作。一是坚持重大事项向县委、县委政法委报告制度，便于县委、县委政法委了解法院工作情况，有针对性地领导和监督法院工作。二是坚持向人大及其常委会报告工作、接受政协民主监督制度，加强与人大代表和政协委员的联络，及时办理回复人大代表、政协委员的意见建议，主动将法院工作置于人大、政协的监督之下。

（三）完善健全监督机制，狠抓党风廉政建设。严格落实党风廉政“两个责任”和“一岗双责”。及时召开党风廉政建设和反腐败工作专题会，将党风廉政建设工作、反腐败工作和业务工作同安排、同部署、同检查、同落实，层层签订《党风廉政建设责任书》，层层传导压力，层层压实责任，做到“把纪律挺在前面”。组织干警认真学习党章、准则条例和新出台的法律法规，全年每名干警撰写个人学习心得体会 4 篇。认真开展《宪法》《中国共产党纪律处分条例》知识测试。

（四）加强基层基础建设，不断改善基础条件。结合办公实际需要，积极配备完善办公设备和业务装备。2018 年，投资 306 万元的诉讼服务中心已开工建设。根据“十三五”项目规划，积极开展“十三五”项目工作，完成了倾多镇人民法庭的改扩建、松宗镇人民法庭和玉许乡人民法庭项目的新建工作。

（五）强化保密措施，加强保密工作。加强组织领导，将保密工作纳入重要议事日程，制定完善保密措施，落实保密责任制，形成由一把手负总责，分管领导各负其责，办公室组织协调的管理机制。建立完善保密制度，通过加强秘密载体管理、档案保密管理、涉密计算机专人管理，进一步强化保密措施。

（六）积极推进信息化建设，提升审判能力。加强信息化建设，能不断提高人民法院的现代化办公水平。2018 年，充分利用科技法庭开庭，通过视频会议系统远程开庭，借用其他法院科技法庭开庭，并全程录音录像，既节约了办案成本，又优化了司法资源配置，增进了资源共享，节约了诉讼成本，方便了群众诉讼，为改革法院管理制度提供有力的技术支持，从而有效提升司法形象和司法权威。2018 年还完成了执行指挥中心的建设和投资 25.74 万元的科技法庭语音识别系统（即：庭审语音转文字的智能语音系统）安装，目前均已投入使用，大大提升了法院信息化建设水平。

（七）稳步推进司法改革工作。积极完成司法体制配套改革工作，认真落实司法责任制。一是推行院、庭长直接办案制，充分发挥领导干部办案经验丰富的优势，带动全院专业化水平的提高，全年院庭长作为承办法官参与办案 105 件，占全年案件总数的 69.08%。二是按照人员定岗分类要求，科学分类法官、司法输助人员、司法行政人员。目前全院共有法官 9 人，司法辅助人员 18 人（包含法官助理 5 人、书记员 8 人、法警 5 人），司法行政人员 6 人。三是积极开展法官入额工作，在 2017 年首批入额 9 人的基础上，2018 年初又开展了第二批法官入额工作。四是积极协调落实法官、法官助理、司法行政人员工资制度改革。五是积极建立大审判团队、综合审判团队、执行团队三个新型审判团队，提高审判质效。六是积极开展内设机构改革调研，认真报送相关方案。

各位代表！2018 年，波密法院取得了一定的成绩，这些成绩的取得，离不开县委的坚强领导、人大的有力监督、政府的大力支持、政协的民主监督和社会各界的关心帮助，离不开各位人大代表、政协委员的监督支持。在此，我代表波密县人民法院表示衷心的感谢并致以崇高的敬意！

回顾 2018 年工作，波密法院各项工作虽然取得了新的进展和成效，但也存在着一些困难和不足，主要表现在：司法公信力有待进一步提高；极少数干警的大局意识和工作能力有待加强；信息化深度应用水平仍需不断提高；“事多人少”依然突出；法官承受的办案压力较大；法官助理人员不足，法官断层、青黄不接逐步凸显；聘用书记员尚未落实；缺乏专业财务人员，达不到财务统管要求等问题。对这些困难和问题，我们将在各方面关心、理解和支持下，采取有力措施认真加以克服。

2019 年工作思路

各位代表，2019 年是实施“十三五”规划的重要之年，我院将深入学习贯彻党的十九大精神，紧紧围绕“努力让人民群众在每一个司法案件中都感受到公平正义”的目标，牢牢把握“司法为民、公正司法”工作主线，不断完善各项工作机制，认真抓好执法办案主责主业，全面提升信息化水平，狠抓队伍建设，不断提高司法能力，努力提升司法公信力，为“五个波密”建设提供优质的司法服务和有力的司法保障。下一步，我院将重点做好以下几个方面的工作：

一是坚持反对分裂，进一步维护社会稳定。始终把维护祖国统一、加强民族团结作为着眼点和着力点，牢固树立稳定压倒一切的思想，科学分析研判反分裂斗争规律和趋势，在思想、组织、装备、机制等各方面做好司法应对准备，依法严惩暴力恐怖犯罪，严厉打击境内外敌对势力从事的一切分裂破坏活动，牢牢掌握反分裂斗争主动权。继续坚持严打方针不动摇，进一步健全各类犯罪的常态化打击整治机制，保持对严重刑事犯罪和群众反映强烈犯罪打击的高压态势，主动适应经济新常态，加强对经济社会发展新情况、新问题的分析研判，积极做好司法应对，妥善处理社会纠纷，推进平安波密建设。

二是不断强化司法为民、公正司法，进一步服务大局。一要认真开展“扫黑除恶、打非治乱、扫黄打非”专项斗争，依法惩治各类刑事犯罪，增强人民群众的安全感。二要妥善审理民间借贷、“双拖欠”等涉民生案件，切实维护群众合法权益。进一步规范裁判文书，强化裁判文书说理，让当事人无论输赢都明明白白。三要加强涉诉信访和诉讼服务工作，加强立案登记制、信访终结机制，做到诉访分离、积极引入第三方参与涉诉信访工作。四要在化解“执行难”方面寻求新突破，加大对规避执行、抗拒执行等行为的打击力度。发挥征信系统的威力，让“老赖”在银行贷款、项目审批、出入境、高消费等活动中寸步难行。对涉嫌拒不执行判决、裁定罪的，及时移送公安机关查办，提高执行威慑力。

三是逐项落实部署，稳妥推进司法改革。按照党委、上级法院的部署，有序落实各项司法改革措施。继续推行简式裁判文书制作和案例指导制度，深入推进量刑规范化、以审判为中心的刑事诉讼制度改革，严格规范审判权力运行。完善主审法官、合议庭办案责任制，努力实现“让审理者裁判、由裁判者负责”。

四是持续改进作风，着力打造过硬队伍。加强学习型法院建设，提高干警的司法能力和司法水平。坚持对队伍从严教育、从严管理、从严监督、从严查处。坚持“两学一做”常态化，进一步深入开展“全面加强政治建警、打造过硬政法队伍”专项教育整顿活动，继续改进工作作风，在抓常态、抓细致、抓长效上下功夫。切实抓好反腐败工作，落实好党风廉政建设主体责任，加大对违法违纪行为的查处力度，以零容忍的态度查处违法违纪行为，确保法官清正、法院清廉、司法清明。

各位代表，站在新的历史起点，人民法院事业崇高而神圣，责任重大而光荣。波密县人民法院将在县委的领导下，在县人大的监督下，认真落实全面深化改革的各项工作任务，让公平正义体现在每一起案件的审判之中，存在于每一个民众的感受之中，实践于每一个法院干警的行动之中，为全面推进依法治县、实现波密县经济社会又快又好发展做出新的更大的贡献！

波密县人民检察院工作报告

——在波密县第十二届人大五次会议上

波密县人民检察院检察长　胡　波

（2019 年 2 月 25 日）

2018 年主要工作

2018 年，在县委和上级检察机关的正确领导下，在县人大及其常委会的有力监督下，在县政府、政协及社会各界的关心支持下，波密县人民检察院以习近平新时代中国特色社会主义思想为指导，全面贯彻党的十九大和十九届二中、三中全会精神，认真学习贯彻习近平总书记治边稳藏重要论述，忠实履行维护社会大局稳定、促进社会公平正义、保障人民安居乐业的职责使命，聚焦法律监督主责主业，讲政治、顾大局、谋发展、重自强、推进刑事、民事、行政、公益诉讼检察“四轮驱动”，准确把握新时代检察工作的总体要求，以新担当新作为开创波密法治建设新局面。

一、坚持讲政治顾大局，服务服从顺应县委中心工作

检察机关作为宪法规定的法律监督机关，首要任务是紧紧围绕县委“五个波密”建设的要求，全面加强和改进法律监督工作。面对这样的形势和要求，我院把自身工作放到经济社会发展的大背景中去思考，放到县委核心任务中去把握，进一步增强大局意识、责任意识，更加自觉、更加主动地做好各项服务保障工作，更好地服务于经济社会的科学发展。

坚持党的领导加强党的建设。坚持将学习贯彻习近平新时代中国特色社会主义思想和党的十九大精神作为首要政治任务，采取党组中心组和支部专题学习会、领导解读等形式，推进“两学一做”学习教育常态化。持续净化政治生态，全面根除政治污染源。加强“两微一端”、门户网站新媒体建设，坚决落实意识形态责任制。严格落实《中国共产党党章》《中国共产党支部工作条例》，新建党员活动室，切实推进党建工作专门活动场所建设，并采取“九个有”工作措施，积极提升党建工作的科学化、规范化和实效化水平，被波密县委授予“2018年度先进基层党组织”荣誉称号。

增强履行公益诉讼职责使命意识。认真分析、牢牢把握公益诉讼对检察工作提出的新任务、新要求，找准检察工作服务保障县委大局的着力点、切入点、结合点，制定了《波密县检察院关于深入推进公益诉讼工作的意见》，得到了县委主要领导的肯定并作出批示。以波密县人大常委会专题听取公益诉讼工作报告为契机，争取各界支持，与10家县直行政机关召开公益诉讼联席会议，并与多个行政执法机关联签了工作文件，将双赢共赢多赢理念落到实处。波密县委、县政府、县人大常委会分别印发了《关于支持检察机关依法开展公益诉讼工作的意见》《波密县人大常委会关于在全县依法推进公益诉讼工作的决定》，为我院全面开展公益诉讼工作提供了坚实的支撑。深化服务和保障意识，先后开展了土地使用权出让、校园周边“五毛钱”问题零食、有毒玩具、“问题疫苗”“非洲猪瘟疫情”等专项监督活动，在履职中精准发现公益诉讼线索。全年共发出诉前检察建议5份，已全部回复并整改落实到位。

打好扫黑除恶打非治乱专项斗争。提升政治站位，坚持把专项斗争摆在工作的首要位置，营造共建共治共享的社会治理格局。成立领导小组，制定工作方案，组建专门办案组，多次召开党组会、全院干警大会，认真传达贯彻专项斗争系列讲话精神。强化政治担当，通过案件“回头看”、线索摸排、提前介入引导侦查、同步介入等，对黑恶势力坚决“亮剑”、果断出击，保障人民安居乐业、社会安定有序、国家长治久安，最大限度减少执政基础不稳固的因素。

二、坚持聚民心惠民生，全力维护社会和谐稳定

我院充分发挥检察职能作用，坚持执法为民，依法打击各类刑事犯罪，化解社会矛盾，维护公平正义，切实保障我县社会安定有序和人民群众的生命财产安全。

注重以严维稳，大力维护公平正义。牢牢把握检察机关的宪法定位和根本属性，着力维护社会公平正义。坚决打击危害国家安全、公共安全的犯罪活动，严厉打击严重暴力犯罪、涉黑涉恶犯罪等影响群众安全感的刑事犯罪。全年共受理提请批准逮捕案件19件34人，其中作出批准逮捕决定16件28人、不批准逮捕决定3件6人；受理移送审查起诉案件21件40人，经审查向法院提起公诉22件37人，不起诉3件6人，起诉准确率100%。

注重以宽促和，大力修复社会关系。从宽处理未成年人、老年人、初犯偶犯、邻里纠纷等轻微刑事犯罪，依法作出不批准逮捕1件1人，作出不起诉1件1人，对2名未成年犯罪嫌疑人适用捕、诉、帮、防一体化教育矫治机制，帮助其悔过自新。到波密县中学开展“杜绝校园暴力，预防违法犯罪”法治进校园宣讲活动，进一步增强广大青少年学生的法制观念，提高学生自觉守法和自我保护的意识，从源头上预防和减少学生违法犯罪现象的发生。全年办理刑事和解案件2件3人，有效地减少了社会对抗。

注重矛盾化解，大力增加稳定因素。运用刑事和解、民事调解、控申疏解等工作机制，大力开展案件社会调查，推进社会矛盾化解。坚持检察长接待日制度，制定了《信访规定》和《检察长接待办法》，引导来访群众依法有序表达法律诉求。全年共接待群众来信来访10余件。着力加强侦查监督活动，对案件反映的问题，共发出检察建议4份，逮捕案件继续侦查取证意见书12份。依法开展刑事被害人救助工作，积极争取林芝市人民检察院支持，向1名生活确有困难的刑事被害人，提供救助资金2.3万元，平息了他涉法上访多年的事件，最大限度增加社会稳定因素。

注重强基惠民，大力夯实执政基础。我院深入学习贯彻落实习近平总书记关于扶贫开发的重要战略思想，按照波密县精准扶贫总体思路，进一步强化结对帮扶干警与扶贫对象的沟通联系，引导贫困户克服“等靠要”思想，鼓励他们充分发挥主观能动性，自力更生。我院驻村干警利用自身法律知识，在节假日和重大活动期间，结合田间地头宣讲和入户宣讲等多种形式，零距离为农牧民讲解各类扶贫政策，进行感党恩教育。同时为农牧民群众提供法律咨询，化解矛盾纠纷。

三、坚持扛主责抓主业，多渠道维护司法公平正义

面对《刑事诉讼法》《民事诉讼法》《行政诉讼法》和《人民检察院组织法》的修改给法律监督工作带来的影响，我院坚持以公正司法作为检察工作生命线，主动更新监督理念，不断强化监督措施，推进公正司法和依法行政，大力提升司法公信力。

着力强化刑事诉讼监督，维护法律权威。严把案件事实关、证据关、程序关和法律适用关，坚守防止冤假错案的底线。坚持在办案中监督、在监督中办案。着力将民事行政检察打造成新的工作增长点，拓展检察救济途径。综合运用修改后民事诉讼法、行政诉讼法赋予的多种监督手段，构建了多元化的诉讼监督格局。积极助力人民法院决胜“基本解决执行难”，推动出台了《波密县健全和完善执行联动机制实施细则》。继续做好“安心务工，有检同行”品牌工作，发挥联席机制作用，保障农民工合法权益，针对侵犯农民工权益类案件，及时与县人力资源保障部门、法律援助中心、法院进行沟通协作，形成合力。督促用人单位及时支付农民工工资，并联合人社、信访等部门深入全县各大工地开展政策法规宣传活动，有效提高了农民工依法维权和用人单位规范用工行为的意识。不断运用法律手段和政治智慧监督拖欠工资的执行案件，积极帮助欠薪工人追回被拖欠的工资。对农民工的咨询、申诉、举报反映的问题，都及时办理并给予答复，进一步保障了劳动者的合法权益。

着力加强刑事执行检察监督，做好检察环节社会治安综合治理工作。坚持以办案为中心，办理羁押必要性审查案件 7 件 7 人，办理羁押期限审查 2 件 2 人，发出纠正违法通知书 2 件，提出变更逮捕强制措施 4 人，被采纳 4 人，被采纳率为 100%。在县司法局成立了社区矫正检察官办公室，对全县 24 名社区矫正人员进行逐人见面，对社区矫正机构随机抽查 7 次，联合有关部门对县拘留所开展安全防范大检查 5 次，确保监管场所的安全稳定，被县委县政府评为 2018 年“社会治安综合治理工作先进集体”。

做好群众“窗口”工作，提供优质检察产品。建立 12309 检察服务中心，通过整合检察机关所有服务群众功能，包括受理控告、申诉、国家赔偿、国家司法救助、法律咨询、案件信息公开等事项，实现一个窗口对外，打造“一站式”检察服务平台，为人民群众提供更加便利、规范、高效的法律服务，打通检察机关服务群众“最后一公里”，不断增强人民群众的幸福感、获得感和安全感。

四、坚持谋发展重自强，强化新时代检察使命担当

检察机关是国家免疫系统的重要组成部分，是营血卫气、祛邪扶正、保证社会肌体健康的重要力量。我院以开展“全面加强政治建检、打造过硬检察队伍”专项教育整顿活动为契机，把过硬队伍建设放在更加突出的位置来抓，整个单位的执行力和软实力切实得到提升。

抓好司法体制改革，健全司法责任体系。贯彻落实中央全面深化司法体制改革推进会部署，持续发力推进检察体制改革。按照“谁办案谁负责、谁决定谁负责”的要求，做实检察官的权力；建立检察官司法档案，进一步完善检察官业绩评价体系、完善办案质量评价机制等措施；扎实做好第二批员额检察官遴选工作，同时加强监督制约，保证检察官依法公正行使检察权。入额院领导带头直接承办具体案件，带头办理重大疑难复杂案件，并承担相应的司法责任。

抓好检察队伍建设，不断夯实检察事业根基。坚持全面从严治检，以更高标准推进检察队伍建设，加强意识形态工作，不断夯实检察队伍思想根基。认真落实“五个过硬”总要求，弘扬“老西藏精神”和“两路”精神。加强对检察队伍的教育、管理和监督，结合“政治建检”“两学一做”“主题党日”，有计划地开设“检察课堂”，提升检察干警的业务水平和办案能力，不断适应新时代发展需要、满足人民群众对检察工作的新期待，为平安波密、法治波密建设培养高素质专业化检察队伍。

抓好监督制约，维护检察机关公正廉洁形象。学习贯彻《中国共产党纪律处分条例》，认真贯彻落实中央八项规定精神和区市县实施细则，使铁的纪律真正转化为党员干部的日常习惯和自觉遵循。

严格落实领导干部重大事项报告制度和廉政谈话等制度，制定了《党风廉政建设主体责任清单》。加强干部“八小时外”监督管理，持之以恒抓好“四风”整治工作，集中整顿了不作为、慢作为，文山会海、照抄照转等形式主义、官僚主义突出问题。健全内部监督制约机制，规范办案流程，强化对重点岗位、重点环节的监督。把自身接受监督放在与开展法律监督同等重要的位置，主动接受党的领导，自觉接受人大依法监督、政协民主监督和新闻媒体舆论监督，提高执法公信力。

抓好代表委员联络工作，加深代表委员的检察印象。努力打造更高水平的检务公开，全年公开程序性信息 84 条、法律文书 26 份、重要案件信息 13 条。始终把代表委员的意见和建议作为加强和改进检察工作的动力，用力用情用心做好代表委员联络工作，举行了以“全面推进检务公开，携手共建法治波密”为主题的检察开放日活动。充分利用办公大楼一楼大厅位置，建成集检察业务宣传与工作成效展示于一体的检务公开大厅，设立了检察业务宣传区域、工作成效展示区域、群众休息区域等，进一步增强检察工作亲和力和群众满意度，受到人民群众的好评和赞赏。

各位代表，一年来的成绩和进步，最根本的是我们认真贯彻习近平新时代中国特色社会主义思想的结果，是县委、林芝市人民检察院正确领导的结果，是人大及其常委会依法监督、政府大力支持、政协和社会各界关心的结果，也是全体检察人员共同奋斗的结果。在此，我谨代表波密县人民检察院致以崇高的敬意和由衷的感谢！

与此同时，我们也清醒地认识到，检察工作仍有不少需要改进的地方：一是法律监督供给能力与人民群众新需求相比还有距离，运用政治智慧和法律智慧服务大局的水平仍有待提高，检察产品、法治产品还不够丰富；二是法律监督职能作用发挥得还不充分，监督不到位的现象仍然存在，对民事、行政诉讼的法律监督与人民群众的要求有不小差距；三是公益诉讼工作还不够理想，对法定新增检察业务的研究和实践力度有待进一步加大；四是检察队伍的政治素质和执法能力还不是特别强，执法方式和执法水平不能完全适应新形势的要求，与司法体制改革要求和群众的期盼有一定距离；五是科技强检能力建设需要进一步加强，要以信息化助推检察工作高效化、规范化、精准化，做到以高科技助推检察工作，实现科技与检察工作深度融合。对于这些问题，我们将认真研究，加以解决。

2019 年工作安排

2019 年是新中国成立 70 周年和西藏民主改革 60 周年，是大事喜事多同时又是敏感节点多、风险挑战多的一年。面向未来，面向新时代，我院将继续以习近平新时代中国特色社会主义思想为指导，全面贯彻落实党的十九大、十九届二中、三中全会精神，深入贯彻习近平总书记“治国必治边，治边先稳藏”重要论述和“加强民族团结、建设美丽西藏”的重要指示精神，认真按照“讲政治、顾大局、谋发展、重自强”的工作要求，进一步坚定理想信念、保持政治定力、不忘检察初心、牢记监督使命，履职尽责，积极践行新时代检察发展理念，推动波密检察事业沿着习近平总书记指引的方向奋力前行！

一、充分发挥检察职能作用，保障经济社会平稳发展

紧紧围绕县委的核心任务和工作主线，进一步加强、完善和落实检察机关服务经济社会发展的措施。坚持把抓好执法办案作为服务大局的基本途径，进一步更新执法观念，改进执法方式，注重执法效果。在深化改革开放上彰显检察担当，突出服务保障“五个波密”建设，以更加精准的法律服务助力打好“三大攻坚战”。坚决维护波密政治安全，严密防范和坚决打击各种渗透颠覆破坏活动、暴力恐怖活动，认真负责做好重点敏感时期的检察环节维稳工作。提高政治站位，充分发挥法律监督职能作用，协同公安、法院等部门开展好扫黑除恶打非治乱专项斗争。找准新时代乡村振兴的法治需求，发挥检察职能推动城乡融合发展。

二、进一步强化法律监督，全力推进法治波密建设

深刻领会司法体制改革的重要部署，以落实内

设机构改革为突破口，努力实现检察业务全要素均衡充分发展。把人民群众的关注点作为诉讼监督的着力点，努力在完善工作机制、提高办案水平上下功夫，切实提升批捕、起诉工作的质量和效果，综合运用法律赋予的监督职能，不断提高监督质量、增强监督实效。探索适用认罪认罚从宽力度，提高抗诉精准度、影响力，提升公益诉讼办案影响力和共赢效果。正确处理政法各部门之间协调配合与监督制约的关系，加强同纪检监察部门的沟通协调，改进监督方法，自觉做到依法监督、规范监督，共同维护司法公正和法制权威。

三、自觉参与社会管理创新，积极深化平安波密建设

平安波密是我县经济社会发展的一个重要目标，也是检察机关必须履行好的第一责任。我院将健全检察环节社会矛盾排查化解、执法办案风险评估等机制，坚持息诉与抗诉并重，把化解矛盾贯穿于执法办案始终。依法严厉打击各类严重危害人民群众生命财产安全的犯罪活动，积极参与危害食品药品安全、破坏网络安全等重点问题治理，结合司法办案妥善化解经济发展过程中引发的矛盾，推动完善立体化社会治安防控体系，为我县经济平稳健康发展和人民安居乐业创造和谐稳定的社会环境。

四、加强检察队伍建设，切实提高司法公信力

坚定不移加强党的领导和党的建设，坚持将政治生态建设作为长期工程来抓。牢牢把握意识形态工作领导权，发挥“两微一端”门户网站传播优势，讲好检察故事。深入开展“全面加强政治建检、打造过硬检察队伍”专项教育整顿活动，着力加强队伍的思想政治建设和法律监督能力建设。狠抓自身反腐倡廉建设，常态化开展谈话提醒、落实监督执纪“四种形态”，使纪律规矩成为带电的高压线。大力弘扬社会主义核心价值观，加强对全体干警的理想信念教育。积极争取广州市检察院援藏资金支持，启动现存档案数字化加工，加快室藏档案数字化升级；启动涉案赃证物室改造，充分发挥科技强检推动作用，进一步加强执法规范化建设。全面落实执法办案内部监督和执法过错责任追究制度，严肃查处违法违纪检察人员，提升公正廉洁执法水平。

各位代表！本次人大会议以后，我们将认真落实代表审议意见，全面履行检察职责，持续提高法律监督能力和水平，主动服务党委政府中心工作，深入推进民生检察工作，更加自觉地接受社会各界的监督，不断加强和改进检察工作，深入思考如何从人民群众对民主、法治、公平、正义、安全、环境等方面的需求上来谋划检察工作的发展，努力从检察机关供给侧提供更多更好的检察产品、检察服务，为波密改革发展奉献更多检察智慧、提供更多检察产品、贡献更多检察力量！

名词解释：

1. 公益诉讼：包括民事公益诉讼、行政公益诉讼和刑事附带民事公益诉讼，这是按照适用的诉讼法的性质或者被诉讼对象的不同划分的。诉讼法理论认为，利益受到了损害，受害者就有权向法院起诉，请求司法救济。

2.12309 检察服务中心：是全国检察机关统一对外的智能化检察为民综合服务网络平台，通过 12309 网站、12309 检察服务热线（电话）、12309 移动客户端（手机 APP）和 12309 微信公众号四种渠道，向社会提供更加快捷高效的“一站式”检察服务。

3. 司法体制改革：是指国家司法机关和国家司法体制，在宪法规定的司法体制基本框架内，实现自我创新、自我完善和自我发展，建设有中国特色社会主义现代司法体系和司法制度。

4. 员额检察官：目前正在推进的司法改革，推行员额制，将检察工作人员分为检察官、检察辅助人员（包括检察官助理、书记员、检察技术人员、法警）和司法行政人员三类。推行检察官办案责任制，检察官助理是检察官的助手，也是未来检察官的“蓄水池”。

5. 检务公开：是指检察机关依法向社会和诉讼参与人公开与检察职权相关的不涉及国家秘密和个人隐私等有关的活动和事项。

6. 羁押必要性审查：人民检察院依据《中华人

民共和国刑事诉讼法》第九十三条规定，对被逮捕的犯罪嫌疑人，被告人有无继续羁押的必要性进行审查，对不需要继续羁押的，建议办案机关予以释放或者变更强制措施的监督活动。

7. 立案监督：检察院对公安机关应当立案而未立案情况，对于公安机关不应当立案而立案情况的监督。

8. 社区矫正：是一种不使罪犯与社会隔离并利用社区资源教育改造罪犯的方法，是所有在社区环境中管理教育罪犯方式的总称。

9. 两微一端：微博、微信公众号、新闻客户端。

10. 一院一品：根据高检院《"十三五"时期检察工作发展的规划纲要》《2014–2018年基层人民检察院建设规划》等要求，张培中检察长在全区检察长会议上提出，积极开展基层检察院品牌创建活动，促进全区基层院建设水平得到进一步提升。

注：与法院数据差异说明：检察院统计的数据为立案侦查、审查逮捕、审查起诉等检察机关审理阶段的案件；法院统计的是法院审判监督的案件，统计区间不同，故两者数据存在一定差异。

波密县2018年国民经济和社会发展计划执行情况与2019年国民经济和社会发展计划草案的报告

——在波密县第十二届人民代表大会第六次会议上

波密县发展和改革委员会

（2019年2月25日）

一、2018年国民经济和社会发展计划执行情况

2018年是贯彻党的十九大精神的开局之年，也是林芝市率先全面建成小康社会决胜之年，是实施“十三五”规划承上启下的关键一年。一年来，在县委、县政府的团结带领下，全县上下认真贯彻落实党的十九大及中央第六次西藏工作座谈会精神，贯彻落实习近平总书记系列讲话精神，加强党对经济工作的指导，深刻认识和主动适应经济发展新常态，坚持创新驱动发展、经济转型升级，以提高经济发展质量和效益为中心，保持定力、激发活力、增强动力、提高效力，统筹推进稳增长、促改革、调结构、惠民生、防风险各项工作。全县经济社会保持了平稳较快发展，呈现稳中有进、增速较快、又好又快的良好发展态势。

——实现地区生产总值23.55亿元，可比增长9.5%。

——全社会固定资产投资完成37.27亿元，同比增长95.75%；民间投资完成9.3亿元，同比增长154.04%。

——财政收入达到6978万元，同比增长12.55%。

——社会消费品零售总额完成2.61亿元，同比增长14.72%。

——农村经济总收入预计达到6.93亿元，同比增长12.52%。

——农村居民人均可支配收入预计达到16365元，同比增长10.7%。

——城镇居民人均可支配收入预计达到29680元，同比增长10.1%。

——粮油总产量预计达到21140.45吨，同比增长2%。

——旅游业发展迅猛，全年累计接待游客达到132.39万人次，旅游相关收入达到10.55亿元，分别同比增长73.81%和57.42%。

（一）项目工作稳步推进

2018年，波密县各有关部门始终把项目带动作为经济增长的重大举措，不断加大争取国家投资力度，努力激活社会投资，积极协调援藏资金，通过加强同区、市有关厅局的汇报衔接，继续保持了投资对全县经济增长的推动作用。

——国家投资方面。开工建设国家投资重点项目共计152项，总投资51.9亿元，全年累计完成国家投资31.1亿元，同比增长62.23%。其中续建项目58项，总投资37.84亿元，包括总投资31.31亿元的西藏藏中和昌都电网联网工程（波密段）、总投资4787万元的波密县扎木镇岗巴大桥建设项目、

总投资3900万元的2017年波密县松宗镇棚户区改造项目等；新开工项目94项，总投资14.06亿元。包括总投资6.94亿元的省道S303线波密县易贡茶场至八盖乡公路改建工程、总投资7018万元的波密县松宗栋曲村至朗秋冰川新建道路等。

——援藏投资方面。开工建设援藏投资项目8项，总投资1.07亿元，全年累计完成固定资产投资8174万元，同比增长157.37%。其中续建项目2个，包括总投资1800万元的达兴村等3个小康村建设，总投资2053万元的县城沿江路北面、扎木路民俗化和基础设施改造工程等，新建项目6个，包括总投资4297万元的格巴村等7个小康村建设项目、总投资302万元的波密县八盖乡、康玉乡卫生院建设项目、总投资2036万元的6个村村级组织活动场所标准化建设项目等。

——民间投资方面。开工建设民间投资项目25项，完成投资9.3亿元，同比增长154.04%。包括总投资3.6亿元的波密县易贡乡茶叶种植项目，总投资2亿元的藏王故里文化体验区，总投资1.5亿元的波密王朝大酒店，总投资1.4亿元的前海千金方深加工项目，总投资9000万元林芝市巴宜区永久片区扶贫酒店等项目。

（二）产业建设取得新进展

一年来，依托资源禀赋和区位优势，波密县紧紧围绕自治区“一产上水平、二产抓重点、三产大发展”战略，主动适应经济发展新常态，以广东援藏为契机，以“两产业一平台”建设为主线，逐步发展壮大特色优势产业。

——生态旅游产业。全年争取旅游项目19个，涉及资金7300万元。不断完善318国道易贡景区公共服务基础设施建设项目，扎实推进桃花沟、米堆冰川、朱西村、朗秋村旅游基础设施建设等项目。积极推动我县旅游公共厕所革命，对游客相对集中地目前完成16座厕所建设工作，进一步提升了乡村旅游发展综合服务能力。成功举办桃花节波密分会场文艺演出，波密县首届藏王故里文化节，积极打造岗森林度假小镇，延伸旅游产业链条推动民族手工业快速发展。同时，我县家庭旅馆产业蓬勃发展，全县共有家庭旅馆242家，床位数4615个，日可接待游客能力达5200多人。全年累计接待游客达到132.39万人次，旅游相关收入达到10.55亿元，分别同比增长73.81%和57.42%。

——特色农牧产业。一是藏猪产业稳步推进。围绕“绿色、有机、高端、精品”建设理念，我县积极开工建设藏猪标准化养殖场，鼓励企业发展生态循环农业。在玉许乡棠木村完成藏猪标准化养殖场一期工程建设，在倾多镇热西村新建藏猪核心保种场1个，共收集藏猪能繁母猪4120头。目前，正在开工建设玉许乡棠木村藏猪标准化养殖场二期工程、多吉乡木古村、松宗镇角达村标准化养殖场。为鼓励群众养殖藏猪，我县出台政策鼓励村集体、养殖户发展藏猪养殖。2018年，新发展村集体藏猪养殖经济7个，养殖大户12户，养殖规模达2880头。为解决群众养殖粪污问题，我县大力推广发酵床生态养殖技术。目前，全县拥有养殖户达4000余户，养殖规模达5.7万头。二是做优做强茶产业。以打造雪原茶都、高原茶乡为目标。在易贡乡、古乡两个乡镇共投入各级资金8300万元，完成种植地块土地平整5300亩，完成茶苗种植2968亩。三是做大做强天麻优势产业。引进千金方投资5000万元完成天麻GMP厂房建设；注重发挥波密县藏利天麻有限责任公司推动作用，共培育麻种约2万斤，制作密环菌10万瓶；于11月推广种植天麻2万平方米，主要分布在松宗镇、扎木镇等乡镇。

——藏医藏药产业。县藏医院各项制度不断完善，管理能力、医疗服务能力不断提高。总投资121万元的藏汉双语收费系统现已投入使用。开展的藏医特色外治理疗项目14项，2018年波密县藏医院门诊人数9912人，住院90人，门诊收入408850元；住院收入86023.62元。儿童及老年人藏医体检合计780人次。医院组织职工上山采五味甘露药浴药品900余公斤。全县10个乡镇卫生院均可开展藏医服务。

——水电能源产业。配合做好八盖藏布、帕隆藏布、波堆藏布、易贡藏布、曲宗藏布、亚龙藏布、加桑藏布等重点水流域规划工作。总投资14495万元的帕隆藏布重点河段治理工程、波密县波堆藏布重点河段治理工程，前置手续正在办理中。易贡湖修复与整治工程正在开展前期作业，藏中和昌都电网联网工程已完工。

——文化产业。2018年文化产业项目5个，总投资1224万元。包括总投资500万元的扎木中心县委红楼成立展示工程已竣工，总投资120万元的县级数字电影院于今年上半年正式投入运营。总投资350万元的县级广播电视中心项目已竣工，总投资234万元的县城有线电视数字化项目全部完成，待西藏自治区下一步终端接收工程建设完成后，将实现县城数字电视信号全覆盖。

（三）基础设施水平不断提升

积极争取国家、援藏投资，促成多个重点项目落实，交通、水利、能源、通讯等基础设施条件得到极大改善。

——交通方面。波密县康玉乡德热村至拉瓦西村公路、波密县玉许乡帮肯村至普热村公路、波密县倾多镇至巴康村公路等项目相继建设完工，波密县松宗镇栋曲村至朗秋冰川景区公路、波密县康玉乡通堆村至宗热村道硬化、省道S303线波密易贡茶厂至八盖乡公路等项目稳步推进，完善了以县城为中心、辐射乡镇、连接各村、沟通周边县市的交通运输网络。为提高客运管理，波密县申请了建设农村客运站，目前该项目前置手续已办理完成，即将进入施工阶段。

——农村用水方面。总投资1332.69万元的波密县乡镇供排水工程，截至目前，玉许乡供水排工程已完工，易贡乡供水排工程整体进度达到78%，松宗镇供水排工程整体进度达到87%；总投资2000万元的波密县小型农田水利项目建设工程正在稳步推进中，新建取水枢纽6座，蓄水池5座，新建渠道总长28.14km，新建配套渠系建筑物451座。

（四）乡村振兴战略全面落实

认真贯彻执行党中央、国务院和区、市党委政府各项决策部署，依托中央关心、广东支援契机，坚持“二十字”总要求，制定了《乡村振兴战略实施方案》，编制了《波密县乡村振兴战略规划（2018—2022年）》。成功地举办了林芝市乡村振兴战略现场会。

——精准扶贫。坚决贯彻落实中央和区、市决策部署，按照“13934”精准扶贫工作总体思路，全面落实好产业扶持、异地产业开发、易地搬迁等九项措施。开工建设了总投资1175万元的2018年易贡乡农业综合开发高标准农田建设项目；开工建设了2018年波密县巴宜永久片区异地产业项目；开工建设2018年三岩片区易地扶贫搬迁6个点，完成搬迁19户174人。2018年7月，经过国务院扶贫办第三方评估检查组考核评估，我县减贫908户3598人，贫困发生率从2016年初的11.8%下降到0.68%，贫困户实现了“三不愁”“三有”“三保障”，成功通过考评验收，实现脱贫摘帽。

——人居环境整治。2018年，波密县被评定为农村人居环境整治三年行动全国示范县，成立农村人居环境整治三年行动领导小组，科学制定《波密县农村人居环境整治三年行动实施方案（2018—2020年）》《波密县农村人居环境整治三年行动示范村建设指导意见》，创新提出“拆违拆旧、垃圾治理、人畜分区、绿色篱笆、百花庭院”五大行动。先行启动扎木镇达兴村、松宗镇栋曲村等3个示范村，着力补齐短板，确保“一年提标扩面、两年初见成效、三年全面提升”。

（五）城镇化建设快速推进

按照“一核四心”城镇化布局，突出城乡公共资源均衡配置，构建城镇协调发展新格局。加快推进县城城市建设。先行启动扎木镇扎木片区棚户区改造，总投资2亿项元，于2018年9月开工建设，现完成总投资2309万元。友谊商业步行街、藏立酒店等项目相继完工，桃花里小镇等项目正在建设中。继续推进小集镇建设。完成了古乡、倾多镇基础设施建设项目。总投资1496万元的松宗镇新型城镇化建设项目（一期），目前已完成94%；总投资3510万元的波密县松宗镇基础设施、小集镇建设项目（二期）目前已完成97%；总投资1.34亿的通麦小集镇一期基础设施建设项目，目前前期手续办理已完毕。进一步增强城镇载体功能，提升城镇建设品味。

（六）社会事业全面发展

一年来，波密县始终把保障和改善民生作为一切工作的出发点和落脚点，让人民群众共享改革发展成果。

——教育事业。我县教育项目共计21个，总投资3610万元。其中2017年续建项目共计14个，续建资金1737万元。目前，8个学前教育项目已完成、竣工验收，投入使用；6个项目正在进行附属及装饰装修工作。2018年新建项目共计7个，总投资1883万元。其中，波密县钢琴房装修项目已完工投入使用，波密县中学教学及辅助用房改扩建项目、波密县中心幼儿园教学及辅助用房改扩建项目均在进行主体建设；波密县玉普乡中心小学、波密县康玉乡中心小学、波密县多吉乡中心小学和波密县玉许乡第二小学四所学校供暖项目已于10月初开始开工建设，预计2019年5月完成竣工验收。师资队伍现况：全县专任教师共有532人，学历合格率100%。全县在校学生共5359人，其中：中学学生1384人，入学率100%；小学学生2874人，入学率100%；在园幼儿1101人，学前三年入学率为83%。

——卫生事业。总投资400万元的易贡乡卫生院建设项目、总投资345万元的康玉乡卫生院建设项目已经完工。总投资1418万元的区域医疗中心建设项目，于9月份开工建设。扎实开展医疗基准扶贫工作，目前我县家庭医生签约工作已完成6000余人，各类医疗精准扶贫人员已全部脱贫。继续做好城乡居民健康工作，现已完成城乡居民体检25261人，完成率95.25%，孕妇住院分娩率为96.68%，产检率为100%。我县已逐步完善以广州市第一人民医院为主导，广州市第八医院、妇儿中心及广医二院为辅的柔性帮扶机制。现已选派医疗援藏专家和创等级医院专家共计39人，开展新项目，新技术共23个。组织各种临床业务技能培训5329人次。医疗设施逐步完善。目前，完成761万元急救体系建设，配备32层螺旋CT机、呼吸机等多个医疗设备。完成260万元的远程会诊系统。以波密县人民医院为核心，上接广州市第一人民医院，覆盖10个乡镇卫生院，全面实现优质医疗资源纵向流动，特别是偏远乡镇患者就近享有优质医疗资源服务，有效缓解了我县各级医疗机构缺乏优秀医护人员的困难。广东省第八批援藏工作队落实额外援助资金100万元，购置5台乡镇医疗急救车辆，打通农牧民就医看病的最后一公里瓶颈。

——科技事业。将科技投入纳入财政预算内经费支出项，全年科技投入达440万元。配齐配强农村科技技术员，全县共聘任科技特派员170人，农牧民技术员84人，实现行政村全覆盖。深化科技培训，科技人才培训经费支出11.4万元，累计开展培训2期，培训科技特派员300人次，新型职业农牧民500人次。特色产业快速发展，培育灵芝菌种植5000袋，长势良好。目前正在实施总投资85万元的2017年羊肚菌示范推广种植项目，积极申报计划总投资300万元的易贡乡茶叶示范种植基地项目。

——文化事业。2018年年初为配合波密县旅游开年和桃花节波密分会场对外宣传，制作了《嗨！波密》宣传片2集，新增《习近平谈治国理政》专题，目前制作了24期，原有的《拉措课堂》节目制作了20期，环保类专题栏目制作了5期，公益广告3条。成功举办了波密县首届藏王故里文化旅游节，累计参与人次达50000余，全程全网直播累计点击量突破300万。目前，我县建成了以县综合文体活动中心为主阵地，辐射带动10个乡镇文化站，85个村（居）文化室，85个农家书屋，19个寺庙书屋，17个信息资源共享点，形成了网格化的三级公共文化服务体系阵地。

——社会保障。始终坚持“广覆盖、多层次、保基本、可持续”的方针，以增强公平性、适应流动性和保证可持续性为重点，积极发展全县社会保障事业，努力使各项社会保险覆盖更多人群。截至目前，城镇职工基本养老保险参保人数为550人，完成年初目标任务的107.4%；征缴金额为760.25万元，完成年初目标任务的110.6%。机关事业单位基本养老保险参保人数为1916人，完成年初目标任务的114.2%；征缴金额为6004.03万元，完成年初目标任务的108.2%。城乡居民基本养老保险参保人数为12301人；征缴金额为125.3万元。城镇职工基本医疗保险参保人数为2437人，完成年初目标任务的103.9%；征缴金额为2515.46万元，完成年初目标任务的153.2%。城镇居民基本医疗保险参保人数为 1646 人，完成年初目标任务的 109.9%；征缴金额为 6.3 万元（不含区、市、县三级补贴）。失业保险参保人数为 1338 人，完成年初目标任务的 163.2%；征缴金额为 101.23 万元，完成年初目标任务的 134.9%。生育保险参保人数为 2207 人，完成年初目标任务的 112.85%；征缴金额为 136 万元，完成年初目标任务的 100%。工伤保险参保人数为 2305 人，完成年初目标任务的 100%。社会救助体系进一步健全、条件进一步改善。

（七）生态文明建设有效加强

一年来，波密县始终坚持“绿水青山就是金山银山”的发展理念，着力促进生态保护和生态建设协调发展。

——环境保护不断加强。严把项目审核程序，认真贯彻执行环境影响评价制度和环保“三同时”制度，严格落实环保“一票否决”制，确保“三高”企业的项目零审批、零引进；积极开展湿地保护、防沙治沙、森林抚育、人工种草等项目，制定河长制工作方案，确定波密县总河长由县长担任，明确了 22 条河湖的河长和分河长，层层签订了《水污染防治目标责任书》；定期开展环境检测，委托第三方每季度对水源地水质进行检测，检测结果均达到国家标准；加强执法力度，安排专人在水源地、河道进行巡逻，全年累计开展督导检查 30 余次，发现问题 110 余条，下发整改通知 60 余份，解决突出问题 40 个；认真做好中央环保督察组迎检工作，及时办结 7 起中央环保督察组转办的案件。

——生态创建成效显著。2018 年，颁布实施《波密县生态文明建设规划》，积极开展自治区级生态村、生态乡（镇）和生态县（区）创建申报工作。八盖乡雄吉村等 66 个行政村相继获得自治区级生态村命名，扎木镇等 8 个乡镇相继获得自治区级生态乡（镇）命名，10 月底，已完成自治区级生态县复核工作。同时，编制了波密县生态保护红线划定工作报告，拟划定波密县生态保护红线面积 8370.01 平方公里，占县域总面积 49.94%。红线方案于 10 月 18 日已通过国家技术审核。积极贯彻落实深化生态文明体质改革工作，认真执行建设项目环境影响登记表备案制度，把好建设项目准入关，严格落实“一票否决制”，目前未引进“三高”项目。2018 年建设单位备案环境影响评价登记表 149 个。

——环保基础设施不断完善。投资 6434 万元建设了县城污水处理及收集系统工程。投资 1500 万元建设了波密县重要功能区保护工程，目前已完成总工程量的 80%。投入资金 18 万余元为倾多镇扎西村、松宗镇栋曲村、扎木镇达兴村配备了分类垃圾桶。投入资金 159 万元为城管大队配备垃圾摆臂车，以及为倾多镇、松宗镇、玉普乡配备垃圾压缩转运车。

各位代表，2018 年，波密县经济社会取得了长足的发展，继续保持着良好的发展势头，这些成绩的取得是县委、县政府正确领导的结果，是广东人民无私援助的结果，是全县各族人民开拓创新积极奋斗的结果。但我们在看到成绩的同时，也要清楚地认识到全县经济发展中存在的问题与不足。要始终保持清醒的头脑，增强紧迫感和责任感，认真研究措施和对策，再接再厉、鼓足干劲，抓住国家扩大内需、促进增长及对西藏特殊优惠政策的有利条件，全力推进我县经济社会又好又快发展。

二、2019 年经济社会发展总体要求和预期目标

2019 年是实施“十三五”规划的关键之年，抓好今年的工作意义深远，责任重大。

总体要求是：全面贯彻落实党的十九大会议精神，贯彻落实习近平总书记系列讲话精神和全国第六次西藏工作座谈会精神，贯彻落实全国、自治区和全市经济工作会议精神，坚持稳中求进工作总基调，牢固树立和贯彻落实新发展理念，适应把握经济发展新常态，坚持以增强经济内生动力和自我发展能力为中心，紧抓发展这条主线，全面做好稳增长、促改革、调结构、惠民生、防风险各项工作，确保经济持续快速健康发展，确保社会持续长期全面稳定。

主要预期目标是：结合我县发展实际，综合考虑各方面因素，初步安排 2019 年国民经济和社会发展主要预期目标如下：

——地区生产总值增长 10.5%；

——全社会固定资产投资增长 12%；

——农村居民人均可支配收入增长 13%；

——城镇居民人均可支配收入增长 11%；

——社会消费品零售总额增长 13%；

——地方公共财政预算收入增长 10%；

——居民消费价格涨幅控制在 3% 以内。

三、2018 年波密县国民经济和社会发展主要任务

（一）毫不放松抓好项目建设，促进投资再上新台阶

要实现经济的快速增长，必须进一步加大项目建设落地我县，不断改善全县经济发展的硬环境，来满足经济社会发展的需要。

——更加注重前期工作。对照“十三五”项目规划和 2019 年重点项目计划，进一步做深、做细项目前期工作。切实把前期工作作为争取和扩大投资的重要手段和关键环节来抓，切实加强与自治区、林芝市的沟通衔接，切实选好设计咨询单位，及时提供相关基础资料，科学论证方案设计。切实发挥重大项目在线审批平台作用，将完成五大前置手续的项目（政法类项目除外）通过各自单位账号进行网上申报、审批，缩减审批时限。

——更加注重资金落实。特别是在特色产业、交通能源、农田水利、教育卫生、环境保护与综合整治、市政建设、基层政权、旅游景区基础建设等方面的重点项目，要把争取项目资金落实作为项目工作的核心，主动加强与自治区、林芝市相关部门的沟通衔接，多争取，早建设。

——更加注重建设进度。抓紧做好项目全面复工的各项准备工作。对 3 月份计划开工项目抓紧做好前置手续、可研、概算、招投标等工作，争取如期开工；对续建项目，在保证质量和安全生产前提下，加快工程建设进度，争取完成更多实物工作量，完成更多投资；对计划完工和已完工项目，要进一步加强督导，细化措施，倒排工期，落实责任，尽快组织验收投入使用，尽快发挥投资效益。

——更加注重项目管理。抓好重大基础设施建设项目的监督管理，严格建设程序、规范竣工验收、紧抓工程质量、做好资料管理，确保安全运营和投资效益的最大发挥。

——更加注重项目储备。逐步建立完善“乡镇项目储备库”“县级项目储备库”和“县重点项目库”，对全县重点项目进行动态管理。

——更加注重投资建设环境优化。积极做好征地拆迁、农牧民群众参与工程建设、地材管理等相关工作，协调解决建设过程中的各种矛盾和问题，优化项目建设环境，共建共赢，和谐建设，确保重大项目顺利推进。认真落实自治区关于稳定建材价格水平、保障重点工程建设需求的最新政策要求，继续做好建材需求梳理统计工作，全力抓好建材保障。

（二）突出特色优势产业，全力提升经济发展质量

严格落实区、市关于推动产业升级的各项决策部署，全面落实“两产业一平台”发展战略，狠抓以藏猪、茶叶、天麻为主的特色农业和生态旅游二大主导产业，加快推进藏医药、水电能源和文化三大主培产业。

——加快高特农牧业发展。进一步加大支持引导力度，继续推进特色农牧产业发展，大力发展特色林果、蔬菜、有机茶叶种植和犏奶牛、藏香猪养殖。基于波密县 3 镇 7 乡生态资源的分布状况和农牧业的发展基础，以“突出乡镇产业特色和区位条件为切入点，促进蔬菜种植、家畜养殖、藏药培植、种茶等特色优势农牧业向主产区集中。

——加快生态旅游业发展。围绕打造“越冬海南、避暑波密”旅游品牌，突出“一轴三线”景区建设，规范米堆景区、嘎朗王朝遗址管理，分片分区打造易贡景区、桃花沟景区，开展重点景区景点控制性规划编制工作。鼓励和扶持农牧民建立家庭旅馆、农家乐。加大对农牧民参与旅游的培训力度，引导更多群众参与旅游服务。

——加快水电能源产业发展。加快研究帕隆藏布、易贡藏布、曲宗藏布等流域的水电开发，积极协调配合易贡湖综合治理等重大项目建设工作，推

进农网升级改造。科学布局完善乡镇变电站和供电线路铺设，提高农业灌区电力供应能力，推动农村电网升级改造，解决农牧民群众用电问题。借助国家西电东送的重要时机，构建安全可靠的供电体系，挣脱长期电力不足的发展掣肘，克服基础设施建设中的软肋。

——加快藏医药产业发展。加大藏医药资源的保护和开发力度，进一步建立和完善藏药生产、科研、药材种植和保护、藏药服务体系，推动藏医药产业走上规模化、集约化、现代化发展之路。大力推广天麻、藏丹参、藏柴胡、灵芝菌和波棱瓜等藏药材种植，争取申报自治区级乃至国家级注册商标，引进技术、人才和资本，提高农民种植水平。进一步完善藏药材深加工环节，延长产业链，特色保健品等，培育市级著名品牌，通过官方认证渠道增强品牌可信度。

——加快文化产业发展。发展壮大文化产业，大力发展文艺演出业、文化旅游业、文化娱乐业等文化产业门类。努力培育民间演出团队，积极开展民间民俗展演活动，发展与旅游相配套的文化娱乐业。优化文化基础设施配置，加大对农村文化事业的投入，以县城公共文化设施为骨干，以乡镇和行政村的文化设施为基础，统筹规划，合理布局，优化城区和乡村公共文化资源配置。

（三）完善基础设施建设，推进城乡协调发展

以波密县城市投资有限责任公司成立为契机，加大对全县基础设施建设的投资力度。

——推动县城升级。以古镇和产业园区作为两个牵引点，推进县城扩容提升、空间升值。进一步完善县城水、电、路、气、讯等基础设施建设，改善居民生产生活条件和创业发展环境。提升城市建设管理服务水平，推进县城美化亮化绿化净化水平进一步提高，全力建设良好的经济社会发展平台。

——优化城乡发展布局。着力打造以县城为核心，以松宗镇、倾多镇、通麦小集镇、古乡为中心的“一核四心”城乡发展布局，推进新型城镇化建设，打造城乡协调、产城互动、节约集约、生态宜居、和谐发展的城镇化平台，辐射带动全县发展升级。

——改善交通运输条件。以协调配合川藏铁路、高等级公路建设工作，完善乡镇公路和农村公路建设为重点任务，形成“一横三纵七通道”的交通网络体系。加快省道S303线波密县易贡茶场至八盖乡公路改建工程、波密县松宗栋曲村至朗秋冰川道路建设进度，推进波密县G318线卡达桥至倾多镇公路改建工程、G559线K2+500至扎木镇岗巴村公路改建工程等项目开工建设，改善城乡交通运输条件。深入推进交通运输行业体制改革，大力整顿运输市场，优化行业环境。

——完善水利基础设施。积极推进流域规划，推进易贡湖修复与整治工程，以及帕隆藏布、波堆藏布等河道治理工程顺利开工；加快2017年农村饮水安全巩固提升工程、波密县2018年小型农田水利重点县建设项目、波密县乡镇供排水工程等项目进度。

（四）大力实施乡村振兴战略

坚持农业农村优先发展，以产业兴旺、生态宜居、乡风文明、治理有效、生活富裕为原则，按照国家和区、市、县的统一部署，以农村基础设施建设、垃圾污水治理和村容村貌提升为主攻方向，重点解决好偏远地区群众用电不稳定、出行难等问题，进一步完善农村公共服务体系。引导广大农牧民过上文明、健康、幸福的美好生活，着力打造“房舍新、设施新、环境新、民风新”的全面小康新农村。

（五）协调发展社会事业，切实保障和改善民生

采取有力措施，解决好群众关心的社会保障、上学、就医、文化等问题，确保社会稳定，建设小康波密、平安波密、和谐波密。

——优先发展教育事业。深入实施教育优先发展战略。巩固提高“两基”成果，完成村居幼儿园、中心幼儿园改扩建、易贡乡小学改扩建等项目，推进各乡镇小学标准化、规范化建设；深入推进职业教育综合改革，提高职教办学水平；借助援藏优势，完善爱心助困教育专项资金奖励机制。

——促进卫生事业发展。大力实施基本公共卫生服务项目，推动医药卫生体制改革不断深入，继续巩固完善新型农牧区医疗管理制度；完善疾病预防控制体系，完善乡级卫生院的配套设施，充实乡级卫生机构工作人员，逐步形成以县带乡的农牧

民医疗服务体系。

——完善社会保障体系。扩大城乡居民最低生活保障和城乡医疗救助范围，扎实推进新型农村养老保险和五大保险工作，完善覆盖城乡的社会保障体系，切实保障参保人员的合法权益。

——提升文化服务水平。积极发展文化事业，完善各村文化站配套设施，发挥波密文化广场作用，努力改善人民群众精神文化生活条件，丰富人民群众文化生活。

——着力稳控市场物价。建立健全价格监测预警机制和预警预案，认真开展重要民生商品价格巡查与综合检查，针对市场出现的囤积居奇、哄抬物价、缺斤少两、以次充好、制假售假、相互串通、垄断市场等不正当价格行为，及时掌握，妥善处置，全力保障市场供应，维护消费者合法权益。

（六）坚持改革开放，激活经济社会发展活力

——全面推进重点领域改革。积极推进农村土地承包经营权、农村集体土地确权颁证、农村集体资产清查和林权制度改革等工作，做好“放管服”改革涉及的规范性文件清理工作。持续推动减税降费，规范行政事业性收费和涉企经营服务型收费，进一步降低企业用地、用能、物流、融资等各方面成本。进一步建立完善失信联合惩戒机制，营造良好诚信环境。建立“互联网＋政务服务”模式，提升协同联动、流程再造、线上线下一体化政务服务能力。加快推进投融资体制改革，充分利用国家赋予西藏的各项金融优惠政策，推动政银企合作，促进更多社会资金投向实体经济和市政、交通、能源等基础设施薄弱领域，提高社会投资比重，优化投资结构。

——不断扩大对外开放水平。积极参与环喜马拉雅经济合作带，孟中印缅经济走廊建设。加大招商引资力度，瞄准目标任务，坚持精准招商，不断提高项目落地率和资金到位率。进一步激发民间投资活力，鼓励支持非公经济健康发展，支持民营企业发展。落实好援藏资金，形成国家、民间、援藏投资相互协调、互相补充的投资格局，将更多资金和项目向产业发展、偏远地区等重点领域倾斜。

（七）突出生态环境保护，加大生态文明建设力度

以林芝市“生态文明先行示范区”建设及波密县“生态保护与建设先行示范区”建设为契机，牢固树立绿色发展、科学发展理念，严守生态保护底线，全力巩固国家生态安全屏障，建设绿色家园、美丽波密。

——深化生态文明创建工作。积极开展国家级生态乡（镇）、生态村创建工作，继续加强农村饮用水源地保护，认真做好水、气、声、土壤监测工作；加强林政管理，坚持依法治林，做好森林防火，植树造林，318国道沿线美化工作；以“波密县环境日”和“6.5”世界环境日等节日宣传为重点，积极开展生态文明宣讲工作。

——抓好节能减排工作。积极开展“十三五”主要污染物总量控制工作。推行总量控制、清洁生产和排污许可证制度，将总量控制作为建设项目环评审批的前置条件，从多方面控制污染物排放。落实水污染防治工作，确保饮水用水安全。

——强化环境综合治理工作。认真贯彻落实新《环保法》，严格落实环境保护“三同时”制度和环境质量考核“一票否决”制，坚决杜绝“三高”企业进入波密。大力实施生态功能区建设、江河源头保护、水土流失治理等工程，严格生态保护监管，确保生态环境良好。持续加强城乡环境综合治理力度，建设生态乡镇、生态村，提升人居环境品质。

各位代表，2019年是“十三五”关键之年，我们要在县委、县政府的坚强领导下，自觉接受人大监督，虚心听取政协的意见和建议，齐心协力，奋发有为，圆满完成年度目标，为实现波密县经济社会新跨越做出新的更大的贡献！

波密县2018年度财政预算执行情况与2019年度财政预算草案的报告

——在波密县第十二届人民代表大会第六次会议上

波密县财政局

（2019年2月25日）

2018年度财政预算执行情况

2018年，在县委、县政府的正确领导下，在县人大、县政协的监督支持下，在上级财政部门的精心指导下，坚持稳中求进的总基调，按照县十二届人大四次会议审议通过的各项预算，主动作为，着力抓增收，精准调整支出结构，积极有序推进改革，较好地完成了财政各项工作任务。

一、2018年财政预算执行情况

（一）一般公共预算执行情况

全县总财力完成117263万元，比年初预算增加56060.62万元，增长91.60%，同比上年增长36.03%。其中：一般公共预算收入完成6978万元、增值税返还收入完成1376.82万元、一般性转移支付收入完成62075万元、专项转移支付收入完成44135万元、调入预算稳定调节基金2698万元。全年，一般公共预算支出完成114600万元，补充预算稳定调节基金2663万元。

（二）政府性基金预算执行情况

全县政府性基金预算收入完成3266.61万元，其中：政府性基金上级补助收入126.39万元。全年完成政府性基金预算支出3266.61万元，其中：土地出让金支出3140.22万元、上级专项基金支出126.39万元（彩票公益金）。全年政府性基金预算实现收支平衡。

二、财政主要工作情况

我县财政支出完成117866万元，其中：一般公共预算支出114600万元，为预算数的187.25%，比上年同期数增加32018万元，增长38.77%；政府性基金支出3266万元，比上年同期数增加1751万元，增长115.58%。

（一）保障和改善民生，切实提升人民获得感。一是全年用于社会事业发展的支出达到23376万元，占一般公共预算支出的20.4%，主要是为促进教育、医疗卫生事业的发展，继续加大财政对社会各项事业投入，促进基本公共服务均等化。优先支持教育事业发展，完成教育资金支出14114万元，其中：县级安排教育配套资金1240万元，主要是校舍改造等支出；不断完善以免费医疗为基础的农牧区医疗制度，深化医药卫生服务体制改革，逐步推进基本公共卫生服务均等化，医疗卫生支出完成9262万元，主要是农村合作医疗1440万元、城乡居民免费体检费300万元、基本公共卫生服务经费264万元、药品零差率补贴213万元、村医补贴202万元、城乡医疗救助220万元等。二是全年用于社会保障方面的支出达到10779万元，占一般公共预算支出的9.4%，主要是公益性岗位及其他就业补助资金591万元、农民工工资应急周转金150万元、城乡低保人员及农村特困、临时救助完成1070万元、财政对各大保险补贴4199万元、全县干部住房公积金配套2527万元、牺牲病故人员及优抚对象抚恤金302万元、高龄失能老人补贴5万元、残疾人两项补贴等145万元、其他残疾人事业发展支出111万元、自然灾害补助382万元、儿童福利595万元。三是全年用于交通运输方面的支出达到320万元，占一般公共预算支出的0.3%，主要用于农村道路养护以及交通项目前期款110万元等。四是其他方面支出达到9890万元，占一般公共预算支出的8.6%。公路沿线、景区景点民房屋顶改造4219万元、棚区改造经费4283万元、公共租赁住房资金1388万元。

（二）持续加大文化投入、推动文化繁荣昌盛。大力促进文化大发展大繁荣，文化体育事业支出完成1874万元，主要是文物保护支出479万元、民间艺术团及群众文化支出451万元、县乡文化站免费开放支出83万元、三区人才经费22万元、电视数字化建设资金265万元、公共文化服务支出275万元。

（三）支持美丽波密建设，人与自然和谐共生。一是全年用于农林水事务的支出达到27858万元，占一般公共预算支出的24.31%，主要用于科技支出101万元、购置农机具补贴963万元、扶贫及农业综合开发项目资金6950万元、农村税费改革资金265万元、森林生态效益补偿及重点区域造林3101万元、森林培育154万元、现代农业生产发展资金117万元、草原生态保护资金669万元、农牧特色产业资金7696万元、防汛资金115万元、农田水利建设及水利工程建设运行维护资金2133万元等。二是全年用于生态环境保护及旅游宣传领域的支出达到9710万元，占一般公共预算支出的8.5%，主要用于生态环境保护及生态功能区建设资金7521万元和旅游宣传领域支出完成2189万元。

（四）加大维稳保障力度，保持长久稳定发展。一是全年用于公共安全，保障政法系统方面的支出达到7382万元，占一般公共预算支出的6.44%，主要用于政法系统业务及维稳经费7174万元，“先进双联户”管理及表彰经费127万元，内卫、消防、森警、武装部业务经费81万元。二是全年用于统战、民宗及驻寺方面的支出达到1485万元，占一般公共预算支出的1.3%，主要用于驻寺干部各项工作经费、寺庙僧尼组长补助、僧尼免费健康巡诊及和谐寺庙及爱国守法僧尼表彰经费。

（五）大力支持党政工作，巩固党的执政基础。一是全年用于党组织保障及强基惠民方面的支出达到3797万元，占一般公共预算支出的3.31%，主要是乡、村党组织保障经费及退休人员活动经费351万元、第七批强基惠民工作经费1700万元、村级监督委员会资金152万元及其他强基惠民资金39万元。二是全年用于基层政权和城乡社区事务的支出达到2196万元，占一般公共预算支出的1.9%，主要用于基层政权建设资金200万元、村级活动场所标准化建设资金1100万元、城镇主体功能区建设经费250万元等。

（六）深入推进各项改革，建设现代化财政制度。加强财政全口径预算管理，将政府收支情况全部纳入预算管理；深入推进预算编制，建立和完善跨年度预算平衡机制；强化财政收入管理，加强财源建设和税收征管；规范国库资金和地方政府性债务管理；实现部门预决算公开全覆盖。

（七）不断强化绩效监督，切实提升资金效益。一是推进财政资金绩效管理改革，将84家预算部门纳入财政资金绩效管理试点，对我县6笔资金涉及13家单位，开展财政资金绩效管理工作。二是强化财政监督。对全县10个乡镇和7家单位进行财务管理工作专项检查并出具督查报告；三是确保有效投资，对全县24个建设项目进行财政投资评审，审减率达到5.2%；四是严格政府采购，完成政府采购69批（次），节约率达5.12%。

三、2018年度预备费动支情况

按照新《中华人民共和国预算法》规定，经县人大批准，动支2018年预备费710.31万元，用于：37个驻村工作队办公及生活保障经费18.5万元；波密县禽畜养殖禁养区划定工作经费31.05万元；粮食工作划定经费40.09万元；退休人员去世丧葬费76.05万元；第七批驻村工作队生活补助（县级配套）321.3万元；2018年度专招生生活用品9.02万元；公安局出入境窗口采购设备9.35万元；四项农灾保险30.78万元；农牧民工资应急周转金150万元；公安乡镇派出所网络宽带扩容租用费用19.44

万元；2018 年下半年成品粮轮换费 2.47 万元；波密县文学艺术界联合会换届经费 2.25 万元。

四、2018 年政府债券使用情况

截至 2018 年底使用地方政府债券资金 4000 万元，其中：2016 年地方政府债券资金 2000 万元，利率为 2.48%，债券期限 10 年；2017 年地方政府债券资金 2000 万元，利率为 3.81%，债券期限 10 年，主要用于人居环境及城镇化建设，截至 2018 年底已支付转贷利息 133.4 万元。

在过去的一年里，财政工作得益于县委、县政府的坚强领导，得益于广大人大代表、政协委员的依法监督和民主监督，得益于全县上下各级各部门的支持与理解，取得了来之不易的成绩。在看到成绩的同时，我们也清醒地认识到，波密县财政运行仍然面临诸多现实问题和困难，主要表现有三个方面：一是财源渠道单一；二是财税收入压力巨大；三是财政收支平衡压力依然艰巨。主要体现在县财政支出压力巨大，刚性支出只增不减，民生保障需求旺盛，重点项目建设仍需上级财政予以解决资金，收支矛盾日益突出，等等。以上问题，都亟须我们采取有效措施，不断加以完善，认真予以解决。

2019 年度财政收支预算草案

根据《中华人民共和国预算法》规定和要求，结合我县实际，编制完成了 2019 年波密县财政预算草案。

一、预算编制指导思想

全面贯彻落实党的十九大精神，以习近平新时代中国特色社会主义思想为指导，贯彻落实各级政府经济工作会议精神，紧紧围绕中央和区市县各项决策部署，认真落实《预算法》和《国务院关于深化预算管理制度改革的决定》要求，坚持稳增长、提质量，切实依法理财、科学理财，加快健全体系完善、公开透明、注重绩效的预算管理机制，增强财政统筹力度，积极盘活存量，用好增量，推动改革，提升绩效，为县域经济社会发展做出应有贡献。

二、预算编制基本原则

2019 年波密县本级财政预算编制的原则是：统筹兼顾、勤俭节约、量力而行、讲求绩效，收支平衡。不断完善跨年度预算平衡机制，做到应列尽列。

三、2019 年财政预算安排总体情况

根据上述指导思想和原则，2019 年全县财政预算（草案）拟作如下安排：

2019 年，波密县财政一般预算安排的总财力为 58659.25 万元，同比上年年初减少 2543.13 万元，下降 4.2%。其中：上级补助收入 52342.75 万元，占总财力的 89.23%，比去年预算数减少 1846.63 万元，下降 3.4%；县级一般预算收入 4746.5 万元，占总财力的 8.1%，比去年预算数增加 431.5 万元，增长 10%；从预算稳定调节基金中安排 1570 万元，占总财力的 2.57%。

（一）财政一般预算收入

地方财政一般预算收入 4746.5 万元，比上年年初预算增加 431.5 万元，增长 10%。其中：税收收入 3726.5 万元，占一般预算收入 78.51%，非税收入 1020 万元，占一般预算收入 21.49%。

（二）政府性基金

预算总财力 1012.07 万元，同比上年减少 1987.93 万元，下降 66.26%。其中：上级补助收入 12.07 万元，同比上年增长 100%，县级政府性基金预算 1000 万元，同比上年减少 2000 万元，下降 66.67%。

（三）财政一般公共预算支出

2019 年财政总支出安排 58659.25 万元，具体如下：

（一）一般公共服务支出安排 12906.71 万元，比上年年初预算减少 983.2 万元，下降 7.08%，减少主要原因为总财力及专项资金减少。其中：人大事务安排 251.74 万元；政协事务安排 238.19 万元；政府办公厅（室）及相关机构事务安排 7954.72 万元；发展与改革事务安排 176.04 万元；统计信息事务安排 124.29 万元；财政事务安排 389.92 万元；纪检监察事务安排 380.28 万元；商贸事务安排 110.17 万元；民族事务安排 164.99 万元；民主党派及工商联事务安排 148.83 万元；群众团体事务安排 127.21 万元；党委办公厅（室）及相关机构事务安排 342.25 万元；组织事务安排 658.51 万元；

宣传事务安排 253.62 万元；统战事务安排 758.8 万元；其他共产党事务支出安排 610.41 万元，包括社会治安综合治理专项经费 379.05 万元；市场监督管理资金安排 216.74 万元。

（二）公共安全安排 5810.79 万元，比上年年初预算增加 354.05 万元，增长 6.5%。其中：武装警察安排 61 万元；公安安排 4387.64 万元；检察院安排 526.33 万元；法院安排 688.25 万元；司法安排 147.57 万元。

（三）教育支出安排 11870.69 万元，比上年年初预算减少 872.73 万元，减少 6.8%，减少原因总财力有限，在年初预算中只安排教育配套 10% 资金。其中：教育管理事务安排 213.96 万元；普通教育安排 11571.36 万元；进修及培训（党校）安排 85.37 万元。

（四）文化旅游体育与传媒支出安排 664.82 万元，比上年年初预算减少 109.38 万元，下降 14.13%。其中：文化和旅游支出安排 649.62 万元；文物保护支出安排 15.2 万元。

（五）社会保障和就业支出安排 7679.46 万元，比上年年初预算增加 907.06 万元，增长 13.39%，增长的主要原因是工资基数增长及人员增加致使 2019 年财政对各大保险基金的补助增加。其中：人力资源和社会保障管理事务安排 838.69 万元；民政管理事务安排 274.53 万元；就业补助安排 615 万元；抚恤安排 189 万元；社会福利支出安排 4.8 万元；残疾人事业费安排 212.95 万元；最低生活保障安排 338.77 万元；临时救助安排 120 万元；特困人员救助补助资金安排 341.93 万元；财政对城乡居民基本养老保险补助 4444.62 万元；财政对其他社会保险基金的补助 265.17 万元。

（六）卫生健康支出安排 5437.3 万元，比上年年初预算减少 1745.98 万元，下降 24.31%。其中：卫生健康管理事务安排 239.97 万元；公立医院安排 919.28 万元；基层医疗卫生机构安排 1237.82 万元；公共卫生安排 576.45 万元；财政对基本医疗保险基金的补助支出安排 1777.84 万元；行政单位医疗补助支出安排 518.52 万元；医疗救助安排 7.44 万元；优抚对象医疗资金安排 5 万元；其他卫生健康支出安排 152 万元。

（七）节能环保支出安排 919.39 万元，比上年年初预算减少 24.15 万元，下降 2.56%。其中：环境保护管理事务费安排 155.67 万元；污染防治安排 5 万元；自然生态保护安排 349 万元；天然林保护安排 400 万元；退耕还林安排 9.72 万元。

（八）城乡社区事务支出安排 664.99 万元，比上年年初预算增加 57.77 万元，增长 9.5%。其中：城乡社区管理事务安排 321.6 万元；城乡社区公共设施安排 50 万元；城乡社区环境卫生安排 293.39 万元。

（九）农林水事务支出安排 8974.64 万元，比上年年初预算增加 221.82 万元，增长 2.53%，增长的主要原因是上级下达的专项资金有所增长。其中：农业支出安排 2184.5 万元；林业和草原支出安排 3739.29 万元；水利支出安排 304.82 万元；扶贫支出安排 2594.03 万元；农村综合改革支出安排 152 万元。

（十）交通运输安排 176.62 万元，比上年年初预算增加 6.64 万元，增长 3.9%。

（十一）资源勘探电力信息等事务支出安排 42 万元，比上年年初预算减少 47.05 万元，下降 52.83%。其中：金融普惠安排 42 万元。

（十二）自然资源海洋气象等支出安排 194.84 万元，比上年年初预算减少 65.64 万元，下降 25.2%。其中：自然资源事务安排 194.84 万元。

（十三）住房保障支出安排 2169.65 万元，比上年年初预算减少 264.03 万元，下降 10.85%。均为住房公积金。

（十四）预备费安排 593.13 万元，比上年年初预算减少 117.18 万元，下降 16.5%。下降的主要原因是今年总财力比去年有所减少，预备费按总财力的 1% 安排。

（十五）粮油物资储备支出安排 30.8 万元，同比上年增加 4.27 万元，增长 16.09%。其中：2019 年全年成品粮食轮换费 23.83 万元；粮食亏损补贴 3 万元；原粮和成品粮代储费 4 万元。

（十六）灾害防治及应急管理支出安排 216.39 万元，其中：应急管理安排 129.49 万元；消防事务安排 60 万元；森林消防事务安排 20 万元；自然灾害防治安排6.9万元。

（十七）债务付息支出安排160.78万元，为转贷收入利息。

（十八）其他支出安排146.25万元，比上年年初预算减少25.79万元，下降14.99%。减少的主要原因是总财力和专项资金减少。

三、在“保工资、保运转、保民生”前提下，2019年财政预算安排重点考虑了以下几方面因素：

（一）根据中央关于加强“三农”工作和财政资金着重向农牧、文化、特色产业等倾斜的要求，县财政认真贯彻落实财政支农各项政策，不断加大强农惠农投入力度，逐步加强对农牧区基础设施建设，进一步改善农牧民生产生活状况，安排农林水事务资金7774.27万元，主要用于农机具购置资金680万元、农村综合服务支出161.05万元、林业森防支出35.1万元、林业生态效益补偿资金3184.02万元、山洪灾害防治资金136.02万元、扶贫资金2897.8万元、现代产业发展资金190万元、耕地力保护补助资金296.98万元等。

（二）为促进教育、文体和医疗卫生事业的发展，继续加大财政对社会各项事业投入1810.88万元，促进基本公共服务均等化。支持教育事业优先发展安排资金697.8万元，为按照上年财政预算收入10%的比例安排的教育配套；努力推动和促进文化大发展大繁荣，文化旅游体育与传媒支出安排117.72万元，主要是文化公共服务支出安排87.2万元和旅游方面安排30.5万元；为进一步改善村级卫生室条件，提高财政补助水平，不断完善以免费医疗为基础的农牧区医疗制度。深化医药卫生服务体制改革，逐步推进基本公共卫生服务均等化，卫生健康支出安排995.36万元，主要是公立医院安排35万元、医疗救助7.44万元、城乡居民免费体检经费152万元、基本公共卫生服务经费211.9万元、村医补贴201.6万元、县级基本药物制度补贴203.5万元等。

（三）加大民生投入，全力保障和改善民生。安排民生资金1966.76万元，主要是安排寿星老人健康补贴7万元、公益性岗位人员补贴786.97万元、五保供养补助资金264.26万元、残疾人事业支出212.95万元、低保补助资金338.77万元、临时救助120万元、五保供养机构运转保障经费77.67万元、死亡抚恤115万元等。

（四）加大节能环保投入，支持重点生态功能建设，安排359万元，主要是重点生态功能区建设经费349万元、退耕还林现金补助9.72万元、县级安排环境保护宣传经费5万元、环保执法工作经费5万元等。

（五）为进一步提升城市安全保障性和改善基础设施条件。安排城乡社区事务资金343.39万元，主要用于加强县域环境治理，安排环卫工人工资及以奖代补资金247.2万元、安排城市基础设施维护经费50万元、城管垃圾车相关费用46.19万元等。

（六）进一步保障政法部门公用经费和业务费标准，提升政法部门的办案业务能力和装备水平，为确保我县社会长治久安，安排公共安全支出602.88万元，主要是安排确保地方部队的业务经费等共计61万元、保障公检法司业务经费及专项资金共计541.88万元。

（七）为了确保2019年我县平安社会、和谐社会，安排维稳、社会综合治理和支持创新政法部门信息化建设、建立“双联户”和“先进双联户”表彰等专项经费379.05万元，主要是先进“双联户”表彰经费25.82万元、“双联户”户长补助35万元、加油站值班人员岗位补贴31万元及其他经费120万元等。

（八）为支持开展平安和谐寺庙创建活动和爱国统一战线工作，确保统战、民宗及驻寺各项经费安排44.22万元，主要用于和谐寺庙及爱国守法僧尼表彰经费17.6万元、民族团结模范创建经费13.88万元、统战“三大”节日慰问爱国人士等经费5万元等。

（九）为进一步支持妇女和推动共青团基层组织建设，安排资金29.1万元，主要是为共青团组织工作经费5万元、西部志愿者生活补助及休假费14.1万元、妇女事业发展工作经费等10万元。

（十）巩固党的执政能力，打牢基层党组织基础，更好发挥党的先进性、纯洁性，安排组织党建经费

563.41 万元，主要是村民监督委员会经费 152 万元、退休人员疗养经费和活动经费及慰问费等 68.13 万元、“三老人员”生活补贴 130.28 万元、党建经费 60 万元、第一支部书记办实事经费 127.5 万元、驻村工作队办公及慰问经费 25.5 万元。

（十一）积极偿还地方政府性债券，安排政府一般债券付息资金 160.78 万元。

（十二）合理安排预备费，安排县本级预备费 593.31 万元，占本级财力的比重为 1%。

各位代表，2019 年是“十三五”规划的重要一年，是全面落实十九大精神的关键之年，完成好全年财政工作任务，责任重大，影响深远。我们将在县委、县政府的正确领导下，主动接受县人大的监督和指导，虚心听取县政协的意见和建议，认真落实人大会议做出的各项决议，狠抓落实，积极主动作为，确保圆满完成全年财政预算任务，为“十三五”提供有力保障，为我县全面建成小康社会，为县域经济社会全面发展做出应有贡献！

综　述

【综述】 波密县位于西藏东南部，念青唐古拉山东段南麓与喜马拉雅山东段北麓交界处，平均海拔3300米，主要为冰川、高山峡谷及河流堆积地貌。波密夏无酷暑，冬无严寒，雨量充沛，气候湿润，年平均气温9.9℃，年最高气温29.7℃，最低气温-10.2℃，日照时长1429小时，年降水量579.5毫米。主要物产为天麻、松茸、灵芝菌、羊肚菌、三七等，特别是波密天麻、松茸在区内外享有盛名。县域区位优势明显，交通便利，既是林芝市的东大门、周边邻县的重要交通中转站和物资集散地，又是318国道川藏线上的交通枢纽和商贸重镇，县域面积1.67万平方公里，县城距拉萨市636公里，距林芝市234公里。全县辖3镇7乡85个村委会，1个社区居委会。2018年，波密县户籍人口32325人，其中，藏族户籍人口30518人，占总人口的94.41%；汉族户籍人口1673人，占总人口的5.18%；其他较少数民族（回族、门巴族、珞巴族、土家族、满族、蒙古族、苗族、布依族、白族、土族、怒族、布依族、彝族）人口134人，占总人口的0.41%。全县党的基层组织共202个，其中乡（镇）党委10个，党总支7个，党支部185个，另设党组8个，机关党（工）委2个，部门党委3个，共有党员4492名，其中农牧民党员3073名，女性党员1264名，少数民族党员3930名。全县产业主要以农牧、旅游等产业为主，农业包括小麦、玉米、青稞、马铃薯、油菜等作物，畜牧业包括牛、马、猪、羊等。全县耕地面积5252.14公顷，经济作物耕地面积674.99公顷。林地面积630329.999公顷，森林覆盖率达34.3%。国家级野生保护动物有黑颈鹤、藏雪鸡、豹斑羚、扭角羚、绯胸鹦鹉等，已探明矿产资源有铅锌矿、铜矿、云母矿、水晶矿、铁矿、冰洲石、石灰岩等40余种。主要旅游景点有米堆冰川、岗云杉林、易贡国家地质公园、嘎朗湖、扎木中心县委红楼。特色产品有易贡菜籽油、波密天麻、波密松茸等。全县共有寺庙、拉康、日追19所。2018年，全县地区生产总值完成23.55亿元，同比增长9.5%，其中，第一产业完成26700万元，同比增长3.9%；第二产业完成94400万元，同比增长18.3%；第三产业完成114400万元，同比增长5.1%。全县邮政业务总量达36.2万件；固定电话用户达5474户，使用率89%；移动电话用户6200户，使用率94%；互联网用户达7278户。全社会消费品零售总额完成2.61亿元，接待旅游人数132.39万人次，实现收入10.55亿元，分别同比增长73.81%和57.42%。全县地方财政收入6987万元，同比增长12.55%，地方财政支出11.46亿元，年末城乡居民储蓄存款余额6.9亿元。城镇居民人均可支配收入29680元，农村居民人均可支配收入16365元。实现城镇新增就业493人，城镇登记失业率1.08%。参加城镇失业保险1372人，参加基本养老保险2355人，城镇职工参加基本养老保险466人。参加新型农村合作医疗25373人，参合率99.9%。参加新型农村养老保险13874人，领取养老保险待遇2222人。城镇居民中有190人得到政府最低生活保障金。

（郭凯前）

大事记

1月

4日 九届波密县委第二轮巡察工作动员部署会召开，县委书记朱正辉作动员部署讲话。

同日 波密县工妇委副主任、工会主席毛卫林带领单位工作人员，对全县10名劳动模范、21个企业困难职工和11个本单位退休老干部进行集中慰问，为他们送去节日祝福和4.1万元的慰问金。

同日 叶巴村委会举办物资发放仪式，由驻叶巴村工作队利用驻村经费7万余元，为村民购置生活必需品。

5日 在波密县教育局三楼召开波密县第十二届人民代表大会第一次会议第三全体会议。会议由波密县委副书记、人大常委会主任郑都主持。会议应到95名，实到82名，因病、因事请假13名，符合法定人数。

同日 波密县纪委监委派出工作人员在元旦期间开展八项规定精神明察暗访3次，党员干部禁赌检查1次，检查宾馆、商店、KTV、茶楼29家，各乡镇纪委开展监督检查30次。

同日 波密县玉许乡集中向建档立卡户发放了由广州市比音勒芬公司捐赠的扶贫送暖冬衣。此次发放对象共220户，其中有22户五保户，每户发放1件，其余为198户建档立卡户，每户发放2件，共发放418件衣物。

6日 波密县召开监察委员会成立大会并进行挂牌。波密县在家县级领导、县深化国家监察体制改革试点工作小组成员单位负责人、县纪委监委全体干部参加大会。会议由县委副书记、政府县长边巴主持。

8日 波密松宗镇举行栋亚村藏鸡养殖合作社分红仪式，为9户建档立卡户每户分红现金3000元、鸡苗60只，共兑现资金27000元、鸡苗540只。挂点松宗镇县级领导、政府副县长白玛旺扎出席此次分红发放仪式。

9日 在“三大节日”来临之际，林芝市政协副主席布珠在玉普乡看望慰问达巴村驻村工作队队员、日昂寺管会工作人员、寺庙僧尼和“四对一”结对帮扶困难群众，并送上节日的祝福。

同日 波密县文艺会演活动在县群众文化活动中心举办，会演以舞蹈《彩虹刀舞》拉开序幕，节目期间展播了《砥砺奋进的五年》专题片，带领全体观众回顾了波密县辉煌的五年。过去的五年，是波密县经济增长速度最快、发展质量最好、社会进步最大、城乡面貌最新、群众得实惠最多的五年，并先后荣获“全国平安建设先进县”“全国科技进步先进县”“全国残疾人工作先进单位”等10多项国家级荣誉，专题汇报片将整场晚会推向高潮，得到全场观众的热烈反响和高度赞扬。最后以体现波密县非遗文化独特魅力的《热巴》舞为整场晚会画上圆满的句号。县委书记朱正辉，县委副书记、政府县长边巴，县委常委、人大常委会主任郑都等县四大班子在家领导参加活动，县直各单位干部职工，农牧民群众共500余人观看此次文艺会演。

同日 县委统战部组织全县各寺管会(专职管理特派员办公室)负责人、驻寺干部代表和统战、民宗、宗教办在家干部职工,召开宗教领域学习宣传贯彻党的十九大精神推进会。

10日 波密县十二届人大常委会第十一次全体会议召开。会议由县委副书记、人大常委会主任郑都主持,县十二届人大常委会组成人员出席会议,政府副县长达娃卓嘎及县检察院、法院、政府办、财政局、旅发委等单位(部门)负责人参会,2名人大代表列席会议。

同日 波密县未就业高校毕业生招聘录用考试开考,将招聘录用40名波密籍未就业高校毕业生。该项工作为波密县在全市首先提出并组织开展。该次报考人数65人,实际参加笔试人数61人,实际招录人数40人,岗位竞争比例为1 ∶ 1.5。考试内容为《综合能力测验》,题型为常识判断题、单项选择题、判断题、公文改错题和论述题五类,考试时长为2小时,主要测验考生的知识储备量、分析判断问题的能力及公文写作能力。

11日 波密县工商联举办中共十九大精神专题讲座,参加该次讲座的有县工商联全体干部,工商联兼职副主席、执委,非公党支部全体党员,统战部、团县委、民宗局、工商局、税务局、工会妇联等兄弟单位党员干部共30余人。

17日 波密县城一江两岸、318沿线路灯改造项目通过验收。波密县城一江两岸路灯改造项目:建设内容为改造路灯主线电缆3550米,更换路灯电线2500米,增加悬挂彩灯带4000米,更换路灯灯头100盏等,总投资198.32万元;波密县318沿线县城路灯改造项目:建设内容为改造路灯主线电缆5400米,更换路灯电线2000米,增加悬挂彩灯带4000米,更换路灯灯头160盏等,总投资199.81万元。

同日 林芝市召开创建"人大代表之家"总结表彰大会,康玉乡喜获林芝市创建"人大代表之家"先进单位荣誉称号。

同日 波密县政府副县长白玛旺扎带队,组织县住建局、人社局、发改委、财政局相关人员和项目设计、监理、施工等部门人员,对倾多小集镇建设项目进行竣工验收。倾多镇基础设施建设项目总投资993万元,建设规模及内容:人行道工程3624.93平方米,道路工程6437.93平方米,植草砖3556.7平方米,照明工程41盏,电力通信1项,给排水工程1项,标识牌25座,项目于2017年12月底竣工。

18日 波密县委理论学习中心组召开2018年第一次集中学习会,县四大班子在家领导,各乡(镇)、县(中、区、市)直各单位负责人参加学习会。

19日 在春节、藏历新年来临之际,波密县工商联主席曲珍与波密县易贡铁山建筑有限公司董事长白玛多吉以及非公人士代表一行在古乡、易贡乡开展走访慰问困难家庭活动,为贫困家庭送去教育助学金14200元和生活用品及粮食,解决了他们的燃眉之急,帮助他们度过寒冬。

24日 由共青团林芝市委员会组织牵头、波密县团委参与,带领林芝和广东两地70名青少年儿童在通麦参观十勇士纪念碑。活动中,通麦兵站教导员王勇为同学们讲解了十英雄的英雄事迹,同学们在纪念碑前肃立、默哀一分钟,接着由2名学生代表向纪念碑敬献花圈,随后同学们依次登上基座瞻仰十英雄纪念碑。

25日 波密县召开中央环境保护督察反馈问题整改工作部署会,县政协主席巴桑主持会议。会议传达学习了《中央第六环境保护督察组反馈意见》和西藏自治区党委书记吴英杰讲话精神,宣读了《波密县贯彻落实中央第六环境保护督察组反馈意见整改方案》,县委书记朱正辉就中央环保督察反馈意见整改工作进行安排部署。县人大常委会副主任旺青罗布,县政府副县长索朗平措、马远、白玛旺扎、达娃卓嘎参加会议。

26日 波密县纪委对拟提拔使用的7名科级领导干部进行任前廉政测试。

27日 林芝市民政局副局长尹斌带队工作组在波密县开展"公益福彩情暖高原"西藏福利彩票2018年三大节日救济公益活动。工作组实地走访了波密县部分困难群众家庭,了解了困难群众家庭生产生活情况,为每户困难群众送去慰问金1000元和电饭煲等慰问品,让困难群众切实感受到党和政府的关心。

28日 西藏自治区纪委常委、监察厅副厅长雷戈带领自治区纪委调研组，对波密县纪委落实深化国家监察体制改革试点工作进行调研。雷戈一行首先察看了波密县纪委监委办公用房情况，随后就转隶人员融合情况、监委人员机构编制落实、完善制度等问题与县纪委监委负责人进行了座谈，会上，波密县委常委、纪委书记、监委主任王芳汇报了波密县深化国家监察体制改革试点工作开展情况，调研组对波密县深化国家监察体制改革试点工作给予充分肯定。

29日 波密县召开消防安全暨安全生产总结部署会议，政府副县长白玛旺扎主持会议，县人大常委会副主任张豪杰，县政府副县长、安委会副主任达娃卓嘎出席会议。全县各乡镇、各安委会成员单位、相关企业等主要负责人参加会议。

31日 由林芝市委常委、宣传部部长张海波带队的林芝市落实党风廉政建设责任制检查考核组听取了波密县2017年度党风廉政建设述职述责汇报。张海波强调，全面落实党风廉政建设，要切实把全面从严治党主体责任抓实、抓细、抓到位，波密县委要牢固树立“抓好党风廉政建设是本职，不抓党风廉政建设是失职，抓不好党风廉政建设是渎职”责任意识，坚持做到党委“不松手”、党委书记“不放手”、班子成员“不缩手”。

2月

4日 在新春佳节即将来临之际，多吉乡30名小学生组成的少儿“波卓”队，首次受邀参加林芝春节藏历土狗年新年电视联欢晚会录制，用声情并茂的原生态歌舞打动了区内外观众，演出取得了圆满成功。

5日 林芝市委常委、统战部部长达瓦一行在波密县倾多镇倾多寺、康达村开展慰问调研活动。达瓦首先在倾多寺看望慰问了寺庙僧尼、驻寺干部，并召主持开座谈会，学习宣传了党的十九大精神，教导僧尼们争当爱国守法先进僧尼，争创和谐模范寺庙，共同维护社会稳定统一战线。随后，达瓦一行在康达村看望慰问了贫困户、村“两委”干部和驻村工作队员。

6日 波密县委召开理论学习中心组第二次学习会，会议由波密县委副书记罗松主持。会上，波密县委常委、宣传部部长马海蕴传达学习了《中国共产党第十九届中央委员会第二次全体会议公报》，县委副书记、县人大常委会主任郑都传达学习了西藏自治区十一届人大一次会议精神，县政协主席巴桑传达学习了西藏自治区政协十一届一次会议精神；县委常委、纪委书记、监委会主任王芳传达学习了区、市、县纪委相关文件精神和违纪问题典型案例通报。会议同时还印发了《中国共产党第十九届中央纪律检查委员会第二次全体会议公报》、习近平在十九届中央纪委二次全会上发表的重要讲话精神等学习资料。

同日 西藏自治区下发《关于公布第五批自治区级非物质文化遗产代表性项目名录的通知》，波密县多吉乡申报的《达大马术节》被正式列入自治区级第五批非物质文化遗产代表性项目名录。

同日 波密县纪委监委召开扶贫领域腐败和作风问题专项治理动员部署会，传达学习了《关于两起扶贫领域腐败和作风问题典型案例的通报》《关于三起扶贫领域违纪问题的通报》和《中共波密县纪委关于印发〈2018年至2020年开展扶贫领域腐败和作风问题专项治理的实施方案〉的通知》精神。

8日 波密县广播电视台举行揭牌仪式，县委常委、宣传部部长马海蕴，政府副县长白玛旺扎出席仪式，县宣传文化系统在家干部职工参加仪式。

11日 倾多镇热西村举行集体经济红利发放仪式。热西村共有集体经济项目4个，分别为集体施工队、温室大棚种植、桃树种植和机械出租，此次热西村共发放红利129万元，72户家庭直接受益。

同日 波密县委副书记、政府县长边巴在县中心幼儿园对教学及辅助用房工程前期建设情况进行调研。

21日 西藏自治区党委书记吴英杰一行在波

密县扎木镇巴琼村看望慰问了结对帮扶贫困户，勉励他们要听党话、感党恩、跟党走，过上更加幸福美好的生活。自治区人大常委会副主任、林芝市委书记马升昌等陪同。

23 日　波密县政府副县长白玛旺扎、县政协副主席冯兰兰在林芝市儿童福利院看望慰问了波密籍孤残儿童，为他们送去党和政府的关怀，并送上美好祝福。此次共慰问波密籍孤儿 66 名，送去慰问金 13200 元和价值 1200 元的水果、糖果等慰问品。

25 日　波密县农牧局联合多吉乡共同举办“农机事故警示日”活动，来自多吉乡的 71 位农机驾驶员参加此次培训，活动特邀请县交警大队工作人员进行授课。

26 日　在新春佳节和藏历新年期间，波密县委副书记、政府县长边巴，县委常委、政法委书记、公安局局长阿旺朗加，县政协副主席冯兰兰代表县四大班子对波密县 18 个单位值班人员进行节日慰问，共送去 50 箱苹果、50 箱甜橙和现金 18000 元。

27 日　波密县组织工作人员开展社会用字规范工作，对全县党政机关、企事业单位名称，电子显示屏和 85 个村(居)委会的名称、路名、地域名称进行清理整顿。本次共检查单位及企业 119 家，检查村居名称 35 个、路标 77 处，针对存在书写错误、指示牌出错、用字不规范等现象，及时发放整改通知书并要求整改。

3 月

1 日　波密县全面开展畜禽禁养区划定工作，成立了波密县畜禽禁养区划定工作领导小组，负责指导、协调各乡(镇)、各单位开展禁养区划定工作。

5 日　十三届全国人大一次会议在人民大会堂开幕，波密县组织全县各级机关 2000 余名干部集中收看了开幕式。

同日　广州大学 2017—2018 学年第二学期援藏(波密)支教实习生 11 人、指导教师 5 人如期抵达波密开展支教工作。

6 日　FOODEX2018 年第 43 届日本千叶国际食品饮料展开幕。作为亚洲第一大、世界第三大食品展，FOODEX 吸引了世界各地客商参加，中国西藏林芝圣茸农业科技股份有限公司(分公司：西藏林芝波密县藏核农业科技有限公司)作为西藏厂商代表参加展览，公司的主要产品为林芝当地松茸。此次参展，林芝松茸不仅得到各国的关注，同时为波密县发展外贸打响了第一枪。

7 日　林芝市检察院党组书记、检察长、市驻波密县维稳督导组组长明马丹增在波密县区外学经回流人员集中办班基地检查指导工作。

9 日　西藏自治区副主席罗梅在波密县扎木镇、多东寺、维稳指挥部、加油站等地督导检查维稳工作落实情况。波密县委书记朱正辉等陪同。

同日　波密县商务局组织召开 2018 年首次招商引资工作协调会议，会议由县委副书记、常务副县长李伟成主持，县发改、国土、住建、林业、环保、税务、水利、财政、商务等部门单位负责人参加会议。本次会议就协调 2018 年续建及推介共 18 个招商引资项目进行安排部署，进一步强化波密县招商引资工作在全县经济社会发展中的重要性。

10 日　林芝市委常委、组织部部长刘业强在波密县公安局指挥中心督导检查工作。波密县委书记朱正辉等陪同。

11 日　西藏自治区春耕播种调研组组长、西藏农牧学院院长高学在波密县调研农牧产业工作。波密县委副书记、常务副县长全保卫等陪同。

12 日　波密县教育体育局精心选派 6 名教师到广州大学进行学习培训和跟岗学习，3 月 13 日在广州大学交流中心举行开班典礼，开班仪式由广州大学继续教育学院副院长谭可坚主持。

同日　广州市第一人民医院派出的第四批“组团式”医疗队抵达波密县，正式开启 2018 年医疗支援帮扶工作。

13 日　广东阳江市气象局调研组一行在波密县调研指导工作。

14 日　林芝市委常委、组织部部长、市直机关工委书记刘业强在玉许乡调研督查综合工作。波密县委常委、组织部部长张斌等陪同。

15 日　波密县委书记朱正辉主持召开县委九

届26次常委会，研究县委九届三次全委会、县两会和纪委全会等工作事宜。

同日 波密县人民医院“二级乙等综合医院”正式挂牌。

同日 波密县人社局在波茂广场开展了以“搭建供需平台促进家门口就业”为主题的2018年“春风行动”招聘会。县文化局、邮政局、藏王大酒店、格拉丹东大酒店等26家用人单位提供了播音主持、装卸员、酒店经理、会计、服务员、保安等就业岗位220余个，其中高校毕业生就业岗位60个。本次招聘会入场求职和政策咨询人数达600余人次，参会企业共接收求职简历200余份，现场达成就业意向101人，其中高校毕业生13人。

17—19日 西藏自治区教育厅党组成员、副厅长吴爱珍带队抽查并指导波密县松宗镇中心小学、县完全小学、县中学、倾多镇中心小学和易贡乡中心小学2018年新学期工作。林芝市教体局党委书记边巴卓玛，波密县政府副县长马远等陪同。

20日 西藏自治区党委组织部副部长李凤学在波密县古乡古村调研村集体经济发展情况。波密县委书记朱正辉等陪同。

同日 为全面了解波密县城周转房入住和使用情况，加强公租房后期管理，波密县住建局组织8名干部职工，分4组对波密县委大院、县苹果园两处周转房突击入户进行调查摸排工作。此次调查摸排主要针对公租房转租、闲置、改变房屋主体结构等使用现象进行排查登记，同时宣传相关周转房使用政策，通过调查，建立完善的公租房台账。

同日 波密县委副书记罗松一行在玉许乡检查指导党建、驻村、精准扶贫、十九大精神宣讲等各项工作，玉许乡驻点领导、县政协副主席冯兰兰等陪同。

21日 西藏自治区国土资源厅党组成员、副厅长布琼一行在波密县召开集体土地确权验收暨不动产统一登记区级验收会。

同日 波密县委书记朱正辉，县委常委、常务副县长全保卫率领农牧、林业等部门负责人一行，在倾多朱西村、巴康村、康达村、热西村实地查看藏猪、藏鸡、奶牛等产业发展和苗圃中心建设情况，并与镇党委班子座谈。

22日 西藏自治区党委组织部副部长李凤学一行深入古乡索通村，就村级组织活动场所标准化建设进行调研。波密县委书记朱正辉，县委常委、组织部部长张斌陪同。

同日 西藏自治区教工委副书记、区教育厅党组副书记、厅长杜建功一行在波密县古乡中心小学检查2018年新学期开学工作。波密县政府副县长马远等陪同。杜建功深入古乡中心小学教学楼、实验室、学生食堂、德育基地等，对安全生产、课程设置、实验课开课率及实验室使用率等各项工作开展的计划、方案、总结等资料进行细致的查阅。

同日 波密县工商业联合会会员企业—波密县东明装饰装修有限公司董事长王东明在扎木镇走访慰问3户城镇困难家庭，送去帮扶现金和生活用品价值5000余元。

23日 波密县委副书记、政府县长边巴带领县人大、国土、住建、水利、交通、林业、农牧、扶贫等部门主要负责人一行在倾多镇督导重点产业项目建设工作。县委副书记、县人大常委会主任郑都，县委常委、常务副县长全保卫等陪同。

24日 波密县委书记朱正辉带队一行在波密县中学督导检查工作，先后检查了县中学安保、带班值班、教学教研工作开展情况及新建地下通道、学生宿舍楼等项目工程使用情况。其间，恰逢县中学为纪念“3·28”西藏百万农奴解放纪念日而组织的全校师生升旗仪式，朱正辉一行正装肃穆，礼敬国旗，全程参与。

26日 波密县易贡乡第四届油菜花节开幕。该次油菜花节主要包括多彩易贡——油菜花海摄影展览、油菜花美食节、花海民俗艺术会、唱响故里——民俗红歌演唱会、特色产品展销会、花田寻宝赛等活动。易贡油菜花节已经连续举行了四届，成为易贡乡乃至波密县旅游的闪亮名片。

27日 广东省监狱管理局副局长刘任求一行在波密县就对口援助波密监狱工作进行考察调研。

28日 波密县组织广大干部群众在县委大院举办庆祝“3·28”西藏百万农奴解放纪念日系列纪念活动。波密县“四大班子”在家领导，县（区、市）

直单位干部职工，驻地军警部队官兵、公安民警、退休干部、农牧民群众、青少年学生代表近300人参加此次活动。

同日 由水利部建安中心副主任匡少涛等组成的工作督导组在波密县对河长制湖长制工作进行考核。

同日 中国人民银行西安中心支行宣传部副部长、团委书记吴兴旺等一行在波密县多吉乡达大村开展慰问活动，向达大村发放了价值4000元慰问品。

29—30日 广州市黄埔区教育局支教团队在黄埔区教育局副局长黄碧峰的带领下，在波密县玉许乡开展教育帮扶工作。

31日 林芝市桃花节波密分会场在波密桃花谷精彩开幕。此次开幕式文艺演出的演员绝大多数来自波密县各乡镇普通农牧民群众，演出以波密非物质文化遗产和原生态人文风情为最大看点，将波密丰富多彩的非遗文化和民俗文化通过紧凑的节目编排系统的展示在观众面前，“八盖木制锁、波卓、说白、达大马术节”等非物质文化遗产项目让观众印象深刻。此外，该次桃花节波密分会场活动不仅是波密县“旅游+文化产业开年大戏”，也是重要的招商引资平台。

同日 波密县举行招商引资项目签约仪式，签约项目分别为波密县雪山圣域茶业有限公司承建的波密县古乡、易贡乡茶叶种植项目，西藏林芝金川农业科技有限公司承建的青梅产业加工项目，常青国际养老产业集团股份有限公司承建的波密县养生、养老基地项目和天地人和实业有限公司承建的波密县藏香猪加工营销中心项目，协议总金额19.99522亿元。

同日 西藏自治区税务局局长董涛在波密县税务局调研指导工作。

4月

2日 中国共产党波密县第九届委员会第三次全体会议和2018年全县经济工作会议召开。

同日 西藏自治区科技厅党组书记、副厅长王平，自治区科技厅党组成员、副厅长王俊杰一行在波密县产业园区调研指导工作。林芝市副市长徐龙海，市科技局党组副书记、局长刘成利，波密县政府副县长索朗平措等陪同。

3日 波密县第十二届人民代表大会第四次会议第一次全体会议胜利召开。本次会议应到代表102名，实到90名，符合法定人数。此次大会执行主席为朱正辉、边巴、郑都、李锋、李伟成、罗松、旺青罗布、普琼、屈永辉。会议由大会执行主席、主席团常务主席郑都主持。列席会议的有：出席政协第九届波密县委员会第三次会议的全体委员，各乡（镇）人民政府乡（镇）长，县、中、区、地直各单位的主要领导及驻地军警部队首长。会上，与会代表和列席人员认真听取了政府县长边巴代表县人民政府所作的工作报告。

同日 西藏自治区党委常委、自治区常务副主席罗布顿珠一行在波密县嘎朗木梨果园调研。波密县委书记朱正辉等陪同。

4日 山东省援藏学习考察组（第一批）在波密县调研交流援藏工作，广东省第八批援藏队波密工作组副组长、波密县委副书记、常务副县长李伟成等陪同。

5日 波密县组织全县各单位代表在烈士公园开展祭奠革命先烈扫墓活动。

5—7日 林芝市教体局党委副书记、副局长、广东省“组团式”教育人才援藏工作队领队冯成志带领林芝市教体局教研室主任徐斯亮、巴宜区中学教学副校长、广东省“组团式”教育人才援藏工作队副领队李军及援藏工作队8名教师在波密县中学开展送教下乡活动。

7日 西藏自治区司法厅党委书记、副厅长肖传江，自治区司法厅副巡视员、监狱管理局党委副书记、政委万马在西藏波密监狱考察指导工作。

8日 同心圆工程援藏项目—波密县古乡雪瓦卡村和倾多热西村卫生室项目竣工揭牌仪式在古乡雪瓦卡村举行。广东省政协副主席、农工党广东省委会主委马光瑜，广州市人大常委会副主任、农工党广州市委会主委余明永，广东省政协常委、农工党广东省委会专职副主委刘启德，农工党珠海市委会专职副主委刘芳，广东省第八批援藏队波密工作组副组长、波密县委副书记、常务副县长李伟成，广东省同心圆慈善基金会理事长赵刚等参加此次揭牌仪式。古乡雪瓦卡村和倾多热西村卫生室乡总投资 50 万元（每个村卫生室 25 万元），于 2017 年 8 月开工建设，12 月竣工，有标准化的门诊室、药房、输液室、卫生间等。

8—12 日 林芝市委副书记、市长旺堆在波密县松宗小集镇、古乡调研指导工作。波密县委书记朱正辉，县委副书记、县长边巴，副县长马远等陪同。松宗镇建设项目（一期、二期）主要有道路工程、绿化亮化工程、文化广场、建筑特色改造等，总投资 5006 万元，建设工期 1 年；古乡基础设施建设项目主要为修建道路、铺设给排水管网、对部分区域绿化亮化等，总投资 1570 万元，建设工期 1 年。

9 日 中共波密县第九届纪律检查委员会第三次全体会议召开。

10 日 波密县农村集体土地确权登记颁证首发仪式在城西办公区大院内隆重举行。仪式上，政府副县长白玛旺扎为古乡雪瓦卡村村委会颁发农村集体土地所有权、农村集体建设用地使用权各 1 本，为村民代表颁发农村宅基地使用权及房屋所有权证书 5 本。

同日 波密县政府副县长、虫草采集管理领导小组副组长索朗平措主持召开波密县 2018 年虫草采集管理工作会议。县委副书记、县虫草采集管理领导小组副组长罗松，县委常委、政法委书记、公安局局长、虫草采集管理领导小组副组长阿旺朗加，县农牧局局长拥青卓嘎及各乡镇、各相关单位主要负责人参加会议。

同日 广州市黄埔区工商联为波密县玉许乡困难学生捐赠爱心助学款 10 万元。

10—11 日 林芝市委副书记、市长旺堆一行在阿西村、栋亚村、藏王大酒店和易贡乡调研产业发展、精准扶贫工作开展情况。

11 日 珠海市人大常委会党组副书记刘佳带队考察组一行在波密县卫生服务中心调研二级医院建设情况。

12 日 波密县委理论学习中心组在教育局三楼会议室举行 2018 年第四次学习会，特别邀请了中共广东省委党校、广东行政学院法学教研部主任、副教授、硕士生导师吴育珊，作了题为《弘扬宪法精神全面推进依法治国》的宪法与宪法修正案专题辅导。学习会由广东省第八批援藏队波密工作组副组长、波密县委副书记、常务副县长李伟成主持，县委书记朱正辉出席会议。县四大班子在家领导，县政法系统科级以上干部及县（中、区、市）直各单位负责人共 120 余人参加会议。

13 日 为期 2 天的波密县松宗赛马暨民俗文化节圆满落幕。期间，表演了民间歌舞表演、赛马及马术表演、马小跑、人力赛跑、抱石头等各具特色的文娱节目 20 余个。

16 日 西藏自治区司法厅党委书记、司法厅厅长肖传江在波密县司法局调研指导工作。

17 日 由广东省第八批援藏工作队波密工作组牵头建设的“大爱波密”扶贫济困微平台正式上线运营，在运行仪式上，广东省第八批援藏工作队波密工作组组长、波密县委常务副书记李锋代表海珠区人民政府捐助了 45 万元平台建设启动资金，广东省第八批援藏工作队波密工作组成员、县发改委副主任、付新河代表工作组捐助 10 万元项目启动资金，广东省第八批援藏工作队波密工作组成员、扎木镇党委副书记、常务副镇长朱思敏受番禺相关企业委托捐赠 3.8 万元启动资金，广州科政数码公司捐赠了电脑服务器 1 台和手持终端 5 台。

20—21 日 广东省发改委（援藏援疆办）副主任黄恕明一行在波密县考察援藏项目。

21 日 西藏自治区人社厅党组成员、副厅长刘莉带领自治区医保局、拉萨市医保中心、林芝市人社局医保中心相关负责人，在波密县调研医疗保险工作开展情况并召开座谈会。

同日 广州大学附属中学校长邓云洲带领广州市教育集团民办学校、台山市教育局、广州增城教育局等相关负责人一行，在波密县中学进行为期一周的支教帮扶活动。4 月 23 日举行捐赠仪式，向波密县中学捐赠价值 30 万元的学生校服和 9 万元的实验器材。

同日 林芝市旅发委主任、副书记旦增桑珠在波密县考察康木村旅游基础设施建设项目。

22日 林芝市委副书记、常务副市长许典辉在波密县调研藏猪产业发展、藏猪养殖基地建设工作。波密县委常委、常务副县长全保卫等陪同。

23日 波密县文化局、县扫黄打非办在文化广场举办“4.23”世界读书日暨“绿书签”宣传活动。波密县委常委、副县长沈光银出席活动，全县干部职工、广大人民群众及中小学生代表等200余人参加本次活动。

25日 波密县召开国家审计署审计组进驻动员部署会议，县委书记朱正辉主持会议。

26日 中国人民政治协商会议第九届波密县委员会第三次会议胜利闭幕。

27日 林芝市人大常委会副主任张明一行在波密县易贡乡桑林寺看望慰问了僧人和驻寺干部。林芝市委统战部副部长李清民，波密县人大常委会副主任张豪杰等陪同。

同日 波密县工妇委组织人员深入企业开展慰问活动，共敬献哈达148条，发放慰问金7.4万元。

28日 西藏自治区住建厅厅长斯朗尼玛一行在波密县污水处理厂检查指导工作。林芝市住建局党组书记达瓦等陪同。

同日 波密县完全小学开展以“科技筑梦，创新成长”为主题的校园首届科技节活动，活动由科技制作、趣味实验和科技知识竞猜3个基本环节构成，全场科技小作品由教师指导，学生完成。

29日至5月1日 波密县总工会组织全县干部职工、农牧民工会员在波密县数字影院观看了《战狼2》《红海行动》等爱国主义题材电影。同时，各乡镇工会委员会自行组织了庆“五一”活动，开展了拔河比赛、踩气球、看电影等活动。

30日至5月1日 西藏自治区人大常委会副主任、林芝市委书记马升昌带队市林业、农牧、财政等部门负责人，在波密县就藏猪产业、茶叶种植、区乡对接、苗圃基地建设、生态旅产业发展、专招人才队伍建设等工作进行调研。波密县委书记朱正辉，县委常委、常务副县长全保卫，县委常委、政府副县长沈光银，政府副县长索朗平措以及县农牧、林业、旅游和相关乡镇负责人陪同。

5月

3—4日 林芝市民宗局党组书记、副局长次仁多吉在波密县调研“十三五”宗教活动场所修缮项目进展情况。波密县委常委、统战部部长加布，县民宗局局长田治国等陪同。

4日 团县委、县文化局举办2018年波密县“青春心向党·建功新时代”青年歌手大赛，各参赛选手身着民族盛装，用饱含热情的歌声为纪念五四运动99周年献礼。比赛经过激烈角逐，顿珠措姆获得一等奖；欧珠卓玛、扎布荣获二等奖；赵昆、余壮远、曲桑荣获三等奖，仁增等4名选手荣获优秀奖。

8日 波密县召开迎接国务院第三方评估验收动员部署会议，波密县委书记朱正辉出席会议并讲话。

同日 波密县召开“四讲四爱”群众教育实践活动动员大会，县“四讲四爱”群众教育实践活动领导小组在家领导，县直各单位主要负责人共70余人参加会议。

15日 西藏自治区国土资源厅副厅长次仁央宗在波密县督导调研国土资源工作。林芝市国土资源局副局长旺堆多吉、波密县政府副县长白马旺扎等陪同。

16日 西藏自治区政府副主席石谋军，自治区教工委副书记、教育厅厅长杜建功一行，在波密县中学查看学校德育室建设情况。

同日 波密县委理论学习中心组召开第五次学习会，邀请了林芝市委党校行政管理讲师杨翠，举办了一场学习习近平新时代中国特色社会主义思想专题辅导讲座。广东省第八批援藏工作队波密工作组组长、波密县委常务副书记李锋等在家县级领导应邀参加，各乡（镇）、县（中、区、市）直各单位主要负责人共150余人聆听了讲座，学习会以电视电话会议形式举办，波密县设主会场，各乡（镇）设分会场。

23 日 波密县召开2018年招商引资第一次工作部署会，会议由广东省第八批援藏队波密工作组副组长、波密县委副书记、常务副县长李伟成主持，县委副书记、政府县长边巴作重要讲话。参会人员包括招商引资领导小组成员单位负责人、商务局全体干部职工。

25 日 西藏自治区党委统战部副部长、区民宗委党组书记达娃，区民宗委党组成员、巡视员拉巴次仁一行，在波密县巴卡寺、多东寺调研加强宗教活动管理和规范宗教活动场所维修审批管理工作。

25—28 日 广州市番禺区党委副书记、区长陈德俊率队一行，在波密县考察调研区乡对接帮扶工作。

27 日 林芝市委副书记、市长旺堆在波密县公安局玉普一级公安检查站、玉普乡卫生院检查指导工作。

29 日 总投资120万元（国家投资）波密县数字影院"波韵影城"正式开始营业。数字影院于2016年5月开工，2017年8月完工并投入试运营。建设面积110平方米，建设内容包括容纳77人的放映厅1个及其配套设施。数字影院实现了片源与全国同步放映，影片分为2D及3D两种，票价在50 ~ 80元之间。波密县数字影院的运营，打破了看3D电影必须去市级城市的惯例，丰富了波密县干部群众的业余文化生活。

30 日 第二届中国国际茶叶博览会在杭州国际博览中心落幕。该届茶博会共108个金奖产品出炉，在此次茶业博览会金奖产品评选活动中，林芝市易贡珠峰农业科技有限公司的雪域茶谷牌易贡云雾茶荣膺金奖。

31 日 林芝市政协副主席央宗、市民宗局副局长张志宏在波密县多东寺管委会调研新形势下民族团结工作开展情况。波密县政协副主席侯国聪等陪同。

6月

1 日 波密县完全小学在学校足球场上举行"民族团结一家亲庆六一"文艺会演活动。波密县主管教育政府副县长马远等受邀领导、全体师生及社会各界人士2000余人参加本次活动。本次庆祝活动形式多样，有现代舞、藏舞、古琴演奏、课本剧、独唱、打击乐、瑜伽、手语、话剧等。

2 日 西藏自治区人大常委会副主任、林芝市市委书记马升昌在波密县多吉乡督导调研基层党建及经济社会发展工作。

3—4 日 广东省党政代表考察团在林芝市考察调研援藏工作。3日晚，广东省委副书记、广州市委书记任学锋与广东省第八批援藏工作队波密工作组全体成员进行座谈，会上听取了工作组每一位同志的援藏工作汇报。并对干部成长给予了关心，对下一步的援藏工作进行了安排和部署。

4 日 波密县"四讲四爱"群众教育实践活动宣讲团培训班在波密县教育局三楼会议室开班。波密县委常委、宣传部部长屈永辉出席并作讲话。各乡（镇）宣传委员或负责宣讲工作的领导、未参加区、市宣讲团培训班的其他部分村（居）农牧民宣讲骨干、县直各单位负责人、学校教师、国有企业职工、寺庙僧人代表，县活动办工作人员等共100余人参加此次培训。县委宣传部副部长、网信办主任米玛主持开班仪式，组织部委员、老干部局局长普琼作示范宣讲。

5 日 广州市黄埔区夏港街道工作组一行在玉许乡考察调研乡村振兴、文化产业发展、企业对口帮扶等项目。

6 日 广东省食品药品监督管理局巡视员陈德伟一行在波密县食药局调研指导工作。

同日 波密县委书记朱正辉主持召开县委九届三十次常委（扩大）会暨生态环境保护专题会议。

7—9 日 林芝市政协主席李庆哲一行在波密县调研指导藏猪产业发展工作。

12 日 林芝市副市长尼玛扎西带领市政府办、市水利局、市扶贫办等相关单位负责人，在波密县康玉乡检查指导精准扶贫工作。波密县委副书记、常务副县长全保卫等陪同。

14 日 林芝市"四讲四爱"群众教育实践活动宣讲团"讲党恩爱核心"专题宣讲报告会在波密县

政府二楼会议室举行，林芝市委党校讲师格桑次仁作宣讲报告，报告会由县委常委、宣传部部长屈永辉主持。县委书记朱正辉等县四大班子在家领导出席，各乡（镇）、县（中、区、市）直各单位负责人，农牧民群众、教师、寺庙僧人、国企职工代表，县活动办所有工作人员聆听宣讲报告会。报告会上，格桑次仁紧紧围绕习近平新时代中国特色社会主义思想和中共十九大精神，紧扣“讲党恩爱核心”专题内容，结合西藏经济社会发展成就，以丰富的理论、生动的事例、翔实的内容向与会人员讲解“四讲四爱”群众教育实践活动的时代背景、精神实质和丰富内涵，全面准确、深入浅出地为广大干部群众作了一场精彩的宣讲报告。

同日　波密县召开深入开展“遵行四条标准 争做先进僧尼”教育实践活动动员会，政府副县长阿朗主持会议，县委常委、统战部部长加布出席并作讲话。

15日　波密县召开迎接国务院第三方考核验收暨“三岩”搬迁工作推进会。

同日　波密县委书记朱正辉主持召开县委九届三十二次常委会，专题研究乡村振兴战略相关工作事宜。

17日　由林芝市民宗局党组书记、副局长、宣讲一组组长次仁多吉带领的市宗教领域教育实践活动宣讲组，在波密县倾多寺就“两活动一条例”，组织包括倾多寺、许木寺、贡果寺、玉仁寺、江嘎日追等5座寺庙在编僧人和倾多寺管会、许木寺管会驻寺干部共30余人进行集中宣讲。

19日　波密县获得林芝市第十三届“尼洋河杯”暨第四届“体彩杯”足球赛冠军，墨脱县足球代表队、察隅县足球代表队分获亚军、季军，波密县足球队门将嘎玛顿珠获得本次比赛“最佳门将”的称号。

22日　西藏自治区高中、中职学校全区统一招生考试林芝考区波密县中学考点工作圆满完成。考试历时3天，波密县中考考点设在县中学，共设考场13个，参考人数377人，缺考0人，实考377人。

23日　国家艺术基金会2017年度资助项目民族音乐会《西藏春天》巡回演出在波密县举办。

24—25日　西藏自治区人大常委会副主任、林芝市委书记马升昌带队市委办、市水利局等部门负责人一行在古乡、多吉、康玉、松宗等乡镇，就基层组织建设、四讲四爱、强基惠民、特色农牧业产业、红楼展馆建设等工作进行调研。波密县委书记朱正辉，县委副书记、常务副县长全保卫及县农牧、水利等相关部门负责人陪同。

25—26日　广州市人大常委会主任、党组书记陈建华率队一行在波密县，对古乡、扎木镇援藏项目建设情况和波密县经济社会发展情况进行考察调研。同时，与波密县委、县政府召开交流座谈会议，会上听取了波密县工作情况和广东省第八批援藏工作队波密工作组工作汇报，并对如何做好波密县对口支援帮扶工作进行研究，给出了意见、建议。

27日　波密县卓龙路桥建筑有限公司、山峡大酒店、扎西昌盛建筑有限公司、藏立景观主题酒店4家会员企业代表分别看望慰问了3个乡镇5个行政村12户建档立卡贫困户，并为他们送去价值11920元的生活物品及现金。

28日　波密县虫草采集于4月中旬开始、6月中下旬结束，虫草资源主要分布在6个乡镇，分别为康玉乡、玉许乡、玉普乡、倾多镇、松宗镇和多吉乡，共有虫草采集点10个。2018年波密县累计上山采集虫草人数3076人，发放采集证2162本，设卡工作组19个。累计清山、巡山110批次，出动工作人员412人次。因天气干旱，虫草数量、质量较2017年有所下降，2018年采集虫草363.4公斤，较2017年减少220.31公斤，同比下降37.7%，虫草收入约3931.32万元，较2017年减少2601.18万元，同比下降39.5%。

30日　广州市教育基金会常务副理事长陈传誉一行在波密县举行捐赠仪式，向波密县教育系统捐赠资金10万元。广州市教育基金会常务副理事长陈传誉，广州市教育基金会秘书长华同旭，广州市教育基金会副秘书兼办公室主任时爱明，广州市教育基金会办公室调研员曹振，西藏自治区教育厅副厅长吴爱珍，广东省第八批援藏队波密工作组副组长、波密县委副书记、常务副县长李伟成，波密县教育体育局党委书记、局长王作谦等参加捐赠仪式。

7月

2日 波密县召开庆祝中国共产党成立97周年暨“七一”表彰大会，全县各级党组织书记、优秀党务工作者、优秀共产党员代表等参加会议。会议对26个先进基层党组织、20名优秀党务工作者、50名优秀共产党员进行表彰，发放了荣誉证书、奖金和奖品。

3日 林芝市副市长丁勇辉在波密县松宗镇走访调研基层工作，丁勇辉首先查看了松宗镇小集镇建设项目进展情况，详细了解了项目规模、完成时限等。随后，对结对认亲对象进行了慰问，为3户结对认亲对象各送去慰问金2000元，共6000元。

5日 波密县委理论学习中心组召开集中学习《习近平谈治国理政》第一次学习会，县委书记朱正辉领学有关内容并作讲话。

6—9日 波密县人社局举办2018年高校毕业生就业创业参观交流活动，全县42名应（往）届高校毕业生参加此次活动。

6日 波密县委巡察工作“五人小组”召开书记专题会，听取九届县委第三轮巡察情况汇报，县委书记朱正辉主持会议并讲话。“五人小组”成员对巡察报告进行严格审议，充分肯定巡察工作取得的成绩，原则通过2个组的巡察报告，同意巡察组提出的意见和建议。

同日 广州五羊摩托有限公司向波密县捐赠130辆五羊摩托车仪式在波密县党政大院举行，波密县委常委、政法委书记、公安局局长阿旺朗加主持捐赠仪式。

7日 国家发改委基础产业司司长罗国三带队一行在波密县调研川藏铁路前期勘探工作。西藏自治区人大常委会副主任、林芝市委书记马升昌，自治区发改委主任普布次仁等陪同。

同日 受近期强降水及冰川大面积融化影响，玉许乡达拉村发生泥石流，未造成人员伤亡。得知达拉村受灾情况后，波密县民政局第一时间组织人员运送水、面等物资到达拉村文化室及灾民安置点。7月10日，玉许乡致富带头人四郎占堆和尼玛次仁分别代表西藏林芝波堆建筑建材有限责任公司和波密县达杰建筑有限公司为达拉村各捐助救助金10000元。

8日 西藏自治区人大常委会副主任、林芝市委书记马升昌一行在波密县玉普检查站调研。他强调，要认真践行以人民为中心的发展思想，扎实做好过往车辆和人员服务保障工作，确保安全有序的交通环境。

9日 波密县委书记朱正辉在玉许乡达拉村实地查看泥石流受灾群众安置情况，并就做好下一步群众生活安置、基础设施恢复等抢险救灾工作进行安排部署，要求相关部门和玉许乡要加强饮水、交通、电力等基础设施的抢修工作，及时发放救灾物资和钱粮补贴，鼓励受灾群众不等不靠、自力更生、攻坚克难，努力建设美好新家园。

10日 波密县第十二届人大常委会第13次全体会议召开。县委常委、人大常委会主任人选马海蕴主持会议，县十二届人大常委会组成人员出席会议。县委常委、纪委书记、监察委主任王芳，县委办、政府办、法院、检察院、人社局、财政局、公安局、食药局、文化局、电力公司、后勤、卫生局等单位（部门）负责人及2名人大代表列席会议。

11日 凌晨3时许，波密因降雨导致国道318线川藏公路西藏波密县索通村发生大型泥石流灾害，经过武警某部交通三支队官兵10多个小时奋战，清理泥石流堆积物3700余立方米，打通拓宽便道80米，清理掩埋道路95米，劝返和指挥100余台车辆，500余人安全顺利转移。13日中午，318国道全线畅通。

同日 波密县“四讲四爱”群众教育实践活动第一节点总结会在教育局三楼会议室召开。会议以电视电话会议形式召开，县设主会场，各乡（镇）设分会场。县委书记、县“四讲四爱”群众教育实践活动领导小组组长朱正辉，县四大班子在家领导，部分乡（镇）负责人，县（中、区、市）直各单位主要负责人，活动办工作人员共70余人参加主会场会议。乡(镇)干部、驻村工作队队长、驻寺干部参加分会场会议。会议由县委常委、宣传部部长屈永辉主持。

同日 林芝市人大常委会副主任次旺晋美在波密县松宗镇督导调研代表资格审查工作和“人大代表之家”作用发挥情况。波密县委常委、县人大常委会主任人选马海蕴陪同。

14日 波密县召开脱贫摘帽评估专项检查协调大会,国家专项评估检查组陈敦山、禄树晖、张传庆、马宁以及民生智库专家张争云出席,波密县四套班子在家领导以及各乡镇、相关部门负责人参会。

20日 波密县召开推进国税地税征管体制改革座谈会,县委书记朱正辉出席会议并作讲话,随后朱正辉与县委常委、组织部部长张斌,副县长马远共同出参加了波密县税务局揭牌仪式。

21—23日 多吉乡第二届非遗文化旅游节在达大村举办,活动期间,参与农牧民及游客达到1.1万人次,对比首届非遗文化旅游节增长41.6%;传统体育竞技(赛马、跑步、拔河、抱石头)参与人数1000余人,发放奖金30950元;非遗文艺比赛(波卓、波央)参与人数达300余人,发放奖金5800元。

21日 “波密县全域旅游形象宣传片”正式开机拍摄,总投资205万元。该片邀请旅游卫视专业人员进行拍摄,片长8 ~ 10分钟,拍摄内容紧扣“吃、住、行、游、购、娱”六个方面,主要内容包括重点景区、特色民宿、非物质文化遗产、特色产业、特色文化、特色饮食等方面,有效宣传了波密县优美的自然风光、独特的民俗文化及悠久的人文历史,提升了波密县的知名度和美誉度。

同日 波密县委书记朱正辉在索通村和松饶村考察泥石流受灾情况,现场查看了路基受损情况和松饶村村道水淹情况,并代表县委、县政府看望慰问了11户临时转移安置的农牧民群众。

23日 在林芝市举行的西藏自治区藏猪产业招商引资洽谈会上,波密县人民政府与“中国民营企业500强第一”“中国饲料工业百强第一”的华西希望·德康集团成功签约“波密县10万头藏猪产业一体化项目战略合作框架协议”。

24日 波密县第十二人届人民代表大会第五次会议第一次全体会议召开。会议应到代表101名,实到76名,因病、因事请假25名,符合法定人数。会议执行主席为朱正辉、边巴、李锋、马海蕴、巴桑、李伟成、罗松、张豪杰、普琼。会议由大会执行主席、主席团常务主席马海蕴主持。大会上,一是表决通过关于接受郑都、屈永辉2人分别辞去波密县第十二届人民代表大会常务委员会主任、副主任职务的决定草案;二是提名波密县第十二届人民代表大会常务委员会主任人选名单草案。

同日 波密县举行学前教育师资培训开班仪式,广州市幼儿师范学校校长丘毅清、波密县政府副县长马远出席仪式。

25日 西藏林芝·广东招商引资推介会在广州白云万达希尔顿酒店举行,广东省政协副主席、广州市政协副主席张嘉极,广州市副市长黎明出席。广州站确定签约企业34家、项目34个,共签约投资额223.83亿元,其中波密县签约项目26个,签约投资额92.83亿元。

26日 波密县委理论学习中心组召开集中学习《习近平谈治国理政》第四次学习会,围绕党的政治建设专题进行学习交流研讨。波密县委书记朱正辉主持学习会并作讲话,县四套班子在家领导,古乡、县(中、区、市)直各单位主要负责人共50余人参加学习会。

同日 广州市第四批三级医院对口帮扶医疗队与波密县人民医院举办医务人员技能培训班。波密政府副县长达娃卓嘎出席开班仪式并讲话,参加此次培训的人员有县医院、各乡镇卫生院医护人员共50余人。

27日 自然资源部中国地质调查局副局长王研带领督导调研组一行,在波密县易贡乡白龙沟泥石流处、扎木镇卓龙沟泥石流隐患点督导调研工作。西藏自治区国土资源厅党组副书记、厅长梁建平,林芝市副市长肖鹤,市国土资源局党组书记、副局长王东升,波密县委书记朱正辉,县委副书记、常务副县长全保卫,副县长白玛旺扎等陪同。

28—30日 西藏自治区第六环保督察组一行在波密开展下沉式督察工作,督察组听取了波密县环境保护工作开展情况汇报，并先后在县卫生服务中心、加油站、垃圾填埋场、卓龙沟水源地、米堆冰川景区就环保工作落实情况进行现场督察。

28日 广州大学“筑梦天路”暑期社会实践文艺会演在波密县委宣传部礼堂举行。

30日 波密县四大班子领导分3个慰问组，慰问了波密县驻地军警部队官兵，向他们送上节日的祝福与问候，送去慰问金6万元。

31日晚 波密县民政局联合县委宣传部、文化局举办了“八一拥军爱民”活动之“不忘初心牢记使命；做神圣国土守护者幸福家园建设者”建军91周年军民联欢晚会。县委书记朱正辉出席晚会并作讲话，县“四大班子”在家领导，驻地军警部队、社会福利院老人、军人家属、广大干部群众共700余人观看了晚会。

8月

3日 波密县召开文学艺术界联合会第三次代表大会，林芝市文联名誉主席普布多吉出席并发表讲话，参加此次会议的有县四套班子在家领导、嘉宾、代表、各协会会员、列席人员共85人。大会审议通过第二届文联工作报告、波密县文学艺术界联合会章程(修正案)、文联报告决议草案、委员会成员名单，选举产生了文联第三届主席团成员、名誉主席、秘书机构成员、各协会主席。最后，新当选文联主席屈永辉表示将和文联班子全体成员一起，努力发挥好文联的桥梁、纽带作用，深入研究推进构建社会主义核心价值观体系，竭尽全力做好波密县文联的各项工作。

5—11日 波密县完成全县残疾人动态更新系统数据采集录入工作，共录入《社区登记表》87份，《残疾人登记表》1368份，其中死亡待注销72人，查无此人7人，已搬迁2人。

5日 中国行为法学会会长、最高人民法院党组副书记、副院长江必新一行在波密县人民法院开展法治文化进藏活动。西藏自治区高级人民法院党组书记、院长索达，林芝市中院党组书记、院长向巴次仁，波密县委书记朱正辉等陪同。

同日 西藏自治区新闻出版广电局县级有线电视数字化建设项目终验组一行在波密县，对波密县电视台机房运行情况进行检查，并对有线数字电视用户进行抽样检测。通过检查，终验组对波密县有线电视数字化建设项目进展情况予以肯定。随后召开验收会议，项目方、集成方、监理方等专家发表意见，一致同意波密县县级有线电视数字化建设项目通过最终验收。

6日 波密县人大常委会副主任普琼、县政协副主席侯国聪带领县人大、政协考察组一行28人启到阿里、那曲等地开展为期13天的考察学习活动。

8—10日 林芝市委常委、统战部部长达瓦在波密县督导调研宗教领域“遵行四条标准争做先进僧尼”教育实践活动工作，并看望慰问了寺庙僧人和驻寺干部。

8日 波密县举行急救医疗用车捐赠仪式。广东省第八批援藏工作队波密工作组组长、波密县委常务副书记李锋出席仪式并代表广州市人民政府致辞，广东省第八批援藏队波密县工作组副组长、波密县委副书记、常务副县长李伟成捐赠授牌，政府副县长马远主持捐赠仪式并致感谢词。第八批援藏医疗工作队波密工作组积极协调广州市人民政府捐赠100万元，为古乡、松宗镇、玉普乡、易贡乡和康玉乡购置5辆急救用车(共105万元，县政府出资5万元)。

同日 林芝市副市长强巴央宗和广东省养猪领域专家、企业家在波密县考察调研藏猪产业情况。

同日 林芝市中级人民法院党组书记、院长向巴次仁在波密县人民法院检查指导诉讼服务中心改扩建项目建设情况。

9日 波密县委理论学习中心组召开集中学习《习近平谈治国理政》第六次学习会，围绕党的作风和纪律建设专题进行学习交流研讨。县委常委、人大常委会主任马海蕴主持学习会并作讲话，县四套班子在家领导，玉普乡、县(中、区、市)直各单位主要负责人共50余人参加学习会。

10日 昌都市政协副主席多嘉带领考察组一

行，在波密县就精准扶贫、特色产业、文化旅游产业发展及政协工作开展等情况进行考察学习。

15 日　教育部民族教育司副司长朱小杰，西藏自治区区教工委副书记、教育厅厅长杜建功一行在波密县检查职教工作。

同日　波密县钢琴、小提琴培训支教活动开班仪式在“雪碳工程”体育馆举行。广东省社区艺术教育学会副秘书长欧剑波、音乐教育家陈邦进、优秀教师潘秀莹、劳剑臻，广东省第八批援藏队波密县工作组副组长、波密县委副书记、常务副县长李伟成，波密县完小、县中学、县中心幼儿园、县第二幼儿园的部分教师和学生参加开班仪式。

16 日　倾多镇顶仲村和热西村之间的歇布沟突发泥石流灾害事件。

18 日　西藏自治区人大常委会副主任、林芝市委书记马升昌一行，在波密县扎木镇达兴村考察指导乡村振兴工作开展情况。波密县委书记朱正辉等陪同。

19 日　西藏自治区人大常委会副主任、林芝市委书记马升昌带领各县区委书记和部分市（中）直单位负责人一行，在波密县扎木镇岗村岗巴大桥考察调研。林芝市委副书记谢英，市委常委、组织部部长刘业强，市委常委、秘书长梅家奎，副市长、察隅县委书记扎西平措一同调研。

同日　在拉萨市举办的中国首届医师节上，波密县古乡卫生院院长多吉占堆荣获“全区十佳医生”光荣称号。

20 日　广州大学第三批波密支教实习学生（12 名）和指导教师（3 名）欢迎仪式在波密县完全小学举行。

21 日　全县寺庙僧人免费体检工作正式开始。县委统战部提前协调县卫生局、县人民医院抽调精干医技人员对寺庙僧人单独开辟窗口进行体检和健康知识的宣讲，并专门安排 1 名干部对僧人体检全程开展后勤服务和协调工作。体检现场秩序井然，县人民医院医技人员耐心细致地为每一名体检僧人进行包括血常规、肝功能、尿常规、B 超、心电图、胸透、五官检查等项目检查，并向寺庙僧人发放健康知识宣传册，同时用通俗易懂的语言讲解常见病预防以及其他日常生活注意事项等。

同日　深圳市学前教学协会理事、事业拓展委员会副主任、深圳市彩田幼儿园园长刘蓓，深圳市广电公益基金会·娃公益秘书长、深圳市娃出没文化传播有限公司总经理李响，深圳市未来天下文化传媒有限公司总经理吉琳洁，深圳市广电公益基金会项目总监龚喜海，深圳市广电公益基金会·娃公益基金项目总监褚天歌，深圳市广电公益基金会·娃公益基金编导李旭东一行在波密县“雪碳工程”体育馆举行“娃公益基金”捐赠仪式。广东省第八批援藏队波密工作组副组长、波密县委副书记、常务副县长李伟成，政府副县长马远等出席捐赠仪式。此次“深圳广电公益基金会·娃公益基金”共为波密县教育系统捐赠电钢琴、积木、幼儿三轮自行车等物资，价值 210634 元。

同日　波密县组织各乡镇、县直相关单位、企业等负责人召开乡村振兴战略工作推进会。会议由县委常委、政府副县长沈光银主持，县委书记朱正辉等“四大班子”在家领导出席会议。

22 日　波密县委理论学习中心组召开第八次学习暨集中学习《习近平谈治国理政》第八次学习会，围绕坚定不移贯彻新发展理念专题进行学习。会议邀请西安交通大学应用经济学博士谢金静和张金灿作专题讲座。县委书记朱正辉等在家县级领导出席会议。

同日　波密县举办“谱写波密发展新篇章、共绘乡村振兴新蓝图”文艺汇报演出。

23 日　应第 26 届广州博览会组委会邀请，广东省第八批援藏队波密县工作组副组长、波密县委副书记、常务副县长李伟成带队波密县西藏千金方生物医药科技有限公司、西藏林芝金川农业公司、倾多镇巴康村聂赤赞普农副产品种植农牧民专业合作社、西藏林芝市易贡茶厂 4 家企业参加会展。该次参展时间为 4 天，展品含桃花沟藏香、木碗制作工艺品、牦牛角梳手工艺品、天麻胶囊、灵芝胶囊、青梅腌制食品、易贡茶叶、松茸烘干等 20 多种产品，有效推介展示了波密县各企业的特色产品。

24 日　波密县纪委监委组织召开集中整治不作为慢作为文山会海等形式主义官僚主义暨政治

纪律教育活动推进会。

27日 波密县工商联组织会员企业开展“金秋助学”活动，县工商联副主席罗秀红同波密县易贡铁山建筑有限公司负责人白玛次仁，在波密县易贡乡慰问困难大学生20名，其中本科7名，专科10名，中专3名，送去慰问金13100元。

28日 波密县召开专题会议，对迎接“绿盾2018”西藏自然保护区监督检查专项行动巡察进行安排部署。会议由政府副县长白玛旺扎主持，自然保护区工作领导小组成员单位负责人参加会议。

29日 波密县政协九届九次主席会议召开，会议由县政协主席巴桑主持。县政协副主席布穷穷、副主席达妥·罗桑益西、副主席侯国聪出席会议，县政协办公室主任田伦华列席会议。会议协商讨论了政协第九届波密县委员会第三期委员学习培训事宜，通过了《政协第九届波密县委员会第三期委员学习培训实施方案（草案）》及人事事项。

30日 波密县召开扎木中心县委红楼保护利用工作推进会，县委常委、统战部部长加布，县委常委、政府副县长沈光银，县委常委、宣传部部长屈永辉及相关部门负责人参会，县委书记朱正辉出席并作讲话。

是月 广州市第一人民医院第五批援藏医疗队共6人抵达波密县卫生服务中心，与第四批援藏医疗队完成交接工作。

9月

3日 波密干松茸、波密鲜松茸、波密青稞、波密菜籽油4个产品近日完成地理标志证明商标注册工作，并取得相关证书。

5日 波密县委书记朱正辉主持召开县委九届三十六次常委（扩大）会，县委常务副书记李锋传达学习了《王拥军书记在那曲市西部四县落实全面从严治党主体责任情况座谈会上的讲话精神》《马升昌书记在〈王拥军书记在那曲市西部四县落实全面从严治党主体责任情况座谈会上的讲话〉上的批示》；县委常委、宣传部部长屈永辉传达了《中共西藏自治区纪委关于严格规范公务接待活动的通知》；县委常委、组织部部长、党校校长张斌汇报了波密县2018年党建工作开展情况；县委常委、纪委书记、监察委主任王芳汇报了波密县2018年党风廉政建设开展情况。波密县四大班子在家县级领导，各乡镇、县直各单位主要负责人共65人参加会议。

同日 波密县组织召开“四讲四爱”群众教育实践活动第二节点总结暨第三节点部署会议，县“四讲四爱”群众教育实践活动领导小组成员，各乡镇党委书记、乡活动办具体负责人，县直“四讲四爱”成员单位主要负责人，各中小学校、寺管会和国有企业负责人，县活动办工作人员参加会议。县委书记朱正辉出席并作讲话。

同日 波密县残联在康玉乡中心小学开展“衣恋集善幸福温暖”爱心服饰捐赠活动，向康玉乡残障儿童和贫困残障人员家庭免费发放100余件夏款童装和夏、冬款女装。该次发放的爱心衣物主要为中国残疾人福利基金会联合中国衣恋爱集团发起的“衣恋集善·幸福温暖”项目，捐赠物品价值3万余元。

同日 波密县政协举办第三期委员培训班，县政协主席巴桑、布穷穷、达妥·罗桑益西出席活动。波密县区、市、县三级农牧民政协委员、各乡（镇）政协联络员、县政协机关干部共57人参加培训。

4—6日 波密县委副书记、政府县长边巴，县委常委、政府副县长沈光银，政府副县长索朗平措带队调研组一行在古乡巴卡村、古村，易贡通麦茶叶加工点等地调研乡村振兴战略工作推进情况。

7日 波密县召开庆祝第34个教师节暨表彰大会，会议由县委常务副书记李锋主持，县四套班子在家领导、各乡（镇）负责人、县（中、区、市）直各单位负责人、县教育局全体人员、各学校校长、获奖代表参加会议，县委书记朱正辉出席大会并讲话。

8日 广东省司法厅党委委员、监狱管理局党委书记、局长李景言，西藏自治区司法厅党委委员、副厅长闫晋东，自治区司法厅副巡视员、监狱管理局党委副书记、政委万马率考察团一行在波密监狱调研。

12 日 西藏自治区党委宣传部副部长仁青罗布一行，在古乡仁青家庭旅馆、古乡草湖搬迁户、古乡小学、古村驻村工作队就学习宣传贯彻习近平新时代中国特色社会主义思想，用习近平新时代中国特色社会主义思想武装党员干部、教育群众情况；群众在看什么、读什么、听什么、想什么，群众思想状况；群众思想教育、"四讲四爱"群众教育实践活动开展情况；正面宣传和舆论引导工作、推动县级媒体融合发展情况；基层公共文化服务体系建设、基层文化产品供给、县区艺术团运营管理情况等工作开展调研。

13 日 波密县县委理论学习中心组召开集中学习《习近平谈治国理政》第十一次学习会，会议围绕保障和改善民生专题进行交流研讨。县委书记朱正辉主持学习会并作讲话，县四大班子在家领导，县（中、区、市）直各单位负责人共 60 余人参加学习会。县发改委、扶贫办、农牧局主要负责人围绕《习近平谈治国理政》中保障和改善民生专题，结合波密实际以及自身的工作和思想依次作交流发言。

16 日 西藏自治区宣讲团在波密县扎木镇岗村、玉普乡开展"四讲四爱"第二轮示范宣讲暨"新时代新气象新作为"百姓巡回宣讲。

同日 广州大学及附属中学支教帮扶波密县中学捐赠仪式在波密县中学举行，向波密县中学分别捐赠 40 万元教师培训专项资金和价值 20 万元的少年军校物资。广州大学党委书记屈哨兵率广州大学附属中学校长邓云洲、台山市教育局副局长邝旭东、广大附中教育集团英豪学校校长李烜及广大附中教师团队一行 19 人出席捐赠仪式。波密县委书记朱正辉，县人武部部长张昭洪，政府副县长马远等出席仪式。

17—19 日 林芝市人民医院康复科主任、市人民医院援藏队员姜丽一行，在波密县扎木镇达兴村、玉许乡亚它村、玉普乡格巴村开展大骨节病免费义诊活动。义诊期间共诊疗患者 200 余人，发放了价值 4.5 万元的药品。

18 日 玉许乡严格按照《中国共产党章程》和《中国共产党基层组织选举工作暂行条例》的有关规定，召开了中共玉许乡海定村党总支部委员会成立大会。

同日 波密县"三区"（边远贫困地区、边疆民族地区、革命老区）科技人才食用菌种植培训在产业培育基地正式开班。该次培训为期 5 天，设置课时 10 个，采用集中理论学习和现场技术指导相结合的培训形式，主要培训天麻、灵芝和羊肚菌等药用食用菌种植技术，参训科技特派员共 133 人，覆盖全县 85 个村（居）。

20 日 林芝市非公经济党总支书记王芝红带领非公企业林芝市济民医院医师义诊慰问小组，在波密县敬老院开展"党建＋医疗＋敬老"健康义诊慰问活动。活动现场，市济民医院专家为县敬老院 86 位特困老人进行了血压、血常规和内外科、B 超、心电图等检查，发放了价值近万元的药品。同时，医院还为老人们发放了价值 5000 余元的牛奶、月饼等慰问品。

22 日 西藏自治区人大常委会副主任、林芝市委书记马升昌在波密易贡茶场调研茶产业发展相关工作。林芝市委副书记、常务副市长许典辉，市委常委、秘书长梅家奎一同调研。马升昌强调，大力发展茶产业，既是农牧业结构调整大势所趋，更是提高供给质量形势所逼，易贡茶场一定要坚持现有路子不动摇，充分发挥技术优势，牵头成立茶协会，带头建立茶叶种植技术培训基地和本地茶苗育苗基地，优化土质改良、有机肥配方和病虫害防治，试点在海拔 3000 米以下适宜区域种植本地茶种，进一步推动全市茶叶种植规模化、标准化。

23 日 西藏自治区食药监局副局长温世宏在波密县开展疫苗质量管理工作督导检查。

24 日 全国红军小学建设工程理事会宣传部副部长刘长龙率天津和治友德制药有限公司硒产业部 14 人，在中国工农红军林芝易贡乡八一红军小学（波密县易贡乡中心小学）看望慰问学校全体师生，向学校及 15 名困难学子捐助资金 17900 元，并向学校捐赠价值 5000 元的健康体育器材。

同日 波密县政府副县长姜治强带队走访慰问了林芝市孤儿院的孤儿以及波密县在外治病就

医的特困老人。该次共慰问孤儿 77 名、住院就医特困老人 6 名,送去慰问金 7700 元及价值 3000 元的月饼、水果牛奶等慰问品。

25 日 波密县第十二届人民代表大会常务委员会第 14 次全体会议召开,会议应到常委会组成人员 18 人,实到 12 人,符合法定人数。县人大常委会副主任旺青罗布主持会议。会议表决通过了林芝市第一届人民代表大会代表候选人名单(草案)、大会选举办法(草案)、总监票人、监票人名单(草案),依法选举了梅家奎、马海蕴 2 人为林芝市第一届人民代表大会代表。

同日 波密县委书记朱正辉主持召开县委九届三十七次常委会,研究相关工作事宜。一是学习《习近平总书记在十九届中央政治局第六次集体学习时的讲话》;二是传达学习《中共林芝市委员会林芝市人民政府关于加强和改进新形势下宗教工作的实施意见》;三是传达学习关于《做好 318 等国道沿线、重点景区环境整治工作的通知》;四是研究县文联第三届委员会人员组成事宜;五是研究政府党组提交事宜;六是研究成立基层党组织事宜;七是研究党员处理事宜;八是研究干部人事事宜。

同日 林芝市扶贫办党组书记、副主任大尼玛,波密县政府副县长马远、市三岩办及波密县三岩办负责人一行,在易贡乡、古乡、倾多镇检查三岩搬迁一期安置点建设情况及二期安置点选点及储备情况。

27—29 日 以波密县藏王故里文化旅游节为契机,波密县农牧局在文化节主会场组织各乡镇群众和企业开展丰收节特色产品展销活动。此次特色产品展销共设展位 100 个,展销产品包括虫草、天麻、灵芝菌、羊肚菌、酥油、水果、蔬菜及各类手工艺品、科技产品等。特色产品展销区共接待游客和群众 4000 余人次,销售总额达 25 万元。

27 日 由中共波密县委员会、波密县人民政府主办的西藏波密首届藏王故里文化旅游节精彩开幕。活动以“探秘高原生态博物馆畅游博窝文化风情园”为主题,探秘集“中国最美冰川之乡、中国最美原始森林——岗云杉林、中国最大桃花谷——波堆桃花谷、中国海拔最高有机茶场——易贡茶场、中国最美冰川之一——米堆冰川、318 最美景观大道波密精华段”“6 个之最”,易贡国家地质公园、嘎朗国家湿地公园,丰富动植物资源于一县的天然高原生态博物馆,领略新石器时代高原古人类历史文化、藏王故里历史文化、嘎朗王朝历史文化、红色文化、特色民俗非遗文化魅力,打造全域、全时、全天候的旅游胜地。

同日 林芝市委常委、副市长张耕耘出席波密县首届藏王故里文化旅游节非遗及农特产品展销、摄影书画作品展、千人锅庄联欢、文艺之乡非遗展演四项活动,波密县委书记朱正辉陪同。

同日 由波密县各寺庙 50 名僧人代表组成的宗教界人士方队,参加了以“探秘高原生态博物馆,畅游‘博窝’文化风情园”为主题的波密县首届藏王故里文化旅游节开幕式方队表演。

28 日 在波密县政府二楼会议室举行广州市增城区对口支援波密县康玉乡工作座谈会暨捐赠仪式。出席捐赠仪式的有广东省第八批援藏队波密县工作组副组长、波密县委副书记、常务副县长李伟成,广州市增城区人大常委会副主任殷国良,广州市增城区科技工业和信息化局副局长汤宇杰,广州市增城区科技工业和信息化局总经济师李越高,广州市增城区对口支援办科长江文杰,广州市增城区科技工业和信息化局办公室副主任何海耀,广州市 2 家企业代表,康玉乡人民政府领导干部。此次增城区为康玉乡捐赠的物资主要有增城区支持扶贫发展资金 20 万元、五羊－本田摩托(广州)有限公司捐赠摩托车 8 辆、广州懿德电子科技有限公司支持发展资金 2 万元、中国铁塔广州市分公司捐赠办公电脑 4 套。

10月

1 日 在西藏自治区 2017 年贫困县脱贫摘帽工作情况新闻发布会上,经国务院扶贫开发领导小组组织第三方评估机构专项评估检查,并报请国务院扶贫开发领导小组同意,自治区人民政府正式批准波密县退出贫困县(区)。

8日 波密县县委理论学习中心组召开集中学习《习近平谈治国理政》第十三次学习会,围绕坚持“一国两制”,推进祖国统一专题进行学习。会议邀请林芝市委《习近平谈治国理政》巡回宣讲团成员李雪峰老师作专题讲座。波密县委常委、人大常委会主任马海蕴等在家县级领导出席会议。会议由县委常委、宣传部部长屈永辉主持,县(中、区、市)直各单位主要负责人80余人参加。

同日 波密县医疗急救体系和三级医疗远程系统正式建成,项目的建成补齐了县医院急救体系短板,提高医院在临床检查方面的能力,改善当地群众的就医条件。

同日 川藏铁路波密段铁路办正式成立,并抽调工作人员5名,主要协调解决铁路建设和铁路运输事业发展中的重大事项,统筹波密县铁路规划、建设协调、运营管理和配套工程等工作。

8—10日 广东省一心公益基金会组织25名眼科专家及志愿者在波密县人民医院开展白内障免费义诊活动。该次共诊疗困难户270人,开展手术135例,免费提供材料及药品价值3万元。

8—14日 波密县委书记朱正辉带队党政代表团一行在广州市开展对口支援交流活动。期间,波密县政府与粤旺、天丰园2家公司签订了4万头藏香猪养殖协议。

8—15日 根据广州市人大常委会的统一安排,波密县人大常委会副主任普琼带领14名市、县两级人大代表在广州市参加为期1周的学习培训。此次培训既有理论学习又有课外实践,包括人民代表大会制度发展历程、人大代表参与式、预算管理、农村电商等。

11日 波密县文化局牵头组织召开红楼展陈设计暨红楼精神具体表述评审会议。波密县委常委、宣传部部长屈永辉出席会议,县文化局局长卓玛央金主持会议。波密县委办、政府办、方志办、档案馆、民政局、驻地部队代表等单位负责人参加会议。

15—19日 广州市政协考察调研组一行在波密县考察调研援藏工作,并召开广州·波密对口支援工作座谈会。广东省第八批援藏工作队波密工作组组长、波密县委常务副书记李锋等陪同。

16日 团县委联合县总工会和妇联,在县敬老院开展“敬老爱老,情暖重阳”主题慰问活动。活动中,向县敬老院的老人们送去了诚挚的节日祝福和价值5000余元的藏式围裙、水果等物品,并与老人们促膝交谈、嘘寒问暖,了解他们的日常生活情况和健康状况,全体工作人员与志愿者们还为老人们表演了独唱、合唱、锅庄等精彩的文艺节目。

17日 波密县召开林芝市乡村振兴战略现场会安排部署会,会议由县委副书记、常务副县长全保卫主持。县委副书记、政府县长边巴,县委常委、政府副县长沈光银,政府副县长马远、白玛旺扎出席会议。波密县直相关部门、相关乡镇主要负责人参加此次会议。

19日 波密县政协副主席、曲宗寺活佛达妥·洛桑益西代表宗教领域带着题为《利寺惠僧好政策》故事参与以“回顾历史进程,感受时代变迁,奋力谱写新时代波密发展新篇章”为主题的“我与改革开放40周年”故事会活动。

20日 2018西藏易贡越野挑战赛开赛,为林芝有史以来的第一场越野赛。

22—26日 广州市协作办党组副书记、纪委书记刘锋率队在波密县检查扶贫资金管理、区乡对接、项目管理等工作开展情况。

22日 林芝市委副书记、常务副市长许典辉,副市长弨巴央宗一行在波密县督导藏猪产业工作。波密县委副书记、常务副县长全保卫,县藏猪产业领导小组负责人白玛央宗陪同。

23日 广东省广州市人民检察院党组书记、检察长欧名宇一行在波密县人民检察院考察调研对口援助工作,并对第三批广东“双百计划”短期援藏干部援藏工作情况进行考核。

23—25日 波密县食药监局举办创建国家食品安全示范城市综合培训暨食品安全快速检测箱配发仪式。

26—29日 广州市黄埔区卫生计生局副局长郭杰带队在玉许乡开展医疗帮扶工作,就推进玉许乡卫生计生领域支援帮扶、合作交流等工作进行实地考察和具体商议。

29日 林芝市人民医院专家一行10人在波密县人民医院举行医联体签约仪式，双方将实现友好协作、资源共享、共同发展，同时也解决了波密县农牧民群众看病难的问题，让医联体建设真正变成为老百姓身体健康保驾护航的新平台。

同日 波密县委副书记、政府县长边巴带领乡村振兴调研组一行在倾多镇调研。调研组一行先后在扎西村易地扶贫搬迁建设、巴康村"三岩"搬迁安置点以及热西村藏猪扩繁场，听取各项目负责单位的基本情况汇报。边巴强调，各项目有关单位要加强配合，加快项目推进，保障项目顺利实施。要挖掘乡村振兴中各项目的特色亮点，总结好工作推进过程中的经验和教训，推动乡村振兴工作深度发展，并积极做好林芝市乡村振兴现场办公会的筹备、汇报、保障等工作。

30日 广州市番禺区化龙镇镇长莫智聪一行在波密县公安局举行捐赠仪式，向县公安局捐赠传祺GS8一辆，波密县委书记朱正辉参加仪式。

31日 林芝市副市长一行在多吉乡调研高海拔乡镇集中供暖工作开展情况。

同日 波密县组织召开"四讲四爱"群众教育实践活动第三节点总结暨第四节点部署会，会议由县委常委、宣传部部长屈永辉主持，县"四讲四爱"群众教育实践活动领导小组成员，各乡镇党委书记，乡活动办具体负责人，县直"四讲四爱"成员单位主要负责人，县中小学、寺管会和国有企业负责人，各领域宣讲员代表，县活动办工作人员参加会议。

同日 波密县第二幼儿园收到广州市第一幼儿园捐赠的价值17000余元的玩教具。玩教具从幼儿的兴趣爱好、认知水平和成长需要出发，主要含音乐、体育、语言等类别。此次物资的捐赠将进一步丰富波密县第二幼儿园硬件水平，有效拓展幼儿在园的学习平台，大大提高幼儿的学习乐趣。

11月

1—13日 西藏自治区文研所文物专家及林芝市文化局组成工作组，在波密县5处文物点开展文物收藏查漏补缺工作。波密县境内共有20座文物收藏单位，2017年已完成了14座文物收藏单位的寺藏文物登记建档工作。工作组按照可移动文物普查"十四项"指标要求，对玉仁寺、贡果寺、巴卡寺、达兴寺、通更次久拉康的寺藏文物进行现场数据采集、文物认定、断代等查漏补缺工作，总行程1000多公里。期间，工作组共登记建档文物95件/套，其中一级文物1件，二级文物5件，三级文物42件，一般文物47件。

1日 中编办三局副巡视员张林在波密县古乡、县委红楼调研作。波密县委书记朱正辉陪同。

同日 波密县委书记朱正辉主持召开县委九届四十一次常委会，研究国家林业和草原局驻成都专员办发现易贡森林资源破坏行为相关事宜。

2日 林芝市委常委、政法委书记、市公安局党委书记朱江一行在波密县人民法院督导检查工作。朱江一行查看了县法院立案庭、执行局工作开展情况，重点听取了县法院关于"基本解决执行难"以及波密县法院信息化建设等工作汇报，并给予充分肯定。

4日 波密县扎木中心县委红楼举行"四个基地"揭牌仪式。县委书记朱正辉，县委副书记、政府县长边巴，县委常委、人大常委会主任马海蕴，县政协主席巴桑出席揭牌仪式，一同为西藏自治区国防教育基地、林芝市爱国主义（民族团结）教育基地、波密县干部教育现场教学基地、波密县民族团结教育基地揭牌，全县各单位干部职工共150余人参加揭牌仪式。

7日 波密县举行农村土地承包经营权确权颁证仪式。政府副县长索朗平措、县委办、政府办、县直相关部门主要负责人，各乡（镇）确权办负责人以及扎木村群众代表参加颁证仪式。仪式上，索朗平措为群众代表颁发了"中华人民共和国农村土地承包经营权证"。

8日 中央第三巡视组抵达波密县检查扶贫相关工作。

9日 全国红军小学建设工程理事会宣传部副部长、红军小学西北办事处负责人刘长龙率队，在中国工农红军林芝易贡乡八一红军小学（波密县易贡乡中心小学）考察工作，并为该校颁发“‘传承红色基因、继承中华文化’红色少年篆刻进校园示范学校”奖牌。11 月 11 日，刘长龙带领易贡乡中心小学校长次巴扎西及平措扎西、美兰玉珍、斯朗旺姆、次仁卓玛 4 户家庭困难学子到北京，感受首都魅力、参观历史遗迹、感悟传统文化。

12 日　西藏自治区税务局党委书记刘虎一行在波密县税务局调研指导工作。

13 日　波密县第十二届人大常委会第 15 次全体会议召开。会议由县委常委、人大常委会主任马海蕴主持，会议应到 18 人，实到 11 人，符合法定程序。政府副县长白玛旺扎及政府办、检察院、国土局、卫计委、交运局、环保局、水利局、扶贫办、司法局、农牧局国家电网等单位（部门）主要负责人和 2 名人大代表列席此次会议。

16 日　波密县委书记朱正辉主持召开县委九届四十二次常委会，研究相关工作事宜。一是观看影片《铁纪强军》；二是传达学习《关于进一步加强信访法治化建设的实施意见》；三是听取相关工作汇报；四是研究《关于拟推荐 2018 年度市级平安乡镇、平安村、平安单位、平安寺庙、平安校园、平安医院、平安家庭的请示》和《波密县社会治安综合治理委员会关于表彰 2018 年度县级“先进双联户”创建评选工作先进集体及“先进双联户”的请示》事宜；五是研究干部调动事宜。

19 日　波密县举行 2018 年环卫设备配发仪式，此次活动县政府投入资金 186.8 万元，为城管大队、松宗镇、倾多镇、玉普乡等部门配备了垃圾摆臂车和压式垃圾转运车。

21—24 日　2018“中国旅游好资源”发现大会在波密县举办。该次活动由中国旅游景区协会、中国旅游报社、西藏自治区旅游协会联合主办，北京制源江山咨询有限公司、林芝市旅游协会、波密县波隅旅游开发有限公司承办，来自文化和旅游相关单位的领导和专家学者 300 余人，共聚“跌落人间的仙境”西藏波密，共同探讨“中国旅游好资源”。中国旅游景区协会副会长、秘书长霍建军在致辞中表示，作为首届“中国旅游好资源”发现活动的年度大会，2018 中国旅游好资源发现大会是在全域旅游的视阈下，以新的旅游资源观发现、审视各地旅游资源，能够重新发现一批过去认为不是旅游资源的旅游资源，能够重新发现一批过去不认为是好资源的好资源。把各地好的全域旅游资源、优质旅游资源推荐出去，推荐给优秀、专业的旅游投资企业和运营团队，让更多的好的旅游资源得到有效开发利用，促进好的旅游资源的有效宣传推广。

21 日　林芝市委副书记、市长旺堆带队一行在波密县调研乡村振兴战略推进情况。旺堆指出，要大力实施以“神圣国土守护者幸福家园建设者”为主题的乡村振兴战略，坚决打好精准脱贫攻坚战，做好美丽致富文章，切实让农业强起来、农民富起来、农村美起来，努力打造群众安居乐业的美丽家园。

22 日　原国家旅游局副局长杜一力在波密县扎木镇达兴村考察交流村级组织活动场所建设、产业发展、环境整治、旅游示范村建设、人居环境整治等工作。波密县委书记朱正辉陪同。

23 日　林芝市委副书记、市长旺堆在波密县多东寺调研寺庙管理工作并看望慰问驻寺干部、驻寺干警和寺庙僧人。

23—25 日　西藏自治区党委统战部副部长、自治区民宗委党组书记达娃在波密县各寺庙督导检查工作。

26 日　广州市海珠区实验小学与波密县多吉乡中心小学结对帮扶签约仪式在多吉乡中心小学会议室举行。广州市海珠区教育局党组成员、副局长邓志军，波密县政府副县长马远等出席仪式。多吉乡中心小学师生代表、多吉乡政府工作人员及县教体局工作人员参加仪式。

28 日　国家民委监督检查司公布“2018 年全国民族团结进步创建示范区”候选名单，波密县成功入选，系林芝市唯一一个入选的县（区）。此次全区入候选名单的共 7 个县（区）。

29 日　波密县残联举行“大众创业、万众创新”残疾人创业扶持金发放仪式暨残疾人创业培训班开班仪式，为 13 名残疾人创业者发放创业扶持金 26 万元，帮助他们在自主创业的道路上越走越宽，越走越好。

30 日 波密县召开 2018 年“遵行四条标准争做先进僧尼”教育实践活动表彰大会。县委副书记罗松出席会议并作讲话，县委常委、统战部部长加布主持会议。县委副书记、常务副县长全保卫，县政协副主席侯国聪，县宗教工作领导小组成员单位负责人，各乡（镇）负责人，各寺庙管理机构负责人和受表彰的模范寺庙、优秀僧人、优秀组织单位与先进寺管干部代表以及县委统战部、县民宗局、县宗教办全体干部职工共 80 余人参会。

同日 波密县召开 2018 年度民族团结进步模范表彰大会，对涌现出来的 13 个民族团结模范集体、15 个民族团结模范个人进行隆重表彰，兑现奖金 13.4 万元。

12 月

4—7 日 波密县委常委、人大常委会主任马海蕴带领县人大办干部到全县 8 个乡（镇）对县国土局、水利局、环保局和发改委 4 个部门，就 2018 年度工作目标完成情况和贯彻执行各项政策法规、项目申报落实、服务基层态度、工作效率及干部队伍管理情况开展评议。本次评议采取评议调查、民主测评和召开评议工作会议等方式进行，共发放评议问卷 112 份，与乡（镇）领导班子座谈 35 人次，搜集 4 部门改进工作的意见建议 36 条。

5 日 波密县县城沿江路北面、扎木路民俗化和基础设施改造工程竣工验收。

8 日 波密县文化局联合县教育局、县域各中小学校举办波密县第四届中小学生波卓波央比赛暨波央合唱比赛。该次波央合唱比赛邀请了青海省玉树州民族歌舞团、林芝市民族艺术团的老师以及自治区级非物质文化遗产波央传承人担当评委。从音准、节奏、音色、舞台表现力、服装、演唱形式六个方面全方位、多角度做出专业公平的评判。经过激烈角逐，波密县玉普乡小学代表队荣获此次比赛第一名。

10—15 日 波密县民族宗教干部和宗教界人士共 15 人组成考察组在广州市、深圳市、珠海市等地考察学习。

11 日 政协第九届波密县委员会常务委员会第七次会议召开。县政协主席巴桑，县委常委、统战部部长、政协常委加布，副主席布穷穷及其余在家常委出席会议。县政协副主席侯国聪主持会议，县政协综合专委会主任及政协办公室全体干部列席会议。会议传达学习了《全国政协系统党的建设工作座谈会等精神传达提纲》《关于加强新时代人民政协党的建设工作的若干意见》及西藏自治区党委常务副书记、自治区政协党组书记丁业现在全区政协系统党的建设工作座谈会上的讲话精神。

13 日 为教育学生勿忘国耻、珍爱和平、振兴中华，波密县教育系统开展第五个南京大屠杀死难者国家公祭日悼念活动。

同日 波密县第三次国土调查工作动员部署暨 2018 年国土资源工作开展情况汇报会召开，县委常委、政府副县长沈光银出席会议并讲话。

同日 波密县小康村（林琼村）竣工验收。

14 日 波密县十二届人大常委会第 16 次常委会议暨 2018 年民主评议工作会议召开。县委常委、县人大常委会主任马海蕴主持会议，县十二届人大常委会组成人员及民主评议工作小组出席会议，广东省第八批援藏队波密工作组副组长、波密县委副书记、常务副县长李伟成，县环保局、发改委、水利局、国土局等 4 家受评单位及县委办、政府办、政协办、监察委、法院、检察院等 24 家单位（部门）主要负责人、2 名人大代表列席会议。

18 日 西藏自治区扶贫办副主任达瓦桑珠带领“三岩”搬迁安置调研组，在波密县倾多镇调研“三岩”搬迁安置建设工作。林芝市副市长尼玛扎西，市“三岩”办副主任、扶贫办党组书记大尼玛，昌都市五人联络组组长、昌都市扶贫办主任、调研员洛桑格列，波密县政府副县长马远等陪同。

同日 波密县小康村（东若村、通木村、娘那村）竣工验收。

20 日 波密县委书记朱正辉在卡达桥调研火车站选址及规划情况，政府副县长马远陪同。

21 日 广东省第八批援藏工作队纪委副书记、

林芝市纪委常委唐昊率队一行，在波密县检查援藏工作组落实“两个责任”工作。

同日　波密县召开深化扶贫领域腐败和作风问题专项治理工作推进会，传达学习中央、自治区、林芝市纪委深化扶贫领域腐败和作风问题专项治理工作推进会精神。波密县纪委在家班子成员、各乡（镇）纪委书记、县纪委监委全体干部参加会议。

27日　广州市越秀区援藏工作组一行在波密县倾多镇考察交流，并召开对口支援工作座谈会。

同日　波密县小康村（德巴村、毛江村、格巴村）竣工验收。

28日　波密县教体局联合县住建局、县发改委、县人社局、县财政局组成项目工程验收组，会同玉许乡人民政府、玉许乡中心小学、玉许乡第二小学和项目监理、地勘、设计单位对2所幼儿园进行验收并顺利通过验收。

同日　波密县村级组织活动场所标准化建设项目（嘎朗村、巴卡村、岗巴村、栋曲村、米堆村）中的栋曲村、巴卡村、岗巴村竣工验收，嘎朗村完成初验。

29日　波密县召开2018年机关企事业单位、两新组织党支部书记抓基层党建工作述职评议会。

政　治

中共波密县委员会

【概况】 2018年，在区、市各级党委、政府的坚强领导下，在广东人民的无私援助下，波密县委深入学习贯彻习近平新时代中国特色社会主义思想和党的十九大精神，贯彻落实吴英杰书记“五个走在前列”重要指示精神，正确应对和处理“十三对关系”，团结带领全县各级党组织和广大党员干部群众，以全力建设“五个波密”为主要抓手，取得了党的建设不断加强、社会局势持续稳定、特色产业发展壮大、人民生活不断改善、生态建设成效显著的新成绩。

【班子和队伍建设】 2018年，坚持把政治理论学习摆在首位，深入学习习近平总书记重要讲话精神和中央、区、市有关精神，共召开县委理论中心组学习会12次，开展《习近平谈治国理政》专题学习15次。结合十九大精神宣讲、“四讲四爱”等系列活动，县四套班子成员带头深入基层一线开展宣讲活动，积极宣传党的富民兴藏政策。严格执行新形势下党内政治生活若干准则，严肃党内政治生活，高标准、高质量召开民主生活会，认真开展批评和自我批评，健全完善“三重一大”事项集体决策制度，自觉遵守集体领导、民主集中、个别酝酿、会议决定的原则，做到重大问题集中讨论、重大事项集中决策。坚持树立正确用人导向，共选拔任用科级干部100名，其中提任62名，进一步使用12名，转正定级1名，交流调整25名。认真实施人才提升、人才培养等工程，从福建、广东引入专招生9名，选派19名党政骨干和专技人才到广州市番禺区培训交流，选派152名干部到省外跟班学习培训，人才发展环境不断优化。

【经济建设】 2018年，全县地区生产总值完成23.55亿元，同比增长9.5%；其中，第一产业完成

2018年5月1日，西藏自治区人大常委会副主任、林芝市委书记马升昌（前排左一）一行在波密县扎木镇岗巴村调研

26700万元，同比增长3.9%；第二产业完成94400万元，同比增长18.3%；第三产业完成114400万元，同比增长5.1 %。全社会固定资产37.27亿元，完成邮政业务总量36.2万件；固定电话用户5474户，使用率89%；移动电话用户6200户，使用率94%；互联网用户7278户。社会消费品零售总额2.61亿元。全年接待旅游人数132.39万人次，实现收入10.55亿元，分别同比增长73.81%和57.42%。地方财政收入6978万元，同比增长12.55%；地方财政支出11.46亿元。年末城乡居民储蓄存款余额6.9亿元。全年城镇居民人均可支配收入29680元，农村居民人均可支配收入16365元，实现城镇新增就业493人，城镇登记失业率1.08%。截至年底，参加城镇失业保险1372人，参加基本养老保险2355人，城镇职工参加基本养老保险466人。参加新型农村合作医疗25373人，参合率99.9%。参加新型农村养老保险13874人，已领取养老保险待遇2222人。城镇居民中有190人得到政府最低生活保障金。全县有寺庙、拉康、日追19所。

2018年7月30日，波密县委书记朱正辉（右三）慰问驻地部队官兵

【农牧业】 2018年，全县完成农作物播种面积4874.02公顷，粮油总产量21140.45吨（粮食产量19715.45吨，油菜产量1425吨）。各类畜禽总存栏数100907（头、只、羽、匹）。新生仔畜26043头（猪、牛、马、骡、羊），肉产量2307.36吨、奶产量4351.81吨，蛋产量11.75吨。实施重大动物疫情应急物资储备库及冷链设施建设等农牧项目21个，建立良种繁育基地4个，农机深松作业1.3万亩。波密鲜松茸、波密干松茸、波密青稞、波密菜籽油4个农产品地理标志注册商标获得国家工商总局认证。

【教育事业】 2018年，以推进“五个100%”为契机，加大教育投入力度，实施教学及辅助用房改扩建、县完全小学音乐之家和4所高海拔乡镇小学供暖工程，新开园幼儿园18所。认真组织实施“一师一优，一课一名师”、片区教研、教学大比拼等活动，累计评选出县级优课50节、市级优课31节、自治区级优课8节，针对优秀教学课程及时在全县推广。大力发展体育事业，积极参加林芝市第七届“尼洋河杯”足球比赛，并夺得冠军。

【医疗卫生】 2018年，全面加强基层公共卫生基础设施建设，易贡乡卫生院、康玉乡卫生院、城镇医疗污水处理系统等项目顺利完工。全面落实疾病防治“一把手”工程，扎实推进包虫病筛查任务，筛查2.6万人，确诊阳性病例36例，及时做好跟踪治疗和动态监测。积极落实城乡居民健康体检、“两癌”筛查、孕产妇住院补助等政策，扎实推进包虫病综合防治、重点人群“三病”筛查、“两降一升”及基本卫生服务。强化源头治理，完善监管制度，投资29万元建成嘉瑞超市、菜市场农产品快检室，并为10个乡镇配发食品药品安全快检箱，切实保障人民群众饮食用药安全。

【文化事业】 2018年，以“文化八进”“五下乡”等活动为载体，开展各类惠民文艺演出100余场次，观演群众达3万余人次。打造“一乡一品”文化品牌，形成以多吉乡非遗文化节、易贡油菜花节、松宗赛马节为主的波密民俗文化活动。有序开展“扫黄打非”专项行

2018年8月4日，波密县委书记朱正辉（右三）一行在扎木镇达兴村调研爱国主义影视教育基地建设情况

动，累计出动执法人员670人次，检查打字复印店80家次；检查网吧45家次；检查音像店50家次；检查书店、报刊摊点65家次；检查娱乐场所95家次；收缴盗版、违禁等光碟30张；发放责令改正通知书2份。

【社会保障】 2018年，加强政策宣传，不断健全社保体系，加大医疗救助、临时救助力度，覆盖城乡的社会保障体系进一步完善，全民参保登记25373人、参合率99.9%，有意愿五保老人集中供养率和孤儿收养率达100%。2018年，全县兑现城乡低保补助资金2201.01万元、城乡医疗救助资金200.55万元、困难家庭救助资金35.87万元，实现城镇新增就业493人，农牧区转移就业5455人，城镇登记失业率1.08%，应届高校毕业生成功就业193人、就业率达92.34%。

【旅游业】 2018年，立足全域旅游示范县和区域旅游中心，加快构建"一轴三线"旅游发展布局，持续打造318国道最美景观大道；国道318·西藏波密帕隆藏布河谷AAAA级景区规划业已完成，米堆冰川AAAA级景区规划通过市级评审。顺利举办了桃花节、藏王故里文化旅游节、多吉非遗文化旅游节、易贡油菜花节等活动。全年累计接待游客130万人次，实现旅游相关收入10.55亿元，分别同比增长73.81%和57.42%。乡村旅游蓬勃发展，全县共有家庭旅馆242家，床位数4615张，累计接待游客16.32万人次，实现收入2447.88万元。

【生态环保】 2018年，大力实施自然保护区、生态功能区建设以及重点区域造林、义务植树等工程，稳步推进国家森林城市创建工作，森林资源保护工作稳步推进。2018年完成义务植树370亩，森林抚育8000亩，受理各类涉林案件11起，其中查处森林刑事案件1起，治安案件5起。严格落实河湖长制生态管理责任，构建了县、乡、村三级河湖长工作体系，完善制度建设，推动河湖治理工作规范化。抓实基础设施力量建设，为环保任务重的乡镇和部门配备了垃圾摆臂车和转运车。针对中央和自治区环保督察反馈的意见，明确工作任务，压实整改责任，对所涉共性问题提出具体整改措施，推动整改工作有效落实。认真做好自治区环保督察反馈问题整改工作，办结转办案件2件。打好污染防治攻坚战，开展环境保护"六乱"治理和"八进"活动，编制完成《波密县重污染天气应急预案》《波密县水污染防治行动计划》《波密县土壤污染防治行动计划工作方案》。

【乡村振兴】 2018年，紧扣乡村振兴战略"二十字"方针，制定出台《波密县乡村振兴战略实施方案》，编制完成《波密县乡村振兴战略规划（2018—2022年）》，加快推进城乡协同发展。深化人居环境整治，成功申报全国农村人居环境整治三年行动示范县，科学制定实施方案和指导意见，创新提出"拆违拆旧、垃圾治理、人畜分区、绿色篱笆、百花庭院"五大行动，大力推进厕所革命、农村生活垃圾治理、村庄规划管理等各项工作任务。按照城乡基础设施提质扩容和"一核四心"城镇化布局，完成《波密县城市总体规划（2013-2030）》《波密县主城区控制性详细规划》修编评审，完成9个乡(镇)总规、控制性详规和85个行政村村庄规划评审，《西藏林芝市波密县扎木镇城市设计》荣获全区优秀城乡规划设计二等奖。

【产业发展】 2018年，着力打造茶产业、藏猪产业主导产业，辐射带动各类产业协调发展，有效提升农牧业整体质量和效益。组建藏猪产业工作专班，编制《波密县2018年—2025年藏猪产业发展规划》，出台《波密县藏猪产业项目扶持以奖代补实施办法》，绘就藏猪产业发展蓝图；建成倾多镇热西村藏猪核心保种场和玉许乡棠木村标准化养殖场，顺利完成4000头能繁母猪耳标佩戴、入舍和集中养殖工作；成功引进2家企业开展藏猪养殖，签订4万头商品藏猪养殖协议。积极引进3家企业开展茶树种植，累计投资9200万元，完成土地平整5300亩，种植软枝乌龙、中小叶种茶苗2968亩。

【自然灾害】 2018年7月11日凌晨03时30分，受强降雨影响，在波密县古乡索通村318国道K4061+800至K4062+100处发生泥石流灾害，泥石流长度约300米，总方量约80000立方米，需清理道路方量约20000立方米，覆盖道路长200米，宽100米，路基掏空60米，导致国道318线中断，无人员伤亡。其间，县公安局、古乡派出所派出30余名警力实行交通管制，武警交通三支队50余名警力和古乡索通村等社会力量80余人参与抢险救灾工作，调动挖掘机6台、推土机4台、装载机4台全力开展抢通工作。同时，组织人员对滞留波密县城1.3万余人进行全面安置。经过连续57小时的奋战，道路淤泥全部清理完成，在路基掏空60米处，紧急抢通一条长约80米，宽6米的应急便道，于7月13日下午16:00时，318国道波密至林芝段全面恢复畅通。

【维护稳定】 2018年，进一步巩固"长安杯"成果，围绕建设"平安波密"的目标要求，认真学习借鉴"枫桥经验"，深入开展矛盾纠纷排查调处工作。各级综治部门累计开展矛盾纠纷排查2200余次，排查出矛盾纠纷54起，成功化解矛盾纠纷54起，化解率100%。扎实开展"先进双联户"创建评选活动，落实"先进双联户"各项优惠政策，努力构建群防群治维稳工作格局，实现城乡网格化与"双联户"服务管理无缝衔接。扎实开展"遵行四条标准争做先进僧尼"教育实践活动，累计开展集中宣讲160余场次，受教育僧众达1560余人次。及时召开民族团结进步表彰大会，表彰模范集体13个，模范个人15人。波密县被评为全国民族团结进步创建示范区、扎木镇荣获"林芝市民族团结进步示范乡镇"荣誉称号、扎木中心县委红楼被授为林芝市民族团结教育基地。

【项目建设】 2018年，波密县国家投资项目开复工152项，完成投资31.1亿元，完成年度总计划的193.8%。其中，藏中和昌都电网联网工程波密段、扎木至栋亚村110千伏输电线路、岗巴大桥、2017年小型农田水利重点县建设、2017年波密县农村安全饮水巩固提升工程、8个乡镇给排水工程等项目顺利竣工。同时，协调做好了易贡湖生态修复与综合整治、川藏铁路、川藏高等级

2018年7月1日，波密县举办庆祝中国共产党成立97周年暨"七一"表彰大会

公路等项目的前期勘探、调研等工作。

【脱贫攻坚】 2018年，聚焦脱贫攻坚硬战，坚持扶贫与扶志、扶智相结合，举全县之力整合各类扶贫资金2.4亿元，持续落实教育帮扶、医疗救助、产业扶持、政策兜底、人居环境整治、水电基础设施巩固提升等措施，取得阶段性成果：成功接受省际交叉考核、中央扶贫巡视、国家扶贫领域专项审计、国务院第三方评估验收、国家扶贫资金绩效考核，被西藏自治区党委、政府评为全区13个脱贫攻坚优秀县之一。2018年9月，波密成功脱贫摘帽。坚持规划引领，编制完成了《波密县"三岩"片区跨市整体异地扶贫搬迁规划》，全县6个安置点房建和附属设施已建设完成。

【招商引资】 2018年，依托桃花节、藏博会、广博会和藏王故里文化旅游节等活动，积极搭建招商引资桥梁，推动强企、大企入驻波密、共谋发展。全县招商引资完成投资9.3亿元，完成目标任务的103.4%。纵横商业街、友谊步行街、藏王大酒店等项目顺利建设完成。

【特色产业】 2018年，坚持"旅游+文化"产业发展模式，将传统民俗文化与旅游资源有机结合，成功申报"藏王故里舞台剧"项目。成立藏韵文化传媒有限公司，负责文化艺术策划、品牌推广、文化招商等各类活动。波密县首个数字影院——波韵影城于2018年5月29日正式对外营业。全国重点文物保护单位—扎木中心县委红楼陈列馆稳步建设，全县"三馆一站"公共文化设施建筑面积达1.82万平方米。

【党建工作】 2018年，认真落实主体责任，坚持"一把手"亲自安排部署、分管领导协调推进，累计带队调研、督导党建工作20余次，召开推进会、研讨会2次，层层签订"军令状"189份，推动基层党建工作责任全面落实。整合各级各类资金8300余万元，扎实推进58个村级活动场所标准化建设工作。不断丰富"党建+""+党建"内涵，打造了以"五亮两岗双争"为主题的岗巴村"党建+乡村旅游"示范村。整合各类资金1000余万元，发展了东若生态采摘园、达大绿色蔬菜种植、达曲昂思拉商贸有限公司等28个村集体经济。各驻村工作队围绕七项重点工作任务，累计成立驻村点临时党支部52个，整合强基惠民资金850余万元，建立健全各类制度640余条，理清发展思路539条，制定村级经济发展规划323项，开展各类宣讲1835场次，办实事做好事1479件。

【廉政建设】 2018年，严格落实"两个责任"，班子成员认真履行"一岗双责"，坚持定期召开常委会专题研究部署作风建设各项工作任务，推动作风建设向纵深发展。不断拓展廉政教育载体，通过召开警示教育大会、观看警示片等形式，努力构建"不想腐""不能腐""不敢腐"的防腐机制。全力支持纪委监委履职尽责，积极推进国家监察体制改革试点工作，于2018年1月6日挂牌成立林芝市首个县级监察委员会，及时配齐配强县纪委监委领导班子，确保纪委监委的监督质量和监督实效稳步提升。2018年县纪委开展各项监督检查133次，受理信访举报32件，立案19件，给予约谈13人，诫勉谈话5人，党纪处分24人，下达监察建议书2份。高扬巡察利剑，顺利完成九届县委第二轮、三轮巡察工作，巡察利剑作用得到充分发挥。扎实开展不作为慢作为、文山会海等形式主义、官僚主义集中整治工作，及时组建工作专班，制定工作方案，明确目标任务，切实推动工作有效落实。

（郭凯前）

【领导名录】

县委书记

朱正辉

县委副书记、政府县长

边　巴（藏族）

县委常务副书记

李　锋（广州援藏）

县委副书记、县人大常委会主任

郑　都（藏族，5月离任县委副书记，7月离任人大常委会主任）

县委常委、县人大常委会主任

马海蕴（5月任人大常委会主任人选，7月任人大常委会主任）

县委副书记、常务副县长

李伟成（广州援藏）

县委副书记

罗　　松（藏族）

县委副书记、常务副县长

全 保 卫（5 月任职）

县委常委、人武部政委

次仁旺拉（藏族）

县委常委、常务副县长

全 保 卫（5 月离任）

县委常委、宣传部部长

马 海 蕴（5 月离任）

县委常委、纪委书记、监察委主任

王　　芳（女）

县委常委、组织部部长、党校校长

张　　斌

县委常委、统战部部长

加　　布（藏族）

县委常委、政法委书记、公安局局长

阿旺朗加（藏族）

县委常委、副县长

沈 光 银（侗族）

县委常委、宣传部部长

屈 永 辉（5 月任职）

中共波密县委办公室

【概况】 2018 年，在波密县委的正确领导下，县委办公室紧扣县委的重大决策和工作部署，积极主动开展服务，扎扎实实抓好工作，真正做到参谋有道、协调有方、督查有效、保障有力，优质高效地完成了各项工作任务，确保了县委各项工作协调推进、有序运转。

【政治学习】 2018 年，县委办公室结合每一个时期的政策方针、每一个阶段的中心工作，分步骤、有条理地组织班子成员和全体干部，认真系统对党的十九大精神、政治纪律教育、《中国共产党纪律处分条例》以及上级党委、县委的重大决策部署深入细致地进行学习；通过定期集中学习和业务时间自学办公室工作的相关业务知识，相互学习、相互促进，进一步提高了办公室成员的政治素质、领导能力和思想修养水平和业务知识能力，努力使每个人都能成为适应不同工作的“多面手”。

【作风建设】 2018 年，县委办公室以开展政治纪律教育为契机，在办公室内部深入开展以强化服务意识、转变工作作风、狠抓工作落实等方面的教育。通过集中教育学习，全体干部的思想意识有了较大提高，工作作风有了较快转变，形成了认真办文、周密办会、踏实办事的优良作风。

【精心办文】 严把起草关。2018 年，应由县委办公室起草的文件，认真拟稿，精益求精，对由部门代拟的文件，进行严格审核，仔细缮改，力求准确到位；严把“审核关”。准确把握政治方向、维护县委权威，精心审稿、严格把关，做到准确无误，文件经领导签发后，对其进行仔细校核，确保格式、题目、语言、落款、主题词等都准确无误，规范美观。县委及县委办共发文 97 件，全部符合规定要求，并做到了领导签署、及时印发，确保了县委各项工作的准确、及时传达部署。

【细心办会】 2018 年，县委办公室严格按照中央八项规定的要求，精简会议活动，切实改进会风，不断提高办会水平。树立“细节决定成败”的办会理念，始终坚持提前准备、分工负责、层层把关，做到会场布置整洁庄严，会场服务细致不马虎，会议材料准备无差错，确保了各类会议秩序和质量。2018 年承担波密县委常委会、县委常委扩大会、各项工作推

2018年9月14日，波密县委办党支部学习《习近平谈治国理政》第二卷第十章之在发展中保障和改善民生

进会等重要会议 50 余场，做到了忙而不乱、有条不紊、万无一失。

【沟通协调】 2018 年，县委办公室坚持原则性与灵活性相结合，及时向各位领导汇报情况，听取指示，统筹安排领导活动，使各位领导之间的工作保持了有机联系。主动加强县委与人大、政府、政协的联系，及时就四大班子的重大决策部署和需要协调的事项进行协商沟通，提前做好准备工作。加强部门协调，强化部门职责，形成齐抓共管的合力，确保县委工作的高效运转。利用党政网、电话、会议等各种形式，及时把县委各个阶段的重大决策和重要部署传达到基层和部门，把基层和部门的工作情况、意见、建议及时反馈至县委。2018 年共承办大型活动和会议达 50 余场次，接待各级领导调研和视察活动达 100 余次，较好地完成了任务。

【信息编报】 2018 年，县委办公室围绕县委、县政府中心工作和各阶段重点工作，充分发挥参谋助手作用，认真编写、上报信息，及时反映全县经济社会发展新思路、新举措及新成效，充分发挥信息“前哨”的作用，为领导掌握情况、指导工作、科学决策提供较好的信息服务。同时，制定出台《信息工作考评办法（试行）》，并将信息工作目标任务分解到各单位、各乡镇人员，同时，鼓励其他干部积极参与编写上报信息。共向市委报送信息 2430 余条，被自治区、市委采用 300 余条，为上级部门和领导准确决策提供了有效保障。

2018年5月31日，波密县委办公室举行爱心助困捐款活动

【督查督办】 2018 年，县委办公室为进一步明确督查工作的定位和方向，建立健全了目标管理体系，实行限期办结制度、定期反馈制度，加快督查督办网络体系建设，充分依靠各级各部门领导参与督查督办，发挥好办公室督查督办的主力军作用，全面形成了“领导带动、全民参与、一级抓一级，层层抓落实”的督查工作格局。着重加大对全县重点经济工作、作风建设、环境建设等方面情况的督查督办。加大对县委的决策落实、领导批办、交办事项落实情况的明察暗访力度。2018 年开展会务督导、维稳值班、精准扶贫、落实党的决策部署等各类督导检查 60 余次，对违反规定、落实不到位的单位通报批评 5 起，并对后期整改工作及时跟进。抓好领导批示件的督查落实，认真抓好领导批示、交办事项的落实，做到即交即办、全程跟踪、限时完成，共印发《领导批示》并转相关部门办理落实 19 期，均已落实到位。

【史志编修】 2018 年，县委办公室始紧密结合波密县的地方特色、时代特色，以区、市方志办工作会议精神为指导，坚持定期收集整理方志大事记，坚持以“大事不漏、要事不丢、小事不收”的整理原则，每季度对全县各单位方志资料进行收集整理。2018 年举办波密县方志培训会 2 次，对方志工作中遇到的问题进行现场解答。12 月底，波密县志（2006-2015）初稿已完成。

【主责工作】 2018 年，县委办公室严格按照上级党委、纪委指示精神和县委决策部署，深化落实党风廉政建设主体责任工作，加强同县政府、人大、政协办公室及县委常委兼职部门的协同配合，注重与县纪委等单位的日常协调协作。健全完善并印发了《中共波密县委关于深化落实党风廉政建设党委（党组、党支部）主体责任和纪委监督责任实施细则》，进一步传导压力，压实责任，对存在问题的单位及时进行反馈，要求其建立问题清单并整改到位。

【机要工作】 2018年，县委办公室机要工作人员加强机要设备管理与更新，确保机要通信畅通。加强机要队伍建设，开展业务培训7人次。不断强化机要人员的政治责任感和奉献精神，时刻保持警惕，坚持24小时在岗值班。2018年共收报1614份15812页，发报312份1784页，做到了及时、准确地登记、办理、回收、保存。在发密码电和内部明电上，无一错漏，无任何泄密失密事件发生，确保了县委与上级机关的工作联系和信息畅通。

【保密工作】 2018年，县委办公室加大宣传教育力度，增强保密观念，提高保密意识，规范保密管理，建立健全各项规章制度。认真做好文件的清退回收，对废旧文件及时清退集中销毁。充分利用黑板报、宣传标语、电视、街头咨询等多种途径开展《保密法》宣传活动。会同公安、文化部门对城乡网吧进行经常性检查，禁绝反动、淫秽、封建的内容在网上传播，严防网上泄密；随时检查县委机要部门的传真机、电脑，加强计算机安全管理，尤其是计算机上网规范化管理，防止党政内部信息的任意扩散；加强对广电、文体、报道组等新闻从业单位及其人员的监管，防止新闻失泄密。

【驻村工作】 2018年，县委办公室根据自治区、市强基办工作总体要求，选派优秀干部组成工作队进驻扎木镇通木村开展驻村工作。筹措资金2万余元，对驻村工作队居住场所进行完善，添置了生活必备品及办公设备，为驻村工作队履职尽责、推动各项工作深入开展奠定了基础。2018年县委办班子慰问贫困户5户，投入资金2500元。自发捐款1000余元，对扎木镇通木村溺水身亡贫困户家庭进行慰问帮扶。

（赵选贺）

【领导名录】

主　任

　　张　　虎（6月任职）

副主任

　　张　　虎（1–6月主持工作，6月离任）

　　蔡　　林

　　郭 凯 前（6月任职）

县委机要局（密码管理局）副局长

　　益西群措（女，藏族）

波密县人民代表大会常务委员会

【概况】 2018年，波密县人大常委会始终高举习近平新时代中国特色社会主义思想伟大旗帜，认真贯彻落实习近平总书记关于治边稳藏的重要论述和一系列重要批示指示精神，贯彻落实自治区第九次党代会与区党委九届三次、四次全会精神，始终将坚持党的领导、人民当家做主和依法治国有机统一，在县委的坚强领导下，正确履行宪法和法律赋予的职权，积极维护宪法权威。2018年先后组织召开波密县人民代表大会3次、人大常委会会议7次、主任会议8次，听取和审议专项工作报告11个，开展视察检查调研13次，作出决议决定6个，组织代表“家访”1次，开展民主评议工作1次，依法任免国家机关工作人员9人，较好地完成了各项目标任务。

【重大事项决定权】 2018年，波密县人大常委会听取和审议了县政府关于康玉乡、八盖乡总体规划（2017–2030）及其编修说明，形成相关决议，要求县政府按法定程序上报审批并认真组织实施，切实维护规划的权威性和严肃性；进一步加强对政府重大投资项目的监督，综合运用审查报告、调查研究、代表视察等方式，推动政府不断提升决策科学化、民主化水平，规范管理程序和制度，狠抓项目推进落实，保障三岩片区易地搬迁、倾多镇栋曲村灾后重建等重点民生工程顺利实施；听取和审议了《波密县人民政府关于2017年本级财政决算报告》《波密县人民政府2017年本级财政预算执行和其他财政收支情况的审计工作报告》《预算调整报告》，财经农牧城建环保委员会出台了相关审议意见，切实推动县财政部门狠抓税源经济培植，增强依法理财能力，同时，不断完善审查监督机制，依法从紧控制政府债务增长，切实防范和化解财政运行风险；出台了《关于在全县开展法治宣传教育第七个五年规划的决议》，进一步突出普法重点，丰富普法内容，创新普法形式，注重普法实践，为全县经济快速发展和社会和谐稳定营造良好的法治环境；听取和审议了县人民法院、县人民检察院关于行政审判、民事行政检察等工作开展情况的报告和《县检察院关于公益诉讼工作开展情况的报告》，并根据全县实际，认真调研，出台全市首个《关于依法推进公益诉讼的决定》，为全县经济社会发展提供更加有力的司法保障。

【人大监督权】 2018 年，波密县人大常委会开展《中华人民共和国职业教育法》和西藏自治区实施办法执法检查，加大对教育的保障力度，优化教育资源布局，提高整体教学质量，努力办好让人民满意的教育；听取了县卫计委、人社局关于全县农牧区新型合作医疗以及城乡居民养老保险工作开展情况的报告，专题视察了玉许乡卫生院运行情况，切实推动县政府及相关部门继续深化医疗和养老体制改革，完善公共服务体系；听取了县环保局关于 2018 年环保状况和环保目标完成情况报告，促进树立绿色先行、生态优先的发展理念在波密县落地生根，切实推进“美丽波密”建设；协助市人大常委会开展《中华人民共和国大气污染防治法》《中华人民共和国非物质文化遗产法》和西藏自治区相关实施办法的执法检查，提出意见建议 3 条，有效推进“五个波密”建设进程；加强对监察委、法院、检察院、公安局、司法局等部门的监督，促进司法机关公正司法，确保全县有良好的治安环境，扎实维护社会稳定，保障全县经济社会事业健康发展；对县水利局、国土局、环保局、发改委开展民主评议工作，共收到意见建议 12 条，进一步防范政府职能部门不作为、慢作为、乱作为等情况发生；对县政府落实《中华人民共和国预防未成年人犯罪法》和西藏自治区实施办法、《中华人民共和国妇女权益保障法》和西藏自治区实施办法等 10 部法律法规进行专项检查，安排办公室人员对意见的落实情况进行跟踪监督，有力地保障了有关法律法规在波密县的贯彻实施。

【人事任免权】 2018 年，波密县人大常委会严格按照《地方组织法》等法律规定，坚持对拟任职人员进行宪法宣誓、表态发言、颁发任命书等制度，规范人事任免工作，增强被任命人员的法律意识、公仆意识，为国家机关的正常运转提供组织保障。2018 年共依法任免国家机关工作人员 9 人，其中任命 6 人、免职 3 人、撤职 0 人。

【代表履职】 注重阵地建设，切实发挥“家”的作用。2018 年，波密县人大常委会始终将完善“人大代表之家”建设作为重要抓手，不断丰富“家”的活动，逐步解决了闭会期间“代表难组织、活动难开展、能力难提高、作用难发挥、实效难体现”等问题，同时，建立了代表之家微信平台，切实推进“家”的信息化建设；提升办理质量，确保建议答复实效。把督办代表意见建议作为联系人大代表、为代表和群众排忧解难的重要工作来抓，切实提高代表建议

2018年4月3-4日，波密县召开十二届人民代表大会第四次会议，图为县委书记朱正辉（右一），县委副书记、政府县长边巴（右二）在投票现场投票

的落实力度，着实解决了人民群众关注的热点、焦点问题。在县十二届人大四次会议上，代表所提的44条意见建议均在法定时限内答复完毕，答复率为100%，满意率较上年度也有所提高；加强学习交流，提升代表履职能力。组织部分人大代表到阿里、那曲考察学习1次，到广州市人大学习培训1次，邀请市人大常委会副主任次旺晋美等有关领导为代表培训2次，参与代表达90余人次，有效开阔了代表眼界，提升了代表履职能力；扎实开展区、市、县"三级"农牧民人大代表家访活动。2018年共走访农牧民代表47户，增进了县人大常委会与广大代表的沟通交流，并通过家访了解意见建议答复办理情况。

【基层人大建设】 自身建设标准化。2018年，全县10个乡（镇）按标准配备了人大办公室，添置了电脑、投影仪等办公设备，配齐了工作人员，充实了乡（镇）人大工作力量，扭转了乡（镇）人大无专人理事、无固定场所办公的局面，并落实各乡（镇）人大经费8万元；履职程序规范化。指导各乡（镇）人大把开好人代会作为行权履职的主要方式，从规范乡（镇）人代会的内容、程序、会期和乡（镇）人大主席团的产生、人员组成、履职方式等各个环节入手，严格落实会期，规范会议程序，做到法定内容一个不少，法定程序一环不缺；代表活动经常化。督促各乡（镇）人大按照"代表之家"和"代表小组"活动要求，认真组织代表开展学习培训、视察调研、联系和接待选民等规定动作，并做好"八薄一册"（纪检监察工作会百议记录簿、党风廉政建设责任状签订登记簿、廉洁共建协议登记簿、廉洁从业承诺书签订登记簿、反腐倡廉教育记录簿、廉洁谈话记录簿、效能监察建议书登记簿、信访举报处理登度记簿和纪检监察人员、廉政监督员花名册）纪检台账制度的填写。

2018年6月21日，波密县委常委、人大常委会主任人选马海蕴（左一）在倾多镇督导脱贫攻坚工作

【人民代表大会】 波密县第十二届人民代表大会第三次会议于2018年1月4日召开，1月5日闭幕，会期2天。会议全票选举了王芳为波密县监察委员会主任；全票补选了边巴、王芳2人为林芝市第一届人民代表大会代表。

波密县第十二届人民代表大会第四次会议于2018年4月3日召开，4月4日闭幕，会期2天。会议听取和审议了波密县人民政府工作报告；审查波密县2017年国民经济和社会发展计划执行情况与2018年国民经济和社会发展计划草案的报告，批准波密县2018年国民经济和社会发展计划；审查波密县2017年财政预算执行情况及2018年财政预算草案的报告，批准2018年财政预算；听取和审议波密县人大常委会工作报告；听取和审议波密县人民法院工作报告；听取和审议波密县人民检察院工作报告。

波密县第十二届人民代表大会第五次会议于2018年7月23日召开，7月24日闭幕，会期2天。会议全票选举马海蕴为波密县第十二届人民代表大会常务委员会主任。

【人大代表名册】 2018年，波密县全国人大代表人数为0人；自治区级人大代表人数为1人；市级人大代表人数为41人；县级人大代表人数为99人；乡级人大代

2018年7月1日，波密县人大常委会副主任旺青罗布（右）慰问桑登村困难群众

表人数为359人。

附：表一为西藏自治区第十一届人民代表大会代表花名册；

表二为林芝市第一届人民代表大会波密代表团代表花名册；

表三为波密县第十二届人民代表大会代表花名册；

表四为波密县各乡（镇）人民代表大会代表花名册。

（梁 模）

【领导名录】

县委副书记、人大常委会主任

郑 都（藏族，5月离任县委副书记，7月离任人大常委会主任）

县委常委、人大常委会主任

马海蕴（5月任人大常委会主任人选，7月任人大常委会主任）

县人大常委会副主任

旺青罗布（藏族）

张豪杰（藏族）

县人大常委会副主任

小普琼（藏族）

县人大常委会副主任

屈永辉（7月离任）

西藏自治区第十一届人民代表大会代表花名册

表1

姓名	性别	民族	出生年月	文化程度	政治面貌	职 务	备注
卓 玛	女	藏	1967年3月	小学	中共党员	扎木镇桑登村妇代会主任	区、市、镇三级人大代表

林芝市第一届人民代表大会第六次会议波密代表团代表花名册

表2

姓名	性别	民族	出生年月	文化程度	政治面貌	职 务
朱正辉	男	汉	1971年1月	本科	中共党员	县委书记
朗 杰	男	藏	1971年8月	大专	中共党员	林芝市国资委调研员、易贡茶场副书记、场长
边 巴	男	藏	1972年6月	本科	中共党员	县委副书记、县长
马海蕴	男	汉	1972年9月	本科	中共党员	县委常委、人大常委会主任
王 芳	女	汉	1974年1月	本科	中共党员	县委常委、纪委书记、监察委员会主任
扎 巴	男	藏	1962年2月	小学	中共党员	古乡嘎朗村村民

续表2

姓名	性别	民族	出生年月	文化程度	政治面貌	职　务
扎西多吉	男	藏	1972年11月	大专	中共党员	县政法委综治办主任
央青次仁	男	藏	1966年7月	小学	中共党员	多吉乡达大村村务监督委员会主任
白勇平	男	藏	1972年1月	本科	中共党员	县交通局主任科员
白玛拉珍	女	门巴	1981年6月	本科	中共党员	县完全小学校长
白玛旺扎	男	门巴	1979年12月	本科	中共党员	县人民政府副县长
冯兰兰	女	藏	1968年2月	大专	中共党员	县政协副主席
向秋多吉	男	藏	1967年8月	小学	群众	县扎木镇多东寺民管会主任
刘友志	男	藏	1967年8月	初中	中共党员	县贸易公司经理
次仁加措	男	藏	1972年6月	研究生	中共党员	县交通运输局局长
赤列	男	藏	1979年3月	初中	中共党员	县玉普乡阿西村村民
张斌	男	汉	1978年4月	大专	中共党员	县委常委、组织部部长、党校校长
张豪杰	男	藏	1969年1月	本科	中共党员	县人大常委会党组成员、副主任
阿旺仁青	男	藏	1976年12月	本科	中共党员	县电影队队长
卓玛	女	藏	1967年3月	小学	中共党员	扎木镇桑登村妇代会主任
阿旺索朗	男	藏	1979年5月	本科	中共党员	康玉乡党委委员、人大主席
卓玛央金	女	藏	1984年4月	初中	中共党员	松宗镇德巴村村民
索朗扎巴	男	藏	1964年2月	小学	中共党员	易贡乡贡仲村第一支部书记
索朗占堆	男	藏	1967年1月	初中	中共党员	玉许乡麦差村村民
四朗次仁	男	藏	1974年8月	小学	中共党员	八盖乡雄金村党支部书记
索那旺堆	男	藏	1982年12月	本科	中共党员	玉许乡卫生院院长
索朗顿珠	男	藏	1972年2月	初中	中共党员	倾多镇巴康村党支部书记
陶长能	男	汉	1977年9月	研究生	中共党员	多吉乡党委书记

波密县十二届人民代表大会代表花名册

表3

姓名	性别	民族	出生年月	籍贯	政治面貌	学历	单位及职务
朱正辉	男	汉	1971年1月	山东临沂	中共党员	本科	县委书记
边巴	男	藏	1972年6月	西藏林芝	中共党员	本科	县委副书记、县长

续表3

姓名	性别	民族	出生年月	籍贯	政治面貌	学历	单位及职务
李锋	男	汉	1971年8月	山西天镇	中共党员	研究生	县委常务副书记
马海蕴	男	汉	1972年9月	甘肃静宁	中共党员	本科	县委常委、人大常委会主任
巴桑	男	门巴	1967年11月	西藏墨脱	中共党员	大专	县政协主席
李伟成	男	汉	1973年1月	广东广州	中共党员	本科	县委副书记、常务副县长
罗松	男	藏	1972年12月	西藏昌都	中共党员	本科	县委副书记
全保卫	男	汉	1977年5月	河南洛阳	中共党员	大专	县委副书记、常务副县长
王芳	女	汉	1974年1月	重庆合川	中共党员	本科	县委常委、纪委书记、监察委员会主任
张斌	男	汉	1978年4月	河南潢川	中共党员	本科	县委常委、组织部部长、党校校长
阿旺朗加	男	藏	1970年6月	西藏丁青	中共党员	本科	县委常委、政法委书记、公安局局长、督察长
加布	男	藏	1975年5月	西藏日喀则	中共党员	大专	县委常委、统战部部长
沈光银	男	侗	1982年6月	湖南靖州	中共党员	本科	县委常委、政府副县长
屈永辉	男	汉	1974年12月	西藏日喀则	中共党员	本科	县委常委、宣传部部长
旺青罗布	男	藏	1972年7月	西藏波密	中共党员	大专	县人大常委会副主任
张豪杰	男	藏	1969年1月	西藏亚东	中共党员	大专	县人大常委会副主任
普琼	男	藏	1974年12月	西藏日喀则	中共党员	本科	县人大常委会副主任
旺堆次仁	男	藏	1969年6月	青海玉树	中共党员	大专	县法院院长
胡波	男	汉	1972年12月	重庆北碚	中共党员	中专	县检察院检察长
李静	女	汉	1979年6月	重庆潼南	中共党员	大专	县委巡察办主任
次仁卓嘎	女	藏	1972年12月	西藏德格	中共党员	大专	县财政局（国资委）局长（主任）
才旺索朗	男	藏	1962年1月	西藏波密	中共党员	初中	县粮油加工厂厂长
白玛玉珍	女	藏	1962年1月	西藏波密	中共党员	大专	县兽防站站长
嘎松卓嘎	女	藏	1987年8月	西藏波密	中共党员	大专	县人民医院妇幼保障科主任
白玛拉珍	女	藏	1981年6月	西藏墨脱	中共党员	本科	县中学党支部副书记、教师
巴桑	男	藏	1977年8月	西藏波密	中共党员	本科	县完小教师

续表 3

姓名	性别	民族	出生年月	籍贯	政治面貌	学历	单位及职务
拉　　桑	男	藏	1982年11月	西藏工布江达	中共党员	本科	县政法委副书记、综治办主任
次仁罗杰	男	藏	1976年9月	西藏日喀则	中共党员	本科	县食药局局长
卓玛央金	女	藏	1980年3月	西藏昌都	中共党员	本科	县文化局（新闻出版广电局、版权局、文物局）局长
白东升	男	藏	1971年5月	西藏察雅	中共党员	高中	县玛咖生物科技有限公司总经理
才旺江村	男	藏	1948年3月	西藏波密	中共党员	初中	县扎木社区居委会副书记、主任
次仁片多	女	藏	1970年12月	西藏日喀则	中共党员	中专	县人大常委会财经农牧城建环保委员会主任
杨　　帆	男	汉	1984年11月	山东东阿	中共党员	本科	扎木镇党委书记
尼玛次仁	男	藏	1982年1月	西藏林芝	中共党员	本科	县委组织部常务副部长
扎西泽登	男	藏	1973年8月	西藏波密	中共党员	初中	扎木镇桑登村村委会副主任
顿珠才旺	男	藏	1963年1月	西藏波密	中共党员	小学	扎木镇通木村党支部书记
巴桑卓玛	女	藏	1973年7月	西藏波密	中共党员	初中	扎木镇扎木村村委会主任
桑登益西	男	藏	1984年1月	西藏波密	中共党员	小学	扎木镇巴琼村村委会主任
索朗仁青	男	藏	1983年12月	西藏波密	中共党员	本科	倾多镇党委副书记、人大主席
索郎顿珠	男	藏	1972年2月	西藏波密	中共党员	初中	倾多镇巴康村党支部书记
次　　多	男	藏	1971年9月	西藏波密	中共党员	小学	倾多镇如纳村党支部书记
白　　玛	男	藏	1961年6月	西藏波密	中共党员	小学	倾多镇曲西村党支部副书记、村委会主任
顿　　嘎	男	藏	1969年9月	西藏波密	中共党员	小学	倾多镇曲西村党支部书记
布　　鲁	男	藏	1977年9月	西藏波密	群众	小学	倾多镇倾多寺寺管会副主任
次仁巴珍	女	藏	1980年1月	西藏波密	中共党员	初中	倾多镇栋曲村文教卫生委员、团支部书记、妇代会主任
江安拉姆	女	藏	1964年1月	西藏波密	中共党员	小学	倾多镇顶仲村党支部书记、妇代会主任
张旋坤	男	汉	1974年12月	甘肃武山	中共党员	本科	古乡党委书记
西　　洛	女	藏	1975年11月	西藏拉萨	中共党员	大专	古乡党委委员、人大主席
阿博多吉	男	藏	1962年7月	西藏波密	中共党员	小学	古乡索通村党支部书记
扎　　巴	男	藏	1962年2月	西藏波密	中共党员	小学	古乡嘎朗村村民

续表 3

姓名	性别	民族	出生年月	籍贯	政治面貌	学历	单位及职务
布 措	女	藏	1969年	西藏波密	中共党员	小学	古乡古村妇代会主任
吉美才邓	男	藏	1980年8月	西藏波密	中共党员	研究生	松宗镇党委书记
达嘎巴珠	男	藏	1979年2月	西藏错那	中共党员	大专	松宗镇党委委员、人大主席
多 吉	男	藏	1967年5月	西藏波密	群众	小学	松宗镇纳玉村村民
晓 扬	男	藏	1967年4月	西藏波密	中共党员	初中	松宗镇格尼村党支部书记
益西旺姆	女	藏	1972年7月	西藏波密	中共党员	小学	松宗镇栋曲村村委会主任
王 斌	男	汉	1980年12月	陕西淳化	中共党员	研究生	玉许乡党委书记
朗色森格	男	藏	1978年2月	西藏当雄	中共党员	本科	玉许乡党委委员、人大主席
向巴拥宗	女	藏	1982年9月	西藏拉萨	中共党员	本科	县委巡察办一组组长
次仁罗布	男	藏	1968年1月	西藏波密	中共党员	初中	玉许乡白玉村党支部书记、村委会主任
扎玛玛	男	藏	1968年2月	西藏波密	中共党员	小学	玉许乡棠木村党支部书记、村委会主任
索朗次吉	女	藏	1974年7月	西藏波密	中共党员	小学	玉许乡麦差村村民
尼玛次仁	男	藏	1966年4月	西藏波密	中共党员	小学	玉许乡沙仁村党支部书记、村委会主任
罗布次仁	男	藏	1968年4月	西藏波密	中共党员	小学	玉许乡亚它村党支部书记、村委会主任
扎西占堆	男	藏	1981年5月	西藏波密	中共党员	小学	玉许乡扎西岗村党支部书记、村委会主任
次仁曲珍	女	藏	1977年8月	西藏波密	中共党员	小学	玉许乡海定村妇女主任
洛桑尼玛	男	藏	1963年2月	西藏波密	中共党员	小学	玉许乡达拉村党支部书记、村委会主任
曲尼卫色	男	藏	1969年4月	西藏波密	群众	小学	玉许乡岗果寺民管会主任
小 吉	女	藏	1978年1月	西藏波密	中共党员	小学	玉许乡帮青村妇代会主任
陶长能	男	汉	1977年9月	贵州织金	中共党员	研究生	多吉乡党委书记
巴 珍	女	藏	1983年7月	西藏波密	中共党员	本科	县人大常委会办公室主任
冯 勇	男	汉	1984年4月	陕西大荔	中共党员	本科	多吉乡党委委员、人大主席
多 扎	男	藏	1963年8月	西藏波密	中共党员	小学	多吉乡角落村党支部书记、村委会主任
旺青罗布	男	藏	1957年8月	西藏波密	中共党员	小学	多吉乡德吉村村务监督委员会主任

续表 3

姓名	性别	民族	出生年月	籍贯	政治面貌	学历	单位及职务
白　　朗	男	藏	1968年6月	西藏林芝	中共党员	小学	多吉乡通参村党支部书记、村委会主任
次　　勇	女	藏	1972年6月	西藏波密	中共党员	小学	多吉乡达大村村民
索朗次仁	男	藏	1963年6月	西藏波密	中共党员	小学	多吉乡木古村党支部副书记、村委会主任
次　　帕	女	藏	1970年8月	西藏波密	中共党员	小学	多吉乡帕雄村妇代会主任
拉巴桑珠	男	藏	1978年6月	西藏拉萨	中共党员	大专	玉普乡党委书记
次仁顿珠	男	藏	1982年1月	西藏山南	中共党员	大专	玉普乡党委委员、人大主席
次成德青	男	藏	1984年2月	西藏波密	中共党员	初中	玉普乡达巴村党支部书记
巴　　向	男	藏	1959年11月	西藏波密	中共党员	小学	玉普乡米美村党支部书记
陆　文　刚	男	汉	1975年7月	甘肃敦煌	中共党员	大专	易贡乡党委书记
卓玛拉姆	女	藏	1983年11月	西藏波密	中共党员	本科	县委宣传部主任科员
索朗扎巴	男	藏	1964年2月	西藏波密	中共党员	小学	易贡乡贡仲村第一支部书记
索朗次仁	男	藏	1967年2月	西藏波密	中共党员	小学	易贡乡通加村党支部书记
尼玛次仁	男	藏	1968年1月	西藏察隅	中共党员	本科	八盖乡党委书记
扎西多吉	男	藏	1982年3月	西藏扎囊	中共党员	本科	八盖乡党委委员、人大主席
旦增旺姆	女	藏	1970年9月	西藏波密	中共党员	小学	八盖乡塔鲁村村民
朗　　聂	男	藏	1961年1月	西藏波密	中共党员	初中	林芝市国资委副调研员、易贡茶场党委委员、副场长
丁增曲珍	女	藏	1970年6月	西藏波密	中共党员	初中	易贡茶场加工厂副厂长
古桑朗杰	男	藏	1982年5月	西藏昌都	中共党员	大专	康玉乡党委书记
阿旺索朗	男	藏	1979年5月	西藏林芝	中共党员	本科	康玉乡党委委员、人大主席
格松加参	男	藏	1971年5月	西藏波密	中共党员	小学	康玉乡通堆村党支部书记
张　　海	男	汉	1973年1月	安徽太和	中共党员	大专	县扎木机械化养护队机料股股长
桑　　杰	男	藏	1973年4月	西藏山南	中共党员	大专	中国农业银行波密县支行行长
杜　　军	男	汉	1978年5月	安徽霍山	中共党员	本科	武警第二机动总队交通第三支队政治工作部保卫科科长
任　　辉	男	汉	1967年4月	河北安国	中共党员	本科	波密监狱党委书记、政治委员
崔　发　群	男	汉	1979年12月	河南平舆	中共党员	本科	武警西藏林芝支队波密执勤大队党委书记、教导员

表 4 波密县各乡（镇）人民代表大会代表花名册

姓名	性别	民族	出生年月	文化程度	政治面貌	职务	备注
扎木镇第九届人民代表大会代表花名册							
贡秋次仁	男	藏	1964年7月	小学	中共党员	桑登村党支部书记	
江措	男	藏	1972年1月	小学	中共党员	桑登村村民	
达瓦次仁	男	藏	1962年8月	小学	中共党员	桑登村党支部副书记	
嘎玛	女	藏	1970年4月	小学	中共党员	桑登村党支部宣传委员	
卓玛	女	藏	1967年3月	小学	中共党员	桑登村妇代会主任	市、县、镇三级人大代表
扎西泽登	男	藏	1973年8月	小学	中共党员	桑登村村委会副主任	县、镇两级人大代表
顿珠才旺	男	藏	1963年8月	小学	中共党员	通木村党支部书记	县、镇两级人大代表
索朗	男	藏	1971年1月	小学	中共党员	通木村主任	
角邓玛	男	藏	1961年6月	小学	中共党员	通木村双联户户长	
桑登益西	男	藏	1984年1月	小学	中共党员	巴琼村党支部副书记、村委会主任	县、镇两级人大代表
尼玛次仁	男	藏	1982年7月	小学	中共党员	巴琼村村民	
巴珍	女	藏	1982年1月	小学	中共党员	巴琼村村民	
巴桑顿珠	男	藏	1981年9月	小学	中共党员	达兴村支部书记	
布地	男	藏	1979年2月	小学	中共党员	达兴村村民	
嘎玛顿珠	男	藏	1989年4月	小学	中共党员	达兴村村委会主任	
白玛	男	藏	1954年8月	小学	中共党员	康木村村民	
次仁卓玛	女	藏	1953年9月	小学	中共党员	康木村村民	
卓松	男	藏	1953年4月	小学	中共党员	康木村双联户户长	
四朗元登	男	藏	1965年8月	小学	中共党员	岗巴村党支部书记	
卡塔	男	藏	1961年6月	小学	中共党员	岗巴村党支部副书记	
扎西层培	男	藏	1963年3月	小学	中共党员	东若村党支部书记	
巴桑	男	藏	1970年2月	小学	中共党员	东若村村民	
仁青	男	藏	1961年1月	小学	中共党员	东若村村民	

续表 4

姓名	性别	民族	出生年月	文化程度	政治面貌	职务	备注
次　仁	男	藏	1958年1月	小学	中共党员	扎木村党支部书记	
巴桑卓玛	女	藏	1973年7月	初中	中共党员	扎木村村委会主任	县、镇两级人大代表
嘎玛次来	男	藏	1976年3月	初中	中共党员	卡达村党支部副书记	
索朗顿珠	男	藏	1978年9月	小学	中共党员	卡达村村委会副主任	
旺　姆	女	藏	1970年4月	小学	中共党员	卡达村双联户户长	
布姆卓嘎	女	藏	1962年2月	小学	中共党员	娘那村村民	
顿珠次仁	男	藏	1974年1月	小学	中共党员	娘那村村民	
边　巴	男	藏	1977年9月	小学	中共党员	娘那村村民	
次旺扎西	男	藏	1976年8月	小学	群众	多东寺僧人	
扎西顿珠	男	藏	1969年3月	大专	中共党员	农行扎木营业所	
才旺江村	男	藏	1948年3月	初中	中共党员	扎木居委会主任、副书记	
多　吉	男	藏	1941年7月	初中	中共党员	扎木片区党支部书记	
索朗旺久	男	藏	1952年12月	初中	中共党员	桑登片区党支部书记	
其美玉珍	女	藏	1981年9月	本科	中共党员	扎木镇卫生院院长	
拉巴次仁	男	藏	1984年1月	大专	中共党员	扎木镇党委委员、人大主席	
杨　帆	男	汉	1984年11月	大专	中共党员	扎木镇党委书记	县、镇两级人大代表
次　仁	男	藏	1978年12月	研究生	中共党员	扎木镇党委副书记、镇长	
向秋多吉	男	藏	1967年8月	初中	群众	多东寺民管会主任	市、县、镇三级人大代表

倾多镇第九届人民代表大会代表花名册

姓名	性别	民族	出生年月	文化程度	政治面貌	职务	备注
索郎顿珠	男	藏	1972年2月	初中	中共党员	巴康村党支部书记	市、县、镇三级人大代表
拉　巴	男	藏	1981年7月	本科	中共党员	倾多镇党委书记	
索朗仁青	男	藏	1983年12月	本科	中共党员	倾多镇党委副书记、人大主席	县、镇两级代表
扎西旺堆	男	藏	1978年8月	本科	中共党员	倾多镇中心小学校长	

续表 4

姓名	性别	民族	出生年月	文化程度	政治面貌	职务	备注
江安拉姆	女	藏	1964年1月	小学	中共党员	顶仲村党支部书记、妇代会主任	县、镇两级代表
白　玛	男	藏	1961年6月	小学	中共党员	热西村党支部副书记、村委会主任	县、镇两级代表
次仁巴珍	女	藏	1980年1月	初中	中共党员	栋曲村文教卫生委员、团支部书记、妇代会主任	县、镇两级代表
顿　嘎	男	藏	1969年9月	小学	中共党员	曲西村党支部书记	县、镇两级代表
吴　金	男	藏	1977年8月	初中	中共党员	如纳村组织委员、村委会副主任	
白玛曲珍	女	藏	1986年1月	初中	中共党员	巴康村文教卫生委员、团支部书记、妇代会主任	
才旺格桑	男	藏	1960年7月	小学	中共党员	顶仲村党支部副书记、村委会主任	
贡秋学	男	藏	1955年12月	小学	群众	德吉村村民	
永　忠	男	藏	1989年5月	小学	群众	德吉村村民	
丹　巴	男	藏	1963年7月	小学	中共党员	栋曲村组织委员、村委会副主任	
扎西央宗	女	藏	1970年12月	小学	群众	栋曲村村民	
索朗次仁	男	藏	1971年3月	小学	群众	栋曲村村民	
贡桑旦增	男	藏	1954年8月	小学	群众	栋曲村村民	
桑杰旦达	男	藏	1961年6月	小学	群众	栋曲村村民	
阿旺吉巴	男	藏	1979年8月	中专	中共党员	叶巴村党支部副书记、村委会主任	
次旺多杰	男	藏	1966年9月	小学	中共党员	扎西村党支部书记	
乌　金	男	藏	1979年7月	小学	中共党员	叶巴村宣传委员、村委会副主任、治保调解委员、团支部书记	
阿　布	男	藏	1955年2月	小学	中共党员	朱西村党支部书记	
仁增拉姆	女	藏	1963年4月	小学	中共党员	热西村纪检委员、文教卫生委员、妇代会主任	
左　吉	男	藏	1973年6月	小学	中共党员	叶巴村纪检委员、文教卫生委员、妇代会主任	
布　嘎	男	藏	1970年5月	初中	群众	普龙寺僧尼	
阿　姆	女	藏	1967年6月	初中	群众	达龙村村民	

续表 4

姓名	性别	民族	出生年月	文化程度	政治面貌	职务	备注
白玛朗杰	男	藏	1969年10月	初中	中共党员	达龙村党支部书记	
罗布仁增	男	藏	1976年12月	初中	中共党员	达龙村党支部副书记、村委会主任	
扎　多	男	藏	1972年4月	小学	中共党员	康达村组织委员、村委会副主任、社会保障委员	
德青曲措	女	藏	1987年1月	小学	群众	康达村村民	
次仁索朗	男	藏	1979年4月	小学	中共党员	康达村党支部副书记、村委会主任、团支部书记	
扎珠玛	男	藏	1981年3月	小学	中共党员	巴康村宣传委员、治保调解委员	
小扎鲁	男	藏	1971年10月	小学	中共党员	巴康村党支部副书记、村委会主任	
白玛次加	男	藏	1987年5月	初中	中共党员	如纳村村民	
美央索朗	男	藏	1969年12月	初中	中共党员	如纳村党支部副书记、村委会主任	
嘎　多	男	藏	1985年7月	小学	群众	古通村治保调解委员、社会保障委员、团支部书记	
嘎玛占堆	男	藏	1970年1月	小学	中共党员	古通村纪检委员、文教卫生委员、民族宗教委员	
江古卓玛	女	藏	1965年8月	小学	中共党员	古通村村民	

松宗镇第九届人民代表大会代表花名册

姓名	性别	民族	出生年月	文化程度	政治面貌	职务	备注
吉美才邓	男	藏	1980年8月	研究生	中共党员	松宗镇党委书记	县镇两级人大代表
达嘎巴珠	男	藏	1979年2月	大专	中共党员	松宗镇党委委员、人大主席	县镇两级人大代表
晓　扬	男	藏	1967年4月	小学	中共党员	格尼村支部副书记、纪检委员	县镇两级人大代表
多　吉	男	藏	1967年5月	小学	群众	纳玉村村民	县镇两级人大代表
牛海燕	女	汉	1978年2月	大专	中共党员	松宗镇党委副书记、镇长	
尼　玛	男	藏	1969年12月	初中	中共党员	格尼村党支部书记兼村委会主任	
边巴卓玛	女	藏	1976年7月	小学	中共党员	格尼村治保委员	
古松尼玛	男	藏	1977年7月	小学	中共党员	德巴村党支部纪检委员、团支部书记	

续表 4

姓名	性别	民族	出生年月	文化程度	政治面貌	职务	备注
斯朗才旺	男	藏	1972年7月	小学	中共党员	德巴村村民	
仁吉卓玛	女	藏	1980年1月	初中	群众	德巴村村民	
多吉占堆	男	藏	1956年6月	小学	中共党员	岗巴村党支部书记	
向秋次成	男	藏	1949年8月	小学	中共党员	岗巴村组织委员、社保委员	
拥青	女	藏	1962年7月	小学	中共党员	岗巴村妇代会主任	
次巴扎西	男	藏	1962年6月	小学	中共党员	纳玉村村民	
阿堆	男	藏	1960年7月	小学	中共党员	纳玉村村民	
索巴	男	藏	1965年6月	小学	群众	纳玉村村民	
文兵	男	藏	1972年2月	小学	中共党员	纳玉村兽医	
白玛卓嘎	女	藏	1974年8月	小学	群众	纳玉村村民	
白玛才旺	男	藏	1970年6月	小学	中共党员	村务监督委员会主任	
顿堆	男	藏	1960年5月	小学	中共党员	栋亚村支部书记	
卓琼	女	藏	1975年8月	小学	群众	栋亚村村民	
布阿娘	男	藏	1967年6月	小学	中共党员	栋曲村党支部第一书记	
索朗扎西	男	藏	1973年8月	小学	中共党员	纪检委员、社会保障委员、治保调解委员	
洛布占堆	男	藏	1979年6月	初中	中共党员	党支部书记、团支部书记	
仁增曲培	男	藏	1977年7月	小学	中共党员	多格村村民	
贡秋罗追	男	藏	1990年9月	初中	群众	多格村兽防员	
加永占堆	男	藏	1994年9月	初中	中共党员	多格村村民	
才旺巴姆	女	藏	1971年5月	小学	中共党员	多格村“双联户”户长	
拉巴	男	藏	1970年7月	初中	中共党员	多格村村民	
江村罗布	男	藏	1980年7月	初中	中共党员	多格村团委书记	
次旦扎西	男	藏	1976年7月	小学	群众	角达村“双联户”户长	
卓玛	女	藏	1980年1月	小学	中共党员	角达村村民	

续表 4

姓名	性别	民族	出生年月	文化程度	政治面貌	职务	备注
江　村	男	藏	1980年5月	小学	群众	角达村村民	
次仁朗加	男	藏	1972年4月	小学	中共党员	角通村支部书记兼村委会主任	
旦曾多杰	男	藏	1968年12月	小学	中共党员	角通村支部副书记兼村委会副主任	
阿　珠	男	藏	1963年3月	小学	中共党员	角通村社保委员、治保委员	
次仁多杰	男	藏	1979年5月	本科	中共党员	镇中心小学校长	
古乡第九届人民代表大会代表花名册							
姓名	性别	民族	出生年月	文化程度	政治面貌	职务	备注
张旋坤	男	汉	1974年12月	大专	中共党员	古乡党委书记	县乡两级人大代表
西　洛	女	藏	1975年11月	大专	中共党员	古乡党委委员、人大主席	县乡两级人大代表
旦　增	男	藏	1982年9月	本科	中共党员	古乡党委副书记、乡长	
吉尼玛	男	藏	1982年1月	大专	中共党员	古乡党委副书记	
次旺欧珠	男	藏	1988年8月	大专	中共党员	古乡派出所副所长	
白玛罗布	男	藏	1976年12月	大专	中共党员	古乡小学校长	
多吉占堆	男	藏	1986年7月	中专	群众	古乡卫生院院长	
扎西曲吉	女	藏	1980年9月	小学	群众	雪瓦卡村村民	
占　堆	男	藏	1969年6月	小学	中共党员	雪瓦卡村第一支部书记	
扎西次仁	男	藏	1966年7月	小学	中共党员	雪瓦卡村村务监督委员会成员	
次旺仁增	男	藏	1993年4月	初中	中共党员	雪瓦卡村党支部副书记、村委会副主任、团支部书记	
扎西措姆	女	藏	1983年3月	小学	中共党员	索通村纪检委员、民族宗教委员	
阿博多吉	男	藏	1962年7月	小学	中共党员	索通村党支部书记、村委会主任	县乡两级人大代表
嘎玛平措	男	藏	1972年6月	小学	中共党员	索通村双联户户长	
多　杰	男	藏	1962年5月	小学	中共党员	索通村村民	
白玛罗布	男	藏	1984年5月	小学	中共党员	索通村党支部副书记、村委会副主任、治保调解委员、团支部书记	
多吉久美	男	藏	1985年5月	小学	中共党员	松绕村双联户户长	
益西次旺	男	藏	1988年6月	小学	中共党员	松绕村科技特派员、户长	
才顿珠	男	藏	1975年5月	小学	中共党员	松绕村党支部书记、村委会主任	

续表 4

姓名	性别	民族	出生年月	文化程度	政治面貌	职务	备注
嘎玛旺姆	女	藏	1988年7月	小学	中共党员	松绕村宣传委员、文教卫生委员、妇代会主任	
白玛伦珠	男	藏	1986年11月	小学	中共党员	巴卡村宣传委员、民族宗教委员	
布地	男	藏	1966年3月	小学	中共党员	巴卡村村务监督委员会成员	
尼玛次仁	男	藏	1967年3月	小学	中共党员	巴卡村党支部书记、村委会主任	
阿次	男	藏	1966年8月	小学	群众	巴卡寺僧尼	
牛穷	女	藏	1983年4月	小学	中共党员	巴卡村村医	
布措	女	藏	1969年8月	小学	中共党员	古村组织委员、社会保障委员、妇代会主任	县乡两级人大代表
次杰罗布	男	藏	1969年2月	小学	中共党员	古村村民	
索朗罗布	男	藏	1981年9月	小学	中共党员	古村党支部书记、村委会主任	
珠吉	女	藏	1961年2月	小学	中共党员	古村村务监督委员会主任	
尼玛次仁	男	藏	1979年5月	小学	中共党员	古村纪检委员	
扎巴	男	藏	1962年2月	小学	中共党员	嘎朗村村民	市县乡三级人大代表
次仁索朗	男	藏	1966年9月	小学	中共党员	嘎朗村党支部书记	
达瓦扎巴	男	藏	1964年4月	小学	群众	嘎朗村双联户户长	
占堆	男	藏	1963年10月	小学	中共党员	嘎朗村村务监督委员会主任	
群培	男	藏	1966年2月	小学	中共党员	嘎朗村双联户户长	
次仁措姆	女	藏	1971年9月	小学	中共党员	嘎朗村村民	
玉许乡第三届人民代表大会代表花名册							
姓名	性别	民族	出生年月	文化程度	政治面貌	职务	备注
王斌	男	汉	1980年12月	研究生	中共党员	玉许乡党委书记	县乡两级人大代表
索朗次仁	男	藏	1983年4月	本科	中共党员	玉许乡党委副书记、乡长	
朗色森格	男	藏	1978年2月	本科	中共党员	玉许乡党委委员、人大主席	县乡两级人大代表
普布	男	藏	1975年12月	本科	中共党员	玉许乡二小校长	
小张	男	藏	1976年7月	大专	中共党员	许木寺寺管会副主任	
拉巴	男	藏	1978年5月	小学	中共党员	许木寺民管会主任	
罗布顿珠	男	藏	1972年5月	小学	群众	玉仁寺民管会主任	县乡两级人大代表

续表 4

姓名	性别	民族	出生年月	文化程度	政治面貌	职务	备注
次仁罗布	男	藏	1968年10月	初中	中共党员	白玉村党支部书记、村委会主任	县乡两级人大代表
加央平措	男	藏	1954年12月	小学	群众	白玉村双联户户长	
从　丁	男	藏	1964年3月	小学	中共党员	林琼村党支部书记、村委会主任	
桑旦卓玛	女	藏	1956年6月	小学	中共党员	林琼村村民	
阿　珠	男	藏	1964年3月	小学	群众	林琼村村委监督员	
次仁索朗	男	藏	1968年6月	小学	中共党员	玉沙村村民	
顿珠次仁	男	藏	1978年11月	小学	中共党员	玉沙村党支部书记、村委会主任	
桑丹措姆	女	藏	1950年7月	小学	中共党员	玉沙村村民	
布　央	男	藏	1971年3月	初中	中共党员	热西村党支部书记、村委会主任	
次仁卓玛	女	藏	1969年4月	小学	中共党员	热西村妇女主任	
扎玛玛	男	藏	1968年2月	小学	中共党员	棠木村党支部书记、村委会主任	县乡两级人大代表
扎西德勒	男	藏	1973年9月	小学	中共党员	棠木村村委会副主任	
索朗占堆	男	藏	1967年10月	小学	中共党员	麦差村村民	市乡两级人大代表
布　吉	女	藏	1974年12月	小学	群众	麦差村村民	
丹巴热杰	男	藏	1957年5月	小学	群众	麦差村村民	
尼玛次仁	男	藏	1966年4月	小学	中共党员	沙仁村党支部书记、村委会主任	县乡两级人大代表
次仁德吉	女	藏	1968年4月	小学	中共党员	沙仁村妇女主任	
罗布次仁	男	藏	1980年3月	小学	中共党员	亚它村党支部书记、村委会主任	县乡两级人大代表
布　琼	男	藏	1973年7月	小学	中共党员	亚它村村民	
次旺多吉	男	藏	1980年3月	小学	中共党员	亚它村村民	
扎西占堆	男	藏	1981年5月	小学	中共党员	扎西岗村党支部书记、村委会主任	县乡两级人大代表
曲　加	男	藏	1963年11月	小学	中共党员	扎西岗村双联户户长	
拉　宗	男	藏	1979年7月	小学	中共党员	扎西岗村村民	
贡　阿	男	藏	1954年5月	小学	中共党员	海定村村委会主任	

续表 4

姓名	性别	民族	出生年月	文化程度	政治面貌	职务	备注
久　阿	男	藏	1969年9月	小学	中共党员	海定村社会保障委员	
仁增德珍	女	藏	1982年6月	小学	中共党员	海定村村民	
洛桑尼玛	男	藏	1963年2月	初中	中共党员	达拉村党支部书记、村委会主任	县乡两级人大代表
多布杰	男	藏	1982年4月	小学	中共党员	达拉村团支部书记	
才旺顿珠	男	藏	1962年11月	初中	中共党员	帮肯村党支部书记、村委会主任	
傲贡卡	男	藏	1961年6月	小学	中共党员	帮肯村党支部副书记	
索朗仁青	男	藏	1979年2月	小学	中共党员	则普村党支部书记、村委会主任	
土　多	男	藏	1979年10月	小学	中共党员	则普村村民	
曲　肥	男	藏	1958年9月	初中	中共党员	普热村党支部书记、村委会主任	
索朗罗布	男	藏	1969年6月	初中	中共党员	普热村村委会副主任	

八盖乡第九届人民代表大会代表花名册

姓名	性别	民族	出生年月	文化程度	政治面貌	职务	备注
尼玛次仁	男	藏	1967年1月	本科	中共党员	八盖乡党委书记	县乡两级人大代表
赵和林	男	汉	1983年8月	本科	中共党员	八盖乡党委委员乡长	
扎西多吉	男	藏	1982年3月	大专	中共党员	八盖乡党委委员人大主席	县乡两级人大代表
赵一冬	男	汉	1982年1月	本科	中共党员	八盖乡党委委员副书记	
张　辉	男	汉	1985年12月	本科	中共党员	八盖乡党委委员派出所所长	
次仁德吉	女	藏	1988年2月	本科	中共党员	八盖乡卫生院院长	
索朗群培	男	藏	1984年12月	本科	中共党员	八盖乡小学校长	
边　巴	男	藏	1982年2月	小学	中共党员	龙普村党支部书记	
乔　点	男	藏	1969年1月	小学	中共党员	龙普村村委会主任	
贡秋巴姆	女	藏	1991年9月	小学	中共党员	龙普村妇代会主任	
朗贡次仁	男	藏	1961年6月	小学	中共党员	日卡村党支部书记	
彭　措	男	藏	1984年6月	小学	中共党员	日卡村村委会主任	

续表 4

姓名	性别	民族	出生年月	文化程度	政治面貌	职务	备注
央　青	女	藏	1966年6月	小学	中共党员	日卡村妇代会主任	
囊　朗	男	藏	1963年3月	小学	中共党员	日卡村村民	
桑旦次仁	男	藏	1994年1月	小学	中共党员	日卡村村委会副主任	
白玛多杰	男	藏	1976年7月	小学	中共党员	林业管护站站长	
四朗次仁	男	藏	1974年8月	小学	中共党员	雄吉村党支部书记	市、乡两级人大代表
白玛支确	男	藏	1967年7月	小学	中共党员	雄吉村村民	
达瓦扎西	男	藏	1962年6月	小学	中共党员	雄吉村村委会副主任	
白　路	女	藏	1967年8月	小学	中共党员	雄吉村妇代会主任	
巴登才旺	男	藏	1968年8月	小学	中共党员	竹玉村党支部书记	
旦增彭措	男	藏	1988年9月	小学	中共党员	竹玉村村务监督委员会主任	
次仁央宗	女	藏	1992年2月	小学	中共党员	竹玉村村民	
索朗次仁	男	藏	1987年8月	小学	中共党员	巴瑞村村委会主任	
阿　娘	男	藏	1986年6月	小学	中共党员	巴瑞村村委会副主任	
罗布卓玛	女	藏	1983年8月	小学	中共党员	巴瑞村妇代会主任	
次久罗布	男	藏	1956年1月	小学	中共党员	巴瑞村村民	
塔　杰	男	藏	1960年9月	小学	中共党员	卧普村村民	
嘎　日	男	藏	1991年1月	小学	中共党员	卧普村村民	
扎　波	男	藏	1959年5月	小学	中共党员	塔鲁村村务支部书记	
晓次仁	男	藏	1974年5月	小学	中共党员	塔鲁村村务监督委员	
旦增旺姆	女	藏	1970年9月	小学	中共党员	塔鲁村村民	县乡两级人大代表
巴　吉	女	藏	1957年5月	小学	中共党员	塔鲁村村民	
多吉乡第九届人民代表大会代表花名册							
姓名	性别	民族	出生年月	文化程度	政治面貌	职务	备注
陶长能	男	汉	1977年9月	研究生	中共党员	多吉乡党委书记	市县乡三级人大代表

续表 4

姓名	性别	民族	出生年月	文化程度	政治面貌	职务	备注
于云波	男	藏	1982年8月	本科	中共党员	多吉乡党委副书记、乡长	
冯勇	男	汉	1984年4月	本科	中共党员	多吉乡党委委员、人大主席	县乡两级人大代表
旦增平措	男	藏	1991年3月	本科	中共党员	多吉乡人大专职副主席	
白朗	男	藏	1968年6月	小学	中共党员	通参村党支部书记、村委会主任	县乡两级人大代表
嘎次登	男	藏	1976年2月	小学	中共党员	通参村宣传委员	
阿嘎	女	藏	1976年8月	小学	中共党员	通参村妇代会主任	
旺青罗布	男	藏	1971年5月	大专	中共党员	中心小学副校长	
罗索扎西	男	藏	1966年7月	小学	中共党员	通参村村务监督委员会主任	
旦巴索朗	男	藏	1972年10月	小学	中共党员	扩拉村党支部书记、村委会主任	
尼玛江村	男	藏	1977年10月	小学	群众	曲宗寺僧人	
布尼玛	男	藏	1977年6月	小学	中共党员	扩拉村村民	
布珠档	男	藏	1966年10月	小学	中共党员	扩拉村村务监督委员会主任	
旺青罗布	男	藏	1963年6月	小学	中共党员	德吉村村务监督委员会主任	县乡两级人大代表
次仁	男	藏	1952年11月	小学	中共党员	德吉村退休教师	
顿珠次仁	男	藏	1968年6月	小学	中共党员	德吉村村民	
土登群培	男	藏	1970年2月	小学	中共党员	德吉村党支部副书记	
卓玛才登	男	藏	1964年4月	小学	中共党员	西巴村党支部书记、村委会主任	
卓嘎	女	藏	1990年11月	小学	中共党员	西巴村村民	
其美仁增	男	藏	1976年12月	小学	中共党员	西巴村党支部副书记	
索朗扎西	男	藏	1962年11月	小学	中共党员	达大村党支部书记、村委会主任	
次勇	女	藏	1970年8月	小学	群众	达大村村民	县乡两级人大代表
央青次仁	男	藏	1966年7月	小学	中共党员	达大村村务监督委员会主任	市乡两级人大代表
顿珠次仁	男	藏	1963年1月	小学	中共党员	达大村村民	
索朗次仁	男	藏	1963年6月	小学	中共党员	木古村党支部书记、村委会主任	县乡两级人大代表

续表 4

姓名	性别	民族	出生年月	文化程度	政治面貌	职务	备注
保　穷	女	藏	1973年3月	小学	中共党员	木古村妇代会主任	
次旦卓玛	女	藏	1986年12月	本科	中共党员	多吉乡卫生院院长	
巴桑绕登	男	藏	1965年8月	小学	中共党员	毛江村监督委员会主任	
索朗玉珍	女	藏	1995年4月	小学	中共党员	毛江村村医	
仁青旺久	男	藏	1987年4月	初中	中共党员	毛江村党支部书记、村委会主任	
布　珠玛	女	藏	1965年4月	小学	中共党员	毛江村村民	
扎　巴	男	藏	1955年10月	初中	中共党员	帕雄村村务监督委员会主任	
次　帕	女	藏	1970年8月	小学	中共党员	帕雄村妇代会主任	县乡两级人大代表
顿　扎	男	藏	1963年8月	小学	中共党员	角落村党支部书记、村委会主任	县乡两级人大代表
扎西斯朗	男	藏	1970年8月	小学	中共党员	角落村党支部副书记	
斯朗多丹	男	藏	1982年2月	小学	群众	伽达寺僧人	
普布扎西	男	藏	1969年11月	小学	中共党员	角落村村民	
嘎　玛	女	藏	1977年3月	小学	中共党员	角落村妇代会主任	
边秋多吉	男	藏	1985年11月	小学	中共党员	角落村村委会副主任	

康玉乡第九届人民代表大会代表花名册

姓名	性别	民族	出生年月	文化程度	政治面貌	职务	备注
古桑朗杰	男	藏	1982年5月	大专	中共党员	康玉乡党委书记	县乡两级人大代表
阿旺索朗	男	藏	1979年5月	本科	中共党员	康玉乡党委委员、乡人大主席	市县乡三级人大代表
陈　亮	男	汉	1979年3月	大专	中共党员	康玉乡主任科员	
卓　拥	男	藏	1963年8月	小学	中共党员	乌那村党支部书记	
仁青罗布	男	藏	1973年6月	小学	中共党员	乌那村党支部副书记	
次仁尼玛	男	藏	1971年9月	小学	中共党员	乌那村宣传委员	
左　觉	男	藏	1971年5月	小学	中共党员	乌那村村民	
格　西	女	藏	1981年5月	小学	中共党员	乌那村妇代会主任	

续表 4

姓名	性别	民族	出生年月	文化程度	政治面貌	职务	备注
格松加参	男	藏	1971年5月	小学	中共党员	通堆村党支部书记	县乡两级人大代表
次旺久美	男	藏	1969年3月	小学	中共党员	通堆村党支部副书记	
落松土旦	男	藏	1987年3月	小学	中共党员	通堆村宣传委员	
罗次培	男	藏	1987年12月	小学	中共党员	通堆村组织委员	
拥青	女	藏	1980年2月	小学	中共党员	通堆村妇代会主任	
罗次	男	藏	1966年9月	小学	中共党员	通堆村纪检委员	
阿旺尼玛	男	藏	1971年3月	小学	中共党员	达曲村党支部书记	
普珠	男	藏	1969年1月	小学	中共党员	达曲村党支部副书记	
西绕路培	男	藏	1973年8月	小学	中共党员	达曲村委副主任	
贡觉次仁	男	藏	1989年3月	中学	中共党员	达曲村纪检委员	
德青	女	藏	1984年2月	小学	中共党员	达曲村妇代会主任	
格桑多吉	男	藏	1979年7月	小学	中共党员	宗热村党支部书记	
贡桑	男	藏	1960年2月	小学	中共党员	宗热村党支部副书记	
拥青拉姆	女	藏	1971年4月	小学	中共党员	宗热村纪检委员	
旦塔	男	藏	1977年4月	小学	中共党员	宗热村宣传委员	
白玛多吉	男	藏	1982年5月	小学	中共党员	宗热村组织委员	
次旺多吉	男	藏	1954年12月	小学	中共党员	拉瓦西村党支部书记	
贡嘎	男	藏	1972年11月	小学	中共党员	拉瓦西村党支部副书记	
索朗益西	男	藏	1961年8月	小学	中共党员	拉瓦西村村民	
拥宗	女	藏	1978年7月	小学	中共党员	拉瓦西村村委会副主任	
索那	男	藏	1976年1月	小学	中共党员	拉瓦西村纪检委员	
落追尼玛	男	藏	1985年6月	小学	中共党员	达曲村双联户户长	
次仁央青	女	藏	1978年1月	小学	中共党员	通堆村村民	
索朗罗松	男	藏	1981年2月	小学	中共党员	乌那村双联户户长	

玉普乡第九届人民代表大会代表花名册

姓名	性别	民族	出生年月	文化程度	政治面貌	职务	备注
拉巴桑珠	男	藏	1978年6月	大专	中共党员	玉普乡乡党委书记	县乡两级人大代表
次仁顿珠	男	藏	1982年10月	大专	中共党员	玉普乡党委委员、人大主席	县乡两级人大代表

续表 4

姓名	性别	民族	出生年月	文化程度	政治面貌	职务	备注
巴　向	男	藏	1959年11月	小学	中共党员	米美村党支部书记	县乡两级人大代表
次成德青	男	藏	1984年2月	初中	中共党员	达巴村党支部书记	县乡两级人大代表
次仁卓嘎	女	藏	1988年6月	本科	中共党员	玉普乡人大专职副主席	
其　美	男	藏	1980年9月	大专	中共党员	玉普乡中心小学副校长	
向秋次成	男	藏	1974年12月	小学	中共党员	阿西村村委会主任	
向秋群培	男	藏	1970年1月	小学	中共党员	阿西村村委会副主任	
扎西卓嘎	女	藏	1980年1月	小学	中共党员	阿西村妇代会主任	
格桑旺姆	女	藏	1980年9月	小学	群众	阿西村村民	
白玛扎西	男	藏	1969年9月	小学	群众	阿西村村务监督委员会委员	
小　利	男	藏	1968年6月	小学	中共党员	达巴村村委会主任	
卓　嘎	女	藏	1969年8月	小学	中共党员	达巴村妇代会主任	
阿　白	男	藏	1970年12月	小学	群众	达巴村村民	
加　多	男	藏	1968年7月	小学	中共党员	达巴村村民	
其美欧珠	男	藏	1968年9月	小学	中共党员	达巴村村委会副主任	
多　杰	男	藏	1960年11月	小学	中共党员	格巴村村民	
阿　桑	男	藏	1969年4月	小学	群众	格巴村村民	
卓　央	女	藏	1973年8月	高中	中共党员	格巴村妇代会主任	
仁　增	男	藏	1964年10月	小学	群众	格巴村村民	
顿　珠	男	藏	1984年12月	小学	群众	格巴村村民	
红　荣	男	藏	1973年5月	初中	中共党员	宗坝村党支部书记	
次仁央宗	女	藏	1959年4月	初中	中共党员	宗坝村村民	
格勒扎西	男	藏	1978年6月	初中	中共党员	宗坝村村民	
伍金仁增	男	藏	1986年11月	小学	中共党员	宗坝村村委会副主任	
次仁旺扎	男	藏	1983年11月	小学	中共党员	宗坝村双联户户长	
次仁群培	男	藏	1971年1月	小学	中共党员	米美村村委会主任	
波　姆	女	藏	1969年7月	小学	中共党员	米美村妇代会主任	

续表4

姓名	性别	民族	出生年月	文化程度	政治面貌	职务	备注
次仁卓嘎	女	藏	1992年1月	初中	中共党员	米堆村妇代会主任	
洛桑旦巴	男	藏	1986年9月	小学	中共党员	米堆村村委会副主任	

易贡乡第九届人民代表大会代表花名册

姓名	性别	民族	出生年月	文化程度	政治面貌	职务	备注
陆文刚	男	汉	1975年7月	大专	中共党员	易贡乡党委书记	县乡两级人大代表
益西江成	男	藏	1979年10月	本科	中共党员	易贡乡党委副书记、乡长	
军琼	男	藏	1947年4月	小学	中共党员	通加村村民	
嘎玛次仁	男	藏	1979年7月	小学	中共党员	通加村组织委员、村委会副主任、民族宗教委员	
红圆	男	藏	1968年11月	小学	中共党员	通加村村民	
索朗次仁	男	藏	1967年2月	小学	中共党员	通加村党支部书记	县乡两级人大代表
欧路	男	藏	1970年7月	小学	中共党员	通加村党支部副书记、村委会主任	
德吉卓玛	女	藏	1993年5月	初中	中共党员	通加村宣传委员、文教卫生委员、妇代会主任	
罗布	男	藏	1961年7月	小学	中共党员	格通村党支部书记	
其美扎西	男	藏	1969年6月	小学	中共党员	格通村村民	
白玛次仁	男	藏	1983年1月	初中	中共党员	格通村组织委员、治保调解委员、团支部书记	
才旺久美	男	藏	1969年3月	小学	中共党员	格通村党支部副书记、村委会主任	
次仁罗布	男	藏	1975年4月	小学	中共党员	格通村村民	
卡西拉姆	女	藏	1987年5月	初中	中共党员	格通村宣传委员、社会保障委员、妇代会主任	
布仁	男	藏	1974年6月	小学	中共党员	江拉村治保调解委员	
格桑顿珠	男	藏	1967年8月	小学	中共党员	江拉村双联户户长	
米米	女	藏	1976年8月	小学	群众	江拉村村民	
阿久	男	藏	1978年1月	小学	中共党员	江拉村村民	
白多	男	藏	1976年12月	小学	中共党员	江拉村村务监督委员会委员	
觉觉	男	藏	1980年3月	小学	中共党员	江拉村村民	

续表 4

姓名	性别	民族	出生年月	文化程度	政治面貌	职务	备注
阿　杜	男	藏	1966年6月	初中	中共党员	沙玛村党支部书记	
小　路	男	藏	1973年8月	小学	中共党员	沙玛村宣传委员、文教卫生委员、社会保障委员	
次旺欧珠	男	藏	1981年7月	小学	中共党员	沙玛村村民	
巴　姆	女	藏	1957年3月	小学	中共党员	贡仲村文教卫生委员、妇代会主任	
白玛朗加	男	藏	1955年4月	小学	中共党员	贡仲村村民	
尼玛拉姆	女	藏	1971年5月	小学	群众	贡仲村村民	
赤列平措	男	藏	1987年4月	初中	中共党员	贡仲村宣传委员、村委会副主任、治保调解委员	
登增尼玛	男	藏	1964年9月	小学	中共党员	贡仲村村民	
扎西次仁	男	藏	1982年10月	小学	中共党员	贡仲村村民	
嘎玛占堆	男	藏	1982年11月	小学	群众	贡仲村村民	
索朗扎巴	男	藏	1964年2月	小学	中共党员	人民政府办事员、贡仲村第一书记	市县乡三级人大代表
宗　珠	男	藏	1963年12月	小学	中共党员	贡仲村党支部书记、村委会主任	

波密县人民代表大会常务委员会办公室

【概况】 2018年，波密县人大常委会办公室在县委的坚强领导和县人大常委会的关心指导下，紧紧围绕全县改革发展稳定大局和县人大常委会中心工作，团结拼搏，开拓创新，扎实工作，圆满完成各项工作任务，为县人大及其常委会依法履职和机关有序高效运转提供良好服务保障。

【政治理论学习】 2018年，县人大常委会办公室认真学习领会习近平新时代中国特色社会主义思想，学习党的十九大精神和十九届二中、三中全会精神，贯彻区党委第九次党代会和九届三次、四次全会精神，牢固树立“四个意识”，坚定“四个自信”，做到“两个维护”。认真组织办公室工作人员进行业务学习，狠抓精文简会，不断完善公文处理制度和办会流程，不断提高办文办会质量。加强党风廉政建设，组织党员干部认真学习《中国共产党廉洁自律准则》《中国共产党纪律处分条例》等党内法规条例，组织观看《沉重的代价》《蜕变》等系列警示教育片，筑牢反腐倡廉思想防线，不断增强机关党员干部“为民、务实、清廉”的工作意识，树立清正廉洁的良好干部形象。

【人才队伍建设】 2018年，县人大常委会办公室通过开展集体学习、知识测试等活动，营造浓烈的学习氛围，不断提高党员干部队伍政治理论素质；共组织机关学习60余次，参加县委理论中心组学习12次，参加习近平谈治国理论学习14次，锻造了一支政治、思想、理论水平过硬的干部队伍，为推进“五个波密”建设作出应有贡献。

【会务保障】 2018年，县人大常委会办公室圆满完成了波密县第十二届人民代表大会第三次会议、第四次会议、第五次会议和波密县第十二届人民代表大会常务委员会常委会议共7次会议的服务保障工作；归纳整理波密县人民代表大会第四次会议上代表提出的议案、意见、建议共44件，依法组织召开意见、建议交办会，按法定程序向县政府交办，确保代表议案建议件件有答复、事事有落实。

【执法监督及调研】 2018年，县人大常委会办公室配合区、市两级人大常委会开展执法检查和专题调研活动4次，配合人大常委会组织开展执法检查和专题调研活动10次，组织代表视察1次，有效促进了相关法律法规在波密县的贯彻落实。

【代表履职工作】 2018年，县人大常委会办公室协助县人大常委会，先后深入全县10个乡（镇）和寺庙认真开展区、市、县、乡（镇）四级人大代表家访训活动，走访农牧民代表47户，收集意见建议20条，并在法定时间内依法向县政府反馈，通过家访带动培训，切实提高基层农牧民代表的履职能力和水平，使他们能更好地服务县、乡党委中心工作，巩固代表沟通联系党委、政府与广大农牧民群众的桥梁纽带作用；认真督办代表意见、建议。加强与县府及其职能部门的联络工作，切实加大对代表意见、建议督办力度，有效解决农牧民群众关注的热点焦点问题。在县十二届人大四次会议上，代表所提的44条意见建议均在法定时限内答复完毕，答复率为100%，满意率较上年度也有所提高。

（梁 模）

【领导名录】

主 任

巴 珍（女，藏族）

副主任

索朗多吉（藏族）

主任科员

格桑拉珍（女，藏族）

波密县人大财经农牧城建环保委员会

【概况】 2018年，波密县人大财经农牧城建环保委员会在县人大及其常委会的领导下，紧紧围绕全县改革发展稳定大局和县人大常委会中心工作，团结拼搏，开拓创新，扎实工作，较好地完成了财政经济、农牧、住建、环境监督等各项工作任务。

【充分发挥监督职能】 2018年，波密县人大财经农牧城建环保委员会充分发挥监督职能，不断完善审查监督机制，凸显专委会监督审查职能，切实推动县财政部门狠抓税源经济培植，依法从紧控制政府债务增长，有效地防范和化解财政运行风险。

在波密县十二届人大四次会议召开前，依法审查了国民经济和社会发展计划、财政预算报告草案，及时向人民代表大会主席团提交了审查结果报告；会上听取和审议了波密县人民政府工作报告；审查了波密县2017年国民经济和社会发展计划执行情况与2018年国民经济和社会发展计划草案的报告，批准了波密县2018年国民经济和社会发展计划；审查了波密县2017年财政预算执行情况及2018年财政预算草案的报告，批准了2018年财政预算；听取和审议了县政府关于康玉乡、八盖乡总体规划（2017-2030）及其编修说明，形成相关决议，要求县政府按法定程序上报审批并认真组织实施，切实维护规划的权威性和严肃性。

进一步加强对政府重大投资项目的监督，综合运用审查报告、调查研究、代表视察等方式，推动政府不断提升决策科学化、民主化水平，规范管理程序和制度，狠抓项目推进落实，保障三岩片区易地搬迁、倾多镇栋曲村灾后重建等重点民生工程顺利实施。

【执法监督及调研】 2018年，波密县人大财经农牧城建环保委员会配合区、市两级人大常委会开展执法检查和专题调研活动4次，协助配合人大常委会组织开展执法检查和专题调研活动10次，有效地推动了“五个波密”建设进程。

【自身建设】 2018年，波密县人大财经农牧城建环保委员会积极参加林芝市首届财经监督培训班，自治区人大财经委及市委党校、市发改委财政、审计等单位的5名专家和业务骨干围绕《如何履行预决算的监督职责》《预算草案的编制》《国民经济和社会发展计划草案的编制》《依法履职深入推进人大预算审查监督工作》等方面内容进行授课，此次培训有效提高了县人大专委会业务知识水平，为今后依法开展预算审查监督等工作指明了方向；县人大常委会副主任、党组成员张豪杰参加了市人大举办的区外兄弟市、州考察学习活动，在贵阳市、安顺市、黔西南州兴义市重点学习考察了三地在财政预算联网监督、机构设置、基础设施及交通网络建设、环保、旅游等方面的成功经验和做法，进一步拓宽了财经监督的工作思路和方式方法。

（梁　模）

【领导名录】

主任委员

次仁片多（女，藏族，4 月任）

波密县人民政府

【概况】 波密县人民政府共配有县委副书记、县长 1 名，县委副书记、常务副县长 2 名，县委常委、政府副县长 1 名，副县长 7 名。2018 年，在区党委、政府、市委、市政府和县委的坚强领导下，在县人大、政协和纪委有力监督下，波密县人民政府坚持以习近平新时代中国特色社会主义思想为指导，全面贯彻落实党的十九大和十九届二中、三中全会精神，深入贯彻落实自治区第九次党代会和一届市委第六次全会精神，团结带领县直各部门和全县各族干部群众，负重奋进、争先进位、主动作为、扎实工作，成功打赢脱贫攻坚硬战，全面启动乡村振兴战略，经济社会发展取得良好成绩，圆满完成各项目标任务。

【经济运行】 2018 年，全县地区生产总值完成 23.55 亿元，同比增长 9.5%；财政一般预算收入完成 6978 万元，同比增长 12.55%；社会消费品零售总额完成 2.61 亿元，同比增长 14.72%；全社会固定资产投资完成 37.27 亿元，同比增长 95.75%；城镇居民人均可支配收入达 29680 元，同比增长 10.1%；农村居民人均可支配收入达 16365 元，同比增长 10.7%；招商引资签约 32 项，签约额 100.33 亿元，年度完成招商引资 9.3 亿元。

【项目建设】 2018 年，波密县抓实“十三五”规划中期调整，围绕优势资源上项目、特色产业上项目、基础设施上项目的思路，在协调做好易贡湖生态修复与综合整治、川藏公路、川藏铁路等重大项目工程服务的基础上，全力推进国家投资重点项目开复工建设，2018 年完成投资 30.06 亿元，完成年度计划的 184.11%。藏中和昌都电网联网工程波密段、县城污水处理及收集系统、岗巴大桥、巴琼沟山洪治理、2017 年小型农田水利重点县建设、2017 年波密县农村安全饮水巩固提升工程、县委党校等项目全面竣工，省道 303 改建、村级组织活动场所标准化建设、棚户区改造等项目稳步推进，是历年来项目投资最高、规模最大、固定资产增长最快的一年。

【产业发展】 旅游产业。2018 年，波密县成功举办了林芝市桃花节波密分会场、首届藏王故里文化旅游节，波密山水、人文、森林、冰川散发无穷魅力，“藏王故里”“冰川之乡”“桃花世界”“静好波密”旅游品牌深度打响，全年游客

2018年4月30日，西藏自治区人大常委会副主任、林芝市委书记马升昌（前排左一）一行在波密县易贡乡调研藏猪产业工作。波密县委书记朱正辉（二排中）等陪同

接待总量130余万人次，实现旅游相关收入10.4亿元，同比上年分别增长69.71%、55.22%；完成G318·西藏波密帕隆藏布河谷旅游区AAAA级景区规划，米堆冰川4A级景区规划评审已通过市级评审，16座旅游厕所建成并投入使用，景区景点规范化建设稳步推进，农牧业中旅游收入占比显著提高，农牧区在生态旅游业中地位日渐增强，农牧民群众参与生态旅游业的积极性空前高涨，2018年乡村旅游接待游客总量16.32万人次、收入2447.88万元。

藏猪产业。2018年，波密县成功编制了藏猪产业发展“一规划一办法”，整合市、县财政资金8035万元，用于藏猪产业发展专项资金，建成倾多镇热西村、玉许乡棠木村、多吉乡木古村标准化猪舍，完成4000头能繁母猪耳标佩戴、入舍和集中养殖；着力构建“政府+企业+村集体+农户”藏猪产业发展模式，新发展藏猪养殖村集体经济7个，培养藏猪养殖大户12户，新增藏猪4万头。成功引进西藏绿康园生态农业开发有限公司、广州天丰园农牧科技有限公司在波密落户生产。

天麻、茶产业。2018年，波密县加大政企合作力度，累计投入资金9200万元开展茶叶种植，完成种植地块土地平整5300亩，完成软枝乌龙、中小叶种茶苗种植2968亩，引进雪山圣域、华茗、京藏雪域3家茶业有限公司投资茶产业发展。天麻GMP厂房完成安装调试并投入生产，藏利天麻有限责任公司积极收购剑麻推动2019年麻种培育工作。同时，稳步实施重大动物疫情应急物资储备库及冷链设施建设农牧项目21个，建立良种繁育基地4个，禁养区划定、草补奖、基本草原划定和农村土地（耕地）确权登记颁证顺利通过自治区级验收，完成农机深松作业1.3万亩。波密鲜松茸、波密干松茸、波密青稞、波密菜籽油4个农产品地理标志注册商标，获得国家工商总局认证。

【民生保障】 脱贫攻坚。2018年，波密县坚持做深做细做实脱贫攻坚工作，整合各类扶贫资金2.4亿元用于藏猪产业发展、天保搬迁群众人居环境整治、水电基础设施巩固提升各项工作，建成巴宜永久片区异地扶贫产业，持续落实教育帮扶、医疗救助、产业扶持、政策兜底等各项强农支农惠农政策，成功迎接省际交叉考核、国务院第三方评估检查、扶贫领域专项审计，2018年9月，波密成功脱贫摘帽。抓实19户174人三岩易地扶贫搬迁安置任务，健全基础设施，配套扶贫产业，强化物资储备，已达到入住条件。

素质教育。坚持百年大计、教育优先，稳步实施学前教育、教学及辅助用房改扩建、县完小音乐之家和4所高海拔乡完全小学供暖项目，新开园幼儿园18所，位列全市首位；推动“一师一优课，一课一名师”和教师教学技能大练兵活动常态化制度化，在全区首个成立中学国防班，易贡乡中心小学成功挂牌“‘传承红色基因、继承中华文化’红色少年篆刻进校园示范学习”“广州波密·区乡对接”教育帮扶模式初步形成，中、小学毛入学率100%，学前三年毛入园率83.54%。

医疗卫生。在扎实做好包虫病综合防治、“三病”筛查、地方病防治和妇幼保健、计生工作的基础上，持续落实城乡居民健康体检、“一孩双女”贫困家庭补助等

2018年1月10日，西藏自治区住建厅党组书记余和平（右三）在波密县调研城乡建设工作。波密县委副书记、政府县长边巴（右二）等陪同

惠农政策，全县农牧区医疗管理制度参加人数25373人、参合率99.9%；建成藏汉双语HIS收费系统、医疗污水处理系统，稳步实施区域医疗中心建设，逐渐完善以广州市第一人民医院为主导，广州市第八医院、妇女中心及广州市第二人民医院为辅的柔性帮扶机制，县域医疗卫生水平和能力显著提升。2018年县人民医院门诊接待量21816人次，藏医院门诊接待量9912人次。

群众就业。下好人才振兴“先手棋”，建立波密人才数据库，大力推进“大众创业、万众创新”工程，以双创中心为平台实现创业550余人，带动就业1100余人；注重政策保障，大力实施高校毕业生和建档立卡贫困人口就业激励奖励机制，开发54个就业岗位用于聘用波密籍未就业高校毕业生，安排县级财政资金240万元，用于高校毕业生和贫困人口市场就业补助及高校毕业生岗位聘用资金；抓实群众就业观念转变，深化“一对一”对接服务工作，应届毕业生成功就业193人、就业率92.34%，新增城镇人口就业493人、困难群体就业119人、城镇失业人员再就业121人，城镇登记失业率1.08%；强化转移就业培训，共开展农牧民转移培训1495人，完成农牧区劳动力转移就业5455人。

食品安全。2018年累计出动执法人员252人次、下达整改通知书42份，没收过期、不合格产品1000余公斤。开展食品抽检186批次，合格率99.46%。投资

2018年3月11日，西藏自治区春耕播种调研组组长、西藏农牧学院院长高学（左二）在波密县调研农牧产业工作。波密县委常委、常务副县长全保卫（左三）等陪同

29万元建成嘉瑞超市、菜市场农产品快检室，为10个乡镇配发食品安全快检箱，有力保障各族人民饮食用药安全。

政策兜底。全民参保登记计划顺利推进，城乡社会保障体系更加健全，“双集中”（五保集中供养和孤儿集中收养）工作实现两个100%目标；抓实最低生活保障政策执行专项整治，实现城乡低保应保尽保，全县城市低保95户292人、兑现补助资金1793万元，农村低保109户389人、兑现补助资金408.01万元；完善城乡医疗救助办法，共开展城乡医疗救助1768人次，支出救助资金200.55万元；依法开展社会救助，累计救助严重困难家庭493人次、救助资金35.87万元，救助流浪乞讨人员92人、救助资金2.19万元。

文化富民。全国重点文物保护单位—扎木中心县委红楼陈列馆稳步建设，县级数字电影院投入运营，广播电视户户通实现全覆盖，“多吉文化产业园”“藏王故里舞台剧”项目成功申报，投资121万元《桃花盛开的藏王故里—波密》编纂完成，成立藏韵文化传媒有限公司，文化产业增加值超过9000万元，全县“三馆一站”公共文化设施建筑面积达1.82万平方米，三级公共文化服务体系全面建成并逐渐完善。

土地治理。稳步推进国有农垦土地确权，完成10个乡镇85个行政村农村集体土地、宅基地权属调查和地籍测量工作，颁发证件1923本、证明11本。加大土地违法行为治理整顿，有效制止“五乱”行为129起，开展卫片执法图斑42宗。坚持节约、集约利用土地，依法出让土地125.75亩，缴纳土地出让金3514.48万元。

【城乡建设】 人居环境整治。2018年，波密县先行启动了全国

农村人居环境整治三年行动示范县建设，编制了《农村人居环境整治三年行动方案》，创新提出了“拆违拆旧、垃圾治理、人畜分区、绿色篱笆、百花庭院”五大行动，完成了倾多镇扎西村、扎木镇达兴村、松宗镇栋曲村等15个示范村建设，改造44个行政村、1780户民房，完成57座厕所革命任务。

城乡建设。按照城乡基础设施提质扩容和“一核四心”城镇化布局，完成了《波密县城市总体规划(2013–2030)》《波密县主城区控制性详细规划》修编评审，完成了9个乡(镇)总规、控制性详规和85个行政村村庄规划评审，《西藏林芝市波密县扎木镇城市设计》荣获“2017年度西藏自治区优秀城乡规划设计二等奖”；加快实施县城民俗化改造和基础设施改造项目，波密夜景成为网红新地标；投资13.31亿元的西藏藏中和昌都联网工程消除无电盲区，投资2.36亿元的第一期棚户区改造项目极大改善了城乡面貌，投资3.8亿元的通麦特色小镇、米堆冰川小镇、松宗温泉小镇、古乡康养小镇稳步建设，实现波密小镇串联成珠。

环境保护。正确处理保护生态和富民利民关系，创森工作稳步推进，2018年完成义务植树370亩，完成重点区域庭院造林175亩6328株，依法查处涉林案件11起，查处涉案人员19人；集体林权制度改革通过最终验收，初步划定生态红线面积8370.01平方公里；编制完成了《波密县重污染天气应急预案》《波密县水污染防治行动计划》《波密县土壤污染防治行动计划工作方案》，源头杜绝重污染、高排放项目落地；打好环境督察“整改战”，上报自治区环保督察迎检资料718份，办结自治区第六环境保护督察组群众来电来信转办案件2件。稳步实施河湖长制，县、乡、村三级河长达210人，加大巡河巡湖力度，河湖得到有效保护。

2018年5月10日，波密县委副书记、政府县长边巴（前右四），县委副书记、人大常委会主任郑都（右二），县委常委、政府常务副县长全保卫（前右五）一行在扎木镇调研产业发展情况

【社会和谐稳定】 2018年，波密县持续巩固全国社会治安综合治理最高奖项“长安杯”成果，持续推进人防和技防互为补充、专业力量和群防群治力量有机结合的立体防控体系建设。落实县级财政资金41.8万元，新开办区外学经回流人员教育转化培训班，25名区外学经回流人员“五个认同”（认同伟大祖国；认同中华民族；认同中华文化；认同中国共产党；认同中国特色社会主义）思想不断增强。深入推进扫黑除恶、打非治乱专项行动，2018年整治治安乱象27处，查处涉案人员55人。安排县级财政资金38.98万元建成县级车管所，引进民安驾考中心，切实解决农牧民群众办理车管业务路程远、耗时长和“驾考难、驾考远、程序繁”等问题。加强道路交通安全管理，查处各类道路交通违法行为5800余起，道路交通事故录入公安交通管理综合应用平台达100%。稳步推进民族团结进步创建工作，波密县成为全市唯一一个入选2018年全国民族团结进步创建示范县（区）候选县，扎木镇成功列为林芝市首批民族团结进步创建示范点，评选产生1名自治区级团结模范先进个人，各族群众“三个离不开”（汉族离不开少数民族，少数民族离不开汉族，各少数民族之间也互相离不开）思想根深蒂固。加强和改进伊斯兰教管理工

2018年4月2日，波密县召开经济工作会议

作，依法取缔伊斯兰教临时礼拜点1个。全面落实利寺惠僧政策，扎实开展下乡入寺免费巡诊、“三大节日”慰问和“六个一”活动，稳步推进许木寺、松宗寺、玉仁寺、成色寺4座寺庙维修项目，争取各方资金48万余元为僧人办好事、解难事，得到广大僧人的一致好评。聚焦新时期驻村“七项重点任务”，落实扶贫项目35个，所涉资金1439万元，投入资金156万元，为民办实事办好事1492件，开展慰问1890余人次，妥善化解各类矛盾纠纷隐患286件。

【政务环境和作风建设】 2018年，波密县深入学习贯彻习近平新时代中国特色社会主义思想和中共十九大精神，全面落实从严治党要求，积极推进政府系统“两学一做”学习教育常态化制度化，切实做到以理论塑造思想、以思想引领行动。加强政风行风建设，强化执行意识，推动工作创新，切实提高履职效能。细化重大行政决策程序，制定出台了《波密县人民政府“三重一大”事项集体决策制度》，完善政府法律顾问制度，法治政府建设步伐不断加快。自觉接受县委直接领导，接受人大、政协、审计和社会各界监督，重大事项均请示县委决策、提请县级人大批准，2018年承办人大建议44条、政协提案33件，答复率、满意率均达100%。深化“放管服”改革，结合政府机构改革抓实县直部门权责清单动态调整，主动承接市级下放审批事宜。严格执行“五证合一”“一照一码”“证照分离”和“双告知”制度，企业登记办理程序实现大幅缩减，并落实了“百名党员帮百企”精准帮扶工程。建立执法部门“一单两库一细则”，稳步推行物价信息公开，切实保障各族干部群众切身利益。强化行政执法，对无证采挖砂石、林木盗伐、非法营运、阻挠施工、违规投放广告牌及非法集资、金融诈骗等行为进行综合治理，打造良好营商环境，累计进行治安行政警告8起，教育训诫4起，行政处罚4起。落实决策、执行、管理、服务、结果“五公开”工作机制，让政府权力在阳光下运行。全面落实党风廉政建设责任制，政府机关为民、务实、清廉形象进一步树立。

（于现强）

【领导名录】

县委副书记、县长
　　边　　巴（藏族）
县委副书记、常务副县长
　　李伟成（援藏）
县委副书记、常务副县长
　　全保卫（5月任职）
县委常委、常务副县长
　　全保卫（5月离任）
县委常委、政府副县长
　　沈光银（侗族）
政府副县长
　　索朗平措（藏族）
　　阿　　朗（藏族）
　　马　　远
　　白玛旺扎（门巴族）
　　姜治强
　　达娃卓嘎（女，藏族）
　　张广住（挂职）

波密县人民政府办公室（法制办、信访局、综合执法局）

【概况】 波密县人民政府办公室（法制办、信访局、综合执法局）机关行政编制为11名，其中，科级领导职数4名。2018年，在区党委、政府、市委、市政府和县委、政府的坚强领导下，在班子成员共同努力奋斗下，县政府办始终坚持以习近平新时代中国特色社会主义思想为指引，深入贯彻落实党的十九大、十九届二中全会、自治区第九次党代会、区党委九届三次全会和一届市委第六次全会精神，围绕工作重点，团结带领办公室干部职工负重奋进、争先进位、主动作为、扎实工作，较好完成了各项工作任务。

【党建工作】 2018年，县政府办党支部共有党员38人，其中，县级领导党员干部10人，科级党员干部4人，一般党员干部24人（预备党员3人、新发展党员1人）。自觉参加市委、县委中心理论组学习、党的十九大专题学习等各类学习活动，以开展“两学一做”主题学习教育常态化、制度化为基础，把学习贯彻党的十九大精神、十九届二中全会、自治区第九次党代会、区党委九届三次全会和一届市委第六次全会精神和新修订《党章》作为学习重点，教育引导全体党员干部在思想政治上，坚定立场，端正态度，切实提升政治站位，自觉维护党中央权威和党的集中统一领导，自觉在思想政治行动上同党中央保持高度一致。自觉参加县委组织部组织的党员政治纪律教育专题培训班和党支部组织的政治教育专题培训，党员干部受教育覆盖率达100%。与党支部全体党员干部签订《党风廉政建设目标责任书》28份，签订“承诺书”28份，教育全体党员干部自觉遵守中央八项规定，自觉抵制“四风”问题，牢固树立“四个意识”，坚定“四个自信”、做到“四个服从”，严格按党性原则办事，按政策法规办事，按制度程序办事，真正把守规矩、守纪律当作一种责任。加大约谈力度，落实“两个责任”，按照党风廉政建设各项部署要求，主动抓好与党员干部的约谈工作，特别是针对有苗头性、倾向性的党员干部，及时约谈，确保及时发现问题、解决问题。2018年共组织党员干部谈心谈话24人，党支部全体党员干部未出现任何违纪违规行为。

2018年11月29日，波密县政府办组织召开座谈会，县委副书记、常务副县长全保卫参加会议

【履职担当作为】 法治政府建设。2018年是贯彻落实党的十九大精神的开局之年，是全面落实机构改革、推进法治政府建设的重要之年，县政府办紧紧围绕县委、县政府中心工作，开拓创新、精准施学、主动作为，全面做好依法行政指导、规章（规范性文件）制定、行政执法监督、规范性文件备案审查、行政复议应诉、政府重大决策法律意见等重点工作，为全县经济社会发展提供强有力法治保障。制定县政府办“三重一大”事项集体决策制度，从严规范重大事项、重要人事任免、重大决策和重大资金使用程序，依法防控地方政府性债务风险。按照全面从严、文明执法总体要求，监督县公安、食药、卫计、人社、交通等执法单位，开展行政执法监督工作，有效避免和杜绝执法不规范、乱执法等行为，进一步规范全县执法单位文明执法、规范执法和依法执法，执法队伍更加规范。监督政府性各类合同依法有效签订，以相关法律法规为依据，指导、审核各级政府和单位签订各类合同9件，有效保障双方权益合法性。以“七五”普法、法律“七进”为平台，利用悬挂横幅、张贴宣传标语、开展普法宣传等形式，通过政府门户网站、微信、短信平台、新闻广播等新型宣传载体，在全县范围积极开展政策法律法规宣传活动，将《中国人民共和国宪法》《中国人民共和国交通安全法》《中国人民共和国义务教育

2018年3月12日，波密县政府办全体工作人员参加义务植树活动

法》《中国人民共和国治安管理处罚法》《中国人民共和国森林法》《信访条例》《中国人民共和国刑法》等作为宣传重点，促使法律法规在群众生活生产过程中得到全面渗透，法律法规意识不断根深蒂固，2018 年共组织开展各类法律法规宣传活动 20 余次，悬挂横幅 19 幅，张贴宣传标语 60 余处，发放法治宣传单、宣传册 8000 余份，发送法治短信 10000 余条，受教育群众 50000 余人次。全力做好人大代表、政协委员意见提案转办工作，及时印发《关于认真办理波密县第十二届人民代表大会第四次会议代表所提建议暨政协第九届波密县委员会第三次会议委员所提提案的通知》，督促指导牵头办理单位于 2018 年 9 月底前，顺利完成人大代表所提意见建议办理 44 条、政协委员所提提案 33 条，完成林芝市人大代表、政协提案办理 4 件。按照新修订的《政府信息公开条例》相关要求，监督各单位及时公开重点项目招投标、重大资金使用、政府文件、回应解读群众关心热点难点问题等内容，共在政府门户网站主动公开政府信息 364 条，其中，重点项目信息 30 条，重大资金使用 87 条，政府文件 14 件，行政复议、行政诉讼 0 条，办理网络举报案件 2 件。制定完善《波密县行政执法投诉举报处理制度》《波密县人民政府法律顾问工作规则》，贯彻落实《林芝市规范性文件制定和备案暂行规定》文件要求，制定《波密县临时用地管理办法》《波密县农村集体土地管理办法》等规范性文件 9 件，已经县政府常务会议和县人大常委会研究通过印发实施，并报请林芝市法制办备案审查，审核通过规范性文件 2 件。

应急管理。严格落实党政同责、一岗双责、齐抓共管、失职追责相关要求，层层压实责任，安排至少 1 人专人专职 24 小时负责应急管理工作；坚持“工作在前、预防为主”原则，结合波密县地质灾害易发、多发实际，制定印发了《波密县突发公共事件总体应急预案》《波密县突发性地质灾害应急预案》《波密县地质灾害防治方案》《2018 年波密县防汛抗旱应急预案》等红头文件，引导各级各单位切实增强责任感、使命感，不断提高政治站位，树牢“四个意识”，时刻做好防大汛、抗大灾、抢大险、救大灾思想，坚决杜绝麻痹大意、心存侥幸和懈怠松劲；按照“及时研判、迅速处置”原则，严格落实应急备勤制度，严格落实 24 小时值班制度、领导带班制度和重要情况报告制度；明确专人负责应急信息报送工作，确保应急信息报送及时准确、政令畅通；坚持信息报送实事求是、及时准确、逐级上报原则，明确报送应急信息必须做到及时有效、要素完整、重点突出、数据翔实、文字精练、表达准确，按照信息报送要求，第一时间向上级政府报送应急信息，做到应急信息不误报、不迟报、不漏报、不瞒报。2018 年，全县共发生各类自然灾害 52 起，未发生任何一起因灾伤亡事故和重大经济损失，向上级报送应急信息 20 余条。

信息报送。不断加强信息报送工作管理，全面落实信息报送审核制，先后选派 2 名信息专职人员在林芝市信息科跟班学习，信息报送效率质量明显提高，波密县 2018 年信息报送工作从 2017 年全市倒数第二跃居 2018 年全市第三，实现了信息报送工作大提升。县委办、县政府办共向林芝市信息科报送信息 2400 条，被自治区、林芝市采用 300 余条。

督查督办。为确保各级党委、

政府和领导决策部署落实到位为，加大督查督办力度，重点围绕政府常务会议议定事项、经济社会发展工作目标责任书及各项决策部署落实情况进行督查督办。2018年共下发督办通知15件、督查通报4件，有效确保各项决策部署落到实处。

“三办”“三服务”。围绕县委、县政府中心工作，全面做好办文、办会、办事和服务群众、服务领导、服务单位工作。以文山会海整治为契机，坚决整治“门难进、脸难看、事难办”和“门好进、脸好看、事依然难办”行为，积极改进工作方式方法、改变工作作风、创新服务模式，切实提升了工作效率和工作质量。2018年，县政府办共发文60件，同比减少33.33%，其中转发公文15件；组织召开各类会议13次，同比减少40.9%。贯彻落实“放管服”改革举措，加快“互联网+政务服务”电子政务大厅建设，简化优化行政审批，打通服务群众最后一公里，已完成电子政务外网终端设备安装调试工作，年底已投入使用。

后勤管理。制定印发了《波密县机关后勤规范接待管理办法》《波密县机关后勤中心服务制度》，依法签订了《波密县机关后勤公车定点维修合同》，不断推动机关后勤正规化建设，全面从严规范公车使用，2018年未发生任何一起公车私用违规行为。从严控制管理“三公”经费，制定机关后勤“三公”经费报账制度，实现了“三公”经费逐年递减的目标。

信访工作。坚持将信访工作作为维护社会持续稳定、长期稳定、全面稳定的重要抓手，依托法治政府建设，贯彻落实《信访条例》，严格按照“属地管理、分级负责”“谁主管、谁负责”和“一级抓一级、层层抓落实”的工作原则，全面加强重点信访人员教育引导工作，规范信访业务办理程序，2018年共受理各类信访案件31批件112人次，办结31批件，办结率100%，网上信访系统录入18批件。

办公室传帮带。在抓实领导班子自身建设的同时，积极发挥领导班子传帮带作用，帮助办公室干部职工积极改进工作作风，提高工作业务能力；主动帮助困难干部职工解决家庭实际困难，确保干部职工沉下心来干工作。

（于现强）

【领导名录】

政府办（信访局、法制办、综合执法局）主任（局长）

白玛四朗（藏族）

政府办（信访局、法制办、综合执法局）副主任（副局长）

王 学 位

政府办（信访局、法制办、综合执法局）主任科员

李 雪 鹏

机关后勤服务中心主任

四郎曲珠（藏族）

中国人民政治协商会议波密县委员会

【概况】中国人民政治协商会议波密县委员会成立于1984年10月，本届为政协第九届波密县委员会。2018年共有委员84名，其中，中共委员31名，党外委员53名，女性委员25名；共设13个界别（包括：中共界、宗教界、社福社保界、工商界、科技界、经济界、特邀界、文化新闻界、工青妇界、农业界、民族界、医卫界、教体界）。中共界9名，工青妇界7名，工商界5名，教体界2名，经济界13名，科技界5名，民族界3名，农业界25名，社福社保界4名，特邀界1名，文化新闻界3名，医卫界2名，

2018年2月15日，波密县政协主席巴桑在县城管大队开展春节慰问活动

2018年1月24日，波密县政协党组召开2017年度民主生活会

宗教界5名。其中，汉族8名，藏族72名，门巴族3名，回族1名；县政协设主席1名，副主席4名，常务委员17名；常委会下设综合办公室、综合专委会（正科级）。

【全委会议】 九届三次会议。2018年4月1日至4日，政协第九届波密县委员会第三次会议在波密县召开。会议应到委员84人，实到委员69人。会议的主要议程：审议通过政协第九届波密县委员会第三次会议议程；听取和审议政协第九届波密县委员会常务委员会工作报告；听取和审议政协第九届波密县委员会常务委员会关于政协第九届波密县委员会第二次会议以来提案工作情况的报告；列席第十二届波密县人民代表大会第四次会议，听取并讨论“一府两院”工作报告及其他有关报告；书面学习中央、自治区、市相关会议精神；审议通过政协第九届波密县委员会第三次会议关于常务委员会工作报告的决议；审议通过政协第九届波密县委员会第三次会议关于政协第九届波密县委员会第二次会议以来提案工作情况报告的决议；审议通过政协第九届波密县委员会提案委员会关于政协第九届波密县委员会第三次会议提案审查情况的报告；审议通过政协第九届波密县委员会第三次会议政治决议；其他事项。会议期间，政协第九届波密县委员会第三次会议提案审查委员会共收到提案50件，按照《提案工作条例》的有关规定，经归类整合审查立案33件，占提案总数的66%。

【常委会议】 九届五次常委会议。2018年3月15日，中国人民政治协商会议第九届波密县委员会常务委员会第五次会议在波密县政协民族会议室召开。会议主要议程：审议通过政协第九届波密县委员会常务委员会第五次会议议程（草案）；审议通过关于召开政协第九届波密县委员会第三次会议的决定（草案）；审议通过政协第九届波密县委员会第三次会议议程（草案）和日程、秘书长和副秘书长名单（草案）；审议通过政协第九届波密县委员会第三次会议提案审查委员会名单（草案）；审议通过政协第九届波密县委员会第三次会议关于委员提出提案截止日期的决定（草案）；审议通过政协第九届波密县委员会第三次会议委员分组和召集人名单（草案）；审议通过政协第九届波密县委员会第三次会议列席人员名单（草案）；审议通过政协第九届波密县委员会常务委员会工作报告（征求意见稿）和报告人名单；审议通过政协第九届波密县委员会常务委员会关于政协九届二次会议以来提案工作情况的报告（征求意见稿）和报告人名单；审议通过《政协波密县委员会关于三级政协委员履职量化考核评价的办法（试行）》及有关人事事项。

九届六次常委会议。2018年4月3日，中国人民政治协商会议第九届波密县委员会常务委员会第六次会议在波密县政协民族会议室召开。会议主要议程：审议通过政协第九届波密县委员会常务委员会第六次会议议程（草案）；审议通过政协第九届波密县委员会补选常务委员候选人名单（草案）；审议通过《中国人民政治协商会议第九届波密县委员会第三次会议选举办法》（草案）；审议通过政协第九届波密县委员会第三次会议监票人、总监票人名单（草案）；审议通过《政协第九届波密县委员会第三次会议关于常务委员会工作报告的决议(草案)》;审议通过《政协第九届波密县委员会关于政协九届二次会议以来提案工作情况报告的决议(草案)》;审议通过《政协第九届波密县委员会提案审查委员会关于政协九届三次会议期间提案审查情况的报告(草案)》;审议通过《政协第九届波密县委员会第三次会议政治决议(草案)》。

九届七次常委会议。2018年12月11日,中国人民政治协商会议第九届波密县委员会常务委员会第七次会议在波密县政协党建会议室召开。会议主要议程:传达学习《全国政协系统党的建设工作座谈会等精神传达提纲》《关于加强新时代人民政协党的建设工作的若干意见》以及西藏自治区党委常务副书记、自治区政协党组书记丁业现在全区政协系统党的建设工作座谈会上的讲话精神。

【主席会议】 九届七次主席会议。2018年3月11日,波密县政协召开九届七次主席会议,会议由县政协主席巴桑主持,参会的有县政协副主席达妥·洛桑益西、侯国聪、冯兰兰。会议主要议程:审议通过关于召开政协第九届波密县委员会常务委员会第五次会议的决定(草案);审议通过关于召开中国人民政治协商会议第九届波密县委员会第三次会议的决定(草案);审议通过政协第九届波密县委员会第三次会议议程(草案);审议通过政协第九届波密县委员会第三次会议日程(草案);审议通过政协第九届波密县委员会第三次会议秘书长和副秘书长名单(草案);审议通过政协第九届波密县委员会第三次会议委员分组名单和召集人名单(草案);审议通过政协第九届波密县委员会第三次会议提案审查委员会名单(草案);审议通过政协第九届波密县委员会第三次会议委员提出提案截止时间的决定(草案);审议通过政协第九届波密县委员会第三次会议列席人员名单(草案);审议通过政协第九届波密县委员会常务委员会工作报告(征求意见稿)和报告人建议名单(草案);审议通过政协第九届波密县委员会常务委员会关于政协九届二次会议以来提案工作情况的报告(征求意见稿)和报告人建议名单(草案)。

2018年9月5日,政协第九届波密县委员会举办第三期委员培训会

九届八次主席会议。2018年7月20日,波密县政协召开九届八次主席会议,会议由县政协副主席侯国聪主持。县政协主席巴桑、副主席冯兰兰出席会议,县政协办公室主任田伦华、综合专委会主任陈银平及在家全体干部列席会议。会议听取了县政协办公室主任田伦华关于县政协"委员之家"项目进展情况的汇报;县政协主席巴桑对县政协"委员之家"项目进一步实施工作作出指示;深入学习新修订的《中国人民政治协商会议章程》。

九届九次主席会议。2018年8月29日,波密县政协召开九届九次主席会议,会议由县政协主席巴桑主持。县政协副主席布穷穷、达妥·罗桑益西、侯国聪出席会议,县政协办公室主任田伦华列席会议。会议协商讨论了政协第九届波密县委员会第三期委员学习培训事宜;审议通过了《政协第九届波密县委员会第三期委员学习培训实施方案(草案)》;讨论人事事项。

九届十次主席会议。2018年10月26日,波密县政协召开九届十次主席会议,会议由县政协主席巴桑主持。县政协副主席布穷穷、达妥·罗桑益西、侯国聪出席会议，县政协办公室主任田伦华列席会议。会议协商讨论了关于组织波密县政协委员赴区外学习考察活动事宜；协商讨论了关于购买政协办公室及综合专委会办公室办公桌椅事宜。

【重点工作】 2018年1月17日下午，县政协党组按照《中共波密县纪委中共波密县委组织部关于认真开好2017年度党和国家机关党员领导干部民主生活会和党员组织生活会的通知》文件要求，召开了2017年度民主生活会会前专题学习研讨会。2018年1月24日，县政协党组书记、主席巴桑主持召开中共波密县政协党组2017年度民主生活会，认真学习领会习近平新时代中国特色社会主义思想，全面贯彻落实党的十九大精神和区党委九届三次全会及市委一届六次全会的各项部署要求。2018年2月11日，由县政协主席巴桑带领县政协慰问组分别对退休老干部、驻村驻寺干部及在岗人员进行走访慰问，送去党的关怀与祝福。2018年6月29日，县政协主席巴桑带领县政协办党支部成员在倾多镇如纳村、玉许乡热西村走访慰问结对帮扶建档立卡贫困户。2018年7月2—9日，县政协主席巴桑在易贡乡督导检查精准扶贫工作，迎接国务院第三方检查验收。2018年8月6—18日，县人大、政协联合组织区、市、县、乡（镇）四级人大代表和区、市、县三级政协委员在阿里、那曲等地开展为期13天的考察学习活动。2018年9月5日，县政协举办第三期委员培训班，全县区、市、县三级农牧民政协委员、各乡（镇）政协联络员、县政协机关干部共57人参加此次培训会。2018年11月13日至15日，县政协副主席布穷穷带队在全县各乡（镇）开展区、市、县三级政协委员家访活动。2018年11月17—23日，组织波密县部分政协委员到贵州省遵义市凤冈县以乡村振兴战略工作、全域旅游等内容为主题开展为期7天的考察学习活动。2018年12月13日，县政协主席巴桑、副主席侯国聪带领区、县两级政协委员及乡村振兴战略办公室负责人开展“乡村振兴战略”专题调研。

（杨成洪）

【领导名录】

政协党组书记、主　席

巴　　桑（门巴族）

副主席

布 穷 穷（藏族）

达妥·洛桑益西（藏族）

侯 国 聪

冯 兰 兰（女，藏族）

中国人民政治协商会议波密县委员会综合专委会

【概况】 波密县政协综合专委会设立于2017年7月31日，属正科级单位，共有干部职工1名。

【主要职责】 负责完成县政协全体会议和常委会会议、主席会议提出的各项工作任务；组织各种学习会、座谈会、报告会、专题协商会，团结和联系委员及各族各界人士；对党和国家大政方针在县内的贯彻落实情况以及西藏政治、经济、文化和社会生活中的重要问题，组织委员深入调研，提出意见和建议，就群众普遍关心的社会热点、难点问题组织征集提案，反映社情民意，编辑、出版文史资料；维护社会稳定和民族团结，坚决反对分裂、做好党的民族宗教政策宣传工作；负责制定专门委员会的工作计划，并组织实施。

【提案工作】 2018年，全县广大政协委员、政协各参加单位积极运用提案履行职能，县政协九届三次会议共收到提案50件，经归类整合审查立案33件。九届三次会议闭幕后，及时与县人大、政府联合召开的提案交办会，对提案答复形式、办理程序、办理时限等提出明确要求，积极主动联系承办单位，了解和掌握提案办理情况，共同分析探索提案办理有效途径和方法。2018年底，所有提案已办理答复完毕，解决了一批人民群众关心的热点、难点问题。

【委员工作】 2018年，波密县政协综合专委会在县政协党组的精心指导下，组织广大政协委员开展专题调研1次、考察学习2次、委员培训2次、委员家访1次，全面推动委员为波密改革发展稳定履职尽责，贡献力量；制定了《委员履职激励考核管理办法》，建立了委员履职档案，对委员参加政协会议、撰写提案、上报社情民意等实行分项统计并建档，全面考核委员履职能力和政治表现；有序推进《西藏年鉴》（波密篇）等文史资料编撰工作，全力配合市政协圆满完成了《林芝区域文化丛书》的编撰、出版、发行任务；动员广大委员在扶贫活动中树立致富典型，发挥带动作用，帮助解决实际困难。2018年，在“百企帮百村”精准扶贫行动中，5名政协委员共帮扶困难群众29户114人，帮扶困难学生20名，帮扶受灾群众1户，捐资捐物共计7.35万元。

【来访接待】 2018年，波密县政协综合专委会接待了广州市政协、内蒙古乌兰察布市政协、四川甘孜藏族自治州政协及区内各兄弟市县政协的来访交流，积极宣传波密县改革发展成就，为讲好波密故事，发好波密声音，树好波密形象，优化波密发展环境尽心尽责，努力工作。

（杨成洪）

【领导名录】

主　任

　　陈银平

表5

2018年波密县政协委员一览表

序号	姓　名	性别	民族	单位及职务	备　注
1	巴　桑	男	门巴	政协主席	
2	加　布	男	藏	县委常委、统战部部长	
3	布穷穷	男	藏	政协副主席	
4	达安·洛桑益西	男	藏	政协副主席	区、市、县三级委员
5	侯国聪	男	汉	政协副主席	
6	冯兰兰	女	藏	政协副主席	
7	田伦华	男	汉	政协办主任	
8	黄　勇	男	汉	统计局长	
9	郝建伟	男	汉	推广站站长	市、县两级政协委员
10	多　吉	男	藏	退休干部	
11	雷淑娟	女	汉	旅发委主任	
12	曲　珍	女	藏	工商联主席	
13	白玛次仁	男	藏	易贡铁山建筑有限公司经理	
14	扎西多吉	男	藏	雪成燃气公司经理	
15	白玛四朗	男	藏	政府办主任	
16	方金娥	女	汉	工妇委主任科员	
17	尼玛拉姆	女	藏	卫计委副局长	
18	陈银平	男	汉	政协综合专委会主任	
19	德　青	女	藏	文广局科员	
20	顿珠次仁	男	藏	民政局社会救助站站长	

续表 5

序号	姓　名	性别	民族	单位及职务	备　注
21	德　　吉	女	藏	县中学教师	
22	次旺曲珍	女	藏	县小学教师	
23	次仁卓玛	女	藏	卫生服务中心药房主任	
24	达娃卓玛	女	藏	国和联营公司出纳	
25	杨福军	男	汉	消防大队消防中队副中队长	
26	李　　红	女	汉	工商局科员	
27	扎　　西	男	藏	国税局副局长	
28	嘎玛加央	男	藏	农行营业股股长	
29	米玛次仁	男	藏	科技局事业编制	
30	德吉央宗	女	门巴	疾病预防控制中心医士	
31	央　　珍	女	门巴	县小学副校长	
32	马阿卜都	男	回	天马大酒店经理	
33	央　　金	女	藏	县文广局公益性岗位	
34	边坝次仁	男	藏	森工兴林木业有限公司经理	市、县两级政协委员
35	索朗益西	男	藏	多吉乡达大村村民、自治区非遗“说白”传承人	
36	桑杰扎西	男	藏	多吉乡帕雄村村民	
37	益西旺久	男	藏	多吉乡通层村村民	
38	索朗旺堆	男	藏	多吉乡德吉村村民	
39	次旺卓嘎	女	藏	多吉乡达大村村民	
40	次旦卓玛	女	藏	多吉乡卫生院医生	
41	尼玛江村	男	藏	多吉乡曲宗寺民管会副主任	
42	格　　桑	女	藏	扎木镇扎木村村民	
43	索朗次仁	男	藏	扎木镇桑登村村民	
44	米玛旺堆	男	藏	扎木镇岗巴村村民	市、县两级政协委员
45	曲　　林	男	藏	扎木镇巴琼村村民	
46	次仁多吉	男	藏	扎木镇桑登村村民	
47	索朗顿珠	男	藏	扎木镇卡达村村副主任	
48	其美次仁	男	藏	扎木镇多东寺僧人	

续表 5

序号	姓　名	性别	民族	单位及职务	备　注
49	贡桑罗布	男	藏	扎木镇多东寺僧人	
50	珠嘎玛	男	藏	倾多镇党委委员、热西村村支部书记	
51	央庆索朗	男	藏	倾多镇康达村村民	
52	索朗巴姆	女	藏	倾多镇栋曲村村民	
53	久　美	男	藏	倾多镇达龙村村民	
54	索朗次仁	男	藏	倾多镇栋曲村村民	
55	次旺加措	男	藏	康玉乡达曲村村民	
56	格　南	男	藏	康玉乡通堆村村民	
57	曲　措	女	藏	康玉乡乌那村村民	
58	宗　珠	男	藏	易贡乡贡仲村主任，柴胡种植合作社负责人	
59	西　洛	男	藏	易贡乡江拉村村民，易贡藏刀打制专业合作社负责人	
60	巴桑拉姆	女	藏	易贡乡贡仲村村民	
61	普　布	男	藏	易贡乡通加村村民	
62	尼玛桑杰	男	藏	易贡桑林寺寺管会　副主任	
63	卓　玛	女	藏	玉普乡格巴村村民	
64	格桑尼玛	男	藏	玉普乡阿西村村民	
65	贡　布	男	藏	玉普乡米美村村民	
66	阿　珠	男	藏	玉普乡米美村村民	
67	才顿珠	男	藏	古乡松绕村支部书记	
68	扎西多吉	男	藏	古乡古村村民	
69	扎西平措	男	藏	古乡嘎朗村村民	
70	普布卓玛	女	藏	古乡雪瓦卡村村民	
71	次巴扎西	男	藏	松宗镇龙亚村村民	
72	多吉占堆	男	藏	松宗镇岗巴村支部书记	
73	洛　桑	男	藏	松宗镇德巴村支部书记兼村委会主任	
74	卓　嘎	女	藏	松宗镇纳玉村村民	
75	斯朗巴吉	男	藏	玉许乡沙仁村村民	
76	多　杰	男	藏	玉许乡玉沙村村民	

续表 5

序号	姓　名	性别	民族	单位及职务	备　注
77	索朗次旺	男	藏	玉许乡海定村村民	
78	次仁拉珍	女	藏	玉许乡林琼村村民	
79	次仁旺堆	男	藏	玉许乡则普村村民	
80	彭　措	男	藏	八盖乡日卡村支部书记	
81	顿珠次仁	男	藏	八盖乡卧普村村民	
82	尼　夏	男	藏	八盖乡龙普村村民	
83	索朗顿珠	男	藏	八盖乡巴瑞村村民	
84	罗布顿珠	男	藏	玉许乡玉仁寺民管会主任	
85	索朗尼玛	男	门巴	古乡巴卡村村民	市级政协委员
86	巴　永	女	藏	松宗格尼村民	市级政协委员
87	大嘎玛	男	藏	倾多普龙寺僧人	市级政协委员
88	李清平	女	汉	工商联	市级政协委员
89	牛穷穷	男	藏	扎木镇通木村	区级政协委员

中国人民政治协商会议波密县委员会办公室

【概况】 2018 年，波密县政协办公室共有干部职工 7 名，其中主任 1 名，副主任 2 名，主任科员 1 名，副主任科员 1 名，科员 2 名。

【政治理论学习】 2018 年，县政协办公室坚持把政治理论学习列入年度工作重点，逐步建立健全“三会一课”、周五学习例会、“组织生活会”“党员活动日”等学习研讨制度，不断创新学习方法，拓宽学习渠道，组织党员结合实际、带着问题深入学习贯彻习近平新时代中国特色社会主义思想、党的十九大精神、《习近平谈治国理政》等中央重大精神和著作以及区、市各级领导重要讲话精神和重要文件精神共 32 次，撰写党员个人学习心得 8 篇，提升了党员干部的政治理论水平和党性修养。

【组织建设】 2018 年，县政协办公室党支部在县委的正确领导和县政协党组的精心指导下，按照县直机关工委要求，共组织党员深入学习党章党史党规、重要思想理论、习近平总书记重要讲话精神 30 余次，听县政协党组书记讲党课 5 次，观看教育警示片 2 次，开展支部主题党日活动 12 次。结合党的群众教育实践、“两学一做”学习教育活动，规范化制度化开展党建活动，全体党员干部牢固树立“四个意识”，坚定“四个自信”，坚决做到“两个维护”，自觉与达赖集团划清界限，旗帜鲜明反对分裂，严格遵守共产党员不得信仰宗教的政治纪律，着力打造了一支忠诚、务实、担当、清廉的机关党员干部队伍。

【主要工作】 2018 年，县政协办公室认真完成了 1 次全体会议、3 次常委会议和 3 次主席会议筹备工作。协助主席会成员深入基层督导调研 28 次，协同县政协综合专委会完成专题调研 1 次、考察学习 2 次、开展委员培训 2 次、开展委员家访 1 次。在县委、县政府的关心支持下，对“政协委员之家”活动场所进行改造，为委员开展活动提供了必要场所，同时对政协党建室进行标准化建设，为开展政协党建工作打下了坚实的基础。

（杨成洪）

【领导名录】

主　任

田伦华

副主任

黄润红（女）

德吉央宗（女，藏族）

中共波密县纪律检查委员会（波密县监察委员会）

2018年11月21日，林芝市纪委常委、监委委员唐昊（左二）在波密县主持召开执纪审查调查安全工作座谈会

【概况】 2018年，波密县纪委监委认真贯彻落实中央、区、市纪委全会精神，严格执行上级党委、纪委监委各项决策部署，持续加强对违反中央八项规定精神、“四风”问题、职务违法和职务犯罪问题的查处力度，对顶风违纪违法行为从严从快处理，深入推进党风廉政建设和反腐败工作向纵深发展。2018年，县纪委监委核定编制17名，其中，行政编制8名，检察院专项编制6名，事业编制3名。内设4个机构，分为综合办公室、执纪监督室、党风政风监督室、执纪审查（调查）室和案件审理室。下设纪检监察信息中心1个事业单位。

【两个责任】 2018年，县纪委监委牢固树立“抓党风廉政建设是本职，不抓党风廉政建设是失职，抓不好党风廉政建设是渎职”的理念，始终把落实党风廉政建设作为应尽之责、必尽之责，协助县委先后4次召开会议研究部署党风廉政建设和反腐败工作，制定印发《深化落实党委（党组、党支部）党风廉政建设主体责任和纪委监督责任实施细则（试行）》，进一步厘清各级部门责任。建立领导班子成员落实党风廉政建设季度报告制度，班子成员加强对分管领域党风廉政建设的调研、督导和检查，层层传导压力。

【县纪委九届三次全会】 2018年4月9日，中国共产党波密县第九届纪律检查委员会第三次全体会议召开，县委书记朱正辉出席会议并讲话。县四大班子在家县级领导，九届县纪委委员，各乡（镇）党委书记、纪委书记，县（中、区、市）直单位主要负责人及纪委（监察委）全体干部共102人参加会议。会议审议通过了县委常委、纪委书记、监委主任王芳作的题为《坚持不松劲不停步再出发推进新时代全面从严治党向纵深发展提供建设活力幸福祥和美丽法治波密政治保证》的工作报告，会议对2017年全县党风廉政建设和反腐败工作进行总结，对2018年工作进行安排部署。

【案件查处】 2018年，县纪委监委把监督执纪主责主业抓在手上，围绕发挥检查的再检查、监督的再监督作用，由以往被动监督变为主动监督，由临时性监督向常态化监督转变，建立健全问题线索发现处置机制，加强舆情监控，第一时间发现、第一时间核查。年内，全县纪检监察机关共开展各项监督检查149次，受理信访举报32件，其中市纪委转办14件，市委巡察一组移交3件，县纪委收到15件，立案19件（含17名农牧民党员犯罪人员），初核15件，了结14件，函询1件，给予党纪处分24人，诫勉谈话4人，谈话提醒10人，下达监察建

2018年4月12日，波密县乡镇纪委工作座谈会召开

议书2份。

【党风政风监督】 深化落实中央“八项规定”及其实施细则精神。2018年，县纪委监委开展违反中央“八项规定”及其实施细则精神明察暗访49次，党员干部禁赌检查61次，检查宾馆、茶楼、停车场211余次，通过释放越往后执纪越严的监督工作信号，坚决贯彻了“落实中央八项规定精神只有进行时没有休止符”的要求。

紧盯扶贫领域腐败和作风问题。制定印发了《关于2018年至2020年开展扶贫领域腐败和作风问题专项治理的实施方案》，明确未来3年扶贫领域专项治理工作的重点。通过召开扶贫领域腐败和作风问题专项治理动员部署会，切实压实了各乡（镇）纪委责任，确保扶贫领域监督执纪工作顺利开展，落实到位。成立扶贫领域监督检查办公室并建立相关台账，有效做好各类问题线索归类工作。2018年，县纪委监委受理扶贫领域问题线索11件，正在初核5件，立案2件，了结4件，约谈1人、诫勉谈话1人，给予党纪处分3人。

【政治纪律教育】 2018年6月14日，在县委常委会和县委理论中心组学习会上，传达学习了关于开展加强政治纪律教育的通知精神，会议对全县开展政治纪律教育活动提出了要求，县委书记朱正辉批示：“各级党组织要层层传达区、市关于加强政治纪律教育的通知精神，确保每个支部、每位党员将政治纪律教育入脑入心”。7月20日，县纪委监委联合县委办制定印发了《波密县关于开展加强政治纪律教育活动的实施方案的通知》，成立了以县委书记朱正辉为组长，县委相关领导为副组长，相关单位负责人为成员的领导小组，各级各部门党组织也相应成立了加强政治纪律教育活动领导小组，切实承担起政治纪律教育主体责任，确保活动不走形式、不走过场。同时，确定每周四下午为县委理论中心组集中学习会，学习了《中国共产党章程》《习近平谈治国理政（第一、二卷）》《中国共产党纪律处分条例》、“党的十九大报告”、严明政治纪律相关名词解释、党员干部违反政治纪律典型案件、习近平总书记治边稳藏重要战略思想等重要内容。2018年，全县各级党组织共召开党员大会174场次，各党支部书记讲党课198次，4400余名党员参加活动，签订承诺书1026份，撰写学习体会380余篇，4458名党员干部开展了专题讨论。对各级各部门开展政治纪律教育活动情况进行了40余次监督检查，切实增强全县党员干部“四个意识”，坚定“四个自信”，做到“两个维护”的思想和行动自觉，始终在思想上政治上行动上同以习近平同志为核心的党中央保持高度一致。2018年各级党支部召开专题组织生活会174场次，440名党员领导干部在专题组织生活会上带头对照检查，4458名党员开展了批评与自我批评，同时县纪委安排专人到会指导，全程参与，确保专题组织生活会不偏不倚。

【宣传教育】 坚持考廉制度。2018年，县纪委监委开展拟提拔干部任前廉政法规知识测试2次，共49名干部参加测试，组织拟提拔使用和调整岗位干部任前廉政谈话49人，清查整理完善400名科级干部个人廉政档案；加大警示教育力度。投资100万元建设了波密县警示教育基地，更新廉政宣传栏10余面，累计参观干部群众达8000余人次，转发典型案例通报14期，通过多种形式的宣传教育，增强了党员领导干部理想信念意识；开展宣教活动。全县党员干部参加各类学习宣讲活动4501人次，组织各类测试1284人次，印发学习手册、书籍、监督卡、海报312册。

【办案制度】 健全案卷模板制度。2018年，县纪委监委统一明确案件标准和模板，使履行职责中的硬性程序都有对应的文书标准。围绕审批程序齐全，针对12项调查措施逐项规范各环节文书21种；围绕归卷顺序统一，对谈话函询、审查、审理、移送起诉案卷的卷宗归档，从入卷顺序、卷内目录、装订格式等3个方面作出示范标准，使模板内容全面、严谨、明了、好用，从而把监督执纪“四种形态”（党内关系要正常化，批评和自我批评要经常开展，让咬耳扯袖、红脸出汗成为常态；党纪轻处分和组织处理要成为大多数；对严重违纪的重处分、作出重大职务调整应当是少数；严重违纪涉嫌违法立案审查的只能是极极少数）理念分解渗透到各个环节，全方位挺纪在前。

健全安全监管制度。整合现有办公办案场所，建立健全软硬件管理制度，确保安全不出问题。在谈话场所使用管理上，严格执行自治区纪委监委关于谈话场所的指导意见，制定了“走读式”谈话进出点管理制度，建立了谈话管理制度、谈话工作流程、突发事件应急处置预案等多项制度，确定了详细的标准和要求，并从防火、防震、应对突发事件等方面进行了多次演练。

健全部门联动制度。县纪委监委召开2018年反腐败协调小组会议，传达学习了《西藏自治区司法行政机关协助监察委员会办理涉嫌违纪违法犯罪案件工作办法（试行）》等5份文件，讨论修改了《波密县委反腐败协调小组工作细则》，各成员单位就波密县反腐败协调工作存在的问题和对策建议进行了座谈交流，会议要求反腐败协调小组成员单位要着重在“抓认识、建制度、促协调”3个方面下功夫，建立健全反腐败协调工作制度，建立运转高效的办案协调配合机制，进一步发挥好反腐败协调小组的作用，推动全县反腐败工作的深入开展。

2018年8月24日，波密县纪委监委组织召开集中整治不作为慢作为文山会海等形式主义官僚主义突出问题暨政治纪律教育活动推进会

【队伍建设】 2018年，县纪委监委开展纪检干部素质提升年活动，按照“缺什么补什么”的原则，对全县纪检监察机关学习计划作出详细安排部署，购买业务书籍9种300余本，内容涵盖《党章》《纪律处分条例》《监察法》《刑法》等党内法规、法律文件和党的十九大精神、习近平总书记系列重要讲话精神等内容，每季度县纪委将对自身及各乡（镇）纪委学习情况进行监督检查，确保学习实效；为提高全体纪检监察干部面对突发事件及异常情况的应急处置能力，确保执纪审查调查工作的安全性，组织县纪委全体干部及部分乡（镇）纪委书记参加火灾救援及医疗救援培训2次，有效提升执纪审查调查人员的安全意识。

【监察体制改革】 2018年，波密县制定印发《波密县深化国家监察体制改革试点工作实施方案》，成立波密县深化国家监察体制改革试点工作小组及办公室，排出“时间表”、规划“施工图”，按进度稳步推进改革试点各项工作。2018年1月5日，波密县第十二届人民代表大会第三次会议召开，会议选举产生了波密县监委主任。同日波密县第十二届人大常委会第十次会议召开了，经县监委主任提名，依法任命监委副主任和监委委员各2名。1月6日，召开了波密县监察委员会成立大会，从县人民检察院转隶干部1名，划转编制6个。

（石　俊）

【领导名录】

县委常委、纪委书记、监委主任

王　　芳（女，1月任监委主任）

县纪委副书记、监委副主任

大 巴 桑（藏族，1月免监察局局长，任监委副主任）

县纪委副书记、监委副主任

兰　　建（1月任监委副主任）

县监委委员（正科级）

陈 秀 珍（女，藏族，1月免县人民检察院反渎局局长，任监委委员）

县纪委监委主任科员

赵 海 亮

县纪委常委、监委委员（副科级）

赵 明 军（1月免监察局副局长，任监委委员）

县纪委常委、纪检监察室主任

巴　　姆（女，藏族）

县纪委监委副主任科员

白玛群措（女，藏族）

次仁卓嘎（女，藏族）

中共波密县委组织部（编办）

【概况】 2018年，波密县委组织部（编办）聚焦新时期党的组织路线，以习近平新时代中国特色社会主义思想为指引，紧扣全区、全市组织工作会议精神，对照吴英杰书记在全区组织工作会上提出的五个“坚定不移”工作要求，结合市委“345”组织工作新举措，聚焦主责、精准发力，阶段成效明显。县委组织部（编办）为正科行政机关，核定编制5个，实有人数4名。县委老干部局核定编制4个，实有人数6名。

【思想政治教育】 2018年，县委组织部深入推进“两学一做”学习教育常态化制度化和“四讲四爱”主题实践教育活动，谋划推进“不忘初心、牢记使命”主题教育，以党员政治教育为抓手，制定下发了《关于丰富干部教育培训方式推行组团式送教下乡的实施意见》《关于开展全县党员政治教育培训计划工作的通知》《2018年全县党员政治教育培训方案》等专项文件，以“组团式送教下乡”方式，分层级、分类别、分片区开展党性理论、红色经典、实践技能教育培训工作，以县乡科级党员负责人为引领，示范举办全县党员政治教育培训班；以古乡、易贡、松宗等部分乡镇为带动点，辐射推进全县各基层党组织党员政治教育培训工作。2018年波密县累计开办政治教育培训班100余期、培训党员达3000余人次。同时，充分发挥“西藏党员教育”手机APP、“西藏先锋”、党员远程教育平台作用，广泛开展在线宣教、推教活动，坚定广大党员群众“听党话、跟党走，善团结、会发展，能致富、保稳定，遇事不糊涂、关键时刻起作用”的信心和决心。2018年共开展各类学习教育活

2018年3月15日，林芝市委常委、组织部部长刘业强（右二）在倾多镇小学食堂调研食品安全工作

动450余次、受益人数达1.1万余人次。

【干部队伍建设】

强化基层用人导向。2018年，县委组织部把选人用人的目光更多地投向基层和急难险重岗位，对经受考验、做出贡献、表现突出的优秀干部优先提拔重用。共提拔使用维稳、驻村驻寺、急难险重岗位等基层一线干部59名，占提任干部总数的80.8%。

配齐配强领导班子。通过调整，县直部门的主官及寺管会领导班子已基本配齐，尤其是对公安系统基层派出所、警务站、寺庙警务室等重要岗位进行补充。

优化年龄结构。着眼于激发班子活力，严格执行《干部选拔任用条例》，力争在每个班子配备有40岁以上、30—40岁，20—30岁的干部，使班子中既有老干部、中年干部，又有年轻干部，形成较为合理的年龄梯次结构。

优化专业结构。先后将8名熟悉业务的干部充实到乡镇领导班子，从而使乡镇班子专业构成单一的情况大幅改善，领导班子的专业结构更加趋于合理，形成了班子成员专业构成、工作经历优势互补的崭新格局。

优化民族结构。全县共有科级干部425名，民族干部占65.18%，各级班子基本实现“一藏一汉”配备格局，全县领导班子民族结构得到进一步优化。

优化性别结构。坚持把作风实、能干事、干成事的妇女干部选拔进县直单位、乡镇领导班子。2018年，全县领导班子中女性干部143名，占科级干部的33.65%。

从严管理干部。坚持对各级干部特别是党员领导干部严格要求、严格教育、严格管理、严格监督，切实把党管干部的原则贯彻落实到加强干部队伍建设的全过程，延伸到各领域。进一步加强同纪委监察、财政、信访等部门的沟通联系，强化对干部特别是领导干部的全方位监督。

2018年3月20日，波密县委常委、组织部部长张斌（左一）在古乡古村调研村级活动场所标准化建设工作

注重教育培训。2018年，全县共投入各项干部教育培训经费110余万元，通过集中培训、专业知识培训和挂职锻炼等有效途径，累计培训各类干部2123人次，网络培训1740人次，干部的专业素养得到进一步提高。

【人才工作】 2018年，县委组织部认真贯彻落实中央和自治区人才工作会议精神，大力实施“人才强县”战略，根据《波密县人才资源开发专项资金管理使用暂行办法》，明确了人才资金使用管理的责任部门、资金来源和主要用途、资金申报与拨付、资金管理与监督，有效增加资金使用的透明度。制定完善了《波密县专招大学生基层工作导师制度》《波密县组织部领导干部联系指导专招大学生制度的通知》和《波密县加强干部交流意见》，建立了《波密县人才数据库》，切实提升联系服务、培养帮带人才工作水平。2018年先后以挂职锻炼、跟班培训、交流研讨等多种途径，培训各类人才79人次，其中选派至市直单位跟班学习28人；选派15名专招大学生到村居任职担任第一书记；组织召开波密县第一届专招大学生交流实践活动，为期3天，参与人数32人；按照“温馨舒适、拎包入住”标准，为9名专招大学生购买了日常生活用品。

【干部档案管理】 2018年，县委组织部严格干部人事档案管理工作纪律，认真做好档案的保存、查阅、审核、移交、转寄等工作。建立人事档案清理、场所管理、出入库管理、回避、保密、查(借)阅“五薄一册”、转递、人员管理等8项制度，做到制度上墙，并建立完善各类登记本和工作台账。严格执行“档案库房、阅览室、档案员办公室”三室分开制度，配备了档案密集柜、档案专用电脑、复印件、彩印机等办公设备，安装了监控设施，认真落实“防火、防盗、防光、防潮、防尘、防鼠”的六项安全措施，确保档案保存安全。根据《林芝地区干部人事档案专项审核工作实施方案》总体要求，细化专项审核工作流程，完成第一批1039册干部人事档案专项审核。加强归档材料的日常收集、鉴定和查阅等工作，完成2000余份散材装档，提供查阅复印100余人次，转递干部档案42册。

2018年4月17日，波密县召开2018年村级组织活动场所标准化建设项目推进协调会

【基层党建】 波密县辖3镇7乡84个村1个居委会，2018年共有党的基层组织202个，其中乡(镇)党委10个，党总支7个，党支部185个；另设党组8个，机关党(工)委2个，部门党委3个。共有党员4492名，其中，农牧民党员3073名，女性党员1264名，少数民族党员3930名。村(居)“两委”班子成员441人。全县各级党组织书记牢固树立“抓好党建是最大政绩”的理念，积极履行第一责任人职责，认真贯彻落实新时代党的建设总要求和组织路线，大力推进基层党组织标准化建设，加大经费投入力度，持续推进村级组织活动场所建设。大力发展村集体经济，培养新的增长点，村集体经济持续壮大。全面推进抓党建促乡村振兴试点工程，基层治理能力和治理水平稳步提升，基层党组织组织力显著增强，党的核心领导作用进一步巩固。

推进政治铸心，打造过硬政治。始终把旗帜鲜明讲政治作为全县党员的根本标准，结合“两学一做”学习教育常态化制度化、“四讲四爱”群众教育实践活动以及各项党内组织生活，引导广大党员干部用坚定的政治自觉，把好思想之舵。2018年分6期完成418名乡科级党员干部和255名村党支部书记、村委主任、村监会主任的全要素轮训，全县各级党组织共组织开展党员教育培训214批次，培训党员4400余人次，实现了党员政治教育全覆盖的目标，党员队伍整体素质持续向好。

夯实基层基础，提高组织质量。对照党组织标准化建设内容，制定了《波密县关于推进基层党组织标准化建设实施细则》，创新推行涵盖“三会一课”、民主评议等基础工作任务清单和“决策部署落实不到位、党员信教参教”等重要工作红线清单及年终进行一次清单落实情况考评的“两单一评”制度。2018年，全县192个党组织基本达到标准化要求，其中打造完成村级党建示范点10个、县直党建示范单位9个，32个村村级组织活动场所已全部竣工，并完成县级初步验收。

围绕中心重点，发挥统领作用。坚持以支部引路、党员带头、产业铺路的发展思路，制定出台了《波密县发展壮大村集体经济实施意见》，整合资金1000多万元，发展了东若生态采摘园、达大绿色蔬菜种植、达曲昂斯拉商贸批发公司等28个村集体经济，2018年底，全县各类村集体经济达64个。全面深化党建促脱贫攻坚内容，实施各类治本举措,2018年波密县顺利实现脱贫摘帽。

提升党员素能,激发先进动力。坚持从党员的发展、教育、监督、作用发挥等环节入手,不断加强党员队伍建设。严把党员“入口关”和“程序关”,全面推行党员“红线”管理,畅通“出口关”,始终做到成熟一个发展一个,出现违规违纪违法行为的,坚决予以处置,牢固树立了“能进能出”的鲜明导向。2018年,发展农牧民党员163名,同时开展党员违纪违法处置情况集中排查专项行动,从党员队伍中清除不合格党员17名。牢牢抓住“做合格党员、当先锋模范”等教育活动有利契机,紧紧围绕党员队伍素质能力提升,广泛组织驻村工作队、党支部第一书记、党建指导员等师资作专题辅导60余场次,强化开展基层党员队伍维稳守土、带富致富、应急处突等能力素质培训30余期,全面增强党员队伍在脱贫攻坚、发展生产、维护稳定、联系服务群众等方面的先锋模范作用,有效调动和激发党员队伍实现新担当新作为。

【机构编制管理】 2018年,县编办严格执行编制管理条例,严肃机构编制纪律,强化对全县机关事业单位机构编制管理,严把编制关和进人关。通过规范使用《控编通知单》等方式,强化人员调动管理,有效控制编制和人员增长。深化单位职能转变,优化编制资源配置,调整了纪检监察机关机构编制,核增基础教育事业编制192个,改革了13个承担行政职能的事业单位转为参公单位。

深化简政放权改革。2018年,波密县深入推进“互联网+政务服务”工作,24家行政审批单位完成了552项权责网上录入工作。波密县电子政务大厅于2018年12月竣工,16名相关单位分管人员进驻政务服务大厅,进驻率达100%。

2018年12月29日，波密县2018年机关企事业单位、两新组织党支部书记抓基层党建工作述职评议会召开

提前谋划党政机构改革。按照党中央决定、区党委统一部署和市委工作安排,波密县深化党政机构改革工作于2018年8月启动实施,县编办主动作为,扎实开展前期准备工作,收集整理各单位党政机构“三定”规定,认真梳理机构设置和职能配置情况,研究制定了《关于深化波密县党政机构改革的工作方案》,成立了波密县深化党政机构改革工作领导小组及办公室和各专项组,明确责任主体,规范决策程序,掌握了涉改单位的人员职责分工,为波密县机构改革奠定了坚实基础。

【强基础惠民生】 2018年,全县各驻村工作队整合强基惠民资金850余万元,成立驻村点临时党支部52个,帮助健全各类制度640余条,理清发展思路539条、制定村级经济发展规划323项、办实事好事1479件、慰问1850余人次、帮助落实各类惠民资金134.4万元。制定实施年度脱贫计划170个,争取扶贫项目35个,投入资金达1439.13万元。派驻单位落实项目6个,落实资金216.5万元。兴办集体经济实体27个,组织开展贫困群众技能培训206次,帮助困难群众转移就业862人,增加现金收入145.4万元。工作队员包户帮扶贫困户3215人,帮助解决困难和问题540个。

(王丽伟)

【领导名录】

县委常委、组织部部长、党校校长
张 斌

常务副部长

尼玛次仁（藏族，1 月任职）

副部长、老干部局局长

普 琼（藏族）

副部长、编办主任

唐 家 祥（1 月任职）

中共波密县委宣传部

【概况】2018 年，中共波密县委宣传部在市委宣传部的正确领导和关心下，围绕县委、县政府重点工作，深入学习贯彻习近平新时代中国特色社会主义思想和党的十九大精神、十九届二中、三中全会精神，深入贯彻落实全国、全区、市委宣传思想工作会议精神，围绕中心、服务大局、履职尽责、改革创新，在舆论宣传、理论武装、民族团结、文化创新和精神文明建设等各项工作中不断取得新突破、新成效。

县委宣传部下设综合办公室、网信办、文化市场综合执法大队、精神文明建设委员会（文明办）等部门科室，核定编制 6 个，其中，行政编制 3 名，其他编制 3 名。波密县文化市场综合执法大队为参公事业单位，核定事业编 3 个。波密县互联网评论中心核定事业编制 2 个。

【意识形态工作】2018 年，县委宣传部严格落实意识形态工作责任制，牢牢掌握意识形态工作领导权话语权，切实加强和改进意识形态工作。县委召开 2 次常委会，专题研究部署意识形态领域工作。4 月 8 日，波密县召开 2018 年宣传思想工作会议，与全县 10 个乡（镇）签订了《波密县意识形态领域责任书》，切实维护波密县基层政治安全，加快转型发展，为建设“五个波密”和全面建成小康社会提供精神动力和思想保证。

2018年5月9日，波密县委常委、宣传部部长马海蕴（主席台右三）主持召开县委巡察二组进驻县委宣传部巡察动员部署会

【精神文明建设】 文明公益宣传。2018 年，县委宣传部围绕弘扬中华优秀传统文化、加强诚信教育、培育勤劳节俭观念、传承孝道和敬老风尚、倡导文明旅游、宣传保护生态环境、树立社会主义法制观念、学雷锋志愿服务等主题，在县城主要街道悬挂横幅标语，在波密县电视台滚动播放宣传标语，在县政府新闻网刊登公益广告标语，形成传播先进文化、传扬新风正气的强大声势。

志愿服务活动。组织青年志愿者开展各类活动 200 余次，开展了文化志愿者下乡服务活动、青年志愿者援助、城市清洁、环保宣传、促双拥军营慰问演出、慰问老人、为弱势群体捐款献爱心等一系列志愿者服务活动。

新旧西藏对比活动。组织 6 个乡（镇）、30 个村（居）开展新旧西藏对比图片展、资料展，收集新旧西藏相关图片资料，充实完善新旧西藏对比资料库建设。

联合团县委开展精神文明活动。开展了 2018 年新团员入团仪式、入团培训、表彰优秀共青团员、“四讲四爱”好公民、“两学一做”新青年、“五四”活动等活动，组织团员参与活动达 500 余人次。

【理论中心组学习】2018 年，县委宣传部制定了《中共波密县委理论学习中心组 2018 年度学习安排意见》，保证学习的针对性和实效性，确保学习活动有条不紊地开展。对全县各级党组织理论学习的内容、方式、制度等提出明确的要求。开展“四讲四爱”“新形势下民族团结”“十九大精神专题学习”“治国理政”等一系列学习教育活动，创新学习形式，通过集中学习、交流发言、相互探讨、观看教育影视资料等形式提高学习成效。2018年县委理论学习中心组集中学习12次，习近平治国理政专题学习15次。各单位、乡镇主要负责人参学人数达1000余人次，县级领导撰写调研报告30篇，乡（镇）、县（中、区、市）直各单位主要负责人撰写心得体会60篇，发放理论学习中心组学习资料1000余份。

【新闻宣传教育】 2018年，县委宣传部宣传文化工作以“文化活县”战略为根本遵循，以“文化育民、文化富民、文化稳民”为奋斗目标，完善现代公共文化服务体系，着力推进文化、新闻出版、广电、版权、文物各项事业全面发展，着力推动波密文化“走出去”，着力加强县域文化大发展大繁荣建设。

丰富社会文化活动，实现“文化育民”。县广播电视台集思广益、精心制作，提升节目质量，升级改版自办电视节目，创新节目制作形式，擦亮对外新闻舆论宣传窗口，更好地服务县委、县政府中心工作。在重大节庆活动期间录制实况录像15部，报道新闻300余条，其中时政新闻270余条，社会新闻30余条，宣传口号标语450余条，自治区采纳5条，康巴卫视采用3条，林芝市采纳新闻共60余条。策划开办了《每周要闻》《舌尖上的波密》《乡村振兴战略》《四讲四爱》等专题报道。

增强公共文化产品和服务供给，全力实现“文化富民”。以“文化八进”“文化三下乡”等活动为主，深入全县10个乡（镇）、85个村（居），开展各类惠民文艺演出100场次，观演群众达30000余人次；送书2000余册，送碟1000余张，放映电影近1080场次。在“3·28百万农奴解放日”期间开展演出近10场次，在各驻村点开展“送文艺”活动72场次，惠民演出、建军节拥军演出10余场次，配合自治区话剧团红色文艺轻骑兵小分队开展惠民演出3场。在工布江达县开展县县交流演出1场，选送150名演员参加林芝市雅江节开幕式演出，累计观演群众达50000余人。

2018年2月10日，西藏自治区书法协会在波密县开展“书法进万家”公益活动

加大媒体宣传报道。以桃花节、松宗赛马节、易贡乡油菜花节、首届藏王故里文化旅游节为主线，邀请新华社等10家区内外媒体集中宣传报道波密旅游文化活动，提升波密旅游文化形象。

【“四讲四爱”群众教育实践活动】 2018年，“四讲四爱”群众教育实践活动开展以来，在区党委、市委统一安排部署和县委的精心安排指导下，波密县始终围绕深入学习贯彻习近平新时代中国特色社会主义思想和党的十九大精神这一主线，紧扣“四讲四爱”内容，围绕“宣传教育、实践活动、建章立制”三个环节，在组织领导上高位推进，在宣讲教育上紧接地气，在载体平台上突出特色，在营造氛围上掀起热潮，在建章立制上纠建并举，积极推动“四讲四爱”向纵深拓展、向广度延伸，营造“人人知晓、人人参与”的良好社会舆论氛围。2018年，波密县各级各部门开展宣讲2592余场次，受众21余万人次；开展实践活动1190场次，受众10万余人次；开展文艺活动85场次，受众人数达5.86万人次；设置大型户外广告8处、中小型户外广告（灯箱）25处；设置LED电子显示屏65个，制作宣传栏 123 个，绘制宣传画 360 幅，悬挂横幅 198 条，喷涂标语 264 条，发放宣传单 1.7 万余张。活动的开展，使全县各族干部群众知党恩、感党恩、报党恩、跟党走的信心和决心更加坚定，维护祖国统一、民族团结、社会稳定的思想自觉和行动自觉更加统一，建设活力、幸福、祥和、美丽、法治波密的内生动力更加强劲，崇德向善、遵规守法、科学文明的社会新风尚更加浓厚，为推动波密长足发展和长治久安，实现中华民族伟大复兴中国梦的波密篇章奠定了坚实的思想基础和群众基础。

【党的十九大精神宣讲】 2018 年，是全面贯彻中共十九大精神的关键一年，波密县各级各部门始终把学习宣传贯彻党的十九大精神作为当前和今后一个时期的首要政治任务，切实把全县各族干部群众的思想和行动统一到十九大精神上来，统一到习近平新时代中国特色社会主义思想上来，把力量凝聚到实现十九大确定的各项目标上来，立足实际，突出重点，精心谋划，以春雷绽放的声势，深入开展党的十九大宣讲工作，实现了党的十九大精神进机关、进校园、进企业、进农牧区、进军警营、进寺庙、进网站，在波密县迅速掀起了学习宣传贯彻党的十九大精神的热潮。波密县通过形式多样、内容丰富、干部群众喜闻乐见的方式对党的十九大精神进行宣传宣讲，让干部群众在参与活动中学习和领会十九大精神，潜移默化地理解十九大精神

2018年4月7日，波密县召开2018年宣传思想工作会议

的内涵及精神实质，进一步增强干部群众用理论武装自身的自觉性和坚定性。2018 年，全县各级各部门共开展宣讲活动 477 场次，受众达 3 万余人次，撰写心得体会 1000 余篇，制作宣传栏 140 余个，悬挂横幅 90 余条，利用电视台、政府新闻网、微信公众号等发布相关信息 300 余条。

【民族团结创建】 2018 年，县委宣传部认真贯彻落实党的民族政策和中央第六次西藏工作座谈会精神，特别是“加强民族团结・建设美丽西藏”重要指示精神，紧密结合“四讲四爱”群众教育实践活动制定并下发《波密县进一步加强新形势下民族团结工作 2018 年度实施方案》《波密县宣传部 2018 年民族团结进步宣传月活动实施方案》等文件，扎实推进加强民族团结各项工作，在全县努力形成和谐、和睦、融洽的民族关系，营造“共同团结奋斗，共同繁荣发展”的浓厚氛围。

开展“加强民族团结・建设‘五个波密’”主题大讨论活动。乡（镇）各单位开展“加强民族团结・建设‘五个波密’”大讨论活动 15 次，参加人数达 240 余人；组织党员干部观看《厉害了，我的国》《红海行动》等红色影片 15 场次，观看人次达 450 余人，开展“爱国主义影视展播活动”55 场次，观看人次达 1330 余人。

开展民族团结进步创建活动“七进”工程。以“四讲四爱”群众教育实践活动为契机，在全县范围内开展了民族团结进步创建活动进机关、进乡村、进社区、进学校、进企业、进军营、进寺庙“七进”活动。

开展加强民族团结主题宣传活动。将加强民族团结纳入 2018 年理论学习中心组计划，召开了加强民族团结专题学习会；开展了“民族团结宣传月”集中宣传日活动，全县 30 余家单位参与；6 月 1 日，波密县举办“民族团结一家亲庆六一”文艺会演活动，活动

以“四讲四爱”群众教育实践活动为核心，以“民族团结一家亲”为内涵，进一步深化民族团结教育。

【文化执法】 大力开展文化市场专项整治行动，深入推进“扫黄打非”专项行动。2018年，县文化执法大队先后在元旦、春节、藏历新年等重要节点开展文化市场专项整治工作，以开展三个重点任务、五个专项净化行动为重点内容，结合波密县实际，有序开展“扫黄打非”五项专项行动。共检查打字复印店80家次；检查网吧45家次；检查音像店50家次；检查书店、报刊摊点65家次；检查娱乐场所95家次；收缴盗版、违禁等光碟30张；发放责令改正通知书2份；共出动执法人员670人次。

全面排查文化市场安全隐患，加强演出市场监督管理。加大对文化市场、演出市场经营场所全面检查工作，通过“查制度、查管理、查隐患”督促经营场所做好消防和安全生产工作，通过现场监看，确保文化市场健康有序。

掌握数据科学分析，完善硬件与软件设施，实现“软硬兼施”。建立完善“一户一档”，对各文化市场经营业主材料一目了然，了解波密县文化市场总体情况和存在的问题，明确工作难点，确定下一步工作重点。建立长效联合行动机制，由县文化市场综合执法大队牵头，联合公安、工商、文化、消防、电信、综治办等部门，成立“扫黄打非”领导小组领导下的联合行动小组，通过部门联合执法，简化程序，提升市场规范化管理和综合执法的效率，解决以往执法力量不强的问题。

【外宣工作】 2018年，以波密文化广场为平台，每晚开展广场文化活动，在旅游旺季平均每晚参加广场文化活动的人员达600余人，并在广场LED显示屏播放波密县旅游形象宣传片、波密民俗文化、旅游景点等宣传短片和图片，成为外来人员了解波密的信息平台；利用波密电视台信息综合频道，滚动播放波密社会经济发展和民俗文化发展宣传短片，成为区内外干部群众看波密、了解波密的窗口。

注重与新媒体合作，拓宽宣传渠道。与新华网西藏频道合作，设立波密外宣专题报道页面，宣传波密风光、民俗、社会活动等。投资121万元编写了《桃花盛开藏王故里》一书，全面详细解说波密县人文风土；积极配合区内外媒体在波密县开展的一系列宣传报道。

打造文化品牌，加大扶持力度。申报了多吉乡达大村、古乡嘎朗村为林芝市文化旅游村，将其发展为波密县文化产业的亮点工程，同时加强对文化旅游村的扶持发展。进一步深化“一县一特、一乡一品”战略，积极打造各乡镇具有特色的文化旅游项目，如“多吉乡非遗文化节”“松宗赛马节”“易贡油菜花节”，全县各乡镇特色文化节日累计参与群众和游客人数达30000余人，有效促进了波密县经济发展。

【重大活动宣传】 2018年，县委宣传部大力宣传波密桃花节、“藏王故里”文化旅游节等重大文化旅游活动，采取多种宣传形式，充分利用多种宣传资源和各类新闻媒体，宣传报道波密县丰富的文化旅游资源，突出“一县一特”旅游文化品牌，提高波密县旅游的知名度和美誉度。在重大活动期间，在318国道主要路段设置大型广告牌，吸引来往人群的目光，提升游客关注度；各乡镇、各单位部门通过LED电子屏、宣传横幅等形式，对桃花节、文化旅游节等活动进行集中宣传，营造浓厚社会氛围；在波密县政府新闻网和“网信波密”微信公众号平台等网络媒体上开设了桃花节、“藏王故里”文化旅游节专栏，对旅游节等活动的筹备、旅游文化特色等进行专题宣传报道；借助区内外媒体平台，通过文字、图片、视频等形式将宣传报道内容发至各媒体，为文化旅游节等活动宣传预热；在县电视台播放关于文化旅游节等活动动态信息、宣传标语、宣传片等，让广大干部群众更为直观地了解和关注文化旅游节的亮点和筹备进展情况；与县移动公司、电信公司合作，制定文化旅游节前期的节庆信息发布方案，使进入波密县境内的人群均能收到文化旅游节相关信息，把旅游文化节更好地向外推广；充分利用区内外媒体平台及时编发文化旅游节新闻报道，并通过网络直播对活动盛况进行实时报道，让不能到现场的观众也能观看现场直播；加强区内外媒体的沟通联系，利用未到现场的区内外媒体平台，将稿件发至各媒体，扩大活动宣传范围，更好地传播波密特色文化旅游产业，向区内乃至全国展示波密的人文风貌，让更多的旅游爱好者喜欢上林芝，喜欢上波密。

（付昭浩）

【领导名录】

县委常委、宣传部部长

马 海 蕴（5月离任）

屈 永 辉（5月任职）

宣传部副部长、网信办主任

米　　玛（藏族）

主任科员

卓玛拉姆（女，藏族）

网信办副主任

汤 红 丽（女）

文化执法大队大队长

尼 玛 措（女，藏族）

网评中心主任

左 齐 玉（女，藏族）

波密县互联网信息办公室

【概况】 2012年12月，波密县委宣传部加挂互联网信息办公室牌子，撤销县网络文化建设和管理协调领导小组办公室。2014年12月，成立互联网评论中心，为县委宣传部（网信办）管理的副科级事业单位，经费来源为全额拨款，核定事业编制2名，核定科级领导职数1名。2018年，网信办实配人员3名，其中网信办副主任1名，科员2名。网评中心实配人员3名，网评中心主任1名，科员2名。

【网络建设】 2018年，波密县共有网站1个（波密县政府新闻网），微信公众号31个，微博4个，云MAS业务平台2个，入驻今日头条1个，各单位微信公众号和微博等已在网信办备案保存，政府新闻网站由西藏传媒集团负责营运管理，网信办负责信息报送。

【网站运行】 2018年，波密县政府网站发稿量2341条，在西藏自治区政府网站影响力中排名第十一位。为进一步做好网站信息的收集整理和上报工作，县网信办加强发布信息的审核把关，确保所发信息的真实性、明确性，及时公开波密县相关政务信息，建立政府公信力。结合波密县实际，联合西藏传媒建立相关专题，突出报道波密县经济文化建设所取得的成绩，提升网站形象和点击率，促进世界各地人士了解波密、认识波密，提高波密的影响力。将门户网站建设和内容保障工作纳入年终成绩考核，调动波密县各单位力量建设波密政府门户网站。积极开展网上政务服务，积极践行“让权利在阳光下运行”，充分运用政府门户网站等信息载体，依法、全面、准确、及时、主动公开政务政府信息，2018年主动公开政府信息180条。

【通信设施建设】 2018年，波密县10个乡镇85个村居移动宽带覆盖率为52%，四代通信乡镇全覆盖、行政村覆盖率70%，重点景区覆盖率为100%。电信宽带覆盖率90%、四代通信乡镇全覆盖、行政村覆盖率97%、国道沿线100%覆盖、景区90%覆盖。联通宽带用户950户、国道沿线100%覆盖、四代通信覆盖率75%。

【网络安全自查】 2018年，县网信办切实抓好内网、外网和应用软件管理，确保“涉密计算机不上网，上网计算机不涉密”，严格按照保密要求处理光盘、硬盘、移动硬盘等管理、维修和销毁工作，制

2018年9月17日，波密县举办2018年国家网络安全宣传周活动

定了《计算机和网络安全管理规定》,加强存储介质管理,完善《存储介质管理制度》。重点抓好“三大安全”排查,即加强对硬件安全的管理,包括防尘、防潮、防雷、防火、防盗和电源连接等;加强网络安全管理,计算机实行分网管理,严格区分内网和外网,合理布线,优化网络结构;加强密码管理、IP管理、互联网行为管理等。加强对波密县政务网络管理,对上网的文字、图片、视频等信息从严审查,从严把关,坚决防止信息失误、信息误导。定期开展网络淫秽等低俗信息排查工作,维护网络信息安全,并向网吧等互联网经营场所发布文件、通知等,引导网民网言网语的规范使用,积极构建一个和谐文明的网络舆论环境。

【舆情监管】 2018年,县网信办关注人民网、新华网、西藏新闻网等网站的新闻、网站评论、论坛类的信息,掌握实时热点新闻,关注与波密县相关的社会动态;深入百度贴吧、天涯社区、猫扑等贴吧社区,查看与波密县相关的发帖信息,对部分可能引起舆论热点的帖子进行持续关注;浏览新浪微博、腾讯微博等与波密相关的微博信息,搜索与波密县相关的关键词(如波密、米堆冰川、通麦)。针对其中发现的负面信息舆论,在确认其真实性后,通过官方网站及时发布相关处理结果;针对谣言等不实信息,第一时间确认事件的真相,并利用官方网站、微博等发布真实信息,防止谣言的进一步传播,并及时上报上级相关部门,同时做好监控,引导网民舆情走向;在处理完相关舆情之后,继续跟进事态发展,加强正面引导,营造和谐健康的舆论环境。

在元旦、春节、藏历新年、清明节、桃花节等节日期间,网信办提前启动舆情应急处理方案,并加大舆情监控力度和监测范围,防范可能出现的舆情事件;同时落实节日期间24小时值班制度,保证设备的正常运行和正常监测,尽量做到不留监控死角,启动网络舆情预警机制,保证节日期间舆情动态的正常走向。

【网评工作】 2018年,县网信办积极完善网评工作职责,建立QQ群、微信群,加强与网评员的沟通,正确引导波密县网评员进行网上新闻监看和舆情研判,积极利用新闻跟帖,论坛发帖,博客等方式进行网上正面宣传和舆论引导;对网络上出现的评论进行及时有效地关注,并有针对性地跟踪和引导涉及波密的信息;定期会同波密县网安大队,政府办等单位部门进行网上舆情研判,加强对网络评论工作的指导协调;加强网上舆情研判的跟踪分析,及时掌握网上舆情动向,对网上涉及波密县工作领域的热点问题,积极组织评论员撰写评论文章或通过新闻跟站,论坛上贴等多种方式引导网上舆论;加强对网信办网上舆论引导工作的指导和协调;建立与公安、网信办等网络舆情相关部门的沟通协调机制,加强联系,定期沟通,及时了解网络舆情的最新动态,学习提高网络舆情应对的科学方法;加强与有关单位和媒体的联系,协助工作人员及时处理违法信息;围绕波密县中心工作开展网络舆论引导,组织实施波密县网络专项行动。

网评员应急联系机制。发生重大舆情事件时,网评员应保持电话24小时畅通状态,对县委、县政府安排部署的网上评论和舆论引导任务认真对待,网评员要在自己的阵地如博客、论坛、贴吧转载,加大宣传范围,吸引网民讨论,加强网上正面宣传,扩大话语权,用贴近实际、贴近生活、贴近群众的语言引导网络舆论,及时澄清事实、批驳谣言,为广大市民和网友答疑解惑,妥善应对处理各种舆情。

【宣传引导】 2018年,县网信办坚持在策划、调度、整合上下功夫,积极配合新华网西藏频道、央视新闻频道、中国国际电视台等区内外媒体设立波密外宣专题报道页面,不断对外宣传波密风光、民俗、社会活动。以桃花节、民俗文化节、雅江节、藏王故里文化节等地方特色节庆为平台、以网络、新闻媒体为宣传窗口,将波密历史文化、民俗文化展现世人。让更多人认识波密,了解波密,向往波密。

(柴政委)

【领导名录】

县委宣传部副部长、互联网信息办公室主任

米　玛(藏族)

互联网信息办公室副主任
汤红丽（女）
互联网评论中心主任
左齐玉（女，藏族）

中共波密县委统战部

2018年1月31日，波密县委常委、统战部部长、非公党工委书记加布（右一）在辖区非公企业开展慰问活动

【概况】 2018年，县委统战部在县委、县政府的领导和上级业务部门的精心指导下，以中央《统一战线工作条例》和新修订的《宗教事务条例》为指导，深入学习宣传贯彻党的十九大、十九届二中、三中全会精神，学习贯彻习近平新时代中国特色社会主义思想，贯彻落实习近平总书记治边稳藏重要战略思想，紧紧围绕加强和创新寺庙管理、凝心聚力促发展和维护社会稳定大局、打赢脱贫攻坚战，高举爱国主义、社会主义旗帜，坚持大联合大团结大发展的主题，坚持正确处理一致性和多样性关系的方针，积极促进政党关系、民族关系、宗教关系、阶层关系、海内外同胞关系和谐，立足于全面巩固和发展波密县爱国统一战线事业，始终站在维护全县社会和谐稳定第一线，围绕中心、服务大局，争取人心，凝聚力量，夯实基础，扎实开展统战、民族、宗教各项工作，有效确保了宗教领域持续和谐稳定、党外干部队伍建设不断加强、非公经济力量不断壮大，为“五个波密”建设贡献积极力量。波密县委统战部为正科级行政机关，2018年，有工作人员7名，其中副处级干部1名，正科级干部2名，工作人员4名；宗教办为县委统战部下设副科级机构，有副科级主任1名，工作人员1名。

【民族工作】 2018年，县委统战部认真开展民族团结进步宣传月活动，开展下乡入寺专题宣传12场次，在波密县广场开展宣传活动10余次，悬挂横幅10余幅，发放宣传资料1500余份，受教育群众达5000余人次；深入开展民族团结宣传教育和民族团结进步创建活动，协调县民宗局推荐、评选、表彰了自治区级模范个人1名，市级民族团结模范集体1个、个人1名，县级模范集体13个、模范个人15名。

【宗教工作】 2018年，县委统战部以新修订颁布的《宗教事务条例》为指导，坚定宗教中国化方向，坚持党对宗教工作的绝对领导，以实现宗教与社会主义社会相适应为目标，扎实推进全县宗教工作健康、持续发展。坚持长远规划打牢基础，努力建立健全宗教领域长效维稳机制，坚持常态与非常态下维稳工作区别细化、统筹开展，建立和完善常态下党政领导联系寺庙、统战民宗干部联系寺庙、驻寺干部联系僧人、非常态下领导干部包片蹲点制度，坚决落实寺庙管理的属地原则，充分发挥驻寺机构维稳一线的战斗堡垒作用。积极会同县民宗局、公安局、国保大队研究部署宗教领域各项维稳工作，切实落实乡镇“一把手”寺庙管理责任，全力配合县涉宗部门做好对所辖寺庙及宗教领域维稳工作，不断总结经验，完善机制，确保宗教领域长期稳定、持续稳定、全面稳定。

在宗教活动管理上，按照《西藏自治区大型宗教活动管理办法》，严格管理宗教活动审批程序，对各寺庙按照惯例举行的佛事活动，严格执行审批程序，对已批准的宗教活动进行下乡督导，做到有问题及时发现、及时排查、及时调处，确保将不稳定因素控制在萌芽状态。在佛事活动摸顶赐福当天，县委统战部牵头县民宗局、宗教办、公安局国保大队、交警大队联合成立工作组到活动现场开展交通管控、维持现场秩序等工作。2018年，全县未发生违反规定擅自举办宗教活动的现象，各个寺庙正常佛事活动顺利过渡。

在学经人员管理上，坚持源头防范和应急处置"两手抓"，2018年3月6日—28日，波密县委、县政府落实专项经费41.8余万元，由县委统战部牵头，县政法委、公安局、国保大队等单位协助，对25名区外学经回流人员集中办班教育转化，成效明显。2018年，在全面实现"九有""九+六""一覆盖"等工程全覆盖的基础上，全面完成寺庙在编僧人免费体检工作。

在经费落实上，2018年落实"六个一"活动经费22.8万元，其中市级"六个一"专项经费12.8万元，争取县财政资金10万元；衔接落实寺庙"九+六""九有"维修资金6.8万元。

【自身建设】 2018年，县委统战部进一步加强干部思想政治和业务素质建设，按照党建、党风廉政建设、深化"两学一做"学习教育等相关要求，积极组织开展党员政治教育和政治纪律教育活动，严密安排，精心组织，深入学习《党章》及《中国共产党纪律处分条例》《中国共产党党员领导干部廉洁自律准则》等党规制度，切实加强党员干部党性修养，增强责任意识和法纪意识，勇于担当，积极作为，发挥模范带头作用。坚持用政治理论知识、法律知识和业务知识武装干部职工的头脑，不断提高干部职工的思想政治水平和业务素质。

【巡察整改】 4月28日至6月28日，根据波密县委统一安排部署，县委巡察二组对县委统战部党支部进行常规巡察，并于7月11日向县委统战部反馈了党的领导弱化等3个方面14类问题。针对反馈的问题，县委宣传部及时组织召开专题会议，坚持问题导向，研究制定了整改方案，分类整改、长期坚持，在规定时限内，完成了反馈问题的全部整改并长期坚持。

【非公党建】 2018年，县委统战部组织非公经济人士举办了党的十九大进企业专题报告会；在"3·28"西藏百万农奴解放纪念日当天，组织非公经济党员开展升国旗活动；开展党支部书记讲党课、观看爱国主义影片、组织非公经济党员学习、培训等活动达6次，获益人数达100余人，发放教育宣传材料100余份，党的教育宣传工作覆盖率达到100%；组织非公经济党员召开庆祝建党97周年表彰优秀党员暨党建工作推进会议，会上，全体党员共同学习了新党章、重温了入党誓词，同时，对非公经济党支部中涌现出来的优秀共产党员进行表彰，增强了广大党员的党性意识和责任意识。

【党外代表人士】 2018年，县委统战部充实完善党外干部后备人才库，为全县200余名党外干部、教师、医生建立了党外知识分子信息库；认真落实58名党外人士生活补助，其中，自治区政协委员每月补助为1160元，佛协常务理事和政协常委每月补助为885元，佛协理事、政协委员每月补助735元；持续加强党外干部素质

2018年1月6—9日，波密县委统战民宗部门工作人员在"三大节日"期间慰问驻寺干部、寺庙僧人

2018年1月9日，波密县委统战部在县政协会议室召开波密县宗教领域党的十九大精神学习宣讲推进部署会

能力建设，推荐1名党外干部在西藏社会主义学院参训，进一步提升党外干部综合素质；高度重视以曲宗寺达妥活佛为代表的宗教界人士教育培养工作，通过座谈、慰问、谈心等方式充分了解他们的学习、修行状况。

【统战理论调研】 2018年，县委统战部持续深入推进理论调研工作，按照市委统战部的统一安排部署，组织工作人员深入各乡（镇）、各寺庙管理机构扎实开展调研工作，并要求各寺管会（专职管理特派员）结合自身实际，广泛开展宗教领域调研工作，调查研究当前社会局势下统一战线和宗教领域工作存在的困难，提出意见建议，为进一步做好统一战线和宗教工作建言献策。县委统战部及各寺庙管理机构共完成涉及统战理论、民族宗教、驻寺工作、寺管会党组织建设等内容的调研报告10篇，得到了上级业务部门的充分肯定。

（丁国涛）

【领导名录】

县委常委、统战部部长

加　　布（藏族）

副部长

普布罗布（藏族）

副部长、宗教办主任

罗布次仁（藏族）

中共波密县委巡察办（组）

【概况】 巡察是党内监督战略性制度安排，是党之利器、国之利器。县委巡察机构于2017年7月正式成立，设立中共波密县委巡察工作办公室、中共波密县委巡察一组、中共波密县委巡察二组，均为正科级建制，为县委工作部门，设在县纪委。巡察机构核定行政编制6名，核定科级领导职数6名，其中巡察办2名（正科级1名，副科级1名），巡察一组、巡察二组各2名（正科级各1名、副科级各1名），实有在职工作人员6名。2018年，县委巡察机构按照区、市关于巡视巡察工作决策部署，在县委和县委巡察工作领导小组的正确领导下，在市委巡察办的大力指导下，紧紧把握政治巡察这一工作目标，以“发现问题、形成震慑”为主要任务，聚

2018年6月28日，林芝市委巡察办副主任欧罗琼琼（右排右三）在波密县巡察办检查指导工作

2018年1月4日，波密县委召开九届县委第二轮巡察工作动员部署会，县委书记朱正辉（主席台左三）出席会议并作动员部署讲话

焦“从严治党”核心，紧扣“六个围绕”，紧盯“三大问题”，积极开展巡察，并对巡察发现的问题进行了严肃反馈整改，在全县内形成了震慑，发挥了政治“显微镜”和政治“探照灯”的作用。

【学习培训】 2018年，县委巡察机构全体干部，将学习放在重中之重。一是学习贯彻习近平新时代中国特色社会主义思想和党的十九大精神，学习巡视巡察各项规章制度与中央、区党委、市委在每轮巡视巡察动员部署会上的讲话精神结合起来，深刻理解把握十九届中央巡视工作的新部署新要求，进一步认识和明确巡什么、怎么巡的问题，提高了巡察政治站位。二是积极参加县委理论中心组学习活动以及“两学一做”学习教育、党风廉政建设宣传教育、政治纪律教育等学习活动，参加西藏自治区宪法统一考试，提高政治理论、法律法规知识，增强作风建设。三是积极参加上级巡视巡察业务培训工作，提升自身业务理论水平和实践能力。2018年，巡察机构派出9人次分别参加区、市巡察业务培训，派出2名巡察干部参加市委第七轮巡察、区党委第四轮巡视工作。县内自行组织开展巡察业务培训3期，共计60余人次。

【建章立制】 2018年，经县委巡察工作领导小组审核，报县委研究，制定了《中共波密县委2018年度巡察工作方案》《中共波密县委2018年第一轮巡察工作方案》和《中共波密县委2018年第二轮巡察工作方案》，明确年度巡察工作时间表、路线图、任务书，细化分解每轮巡察工作重点任务。同时，县委巡察办在原有巡察工作相关规章制度的基础上积极收集整理中央、区党委、市委巡视巡察相关文件及制度，采取“参照，但不照抄照搬”的原则，结合前几轮巡察工作经验和波密县实际，初拟《巡察办公室工作规则》《巡察组工作规则》《巡察干部暂行管理办法》等6项制度，进一步完善了巡察工作机制和流程。截至年底，县委巡察机构共制定巡察工作相关规章制度13项。

【巡察工作】 2018年，县委巡察机构认真贯彻党的十九大精神、习近平总书记关于巡视工作的重要论述精神，以习近平新时代中国特色社会主义思想为指导，坚决落实中央巡视工作方针和区党委、市委巡视巡察工作要求部署，坚持把巡察工作作为推进全面从严治党的重要举措，坚定不移深化政治巡察。开展巡察。全年共开展3轮巡察，九届县委第二轮、第三轮共组建5个巡察组、抽调39人对14个单位党组织开展巡察工作（其中第二轮对8个乡镇开展扶贫领域专项巡察、第三轮对6个县直单位党组织开展常规巡察），两轮巡察共发现问题243个，提出意见建议66条。九届县委第四轮巡察共组建2个巡察组，对6个单位进行常规巡察，截止目前巡察工作正在进行中。2018年，共主持召开10次领导小组会议、2次书记专题会和1次常委会听取巡察情况报告，研究巡察工作，通报巡察情况，发挥巡察震慑作用。反馈移交。巡察组根据巡察工作领导小组会和书记专题会上的要求和意见，进一步认真修改完善巡察报告，制定巡察反馈工作方案，起草巡察反馈报告，并经报请巡察工作领导小组批准后，及时与被巡察单位沟通反馈事宜，召开巡察反馈会，原汁原味反馈问题，同时要求被巡察党组织实施“台账式”“清单式”巡察整改，明确整改措施、落实责任领导、责任人员、完成标准和期限，实行销号管理，确保整改可量化、可检查、可问责；对分类整理出来的问题线索向相关职能部门进行移交，2018年移交问题线索共3条。督促整改。2018年，县委巡察办制定巡察反馈问题整改落实情况督促检查工作方案及台账，并联合县纪委、县委组织部及相关单位开展实地督促检查，做好巡察“后半篇”工作。全年电话督促整改情况6次，联合县纪委、县委组织部等相关单位实地检查整改情况4次，有力持续推进整改落实。资料归档。县委巡察办安排专人对每轮巡察材料进行立卷归档工作，对每轮形成的巡察材料按照有关规定进行目录编排及存档，确保巡察材料完备，截止年底，九届县委第一轮第二轮巡察材料归档工作全部完成，第三轮第四轮巡察材料归档工作正在进行中。

（索　朗）

【负责人名录】

县委巡察办主任

李　静（女）

县委巡察办副主任

索　朗（藏族）

县委巡察一组组长

向巴拥宗（女，藏族）

县委巡察一组副组长

蒋亚男（女）

县委巡察二组组长

张太荣

县委巡察二组副组长

嘎玛措姆（女，藏族）

中共波密县委党校

【概况】 波密县委党校设立于2017年7月，核定事业编制3名，核定科级领导职数3名，其中正科2名，副科级1名。县委组织部长兼任党校校长，配有常务副校长1名，副校长1名，共有教职人员4名。

【开展培训】 2018年，县委党校处于建设阶段，完全依托县委组织部开展工作，党校全体成员均在县委组织部直接领导下，负责基层党建工作以及承担各级各类培训工作，设立至今，共完成培训工作11期，分别为村（居）党组织书记培训班2期，村（居）委会主任培训班、村务监督委员会主任培训班、县直机关党务工作人员培训班各1期，党员政治教育培训班6期。

【项目建设】 县委党校项目于2017年9月30日正式动工开建，项目总造价2500万元，包含新建综合楼建筑面积3635.8平方米，宿舍2996.2平方米，值班室58.3平方米，食堂619.84平方米及附属工程。2018年，工程已完成投资1800万元，食堂、门卫、两栋住宿楼、综合楼主体均已完工并已完成验收，即将进入装饰装修阶段。

（代文学）

【领导名录】

县委常委、组织部长、党校校长

张　斌（1月任）

常务副校长

党　伟（1月任）

副校长

亚玛德吉（女，藏族，1月任）

2018年3月23日，波密县直机关工委组织召开波密县机关党务工作者培训会

中共波密县直属机关工作委员会

【概况】 县直机关工委是波密县正科级行政机关，核定行政编制4名，实有人数5名。2018年，在县委的坚强领导和市直机关工委的正确指导下，紧扣市委“135”基层党建工作思路，以提升基层党组织组织力为目标，以基层党组织标准化建设为抓手，狠抓党的思想建设，在全县范围内形成大抓基层党组织标准化建设氛围，不断增强机关党组织的组织力，全面提升波密县机关党建工作水平。

【思想教育】 2018年，县直机关工委牢牢抓住学习贯彻党的十九大精神这个首要政治任务，严格落实机关党组织生活，采取支部班子带头学、中心组集中学、党员自主学相结合的形式，弄懂做实，切实用党的十九大精神、特别是习近平新时代中国特色社会主义思想武装头脑、指导实践、推动工作，将党章、党规、准则、条例等内容作为机关组织学习核心，重点在“学”上下狠招、在“做”上显实效，不断推动“两学一做”学习教育常态化制度化。同时，立足新时期机关党员政治理论培训实际，抓住党员政治教育培训机遇，以机关科级党员领导干部为主，重点学习了习近平总书记关于党的政治建设的重要论述、马克思主义“五观”“两论”、党的政治纪律和政治规矩、党的民族宗教政策，教育引导党员坚定政治信仰、增强“四个意识”“四个自信”，做到“两个维护”，引导广大党员补足理论之钙、筑牢信念之墙，2018年县直机关各党组织共开展培训70余次，受训机关党员干部800余人，保障了机关党员培训全覆盖。

【组织建设】 2018年，县直机关工委始终在党的组织和工作覆盖上持续发力，先后成立了电信、邮政、拉萨联络点3个党支部和波密县援藏工作组、九届县委第三轮巡察一组、二组等4个临时党支部，有效确保了“双覆盖”工作落实到位。重点抓好机关支部“领头羊”选配，根据班子队伍建设标准化要求，采取个人荐、组织核、工委审核方式，从党建理论、业务水平、服务能力、群众评价、岗位需求等5个方面，严把关、精筛选，累计调整支部书记3人，改选27人，调整后全县机关党支部书记均由单位一把手担任。坚持把严管与厚爱融入党组织日常生活和党员日常管理中，从抓实“三会一课”基本制度入手，以“党员固定活动日”“主题党日”为载体，持续深入开展廉政文化进机关、党员干部进社区、党员承诺践诺、党员责任区、党员先锋岗等活动，让广大党员接受严格的党内生活锻炼，使党内生活成为党员懂规矩守纪律、提升党员意识、争做合格党员最基本的手段。转发了《中共波密县委关于开展党员组织关系集中排查的通知》文件，从源头上治理党员组织关系“空挂”“失联”等现象，解决“口袋党员”“隐身党员”等问题，2018年开展党组织关系排查1次，流动党员排查2次，排查清理不合格党员1名。先后为全县49个机关党支部编印、制作波密县机关（事业）单位基层党组织党内组织生活记录簿40份，明确党内组织生活开展要求和记录的规范要求，进一步规范党内组织生活的正常开展。

【党建责任】 2018年，县直机关工委制定完善《波密县2018年度机关党建工作目标责任书》，逐级签订党建工作责任书49份，进一步完善“书记抓抓书记”“党建第一责任人”机制，按照服务承诺制、首问责任制等机制要求，引导全县各机关党支部班子成员和机关党员量身按需设岗定责、权责分工。盘活“党员干部进村入户、结对认亲交朋友”“四对一”结对帮扶、“在职党员到社区报到服务”等攻势，建立完善机关党员直接联系服务群众长效机制8类，按照定期走访、入户座谈、电话询问等方式，全县各机关党支部、党员结对认亲实现全覆盖，2018年累计开展慰问活动1230余次，送去各类慰问物资价值160余万元。同时，大力推广使用“西藏党员教育”手机APP和“西藏先锋”微信公众号，充分发挥党员远程教育平台作用，广泛宣传党中央对西藏各族群众的关心关怀，生动展示在中央特殊关怀下，波密县发生的翻天覆地变化，引导机关党员干部自觉与达赖集团划清界限，自觉淡化宗教消极影响。

【党员管理】 2018年，县直机关工

委进一步完善党员干部学习制度、党员教育管理制度、党员进出制度、民主评议党员制度、组织生活会制度、党费收缴制度等党建制度5项，确定每月25日为党员固定活动日，先后2次对全县机关党支部、党员进行点评和现场评议，对模范先锋作用突出、党建制度落实到位、履职尽责能力强的班子成员和党员干部及时表彰宣传；对组织生活参与主动性不高、自觉性不强，党建有章不遵、有制不依、落实不力的支部班子成员和党员干部及时采取组织谈话交心。

【党员发展】 2018年，县直机关工委对照党员发展“十六字”方针，严格落实发展党员年度规划责任制，将发展党员模式由重数量向重质量、重硬性指标向重成效转变，严格标准进行考核，按标按规发展预备党员27名，转正32名。

【党建考核】 2018年，县直机关工委将各支部书记的述职报告打印成册，邀请在家县级领导及机关工委委员进行述职评分，取平均成绩作为述职得分，结合综合各季度对各支部的督查得分情况，选出先进党支部10个、后进党支部4个。并将4个后进党支部列为2018年软弱涣散党支部进行整顿，协助党支部分析软弱涣散的具体原因14条，并逐条制定整改措施8项24小项，明确整改时限，2018年年底，4个支部已全部整改到位。按季度组织人员先后2次深入80余个机关党支部开展党建督查、下发专项党建督查通报2期，有效激发了各机关党支部争当先进、摆脱后进的工作激情。

【党建示范】 2018年，县直机关工委申请机关党建经费20万元，对照新时代机关党组织标准化建设和区党委“五型”党组织创建要求，采取支部申请、工委审核、组织评议结合形式，先后打造了县政协党支部、县检察院党支部、县旅发委党支部、电信局党支部等5个党建活动场所示范点，活动场所严格落实“五有五上墙”建设标准机制，即有牌子、有设备、有资料、有簿册、有制度，党旗党徽、党的指导思想、党员相片及基本情况、入党誓词、党员权利和义务上墙，按照一室多用原则，把活动场所打造为党员学习、支部活动、党性比拼、业务交流的桥梁，充分发挥示范辐带机关党建标准化建设作用。

（伊万栋）

【领导名录】

书　记

尼玛次仁（藏族，1月离任）

索朗罗布（藏族，1月任职）

副书记

李荣金（瑶族）

武小燕（藏族）

邹　　蓝（6月离任）

副主任科员

白玛占堆（藏族，1月任职）

中共波密县委老干部局

【概况】 2018年，波密县共有离退休老干部、职工449名，其中老干部233名（含代管1人）、工人199名（含代管2人）、聘用干部17名。设有八一、扎木、桑登、大桥4个离退休党支部和拉萨、成都2个联络点，共有党员160名，享受厅局级待遇3名，县处级待遇27名，副高及以上职称7名。波密县老干部活动中心面积80平方米，设有会议室、棋牌室等。

【政治和生活待遇】 2018年，县委老干部局组织召开各类座谈会3次，听取老干部对全县经济社会发展稳定的意见建议，建立波密县（离）退休干部职工意见建议台账，归纳意见建议21条，并将纳入台账中的意见建议归纳分类后分发至各职能部门办理；充分发挥县财政、民政、人社等部门协配优势，通过组织座谈、实地走访、外出考察等形式，探索建立离退休干部居家养老服务模式，建立了家庭、单位、乡（镇）文化站“三位一体”服务网络，多渠道为离退休人员提供人文关怀和个性化服务，帮助困难离退休干部解决生活和精神方面的实际需求；加大对离退休人员的走访力度，坚持日常慰问、节日走访慰问相结合，先后走访慰问离退休老干部505人次，发放慰问品、慰问金35.91余万元；报销生病住院退休干部职工交通补助10万元，惠及退休干部职工21人，兑现离退休干部护工费20.6万元；为进一步落实退休干部职工“两项待遇”，丰富波密县老干部精神文化生活，2018年9月，组织21名退休干部职工到广西桂林疗养，投入疗养

2018年11月6日，波密县委老干部局组织召开波密县退休党员干部职工政治教育学习会

经费176880元。

【思想政治建设】 2018年，县委老干部局组织各离退休党支部党员认真开展各类学习，切实以理论武装头脑，用学习坚定信念，通过发放资料、辅导报告、党课交流、通报文件、会议精神等形式，每月集中组织各支部深入学习近平新时代中国特色社会主义思想和党的十九大精神、新党章及习近平总书记系列重要讲话，2018年累计组织学习45次，发放学习资料650余份，参加学习的离退休干部职工达1100余人次。同时，以党员政治教育培训为抓手，将其作为离退休党支部日常学习的重要部分，采取班子带头学、党员带头讲、私下交流学的形式，累计开展学习培训5次，参与人数达460余人次。

【组织建设】 2018年，县委老干部局制定了《波密县"老干部顾问团"日常管理办法(试行)》，成立了全区首个由14名老干部组成的"老干部顾问团"，拓宽了老干部发挥余热渠道；参与制定印发了《波密县2018年度老干部工作工作要点》《关于进一步加强波密县离退休干部服务管理工作的意见》等4个文件，明确细化县委老干部局和原单位的服务管理职责，构建起了定期议事汇报长效机制和服务管理机制；在配强配齐4个离退休支部班子的基础上将成都联络点由原来的1名负责人增加为2名，为党建工作打造出一支干事创业队伍；严肃政治生活，每个离退休支部坚持每月开展题主党员活动，执行"三会一课"制度，定期召开党员大会，4个支部认真召开了支部组织生活会。

【文体活动】 2018年，县委老干部局积极发挥老干部组织作用，选派4名离退休人员担任后进机关党组织党建指导员或宣讲员，14名离退休干部职工担任双联户户长；积极发挥老干部示范作用，组织老干部开展"七进"宣讲主题活动，参与"我与改革开放40周年"宣讲会，采取现场说教、经验传教、实例授教结合方式，共组织开展各类宣讲5次、参与离退休人员10人、受教人群达800余人次。

【特困帮扶】 2018年，县委老干部局慰问离退休干部、职工中困难党员55名，犹如慰问资金2.7万余元，向上级申请帮扶特困离退休老干部5人、帮扶特困离退休老干部遗属2人，共兑现特困帮扶资金5万元。

（周江南）

【领导名录】

县委组织部副部长、老干局局长

普　琼(藏族)

波密县创先争优强基础惠民生活动领导小组办公室

【概况】 自第七批创先争优强基础惠民生活动开展以来，在市委、市政府和县委、县政府的正确领导下，在各级强基办的精心指导下，在相关部门的大力帮助支持下，85个驻村(居)工作队始终按照区党委、市委和县委第七批干部驻村工作总体部署和要求，迅速行动、精心组织、细化措施、真抓实干、倾力帮扶，有效推进了波密县驻村各项工作深入开展，取得了较好成绩。2018年，各级驻村(居)工作队通过积极协调、多方筹措，在各渠道争取扶贫项目35个，资金达

2018年5月28日，林芝市人大常委会副主任才佳（左二）在波密县检查指导驻村工作

1439.13 万元；派驻单位落实项目 6 个，资金达 216.5 万元。

【学习宣传贯彻中共十九大精神】 2018 年，各驻村（居）工作队充分利用宣传栏、LED 电子显示屏、横幅、标语等载体，对党的十九大精神进行大力宣传，营造了浓厚的舆论氛围。工作队创新方式方法，广泛开展集中宣讲、入户宣讲、座谈会、专题学习讨论会、“十九大精神进万家”、知识竞赛、“理论 + 文艺”等活动，利用微信群、QQ 群等网络媒介不定时发送宣讲内容、信息等，切实让党的十九大精神植根在全县农牧民群众心田。2018 年累计开展学习宣传贯彻习近平新时代中国特色社会主义思想和当党的十九大精神宣讲 1846 场次，受教育人数 8.4 万余人次；举办专题讲座 522 次，发放宣传资料 1.3 万余份；制定学习计划 85 个，开辟专题宣传栏 218 期。

【打赢脱贫攻坚战】 2018 年，各驻村（居）工作队强化驻村工作与脱贫攻坚精准对接，大力推广“村集体经济 + 合作社 + 贫困户”扶贫模式，积极争取扶贫项目、资金，带动贫困户脱贫，认真落实包户帮扶贫困户工作，积极组织贫困群众参加各类实用技能培训和劳务输出等，带领农牧民脱贫致富。2018 年帮助村（居）制定实施年度脱贫计划 170 个，争取扶贫项目 35 个，投入资金 1439.13 万元，兴办集体经济实体 27 个；组织开展贫困群众技能培训 206 次，帮助困难群众转移就业 862 人，增加现金收入 145.4 万元；工作队员包户帮扶贫困户 3215 人，帮助解决困难和问题 540 个。

【乡村振兴战略】 2018 年，各驻村（居）工作队围绕乡村振兴战略“二十字”（产业兴旺、生态宜居、乡风文明、治理有效、生活富裕）总要求，协助推进以“神圣国土守护者，幸福家园建设者”为主题的乡村振兴战略，在积极开展植树种草、围墙整治、庭院美化、环境整治等基础上，协助所驻村（居）大力发展特色农牧业、乡村休闲旅游业，努力把所驻村（居）建设成为产业兴旺、生态宜居、乡风文明、生活富裕的美好家园。2018 年累计帮助所驻村（居）“两委”

2018年8月3日，波密县委书记朱正辉（前排左三）带领各乡镇党委书记及部分县直单位负责人在栋亚村参观基层党组织建设工作开展情况

2018年5月7日，达兴村第七批工作队邀请县推广站技术人员进行田间病虫害调查

理清发展思路539条，制定、完善、实施经济发展规划323项；协助开展全村植树种草、整治脏乱差、村庄清洁活动3080次，参与群众5.7万余人次；依法宣传推广国家通用语言文字282场次，向农牧民群众开展普通话培训班188次，参与群众1.4万余人次。

【强基础惠民生】 2018年，各驻村（居）工作队以村干部文化素质提升、"两学一做"学习教育常态化制度化为抓手，深化落实"三会一课"、民主评议等基本制度，协助指导所驻村（居）党支部开展好主题党日活动、持续整顿软弱涣散党组织、大力实施"三帮一带"、完善村规民约，全面加强村（居）党组织建设，增强基层党组织战斗力、凝聚力和创造力。深化"党员干部进村入户、结对认亲交朋友""四对一"结对帮扶活动，扎实做好惠民政策宣讲，惠民项目、资金落实相关工作，真正让群众得到实惠。2018年帮助健全组织生活会、民主评议党员、主题党日活动规章制度278个，协助村"两委"开展活动536场次；帮助解决民生突出问题113件，为民办实事好事1479件，投入资金156.84余万元；走访慰问五保户、贫困户和困难群众1850人次，发放慰问金和慰问品共计39.58万元；帮助落实各类惠民资金140余万元。

【基层精神文明建设】 2018年，各驻村（居）工作队结合"四讲四爱"群众教育实践活动，以谈经验、说心得等形式，扎实开展社会主义核心价值观建设；协助村（居）广泛开展文明家庭、道德模范创建评选活动，协助推进"预防打击传销、电信诈骗"宣传教育、禁毒宣传、"厕所革命"，抓好"两降一升"和包虫病防治工作，引导农牧民群众过上健康文明的新生活；同时结合"三送"（送温暖、送技术、送政策）活动，在传统节日、重要节点，组织农牧民群众开展形式活泼、内容丰富的文体活动，引导农牧民群众在潜移默化中接受文明熏陶，破除封建迷信和陈规陋习。2018年共举办"争做神圣国土守护者、幸福家园建设者"专题讲座688场次，参与群众达3.2万余人次；组织群众开展"三送"活动385场次，覆盖群众2.7万余人次；宣传"厕所革命""两降一升"和包虫病、结核病、肝炎、风湿病等地方病防治工作917场次，覆盖群众2.44万余人次。

【全面建成小康社会】 2018年，各驻村（居）工作队持续加强和改进党的全面领导，着力发挥产业对经济社会发展的支撑作用，协调做好民族宗教、维稳安保、生态环保等各项工作，推动经济发展持续加快、社会秩序和谐民主、生态环境全面发展，确保波密县各族群众2020年与全国人民一道建成小康社会。2018年共宣传党的民族宗教政策642场次，受教育群众达3.83万余人次；组织开展民族团结创建活动530次，参与群众达5.68万余人次。

（陆海军）

【领导名录】

主　任

张　　斌（波密县委常委、组织部部长、党校校长）

副主任

尼玛次仁（藏族，波密县委组织部常务副部长）

索朗罗布（藏族，中共波密县直属机关工作委员会书记）

群　团

波密县总工会

【概况】 年初，波密县总工会与县妇联合署办公，有编制 3 名，实有人数 8 名，其中，工妇委副主任、工会主席 1 名，主任科员 1 名，副主任科员 1 名，科员 3 名，工人 1 名，公益性岗位 1 名。3 月，波密县群团组织机构改革，县总工会与县妇女联合会分设，县总工会核定编制 2 名，实有人数 6 名，其中工会主席 1 名，副主任科员 1 名（借调市政府办）、科员 2 名（其中 1 名休产假）、工人 1 名，公益性岗位 1 名。2018 年，全县共有各级工会组织 66 个，其中县直机关、事业单位工会组织 20 个，乡（镇）工会组织 11 个，企业工会组织 5 个，非公经济工会组织 14 个，农民工工会组织 16 个。全县会员总数达 5273 人，其中机关、企事业单位会员 1358 人。

【帮扶慰问】 2018 年，县总工会在"三大节日"期间慰问困难职工 8 人、环卫工 50 人、劳动模范 9 人、退休老干部 11 人、机关后勤职工 24 人，慰问警务站 6 个，木材检查站 5 个，共发放慰问金 7.6 万元；"五一劳动节"慰问企业职工 148 人，共发放慰问金 7.6 万元。重阳节与县妇联、团委联合慰问了县敬老院 85 名老人。慰问驻村工作队 3 人次，送去了罐头、牛奶等价值 0.9 万元的慰问品；为全县机关、企事业单位职工会员发放 2017 年度年终慰问品价值 63 万元。

【维权工作】 2018 年，县总工会发放困难职工生活救助帮扶资金 1.99 万元，救助 12 人；发放医疗救助帮扶资金 3.76 万元，救助 1 人；发放助学救助帮扶资金 1.7 万元，救助 7 人。联合妇联、人民医院相关人员在多吉乡开展"两癌"筛查关爱妇女健康义诊活动。联合县妇联举办烹饪培训班，53 人参加培训，有 50 人获得波密县人力资源与社会劳动保障局颁发的从业资格认证。协助县人社局开展"春风行动"招聘会，使 101

2018年10月16日，波密县工青妇开展"敬老爱老，情暖重阳"慰问活动

名求职者与用人单位达成就业意向，其中高校毕业生13人。

【设施建设】 2018年，为进一步完善县总工会基础设施建设，总工会办公楼和帮扶中心进行了大型修缮2次，投入资金17.76万元；为10个乡镇工会委员会购置价值29.3万元办公室设备。在县总工会办公楼安装供暖设备，投入资金14.6万元；完成“八有”工会建设的工会委员会6个，分别为古乡、松宗、多吉、玉普、八盖和易贡。

【精神文明建设】 2018年，县总工会广泛宣传劳模精神、老西藏精神、两路精神，积极推选林芝市先进工作者1名，充分宣传展示波密县的先进人物、先进事迹，激励广大职工发扬立足岗位、敢于奉献、争创一流。

【重要活动】 2018年，县总工会利用“3·28”百万农奴解放纪念日活动，在多吉乡木古村农牧民工会会员中开展“知党恩、感党恩、跟党走”文体活动；以“女职工维权周”“综治宣传日”“安全生产宣传月”“五送活动”“6·26”禁毒宣传、“9·16”平安西藏宣传日、法制宣传日等宣传教育活动为契机，向广大职工、农牧民工会员发放《工会法》《劳动法》《劳动合同法》《女职工劳动保护特别规定》《婚姻法》《法律援助》《进城务工指南》等宣传资料1000余份，并提供法律咨询和服务；3月，县总工会联合县妇联组织机关、企事业单位和乡镇女职工举办女子篮球比赛，展示了女职工积极向上的精神风貌；5月，组织全县干部职工、农民工会员在波密县数字影院观看《战狼2》《红海行动》等爱国主义题材电影。

（韩春霞）

【领导名录】

主　席

毛卫林（藏族）

主任科员

方金娥（女，7月离任）

副主任科员

李玉清（女）

共青团波密县委员会

【概况】 2018年，共青团波密县委会员在县委、县政府和上级团委的正确领导和大力支持下，坚持以习近平新时代中国特色社会主义思想为指导，深入学习贯彻落实党的十九大、团十八大以及习近平总书记“7.2”重要讲话精神，紧紧围绕波密县委、县政府中心工作及上级团委的工作部署，立足共青团基本职能，坚持“强三性、去四化”（强政治性、先进性、群众性，去除行政化、机关化、贵族化、娱乐化），扎实开展团的各项工作，在组织青年、引导青年、服务青年等工作方面取得明显成效。共青团波密县委员会下设10个乡镇团委，7个机关团支部，1个团总支（波密县中学），85个村（居）团支部，50个乡镇直属团组织，4个非公有制团支部。团县委行有政编制2名，书记1名，副书记1名，团干2名。

【政治引领】 2018年，团县委积极组织各级基层团组织、青少年深入学习宣传十九大精神特别是习近平总书记关于青年的讲话和团中央十八大精神和团西藏十大精神，通过宣讲、研讨、集中学习、自主学习等形式，组织青年、团员积极学习交流，学习人数达1500余人次，覆盖多个

2018年3月1日，团县委开展“情暖童心”开学季慰问活动

领域的团组织。引导各基层团支部书记要时常面对面开展团员青年思想政治工作，带领青年听党话、跟党走，为新时代波密县共青团事业发展和青年健康成长提供强大的思想武器和科学行动指南。

【思想教育】 2018年1月24日，团县委组织开展“鲜花献英雄，精神永传承”活动，带领林芝和广东两地70名青少年儿童在通麦镇接受爱国主义教育，参观了十勇士纪念碑；3月5日，组织全县50余名青年团员开展“保护母亲河”活动，对河道两边的垃圾进行清理；3月28日，在小学举办纪念3·28西藏百万农奴解放纪念日“红歌”比赛，歌唱幸福生活；10月13日，组织全县12所学校开展纪念少先队建队69周年主题队日活动，以“争做新时代好队员——集结在星星火炬旗帜下”为主题，增强少先队员光荣感和组织归属感；10月22日，组织县中学400余名学生观看微电影《光影青春》；11月3日、4日，组织40名少先队员开展以“亲近自然、感受成长”为主题的绘画采风少先队活动。

【预青工作】 2018年，团县委以3月综治宣传月、6.5环境宣传日、6·26禁毒日、9·16平安西藏宣传日为契机，在人口稠密地点设立宣传点，面向广大的青年群众，宣传和发放印有藏汉两种文字的《《未成年人保护法》《义务教育法》《婚姻法》《预防青少年犯罪法》《预防未成年人犯罪法》》等法律法规。2018年共开展10余次法制宣传活动，发放宣传手册、资料1000余份。通过广泛宣传，努力营造出人人树立法治思维，维护自身权益的良好氛围。

2018年6月5日，波密县委宣传部与团县委联合开展环境整治活动

【服务中心工作】 3月16日，团县委为波密县玉许乡帮肯村的50名贫困学生送去了爱心书包，价值5000余元，用实际行动为广大青少年的快乐成长撑起一片蓝天；组织志愿者、礼仪人员参加波密县波密桃花节、藏王故里文化旅游节、中国旅游好资源发现大会等大型活动，为波密县各项活动的开展提供后勤支持与保障，各项活动参与人数达120人次；积极与自治区青金会、共青团林芝市委员会协调，为波密县的3名大学生解决共15000元的助学金，帮他们圆了大学梦；6月27日，组织团县委全体干部职工和青年志愿者在帮肯村开展庆“七一”建党节活动，为帮扶贫困户送去了生活用品；10月8日，联合县妇联、县总工会在县敬老院开展关爱慰问老人活动，为敬老院的老人们送去了诚挚的节日祝福和价值5000余元的藏式围裙、水果等物品，并与老人们促膝交谈、嘘寒问暖，了解他们的日常生活情况和健康状况，为老人们表演了独唱、合唱、锅庄等节目。

【创新创业】 2018年，为深入推进“大众创业、万众创新”，鼓励和引导广大青年增强创业意识、投身创业实践，团县委大力鼓励符合参赛条件的农牧民青年参与林芝市创新创业大赛，波密县倾多镇巴康村聂赤赞普农副产品种植农牧民专业合作社项目进入决赛，获得了三等奖及2万元奖金，在波密县青年创业领域作出了表率，增强了农牧民青年参与创业的积极性和主动性。

【从严治团】 2018年，波密县各

级团组织实行团员发展规划计划报批制度，严格执行团员发展年龄要求，突出团员先进性，基层团组织按一定团青比例发展团员，超出比例的基层团组织，原则上不批准超出部分发展计划；团支部在发展团员过程中严格要求入团积极分子填写相关资料并存档保存，未经考察培养，原则上不得发展入团；由团县委统一下发团员编号，实行一员一号制度，在入团志愿书和团员证上统一编码，保障了团员信息的准确性与唯一性。

【深入基层】 2018年，团县委先后在7个乡（镇）就农村基层团组织建设状况进行多次调研，实地查看部分乡村团组织，走访了部分农村团员青年，并在调研现场分别与农村青年进行谈话，为指导今后开展农村团建工作提供了有力依据。

【非公建团】 2018年，为加强波密县非公有制企业团建工作，团县委采取1名专职团干部定向联系1个非公企业，通过与一些非公有制经济组织负责人定期恳谈，征求他们的意见和建议。嘉瑞超市、登峰大饭店、山峡大酒店3家非公企业相继成立了团组织。

【推进改革】 2018年，团县委深刻学习领会《共青团中央改革方案》《共青团西藏自治区委员会改革方案》《共青团林芝市委员会改革方案》精神，准确把握改革实质，凝聚改革共识，营造支持改革的浓厚氛围，及时对中央、自治区、市《关于加强和改进党的群团工作的实施意见》精神及群团改革会议精神进行传达学习，在充分调查研究的基础上，广泛听取党政领导、团干部和团员青年的意见建议，起草了《共青团波密县委改革方案》，12月16日经县委常委会议审议通过。

【志愿者工作】 2018年，团县委为波密县争取到4名大学生西部计划志愿者，对其进行培训后，按个人专长、专业分配至波密县不同服务单位，并与服务单位签订协议，实行共同管理制度。4名志愿者在各服务单位的工作开展均受到服务单位的一致好评，同时，规范和完善全县志愿者的注册、申报和管理工作，积极宣传"奉献、友爱、互助、进步"的志愿精神。

【青年文明号】 2018年12月18日，团县委对波密县税务局、移动公司、波密农行等青年文明号单位进行了实地考察，并对其全年的工作开展情况有了深入了解，对工作开展中存在的问题提出了建设性意见。

（钟文娟）

【领导名录】

书　记

达　珍（女，藏族）

副书记

钟文娟（女）

波密县妇女联合会

【概况】 根据林芝市《关于各县（区）单设群团工作部门的通知》精神，2018年3月，撤销波密县工会妇女委员会办公室，设立波密县妇女联合会，为正科级群团工作部门。核定机关行政编织1名，核定正科级领导职数1名。

2018年9月18日，波密县召开贯彻落实"两规"工作汇报会，林芝市政府副秘书长、市"两规"中期督查工作组组长杨帆出席会议

【妇联改革】 2018年，县妇联依据全市妇联改革要求，迅速在全县妇联系统开展有关改革的调研工作。12月15日，《波密县妇联改革方案》通过本级常委会审议，[illegible]月18日正式出台。2018年，[illegible]密县共有妇女组织121个，其[illegible]县妇联1个、乡（镇）妇女组织[illegible]个、村（居）妇联85个、机关妇[illegible]25个。全县85个村（居）妇[illegible]主任进村（居）"两委"班子达[illegible]%。

【[illegible]业帮扶】 2018年3月，参与[illegible]人社局在波茂广场举办的2018[illegible]"春风行动"招聘会，并在活动[illegible]场发放妇女小额担保贷款财政[illegible]息政策资料、就业保障法律法[illegible]宣传资料100余份，此次招聘[illegible]求职人数182人，其中女性75[illegible]，占比41.2%，职业介绍成功人[illegible]86人，其中女性39人，占比[illegible]%，女性就业率显著提高；5月[illegible]织波密县8名农牧民妇女参加[illegible]妇联组织开展的客房服务和[illegible]饮服务培训工作；9月与县人[illegible]局联合举办妇女中式烹调师技[illegible]培训班，参加培训的50名妇女[illegible]部通过了林芝市人力资源与社[illegible]保障局的职业技能鉴定；"妇字[illegible]"特色品牌松宗岗巴土豆项目[illegible]2017年正式申报成功，2018年[illegible]巴村土豆的长势良好，每户增[illegible]1500元，惠及全村192人，其[illegible]妇女94人。

2018年10月12日，波密县妇联组织信访代理员、妇女儿童维权服务岗工作人员开展培训。林芝市妇联副主席罗玉萍（主席台左三），波密县委常委、组织部部长张斌（主席台左四）出席会议

【[illegible]维权工作】 2018年，县妇联[illegible]利用"三八维权周""综治宣传[illegible]日""安全生产宣传月"等活动，向广大妇女群众发放宣传资料500余份，接受法律咨询10余次；接待来信来访5起；扎木镇岗巴村举行妇女儿童维权岗挂牌仪式，县妇联、司法局、扎木镇相关负责人和驻村工作队、村两委班子、妇女儿童代表80余人参加；10月，组织30名信访代理员、妇女儿童维权服务岗工作人员开展培训活动。

【"两规"实施】 2018年2月，县政府审查通过了《波密县妇女发展规划（2016–2020）》《波密县儿童发展规划（2016–2020）》两个规划；3月，县人大常委会审议通过"两个规划"，标志着波密"两规"工作全面启动，同时将"两规"制定成册，向各乡镇和各部门发放宣传资料60余份，开展两规宣传活动2次。

【重要活动】 2018年，评选表彰10户"五好文明家庭"、5名"好婆婆"、5名"好媳妇"，发放奖金1万元；看望慰问了古乡、松宗镇、扎木镇10名贫困妇女，发放慰问金5000元；由县妇联牵头，县总工会和团县委协助，举办了"不忘初心牢记使命共庆三八妇女节"为主题的女子篮球比赛；深入贯彻《中共波密县委员会 波密县人民政府关于落实"4对1"帮扶脱贫有关事项的通知》文件精神，出资5000元帮扶慰问5户联系对象；向波密县7名身患"两癌"的贫困妇女发放了由国家援助发放的救助金各10000元，联合县人民医院医务人员深入多吉乡开展妇女健康检查及送医药活动，为妇女儿童发放了价值1万余元的常规药品；开展"恒爱行动"，为古乡嘎朗村幼儿园18名贫困儿童发放爱心毛衣18件、书包及学习用品18份。

（周　波）

【领导名录】

工妇委副主任

毛卫林（藏族，1–6 月负责妇联工作）

主　席

达　珍（女，藏族，7–10 月负责妇联工作，11 月任妇联主席）

波密县工商业联合会

【概况】2018 年，波密县工商联坚持以习近平新时代中国特色社会主义思想为指引，认真贯彻落实党的十九大精神，充分发挥非公经济与政府的桥梁纽带作用，为促进波密县经济平稳健康发展和社会和谐稳定，实现“五个波密”作出积极贡献。2018 年，县工商联核定编制 4 名，实有工作人员 5 名，其中主席 1 名，副主席 1 名，副主任科员 1 名（借调），科员 2 名（其中 1 名借调）。兼职副主席 4 名，执委 19 名。非公经济人士中，担任自治区政协委员 1 名，市政协委员 3 名，县级人大代表 7 名，县级政协委员 7 名。

【非公有制经济】2018 年，波密县共有各类市场主体 2625 户，注册资本（金）235472.38 万元，从业人员 8069 人，同比分别增长 17.87%、34.71%、23.08%。其中企业 233 户，注册资本（金）187532.66 万元，从业人数 1279 人（其中含私营企业 179 户，注册资本（金）107026 万元，从业人数 1251 人），与 2017 年同期相比增长 49.35%、42.13%、122.82%；个体工商户 2253 户，注册资本（金）38644.81 万元，从业人数 5040 人，同比分别增长 16.49%、14.82%、18.48%；农民专业合作社 139 户，出资总额 9294.91 万元，成员人数 1778 人，与 2017 年同比分别增长 1.46%、1.02%、2.89%；非公企业吸纳西藏籍高校毕业生 83 人，总量占比 40%。

【自身建设】2018 年，县工商联党支部积极组织党员干部坚持每周利用 2 天的时间集中学习，每周进行一次学习谈心谈话活动，及时了解党员干部学习情况和学习体会；将学习内容装订成册，发给每位党员，采取集中学习与个人自学、理论学习与实践相结合的方式，真正做到学有所成，实现政治纪律教育全覆盖，确保政治纪律教育活动有序有效开展；将政治纪律教育与党员干部工作作风结合起来，教育引导全体党员统一思想，提高认识，树立正确的政治立场、政治方向、政治原则，推动党员干部转变工作作风，强化责任担当意识，自觉做神圣国土的守护者、幸福家园的建设者。

【非公经济组织建设】2018 年，为进一步加强对非公有制经济发展工作的组织领导，促进非公经济健康发展，波密县成立了非公有制经济领导小组，组长由县委副书记、县长边巴担任，领导小组办公室设在县工商联。2018 年，县委常委、统战部部长、非公有制经济工作领导小组副组长加布带队非公经济领导小组办公室工作人员对波密县会员企业开展走访调研工作，在走访调研过程中，对企业的规模、生产经营，解决就业岗位以及企业在发展中遇到的困难和问题进行了详细了解，掌握了第一手资料，并向在“百企帮百村”精准扶贫工作中表现突出的 9 家会员企业分别送去慰问金 1000 元，共计 9000 元。

2018年1月11日，波密县工商联开展党的十九大精神进企业宣讲活动

2018年11月23日，波密县工商联党支部书记曲珍带领党员干部看望慰问敬老院老人

【维权服务】 2018年，为建立健全非公有制经济维权工作体系，维护非公企业和民间投资合法权益，县工商联协调县政府、县委宣传部在波密县电视台播出了《林芝市非公有制经济和民间投资维权投诉电话公告》。同时，联系县商务局、工信局等单位，设立了波密县非公有制经济和民间投资维权投诉箱，为非公经济维权提供平台，2018年未收到投诉举报情况。

【非公经济党建】 2018年，县工商联组织非公经济人士举办了党的十九大进企业专题报告会；在“3·28”百万农奴解放纪念日，组织非公经济党员开展升国旗活动；组织非公经济党员开展学习培训活动6次，获益人数达100余人次；组织非公经济党员召开庆祝建党97周年表彰优秀党员暨党建工作推进会议，全体党员共同学习了新党章、重温了入党誓词，同时，对非公经济党支部中涌现出来的优秀共产党员进行表彰，进一步增强广大党员的党性意识和责任意识。

【项目申报】 2018年，县工商联按照市工商联《关于申报2018年非公专项扶持资金项目的通知》要求，及时向县委分管领导进行汇报，与相关部门主要负责人沟通协调，并组成调研组对农牧民专业合作社进行详细考察调研，最终选定扎木镇巴琼村嘎隆沟林下资源种植农牧民专业合作社种植扩建项目，经初审合格并上报市工商联。

【非公经济人士参政议政】 2018年，波密县非公经济人士中担任的人大代表5人，政协委员7人，在县“两会”期间，非公经济代表人士代表和政协委员以强烈的责任感和使命感，认真履行代表和委员的各项职责和义务，按时参加讨论并积极建言献策，围绕招商引资、优化营商环境、融资贷款、政府扶持非公经济专项资金等方面提出了很好的建议和意见。县非公经济人大代表提出议案5件，政协委员提出提案7件，所提的内容质量高，贴近实际，针对性强，可操作性强，发挥了非公经济人士在参政议政方面的重要作用。

【精准扶贫】 2018年，为更好地履行社会职责，发扬光彩事业，县工商联及时与非公企业签订《精准扶贫村企对接帮扶协议书》25份。组织动员30家会员企业参与到“百企帮百村”精准扶贫工作中，结对帮扶8个乡镇27个行政村的129户贫困户、598人，投入帮扶资金11余万元，为波密县2018年脱贫摘帽作出积极贡献。

【勇于承担社会责任】 2018年，县工商联组织会员企业积极开展了“为特困低保户送温暖”“助学、医疗救助”等公益活动，为30多户贫困家庭、20多名困难学生、15余户医疗救助对象，累计捐款7.71万元。22家会员企业共解决就业人数92人，带动贫困户人口255人。

【强基础惠民生】 2018年，县工商联主席曲珍多次带领工商联干部深入松宗镇多格村驻村点进行慰问，详细了解驻村干部的生活和驻村工作开展情况，先后送去了价值4800元的生活用品，并为驻村工作队解决3000元的活动经费；走访慰问结对帮扶户5家，详细了解帮扶对象的家庭基本情况、身体状况、收入来源、致贫原因和困难等，鼓励群众树立战胜困难的勇气和信心，勇于克服困难，努力改善生活条件。此外，送去了价值3500余元的生活用品，并与5户贫困户建立长期帮扶关系。

（桑吉卓玛）

【领导名录】

主　席

曲　　珍（女，藏族）

副主席

罗　秀　红（女）

副主席

蔡　廷　婷（女，3月离任）

兼职副主席

白玛四朗（藏族）

次仁多吉（藏族）

布　阿　娘（藏族）

白玛次仁（藏族）

波密县文学艺术界联合会

【概况】 波密县文学艺术界联合会于2011年8月成立，是西藏自治区第一个县级文联，林芝市唯一一个县级文联，下设作协、美协、民间艺术协会、摄影协会4个协会，共有会员50余名。2018年，在县委、县政府的正确领导下，在市文联的有力指导下，波密县文学艺术界联合会从基层文联的工作实际出发，立足地方特色，以繁荣艺术创作、多出精品力作为己任，全力打造波密县文化品牌，认

2018年8月3日，波密县文学艺术界联合会第三次代表大会开幕

真抓好队伍建设，积极开展各种活动，深化服务水平，发展壮大基层文艺队伍，充分调动广大文艺工作者的积极性和创造性，为全县构建和谐社会，繁荣地方文艺事业，活跃群众文化生活，作出积极贡献。

【文艺创作】 2018年，县文联全力打造反映波密秀美风光、人文风采的文艺作品，在林芝市桃花节波密分会场活动期间，积极配合县桃花节分会场组委会，举办了书画作品展，征集展出书画作品60余幅。在波密县首届藏王故里文化旅游节期间，配合藏王故里文化旅游节组委会举办了“藏王故里·仙境回眸摄影书画作品展”，共征集展出摄影作品80幅，书画作品100幅。

【文艺作品获奖】 2018年，县文联副主席、摄影协会主席阿旺仁青的摄影作品先后入围参展珠峰摄影大展，辽宁、香港、西藏三地摄影展，西南六省摄影联展，林芝市桃花节摄影作品展。摄影协会会员央青的摄影作品先后入围参展辽宁、香港、西藏三地摄影展，西南六省摄影联展，林芝市桃花节摄影作品展。书画协会主席益西桑布的书画作品在西藏第二届油画展中获优秀奖、全区中小学书法大赛中获二等奖，2幅作品入围国家艺术基金会举办的书画艺术展。书画会员的多幅作品先后在林芝市举办的书画艺术展中参展、获奖。

【对外交流合作】 2018年，为进一步提升文联文艺骨干素质，加强对外交流学习，县文联选送县文联副主席、摄影家协会主席阿旺仁青参加全国市县级摄影管理人才培训；县书画协会主席益西桑布参加中国文联主办的西部地区文艺骨干人才培训和由西藏美协选送在四川美院进行的美术人才培训；歌舞协会会员欧珠卓玛

在广州星海学院参加音乐创作骨干培训班等。

【文艺惠民工程】 2018年，县文联按照西藏自治区、林芝市和波密县的要求，鼓励文艺骨干积极投身文化服务活动，践行“文艺为人民服务，为社会主义服务”的思想，响应县文化局文化志愿服务号召，文联会员积极主动申请成为波密县文化志愿者，组织开展对文化干部和乡镇宣传委员进行摄影、摄像、民间艺术相关培训，参训人数达300余人次。县书画协会以波密县中小学为活动阵地，每个学期固定举办藏文书法、绘画比赛，培养广大青少年的文艺兴趣爱好。

【文艺采风和素材征集】 2018年，县文联积极配合西藏新华网、西藏电视台、西藏日报、林芝电视台等多家媒体在波密县开展采访报道工作，进一步宣传提升波密县形象。配合电影《我的喜马拉雅》摄制组在波密县境内开展采风工作。配合西藏自治区文联、拉萨市文联等文联组织在波密县开展各种文艺采风工作。

（付昭浩）

【领导名录】

文联主席

董贵军（8月离任）

屈永辉（8月任职）

文联秘书长

米　玛（藏族）

文联副秘书长

普文平（12月离任）

波密县残疾人联合会

【概况】 波密县残疾人联合会成立于2002年，为单列的副科级群团组织。县残联从2015年12月开始在县残疾人综合服务中心办公，共有2间办公室、1间会议室、2间康复室、3间辅助器具仓库。2018年，县残联核定行政编制1名，实有行政编制2名，公益性岗位1名，临时工1名。全县共有持证残疾人1429人，占全县总人口的4.6%，其中一、二级重度残疾人413名，0–18岁残疾儿童少年108名，在7类残疾类型中，肢体残疾人人数最多，为818人，占全县残疾人总人数的57.2%。2018年波密县新增持证残疾人139人，残疾证注销76人。

【康复服务】 2018年，县残联开展“送服务到家”活动13次，统一组织残疾人到村（居）委会、乡（镇）政府进行辅助器具集中适配，将轮椅等大型辅助器具送到重度残疾人家中。2018年共发放辅助器具211件，其中普通轮椅28个，坐便轮椅38个，各式拐杖（腋拐、单拐、三脚、四脚、板凳）143个，手摇三轮车2个；同时发放助听器17个，坐便器15个，褥疮垫3个。成功转介2名残疾人到自治区残疾人康复服务中心进行康复训练和安装假肢。

【助学补贴】 2018年8月，县残联举办“波密县2017年度残疾人助学金发放仪式”，政府副县长姜治强出席仪式并讲话，县民政局副局长江红霞和县残联工作人员、残疾人学生和家属代表共40余人参加仪式，在发放仪式上，政府副县长姜治强和县民政局副局长江红霞为9名残疾人学生和12名残疾人低保家庭学生发放助学金8.4万元。10月，县残联完成2018年度的残疾人助学补贴申请、公示、审核工作，助学补贴申请有23人，最终审核通过者16人，其中7名残疾人学生，9名残疾人低保家庭学生。

【残疾人数据动态更新】 2018年7月1日至8月11日，按照全国残疾人基本服务状况和需求信息数据动态更新工作要求，进一步加强残疾人事业基础数据管理工作，县残联组织县、乡、村三级残疾人数据动态更新调查工作人员调查了涵盖全县10个乡（镇）、易贡茶场、86个村（社）区，共调查残疾人1451人，填写《社区登记表》86份，填写《残疾人登记表》1368份；调查结果显示动态更新年度内全县残疾人死亡72人，查无此人7人，已搬迁2人。

【就业创业】 在3月18日波密县“春风行动”招聘会、5月18日的“助残日”活动上，共提供残疾人专聘岗位7个，全县20余名残疾人报名参加应聘，其中就业人数4人。2018年，全县共有13个残疾人创业项目符合区、市、县三级残疾人“大众创业、万众创新”创业扶持项目，每个项目投入2万元，共26万元，项目的实施促进残疾人就业创业。

【就业保障金】 2018年，县残联认真贯彻落实《中共西藏林芝地委组织部等七部门关于促进全地区残疾人按比例就业的实施意见》，向各机关、团体、事业单位和企业等用人单位进一步明确安置残疾人就业的责任，全县按比例安置残疾人就业人数达44人；通过财政代扣县级财政拨款单位和残联上门征收中、区、市直单位企业的方式，加大残疾人就业保障金征收力度，2018年共征收残疾人就业保障金68.76余万元。

【残疾证办理】 2018年，按照新的《中华人民共和国残疾人证管理办法》，县残联对残疾评定不够规范、审核程序不甚严密、办证周期相对较长、信息资源共享不足等问题进行自查自纠，多次与县人民医院协商，按残疾标准评定残疾特征明显的肢体、视力、言语残疾，以及出具上级医院相关证明的听力、视力、精神、智力残疾；严格公示要求，评定结论符合残疾标准的，应在申请人所在的村（社区）予以公示，公示时间为5个工作日；按照新的《残疾人证管理办法》审批权限下放、办证周期缩减要求，积极汇报请示上级残联，争取尽早落实《残疾人证》市级审批钢印下放县级的目标。

2018年10月31日，波密县残联和县民政局核对中心组成联合工作组在易贡茶场开展残疾人家庭状况核对工作

【创业培训】 11月29日-12月7日，县残联举办波密县首期残疾人创业培训班，20名残疾人创业者参加培训。培训充分考虑残疾人身体和语言要求，地点选在无障碍设施较为完善的波密县社会福利院活动室，为老师和学员配备了藏语翻译，结合国家专业教材和残疾人实际，以残疾人需求为导向，注重培训的操作性、实用性，培训学校也为学员们全程安排了食宿，做好服务管理工作。

【康复培训】 9月17-20日，县残联举办为期4天的波密县社区康复协调员暨家长培训班。本次培训邀请自治区残疾人康复服务中心康复专家授课，政府副县长张广住出席开班仪式并动员讲话，13名学员和8名家长、护理人员参加培训。为期4天的培训里，专家们通过理论与实践操作为学员们就肢体残疾评定、0～6岁脑性瘫痪的诊断和康复治疗、听力残疾评估评定、智力残疾评估评定、0～6岁听力残疾康复训练、0～6岁智力残疾康复训练和社区康复途径与方法等进行教授讲解。培训成效理想，13名学员都顺利颁发了《社区康复协调员资格证书》。

【助残活动】 5月17-18日，市残联、县残联开展“全面建成小康社会、残疾人一个也不能少”为主题的全国第28次助残日活动，为全县4名残疾人送去助残慰问金8000元，发放辅助器具6件、价值4810元，发放预防残疾宣传单145份。4月23日-5月10日，县民政局、先残联组织人员深入全县10个乡（镇）开展扶残助残政策知识培训，各乡（镇）民政分管负责人、民政（残联）助理员、村“两委”班子成员、村务监督委员会、驻村工作队、低保对象、精准扶贫对象和群众等共600余人参加培训。9月5日，在康玉乡中心小学开展“衣恋集善幸福温暖”爱心服饰捐赠活动，向康玉乡残疾儿童和贫困残疾人家庭免费发放100余件夏款童装和夏、冬款女装（价值3万余元）。

【社会保障】 2018年，县残联共发放各项“惠残·助残”资金267.488万元，其中“阳光家园”居家托养服务补贴3万元；残疾人机动轮椅车燃油补贴3.648万元；波密县残疾人学生、残疾人低保家庭学生（高中生和大学生）助学补贴8.4万元；自治区、市、县级“大众创业、万众创新”创业扶持金26万元；残疾人两项补贴229.44万元。

（刘　鑫）

【领导名录】

理事长

次仁央宗（女，藏族）

2018年11月29日，波密县举办首期残疾人创业培训班

援藏工作

广东省第八批援藏工作队波密工作组

【概况】 2018年，援藏工作组在粤藏两省区各级党委政府的坚强领导下，在各级组织部门及广东省对口支援部门的关心下，坚持以习近平新时代中国特色社会主义思想为指导，深入贯彻落实党的十九大精神、新时期中央治藏方略和习近平总书记的系列重要讲话精神，不忘初心、牢记使命，认真总结分析、精准定位帮扶、狠抓团队建设，协助波密县、县政府奋力推进“五个波密”建设，各项援藏工作扎实稳步推进，成效显著。

【项目监管】 2018年，工作组严格按照《广东省“十三五”对口支援西藏林芝经济社会发展规划》和《波密县项目投资管理办法》管理规定，实施“双审、双管、双签、双覆盖”模式，坚持把援藏项目建设与推进波密县社会经济稳定发展有机结合，扎实推进援藏项目建设。在面临任务重、项目多、时间短、施工环境不良等诸多不利因素的背景下，波密县沿江路、扎木路风貌改造项目和县医疗急救体系、三级远程医疗会诊建设项目克服重重困难如期竣工通过验收，全县小康村建设已基本完成，12月底通过验收。2018年规划内外建设项目累计完成投资4565.36万元，已提前完成投资任务。规划外广州市援助波密县2000万元，用于6个村级活动场所标准化建设，项目中的嘎朗村、巴卡村、岗巴村、栋曲村已基本完工，米堆村已完成主体验收，栋亚村已完成主体封顶。援藏项目稳步有序推进，改善了受援地基层群众的生产生活环境。

【民生改善】 医疗方面。2018年，工作组进一步强化扎实用好广州市第一人民医院五年帮扶框架，完善“院院对口、科科对应、医生对接”的“三对”组团式医疗援藏新机制。借助组团式医生的优质医疗技术、管理和师资力量，协助县医院建章立制规范管理，推

2018年10月9日，波密县党政代表团与广州市协作办召开座谈会

动医疗技术培训，开展传、帮、带工作。协助推动县医院成功创建“二级乙等”综合医院并挂牌。协调“组团式”医疗援藏医生2批次10人次进藏开展医疗帮扶工作，组织医疗队下乡义诊4次，诊断人数958人次。发动援藏医生利用业余时间编制专题培训教材2本，接待门诊3097人次，开展手术205台次，抢救危重病人139人次，开展新项目10项，新技术6个，提升了波密县医疗事业服务水平。

2018年8月8日，广州市人民政府为波密县捐赠5辆医疗急救用车

教育方面。促进广州市各区5所优质小学与波密县中小学完成“一对一”帮扶对接。协调广州教育部门派出优秀专家团队、精心选派广州大学学生在波密县开展“筑梦天路”“担当者行动”“助学圆梦”等活动，加强教学研究工作，强化两地学校间的学术、经验交流。为县中学和幼儿园配备了先进的电教设备，开展钢琴和小提琴公益性音乐培训等活动，进一步改善波密县教学环境，提升教育工作水平。协调落实广州大学2批次支教老师25名在波密县开展支教活动，累计协调广州教育部门进藏开展学术交流等活动6场次，其中专家参与43人次，开展讲座5场次，讲示范课4堂，共捐赠价值约80万元的实验器材、图书等物资。筹资建设的“大爱波密”慈善助学微平台正式上线运营，为贫困学生继续学业深造提供坚强保障。

【产业发展】 2018年，工作组把握住产业发展的关键环节，将援藏资金真正用在刀刃上，充分发挥援藏资金撬动效应，激发产业发展活力，强化波密县产业发展“造血”功能改善。协调广州市旅游局协助开展旅游设计，支持资金39万元用于解决制作旅游宣传推介片经费。引进广东企业在波密县建设600亩的青梅种植基地和果品加工项目，该项目已完成投资200余万元。支持波密县宣传、文化部门20.5万元，开展“番波密韵”等系列活动，协助深入挖掘编排波密历史文化、非遗文化、民俗文化，打造波密旅游名片，推进波密县文旅产业融合发展。协助县政府与广州粤旺、天丰园等公司签订4万头藏香猪养殖协议，协助林芝市成功在广州举办招商引资活动，签约项目34个，签约223.8亿元。协调落实省队扶贫帮困天麻种植资金200万元，壮大波密县特色产业发展，“造血”能力明显改善。

【智力帮扶】 2018年，工作组8名援藏干部尽职履责，各尽其能、各展所长，在日常工作开展中引进内地的好做法、好经验、好机制，积极开展传、帮、带，潜移默化、示范引导受援地干部转变作风，提高工作能力和管理水平。协助完善招商引资机制并建立项目库，牵头谋划编制了《400万元以下非必须公开招投标项目的波密县招投标管理办法》，推进政府投资性建设项目管理规范化。2018年组织“组团式”医疗队在波密县累计培训2684人次，协调落实波密县党政干部到广州中山大学开展现代物流、产业转型等7个专题的学习培训9人次，到广州市民宗局跟班学习锻炼15人次。协调波密县35名业务骨干校长及教师在广州大学培训，进一步推进波密县教育医疗事业发展。工作组进行全方位、深层次、多角度的智力援藏，为巩固波密县打赢脱贫攻坚战提供了坚强保障。2018年7月，波密县顺利通过国家第三方脱贫摘帽验收评估。

【拓展交流渠道】 2018年，工作组充分发挥援藏干部的桥梁组带作用，利用广州市农博会、广博会、旅博会、广州国际美食节、林洽会、林芝在广州招商引资会及波密桃花节等平台，紧密穗波两地交往。利用"区乡对接"帮扶平台，推进波密县与广州市各区就经济发展、社会稳定、文化交流进行交流合作。组织协调广州市各级党政考察团、驻穗机构及企业到波密县考察交流，形成了穗波两地和融共进、共同发展的民族大团结局面。2018年协助完成区乡对接帮扶考察交流20余次，协助广州市人大、政协、协作办及驻穗企业机构等考察团到波密县考察交流10余次，协助波密县党政、人大代表等考察团到广州市交流2次，共完成交往交流交融300余人次。

【党建援藏】 2018年，工作组将"广东省十三五援藏项目"小康村建设与村级活动场所标准化建设有机结合，在建设援藏小康村项目的同时，兼顾村级活动场所标准化建设，并积极落实广州市2000万元专项帮扶资金用于6个村级标准化活动场所建设；坚持"走出去、引进来"的工作原则，协助强化波密县队伍人才建设。完成帮助波密县人大代表、党政干部到广州市人大参加人大代表参政议政、番禺区党校培训33人次；充分发挥广州市资金、技术、资源等优势，在全区率先成功实践"区乡对接"帮扶模式，引导广州各区财政帮扶资金在玉许乡修建文化广场、易贡乡修建廉政长廊，丰富波密县基层党建活动载体和抓手，满足群众日益增长的美好生活文化需要；建成"大爱波密"慈善微平台，购买《国寿脱贫保家庭成员意外伤害保险》服务保障，开展与贫困户进行结对认亲帮扶等活动，凝聚民心所向；巩固扎木镇桑登村、玉许乡扎西岗村"党群之家"建设，逐步推进党建示范镇建设，做好易贡乡"党员四带头"活动（带头强学习、带头送服务、带头谋发展、带头促稳定），增强基层组织战斗力、凝聚力。

【创新帮扶措施】 2018年，工作组充分发挥广州市物资、技术、资金等优势，深化推进区乡对口支援帮扶工作，10个乡镇全部完成对接并开展对口帮扶工作，广州10个行政区全部在预算中列支规划外对口帮扶经费，黄埔、番禺等数区已投入物资1500余万元用于波密县对口乡（镇）基础设施建设、产业发展、干部能力提升等方面，有效加强了两地交往交流交融。该模式作为对口支援新机制在林芝市全面推广。

（刘　俊）

【领导名录】

县委常务副书记、广东省第八批援藏工作队波密工作组组长

李　锋

县委副书记、常务副县长、广东省第八批援藏工作队波密工作组副组长

李伟成

县发改委副主任、广东省第八批援藏工作队波密工作组成员

付新河

县扎木镇党委副书记、常务副镇长、广东省第八批援藏工作队波密工作组成员

朱思敏

县住建局副局长、广东省第八批援藏工作队波密工作组成员

杨　帆

县教育局副局长、广东省第八批援藏工作队波密工作组成员

邱育玲（3月离任）

林先东（3月任职）

县农牧局副局长、广东省第八批援藏工作队波密工作组成员

林保银（3月离任）

周泉鹤（3月任职）

广州市第一人民医院主任医师、广东省第八批援藏工作队波密工作组成员

戴奇山（3月离任）

刘　敬（3月任职）

军　事

波密县人民武装部

【概况】 2018年，波密县人民武装部在军分区党委和县委的正确领导下，在军分区机关业务部门的关心支持和指导下，深入贯彻学习习近平主席强军兴军重大战略思想，按照着力举旗铸魂、聚力备战转型、强力正规严矩、奋力开新图强的工作指导思路，科学统筹年度工作，狠抓全面落实。践行强军目标，突出铸魂育人，聚焦保障打赢，严格规范管理，年度工作任务圆满完成。

【思想政治建设】 2018年，县人武部认真学习宣传贯彻党的十九大会议精神，持续深入学习军委主席负责制及习近平主席系列重要讲话精神，扎实抓好“传承红色基因、担当强军重任”主题教育、“不忘初心、牢记使命”教育、“能打仗、打胜仗”经常性教育，落实党对军队绝对领导的根本原则和制度，坚决贯彻执行军委主席负责制，政治敏锐性、政治鉴别力、政治责任感不断增强，突出牢固树立“四个意识”，深入贯彻习近平强军思想，增强“四个意识”、坚定“四个自信”、做到“两个维护”，进一步纠正“四风”、加强作风建设，达到统一思想、明确方向、凝聚力量目的。

【干部队伍建设】 2018年，县人武部认真学习贯彻《党委工作条例》，严格贯彻落实上级文件精神，确保党委班子和干部队伍清正廉洁、绝对忠诚。贯彻落实民主集中制，加强党委班子能力建设和先进性建设，党委班子带头转变作风，树立良好形象，大力倡导和发扬求真务实的精神，切实增强党委班子的领导力和感召力，最大限度地调动官兵的积极性和主动性。

【战备工作】 2018年，县人武部带头学习习近平主席关于国防和军队建设的重要论述，悟深弄透

2018年4月25日，波密县委书记朱正辉（前排右二）在县人民武装部参加民兵整组工作会议

2018年8月3日，波密县人武部组织召开2018年征兵工作会议，安排部署各征兵领导小组工作任务

《国防动员单位军事训练大纲》和《民兵军事训练大纲》。通过学习进一步增强备战打仗意识，按照新大纲的标准要求，加强民兵组织建设，及时修订完善战备方案，及时进行应急演练。严格组织军事训练，积极参加比武竞赛，加强民兵应急分队抢险救灾和森林防火等季节性事故灾害预防的各项准备工作，确保一旦有事“拉的出、上的去”。

【民兵队伍建设】 2018年，县人武部积极深化民兵调整改革工作，突出抓好基干民兵和应急民兵训练，较好地完成了年度军事训练任务，训练合格率达到86%。

【国防动员建设】 2018年，县人武部深入贯彻落实各级议军会议精神，在坚持党管武装一系列行之有效制度的基础上，不断探索落实党管武装工作的新途径和新方法。强化党管武装意识，完善基层党管武装机制，年初及时调整县国防动员委员会，建立健全机构，规范工作程序，明确各办公室的职能任务。下大力抓好国防动员潜力调查，做到数据准确。严抓军训工作，对全县村支书和村委会主任共168人进行了军训。

【征兵工作】 2018年，波密县兵役登记和征兵工作在县委、县政府和县征兵工作领导小组的正确领导下，通过各级和有关部门的共同努力，圆满完成了2018年度兵役登记和征兵工作任务。在征兵工作中，严守纪律，严格把关，廉洁征兵，共征集多名优秀青年入伍，没有违规违纪问题发生。

（布次仁）

【领导名录】

部　长
　　张昭洪
副部长兼军事科科长
　　鲁大伟
政治工作科科长
　　石吉顺
保障科科长
　　曹　翔

78536部队

【概况】 2018年，78536部队坚持以习近平新时代中国特色社会主义思想为指导，高举习近平强军思想伟大旗帜，忠诚核心举旗铸魂，瞄准打赢真练实备，优化保障提质增效，正风肃纪纯洁生态，精准发力夯实基础，全面从严加强党建，圆满完成了各项任务，部队建设稳步推进、全面发展。

【思想政治建设】 2018年，部队官兵系统学习了《习近平谈治国理政（第二卷）》《习近平新时代中国特色社会主义思想三十讲》等书籍，推动习近平强军思想学习不断引向深入。强势推进党的十九大精神学习宣传贯彻，开展“学习十九大、奋进新时代、担当新使命”专题教育，配合开展“让党的十九大精神在川藏线上放光芒”特色活动，持续兴起学习宣传贯彻热潮。扎实开展军民共建工作，协助岗巴村建立采摘园，多次开展义务巡诊活动，累计巡诊门诊868人次，发放药品价值2万余元。

【战备训练】 2018年，部队聚焦备战打仗主责主业，按照《大纲》要求，严密组织共同科目、军事专业、后勤勤务训练。针对

2018年10月1日，78536部队组织官兵举行升国旗仪式

“10·11”“11·03”昌都市江达县堰塞湖抢险救灾保障准备，迅速抽组成立野战保障分队，展开应急保障训练，即刻形成保障力，部队应急战备能力得到有力检验。

【党建工作】 2018年，部队从交党费、上党课、组织生活入手，组织支部正副书记开展专题培训，提高基层抓党建工作能力。常态化更新“三互”“三责”小组。抓好“三会一课”制度落实，持续开展“贯彻落实新条令、塑造陆军好样子”活动，常态化组织学习讨论、理论考核和监督检查，推动新条令学习贯彻落地落实。

专题学习习近平主席关于党风廉政建设和反腐败斗争系列重要论述，系统学习党纪法规，结合上级通报常态开展警示性教育。进一步畅通民主监督渠道，制作了《党委机关党务公开栏》《支部党务公开栏》，开通了信箱、电话、短信、微信、网络“五种监督举报方式”。紧盯发生在官兵身边的不正之风和基层“微腐败”，及时受理官兵反映的问题线索，做到有问必答、有求必应，严防暗箱操作、人情照顾等问题发生。

（王　杨）

【领导名录】

站　长

朱明山（7月离任）

李建军（10月任职）

政　委

肖　勇（10月任职）

武警第二机动总队交通三支队

【概况】 2018年1月1日，武警第二机动总队交通三支队正式成立运行。支队以原武警交通二支队、原武警交通四支队和原武警交通一总队机关一部调整整编而成，部队分散部署在3省8地（市）24个点上，主要担负以川藏、新藏公路两条战略通道为重点的藏疆地区2681.5公里道路养护保通以及西藏地区重特大自然灾害、事故灾难专业抢险救援等任务。

【思想引领】 2018年，支队系统学习党的创新理论，坚决落实军委主席负责制，“两个维护”“四个意识”更加坚定自觉。广泛开展高原“卫士风采”文化活动，深入挖掘宣传扎根一线的英模典型，广泛报道组建运行新气象、履行使命新作为，在央视、武警报及三流新媒体刊发新闻700余篇次。积极响应习近平主席号召，助力地方脱贫攻坚，大力开展捐资助学和扶贫帮困活动。扎实做好心理服务、法律援助、意识形态、网络安全教育工作，官兵思想防线更加牢固。

【练兵强能】 2018年，支队严格落实战备值班，细化规范便携配装，常态组织拉动演练，经受住了军委、武警部队、总队战备拉动检查和江达、米林堰塞湖等灾情应对检验，战备建设更加规范有序。认真贯彻新大纲集训精神，落实党委研训议训制度，深入纠治和平积弊，抓实组织指挥、战术作业、战法研究训练，强化基础体能技能、专业科目训练，狠抓常态任务岗位练兵和冬季大练兵活动，2次开展野外驻训，组织200余人次参加各类培训集训，核心能力基础逐步厚实。2次掀起“养护大干”热潮，在路面修补、路容整理、设施整改、标规路建设上全力攻坚，道路养护工作成效明显。密切关注任务区路况灾情，圆满完成索通村特大泥石流抢险、“两线”

2018年1月25日，武警第二机动总队交通三支队开展机关军事考核

除雪保通等大中型任务30余次，特别在金沙江大桥抢修抢建任务中，138名官兵勇上一线、昼夜奋战，经受住了多项难题检验挑战，提前18天圆满完成任务，受到交通运输部、驻地党委政府的充分肯定和人民群众广泛赞誉。

【强基固本】 2018年，支队分2批组织基层干部开展纲要培训和能力素质网上集训，培养按纲建队“明白人”。建立“常委分片、科室挂钩、大队靠前”帮建机制，组织7批次46名团以上领导和机关干部当兵蹲连、检查调研、精准帮建，基层建设质量整体提升，1个大队、2个中队被总队评为“标兵大、中队”。扎实开展养护17中队典型培塑工作，中队作为总队三个基层集体代表之一，向全总队报告了“扎根雪域、保通天路”的典型事迹。帮助官兵解决大病医疗、家庭涉法、子女入学等困难问题，持续激发官兵投身部队建设的活力动力。

【综合保障】 2018年，支队加强后装战备建设，健全后装指挥体系，完善不同任务类型后装保障方案，强化训练演练，提升保障打赢能力。提升融合军地资源能力，健全供应渠道，规范战储物资补充、调整、动用程序，加强重点方向战备物资预置预储，统筹推进仓储基地建设，夯实战备保障基础，年度大项任务跟进保障有力。立足支队实际，先后投入2800余万元，分批推进76个治理项目，依托体系医院和就近公立医院完善就医诊疗体系，下力为官兵办好事办实事。

【移交樟友段养护管理】 3月9日，西藏自治区复函同意撤收由交通大队道路二中队担负的国道318线中尼公路樟木至友谊桥段道路养护保通任务，并按照属地养护和就近管理原则将该路段养护保通任务移交至日喀则公路分局聂拉木养护段。

【泥石流抢险】 2018年7月11日凌晨3时许，支队养管路段国道G318线波密县索通村境内K4061+800处发生大型泥石流，造成200多米路基被掩埋、60多米路基被冲毁，导致川藏公路完全中断。灾情发生后，支队闻灾而动，迅捷反应，派出侦察组对灾害现场进行立体侦察、科学研判，为抢险救援提供先手资料；抽组养护四大队50名兵力、13台（套）各类主战装备迅速投入抢险一线，依据“分段推进、多点展开、先通后拓、抢保结合”的处置方案，采取“爆破巨石、顺势拓道”战法组织抢通。广大参战官兵不畏艰险、冒雨奋战，在各级指挥员的率先垂范、严密组织下，仅用3天时间共清理堆积物2.1万立方米，爆破巨石60立方米，开挖拓宽便道80米，于7月13日15时40分安全圆满完成了道路抢通任务。

【精准扶贫】 2018年10月，支队党委精准选定波密县巴卡村为重点扶贫对象，累计出动兵力800余人次、机械1200余台次，利用技术优势为村庄扩建5.5公里乡村道路，架设长15米、宽6.3米ZB200型贝雷钢架桥，改善了乡村道路通行条件；组织村医务人员来队培训医疗技能，先后3次组织人员深入村里开展义务巡诊、送医送药，累计义诊群众200余名，捐赠价值1万余元常用药品；选派优秀干部帮建村党支部，为脱贫致富献计献策，定期对困难群众进行经济救助，树立了文

2018年8月21日，武警第二机动总队交通三支队官兵开展助民帮困活动

明之师的良好形象。

【金沙江大桥抢修抢建】 2018年11月14日凌晨，金沙江白格堰塞湖洪峰过境四川巴塘县和西藏芒康县交界处，造成芒康县境内国道318线2公里干线公路及周边25公里乡村道路损毁断通，金沙江大桥7跨210米桥面被完全冲毁。灾情发生后，按照武警部队、总队党委首长的指示要求，立即启动应急响应机制，抽组机车兵力，调配物资设备，边报告边行动，第一时间到达灾区抢险救援。全体参战官兵忠诚使命、勇于担当，以“桥下水大、桥上风大、路上灰大、昼夜温差大、架桥难度大，不如官兵决心大”的大无畏精神，攻坚克难，日夜鏖战。经过22天艰苦奋战，共清理道路淤泥5.9万立方米，围堰筑岛3.8万立方米，拼接ZB200型单排桁架540米，架设横梁52根，安装剪刀撑40片，桥梁支座36块，路缘板240米，铺装桥面板504平方，自行加工制作U型卡、支座垫板、连接桥面板等各类配件材料近千件，圆满完成13公里道路抢通和金沙江4跨120米上承式钢桥抢建任务，于12月6日顺利通车，受到了交通运输部、驻地党委政府的充分肯定和人民群众的广泛赞誉。

（汪　巍）

【领导名录】

支队长

陈　军

政治委员

李向华

副支队长

张培生

刘观泉

王世鹏

副政治委员

宿海舰

参谋长

吴锦辉

政治工作部主任

张建平

保障部部长

曹　涛

武警林芝支队执勤一大队

【概况】 2018年1月，武警林芝支队二大队正式更名为武警林芝支队执勤一大队。在支队党委的正确领导下，以改革强军为牵引，紧紧围绕实现党在新形势下的强军目标，突出学习贯彻习近平主席政治建军、改革强军、依法治军三大战略思想，着力强化政治建设、提高打仗能力、依法从严治军、打牢基础、完善基础设施，按照“听党指挥、能打胜仗、作风优良”的要求，认真分析中队建设形势，统一思想，提高认识，狠抓以提升执勤处突能力为中心的各项任务，确保内部安全稳定，保持稳步健康向上发展的良好态势。圆满完成敏感节点城市武装巡逻、武装追捕抓捕等各类临时任务，受到了县委、县政府和驻地群众的高度赞誉。

【队伍建设】 2018年，大队党委根据年度学习计划，以学习习近平主席系列讲话精神为主，扎实推进“两学一做”学习教育常态化制度化，深入学习中共十九大和十九届一中、二中、三中全会精神，以《党支部工作条例》为抓手，利用每周五开展组织生活会和讲党课活动，要求党员每月撰写1篇思想汇报、每季度进行1次总结剖析。党委一班人始终坚持一家人思想干工作，一条船的意识担风险，生活中相互关心、工作中相互配合、事业上相互支持，做到分工不分家，有事常商议、无事常

2018年5月18日，武警林芝支队执勤一大队组织官兵开展抢险救援

沟通、平时多提醒，用主官的团结带动支部的团结，进一步纯正内部风气，提升工作效率。

【警营文化】 2018年，大队积极开展先进警营文化活动，组织所属中队官兵参加县委、县政府举办的文化活动，自编自排的节目在反映部队官兵生活的基础上，进一步拉近人民群众与人民子弟兵的亲情，同时也展示出武警官兵威武之师的一面。让官兵在有限的空间里，最大限度的汲取精神营养，打造符合新时代气息的警营，锻造新一代高素质的革命军人。

【提能力保中心】 2018年，大队狠抓军事训练、勤务管控和战备工作，军事训练水平大幅提高，官兵中心居中意识更加牢固。牢固树立“训练有为、训练有功、训练有位”的鲜明导向，以岗位练兵活动为契机，突出抓好贴近于实战的各项军事科目训练。加大勤务管控，结合波密监狱和波密县看守所实际，联合县公安局和相关单位对存在的隐患问题进行彻底纠治；面对当前复杂多变的国内外形势，中队严格按照县委、县政府和上级的指示精神，全力做好了特殊敏感时期的战备执勤工作，并及时修订各类方案预案，加大了针对性的演练，使全体官兵牢固树立“危险就在身边、战斗随时打响”的忧患意识和使命意识。

【后勤保障】 2018年，大队坚持把保中心与保生活作为工作的重点，着力加强后勤规范化建设，不断提高后勤综合保障能力。坚持把后勤工作作为影响中心的大事来抓，坚持规范管理，落实各项制度规定，制定后勤应急预案，确保后勤保障快速到位。在人员的培训上，坚持“引进来、走出去”的路子，进一步提升后勤保障人员的技能。

（张　盟）

【领导名录】

大队党委书记、政治教导员
　　崔发群
大队党委副书记、大队长
　　路海超（4月离任）
　　姜大钊（4月任职）
波密中队党支部书记、政治指导员
　　曾　俊
波密中队党支部副书记、中队长
　　宋敬春（7月离任）
　　沈佳运（8月任职）
执勤一中队党支部书记、政治指导员
　　张　盟

2018年11月18日，武警林芝支队执勤一大队组织官兵开展实战化演练

执勤一中队党支部副书记、中队长
何　坤（4 月离任）
张　扬（4 月任职）
执勤二中队党支部书记、政治指导员
陈佑东
执勤二中队党支部副书记、中队长
姜大钊（4 月离任）
聂兆江（4 月任职）

波密县消防大队

【概况】 2018 年，在县委、县政府的正确领导下，波密县消防大队团结带领大队消防官兵奋力拼搏，班子队伍呈现新活力，基础设施巩固升级，警民关系和谐融洽，圆满实现了社会局势全面持续长期稳定，全年无亡人火灾，部队无安全责任事故和伤亡事件，并圆满完成消防机构改革转隶期间各项安保任务。县消防大队为副团级单位，2018 年，大队实有官兵 35 人。

【监督检查】 2018 年，大队积极配合监督各行业部门、社会单位自觉落实主体责任，科学整合辖区公安机关和义务消防组织力量，扎实开展消防监督，强力推进文物古建筑专项整治、油气领域消防安全整治、人员密集场所消防专项整治，有效确保了波密县火灾形势平稳。同时坚持从源头、利益链条和责任主体入手，严抓建设工程消防设计审核和消防验收行政审批，遏制火灾隐患。2018 年大队本级共检查单位 929 家次，发现、整改火灾隐患 426 处，罚款 3.03 万元。

【宣传培训】 2018 年，大队积极开展消防宣传“进企业、进机关、进学校、进社区、进农村、进家庭、进网站、进军训”活动，并发动社会单位开展针对员工的消防安全教育培训，提高自防自救能力，组织重点单位责任人、管理人、人员密集场所经营管理人等消防安全培训班 9 期，每次宣传都有县级领导到场指导。在三月综治宣传专项活动中，大队与各单位通力合作，利用 2 周时间深入辖区所有乡镇，培训人员 300 余名。

【班子建设】 班子实力补充到位。2018 年，调整充实了大队党支部班子、武警委员会，健全组织、科学分工，推动各级班子同步建设，同步发展；领导能力提升到位。强化理论武装，规范落实组织生活、学习、会议等制度，提高班子成员政策理论水平、战略思维和科学决策能力，深入研判各阶段形势任务和工作薄弱环节，切实提升党支部班子谋长远、管全局的能力和水平；制度贯彻落实到位。充分发挥党内民主，在官兵使用、评先选优、士官改选、重大工程建设、大宗物资采购、重大经费开支等大事要事、热点敏感问题上，实行“票决制”，营造了民主议事、民主监督、民主决策的氛围。

【作风教育】 2018 年，大队坚持把廉政工作纳入作风建设整体规划，与党建工作同步、效能建设同管、专项活动同行、业务工作同抓，延伸廉政工作触角。强化监督制约消防监督执法权和行政管理权，建立定期分析、量化测评、奖惩激励等机制，多管齐下推动廉政建设成果常态化，班子和队伍保持了清风正气。

【巩固基础】 规范基础业务。2018 年，大队将解决不规范的基

2018年7月30日，在八一建军节来临之际，波密县委书记朱正辉在县消防大队开展慰问活动

础性业务工作和日常工作列为全年整治工作的最基本任务，分类别、分岗位、分阶段加强基础业务、日常工作流程等系统培训，办文、办会、办事程序得到有效规范，实现了工作效率、效益双提升；加强基础设施建设。针对新建消防队站，积极协调，加强管理，确保了2018年计划的主体工程、室内装修和附属工程全部完工；正规化建设成效明显。坚持依法建警、从严治警、文化育警，从强化官兵条令条例意识入手，规范一日生活制度，加强制度建设，有效规范训练、执勤、工作、生活“四个秩序”，同时加强警营文化建设，不断丰富官兵文化生活；夯实基础建设。县政府加大消防投入，统筹城乡公共消防基础建设，确保与经济社会协调发展，2018年消防业务经费投入达122.25万元，并在政府的大力支持下，投入波密新队站建设专项配套资金410万元。

（苟宸溢）

【领导名录】

大队长

杨　洋

副大队长

霍宝星

77550部队

【概况】 2018年，77550部队以“传承红色基因，担当强军重任”为主题，着力提高军事技能，强化责任，砥砺使命，持续开展维护稳定、环境整治、社会治安、精准扶贫、抢险救灾、送医送诊、献血救人、农牧民培训等工作，得到驻地村民的一致好评。

2018年12月31日，波密县委书记朱正辉（前排右一）一行在77550部队开展慰问活动

【军事训练】 2018年2月，部队提高应急处突能力，组织开展营门防卫演练，演练过程组织严密，对防卫可能发生的突发情况进行分析并找出解决方案，官兵面对突发情况反应迅速，分工明确，各司其职，圆满完成了此次防卫演练。3月以紧急拉动的形式组织官兵进行全方位演练；5月扎实开展三月量化考核，组织官兵对五公里、手榴弹投远、政治理论以及精度射击等科目进行考核；8月开展狙击手培训选拔，选拔以实弹射击成绩为准，整个过程稳定安全，受选人员发挥出色；12月军分区考核组一行在部队开展建制比武考核工作，该次考核主要针对实弹射击、单杆引体向上、双杠杠端臂屈伸、武装五公里越野、政治理论5个科目进行了全方位、全人员考核，通过此次考核，充分检验单位训练质量，为下步军事训练奠定基础。

【政治生活】 为切实做好2018年报考军队院校士兵选拔工作，3月，部队组织学员苗子开展了文化摸底考试，本次摸底考试组织严密，本着公平、公正、公开的原则，对有报考军队院校意愿的学员进行基础文化科目摸底考试，切实摸清学员的文化底子，为单位下步选拔考学人员提供重要依据。为加强党员人才队伍建设，6月，开展了2018年入党积极分子培训工作，根据军分区党员发展对象相关工作指示要求，严格依据党员发展流程，分别进行动员、授课、教育、学习等工作，同时各单位制定详细的学习计划，从入党积极分子的德、才、思、修以及党性等方面进行详细的考察，扎实打牢了党员队伍的新生力量基础。7月，为庆祝中国共产党成立

97 周年，以第二阶段野外驻训为契机开展了新党员入党仪式，以此庆祝建党 97 岁“生日”。通过活动，强化了党组织的凝聚力和战斗力，坚定了广大党员听党话、跟党走的政治信念。

【军民一体】 2018 年，部队 5 次组织官兵在县敬老院开展帮扶活动。同时积极开展义务送诊、脱贫致富、养殖培训等活动，全力配合县政府打赢脱贫攻坚战。

（赵玉强）

【领导名录】

营　长

彭　森

政治教导员

刘孟全

副营长

普布格桑（藏族）

白玛丁久（藏族）

副政治教导员

李信铃

武警波密县森林中队

【概括】 武警波密县森林中队主要担负波密、墨脱两县 72.1 万公顷森林的防火灭火任务，中队防区内森林火灾 90% 以上为人为火灾。中队组建以来，在上级党委、首长机关的精心指导和关心帮助下，较圆满地完成了“5·21”“8·16”“4·19”“5·03”“3·03”“12·12”“1·23”等 20 余次灭火作战任务，得到了军地各级领导的赞誉。中队党支部先后被武警总部、森林指挥部评为“先进基层党组织”；2017 年，2018 年先后 2 次被总队表彰为“基层建设先进中队”。

【夯实政治基础】 2018 年，中队利用官兵理论学习、政治教育等时机，抓好《习近平论强军兴军》《习近平谈治国理政》等马克思主义中国化最新理论成果，定期组织“看新闻、议大事”“读报纸、议时事”等活动。不断增强政治教育“传播真理、讲授知识、引导行为、益智育人”的时代性和感召力，及时收集梳理学习重点，搞好难点讲解，消除认知盲区。扎实开展“学强军思想、讲强军故事、干强军事业”群众性主题实践活动，教育引导官兵正确认识抗战历史和森林部队职能使命，牢固树立正确的世界观、人生观、价值观。按照“特色文化分队”建设要求，排练了“龙狮共舞”“波密锅庄”和“心理健康操”等特色节目，积极开展以球类、益智类、娱乐类等为主的群众性文体活动，丰富官兵文化生活，陶冶官兵情操。

【防火灭火中心任务】 中队地处上援林芝、下增察隅的中心地带，唯有抓好军事训练，才是提高能力保中心的重要途径。2018 年，中队始终把军事训练摆在突出位置，严格落实训练计划、会操、考核等制度，按照“训一个科目、考一个科目、达标一个科目”的要求，扎实抓好新《大纲》明确的各类军事体育项目，全体官兵遂行多样化任务能力得到明显提升。

【夯实安全基础】 2018 年，中队坚持把安全工作大检查与战备月各项要求统一起来，保持官兵上下一心、慎终如始的工作热情，通过开展挑应战、表决心、格言警句征集、参观铁窗生活、安全法规知识考核、安全座右铭征集等多项活动，确保活动活跃，氛围浓厚；扎实开展安全保密教育，利用真实案例警醒官兵防范网络安全，严格遵守“军队人员使用微信十不准”，封住不常用电脑 USB 接口，确保网络安全。坚持“迅速、

2018年11月30日，波密县政府副县长姜治强（右一）在中队检查指导工作

全面、彻底”的原则，组织专人进行逐个场地清、逐本书查、逐台电脑查、逐个移动存储介质过，共清查清理出涉郭徐文电档案83条、历史资料13本、教材资料30本、图书报刊9本、光盘20张，确保了部队政治环境风清气正。对照军委纪委列举的基层风气70个问题清单逐项抓好整改，下大力纠治官兵身边“微腐败”，确保中队风清气正。

【后勤保障】 2018年，中队在日常管理中，对后勤人员不搞特殊，与班排战士一个标准，所有后勤人员都按时参加体能训练和政治教育，保证军政素质不掉队。严格落实订食谱、食物验收、厨房值班和经济民主会等制度，严把食品采购关，合理调配伙食，积极开展卫生防病和心理健康知识教育，引导官兵树立良好的卫生习惯。每周对营区进行消毒，及时根据季节、天气变化补充药品，及时送诊病号，确保官兵身心健康。

（刘根森）

【领导名录】

中队长

鲁金宝

政治指导员

张　鹏（6月离任）

巩嘉庆（6月任职）

法　治

中共波密县委政法委员会（综治办）

【概况】 2018年，波密县委政法委（综治办）以习近平新时代中国特色社会主义政法思想为指导，全面贯彻落实党的十九大和十九届二中、三中全会、中央第六次西藏工作座谈会、区党委九届三次全会以及中央、区、市、县政法综治工作会议精神，紧扣区、市、县特殊矛盾，牢牢把握推进社会治理体系治理能力现代化和法治西藏、平安西藏建设的总要求，履行维护国家政治安全、确保社会大局稳定、促进社会公平正义、保障人民安居乐业的主要任务，不断提升人民群众获得感、幸福感、安全感，为波密县经济社会又好又快发展提供更加有力的法治保障和良好的社会环境。中共波密县委政法委员会是正科级行政机关，2018年，县委政法委共有行政编制10名，实有工作人员13名，其中有正科级实职2名，正科级虚职1名，副科级虚职1名。

【扫黑除恶打非治乱专项斗争】 加强组织建设，夯实责任落实。2018年，波密县成立了以县委书记任组长，县委常委、政法委书记、公安局局长任副组长，其他相关单位负责人任成员的县级扫黑除恶打非治乱专项斗争领导小组，组成扫黑除恶专班，制定了《波密县关于开展扫黑除恶打非治乱专项斗争的实施方案》，负责对全县各领域涉黑涉恶、非法组织、治安乱点进行线索摸排、立案调查、案件移交、精准打击等工作，不断提高扫黑除恶打非治乱专业化建设水平。2018年共召开1次动员部署会议、2次推进会议、4次联席会议，党政主要领导作出重要批示5次。

强化担当作为，始终保持扫黑除恶打非治乱高压态势。充分发挥6个便民警务站、865个户长、驻村、驻寺工作队、“红袖标”等群防群治力量，广泛收集线索，推动广大群众积极参与到扫黑除恶斗

2018年7月16日，波密县委常委、政法委书记、公安局局长阿旺朗加（右一）带领公安局民警、武警官兵在古乡运送病人通过灾害路段

争中来，坚持公检法司联动配合，针对疑难案件，县检察院提前介入、联合会商，以审判为中心，确保案件定性准确、侦察取证到位、依法审判到位，切实将每一起涉黑涉恶涉乱案件办成铁案，2018年共部署排查次数392次，排查治安乱点地区数29起，整治治安乱点27起，正在整治治安乱点地区数2起，处理各类治安违法行为案件涉案人员58人，根据摸排线索，立案侦查敲诈勒索刑事案件1起，抓捕犯罪嫌疑人3名。县监察委员会以群众身边的涉黑涉恶问题、充当黑恶势力“保护伞”问题、不作为、慢作为等工作推动不力问题为主要工作内容，把扫黑除恶打非治乱专项行动与惩治基层腐败、基层“拍蝇”工作、整顿软弱涣散基层组织、加强基层政权建设等结合起来，建立了案情线索互通联席会议制度，共将2名涉事人员移交给县监委。

突出源头监管，深化综合治理。坚持把扫黑除恶打非治乱专项斗争摆在突出位置，强化日常监管和突出源头监管，以日常治安突出问题、群众反馈点、群众举报线索、案件梳理等方面为突破口，综合研判，确立以地域重点为中心，采取中心向四周分散的地毯式摸排方式，认真开展线索摸排工作，2018年9月，以著名旅游景区米堆村为重点，针对其存在的结伙斗殴、乱圈乱占、私搭乱建等各类治安乱象，开展了综合整治，依法依规处理涉案人员28人，其中行政拘留21人、行政罚款2人、依法传唤5人。

2018年12月4日，波密县委常委、政法委书记、公安局局长阿旺朗加（前排右一）、政委刘斌（前排右二）在“轮值轮训，战训合一”实战培训班检查训练情况

专项宣传活动。以3月综治宣传月、6月综治宣传周、9月综治宣传日为契机，组织政法各部门、综治、交通、国土、住建、水利等职能部门成立宣讲组，深入全县10个乡（镇）85个行政村、19座寺庙拉康、易贡茶场等地就扫黑除恶打非治乱专项斗争工作方面进行专项宣讲，召开以村为单位的群众宣传大会207场次，参与人数15000余人次，发放制作宣传单9000余份，县公安机关在全县内张贴公安厅“扫黑除恶，打非治乱”宣传通告2500余张，在波密县城集中开展“扫黑除恶，打非治乱”街面宣传5次，发放宣传单2000余张，设立展板8张，重点部位悬挂横幅130余条，普遍形成了广大群众对扫黑除恶打非治乱专项行动的知晓度和支持度。在上阶段宣传的基础上，12月11—19日，县扫黑办组成宣讲组，深入玉普乡、多吉乡、松宗镇、玉许乡、扎木镇等15个点，出动扫黑干警60人次，发放宣传材料4500余张、受教育人数1500余次，悬挂横幅15场次，加强扫黑除恶宣传力度 营造强大的扫黑除恶声势，为群众举报畅通渠道。

【政法工作】 2018年，县委政法委按照“打防结合、预防为主、专群结合、依靠群众”的方针，认真开展“平安波密”建设，大力推进社会矛盾化解和工作廉政执法，有力地维护了社会稳定。县公安局围绕“两抢一盗”“八大严重暴力犯罪”涉黄、涉毒及侵财案件开展了一系列“扫黑除恶”“扫黄治毒”等专项行动，有力地震慑了各类违法犯罪。县检察院深入推进“剑舞”公开平台建设，在行使检察权的同时主动接受群众监督。县法院始终把执法办案作为第一要务，认真履行审判职责，维护社会公平正义，深化司法公开，促进司法公正，完善司法救助机制，加大司法救助力度，充分利用各种平台，加大法制宣传力度，促进经济持续健康较快发展。县司法局立足本职，把握机遇，求真务实，充分发挥法治宣传、法律服务、法律保障、社区矫正、安置帮教、人民调解的职能特点，为维护全县社会稳定和经济发展发挥了积极作用。

【综治维稳】 2018年，全县共设立乡镇综治（平安建设）工作中心10个，村（居）综治（平安建设）工作中心85个，警务站8个，检查站1个，基层法庭4个，司法所3个，使防控网格触角不断向国道、农牧区等多方延伸，共选配综治专干32名，户长865名，网格长968名。此外，调整充实以治安联防为龙头的群防群治队伍，共建立“两会一队”318个1809人，内保组织98个450人，森防突击队89个1590人，义务消防队84个873人，村级协管员84人，新增“四护”队伍180支1366人，不断注入综治维稳新鲜血液，筑起了维护社会稳定和长治久安的铜墙铁壁。

【双联户工作】 2018年，县委政法委通过严把“户长选任更换关”“户长考核培训关”“联户单位绩效考核关”，强化群众宣传发动、户长考核体系优化和各类奖励机制落实，进一步巩固“治安联防、矛盾联调、问题联治、事件联处、平安联创”的群众自治平台，全县共划分联户片区104个，联户单位865个。兑现2017年各级“先进双联户”和“先进双联户”创建评选活动先进集体奖励资金633400元。开展“双联户”服务管理工作集中培训会1次，小型培训会11场次，参加培训人员1000余人次。

实行“双联户”与城乡网格化建设衔接共建。以村（居）、警务站为中心，按照“1+4+X”的力量配置和“一格多员、一员多能、一岗多责”的要求，共划分大网格11个，中网格92个，小网格865个；

抓好“12+1”工作落实。2018年，全县双联户共组织开展治安巡逻10028次，27627人次参与。组织开展弱势群体帮扶100次，334人次参与。慰问弱势群体33次91人，发放慰问金（含实物价值19600元），捐助扶贫资金6000元。组织开展卫生死角治理922次，3615人次参与，治理卫生死角334处。组织开展文艺演出和文化活动43场次，2968人次参与。开展法制讲座11场次，2802人次参与。开展科技培训和技能培训8场次，1010人次参与。健全党小组52个，开展党内活动117次，户长发展党员4名、入党积极分子10名，户长被推选为两委班子成员1名。

【队伍建设】 2018年，县委政法委制定下发了《波密县2018年综治业务培训工作实施方案》，于5月13—16日组织10个乡镇综治办主任和20名综治专干开展综治培训活动，通过现场授课、召开座谈会、实地参观扎木、古乡、玉普、易贡4个乡镇，围绕综治规范化建设、平安创建动态管理、“先进双联户”评选等内容向乡镇综治专干展开培训，通过培训，进一步提升了综治专干业务水平，形成了各区域综治工作良性互动、友好交流、共同提高的良好局面，为基层综治工作全面平衡发展提供了人才支撑；聚焦执法司法水平提升，进一步深化政法各部门“两学一做”专题教育和“四讲四爱”主题实践活动和十九大精神学习贯彻，强化“三会一课”党内政治生活落实，全面开展轮岗轮训、知识竞赛以及政治纪律教育、纪律作风整顿等活动，解决了一些政法综治队伍在政治、思想、工作、执法等方面存在的深层次问题，2018年对46名长期工作在艰苦边远乡镇民（辅）警进行了轮岗轮训，共开展政法委书记专题党课1场次、微党课50场次、各党支部（党组）分散学习304场次，党员干部撰写心得体会800余篇；聚焦从优待警措施落实，协调县财政局为111名协辅警及公益性岗位人员每月增加工资600元，并每月增发加班费和通信费330元。积极从县政府争取45套周转房，投资96万元修建公安局机关食堂，建立健全民、辅警年度定期健康体检制度，逐步建立辅警健康档案，为民警解决后顾之忧，保持队伍旺盛战斗力。

【矛盾纠纷】 2018年，全县各级综治组织以积极适应经济发展新常态为目标，实现各类矛盾隐患发现的早、化解得了、处置得好、巩固得住。2018年波密县各级综治部门共开展矛盾纠纷排查工作2240次，排查出矛盾纠纷54起，成功化解矛盾纠纷54起，化解成功率100%；同时紧盯各项重要项目建设，坚持“事前评估、事后管控”，共审查社会稳定风险评估报告109件，建立评估档案109份，做到了应评尽评、真评实评，积极预防了工程建设、资源开发等领域的突出隐患；加强突出信访案件化解工作，2018年共办理信访案件19件，涉及人数73人，已办结19起，结案率100%。共办理双拖欠案件53起，涉及人数246人，涉及金额513.5余万元，已办结49起，结案率92%。

【法制宣传】 2018年，全县各综治成员单位围绕建设“平安波密”的目标要求，积极开展综治宣传月、综治宣传周、平安西藏宣传日、“七五普法”等宣传教育活动，重点围绕“扫黑除恶、打非治乱”专项整治斗争、“双联户”服务管理、土地征用、城市建设、林业管护、交通安全等社会热点问题，加强政策措施宣传和舆论引导工作。2018年，县综治委组织人员深入10个乡镇、77个村居，开展各类法制宣传活动120场次，散发宣传资料2万余份、接受各种咨询400余人次，直接受教育群众达2.8万余人次。

（李 凛）

【领导名录】

县委常委、政法委书记、公安局党委书记、局长、督察长

阿旺朗加（藏族）

政法委副书记

拉 桑（藏族）

综治办主任

扎西多吉（藏族）

波密县公安局

【概况】 2018年，波密县公安局在区、市、县三级党委政府和公安厅、市公安局党委的坚强领导下，在局党委的精诚团结、科学指挥下，在全局民警、协辅警的共同努力和艰辛付出下，紧紧围绕县委、县政府的工作目标，按照年初确定的工作思路，突出春节、“两会”“三月敏感月”“三大节日”等敏感节点安保工作重心，深入开展“两学一做”“政治建警”等主题实践活动，深入推进矛盾纠纷化解、公正廉洁执法等工作，围绕辖区“发案少、秩序好、社会稳定、群众满意”工作总目标，持续提升“维护稳定、打击犯罪、治安防控、公共安全、群众工作”五种能力，全面加强和谐警民关系、公安信息化和执法规范化建设，为推动波密县经济社会的健康发展，确保人民群众安居乐业作出积极贡献。

【维稳工作】 2018年，县公安局始终坚守“第一责任”，坚持与党政部门联动联勤，全力维护全县社会政治稳定。坚持把维护社会稳定作为当前公安机关的第一责任，在县委、县政府的统一领导和相关职能部门的相互配合下，充分履行公安机关职能，按照“预防在先、发现在早、处置在小”的原则，抓住四个关键点，主动出击，积极应对。提高做好全县维稳工作极端重要性认识，并及时对阶段性维稳工作重点进行安排部署、总结分析、督导检查，及时充实和完善各类方案预案，进一步明确指导思想、工作目标、警力部署、工作措施及要求，有力确保各项维稳工作有计划、有步骤开展。2018年共召开维稳工作碰头会、部署会、汇报会45场次，制定各类方案预案12套，开展维稳专项督导检查77次。

2018年10月4日，波密县委副书记罗松（左二）在古乡派出所检查维稳安保工作

2019年2月19日，波密县委常委、政法委书记、公安局局长阿旺朗加在冰雪路段指导工作

【护城河工作】 2018 年，玉普一级公安检查站严格按照“逢车必查、逢人必查、逢物必查、逢疑必查”的工作要求，全面加强过往人员、车辆、物品的盘查力度。2018 年共检查过往车辆 33 万余台次，过往人员 92 余万人次，物品 126.8 余万件；查获涉毒案事件 9 起，查控吸毒人员 10 人，罂粟果实 6 枚，大麻 2.3 克；查获管制刀具 1450 余把，钢珠 700 枚，赌具若干，油料 360 升，危爆物品（烟花爆竹）6 箱。

【打击犯罪】 2018 年，县公安局严厉打击各类刑事犯罪，开展“三打击一整治”“扫黑除恶打非治乱”“扫黄打非”等各类专项整治行动 5 次，深入整治治安顽疾，切实提升群众安全感。2018 年共立各类刑事案件 21 起（同比上年下降 30%），破案 14 起，破案率为 66.7%。其中，盗窃案 7 起，占总发案数的 23.8%；电信诈骗案 5 起，占总发案数的 14%；故意伤害案 6 起，占总发案数的 28.6%；故意伤害致死案 1 起，故意杀人案 1 起，隐藏转移执法机关依法查扣、查封、冻结的财物案件 1 起。抓获犯罪嫌疑人 16 人，起诉 5 人，逮捕 4 人，取保候审 4 人，刑拘 2 人，移交监护人 1 人，抓获网上在逃人员 5 人，查获吸毒人员 10 人。

【“扫黑除恶、打非治乱”专项斗争】 2018 年，县公安局共部署排查 392 次，排查治安乱点地区 29 次，查处涉案人员 58 人。依法行政罚款共 21000 元，已全部上缴财政，挽回群众经济损失 2 万元。对群众反响强烈的治安突出问题及农村地区村霸、路霸、沙霸、车霸和集贸市场恶霸等涉黑涉恶问题突出的重点地区，集中警力强化打击整治，最大限度消除群众身边治安隐患和危险因素。2018 年共破获盗窃案件 5 起，抓获犯罪嫌疑人 8 人，成功止付 1 起电信诈骗案，挽回群众直接经济损失 1 万元。

【交通管理】 县交通管理大队在全县范围内开展了为期 4 个月（7 月 5 日至 11 月 5 日）的“旅游旺季”道路交通安全整治工作，在大队全体民辅警开展工作的基础上，从县局各部门抽调 6 名警力进行填充，将辖区的国道、省道、县乡道进行责任划分，明确划分管控区、责任区，确定责任领导和具体责任人，严厉打击整治道路交通违法行为，进一步强化道路交通秩序管控力度，并从维稳经费中支出 10 万元，完善和健全道路防护、安全提示等标志设施，着力降低辖区道路交通事故发生率。

2018 年，共查处各类道路交通违法行为 5800 余起，其中酒驾、无证驾驶等一般违法行为 12 起，制作一般违法案卷 12 卷；区间电子智能测速点抓拍的超速、占道、逆行等道路交通违法行为 3289 起；街面路面乱停乱放、摩托车不戴头盔、超速超员等违法行为 2500 余起。共处罚款 39.581 万元（已全部上缴财政），教育违法人员受教育 2000 余人次。

2018 年，发生道路交通事故 83 起（同比上升 53%），其中，重大事故 0 起（同比无增长），较大事故 0 起（同比下降 100%），一般事故 0 起（同比下降 100%），轻微事故 83 起（同比上升 66%），无事故死亡人数，道路交通事故录入公安交通管理综合应用平台录入率达 100%。

【治安案件查处】 2018年，县公安局加强流动人口、出租房屋管理，检查出租房屋340余间，排查外来人员3800余人次，发现居住证过期26人，未办理居住证25人，受理居住证2890张；与全县109家宾馆、141家家庭旅馆、53家汽修业、1家公章刻制业、5家废旧金属回收点、31家娱乐场所业主签订了《治安管理责任书》，并开展定期与不定期检查，整改隐患103处，当场整改72处，责令限期整改31处；认真开展消防安全隐患排查整治，检查各类场所778家次，发现火灾隐患及违法行为342处，督促整改火灾隐患及违法行为332处，下发责令改正通知书146份，下发行政处罚决定书3份，下发临时查封决定书1份，责令“三停”单位2家；强化危爆物品管理，加强监督检查，受理审批民爆企业购买、运输炸药62640公斤，导爆管雷管6900发，电雷管6000发；深入开展散装油料清查整治和管制刀具查缴行动，排查整改商铺、居民住宅、施工工地等场所安全隐患11处，收缴汽油、柴油360余公升，检查各类销售刀具商铺、各类场所215家次，收缴管制刀具1450把；开展“护校安园”专项行动，深入校园开展安全隐患排查51次，整改各类安全隐患23处，开展校园法制讲座13场次，发放宣传资料14500余份，排查社会闲散人员400余人次。

2018年，县公安局共受理各类治安案件43起，查处42起，1起正在受理中，查处率97.6%，同比上年下降20%。

【户政管理】 2018年，县公安局坚持以民为本，服务民生，全力提升人民群众满意度。积极为群众办理户口补漏补登、核对、变更等手续及二代身份证制证工作。落实了“符合条件立即办，无须领导签字，不符合条件讲明原因”。2018年开展上门办证送证服务97次。

【矛盾纠纷排查化解】 2018年，县公安局结合“大走访”活动，深入开展法制宣传和各类矛盾纠纷排查调处工作，坚决铲除滋生“小访小解决，大访大解决，不访不解决”不正常现象土壤，2018年共出动警力830余人次，排查化解各类矛盾纠纷51起。

【四项建设】 2018年，县公安局以“四项建设”（基础信息化、警务实战化、执法规范化、队伍正规化）为目标，以群众满意为导向，以解决执法突出问题为切入点，以提高执法主体素质、完善执法制度体系、加强执法监督管理、深化执法公开为重点，深入推进执法规范化建设。2018年解决各类实战训练经费30余万元，积极开展各种培训和模拟实战演练，加强与广东对口援藏公安机关沟通衔接，组织民警到内地跟班交流学习培训，邀请内地教官开展送教上门培训，有效提升民警实战能力、快速反应能力。

【公安队伍建设】 坚持将“两学一做”“四讲四爱”等教育活动常态化政治建警。2018年，县公安局认真开展“忠诚教育月”活动，深入学习贯彻党的十九大精神及各级政法工作、公安工作会议精神，牢牢把握习近平总书记提出的“对党忠诚、服务人民、执法公正、纪律严明”总要求，通过学习教育活动，进一步坚定广大民辅警的理想信念，牢固树立“四个意识”，确保绝对忠诚、绝对纯洁、绝

2018年7月7日，玉许乡派出所民警在泥石流发生路段走访受灾群众

对可靠,全力提高广大民辅警的政治素养。

坚持从严治警不放松。针对少数民警在办案过程中出现的随意执法、态度恶劣等突出问题,局党委迅速开展不正当执法清查活动,自查自纠,采取警示教育等措施,切实提高执法工作中的突出问题,提高公安机关执法公信力。

坚持从优待警不放松。始终对广大民辅警做到政治上关心、人格上尊重、待遇上改善、工作上帮助、生活上体贴,全面推进各项从优待警措施落实。2018年,局党委班子多次与县委、县政府主要领导、组织部门沟通汇报,请求解决公安机关部分民警职级待遇问题,并严格按照《党政干部选拔任用条例》规定大力推荐政治上靠得住、工作上有本事、作风上过得硬、人民群众信得过的53名优秀民警。经过多次沟通汇报,6月底,县委专门为公安系统召开常委会,会议通过了县公安局干部提拔调整方案,经报请市委组织部门备案后,于8月29日对公安局报请的第一批38名同志进行任免职,10月28日对第二批15人进行任免职;开展民辅警轮岗工作,对28名民警、18名协辅警进行轮岗轮换,对部分长期工作在艰苦边远乡镇的民辅警进行优先轮换。对那曲返岗的4名民警按照“职级、职务、待遇不降低”和“高标准、高规格安置”原则,一律分在县城片区各实职岗位并优先解决住房问题;积极协调县财政为112名协辅警及公益性岗位人员在原工资基础上增资600元,并纳入县年度财政预算,并从县政府积极争取45套周转住房;建立民辅警年度定期健康体检制度,组织171名民警、85名辅警进行年度健康体检,并逐步建立健康档案,同时积极保障民辅警的轮休、休假,保持旺盛的战斗力。

鼓励广大民辅警提升在职学历,组织38名民辅警参加2018年的函授和脱产学习,组织59名民辅警积极踊跃报考高升专、专升本,努力获取更高在职学历;举办波密县政法系统第一届长安杯体育运动会,利用业余时间组织开展各项篮球足球比赛,提高广大民辅警的凝聚力、向心力和战斗力。

【基础建设】 2018年,县公安局积极对接波密县城市监控改造(1000余万元)、城市道路红绿灯控制系统(600余万元)等项目,并派人到自治区发改委和政法委协商和跑办,恳请自治区政法委将项目纳入“雪亮工程”;积极协调县财政资金36余万元对公安办公楼和周转房进行维修维护,改善了民警办公和生活住宿环境;积极争取县政府50余万元资金对机关大院进行改造,重新规划停车场,对篮球场进行塑胶化改造,新增大门口屏风,整个局大院焕然一新,营造了浓厚的文化氛围和拴心留人的环境;投资93万元资金建成机关食堂,极大地改善了民辅警生活条件;为加强县消防大队和县公安局在预防火灾、火灾救援等方面的协同能力,申请广东援藏波密工作队资金17余万元用于特警训练塔及其相关设施设备建设;在前期执法办案场所改建的基础上,争取县财政资金100万元用于全局各乡镇派出所和中心办案场所执法场所建设,并争取县财政资金89.9万元对城区部分监控设施设备进行改造;积极协调自治区发改委等单位落实县公安局“十三五”中央预算内投资420万元的交警大队业务用房和720万元的玉普一级公安检查站改扩建项目落地,年底已完成2个项目前期手续,后续工作正在积极跟进中。

(袁霄龙)

【领导名录】

县委常委、政法委书记、公安局党委书记、局长、督察长

阿旺朗加(藏族)

公安局党委副书记、政委

刘　斌

党委委员、副局长

向　巴(藏族)

晋　美(藏族)

马　辉

党委委员、玉普一级公安检查站站长

王炳旺(7月退休)

宋燕平(10月任职)

党委委员、警务保障室主任

李仕强

特警大队大队长

江永加措(藏族)

法制室(督查大队)主任

扎　巴(藏族,8月离任)

白玛单增(藏族,8月任职)

刑事侦查大队大队长

扎　　巴（藏族，8月任职）

出入境管理大队大队长

王　　珂（女，10月任职）

看守所所长

巴桑罗布（藏族，6月离任）

何　　伟（10月任职）

交警大队大队长

多吉次仁（藏族）

网安大队教导员

曲　　央（藏族，8月任职）

扎木镇党委委员、县城派出所所长

永　　彩（藏族）

县城派出所副所长

雍　　伟

松宗镇党委委员、派出所所长、

普布泽仁（藏族，6月任镇党委委员，8月任所长）

松宗镇派出所副所长

陈　　鹏

易贡乡派出所副所长

张杨波

次旺欧珠（藏族，8月任职）

玉普乡党委委员、派出所所长

巴桑罗布（藏族，6月任乡党委委员，8月任所长）

玉普乡派出所副所长

唐　　华（8月任职）

玉普一级公安检查站副站长

拉巴次仁（藏族）

刘金明

玉许乡派出所副所长

格桑旦增（藏族，10月任职）

古乡党委委员、派出所所长

黄炳勇

倾多镇派出所副所长

阿旺吉扎（藏族，8月任职）

晋　　美（藏族）

康玉乡派出所副所长

其　　布（藏族，8月任职）

八盖乡党委委员、派出所所长

张　　辉（6月任乡党委委员，8月任所长）

八盖乡派出所副所长

吾坚仁真（藏族，8月任职）

广场便民警务站站长

洛桑赤列（藏族，5月任职）

广场便民警务副站长

多杰旺堆（藏族，8月任职）

黄　　波（10月任职）

老油库便民警务站站长

桑旦加措（藏族，10月任职）

老油库便民警务站副站长

张　　辉（5月任职）

嘎玛顿珠（藏族，8月任职）

梅州路便民警务站副站长

泽旺扎西（藏族，8月任职）

王　　涛（10月任职）

城西便民警务站站长

昂旺罗卜（藏族，8月任职）

城西便民警务站副站长

巴　　桑（藏族，5月任职）

贡确次仁（藏族，10月任职）

德庆路便民警务站副站长

夏程程（10月任职）

扎墨路便民警务站副站长

益西拉姆（女，藏族，10月任职）

巴桑旺堆（藏族）

通麦便民警务站副站长

路　　琦（壮族，8月任职）

易贡茶场便民警务站站长

索朗嘎珠（藏族，5月任职）

易贡茶场便民警务站副站长

李　　科（8月任职）

多东寺警务室主任

徐　　龙（8月任职）

倾多寺警务室主任

米玛坚增（藏族，8月任职）

波密县人民检察院

【概况】 2018年，波密县人民检察院认真贯彻党的十九大、十九届二中、三中全会和区党委九届三次、市委一届七次全会精神，在波密县委和林芝市人民检察院的坚强领导下，在县人大及其常委会有力监督下，在政府的支持和政协的民主监督及社会各界关心帮助下，紧紧围绕全县工作大局，忠诚履职、服务人民、务实担当、强化监督、严明纪律，为波密经济发展、社会和谐稳定提供了有力的司法保障。

2018年，县检察院共有编制20名，实有干警24名（工勤人员1名）；院党组成员4名（检察长1名，副检察长2名，检委会专委1名）；男性干警20名，女性干警4名；藏族10名，汉族13名，哈尼族1名；党员23名（正式党员21名，预备党员2名）；除1名工人是初中文化程度以外，其他23名干警都是大专以上学历，其中专科2名，本科19名，研究生2名；具有法律职业资格的干警13名。

【案件审查】 2018年，县检察院侦监部门受理案件12件21人，经审查，作出批准逮捕决定11件19人，不批准逮捕2件2人，其中1件涉嫌盗窃罪案件4人作批准逮捕，1人作不批准逮捕。公诉部门共受理案件12件13人，其中作出不起诉决定1件1人，移送上级院2件2人。经审查，向波密县人民法院提起公诉17件

2018年4月27日，波密县人民检察院联合县林业局、法院、公安局、食药局、工商局、环保局召开推进公益诉讼工作座谈会

31人，均作有罪判决，起诉准确率100%。

【党建工作】 2018年，县检察院充分发挥党组织战斗堡垒作用和共产党员的先锋模范作用，建立和完善党建目标责任制、党支部责任制，以健全的机制强化履职意识和责任意识。扎实推进“两学一做”学习教育常态化制度化的贯彻落实，健全完善“三会一课”、党组中心组学习、领导干部讲党课等基本制度。在党组、党支部中将业务工作与政治学习同安排同部署，党组、党支部做到周有学习、季有总结。发挥党组、党支部主体作用，抓好书记讲党课、“支部活动日”制度等常规动作。

成立了县检察院落实党风廉政建设责任制工作领导小组，定期召开领导小组会议，对党风廉政建设进行研究，制定《党风廉政建设目标责任书》，细化分解工作任务到各班子成员和各科室（局），明确到人，确保责任分解不留死角。定期向市院分管领导汇报党风廉政工作开展情况，院各党组成员严格落实个人事项报告制度、述责述廉制度，认真开展廉政谈话和诫勉谈话工作。

【特色检察品牌创建】 年初，县检察院党组召开专题会议，广泛征求广大干警意见，及时确立“安心务工、有检同行”特色检察品牌工作重点，明确了工作的总体要求、方法措施、组织领导等，使品牌创建工作有组织、有督导，各项工作有人抓、有人做。组织干警深入县人社局和信访局及时把握农民工关心的问题，对农民工咨询、申诉、举报反映的问题，及时办理并给予答复，提高相关案件办理的质量和效率。针对侵犯农民工权益类案件，及时与县人社局、法律援助中心、法院建立沟通协作工作机制，为农民工进行调解、法律援助、支持起诉。根据群众反映和职能部门排查出的相关情况，对企业和工程负责人进行预防性宣传，采取询问施工人员、财会人员、项目经理、开发商、建设方等方式，了解掌握工人工资发放情况，同时结合《劳动合同法》和典型案例，开展政策法规宣传活动，有效提高农民工依法维权和用人单位规范用工行为意识。2018年，对一起经过多部门协调，长期未能妥善解决的工伤纠纷进行现场调解，通过耐心有效的释法说理工作，双方当事人最终达成和解，并签订了赔偿协议。

【扫黑除恶打非治乱专项斗争】 2018年，县检察院结合工作实际，积极投入到新一轮扫黑除恶打非治乱专项斗争中，成立了扫黑除恶打非治乱领导小组，认真排查梳理问题线索，把摸清底数作为开展扫黑除恶打非治乱斗争的基础性工作，将扫黑除恶工作法制化、规范化和专业化。以彻底铲除黑恶势力“保护伞”为目标，进一步加强与公安机关、法院等相关单位的协作配合，健全了扫黑除恶打非治乱长效工作机制。

【公益诉讼】 2018年，县检察院制定了《波密县人民检察院关于深入推进公益诉讼工作的意见》，并呈报县委、县人大，得到县委书记朱正辉的重要批示。为提高行政机关对公益诉讼工作的认知度，4月27日，组织召开推进公益诉讼工作座谈会，县人大常委会副主任旺青罗布、政府副县长姜治强应邀出席会议，县人大办、食药局、国土局、环保局、水利局、城管大队、法院、工商局、国资委、林业局等单位的主要负责人参加座谈会。各单位负责人一致表示在今后的工作中将会加强同检察机关的联系与配合，更好地促进公益诉讼工作顺利开展，确保国家和社会公共利益得到有效保护。利用“检察课堂”、集中业务学习等载体，深入学习两高《关于检察公益诉讼案件适用法律若干问题的解释》《检察机关民事公益诉讼案件办案指南》和《检察机关行政公益诉讼案件办案指南》，让波密县干警及时掌握公益诉讼案件的办理程序，切实提高干警执法办案水平，同时通过召开公益诉讼工作座谈会，通过播放宣传片、发放宣传资料等向公众普及公益诉讼知识，提高了人民群众对公益诉讼的认知度。积极开展公益诉讼工作，针对一起砍伐树木，占用林地行为向县林业局发出督促履职检察建议，县林业局收到检察建议书后，深挖问题根源，及时对违法者进行行政处罚，违法者在涉案林地进行了补植复绿。

2018年6月10日，波密县人民检察院联合县人社、信访等部门负责人在辖区各建设工地开展“发挥联席机制作用，保障农民工合法权益”法律宣传活动

【司法体制改革与监察体制改革】

2018年，县检察院司法体制改革工作领导小组全面贯彻和推进司法体制改革，坚决贯彻中央和区党委、高检院、区院、市院关于司法体制改革的各项工作任务，完善配套制度，顺利完成了县检察院国家监察体制改革检察环节。

开展员额检察官等级确认工作。根据《全区检察机关确定检察官序列等级的实施意见》和《西藏自治区检察官单独职务序列按期晋升实施办法（试行）》，县检察院党组召开会议，对县检察院7名员额检察官等级进行确认，对3名员额检察官等级进行晋升，进一步规范检察官单独职务序列管理；内设机构改革。根据区检院印发的《西藏自治区检察机关内设机构改革实施意见（试行）》，将原有内设机构优化整合为“5部+1室”，即：检务保障部、刑事检察部、民事检察部、生态安全检察部、检察业务管理监督部、外加一个派驻检察室，并将入额的7名检察官全部纳入到具体办案岗位进行责任制管理；实行检察官、检察辅助人员和司法行政人员分类定岗。优化检察人员和队伍结构，细化办案制度，构建权责对应的检察官司法责任体系；落实绩效奖金分配制度。科学设置绩效考核指标体系，建立与检察人员工作职责实际相联系的绩效考核及奖金分配制度，落实检察人员工资福利待遇，2017年绩效奖金已于2018年5月兑现并发放至全体干警。

（周秋苹）

【领导名录】

党组书记、检察长

胡　　波

党组副书记、副检察长

扎西平措（藏族）

党组成员、副检察长

周荣波

党组成员、检察委员会专职委员、反渎职侵权局局长

陈秀珍（藏族，1月转隶监察委）

党组成员、检察委员会专职委员、公诉科科长

拉巴顿珠（藏族）

侦查监督科科长

裴　　璐（女）

林业检察科科长

龙浩瀚

办公室（检察委员会办公室、人民监督员办公室、计划财务装备科）主任（科长）

张 乐

派驻检察室主任

次仁占堆（藏族）

司法警察大队大队长

普次仁（藏族）

波密县人民法院

【概况】 2018年，波密县人民法院在县委坚强领导、人大有力监督、政府大力支持、政协民主监督、上级法院正确指导和社会各界关心帮助下，高举中国特色社会主义伟大旗帜，以马克思列宁主义、毛泽东思想、邓小平理论、"三个代表"重要思想、科学发展观、习近平新时代中国特色社会主义思想为指导，深入贯彻党的十九大、十九届二中、三中全会精神，认真贯彻落实习近平新时代中国特色社会主义思想和中央第六次西藏工作座谈会议精神、特别是"治国必治边、治边先稳藏"的重要战略思想，紧紧围绕习近平总书记提出的"坚持司法为民公正司法，努力让人民群众在每一个司法案件中都感受到公平正义"这一目标，忠实履行宪法和法律赋予的职责，自觉服务于新时期、新阶段波密工作大局，创造性地开展司法审判工作，为波密经济平稳较快发展、社会和谐稳定作出积极贡献。县人民法院属正科级审判机关，办公地址在波密县江北路2号。2018年，县人民

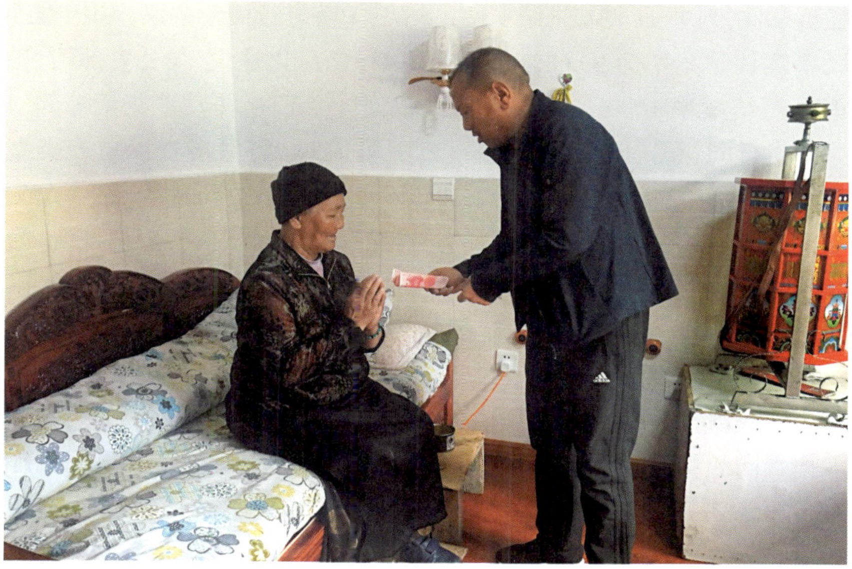

2018年10月10日，波密县人民法院党组书记、院长旺堆次仁在县敬老院看望慰问结对帮扶户

法院有10个内设机构和4个派出法庭，内设机构均为副科级建制。全院有政法专项编制36名（含4个法庭编制12名），实有干警33名，公务员31名，工人2名。院领导3名（其中院长1名，副院长2名），副县级1名，正科级3名，副科级8名，科员19名。藏族19名，汉族10名，门巴族1名，珞巴族2名，白族1名。共有法官9名。

【案件受理】 2018年，县人民法院受理各类案件152件（含1件司法救助案件），审执结140件，综合结案率92.11%。

【刑事审判】 2018年，县人民法院坚持惩罚犯罪与保障人权并重，充分发挥刑事审判职能，严格落实疑罪从无、非法证据排除等法律原则和制度，坚持罪刑法定和罪、责、刑相适应，认真落实宽严相济刑事政策，充分保护刑事被害人及其家属合法权益。有效发挥保平安、促稳定的职能作用。2018年共受理各类刑事案件29件55人（旧存3件、新收26件），审结26件39人，刑事案件结案率为89.66%，法定审限内结案率100%，作出有罪判决38人。案件的类型为盗窃罪、故意伤害罪、妨害公务罪、贪污、挪用公款罪、盗伐林木罪、挪用资金罪、盗掘古文化遗址、古墓葬罪、交通肇事罪、非法收购、运输盗伐、滥伐林木罪。

【民事审判】 2018年，县人民法院坚持服务民生与化解矛盾并重，着眼于构建和谐社会、坚持"调解优先、调判结合、案结事了"的原则，把化解各种社会矛盾纠纷、理顺和建立和谐的社会关系作为审判机关履行社会管理职责的有效途径。2018年受理各类民商事案件96件（其中旧存7件，新收89件），已结87件（其中调解结案31件、督促程序结案6件、

撤诉9件,判决41件),未结9件,民事案件结案率为90.63%,法定审限内结案率100%。案件类型为买卖合同纠纷、侵权责任纠纷、修理合同纠纷、借款合同纠纷、分期付款买卖合同纠纷、劳务合同纠纷、合伙协议纠纷、合同纠纷、同居关系纠纷、名誉权纠纷、建筑设备租赁合同纠纷、建设工程施工合同纠纷、房屋租赁合同纠纷、承揽合同纠纷、抚养费纠纷、提供劳务者受害责任纠纷、民间借贷纠纷、生命权、健康权、身体权纠纷、监护权纠纷、离婚纠纷、车辆租赁合同纠纷、运输合同纠纷、返还原物纠纷、申请支付令。

【执行工作】 2018年,县人民法院加大执行力度,创新执行理念,规范执行工作,积极化解民间纠纷,积极创新举措,破解“执行难”问题,认真贯彻落实全国法院决胜“用两到三年时间基本解决执行难”相关会议精神,切实解决“执行难”问题,在原有的执行工作联动机制的基础上,结合波密实际制定由18家成员单位参与的《波密县人民法院健全和完善执行联动实施细则》,明确了成员单位的职责和义务,并把执行工作纳入社会治安综合治理目标管理考核,形成了齐抓共管的格局。建立执行威慑机制,制定解决执行难问题联席会议制度,积极组织召开联席会议;建立与上级法院执行工作统一联动机制,加强上级法院对本院遇到的“执行难”问题的指导和协调;2018年8月建立执行指挥中心,并多次与高院、中院进行视频会议;积极推进执行信息化建设,与公安部门、各大银行、工商、不动产登记等部门互联互通,将网络查控财产类型逐步扩展到银行理财产品等金融资产,通过网络执行查询系统,为执行案件提供查询冻结服务,确立以网络司法拍卖为原则、委托拍卖为例外的司法拍卖新模式,大力推行网络司法拍卖;为强化执行案款管理,与农业银行合作“一案一账号”执行案款管理系统,并于2018年8月上线运用;2018年7月,与中国人民财产保险股份有限公司林芝分公司签订《战略合作协议》,引入财产保全、执行悬赏和执行救助保险机制,最大限度地提高财产保全的担保比例,实现保全申请与财产查控系统的有机衔接;始终站在全局的高度对待委托执行工作,对委托案件优先执行、优先采取强制措施,2018年委托案件8件,10天内执结达100%。2018年共受理执行案件27件(全部为新收案件,其中2件为财产保全执行案件、1件为执行救助案件),已结27件,执结率100%,发放执行救助金1万元。2018年无涉执信访案件,共公开失信被执行人2件2人(已自动履行1人)。

【立案信访】 2018年,县人民法院继续加强立案登记制度,做到有案必立、有诉必理。在立案接待环节,彰显司法人文关怀,实现“你有所呼,我有所应,你有所求,我有所为”服务承诺,以法院信息化为依托,大力推进网上立案工作,2018年网上立案1件。注重矛盾纠纷源头治理,强化诉前调解和立案调解工作,把一部分案件化解在诉前和诉初,最大限度地降低诉讼成本,减轻当事人的诉累。院党组高度重视信访工作,加强人员配备,将信访工作摆上重要议事日程,积极化解各类矛盾,有效化解涉诉信访难题。充分发挥诉讼服务中心窗口作用,妥善解决各种社会矛盾,为群众提供诉讼绿色通道。

【警务保障】 2018年,县人民法院有序推进司法警务工作,司法警察大队严格按照上级法院的要求认真贯彻执行有关规定,强化警务管理,以服务审判为中心,充分发挥司法警察在法院庭审保障、安保、综治维稳和协助执行等方面的积极作用,做到严肃执法、热情服务,保障审判工作顺利有序进行。2018年司法警察大队参加刑事庭审26次,押解被告人39人次,参与值庭116人次,协助办理执行案件27件。在值庭过程中,无一起扰乱法庭秩序的事件发生。在看管、押解被告人的过程中,无一人脱逃。

【司法公开】 2018年,县人民法院继续加强审判流程公开、裁判文书公开和执行信息公开“三大公开平台”工作,充分发挥裁判文书宣传法律知识、规范公众行为、树立正确导向的功能,传递法治正能量,同时用公开促进法官提高自身业务素质和司法水平,树立法律权威,对符合公开条件的

82 篇裁判文书在中国裁判文书网进行公开。积极配合司法行政机关进一步完善人民陪审员选任、培训、参审等工作，确保每位人民陪审员每年都能参审一定数量的案件，充分发挥人民陪审员职能作用。2018 年，适用普通程序审理案件 45 件，人民陪审员参审案件 44 件，普通程序案件参审率达 97.78%。

【司法救助】 2018 年，县人民法院积极完善司法救助机制，加大司法救助力度，依法为困难当事人进行司法救助，对确有困难的农牧民贫困户、低保户、失业人员等弱势群体依法减、免、缓征诉讼费用，让经济确有困难的当事人真正得到实惠，2018 年依法减、免、缓交诉讼费 11889.23 元。同时加大执行救助力度，对执行标的未到位和一些无可供执行财产、被执行人下落不明等难以执行到位的案件，执行人生活确有困难的，依法给予一定的执行救助，以解决申请执行人的现实困难，切实保障困难当事人的基本生活需求。2018 年对符合条件的 1 名申请人发放执行救助金 10000 元。

【法制宣传】 2018 年，县人民法院充分利用各种平台，加大法制宣传力度，通过波密县人民法院官方微信公众平台，推送一些法院动态、法律常识。积极参加各类宣传日活动，开展集中法制宣传。充分利用车载流动法庭、乡镇人民法庭深入开展以案普法等有针对性的普法宣传工作。通过这些措施强化宣传广度和深度，积极落实“谁执法、谁普法”的宣传责任，潜移默化地提高全县广大干部群众的法律素养。

【队伍建设】 2018 年，县人民法院始终把队伍建设作为事关人民法院事业兴衰成败的根本性问题来抓，始终把政治建设置于队伍建设的首位，以更高的认识、更大的力度、更新的举措，建设一支符合人民期望的高素质队伍。认真落实中央八项规定及其实施细则，以提高素质、改进工作作风为重点，建立符合司法改革特点的法官队伍、司法辅助和司法行政队伍，全面提升法院队伍素质和形象。认真落实定期学习制度，及时组织全院干警学习党的大政方针和新出台的法律法规、司法解释等，确保干警政治合格，业务过硬。

【各类活动】 2018 年，县人民法院按照上级相关部门的要求，积极开展“创先争优强基础惠民生活动”“两学一做”学习教育、“扫黑除恶、打非治乱、扫黄打非”专项斗争、党员政治教育、“政治纪律教育”“政法干警纪律作风整顿”“全面加强政治建警、打造过硬政法队伍”专项教育整顿和“第二十三个党风廉政建设宣传教育月”等活动，通过各项活动的开展提升队伍政治素质建设。

【教育培训】 2018 年，县人民法院坚持以提升队伍素质为核心，积极按照县委、上级法院的安排部署，组织干警参加各类培训。2018 年组织干警参加自治区、市、县组织的各类培训 27 次 39 人次，提升了法院干警的政治素质、业务素质和职业道德素质。

【基础建设】 2018 年，县人民法院投资 306 万元的诉讼服务中心已开工建设。根据“十三五”项目规划，积极开展“十三五”项目工作，完成了倾多镇人民法庭的改扩建、松宗镇人民法庭和玉许乡人民法庭项目的新建工作。

【信息化建设】 2018 年，县人民法院积极推进信息化建设，不断提升审判能力。充分利用科技法庭开庭，通过视频会议系统远程开庭，借用其他法院科技法庭开庭，并全程录音录像，既节约办案成本，又优化司法资源配置，增进资源共享，节约诉讼成本，方便群众诉讼，为改革法院管理制度提供有力的技术支持，从而有效提升司法形象和司法权威。同时还完成了执行指挥中心的建设和投资 25.74 万元的科技法庭语音识别系统（即：庭审语音转文字的智能语音系统）安装，并已投入使用，提升了法院信息化建设水平。

【司法改革】 2018 年，县人民法院积极推行院、庭长直接办案制，充分发挥领导干部办案经验丰富的优势，带动全院专业化水平的提高，院、庭长作为承办法官参与办案 105 件，占全年案件总数的 69.08%。按照人员定岗分类要求，科学分类法官、司法辅助人员、司法行政人员。2018年，全院共有法官9名，司法辅助人员18名（包含法官助理5名、书记员8名、法警5名），司法行政人员6名。积极开展法官入额工作，在2017年首批入额9人的基础上，2018年初开展了第二批法官入额工作。积极协调落实法官、法官助理、司法行政人员工资制度改革，建立了大审判团队、综合审判团队、执行团队3个新型审判团队，提高审判质效。积极开展内设机构改革调研，认真报送相关方案。

【党的建设】 2018年，县人民法院始终坚持党组理论中心学习制度，加强意识形态教育，强化理想信念教育，牢固树立正确的世界观、人生观和价值观，共组织党组中心理论学习12次。着力加强领导班子建设和党支部建设，严肃党内政治生活，保持党员队伍的先进性和纯洁性。坚持落实每周学习制度，及时组织广大干警学习党的大政方针和新出台的法律法规，确保干警政治合格，业务过硬。年初制定党支部年度工作计划和学习计划，党支部利用每月“党员固定活动日”，开展观看廉政电影、讲党课、加强党员政治教育等丰富多彩的活动。2018年党支部共组织学习、开展活动31次，每名党员撰写个人学习心得体会4篇。

严格落实党风廉政“两个责任”和“一岗双责”，及时召开党风廉政建设和反腐败工作专题会，将党风廉政建设工作、反腐败工作和业务工作同安排、同部署、同检查、同落实，层层签订《党风廉政建设责任书》，层层传导压力，层层压实责任，做到“把纪律挺在前面”。组织干警认真学习党章、准则条例和新出台的法律法规，每名干警撰写个人学习心得体会4篇。

（郭春梅）

【领导名录】

党组书记、院长
　　旺堆次仁（藏族）
党组成员、副院长
　　边巴次仁（藏族）
　　田　峰
党组成员、审判监督庭庭长
　　泽嘎拉姆（女，藏族）
党组成员、执行局局长
　　尼玛曲珍（女，藏族，1月任党组成员）
司法警察大队大队长
　　贡布扎西（藏族）
刑事审判庭（少年审判法庭）庭长
　　赵兴佳（白族）
民事审判一庭庭长
　　余玲玲（女）

波密县司法局

【概况】 2018年，波密县司法局紧紧围绕县委、县政府的中心工作，在林芝市司法局的业务指导下，在县委政法委的领导下，立足本职，把握机遇，求真务实，充分发挥法治宣传、法律援助、社区矫正、安置帮教、人民调解的职能特点，为维护波密县社会稳定和经济发展发挥积极作用。

【实施“七五”普法规划】 2月底，《波密县“七五”普法规划（2016–2020）》经波密县人大常委会审议通过，下发至各普法成员单位及各乡镇，按规划要求落实到每个村。3月，转发了《林芝市关于实行国家机关“谁执法谁普法”普法责任制的实施意见》至各普法成员单位，并结合普法工作实际，制定了波密县实施“谁执法谁普法”责任制实施方案，重点宣传了《中

2018年4月16日，西藏自治区司法厅党委书记、厅长肖传江（左三）在波密县司法局考察指导司法行政工作

华人民共和国宪法》《中华人民共和国律师法》《中华人民共和国公证法》《中华人民共和国民调解法》《中华人民共和国监狱法》《中华人民共和国禁毒法》《中华人民共和国法律援助条例》等法律法规。县普法办与县民宗局联合举办在编宗教人员法律知识考试，合格率达90%。4月，县组织人员参加了在波茂广场举行的“全民国家安全教育日宣传活动”，让群众与干部接受安全意识与法律意识双重洗礼。5月，应县委组织部邀请为全县村（居）党组织负责人作学习宪法专题讲座报告，使全县80多名村党支部书记明白宪法精神。2018年县司法局共开展100余次法制宣传教育活动，发放宣传单7000余份，悬挂标语横幅62条，出动宣传车25台次，受教育人数达3万余人次。

【人民调解】 2018年，为完善人民调解制度，规范人民调解活动，县司法局人民调解工作在完善村级人民调解委员会与专业调解委员会组织的基础上，严格按照《人民调解法》的规定，对人民调解组织进行业务指导，切实做好矛盾纠纷排查调处工作。2018年共调解矛盾纠纷25件，涉及资金882.35万元，排查46余次。

【社区服刑人员和安置帮教对象】 2018年，县司法局累计接收社区服刑人员91人，在册23人，解除矫正64人（包含死亡），居住地变更3人，重新犯罪1人。累计接受安置帮教人员133人，在册80人（其中重点帮教对象2人）。2018年藏历新年之际，县司法局工作人员在辖区内安置帮教人员和社区矫正人员家中进行节前慰问，为他们送去大米、面粉、清油等慰问品，把党和政府的温暖送到了困难的社区矫正人员和安置帮教对象家中。同时，县司法局干部同乡镇司法助理员对全县登记在册的社区矫正人员和安置帮教人员进行走访、教育，并与社区矫正人员所在地的村委会班子成员、双联户户长、社区矫正人员家属、司法助理员、派出所层层签订社区矫正监管责任书，进一步完善了社区矫正人员档案。

【法律援助】 2018年，县司法局法律援助中心共办理法律援助案件3起（刑事案件2起、民事案件1起），代写法律文书96份，解答咨询人员法律问题110人次.所办案件以婚姻家庭纠纷为主，完成调解11件。

（旦　增）

【领导名录】

局　长

　　义　　盾（藏族）

副局长

　　央　　青（女，藏族）

主任科员

　　阿　　姑（女，藏族）

法律援助中心主任

　　罗布德旦（女，门巴族）

玉普一级公安检查站

【概况】 2018年，玉普一级公安检查站有编制26名，实有警力16名，民警9名，辅警7名。站长1名，副站长2名。

【检查站职责】 2018年，玉普一级公安检查站立足工作岗位实际，认真开展“两学一做”“政治建警”“忠诚教育月”等学习教育活动，提高全体民辅警的政治觉悟、政治敏锐性和大局意识、责任意识，不断提高业务素质和工作效率，努力做到文明执勤、严格执法、热情服务，坚持“打防并举，预防为主”，认真落实检查站24小时查验登记和“逢车必查、逢人必查、逢物必查、逢疑必查”的“四必查”要求，及时发现、查堵犯罪分子、危安物品，竭力筑牢林芝市的东大门和环拉萨“护城河”“过滤网”的安全屏障，为波密县、林芝市及全区的稳定和发展作出积极贡献。

【执法检查】 2018年，玉普一级公安检查共登记、检查车辆27余万台次，检查人员120余万人次，查处违法车辆36余台次，检查出冒用他人证件人员273人（其中外籍人员冒用国内身份证者4人），劝返“三无”人员51人次，抓获在互联网上通缉的在逃人员11名，查处查获1956式7.62mm×39mm型自动步枪弹壳493枚、56式半自动步枪弹夹291个。查处非法携带罂粟果1人（罂粟果6颗，大麻2.3克，海洛因3克），查验吸食毒品人员10人（其中HIV病毒携带者1名），查获赌博工具1套，查获弹弓枪1支（有杀伤力，钢珠700颗），查获烟花

2018年5月29日，波密县司法局组织全县在册社区服刑人员到波密监狱参加警示教育活动

爆竹6箱，收缴管制刀具2100把，查获散装油料等易燃易爆品360余公升及其他危安物品。

【学习交流】 2018年，玉普一级公安检查站进一步加强与昌都市然乌一级公安检查站、八宿县然乌镇派出所的联系，继续签订合作协议，形成了团结协作、相互帮助、相互支持的工作格局。同时，及时组织党员、青年认真开展“两学一做”学习教育活动、“四讲四爱”等教育实践活动。

【便民服务】 2018年，玉普一级公安检查站持续开展便民服务和结对认亲帮扶工作，为过往司乘人员提供开水、药品、旅游咨询、救助，参与各类救助10余次，参与道路抢险疏通20余次。

（宋燕平）

【领导名录】

站　长

王炳旺（7月退休）

宋燕平（10月任职）

副站长

黄　波（10月离任）

刘金明（10月任职）

副站长

拉巴次仁（藏族）

波密监狱

【概况】 2018年，波密监狱始终坚持以习近平新时代中国特色社会主义思想为指导，始终坚持党对监狱工作的绝对领导，深入贯彻落实党的十九大精神和十九届二中、三中全会精神以及区党委九届三次、四次、五次全会精神，紧紧围绕党中央、区党委、司法部、部监狱局和自治区司法厅、监狱局的各项决策部署，牢固树立“四个意识”，坚定“四个自信”，做到“两个维护”，坚持以政治改造为统领、坚守安全底线、践行改造宗旨，以推进监狱精细化管理为抓手，以推动受援工作健康发展为契机，以“监所改革创新攻坚年”为重点，在监狱全体民警齐心协力下，实现了全年“四无”（无罪犯脱逃、无重大狱内案件、无重大安全生产事故、无重大疫情）和“三不出”（大事不出，中事不出，小事也不）的目标，确保了国家刑罚执行依法有序、有力有效全面落实。

【思想政治教育】 强化政治责任。2018年，波密监狱全体领导班子成员积极宣传贯彻党和国家各项方针政策及司法部、部监狱局和自治区司法厅、监狱局的各项部署要求，积极参与监狱改革发展稳定各项任务，在工作中坚持原则、秉公执法、不徇私情、清正廉洁；坚持党建引领。坚持“三带一促”的党建工作思路，紧扣监狱工作特点和突出党建工作重点，不断丰富党建工作内涵，持续提升党建工作水平；深化学习教育。以“不忘初心，牢记使命”主题教育为统揽，以深入推进“两学一做”学习教育常态化制度化为平台，把专项教育整顿活动与全系统正在开展的“大学习、大研讨、大培训、大督察”工作，与“党的政治纪律教育”活动，与“以案明纪，廉洁从警”警示教育活动工作相结合，切实做到专项教育整顿与日常工作有机融合、相互促进；落实从优待警。民警备勤房和林芝市周转房实已投入使用，合理安排民警职工轮休，完善备勤制度和应急力量，建立健全备勤制度、应急机制，让广大干警职工切实感受厅局党委和监狱党委的关心关怀，顺利完成监狱暖气、地暖等取暖设施改造项目，营造出温暖舒适的民警生活环境和工作环境。

2018年4月7日，西藏自治区司法厅党委书记、副厅长肖传江（前排左二），西藏自治区司法厅副巡视员、监狱管理局党委副书记、政委万马（前排右一）一行在西藏波密监狱考察指导工作

【监管安全】 加强维稳工作。2018年，波密监狱缜密部署各敏感节点、重要时段、重要会议、重要节日安全稳定各项工作，加强信息情报研判，强化周界治安管理，开展应急处突演练，经常性开展两警联席会议和联合演练，形成并建立防范格局和体系；加强安全监管。明确民警岗位职责，明确监管责任、监管任务和监管目标，严格落实分级责任制和岗位责任制，对重点人员做到思想认识到位、组织领导到位、工作力度到位、防范措施到位；加强医疗管理。努力做到在生活和健康上关心罪犯，努力抓好罪犯就餐、生活供应、医疗保障等各项工作的标准化、规范化、制度化管理；加强安全隐患监管。优化整合监狱各独立押犯点，消除存在的安全隐患，合理配置警力资源，使得监狱整体监管安全稳定局势得到进一步加强；落实执勤规定。按照自治区司法厅、监狱局的工作要求，切实抓好抓实值班和备勤工作，同时强化对请示汇报的制度，做到"有事报情况，无事报平安"。

【"五大改造"】 政治改造。2018年，波密监狱开展红色教育活动4起，强化了罪犯的政治改造意识。开展法律宣传等活动5起，增强了罪犯身份意识、悔罪意识，维护了宪法和法律尊严。

监管改造。制定"罪犯管理一周工作流程""每日工作规范"，强化监管工作秩序；设立"问题墙回音壁"，明问题责任，看整改成效。

教育改造。通过多种手段强化罪犯的文化、法治、政策、悔罪等教育成果；大力培养心理咨询专业教育干警，加强心理矫治工作；开展亲情帮教活动，增强罪犯感恩意识和改过自新的内在动力；举办警示教育活动，演讲对象包括党政机关、企事业单位和部队共103人，发挥监狱罪犯警示教育活动。

文化改造。通过多媒体电教室、《新生月报》等形式和"藏汉双语"方式进行国学经典文化和民族地域优秀文化教育；帮助罪犯积极参加全国高等教育自学考试，增强罪犯的知识文化水平；以"一学、一听、一思、两唱、两看、两展"推广"蝶梦文化"之——心路历程，创新"蝶梦文化"品牌建设，探索符合波密监狱实际的监区文化建设。

劳动改造。以驾校理论知识、办公自动化信息技术、烹饪知识、电脑维修、程序设计等为抓手，以药材种植、唐卡绘画、手工缝制为平台，开展罪犯职业技能教育。

【公正执法】 2018年，波密监狱严格按照法律规定、司法解释和司法部监狱管理局规定，做好罪犯提请减刑和保外就医执法工作；与部分县区司法局联合开展社区矫正工作人员到监狱进行学习培训，以及社区服刑人员进监狱开展警示教育活动，并与部分县区司法局达成人才交流共识，积极贯彻落实刑罚执行一体化建设；对罪犯改造表现实行计分考核，奖优罚劣，依法适用减刑、保外就医，严格减刑及保外就医的审批程序，做到严格程序、严格条件、严格把关，多次公开公示，多次征求意见。接受监狱内部监督、上级机关监督、检察机关监督，同时接受社会监督，聘请社会执法监督员对监狱刑罚执法工作进行监督。

【体制改革】 改善监管改造环境。2018年，波密监狱完成电力系统整体改造，结束了波密监狱长期以来依靠自主电站发电造成维修成本高、警力浪费大、风险隐患多的局面；实现民警值班室优化改造，深化监狱精细化管理，保障执勤民警良好工作环境，消除各类安全隐患；与广东省监狱管理局达成资金、项目和智力的受援协议，补齐监管安全设施短板；推动信息化建设取得历史性突破，并开始试用和反馈，指挥中心已逐步发挥作用；推进监狱布局调整。根据司法部出台监狱布局调整的相关指示性文件，积极推进监狱布局调整工作，顺利实现前期工作，完成“十四五”规划意见的上报。

（唐　弘　李全振）

【领导名录】

党委书记、政委

任　辉

党委副书记、监狱长

斯朗扎西（藏族）

党委委员、纪委书记、副监狱长

扎西尼玛（藏族）

党委委员、副监狱长

杨华忠（藏族）

党委委员、副监狱长

索朗旺堆（藏族）

经济管理

波密县发展和改革委员会

2018年5月18日，波密县发改委主任李彦龙在玉许乡扎西岗村慰问“四对一”帮扶对象

【概况】 2018年是“十三五”规划的承上启下之年，也是林芝市率先全面建成小康社会决胜阶段攻坚之年。在波密县委、县政府的团结带领下，全县上下认真贯彻落实党的十九大及中央第六次西藏工作座谈会精神，贯彻落实习近平总书记系列讲话精神，深刻认识和主动适应经济发展新常态，以“两产业一平台”建设为抓手，坚持创新驱动发展、经济转型升级，以提高经济发展质量和效益为中心，保持定力、激发活力、增强动力、提高效力，统筹推进稳增长、促改革、调结构、惠民生、防风险各项工作。全县经济社会保持平稳较快发展，呈现稳中有进、增速较快、又好又快的良好发展态势。

县发改委为正科级行政单位，与工信局、物价检查所合署办公，为3块牌子一套人马，下设副科级单位项目评审中心1个，管理县粮食局。共有在编干部职工12名，其中主任1名，援藏副主任1名，副主任2名，副主任科员1名，科员7名；公益性岗位2名。党支部党员18名，包括支部书记、副书记、纪检委员、组织委员、宣传委员各1名。

【全县经济指标】 2018年，波密县实现地区生产总值23.55亿元，同比增长9.5%；国家投资完成31.1亿元，同比增长62.23%；援藏投资完成8174万元，同比增长157.37%。民间投资完成9.3亿元，同比增长154.04%；财政收入达到6978万元，同比增长12.55%。

完成社会消费品零售总额2.61亿元，同比增长14.72%；农村经济总收入达6.93亿元，同比增长12.52%；农村居民人均可支配收入达16365元，同比增长10.7%；城镇居民人均可支配收入达29680元，同比增长10.1%；粮油总产量达21140.45吨，同比增长2%；旅游业发展迅猛，2018年累计接待游客达132.39万人次，

2018年6月26日，波密县发改委组织测量、地勘、设计等单位相关人员实地勘察三岩搬迁点选址工作

旅游相关收入达10.55亿元，分别同比增长73.81%和57.42%。

【项目推进情况】 2018年，波密县相关部门始终把项目带动作为经济增长的重大举措，不断加大争取国家投资力度，努力激活社会投资，积极协调援藏资金，通过加强同区、市有关厅局的汇报衔接，继续保持投资对全县经济增长的推动作用。

国家投资。2018年，全县开复工建设国家投资重点项目152项，总投资51.9亿元。2018年计划完成投资16.05亿元，已完成31.1亿元，完成年度总计划的193.80%。续建项目58项，总投资37.84亿元，累计完成投资25.19亿元，包括总投资31.31亿元的西藏藏中和昌都电网联网工程（波密段）、总投资4787万元的波密县扎木镇岗巴大桥建设项目，总投资3900万元的2017年波密县松宗镇棚户区改造项目等；新开工项目94项，总投资14.06亿元，累计完成投资5.92亿元。包括总投资6.94亿元的省道S303线波密县易贡茶场至八盖乡公路改建工程、总投资7018万元的波密县松宗栋曲村至朗秋冰川新建道路等。对总投资2.51亿元的12项重点项目进行挂图作战，在政府一楼大厅进行公示并按月更新项目进展情况。

援藏投资。开工建设援藏投资项目8项，总投资1.07亿元，2018年累计完成固定资产投资8174万元，同比增长157.37%。其中续建项目2个，包括总投资1800万元的达兴村等3个小康村建设，总投资2053万元的县城沿江路北面、扎木路民俗化和基础设施改造工程等。新建项目6个，包括总投资4297万元的格巴村等7个小康村建设项目，总投资302万元的波密县八盖乡、康玉乡卫生院建设项目，总投资2036万元的6个村村级组织活动场所标准化建设项目等。

民间投资。开工建设民间投资项目25项，完成投资9.3亿元，同比增长154.04%。包括总投资3.6亿元的波密县易贡乡茶叶种植项目，总投资2亿元的藏王故里文化体验区，总投资1.5亿元的波密王朝大酒店，总投资1.4亿元的前海千金方深加工项目，总投资9000万元林芝市巴宜区永久片区扶贫酒店等项目。

【项目前期工作】 2018年，县发改委根据林芝市2018年重点项目前期工作任务表，梳理涉及波密县的重点项目共计33项，总投资3.48亿元，提请县政府召开专题会议进行安排部署，确保按照时间节点推进各项前期工作；在依照法律、法规的前提下，从波密县经济发展大局出发，积极做好项目节能登记、可研、初设审批等前期工作，2018年共审批项目可行性研究报告82项，审批项目初步设计及概算91项；在第八批援藏工作队波密工作组的组织下，县发改委联合住建部门，修编了《波密县项目建设管理办法》，包含项目储备库管理、前期管理招投标管理、合同管理、质量管理、安全生产管理、进度管理、资金管理、验收管理、移交管理等13个章节，作为全县重点项目建设的指导文件。

【项目监督】 2018年，县发改委不断加强项目管理，切实落实项目建设责任制、法人责任制、招投标制、工程监理制、合同管理制等相关制度。针对个别项目责任单位项目推进缓慢的问题，坚持执行重点项目月报制度，各责任单位每月报送项目建设进展情况，县发改委汇总后及时上报县委、县政府。加强项目监督稽查，健全资金使用、管理、监督办法，深入开展整治“双拖欠”工作，维护农民工合法权益。加强工程领域安全生产管理，通过抓安全生产来促生产，保证重点项目建设的顺利实施。

【新农村建设】 2018年，县发改委紧密围绕促进农牧民增收、改善农牧民生产生活条件这一首要任务，积极做好民生项目建设工作。建设完成了总投资1043.2万元的昌都三岩片区易地扶贫搬迁项目6个安置点，搬迁19户174人。总投资6878.02万元的村级组织活动场所标准化建设项目，开工建设31个（其中援藏项目6个）点，累计完成投资4352万元；总投资1800万元的松宗镇栋曲村、扎木镇达兴村、古乡古村3个援藏小康示范村已建设完成并移交。总投资4297万元的格巴村、德巴村、毛江村、林琼村、娘那村、通木村、东若村7个援藏小康村正在有序推进；总投资590万元的八盖乡日卡村环境综合整治项目和总投资1200万元的波密县县级区域医疗中心已开工建设。

【物价工作】 2018年，县发改委物价工作稳步开展，在节假日加强经常性市场巡查，进一步加强对居民生活必需的粮食、肉类、食用油、蔬菜等食品的市场价格进行监测、分析、上报。联合工商、商务等部门加强对成品油市场的价格检查，要求各加油站遵守国家规定的价格政策，明码标价，并严格按照国家发改委和区物价局通知要求，及时对汽油、柴油价格进行动态调整，对接到的群众举报及检查发现的价格违法行为，依法按规定严肃处理。同时认真做好被盗、侵占、扣押涉案物品的劫验、市场调查以及价格认证工作，2018年开展物价鉴定6次，鉴定金额35944.1元。

2018年7月13日，在波密县发改委召开县委巡察一组常规巡察发改委党支部情况反馈会

【工信工作】 2018年，县发改委工信局统计上报《民族手工业企业基本情况季度报表》《监测企业季度统计表》等；积极指导全县48个农村综合信息服务站日常工作，信息员下载或上传与本村农牧民生产生活实际需要的涉农信息，为农牧民群众提供能改善群众生产生活条件、开阔群众知识眼界、拓宽群众致富门路、宣传发布波密特色资源的信息；加大中小企业扶持力度，积极协助西藏林芝市波密县藏核农业科技有限公司、易贡藏刀打制农牧民专业合作社，申报2018年中小企业（非公有制企业）发展专项资金项目；实施电子政务工程，完成41个单位、9个乡镇的电子政务外网硬件设施安装工作。

【粮食工作】 2018年，县粮食局以保障全县粮食安全为出发点和落脚点，扎实推进各项工作的顺利开展。按照自治区、市粮食局及县政府关于安全生产的有关要求，加强对储粮的日常巡查、防汛度夏检查及节假日重点抽查，确保各级储备粮数量真实、质量良好，储存安全和安全生产零事故。为加快“放心粮油”工程的实施，制定《波密县粮食局放心粮油工程进学校的实施方案》《放心粮油示范店责任承诺书》等一系列规章制度，实现“放心粮油”进学校协议签订率100%，并积极完成“放心粮油”工程的申报工作，实现“放心粮油”店挂牌。

粮食经济指标。商品粮销售：出售易贡菜籽油10.08万公斤、大米6.85万公斤、面粉5.25万公斤、糌粑1.9万公斤，完成“放心粮油进学校”工程85.56万公斤，收购易贡油菜籽9.3万公斤。自治区储备粮销售：出售大米20万公斤、面粉5万公斤、青稞195万公斤。县级应级储备粮销售：出售大米5万公斤、面粉5万公斤。企业实现利润30.6万元。

（张 新）

【领导名录】

主 任

李彦龙（1月任职）

副主任

付新河（援藏干部）

朱果夫

李兴泽

波密县统计局

【概况】 2018年，波密县统计局坚持一手抓稳定，一手抓统计，紧紧围绕区、市、县经济工作会议总体要求和部署，克服重重困难，顺利完成年初确定的发展目标，全县经济继续保持平稳较快的发展势头。波密县统计局有8名干部职工（5名行政编制，3名事业编制），其中3名属于波密县社会经济调查队。

【主要经济指标】 2018年，全县生产总值完成23.55亿元，可比增长9.5%；全社会固定资产投资完成37.27亿元，同比增长95.75%；民间投资完成9.3亿元，同比增长154.04%；社会消费品零售总额完成2.61亿元，同比增长14.72%；财政收入完成6978万元，同比增长12.55%；农村经济总收入为6.93亿元，同比增长12.52%；农村居民人均可支配收入为16365元，同比增长10.7%；城镇居民人均可支配收入为29680元，同比增长10.1%；农林牧渔业增加值为2.56亿元，同比增长6.5%；粮油总产量为21140.45吨，同比增长2%。

2018年10月17日，波密县政府副县长马远（右一）陪同昌都市统计局工作组进行交叉检查工作

【农林牧渔业】 2018年，农林牧渔业总产值完成29035.88万元，增长7%。其中，农业产值16857.23万元，增长6%；林业产值563.36万元，增长57%；牧业产值10755.62万元，增长6.7%；渔业产值1.50万元，增长9.4%；农林牧渔服务业产值858.18万元，增长11.4%。2018年农作物播种面积4874.02公顷，比上年增长75.95公顷，其中，粮食作物播种面积4199.03公顷，比上年减少59.04公顷；油料种植面积500公顷，比上年增加141.79公顷；蔬菜种植面积130.32公顷，比上年增长1.52公顷。2018年粮食总产量19715.45吨，增长1.4%，其中，青稞6580.71吨，增长20.22%；小麦11288.01吨，减少4.3%；油料1425吨，增长10.5%；蔬菜3098.36吨，增长1%。2018年肉类总产量2307.86吨，增长31.2%，其中，牛肉产量1340.41吨，增长46.5%；羊肉产量13.57吨，增长29.6%；猪肉产量952.75吨，增长14.5%。2018年奶类产量4351.81吨，增长2.8%；禽蛋产量11.75吨，减少21%。

【统计工作】 2018年，在县委、县政府的高度重视下，在各乡镇和县区的个体经营户、行政单位、各类企业的配合下，县统计局扎实开展入户登记数据核实检查工作，圆满完成了波密县第四次经济普查清查工作，保证了普查数据的完整性、真实性和准确性。顺利完成乡镇清查表、并开始正式普查。完成了群众安全感调查、农村住户调查、住户抽样调查、人口变动调查和居委会（社区）基本情况等各项调查工作。按时按质完成农业、固定资产、批发零售、建筑业、工业、小微企业、劳资报表、规下服务业等月、季、年报表报送工作。

【乡镇普查员培训】 2018 年，县统计局临时成立经普办，组织全县 10 个乡镇、13 名普查指导员召开李伟波密县第四次经济普查培训会议，县经普办主任黄勇传达了自治区全国第四次经济普查会议精神，明确了本次经济普查登记对象，要求做到实事求是、应统尽统，切忌漏登重登现象的发生。县经普办工作人员对各普查区负责录入的普查员进行了操作录入培训，切实保证登记工作顺利开展。

【党建工作】 2018 年，县统计局加大对干部职工工作纪律、机关作风建设的督查力度，建立健全快查严处的问责机制，组织全体人员开展民主测评，将测评结果作为评先评优和干部调整的重要依据。定期组织全局干部观看反腐倡廉纪录片，提高拒腐防变和服务统计能力，切实改进机关干部作风，努力锻造出一支政治信仰高、作风过硬的统计干部队伍。强化目标管理，细化分解 2018 年统计重点工作，明确责任科室、责任人，切实做到责任到岗、落实到人、具体到点、不留空白。

（米玛次仁）

【领导名录】

局　长

黄　勇

副局长

央吉卓嘎（女，藏族）

波密县安全生产监督管理局

【概况】 2018 年，波密县安全生产监督管理局在市委、市政府和县委、县政府的正确领导下，在市安全监管局指导和各级有关部门的大力支持下，坚持以习近平新时代中国特色社会主义思想为指导，深入学习贯彻党的十九大精神，大力弘扬生命至上、安全第一的思想，以落实“党政同责、一岗双责、齐抓共管、失职追责”为主线，以深化责任体系、防控事故风险、严格执法、加强宣传教育等工作重点为抓手，全面推进安全生产各项工作，确保了全县安全生产形势稳定。县安监局为正科级政府部门，2018 年，核定编制一正两副，实有工作人员 8 名。

【指标管控】 2018 年，全县未发生生产安全事故，无人员伤亡，无经济财产损失，波密县安全生产形势总体保持平稳。

【工作制度】 2018 年，县安监局深刻领会习近平总书记、李克强总理关于安全生产的重要指示批示精神和全国、区、市安全生产电视电话会议精神，把握当前严峻形势，结合实际，本着早谋划、早部署，突出工作重点，全面协同推进的原则，制定了年度执法计划，

2018年3月10日，波密县委常务副书记李锋（左二），县委副书记、常务副县长李伟成（右一）一行对辖区油气领域安全工作开展专项督导检查

对全年安全生产工作进行部署安排，要求各成员单位及企事业单位明确目标责任，强化责任落实，细化责任分工，确保全县生产安全秩序良好。县委书记朱正辉主持召开县委常委会议，深入学习《西藏自治区关于推进安全生产领域改革发展的意见》（以下简称《意见》）《波密县安全生产党政同责实施办法》（以下简称《实施办法》），专题研究安全生产工作的开展情况，并对下一步安全生产工作进行安排部署。会议指出，《意见》《实施办法》是结合全区安全生产工作实际提出来的，对推动全区安全生产领域改革具有重要指导意义，各乡（镇）、各部门要各司其职、各尽其责、同心协力、相互配合，形成安全生产工作合力，共同完成好波密县安全生产领域各项工作。

【责任落实】 2018年，县委、县政府把安全生产工作作为维护社会稳定、保障和改善民生的重要抓手，狠抓落实，确保目标明确，责任到人，全面推行“党政同责、一岗双责、齐抓共管、失职追责”。县安委会与各乡（镇）人民政府、安委会各成员单位及企事业单位层层签订安全生产责任书，制定和完善了安全生产工作方案以及应急预案。4月20日，波密县组织召开安委会第一季度安全生产例会，县委副书记、常务副县长全保卫代表县政府及时与各乡镇、县安委会成员单位签订安全生产目标管理责任书40余份，确保各项目标任务担子上肩、责任到人，切实形成“一级抓一级，一级保一级，逐级抓落实”的良好工作格局。上半年，县安委办及时完善修订了《波密县安全生产委员会成员单位工作职责分工》和安全生产应急预案，真正将安全生产责任落到实处。

【宣传工作】 2018年，结合“安全生产月”和“安全生产波密行”活动、安全生产宣传教育进机关、进企业、进学校、进社区、进家庭、进农村、进公共场所、进寺庙“八进”活动，“4·23”职业病防治法宣传周、“5·12”防灾减灾日、119消防日等活动，县安委办组织安委会成员单位采取悬挂宣传横幅，张贴安全生产知识宣传画册、海报、展板、设立现场咨询台等方式开展直观深入宣传，共设立安全生产知识咨询点10个，宣传台25个，出动宣传人员120人次，发放宣传片20余份、资料3800余份，摆放各类展板、海报宣传画100余块，悬挂各类横幅10幅。通过各类安全宣传活动大力宣传普及安全生产法律法规，有效提升波密县企业安全生产主体责任落实、职工安全技能、学生安全知识、群众安全意识，有效遏制重特大事故，确保全县安全生产形势持续稳定好转。

【安全隐患管控】 2018年，县安委会召开安全生产专题会议，对全县各季度安全生产工作、全国“两会”及三月敏感期期间的安全生产工作进行安排部署，指导各行业主管部门、重点企业贯彻落实遏制重特大事故工作。完善重大安全风险分级管控和隐患排查治理标准规范，指导推动企业加强安全风险评估、管控，不断完善预防工作机制。全面加强安全生产和职业健康源头管控、安全准入，将安全生产作为建设规划、设计、管理的前提，并作为高危项目审批的前提条件，实行重大安全风险“一票否决”，确保消除波密县重特大事故安全隐患。定期组织行业主管部门对全县范围内安全风险点、危险源进行隐患排查，加强对县域内建筑施工、大型综合体、桥梁、电力设施及电梯等重要基础设施的安全检测维护。加大人员密集场所安全监管，建立健全安全生产预警制度和部门信息共享、协调联动机制，严防因安全隐患引发重特大事故。

【督导考核】 2018年，县安监局为认真贯彻落实国务院安委会第九考核组和林芝市安委会检查反馈问题，坚持问题导向、目标导向，坚持即知即改、立改立行，坚持主动查摆、举一反三，严格整改标准，完善工作机制，将考核组反馈的问题整改作为一项重大的工作任务，不折不扣落实相关整改要求。县安委会针对国务院安委会第九考核组反馈出两项具体问题和1–11月林芝市安委会考核组检查反馈的182处问题，逐条逐项建立整改清单，明确责任单位、责任人、整改标准、工作措施和完成时限，对整改效果进行全面核查，确保了问题隐患按期整改到位，并及时将整改落实情况报送至市安委办。

【排查安全隐患】 抓好安全隐患治理专项行动。2018年,县安委会加强对隐患排查治理工作的组织领导,明确政府部门和企业的责任,努力实现全县隐患排查治理工作的常态化和制度化,进一步完善隐患排查治理长效机制。2018年波密县共排查一般安全隐患679处,整改到位679处,整改率100%,一般安全隐患同比下降23.5%。使用执法文书67份,其中现场检查记录24份,责令限期整改指令书24份,复查意见书19份,有效打击了全县各类安全生产违法违规行为。同时,县安监局接林芝市安监局转办安全生产举报投诉1次,经查证,已协调解决,并对举报投诉人满意度进行回访,做到闭环管理要求。

【职业健康安全监管】 2018年,全县存在职业病危害因素企业11家(国企3家,民营企业8家),其中,家具制造5家,危化企业5家,发电厂1家。职业病危害项目申报企业11家,新申报企业1家(大唐波堆水电站)。全县接触职业危害作业职工84人,应查体60人,实际查体人数60人,查体率100%。2018年开展职业健康专项检查执法3次,对6家生产经营单位现场检查提出整改意见18条,下发责令限期整改指令书6份。

【应急预案工作】 2018年,县安监局按照要求对辖区内的3个旅游景区、4个加油站以及波堆水电站的各类应急预案进行审核备案,同时指导企业按照预案实施应急演练,提高应急处置能力,进一步减少人员伤亡和财产损失。2018年共组织开展安全生产应急救援演练3次,各企业以演练为契机,紧密结合实际,认真学习消防安全技术要点及操作规程,进一步完善细化各自的消防安全预案,确保预案的操作性和实用性。同时,督促企业严格落实企业主体责任,做到组织领导到位、安排部署到位、措施落实到位,确保波密县油气领域持续和谐稳定。

（张　鑫）

【领导名录】

局　长

陈　东

副局长

德　庆(女,藏族)

主任科员

四朗晋美(藏族)

波密县工商行政管理局

【概况】 2018年是全面贯彻党的十九大精神的开局之年,是改革开放40周年,波密县工商行政管理局以习近平新时代中国特色社会主义思想为指导,认真贯彻落实党的十九大精神,坚持新发展理念,适应经济由高速增长转向高质量发展的新要求,按照上级工商部门的工作安排和县委、县政府的决策部署,纵深推进商事制度改革,创新建立市场监管新体系,着力抓好“证照分离”改革、“双随机、一公开”监管、消费维权三大重点任务,持续优化准入环境、市场竞争环境和市场消费环境,为促进全县经济社会健康发展提供持久动力。县工商局是波密县正科级行政机关,下辖松宗工商所,尚未筹建。2018年,县工商局共有在编人员11名。

2018年4月12日,西藏自治区工商局副局长徐建宏(前排右二)在波密县调研商标工作

【商事制度改革】 2018年，县工商局全面贯彻落实“放管服”改革的各项措施，以商事制度改革为主线稳步推进“多证合一”“证照分离”改革，进一步做到简政放权、放管结合、优化服务协同推进，在放宽市场准入、服务企业发展方面，充分发挥工商职能，积极推动大众创新万众创业。2018年，全县共有各类市场主体2797户，注册资本(金)282385.78万元，从业人员8000人，同比分别增长23.33%、38.52.%、28.82%。其中企业273户，注册资本(金)229262.66万元，从业人数1433人，其中含私营企业217户，注册资本(金)150256.00万元，从业人数1333人，与2017年同期相比增长35.75%、46.18%、181.01%；个体工商户2368户，注册资本(金)43848.21万元，从业人数6045人，同比分别增长20.42%、35.04%、26.44%； 农民专业合作社138户，出资总额9274.91万元，成员人数1800人，与2017年同比分别增长1.24%、2.68%、3.02%。

2018年8月11日，波密县工商局执法人员对辖区内土特产店进行检查

【年报公示】 2018年，县工商局注册登记窗口设立年报咨询台，自制年报流程说明书，并发放到波密县各个商户；在县城内设立年报代办点11个，对县里代办点商户加强培训，确保掌握年报公示的流程和方法，帮助其他商户完成年报。开通企业年报热线电话，为企业答疑解惑，提供在线指导，促进市场主体年报工作顺利开展；加强事中事后监管，进一步加强信息公示工作的组织领导，成立以政府主导、工商牵头、各部门协同配合的信息公示领导小组；对驻村点的年报联络员进行培训后，年报联络员协助驻村工作点所在的商户进行年报，以提高市场主体的年报意识；通过新闻媒体大屏幕以及商户LED滚动播放进行年报宣传。

【企业信用监管】 2018年，县工商局开展企业信息公示情况抽查，重点开展对个体、农民专业合作社及企业信息公示情况抽查，根据市工商局要求，对全县8户农民专业合作社、27户个体工商户、7户企业抽查对象的出资信息公示、年报情况、信息公示的真实性予以检查核实，下发限期责令改正通知书，实现市场主体诚信经营和信用监管。

【商标工作】 2018年，县工商局主动向县政府汇报商标品牌现状，积极向县政府建言献策，争取地方政府对商标品牌工作的重视与关心。相继对易贡茶场、波密天麻、森工木业有限公司、回味奶业、桃花沟桑仑藏香等5家注册商标企业进行实地走访、引导企业走向品牌之路，提升品牌效应；为便于为企业提供商标管理服务，逐步建立健全全县的商标登记档案，配备商标专管人员对辖区内注册商标企业建档立户，2018年波密县已建立商标一标一档118户，成功注册的商标118枚，包括4枚地理标志证明商标，2枚自治区著名商标，1枚林芝市知名商标。

【广告市场监管】 2018年，全县有广告市场经营主体35户，其中企业28户，个体工商户7户，其业务主要为制作横幅和宣传栏。县工商局对发布的广告进行重点审核，严查发布的广告是否与办理广告规定的广告内容相一致，同时对广告上标注的广登字号进行查核。2018年，共出动执法人员10人次，执法车辆6台次，检查医疗诊所35余户。

【打击传销】 2018年,县工商局联合县综治、公安等部门形成协作配合机制,将打击传销和禁止参与传销工作纳入社会治安综合治理和“平安建设”目标考核范围;建立健全打击传销工作机制,2018年共签订无传销乡镇、社区(村)责任书8份,创建辖区无传销乡镇4个,无传销社区1个,无传销学校3个;建立传销人员信息库,对涉嫌传销人员进行登记造册,准确掌握传销活动动态和传销人员流动情况。2018年,县工商局、公安局等部门执法人员共开展摸底排查5次、出动执法人员26人次,排查重点场所、区域13次,发放宣传资料700余份。

【反不正当竞争执法】 2018年,县工商局加大对注册商标专用权的保护力度、加大对“傍名牌”等不正当竞争案件的检查力度。同时根据上级文件精神,对医药购销、餐饮行业、旅游行业和零售行业4类商业进行重点查处。

【市场监管】 2018年,县工商局开展对流通领域成品油、工业酒精、油漆稀释剂、香蕉水等易燃危险品市场安全隐患排查整治专项行动,与8户经营易燃危险品市场主体签订了责任书;开展“红盾护农”专项行动,共出动执法人员30人次,出动执法车辆12台次,检查农资企业、农资个体经营户45户次,发放宣传材料300余份,同时联合县农牧局、食药局相关人员进行专项检查2次,收缴过期不合格种子35袋,农药15瓶,价值235元,并督促整改;开展“扫黄打非”专项检查行动,有效维护辖区文化市场和谐稳定,辖区尚未发现存在出售、传播政治性非法出版物、淫秽色情出版物、侵权盗版出版物等相关违法行为;查处取缔无证无照经营活动,整顿和规范市场秩序,共出动执法人员20余人次,执法车辆12余台次,检查各类经营主体135余户次,发放宣传单300余份,发放限期整改通知书6份,查处无照经营案件3件,罚款0.62万元;加大旅游市场监管,对旅游商品市场进行集中检查,对销售假冒伪劣商品一经发现立即收缴。

【消费维权】 2018年,县工商局已建立“12315”消费维权联络站点9个,有维权联络员9名。结合“3·15”国际消费者权益日,通过横幅、流动宣传车在人群密集处发放传单及公开销毁假冒伪劣商品等方式,多样化做好消费维权的宣传工作。“3·15”期间,现场接受群众咨询31人次,并对“三无”、假冒伪劣商品进行了销毁。认真落实12315电话24小时值班,及时受理并调处消费纠纷,2018年共受理22起消费投诉,并成功调解,为消费者挽回经济损失10.6886万元。

【基层党建】 2018年,县工商局全面贯彻落实党的十九大、十九届二中、三中全会和习近平总书记系列重要讲话精神,狠抓干部廉洁自律工作;严格落实党风廉政建设责任制,按照“一岗双责”的要求,切实履行“第一责任人”的职责,成立县工商局党风廉政建设领导小组,把党风廉政建设纳入工商业务工作中。建立高素质的工商执法人员队伍,及时学习新颁布和新修订的法律法规,提高干部知法、懂法、用法的本领。2018年,参加广东挂职锻炼1次,参加广东行政学院业务培训1次,参加区局组织的培训2次,跟班学习2次,参加总局网络专题培训8次。

(尤 亭)

【领导名录】

局 长

旦增尼玛(藏族)

副局长

陈 俊(黎族)

松宗工商所副所长

李 红(女,藏族)

波密县商务局

【概况】 2018年,波密县商务局在县委、县政府的正确领导下及区、市商务主管部门的精心指导下,以“两产业一平台”发展战略为契机,加大波密县招商引资工作力度,积极推动旅游和招商引资工作不断发展,进一步吸引外来资本在波密县投资,推动波密县社会经济实现跨越式发展。2018年,全局共有行政编制3名,实有工作人员7名,驾驶员1名。

【招商引资】 2018年,波密县招

商引资投资项目24个，协议资金达201994万元，项目涉及特色农牧业、藏医药、旅游业、酒店服务管理业。其中续建项目协议资金68320万元，新建项目协议资金133674万元。全年完成招商引资投资到位资金93073万元，其中，招商引资完成51262万元，民间投资41811万元。2018年，共新签订合同类项目6个，签约金额258200万元，分别为波密县青梅种植项目，合同投资资金5200万元；波密县古乡、易贡乡茶叶种植项目，合同投资资金14000万元；波密县高原生态优质茶叶种植基地建设项目，合同投资资金36000万元；波密县王朝大酒店项目，合同投资资金15000万元；常青国际（波密）养生、养老休闲度假基地项目，合同投资资金180000万元；波密县润鑫建材产业园项目，合同投资资金8000万元。

【社会消费品】 2018年，全县实现社会消费品零售总额26148万元，同比增长14.72%。2018年波密县市场主体共有2293家，其中住宿470家、餐饮371家、零售646家、批发46家、运输8家、养殖67家、印刷或广告25家。

【电子商务】 根据西藏自治区商务厅关于印发2018年第二批农牧民（电商）培训方案的相关要求，按照波密县电子商务进农村相关工作部署，2018年10月18–19日，由县商务局牵头组织举办2018年电子商务进农村示范县培训会，共有100余名基层党政机关干部职工参加培训。经过不懈努力，波密县被商务部评为电子商务进农村示范县。

【市场工程】 2018年，县商务局对2006—2013年全县所建的154家"万村千乡"进行梳理，其中二级配送中心（县级店）1个，商贸中心1个，乡级店1个，村级店151个，实现了建设范围全覆盖。同时，对已建农家店进行回头复查核对，通过复查，波密县各乡镇的农家店存活情况120家，存活率达77.92%。

2018年6月13日，波密县商务局局长金珠、县环保局副局长张洪涛检查县域再生资源企业环保整改情况

【安全生产】 2018年，县商务局配合县安监局、消防大队、公安局等相关部门对商务领域的相关企业进行全面安全生产检查10余次，出动人数38余人次。年初县商务局成立了安全生产领导小组，通过强化监管和严格执法，商务系统内未发生安全生产事故。

【招商推介】 2018年，县商务局严格按照自治区"一产上水平，二产抓重点，三产大发展"经济发展战略，紧紧围绕波密县"两产业一平台"发展建设总体目标，聚焦工作重点，拓宽招商渠道，改善投资环境，大力推进波密县招商引资工作。

通过实地调研、考察论证、征求意见、认真筛选，精细包装具有战略性的投资项目14个，并精心制作波密县招商引资项目手册4000余册，进一步加强信息宣传报道力度，及时、准确、客观地反映了波密县商务各项工作开展情况及取得的工作成绩。2018年，报送有关招商信息30期、招商总结8期。2018年县商务局组织人员参加区内外展览展销推介会14批次，拜会区内外商协会、企业和机构30余批次，接待区内外团组来访35批次，同时来波密县咨询、洽谈项目的客商达45余批次。

2018年10月19日，波密县商务局组织召开波密县2018年电子商务进农村示范县培训会

【市场运行】 2018年,波密县建立市场监测样本企业5家,其中生活必需品监测及应急商品数据库系统2家(嘉瑞超市、华隆超市),重点流通监测3家,另建设有内贸样本企业2家,各监测样本企业都能积极配合,按时上报各种监测信息,完成各项监测任务。利用元旦、春节、藏历年、“五一”“十一”等各节假点,动员县域各超市、品牌店、电器店、家具店等开展各类促销活动,受到了广大群众的一致好评。2018年,全县生活必需品市场价格平稳,物资齐全,满足了不同消费层次的需要,市场运行情况良好。

【特种行业监管】 2018年,县商务局登记备案的再生资源回收网点(站)4家,从业人员10人,实现年营业收入18万元,年回收废旧物资约180余吨。其中西藏林芝市豫堂废旧再生利用有限公司波密分公司具有回收、拆解废旧汽车资质,2018年,回收报废汽车12辆,营业收入8万余元。

【综合执法】 2018年,县商务局开展执法范围涵盖了商贸流通业、成品油市场、再生资源行业、零售商促销业等6个领域,出动执法人员56人次,发放宣传资料2500余份。配合县工商局、卫生局、安监局、消防大队等部门对波密县农贸市场制定了考勤、值班、车辆驾驶员等一整套内部日常管理制度,同时建立商务行政执法承诺公示、行政执法案件办理程序、行政处罚流程图等执法工作制度,建立了12312商务举报投诉服务中心工作职责、工作要求、投诉人举报岗位制度等系列制度。

【成品油市场管理】 2018年,全县从事成品油特种行业的企业共5家,分别为中国石油林芝分公司波密加油站、波密县西城区加油站、顺达加油站、实惠加油站、易贡茶场加油站,县商务局督促指导企业严格落实《安全生产法》《危险化学品安全管理条例》和《地区加油(气)站消防安全管理标准》等法律法规,认真执行审核开票及油站值守工作,全县各成品油加油站秩序良好,并能严格按照机动车实名制加油和《零散成品油销售管理办法》进行加油。同时还与消防、公安、安监等部门多次联合开展成品油市场清理整治检查工作,2018年未发生一起因监管措施不到位而引发的安全事故。根据《林芝市商务局关于做好十三五规划加油站建设及中期调整有关工作的通知》文件精神,在“十三五”期间,波密县共建加油站2座,分别为多吉加油站及中石油波密2号加油站。其中中石油加油站于2018年5月开始运营。

（马乾福）

【领导名录】

局　长

金　　珠(藏族)

副局长

尼玛卓玛(女,藏族)

主任科员

李 清 平(女)

波密县旅游发展委员会（外事侨务办公室）

【概况】 2018年,在县委、县政府的正确领导下,在广东第七批援藏工作队的大力支持下,波密县旅游发展委员会围绕“一轴三线”发展思路,依照国家有关旅游工作的方针、政策和法律、法规,扎实执行本系统、本部门行政工作,全县旅游经济发展稳步向前,旅游产业发展有力推进。波密县旅游发展委员会为正科级行政单位,挂外事侨务办公室。2018年,县旅发委有行政编制3名;下设旅游执法大队,共有事业编制参公人员6名。

【旅游经济指标】 2018年,波密县接待游客132.39万人次,旅游相关收入105536.8万元,比2017年同比分别增长73.81%、57.42%。家庭旅馆接待游客16.32万人次,相关收入2447.88万元,比2017年同比分别增长151.29%、151.29%。米堆冰川景区接待游客113891人次,门票收入4738850元,比2017年同比分别增长13.68%、15.61%。岗云杉林景区接待游客4517人次,门票收入73845元,比2017年同比分别增长6.09%、5.24%。嘎朗湖景区接待游客3085人次,门票收入110935元,比2017年同比分别下降6.34%、8.35%。(由于2月1日至4月30日,“冬游西藏”活动相关通知要求,波密县境内所有景区严格执行免票政策,未向游客收取任何费用,所以收入比2017年同期有所下降)。

【旅游经营情况】 2018年,波密县共有宾馆酒店79家,新开业五星级标准酒店1家——藏王大酒店,四星级酒店1家——山峡大酒店,二星级宾馆1家——波密宾馆;家庭旅馆242家,其中一星级24家,二星级16家。床位数4615个,日可接待游客能力达5200多人(大床房可住2人),2018年共接待游客16.3192万人次,相关收入2447.88万元。

【旅游业投资】 2018年,波密县投资287万元,完成318国道波密段核心景观区AAAAA级旅游景区重点地块修建性详细规划及波密县G318·帕隆藏布河谷旅游区国家AAAA级景区规划;投资205万元,开展全域旅游宣传片拍摄工作;援藏投入39万元,对波密县旅游资源进行调研并拍摄旅游资源专题片,宣传波密旅游资源。

【规划编制】 2018年,县旅发委进一步强化规划意识,提高规划水平,坚持规划先行,充分发挥规划的先导作用、主导作用和统筹作用,推动波密县全域旅游产业开发经济科学跨越式发展。完成朗秋冰川生态旅游区、岗云杉林生态旅游区策划工作,进一步明确朗秋冰川、岗云杉林未来开发及发展之路。完成318国道波密段核心景观区AAAAA级旅游景区重点地块修建性详细规划及波密县G318·帕隆藏布河谷旅游区国家AAAA级景区规划工作并通过初步评审。

【基础设施建设】 2018年,县旅发委积极争取旅游项目19个,总投资7346.83余万元。其中已纳入自治区“十三五”规划项目有318国道易贡景区公共服务基础设施建设项目、朱西村旅游基础设施建设项目、朗秋村旅游基础设施建设项目;积极上报自治区“十三五”文化旅游提升工程2个,包括波密县318国道旅游公共服务基础设施建设项目、波密县桃

2018年4月21日，林芝市旅发委党组副书记、主任旦增桑珠（左四）一行在波密县考察康木村旅游基础设施建设项目。波密县委常委、政府副县长沈光银（左二）等陪同

花沟景区基础设施建设项目；在建项目6个分别为米堆冰川入口厕所、桃花沟旅游厕所、朗秋旅游厕所、宗坝旅游厕所、角达旅游示范村、岗云杉林水电设备维修项目；已完工3个，为岗云杉林景区标志标牌、米堆景区标志标牌、岗云杉林人行桥风貌改造；正在办理前期手续4个，易贡贡仲村旅游扶贫项目、易贡景区旅游厕所、波密县波堆桃花谷永久性舞台改扩建项目、波密县桃花谷生态风情旅游区建设项目；正在进行初步设计5个，318国道易贡景区公共服务基础设施建设项目、朱西村旅游基础设施建设项目、朗秋村旅游基础设施建设项目、林芝市波密县G318风景道建设项目、林芝市波密县桃花沟景区建设项目；拟开工项目1个，康木村旅游基础设施项目。

【景区景点建设】 2018年，波密县成立以县级领导为组长的米堆冰川景区专项领导小组，积极筹划、全面指导米堆冰川景区AAAA级创建工作，重点整治景区乱搭乱建行为，规范马帮管理，景区停车场、游客服务中心、冰川博物馆等基础设施、配套设施已初步建成。景区旅游观光车运营前期工作已落实，完成了岗云杉林景区标志标牌、米堆景区标志标牌建设工作，岗云杉林人行桥风貌改造验收合格。

【市场管理】 2018年，县旅发委制作统一的安全生产台账，发放到各景区(点)、酒店、宾馆、家庭旅馆，要求旅游企业、酒店宾馆自觉维护波密旅游形象，并与景区、宾馆、酒店签订安全生产责任书21份(星级酒店2份，其他酒店16份，景区3份)，层层落实安全责任。2018年发放安全生产宣传资料2000余册，加大宣传教育力度，从源头上杜绝安全事故发生。

“两会”、桃花节、中秋、国庆黄金周等期间对景区(点)、酒店、宾馆等旅游行业的设备设施是否完好、各项措施是否规范到位、相关制度和应急预案是否完备、责任是否落实、消防设施设备是否完好以及食品安全等方面进行检查，对不达标的责令限期整改。2018年开展旅游执法21次，其中联合执法5次，出动180人次，出动车辆46台次。

【旅游节庆活动】 2018年3月31日，林芝市第十六届桃花文化旅游节波密分会场活动举行，开幕式文艺演出精彩纷呈，以波密非物质文化遗产和原生态人文风情为看点，将波密丰富多彩的非遗文化和民俗文化展现出来。此外，波密县农特产品展销会、县文联书画展、非物质文化遗产技艺展也相继展开，受到广大游客和农牧民群众的一致好评。此次活动接待游客近万人，参与群众、干部职工、公安干警等共1.5万人。桃花节期间(3月15日至4月15日)接待游客83176人次，旅游相关收入6737.256万元(桃花谷旅游收入20多万元)。新华网全程进行直播，无人机的使用让现场更显壮观。同时，西藏日报、西藏电视台、中新网等在内的20余家媒体也参与此次报道。

2018年9月27日，举办了以“探秘高原生态博物馆，畅游博窝文化风情园”为主题的2018年波密县首届藏王故里文化旅游节，波密旅游精品线路发布会、多吉乡非物质文化演出晚会、音乐晚会、千人锅庄、摄影展、农牧特产品展等分会场活动赢得广大游客的好评。此次活动，新华网、西藏日报、新华社西藏分社、移动咪咕直播等新闻媒体对其进行了报道，其中咪咕直播的点击量达300多万次。

【旅游培训】 2018年，县旅发委联合县委组织部对波密县七乡三镇的村干部进行旅游技能、旅游管理等方面培训，培训受益人数达100多人。联合工商局等部门组织开展旅游市场整顿暨业务培训班，全县旅游特产店、酒店等从业人员参加培训，培训人数达50余人；组织干部参加旅游统计、旅游民宿服务创业技能提升培训、旅游执法和安全生产培训、全域旅游发展与管理培训、旅游信息化培训等旅游业务技能培训活动7次；组织扎木镇、多吉乡、玉许乡、倾多镇等乡镇农牧民参加乡村旅游民宿经营、西藏自治区乡村旅游及精准扶贫等培训。通过培训学习旅游服务与家庭旅馆经营管理技能，提高了旅游从业人员专业素养。

【乡村旅游】 2018年，波密县已完成“波密县岗村旅游示范村”“波密县朱西村美丽家园示范村”“波密县朗秋村美丽家园示范村”“波密县角达村旅游示范村”等项目建设。倾多镇古通村旅游示范建设项目前期工作已完成。景区标识标牌、停车场、旅游厕所、游步道等配套设施的建设，提升了乡村旅游发展综合服务能力，改善了乡村居民的生产生活环境。

完成乡村振兴现场会观摩点——易贡国际生态旅游度假区项目中心建设工作，该项目中心采用“装配式建筑”检修搭建，建筑面积100余平方米，总投资50万元，建成后，将对易贡区域内的特色资源进行介绍、展出，对易贡藏布国际生态旅游度假区进行推广和营销，引导游客进入易贡各个景点进行游览，进一步提升波密县旅游品牌和知名度。

【宣传营销】 2018年，县旅发委充分利用各种传播媒介推广波密县旅游形象，借助广东援藏优势，利用微博、微信、网站等新兴媒体以及各类旅游推介会，围绕最具波密县旅游特色的山水、森林、冰川、人文等旅游资源，创新营销手段，积极拓展客源市场，加强对桃花节、多吉非遗文化旅游节、松宗赛马节、易贡油菜花节等活动的宣传推介，打响“藏王故里、冰川之乡、桃花世界、静好波密”的旅游品牌。2018年发布微信111条，阅读量27.9万次，分享量4.9万次，粉丝数量达12138人；发布原创微博620条，被转发微博数1482次，被评论总数1229条，微博影响人数97.2万人次。总阅读量28.1万次，粉丝数量达26329人。

参加市旅发委组织的旅游推介活动3次，组织人员分别到北京、西安、广州、深圳、成都、拉萨、重庆、上海、青岛等地参加林芝市旅游推介会、旅游博览会等展会，同时随同林芝市、波密县调研考察团在云南、成都、三亚等地开展考察学习、旅游交流活动，学习先进技术和经验，取得了良好的旅游宣传、学习互助效果。3月29日，举办桃花节波密旅游资源推介会暨新闻媒体答谢会，20多家新闻媒体，媒体记者48人参加推介会，与广东省文化和旅游厅及广东旅游界人士、广深珠代表团召开旅游交流座谈会，重点推介波密县旅游资源，交流波密县旅游发展前景。组织人员参加了雅鲁藏布文化旅游节“多彩林芝”民族服装秀活动、首届藏王文化节波密县旅游精品线路发布会。2018年，在旅游宣传推介中，发放波密旅游宣传资料3600余份，发放旅游画册30余本。

【“冬游西藏·共享地球第三极”活动】 2018年1–3月，在“冬游西藏·共享地球第三极”活动期间，波密县接待游客137285人次，旅游相关总收入9425.328万元，同比增长58.71%和94.25%，旅游各项数据增长显著，真正做到以“冬游西藏”为突破，实现“淡季不淡、旺季更旺”的良好局面。

【招商引资】 2018年，在波密桃花节开幕式上，县政府与常青国际养老产业集团股份有限公司、西藏林芝金川农业科技有限公司、雪山圣域茶业有限公司、天地人和实业有限公司4家企业分别签订常青国际（西藏）波密县康养特色小镇建设项目、青梅种植项目、茶叶种植项目、藏香猪养殖和藏香猪加工项目，累计签约金额近20亿元。

【重点景区景点简介】 波密县共有三大景区对外开放运营，其中包括中国最美原始山林之一的岗云杉林景区、中国最美冰川之一的米堆冰川景区和嘎朗湖景区，岗云杉林及嘎朗湖景区由西藏藏游公司负责开发运营；岗云杉林景区由波隅旅游开发有限公司负责运营。

嘎朗湖景区：位于县城西北、古乡嘎朗村，位于318国道旁，距318线1.7公里，距县城所在地10公里，距地区所在地八一镇228公里，从波密卡达桥盘山约4公里经过嘎朗村即可到达，湖面面积达15000多平方米。这里青山环绕、古树参天、自然风光优美、民居建筑风格独特，而且还有波密地方最出名的“嘎朗王朝”的遗址及嘎朗王的后裔，湖中鱼种繁多，同时也吸引了成群的黄鸭、大雁、野鸭、黑顶鹤在湖心捕鱼。嘎朗湖碧波如镜，被包围在“女儿绿”中，时时向游人展示她优美的风姿。嘎朗湖四面环山，景色优美，既有工布特色的地方民居，又有竞相绽放野桃花的浪漫春季，还有满山遍野苍劲挺拔的青松、雄伟壮

2018年4月24日，波密县召开朗秋冰川、岗云杉林景区策划评审会

观的皑皑雪山，旅游资源极为丰富。茂密的森林、高耸入云的雪山、富有民族特色的田园村庄映照在风平浪静的湖面上，美不胜收，湖光山色，妩媚动人。

岗云杉林景区：位于雅鲁藏布大峡谷国家级自然保护区内，古乡巴卡村南部，距离318国道6公里，距离波密县城22公里，距离八一217公里，保护区东西宽约12公里，南北长约24公里，西起错卡弄吧，东至大瑞弄吧沟谷，北抵帕隆藏布南岸，南靠墨脱县交界处（既山顶部），总面积4600公顷，其中森林面积约2800多公顷，这里盛产云杉、红杉，在世界上罕见，而且还生活着羚羊、豹、盘羊、黑熊、猕猴、角类、鹿、鹦鹉等珍惜禽兽。2005年，《中国国家地理》推出选美特辑，岗自然保护区被评为"中国最美的地方"之一，在此排名中，波密岗乡林芝云杉林名列最美十大森林第五名。

米堆冰川景区：位于波密县以东110公里处的玉普乡米堆村，从318国道到冰川景点只有10公里的路程，米堆村至冰川景区有2公里多的路程，米堆冰川主峰海拔6800米，雪线海拔只有4600米，末端海拔只有2400米。冰川下段已穿行于针阔叶混交林带，为西藏最重要的海洋型冰川，也是世界上海拔最低的冰川。也是距离昌都地区和察隅县最近的村庄，海拔反差特别大。在2005年《中国国家地理杂志》"选美"中上榜，米堆冰川被评为最美冰川第四名。由于冰面较暖，常生活着冰蚯蚓、冰蚤等动物。米堆冰川所在的纬度为北纬29°，但冰川末端却比北纬近44°的天山博格多山的冰川还要低，这是中国现代冰川中较为特殊的现象，与喜马拉雅山东南段的气候有着密切的关系。米堆冰川冰洁如玉、景色优美、形态各异、姿态迷人，周围有成群的牛羊、古朴的藏式民居、雄伟壮观的雪山，有常年不离的攀羊、野兔、野鸡、猴子等野生动物。

（张丽蓉）

【领导名录】

主　任

雷淑娟（女）

副主任

刘星源

次仁德吉（藏族）

副主任科员

卢俊香（女）

波密县食品药品监督管理局

【概况】2018年，波密县食药监局立足实际，坚持党和政府主导，坚决贯彻落实中央、自治区、林芝市和波密县有关食品安全工作决策部署，全面落实党政同责要求，实施"食品安全战略 让人民吃得放心"的方针，围绕重点工作，以"创建国家食品安全示范城市"为契机，巩固和发展了波密县食品药品安全稳定向好发展势头，全力保障辖区群众"舌尖上的安全"。2018年，县食药监局有干部职工13名，其中局长1名，副局长2名，主任科员1名，一般干部7名，公益性岗位2名。医学专业（临床、藏医）2名，食品科学与工程专业1名。

2018年，全县有食品生产企业4家，取得食品生产许可证4家；食品经营单位748家，其中餐饮环节433家，食品销售315户，81%以上取得食品经营许可证；农产品经营户170家，备案170家；土特产经营户27家，备案27家；小食品店、小作坊29家，发放小作坊小食品店登记证29家。

全县医疗单位108家，其中县公立医疗机构3家，包括疾控中心1家、县医院1家、藏医院1家，私人医院1家，乡（镇）卫生院12所，村级卫生室84所，诊所8家；药品、医疗器械经营企业5家，化妆品经营企业17家。

【经费保障】 2018年，县政府统筹安排食品安全监管工作经费73.2万元，含乡镇级协管员补助2.52万元，村级协管员补助6.88万元，明厨亮灶系统维护费5.6万元，食品抽检经费38万元、食品安全日常监管经费5.7万元、食品安全社会监督员2万元，投诉举报经费10万元，协管员培训经费2.5万元，均纳入本级财政预算。

【队伍建设】 教育学习。2018年，县食药监局深化"两学一做"专题教育活动常态化制度化、"四讲四爱"主题活动，落实每周学习制度和党员活动日，开展以新修订《党章》、党的十九大报告等为重要内容的集中学习和自学活动。同时，加强领导班子政治建设，派遣科级党员领导干部参加县级理论中心组织的学习活动。落实"三会一课"和谈心谈话制度，推进支部良好政治生态，提升支部组织力和凝聚力，让政治教育更加深入人心。2018年集中学习27次，观看学习教育片2次，党员活动日10次，讲党课4次，谈心谈话7人次；密切群众和干部联系。开展党员领导干部进村入户交朋友1次，为困难户送上3500元慰问金和建置1250元慰问品；推进政风行风建设。坚持将行政许可、行政抽检等行政服务事项在政府网站、宣传栏等载体进行公示，公开公示行政许可270项、行政抽检186批次、行政处罚2起等信息，通过公开公示，让行政权力运行在阳光下，让政风行风更加清明；培训教育工作有序进行。选派优秀干部积极参加自治区、市、县举办的各类培训活动14人次，"下乡送教"方式培训20余次，组织县城内"四品一械"经营使用企业代表、家庭旅馆法人代表、学校食堂食品安全管理员、土特产经营负责人等开展培训2次，获益群众10000余人次，切实增强广大群众对食品安全工作的认识，促使广大人民形成共治共享食品药品安全意识。

2018年5月25日，波密县政府副县长达娃卓嘎（前排左二）主持召开波密县2018年食品药品监管暨党风廉政建设工作会议

【食品监管】 发挥食安办"牵头抓总"作用。2018年，县食药监局强化行业部门信息共享、联检联查，组织教育、农牧等部门开展重要时节、重点区域、重点品种食品安全隐患排查力度，共出动执法人员60人次，下达责令整改书3份，立案1起，没收不合格产品货值2610.06元，罚款8120.3元；食品日常监管。紧盯重点部位，重点环节，围绕持证经营、规范操作，索证索票、明厨亮灶等要求，对菜市场、学校食堂及周边、农村、旅游景点、建筑工地等区域进行专项整治；食品安全整治。联合教育部门开展开学季校园及周边餐饮安全整治，对发现问题的学校要求其限期整改，确保校园师生饮食健康和生命安全，各乡镇食品安全协管员定期不定期开展食品安全检查，严查未经许可生产经营、制售"三无"食品和过期食品等行为，有效提升农村食品安全水平；推进"明厨亮灶"建设工程。将"明厨亮灶"建设作为食品经营行政许可、日常检查和量化分级工作过程中的重要内容，通过对新开办的餐饮服务单位引

2018年5月12日，波密县食药监局组织县域食品经营者在古乡仁青家庭旅馆开展实地观摩培训活动，通过店家现身说法，让明厨亮灶深入人心

导，按照“明厨亮灶”建设标准，合理布局，全面向公众展示加工制作全过程，同时加强与教育部门、旅游部门的联系，督促和指导学校食堂、旅游景区餐饮服务单位“明厨亮灶”工作，举办农村家庭旅馆“明厨亮灶”示范推进会，让食品经营者现身说法，促使“明厨亮灶”更加深入人心。2018 年，全县 85% 以上餐饮单位达到“明厨亮灶”建设标准；食品生产加工环节检查。重点开展生产许可、边销茶等专项检查，重点整治小作坊无证生产加工、违法添加或超限量使用食品添加剂等违法违规行为；食品安全保障。继续抓好重要节点、重大活动餐饮食品安全保障工作。通过加强信息沟通，提前介入，派遣骨干的方式，积极参与林芝市桃花节波密分会场、波密县藏王故里旅游文化节、中小考等重大活动餐饮服务保障工作 10 余次，有效确保了重大活动顺利进行。坚持量化动态管理。2018 年全县 433 家餐饮单位，未到时限不参与评定的 114 家，量化评定 319 家，其中 A 级 3 家、B 级 167 家、C 级 149 家，量化评定率达到 78% 以上。学校食堂达 100%，除县中、小学量化等级为 A 外，其他学校均为 B 级；餐饮废弃物和油烟治理。坚持环境保护“党政同责，一岗双责”，持续推进餐饮废弃物和油烟治理，通过签订《废弃油脂承诺书》《波密县餐厨废弃物回收处置收运协议》，发放废弃物处理台账，落实废弃油脂收运跟踪等措施，有效规范了餐厨废弃物、油脂处理。2018 年累计出动执法人员 192 余人次，出台执法车辆 35 台次，下达责令整改通知书 42 份，没收过期、不合格产品 800 余斤，其中不合格鲜猪肉 400 余斤，货值 6200 余元。

【药械化监管】 2018 年，县食药监局按照《药品管理法》《药品经营质量管理规范》等法律法规，开展药品日常检查和 GSP 跟踪检查，强化企业主体责任意识，规范操作行为；按照上级文件要求，结合长春长生公司疫苗事件等药品安全热点，重点开展了不合格药品、疫苗、特殊药品、美容美发化妆品等专项检查；继续推行医疗机构索证索票资质审查机制，对药械供应商进行资质审查备案，有效防止假劣药、挂靠走票行为出现；加强“药械化”不良反应监测工作，增强不良反应上报频次、质量。2018 年，全县“药械化”不良反应上报 61 例，其中药品不良反应 48 例，医疗器械 13 例，圆满完成林芝市食药局下达的指标。共出动执法人员 60 余人次，出台执法车辆 13 台次，下达责令整改通知书 6 份，没收不合格化妆品 15 公斤，货值 4000 元。

【食品药品稽查】 2018 年，县食药监局开展投诉举报核查工作，接收各类食品药品投诉举报 7 起，均已办结，无行政复议、诉讼的情况发生；开展水果、蔬菜、肉类、火锅底料、面包等各类食品监督抽检 186 批次（农产品 151 批次，其他食品 35 批次），出具 107 批次质检报告，合格率为 99.07%，抽检医疗器械 1 批，并对 1 批次不合格食品进行立案处置，罚款 50000 元；推行食品药品企业负责人约谈机制，重点对受到投诉举报、抽检产品不合格的相关企业负责人进行约谈教育，提升企业主体责任意识，规范操作行为，约谈人数 10 余次。

【创新食品监管服务】 2018年，县食药监局加大对餐饮行业的升级改造力度，严把餐饮企业准入关，对办证餐饮企业实施提前干预，在符合食品经营验收条件的前提下，宣传和鼓励企业开展“明厨亮灶”建设，建设标准必须按照《明厨亮灶管理办法办法》执行。对达到建设标准且符合食品经营许可条件的企业，纳入“智慧食安”电子监管范围。2018年，全县基建条件达到“明厨亮灶”标准的有316家，其中实现企业“明厨亮灶”单向视频（即企业安装视频）监管达100家，纳入“智慧食安”实现双向视频监管范围的有大中型餐饮和校园食堂25家，有效提升全县食品安全保障水平。

投入19.6万元为各乡镇配发快检设备，设备箱内配有农残、亚硝酸盐等17种快检试剂，并邀请林芝市冈迪斯公司快检专家进行现场指导和实践操作，进一步提升协管员履职能力。

在建立“乡镇协管员、村级信息员、社会监督员”的基础上，深化食品药品网格管理，即食药局副科以上领导干部与其他干部交叉负责管理乡镇和县城，通过责任上肩，强化县、乡、村三级食品药品监管和联系，提升全县食品药品安全监管质量。

按照《食用农产品市场销售质量安全监督管理办法》，协调有条件的嘉瑞超市、农贸市场开展食品安全快检室建设和改造，投入29万元为2家检测室建设提供设备支持，建成后将为群众提供功能全、质量高、效率快的食品安全快检服务。县农贸市场、贸易公司积极履行食品安全第三方责任，稳定推进“放心肉菜市场”建设，推行农产品入市快检机制，2018年开展农残、亚硝酸盐等快检项目214批次，合格率100%。

（益西卓玛）

【领导名录】

局 长

次仁罗杰（藏族）

副局长

吴 瑞

泽央卓玛（女，藏族）

波密县国土资源局

【概况】 2018年，波密县国土资源局在县委、县政府的正确领导下和市国土资源部门的精心指导下，全面贯彻落实党的十九大精神，认真学习“两学一做”及习近平系列讲话精神，按照县委、县政府的统一安排部署，以保护国土资源为重点，以增强对县域经济发展的保障能力为目的，坚持保护与利用、服务与管理并举，不断提升国土资源管理水平，圆满完成了年度各项目标任务，为县域经济持续发展提供了强有力资源保障。2018年，县国土局共有干部职工13名，其中驻村1名、中央党校培训1名。内设土地储备中心、国土执法大队、不动产登记中心等部门科室。

【土地资源】 第二次全国土地调查显示，波密县行政区总面积1676033.08公顷，其中耕地5698.97公顷，园地270.43公顷，林地582518.2公顷，草地314700.87公顷，城镇村及工矿1288.08公顷，交通运输用地531.16公顷，水域及水利设施用地287809.21公顷，其他土地483216.16公顷。

【土地开发利用】 2018年，林芝市国土资源局下达波密县新增建设用地总量指标为600亩，600亩指标为统筹分配指标，指标随着全县的工作进度进行增减。县国土局始终贯彻“节约集约利用土地”这一原则，不断加大对全县土地资源的整合，完善土地拍挂机制，按照市场需求，县国土局对桑登大道左侧4.5亩土地、古乡古村23.137亩土地、易贡乡江拉村11.73亩土地进行出让，收缴土地出让金1243.79万元；对城西（根仲）片区17户26.75亩土地进行出让，收缴土地出让金912.7万元。2018年，累计收缴土地出让金总额2156.49万元。新增建设用地920.538亩，其中耕地66.791亩。

【土地整治】 2018年，县国土局共有土地整治项目2个，分别为倾多镇叶巴村土地开发整治项目，建设规模500亩，投资金额77.6万元；多吉乡土地开发整治项目，建设规模3499亩，投资金额559.25万元。2个项目已完成前期设计，通过审批并实施。

【耕地保护】 2018年，县国土局完成了永久基本农田划定相关工作，收集了举证材料，并将论证审核材料上报市国土资源局、区国土资源厅。为科学划定全域永久基本农田，坚决实行最严格的耕地保护制度，确保基本农田数量和质量，根据基本农田保护文件精神，波密县耕地保护红线为7.89万亩，基本农田面积为6.69万亩。为做到底线不突破，红线不跨越，严格执行耕地“占一补一”，严格落实“先补后占”制度，建立规范完善的占补平衡台账，切实做到农田保护“五不准”（不准非农建设占用基本农田（法律规定的除外）；不准以退耕还林为名违反土地利用总体规划减少基本农田面积；不准占用基本农田进行植树造林，发展林果业；不准在基本农田内挖塘养鱼和进行畜禽养殖，以及其他严重破坏耕作层的生产经营活动；不准占用基本农田进行绿色通道和绿化隔离带建设）。凡属建设占用耕地与基本农田的，一律先行审查耕地补充方案是否落实，占补是否平衡，项目选址是否符合规划，农田补划方案是否可行，耕地开垦费是否依法征收，保护措施是否落实到位。以6·25土地日、世界地球日为契机，开展宣传活动14次，接受群众咨询近1500人次，发放国土资源管理法律法规资料4510余份，悬挂宣传横幅、张贴标语近10条，取得了较好的宣传效果。2018年签订耕地保护目标责任书21988份，其中县与乡（镇）签订22份，乡（镇）与村签订168份，村与户签订21808份，把耕地保护责任落实到户、到人。

【土地执法监察】 年初，国土资源部下发波密县2018年土地卫片执法图斑共22个，面积达505.8亩；经县国土局核查认定后，其中临时用地图斑12个，面积250.1亩，5个已恢复原貌，其余7个用地批复已下发；设施农用地图斑1个，面积25.6亩，用地批复已下发；违法用地图斑10个，面积230.1亩，已对违法单位进行勘测定界，县国土局正积极组织报件。为加大波密县土地“五乱”综合整治工作，县委、县政府主要领导及分管领导多次作出批示，召开专题会议研究部署土地治理整顿工作，年初拨付土地治理专项资金14万元，确保土地治理整顿工作顺利推进。同时还抽调人员组成专班，专门负责全县范围内的“五乱”违法行为的治理整顿工作。向乡（镇）印发了《波密县土地治理整顿工作实施方案》《波密县农村集体土地管理办法》《波密县临时用地管理办法》及《波密县人民政府关于严格落实耕地保护责任切实加强土地管理的通知》，进一步明确土地治理工作目标任务、具体要求、土地使用规定、土地审批程序等，使土地治理整顿工作顺利推进、土地使用管理更加规范化。2018年，县土地治理领导小组排查违规建筑51宗，成功拆除22宗、15823.56平方米，其他均责令停工改正；查处乱圈乱占乱建78起、约9万平方米，成功劝导40起、约4万平方米，其他38起均下发责令停止违法行为通知书。2018年上交土地违规罚款金额31.48万元。

【确权登记】 2018年7月，县国土局完成全县10个乡镇共85个行政村的农村集体土地、宅基地、集体建设用地、地上房屋及其附属设施的权属调查和地籍测量工作。不动产登记中心共颁发证件1370本、证明11本，其中颁发证件中林地使用权及森林林木所有

2018年7月27日，自然资源部中国地质调查局副局长王研（中）一行在波密县督导检查汛期地质灾害防治工作

权7本、国有建设用地使用权及房屋所有权转移登记8本、国有建设用地使用权及房屋所有权首次登记13本、国有建设用地使用权首次登记3本、国有建设用地使用权及房屋所有权变更登记3本、农村宅基地使用权及房屋所有权首次登记1323本、集体土地所有权首次登记1本、集体建设用地使用权及房屋所有权1本。

【矿产资源管理】 2018年,波密县域内进行探矿备案的矿业公司共1家,无私挖乱采和破坏环境等现象。1–6月,根据《林芝市国土资源局关于加强开采砂石管理的紧急通知》的要求,对县域内的砂石矿进行实地调查,全县共有32家砂石矿,保留了14家(扎木镇4处、玉许乡2处、其他8个乡镇各1处),由于波密县砂石采场都在非季节性河流河道内,按照《西藏自治区砂石料矿产资源开采管理办法》文件第六条“非季节性河流采砂石管理由水利部门负责,并颁发采砂石许可证,具体管理办法由水利部门制定”的要求,交县水利局负责管理。

【地质灾害防治】 2018年7月,县国土局按照自治区1∶5万地质灾害详细调查项目,进行了网上公开招投标程序,四川冶金地质勘查院中标后立即成立了项目组,前期地面调查工作初步完成,其余工作仍在进行中;野外调查技术人员(水工环地质和遥感地质人员)对每个乡(镇)村组、人类工程点、河岸坍塌点等一一开展调查和访问,详细地摸清了波密县地质灾害隐患点发育分布特征和规律。在2018年汛前地灾排查(181处)的基础上,建议核销隐患点54处,合并减少5处,调查新增隐患点124处,最终确定隐患点246处,包括崩塌30处、滑坡2处、泥石流179处、不稳定斜坡35处;各隐患点所占总数百分比为12.24%、0.72%、72.65%和14.29%。地质灾害隐患点规模类型中特大型2处、大型8处、中型34处、小型202处,所占百分比依次为0.81%、3.27%、13.88%和82.04%。

以签订责任书的方式来落实地质灾害工作,签订地质灾害防灾减灾目标责任书5505份,其中,市与县签订1份、县与乡(镇)签订11份、乡(镇)与村签订84份、村与户签订5409份。利用国土宣传日及各类重大活动,大力宣传地质灾害的防灾、减灾和避险知识,提高群众自我规避风险能力。在重大活动及国土日、法制宣传等时间节点,组织人员深入到乡(镇)、村(居)和学校宣传地质灾害防范工作,宣传次数累计10余次,发放宣传画册1360册,受教育人数达8500人次。2018年,波密县累计发生地质灾害53处,未发生过一起人员伤亡事故。

2018年12月14日,波密县委常委、政府副县长沈光银(主席台左一)主持召开波密县第三次国土调查动员部署会

【第三次国土调查】 2018年,根据国务院印发《关于开展第三次全国土地调查工作的通知》和《西藏自治区人民政府关于开展西藏自治区第三次全国土地调查工作的通知》的文件精神要求,波密县成立了第三次全国土地调查工作领导小组,县国土局在做好宣传第三次国土调查工作的同时,积极配合四川测绘地理信息局做好波密县的国土统计调查工作。

(王松泽)

【领导名录】

局 长

普 布(藏族)

主任科员

丁增卓玛(女,藏族)

执法大队副大队长

达瓦次仁(藏族)

波密县城市投资有限责任公司

【概况】 2016年5月,由波密县人民政府授权国有资产管理委员会,投资2000万元成立波密县城市投资有限责任公司。2018年,国有资产管理委员会持续注资500万元,实现收入254.55万元,实现利润58.11万元,上缴税金17.92万元,资产总额5457.22万元。公司共有干部职工8名,其中总经理1名,副总经理1名,政府派遣行政人员1名,聘用合同人员5名。公司下设综合部、财务部、业务部,主要经营土地开发管理、矿产资源管理、砂石资源管理房屋租赁、物业管理,同时承建城市基础设施建设及旅游资源市场开发、垃圾和污水处理等。

【经营理念】 2018年,公司秉承“城市基础设施为基础、土地经营为支撑、多元化经营为辅助”的经营理念,发挥城市建设主力军作用,综合运营城市资源开发建设与管理,增强城市功能、提升城市品位,打造波密城市新形象,确保国有资产保值增值,实现社会效益和经济效益双赢。

【项目建设】 2018年,公司全体上下将建成投产实体项目作为第一任务,聚全体之智慧、结以往之经验、保项目之资金、聚公司之全力,积极主动跑办产业园区、建筑建材公司前置手续,通过公司全体上下齐心协力,历时3个月,确定商业开发项目3个,续建项目1个。产业园区新公司已正式完成注册,项目用地选址已完成确权,项目土地报建同步进行,相关设备已采购评估完毕,相关用地及砂石、商砼、碎石等前置手续已完成9大类报告编制工作,行政审批正式批复已下达6项;建筑建材公司合作及资质审批已启动,项目选址初步确定,正在与土地审批部门协商挂网拍卖;公司就财政局商品房开发项目,一期计划投入489万元,建设该区域安置房,该项目施工单位已进场,建设周期一年,二期拟投入600万元拆除旧楼新建商业综合区;八一永久片区扶贫酒店开发续建项目,落实资金2358万元,全额按进度拨付施工方,确保项目资金专款专用,坚持每月派人现场查看,将现场查看情况建档封存,和施工方建立信息互通,及时了解和掌握现场推进进度,项目已完成主楼封顶,完成主体工程量70%;积极争取林芝商业银行的支持落实扶贫项目,公司向林芝商业银行争取了2358万元的贷款,投向林芝市永久片区解决贫困人口的就业问题,同时通过“培训再就业、收益再分配、订单服务”等形式为农牧民等贫困人口解决生活及就业问题,助推全县扶贫产业的发展,为全县脱贫攻坚工作做出积极努力,真正做到让贫困人口“有活可干、有钱可挣”。公司通过开设酒店等方式进行招商,扩大了县内产业结构,从侧面扩大就业。同时引进中国银行,完善县内的金融机构,为全县经济的发展提供金融支撑。

【完善制度加强管理】 2018年,公司对全体员工实行考核制度,奖罚分明,对员工任务分配完成率进行绩效考核,不断提高员工对公司的归属感和忠诚度,全面调动员工工作积极性,严格按照公司考评制度兑现落实奖惩,人均年绩效考核奖励达到6000元。

(李函芮)

【领导名录】

总经理

李彦龙(6月离任)

朱果夫(6月任职)

副总经理

张　鑫

波密县波隅旅游开发有限公司

【概况】 2018年,波隅旅游开发有限公司在县委、县政府的正确领导下,认真贯彻落实党的十九大精神和十九届二中、三中全会精神,贯彻落实各级党委、政府对旅游产业发展的方针政策要求,紧扣全县“两产业一平台”发展总体思路,按照波密县“一轴三线”的旅游产业发展思路,坚持以全县旅游市场为导向,以服务游客为目标,在全体公司人员的共同努力下,顺利完成了年度各项工作任务。公司成立于2017年3月31日，注册资本2000万元，是由县政府全额出资成立的国有独资企业。公司以旅游项目开发与管理、景区资源开发为主营，挖掘、整理、整合全县旅游资源，统筹开发全县旅游资源，推动波密县旅游产业健康有序发展。公司下辖波密县游客服务中心、波密县古乡帐篷营地、藏家乐、易贡藏刀展销馆等涉旅企业。2018年，共接待区内外游客2924人次，为4000余名游客开展了咨询服务，总经营收入达64余万元。

【基础设施建设】 2018年，公司注资500万元修建了游客服务中心（二期）工程，至此，游客服务中心拥有客房32间，极大地降低了运营成本，为今后更好地发展奠定了基础。

【拓展公司业务范围】 2018年，公司与其他涉旅企业合作，接待游客150人次。在土特产售卖、接待游客、开展儿童散打培训的基础上，承接了2018年中国旅游好资源会务工作，进一步提升公司的业务水平。

【业务工作】 2018年，公司圆满完成县委、县政府交办的全市各县委书记工作现场会、乡村振兴战略现场会等参观工作，共有10批市委、市政府和其他地市领导到公司视察，并给予高度好评和认可。岗云杉林景区共接待游客4517人次，实现现金收入7.7万元，"冬游西藏"活动期间接待游客2912人次。大学生就业扶贫双创工作有序开展，为4名大学生提供了就业创业岗位。启动了千年核桃王、千年云杉王、康养易贡、朗秋冰川、卓龙沟、朱西冰川等的商标注册，变更了38个已经注册的商标。

【招商引资重要平台】 2018年，公司共接待有意到波密县投资的客商15批，推介了波密的旅游资源，提高了波密县在区内外的知名度。签订2个景区开发框架性协议、1个开发协议。总投资2.2亿元的通麦旅游基础设施开发协议已落地，正在办理相关手续。

2018年11月22日，在中国旅游好资源发现大会期间，公司组织举办对话波密旅游座谈会

【资产入库】 2018年，为做到资产清、家底明，公司对岗云杉林景区资产进行评估，经有资质的公司评估，岗云杉林景区资源评估价值为1.71亿元，公司总资产达2亿元，为公司今后与各开发企业商谈合作事宜奠定了基础。

（姚　建）

【领导名录】

总经理

卢俊香（女）

副总经理

姚　建（女）

西藏林芝市波密县藏核农业科技有限公司

【概况】 西藏林芝市波密县藏核农业科技有限公司是林芝圣茸农业科技股份有限公司的全资子公司，坐落在波密县产业园区内，主要从事松茸、天麻、水果和核桃的深加工，松茸、天麻、水果和核桃产品的研发、生产、销售。主要产品为冻干松茸、冻干天麻、冻干苹果、烘干松茸、烘干天麻、胶装核桃油等。公司占地面积16246.8平方米，已完成建筑面积1875.35余平方米，共有员工20名，机动临时工人10～40名。

2018年4月11日，林芝市委副书记、市长旺堆（前排左三）一行在公司调研指导工作。波密县委书记朱正辉（前排左二）等陪同

公司拥有一支高学历、高素质的人才队伍，公司员工的40%为本科及以上学历。公司与广东省及云南省高校建立了广泛的合作关系，依托高校资源建立了一支以研究生和博士生为主的高科技研发队伍，依靠技术求发展，公司将不断为国内外客户提供满意的高科技健康产品。

【工作开展】 2018年，公司投入3000万元，建设了松茸加工厂一期项目，建筑面积1817.21平方米，按照食品车间要求进行设计，包括拣送去皮间、切片间、内外包装间、烘干间、冻干间、理化试验室、包材库、成品库、冷冻库等，其中冻库面积658.9平方米，包括 -18℃平方米低温冷藏库6间、0 ~ 5℃高温保鲜库1间、-33℃速冻库1间，可存储100吨松茸等林下产品。2018年，公司通过了ISO9001质量管理体系认证、ISO22000食品安全管理体系认证，并获得鲜松茸有机产品认证和松茸干片有机产品认证。公司经过对松茸产品技术攻关，“含有松茸和青杠菌的发酵型调味料的制备方法”申请了国家发明专利。2018年，公司获得由林芝市委农工办、林芝市农牧局联合颁发的“林芝市农牧业产业化经营先进企业”。

（栾丕誉）

【领导名录】

董事长

孙国伟

总经理

栾丕誉

波密松茸产业园区经济技术指标

表6

项　目		单　位	数　值	所占比重
地块用的面积		平方米	16246.78	—
总建筑面积		平方米	22300.97	—
不计容建筑面积		平方米	1565.40	—
计容建筑面积		平方米	20735.57	—
其中	松茸加工车间	平方米	1817.21	8.76%
	展览中心	平方米	417.60	2.01%
	办公楼	平方米	5896.43	28.44%
	研发生产中心	平方米	6558.86	31.63%
	宿舍及食堂	平方米	5529.35	26.67%
	核桃加工厂	平方米	516.12	2.49%

续表 6

项 目	单 位	数 值	所占比重
建筑占地面积	平方米	5673.99	—
容积率	立方米	1.28	—
绿地率	%	31.33	—
建筑密度	%	34.92	—
车位	个	52	—

波密县顺达成品油销售有限公司

【概况】 波密县顺达成品油销售有限公司成立于2009年6月19日，位于波密县车队临街左侧，属个人投资企业，注册资金200万元。加油站占地面积2853平方米，共有税控加油机8台，其中柴油加油机4台、汽油加油机4台，拥有30立方米地埋卧式钢油罐6座，属二级油站。2018年，加油站共有工作人员7名，管理人员2名，加油员4名，后勤保障人员1名。2018年7月3日—11月24日，停业装修期间，公司为响应国家有关政策，更换了双层油罐以及油气回收系统，改造后为4台双枪加油机（汽油、柴油各2台）及50立方米地埋卧式双层罐5座（汽油3座，柴油2座）。

【经营管理】 2018年，公司销售汽油342吨，销售金额351.4万元；销售柴油404吨，销售金额339.36万元，总计销售金额690.76万元，缴纳税款5.28万元。为确保成品油市场安全销售，根据西藏自治区零散成品油管理办法的有关规定，购买散装油必须由所在乡镇及派出所或县公安局、商务局、出具零散成品油加油证明，车辆加油必须持有三证（身份证、驾驶证、行驶证），进行实名登记后方可加油。

【安全生产】 2018年，公司严格执行各项安全生产规章制度和安全操作规范流程，有效杜绝违章违规作业。配备了电脑监控设备，实行24小时监控，严格落实危险源监控责任，掌握动态情况。为预防事故发生，对加油现场、油罐区、配电室、营业室、收银室、厨房、电器设备等7个重要区域，每4小时检查一次，并把每天的安全检查情况记入巡检日志。

（张超峰）

【领导名录】

加油站站长

张超峰

中国石油波密加油站

【概况】 中国石油波密加油站始建于2010年，位于波密县扎木西路，占地面积约为3600平方米。站内配有高清监控16个，监控内容可储存30天，共有汽、柴油加油机各2台，30立方米卧式双层罐8座（汽、柴油各4座），加油站达到国家环保要求的二次油气回收并通过油气回收监测。站内从业人数19名，其中加油站负责人2名，综合管理员5名，加油员12名。2018年，波密加油站销售油品12083吨，其中汽油5445吨，柴油6638吨，销售金额10151.52万元，缴纳税额113.7万元。波密二号加油站全年销售油品5089吨，其中汽油2191吨，柴油2898吨，销售金额4392.85万元，缴纳税额49.2万元。

【安全生产】 2018年，波密加油站在严格按照加油站操作规程的情况下，制定了全年员工培训计划和应急预案演练计划，每月对站内员工进行针对性的培训和演练。与员工签署安全协议和责任书，确保加油站的安全和稳定。2018年6月，为解决波密县加油难及加油排队时间较长易堵车等问题，新增了位于老油库的波密二号加油站。

（格桑多吉）

【领导名录】

加油站站长

蒙　云（1月离任）

格桑多吉（藏族，1月任职）

波密县实惠成品油销售有限公司

【概况】 波密县实惠成品油销售有限公司成立于2002年5月20日，位于波密县城东侧，属个人投资企业，注册资金100余万元。加油站占地总面积约1200平方米，拥有加油机4台，包括柴油、汽油加油机各2台，地埋卧式双层油罐4座（30立方米1座，40立方米3座），属二级油站。2018年，加油站有工作人员5名，管理人员1名。

【经营管理】 公司主要从事成品油零售，产品主要为汽油、柴油。2018年，汽油销售320吨，销售金额310万元；柴油销售350吨，销售金额280万元。总计销售金额590万元，缴纳税款金额43520元。

（普　巴）

【领导名录】

加油站站长

贾伯清

波密县卷烟配送中心

【概况】 波密县卷烟配送中心成立于2006年，占地面积609平方米。2018年，中心共有干部职工4名，藏族2名，汉族2名，党员1名，中级职称1名。全县共有零售户126户，其中，县城54户，乡镇72户。

【卷烟销售】 2018年，波密县销售卷烟1179箱、5893万支，同比减少179箱、899万支，降幅13.24%，实现销售额4607万元，同比减少257万元，降幅5.28%。单箱均价33909元，同比增加3282元，增幅9.17%。

（张红霞）

【领导名录】

卷烟配送中心负责人

张红霞

财政·税务

波密县财政局(国资委)

【概况】 2018年,波密县财政局在县委、县人民政府的正确领导下,在自治区财政厅和林芝市财政局的精心指导下,以落实习近平新时代中国特色社会主义思想为指导,全面推进财税体制改革,切实履行财政监督职能,落实稳增长、调结构、促改革、惠民生、保稳定、防风险等一系列政策措施,严格控制一般性支出,扎实推进经济社会发展,不断提高人民群众物质文化生活水平。波密县财政局为正科级行政单位,下设会计核算中心、农财股、行政事业财务股、基建股、机关财务股、检法司财务股、综合股、办公室8个股室和政府采购办,共有行政编制4名,会计核算中心有参公编制6名。

【财政预算执行】 2018年,波密县财政总财力为117263万元,比年初预算增加56060.62万元,增长91.6%。县财政一般预算收入年初预算为4315万元,实际完成6978万元,根据《预算法》规定,超收部分调入预算稳定调节基金中。县财政一般预算支出年初预算为61202.38万元,2018年一般预算支出完成114600万元。政府性基金收入完成3266.61万元(含上级专项基金收入126.39万元)。政府性基金支出完成3266.61万元。从波密县财政总体运行情况看,2018年波密县财政顺利完成本年度目标任务,财政预算执行情况良好。

【财政收入方面】 2018年,波密县财政总财力117263万元,其中财政一般预算收入为6978万元,财政自给率达到5.95%。体制补助902万元,均衡性转移支付收入17956万元,比年初减少161万元;返还性收入完成1377万元,比年初减少419万元;义务教育等转移支付收入13774万元;基层公检法司转移支付收入550万元,比年初减少198万元;城乡居民医疗保险转移支付收入1320万元;县级基本财力保障机制奖

2018年7月26日,波密县委书记朱正辉(右)在县财政局检查指导工作

补资金收入2144万元，比上年减少284万元；结算补助1263万元，比上年增加418万元；国家重点生态功能区转移支付收入697万元；固定数额补助收入7521万元，比上年减少415万元；其他一般性转移支付15946万元，比上年增加5427万元；专项转移支付收入44135万元，比上年增加24632万元。2018年，县财政一般预算收入实际完成6978万元，根据《预算法》规定，超收部分调入预算稳定调节基金中，其中：税收收入完成2475万元，为一般预算收入的35.47%，比年初预算减少825万元，减少25%，其中：增值税完成1967万元；企业所得税完成118万元；个人所得税完成53万元；资源税完成2万元；城市维护建设税完成277万元；印花税完成31万元。

非税收入完成4503万元，为一般预算收入的64.53%，比年初预算增加3488万元，增长343.65%，其中，专项收入完成154万元，行政性收费收入完成2540万元；罚没收入完成260万元；国有资源有偿使用收入完成615万元；其他收入完成934万元。

政府性基金收入完成3266.61万元（含上级专项基金收入126.39万元），增长1.16%。

【财政支出方面】 2018年，波密县年初一般预算支出为61202.38万元，全年一般预算支出完成114600万元，完成年度预算数187.25%。其中，一般公共服务支出年初预算13889.91万元，实际支出18307万元；公共安全支出年初预算安排5456.74万元，实际支出6569万元；教育支出年初预算安排12743.42万元，实际支出14114万元；科学技术支出101万元；文化体育与传媒支出年初预算安排774.2万元，实际支出1874万元；社会保障和就业支出年初预算安排6772.41万元，实际支出8252万元；医疗卫生支出年初预算安排7183.28万元，实际支出9262万元；环境保护支出年初预算安排943.54万元，实际支出7521万元；城乡社区事务支出年初预算安排607.21万元，实际支出6218万元；农林水事务支出年初预算安排8752.82万元，实际支出27858万元；交通运输支出年初预算安排169.98万元，实际支出320万元；资源勘探电力信息等事务支出年初预算安排89.05万元，实际支出97万元；商业服务业等事务支出年初预算安排215.28万元，实际支出2189万元；国土资源气象等事务支出年初预算安排260.48万元，实际支出876万元；住房保障支出年初预算安排2435.18万元，实际支出8119万元；预备费年初预算安排710.31万元；其他支出年初预算安排172.04万元，实际支出2885万元。2018年支出较2017年同期增加32018万元，增长38.77%，增长的主要因素为上级下达专项资金增加。

2018年2月11日，波密县财政局开展“4对1”帮扶活动

2018年，波密县政府性基金支出完成3266.61万元，其中，国有土地收益基金支出351万元，农业土地开发资金支出19万元，征地拆迁补偿支出2770万元，上级专项基金支出126.39万元。

【“三公”经费】 2018年，根据相关规定，波密县及时调整充实“三公”经费工作领导小组，全面规范全县“三公”经费支出，重点压缩公务接待支出。专题分析“三公”经费管理中存在的突出问题，建立长效机制，按照自治区有关规定，逐年缩减年度预算。严格遵

2018年5月3日，波密县国资委组织人员对辖区国企开展安全消防检查

循先有预算、后有支出的原则，不存在任何虚假列支、转移支出以及挤占、挪用或者套取资金违规开支“三公”经费的问题。

2018年，波密县“三公”经费支出989.57万元，其中因公出国（境）费用0万元，公务用车购置及运行维护费年初预算638.81万元，实际完成742.66万元（其中公务用车运行维护费697.66万元，车辆购置45万元）；公务接待费年初预算391.89万元，实际完成246.91万元。波密县“三公”经费总体支出2018年比2017年下降0.9%。

【强农惠农资金】 波密县强农惠农资金落实情况。村干部：2018年兑现588.31万元，补助标准：村党支部书记兼村委会主任（一肩挑）为17941元/年；村党支部书记、村委会主任为17828元/年；其他村干部为8904元/年。村级党组织保障经费：2018年兑现170万元，补助标准：20000元/年/行政村。五保户供养：2018年兑现118.85万元，补助标准，农村5760元/年/人，城镇11700元/年/人。2018年兑现村干部考核奖励资金460.82万元。

农村救助体系。农村最低生活保障：2018年兑现332.19万元，补助标准：3840元/年补差。

城镇最低生活保障。2018年兑现234.43万元，补助标准：人均750元/月补差。

【财政改革】 2018年，县财政局按照建立和完善公共财政体系的总体要求，继续深化部门预算，细化预算编制，科学制定定员定额标准，严格预算制约，建立预算编制与预算执行、预算监督相互制约机制；逐步完善政府采购章程，规范政府采购行为，并加大监管力度，使波密县政府性采购逐步走向正轨。全面落实公车管理制度，细化公务接待标准，制定符合波密县实际的制度章程，全面有效地降低行政成本，提高资金使用效率，提升行政水平。加强“收支两条线”管理，对行政事业性收费进行清理收缴。扩大财政监督影响力，开展全县行政事业单位财务大检查，开展会计基础知识培训与宣讲，引导部分干部职工考取会计从业资格证书，填补财政人员空缺。严肃财经纪律，逐步规范财经秩序，对提高财政服务水平，提升财政资金功能集散起到积极作用。

【财政监督】 2018年，县财政局加强对波密县基建项目的工程预、决算审查管理，细化流程，严格控制项目成本，有效节约项目建设资金。从源头上监管资金，跟踪落地每一个项目，确保财政资金发挥最大效益。按照《中华人民共和国预算法》有关规定，为不影响自治区和林芝市财政对波密县各项资金的支持，更好的保障各类经费正常运行，加快资金使用进度，督促各乡镇人民政府、县直各单位加快资金使用进度，专款专用，不得违规突击使用资金。为规范全县行政事业单位国有资产处置行为，维护国有资产的安全和完整，保障国家所有者权益，实现国有资产有序流转，防止国有资产流失，根据《波密县行政事业单位国有资产处置管理办法》，所有处置收入上缴国库，波密县国有资产处置工作日趋完善。

【干部队伍建设】 2018年，结合县财政局人员更新较快，加之人员少、工作任务重等特点，按照

2018年7月17日，波密县国资委工作人员慰问国企困难党员

内部控制制度，每周安排不少于15小时的时间进行业务自学，并组织新老干部“一对一”传帮带，不断提高财政干部的业务水平。2018年开展廉政教育专题讨论7次，观看廉政警示教育片7部，着实增强各级党员干部的廉洁自律意识。

【基层财务培训】 2018年，县财政局为全面规范各乡（镇）人民政府、各单位（部门）和村（居）财务管理工作，严格落实“村财乡管、乡财县管”财务体制，以《会计基础》和会计职业道德为准绳，创新培训模式，切实解决县、乡、村存在的突出问题。

【存量资金清理】 2018年，县财政局根据《中华人民共和国预算法》相关规定，已收回2年以上（含2年）存量资金共1920.87万元。通过清理使用，及时掌握财政资金的运行及结余情况，让沉淀下来的财政资金发挥最大效益。

【国有资产清查】 根据西藏自治区财政厅关于全区行政事业单位国有资产清查工作的部署安排，波密县以2018年12月31日为资产清查工作基准日，开展了国有资产清查工作。波密县财政统计数据显示，波密县固定资产总额512327260.81元。波密县固定资产2018年初数369620753.42元，增加142706507.39元。

【精准扶贫】 2018年，县财政局紧紧围绕波密县委、县政府重点工作任务，充分发挥职能作用，集中财力倾斜投入，预算安排上年财政收入的10%，全力推进精准扶贫工作。全年累计到位扶贫资金18186.13万元。

【党建工作】 2018年，县财政局党支部建设工作紧贴年度工作计划，坚持围绕中心、服务大局，扎实推进以严明党的纪律、切实转变作风、完善惩防体系为重点的反腐倡廉建设，着力解决人民群众反映强烈的突出问题，不断推动财政部门党风廉政建设向纵深发展，确保财政工作清正、财政干部清廉、财政作风清明。2018年县财政局党支部党员干部集中学习30次，参加县级培训3次，增强了党员的学习自觉性。

（侯曹胜）

【领导名录】

局　长

次仁卓嘎（女，藏族）

副局长

樊尚泽

王景亮

国家税务总局波密县税务局

【概况】 国家税务总局波密县税务局坐落于波密县扎木镇扎木路15号，成立于1994年，负责全县企事业单位和个体工商户的税收征管工作。2018年7月，国税地税征管体制改革，波密县国家税务局改为国家税务总局波密县税务局。2018年，波密县税务局共有17名干部，11名正式党员，大专学历以上人数17名，占总人数的100%。2018年，全县各项税收收入共入库5031.47万元，减收1722.51万元，同比减少25.5%。

【机构改革】 7月20日，国税地税征管体制改革，波密县国家税务局改为国家税务总局波密县税务局。波密县税务局统一思想，召通过开干部职工大会、理论中心组学习、组织生活会和谈心谈话等形式，深入学习习近平总书记关于党和国家机构改革的重要讲话精神等，牢固树立“四个意识”，加强作风建设工作，确保干部在改革中做到讲政治、顾大局、守纪律、尽职责。强化组织领导，“一把手”负总责，班子成员对分管相关工作负全责，督导落实到位，及时掌握工作进展和存在问题，建立意见建议反馈机制，畅通干部职工和纳税人反映渠道。明确工作分工，细化责任，按表推进，制定方案，扎实做好税收业务系统升级配置、测试验证、公章转换、业务办理等保障工作，确保了各项改革任务顺利实施。

【依法治税】 2018年，波密县税务局按照依法征税聚财力的机制和稳中求进工作总基调，实施收入目标动态管理，开展行业税源监控，加强收入预测分析和质量综合评价，进一步提高收入管理水平。强化税收征管风险管理，开展针对医药、建筑、商贸行业的风险应对，累计推送各类风险41户次，查补入库各类税款109.24万元。积极落实中小微企业、西部大开发、“大众创业、万众创新”等各项税收优惠政策，对国务院7项减税政策进行重点部署和跟进落实，全年减免各类税收1398.53万元，其中促进小微企业发展减免938.66万元。继续做好全面推开营改增试点各项工作，2018年，全县纳入营改增试点范围纳税人共988户，增值税纳税人总体减税725.6万元。

【费改税工作】 2018年1月1日，《中华人民共和国环境保护税法》正式实施，波密县税务局加强部门协作，积极统筹谋划，强化税收宣传，全力以赴打赢环保税开征攻坚战，顺利完成制度规范和排污征管数据、档案资料移交、下户调查核实等工作，加大环保税征管力度，细化责任落实，最终识别环保税纳税人223户，累计征收环保税23.16万元。2018年，对比县环保局2017年度移交数据，环保税征缴户增加88户，环保税征缴金额超排污费收缴金额8.55万元，成功完成“费改税”工作，有效约束了排污行为，进一步提高居民环境保护意识，推进生态文明建设和绿色发展。

【放管服工作】 2018年，波密县税务局以“放要放出活力，管要管出公平，服要服出特色”改革精神为指引，统筹兼顾，持续强化服务意识，提高服务效率，努力为波密发展营造良好的营商环境。贯彻落实多证合一、两证整合和商事登记制度，取消税务登记证办理，进一步简化登记流程，精简行政许可事项，优化办事办税流程，精简办税资料，实行纳税人“留存备查”“以报代备”“一次备案、多年有效”等，持续为纳税人减轻办事办税负担，提供高效便捷的服务，避免了纳税人重复报送资料、多次跑、多部门跑，有效地激发了市场活力，调动大众创业创新的积极性。加强行政审批后续管理，加强事后备案资料审核，落实事中事后管理办法和各项措施，对已取消行政许可或非行政许可事项转换而来的涉税公共服务事项的各项权责进行全面梳理、明确并向社会公开，积极稳妥推进实名办税，充实办税人员实名信息数据库，强化信息共享和数据共用，实现“以票控税”、实现增值税发票信息共享等，加强内控监管，严格落实税收“黑名单”制度和联合惩戒，由事前向事中事后管

2018年3月31日，西藏自治区税务局局长董涛（左三）在波密县税务局调研。波密县委书记朱正辉（左四）等陪同

理转变，实现“管”到位，堵塞漏洞，降低风险。深入开展“便民办税春风行动”，按照“进社区、进企业、进校园”的工作思路，突出纳税人关心的税法、税收政策和办税服务内容，大力推行免填单服务、网上办税等多元化办税模式，实行首问负责、提醒服务、导税服务、延时服务、预约服务等制度，深化党员先锋示范岗创建活动，选派觉悟性高、业务技能精、岗位业绩佳、服务质量优的优秀党员干部成立先锋示范岗，岗位实行动态管理，做到“一窗”通办、及时受理、有效指引、限时办结，积极利用计算机技术革命带来的成果，利用各类网络平台形成“互联网＋宣传”“互联网＋办税”等模式，坚持将税收各项工作与“互联网＋”主动对接、深度融合、主动融入，深入推广网络申报、税库银扣款缴税、自然人税收扣缴客户端、电子税务局，实现部分业务

2018年4月16日，波密县税务局工作人员在波茂广场开展“国家安全教育日”主题宣传活动

“指间办理”，助推“互联网＋税务”向纵深发展。

（杨　志）

【领导名录】

波密县国家税务局局长

周　可（7月离任）

纪检组长

马杨曼（女，回族，7月离任）

副局长

扎　西（藏族，7月离任）

国家税务总局波密县税务局局长

周　可（7月任职）

纪检组长

马杨曼（女，回族，7月任职）

副局长

扎　西（藏族，7月任职）

社会事业

波密县民政局

【概况】2018年，波密县民政局坚持贯彻落实科学发展观，深入学习领会习近平一系列重要讲话精神及十九大重要精神，扎实开展“两学一做”“四讲四爱”群众教育实践活动，推进民政事业日趋规范化、制度化发展，为完成全年各项工作提供强有力的支撑。县民政局为正科级行政单位，2018年，在编人数19名，其中行政编制10名，事业编制9名，下设波密县社会福利院、波密县居民家庭经济核对中心（社会救助站）2个部门。

2018年1月18日，波密县民政局党支部组织党员开展慰问低保户、困难户活动

【低保保障】2018年，根据上级文件要求，波密县开展了“人情保、关系保”为主要内容的城乡低保专项清理工作，在动态调整下，清退不符合低保标准的205户840人，其中城市低保户25户101人，农村低保户180户739人；积极做好城乡低保金发放工作，波密县城镇低保户共95户292人，发放城镇低保金179.05万元，农村低保户108户378人，发放农村低保金228.94万元，低保高龄失能老人29人，发放补贴17万元。

【双拥优抚】节日慰问。在“三大节日”期间，波密县组织人员慰问驻地军警部队官兵、贫困户（包括残疾人）172人，孤儿14人，烈军属9人，在乡退伍军人177人，送去慰问金15.99万元。八一建军节期间，为驻地部队官兵发放慰问金6万元；双拥工作。2018年，全县接收退伍军人11名，为28名60岁以上退伍老兵发放生活补助金5.358万元，为15名重点优抚对象发放各类优抚资金31.1711万元；驻地军警部队官兵和县直单位爱心企业人士到县社会福利院慰问五保老人17次，送来慰问品（大茶、酥油、清油、饮料、衣物等）180件，为老人们带来各类文艺演出8场次，并为老人们洗衣做饭，打扫卫生24次，有效地促进了双拥共建工作的开展；项目建设。将波密县烈士陵园和松宗镇烈士陵园维修改造项目列入“十三五”规划，总投资1500万元，2017年11月开工建设，2018年，项目正处于施工阶段。

【社会救助】 城乡医疗救助工作。2018年，全县城乡医疗累计救助1768人次，资金总支出200.55万元，其中大病累计救助5人次，救助资金11.04万元，普通病救助327人次，资金支出182.93万元，资助参保参合人数1411人次，资金支出2.82万元，资助五保对象护理人数25人次，资金支出3.75万元，资助精神病患者监护人补贴7.44万元；临时生活救助。采取多项措施，实施分类救助，按照自愿救助的原则，对因火灾、交通事故、家庭成员突发重大疾病等原因，导致生活暂时出现严重困难的家庭及时进行救助，全年救助493人次，救助资金支出35.87万元；流浪乞讨救助。2018年，救助涉及流浪人员92名，发放救助金21940元。

【社区工作】 2018年，在社区治理工作中，基层党组织发挥统筹模范、监督管理作用，驻社区工作单位人员积极开展协调各方面工作，努力解决出现的各类问题，作用发挥较为明显。为加强社区工作效率，提升社区工作业务能力，承担政府公共职能，波密县建有扎木社区服务中心1个、扎木社区服务站1个。

【救灾工作】 防灾抗灾制度建设。2018年，波密县严格按照《灾害应急救助工作规程》规定，制定《波密县防灾减灾实施方案》，并督促各乡（镇）、各村委会及时制定各级防灾减灾应急预案，将95名灾害信息员录入波密县灾害信息员数据库，严格按照“防、避、抢、救”的工作方针，牢固树立防大汛、抗大灾的思想，克服麻痹思想和侥幸心理，从组织、人员、资金、物资等方面做好准备工作，做到防患于未然，将防汛救灾各项措施全部落实到位，确保了报灾、核灾、救灾工作及时有效地开展。2018年，共发放“11·18”地震房屋加固补助资金99.33万元。

救灾物资储备及救灾仓库建设。波密县地处墨脱、察隅县三界交汇处，救灾工作任务重，救灾物资储备要求高，2018年波密县救灾物资储备已处于饱和状态，共有各类救灾物资（帐篷、绒衣、棉衣、雨衣等）共4.3万余件，其中乡（镇）代储1.8万余件；波密县有救灾物资储备库10个，其中乡镇救灾物资储备库9个（除扎木镇外），县级中心仓库1个，设有临时避灾点88个，其中乡镇84个，县临时避难点4个。

冬令春荒受灾群众救助。2018年，为切实解决特困户、低保户、困难户的春荒缺粮问题，根据缺粮户统计情况，及时兑现冬令春荒资金131.18万元，有效解决波密县春荒期间困难群众缺粮问题，确保困难群众基本生活得到妥善安排。

【妇女儿童权益保障】 困境儿童。2018年，波密县共有困境儿童19名，其中0～6岁1名，7～12岁8名，13～16岁9名，17岁1名。针对此类困境儿童，根据家庭困境原因，采取医疗救助、临时生活救助、帮助就业等方式帮助其家庭脱离困境；留守儿童。2018年，经会同各乡镇等有关部门，对全县留守儿童进行摸底调查，经调查，波密县共有留守儿童2名，并于其家庭签订监护责任书2份，要求所在乡镇及监护人每月5日和25日定期报告留守儿童生活及入学情况。

2018年2月1日，波密县民政局组织人员在“三大节日”期间慰问驻地军警部队官兵

2018年3月15日，波密县民政局开展法治宣传活动

【社会福利】 孤儿保障。2018年，波密县有孤儿84名，其中69名孤儿已全部入住林芝市儿童福利院，15名已被签订监护协议人领养，每月发放生活费1000元；特困保障。2018年，波密县有特困人员205人，其中城市特困人员17人，农村特困人员103户104人，有意愿集中供养79户84人，2018年发放特困供养金151.92万元，集中供养按每人每年11700元发放，散居供养按每人每年5760元发放。为12名特困老人支付安葬费6.912万元，其标准为一年的生活费。全县2个敬老院（县敬老院、八盖乡敬老院）已入住特困老人84人，县敬老院配置工作人员24名，其中院长1名、医生1名，护士1名，护理人员21名（临时工）。

【婚姻登记状况】 自波密县实行婚姻登记录入自治区婚姻登记管理系统起，县民政局依照《婚姻法》《婚姻登记管理工作条例》，严格程序，优化服务，不断提高与规范婚姻登记管理工作。2018年，波密县民政局共办理结婚证378对，离婚登记44对，补办结婚证71对，合格率100%。

（德吉卓嘎）

【领导名录】

局　长

次旦卓玛（女、藏族）

副局长

万永刚

江红霞（女，藏族）

社会福利院院长

边巴卓玛（女，藏族）

居民家庭经济核对中心（社会救助站）主任（站长）

顿珠次仁（藏族）

波密县人力资源和社会保障局（公务员局）

【概况】 2018年，波密县人社局在县委、县政府的正确领导下，在区、市人社部门的大力支持和悉心指导下，全面贯彻落实党的十九大精神，紧紧围绕“民生为本、人才优先”主线，强化工作责任，狠抓工作落实，各方面工作取得了新进展。

2017年8月，经市委、市政府同意，波密县人力资源和社会保障局加挂公务员局牌子，正科级建制，为波密县人民政府工作部门。县人社局下设医疗（工伤、生育、社会）保险管理中心、劳动就业和人才流动服务中心2个参照公务员法管理事业单位。2018年年底，县人社局核定机关行政编制3名，实有在编干部19名，其中，副局长2名，一般干部17名。

【就业再就业】 2018年，全县实现城镇新增就业493人，就业困难群体就业119人，城镇失业人员再就业121人，城镇登记失业率1.08%。农牧民转移就业培训1495人，农牧区劳动力转移就业5455人、9880人次。

【高校毕业生就业创业】 2018年，全县应届毕业生就业193人，就业率为92.34%。其中，创业2人，公职岗位就业65人，区内企业就业79人，区外企业就业12人，公益性、入伍、三支一扶等就业35人。

高校毕业生就业观念逐步转变。县人社局以创建先进典型、宣传就业政策、座谈教育为主要手段，鼓励高校毕业生树立先就业后择业的就业观念，高校毕业生市场就业观念逐步增强，55%的往届毕业生、50%的应届毕业

2018年5月4日，波密县人社局联合气象局党支部开展以“支部联谊促交流 齐抓党建促发展”为主题的党建活动

生选择市场就业。

高校毕业生创业观念逐步转变。2018年，全县有12名高校毕业生自主创业，带动就业55人，实现了县高校毕业生自主创业从无到有的转变。全县上下涌现了如辞去公职自主创业的扎西次仁、放弃公考自主创业的多吉等高校毕业生。

“本地就业”向“走出西藏”就业观念的转变。在区、市两级政策的鼓励和县、乡两级政府工作人员的努力下，波密县有26名高校毕业生“走出西藏”到北京、天津、四川等区外省市就业。

部门合作保障就业。县人社局联合教体局、统计局、等单位开展村级保育员、经济普查员等招聘活动，23名高中及以上毕业生实现就业。对接中国人民财产保险公司林芝分公司开展保险服务人员招聘工作，聘用10名高中及以上毕业生到各乡（镇）“三农网点”工作。

经费保障促就业。在本级财政预算240万元用于兑现高校毕业生和贫困人口市场就业补助金及聘用高校毕业生岗位工资的基础上，2018年底，县人社局再次向县政府申请预算资金50万元，保障了全县就业创业工作的平稳开展。

做好创业服务。全县各级各部门班子成员经常深入基层调查摸底高校毕业生就业创业情况，对有创业意愿的高校毕业生开展“一对一”服务指导，提供创业政策、创业项目等方面的帮助。2018年，先后2次开展高校毕业生座谈会，与高校毕业生面对面交谈，了解其就业意向、困难。组织42名高校毕业生到鲁朗创客、林芝科技创业园参观学习，全面感受全市创业氛围，了解自治区对高校毕业生创业工作的重视力度和政策力度。聘请陕西西安众创空间的创业团队为高校毕业生提供创业指导。

做好“一对一”对接服务工作。对接服务责任人与用工单位和高校毕业生“双向”沟通，主动帮助高校毕业生推荐合适岗位，有效加快波密籍高校毕业生就业进度。2018年，全县往届高校毕业生就业率稳定达90%左右，应届高校毕业生就业率达92.34%。

衔接就业援藏服务。充分利用广州对口援助波密的优势，积极争取广州就业岗位。2018年，广州市提供就业岗位2000余个，进一步拓宽了波密籍高校毕业生的就业渠道。1名高校毕业生到广东企业参加就业见习，2名高校毕业生参加广东省事业单位招录，5名高校毕业生参加广东省“三支一扶”计划。

做好各项培训服务。结合企业用工需求、高校毕业生就业意向，开展高校毕业生创业培训、计算机技能培训2期，培训人数71人。同时，根据工作需要，开展全县高校毕业生实名制登记培训。

做好宣传引导工作。充分利用微信、短信（彩信）、LED等媒介广泛宣传就业创业政策、先进典型，并在县城悬挂就业创业宣传横幅，大力营造就业创业氛围。高校毕业生及家长对区、市、县三级就业创业政策知晓度达100%。

【社会保障】 2018年，全县机关事业单位基本养老保险参保人数1889人，征缴金额11042.53万元。城乡居民基本养老保险参保人数11652人，征缴金额131.6万元。城镇职工基本养老保险参保人数540人，征缴金额800.4万元。城镇职工基本医疗保险参保人数2392人，征缴金额2716万元；城镇居民基本医疗保险参保人数1631人，征缴金额为6.3万元（不含区、市、县三级补贴）；失业保险参保人数1338人，征缴金额125.8万元；生育保险参保人数2221人，征缴金额为144.9万元。工伤保险参保人数3137人，征缴金额114.8万元。

全面推进社保卡信息采集工作。通过“微信＋现场”模式，有序推进全民参保社保卡数据补充完善工作，在11个现场采集点设置采集机器11台，300余名县、乡、村干部走村入户为全县27000余名城乡居民、流动人口进行社保卡信息采集。2018年，全县共采集27796条社保卡数据信息。

2018年7月6—7日，波密县人社局组织高校毕业生在鲁朗创客、林芝科技创业园参观学习

【人事人才】 公务员录用。2018年，全县共分配公务员51人，其中乡（镇）公务员32人，人才引进1人，机要系统公务员1人，森林公安公务员8人，内地专招大学生9人；公务员考核。参加2018年度考核公务员总数880人，其中优秀等次人数204人，称职等次人数610人，未定等次人数65人（试用期内公务员52人，记过1人，记大过1人，降级1人，党内严重警告6人，立案调查尚未结案4人）；事业单位录用。2018年，全县共分配事业人员59人，其中教师31人（人才引进1人），乡镇事业人员26人，卫生系统人才引进2人；事业单位考核。参加2018年度考核事业单位总人数996人，其中优秀等次人数124人，合格等次人数772人，未定考核等次人数97人（试用期内事业人员97人）；职称聘任。在整体推进全县职称评聘工作的同时，适当向条件艰苦、边远乡（镇）倾斜。2018年，共聘任14名中级专业技术人员、7名初级专业技术人员、2名高级技术工人、2名中级技术工人，7名处级技术工人。

【劳动保障】 县人社局始终以保障农民工的权益为落脚点和出发点，积极落实建筑领域民工工资保证金制度，充分发挥劳动联席机制，稳步促进波密县社会和谐。2018年，共接到各类劳动争议投诉案件51起，为劳动者追回劳动报酬601.53万元、工伤待遇款52万元、经济补偿及赔偿金1.5万元，已全部妥善解决，案件结案率为100%。

严格执行建筑领域民工工资保证金制度。2018年，共征缴保证金1465.23万元，按照程序对完工企业公示3个月且无民工上访的退还保证金，共退还1012.57万元。

开展劳动用工执法检查。联合县检察院、法院、信访局开展劳动监察执法行动，深入国家电网等项目一线开展劳动执法检查工作。2018年，共开展5次用人单位遵守劳动用工和社会保险法律法规情况的专项检查和8次日常巡查，检查用工企业423家，其中建筑业189家、餐饮业147家、宾馆87家，涉及劳动用工人数12830人。同时，督查农民工签订劳动合同860余份，督促9家企业缴纳工伤保险费13.3万元。

【党支部建设】 推进“党建＋”行动。2018年，县人社局以“党员之家”阵地为依托，深化和拓展党建活动内容，深入推进“党建＋”行动，特别是组织全局干部参与“党建＋公益活动”，每月捐款50—100元用于资助驻村点贫困大学生，全年共资助贫困大学生2000元。

推进窗口作风建设。以“党建+便民服务”为导向，深入推进党员先锋岗创建评比活动，以合格党员标准要求窗口工作人员，进一步规范窗口作风建设，得到办事群众的一致好评。

党建经验交流活动。县人社局党支部同气象局党支部开展了以“支部联谊促交流齐抓党建促发展”为主题的党建活动，围绕如何做好党建工作进行交流，互相学习、借鉴经验，邀请波密县委党校老师到局党支部现场授课，极大地激发了党支部成员的学习热情。

党风廉政建设。在全局上下开展党的政治纪律教育活动，通过上墙廉政警示语、开展政治纪律教育专题学习会等，积极营造清正廉洁的办公环境。

（罗　兴）

【领导名录】

局　长

果　果（女，藏族，4月离任）

副局长

夏东升（4—12月主持工作）

索朗央宗（女，藏族）

波密县民族宗教事务局

【概况】 2018年，在县委、县政府的正确领导，在市民宗局的精心指导下，波密县民宗局认真贯彻落实党的十九大精神、自治区九届三次全会以及市委一届七次全会精神，紧紧围绕县委、县政府中心工作，进一步明确思路、强化职能，全面贯彻党和国家的民族宗教工作方针政策和法律法规，齐心协力，服务大局，突出重点，注重实效，切实履行宪法和法律赋予的职责，为波密县推动改革、促进发展、维护稳定起到积极的作用。县民宗局属波密县人民政府职能部门，正科级建制，核定机关行政编制10名。2018年实有人员7名，其中，正科级干部2名，副科级干部2名，科员3名，驾驶员1名（不占单位编制）。波密县共有19座（点、处）宗教活动场所。

【民族基本情况】 2018年，波密县户籍人口32325人，共有15个民族，藏族户籍人口30518人，占总人口的94.41%；汉族户籍人口1673人，占总人口的5.18%、其他少数民族（回族、门巴族、珞巴族、土家族、满族、蒙古族、苗族、布依族、白族、土族、怒族、布依族、彝族）人口134人，占总人口的0.41%。

【评选表彰】 2018年，波密县成功推荐评选自治区级民族团结模范个人1名，市级民族团结模范集体1个、个人1名。同时，积极开展波密县2018年度民族团结进步评选工作，对13个县级模范集体、15名模范个人进行表彰和奖励，进一步激发了全县干部职工对民族团结工作的干事热情，促进了各民族交往交流交融；成功申报波密县为第六批全国民族团结进步创建示范区（单位），积极申报波密县扎木镇扎木居委会、曲宗寺为市级民族团结示范点，波密县红楼被评为林芝市爱国主义（民族团结）教育基地。注重鼓励各民族通婚，树立民族通婚模范典型，进一步推动波密县各民族大团结大融合的基础，努力形成血浓于水的民族关系。2018年波密县民族通婚总数143户，其中藏汉通婚家庭108户，藏回通婚家庭8户，其他少数民族通婚家庭27户。

【民族政策法规宣传】 2018年，县民宗局以“综治宣传月”“综治宣传周”“3·28西藏百万农奴解放纪念日”“民族团结宣教月”等活动为契机，抽调精干人员深入各乡（镇，以现场宣讲、走村入寺，悬挂横幅、张贴标语口号、发放单行本等方式，重点宣传习近平总书记关于民族团结的重要讲话和重要论述、《中华人民共和国民族区域自治法》及中央、自治区民族工作会议精神以和党的民族宗教政策，共开展集中宣传活动47次，召开座谈会2次，发放《党的民族政策》《加强民族团结建设美丽西藏》《民族团结知识问答》《林芝市民族团结宣传教育暨民族团结进步创建活动读本》等藏汉双语宣传手册3000余份，发放印制有民族团结宣传标语的保温杯和玻璃水杯240个、手提袋1000余个、纸杯10000余个，覆盖各族群众及僧人达7800余人次，营造了良好的舆论导向和氛围。结合“四讲四爱”主题教育实践活动，将党的民族政策法规、“三个离不开”和“五个认同”思想作为重点学习

2018年3月9日，西藏自治区政府副主席罗梅（左三）一行在波密县多东寺检查指导工作并看望慰问驻寺干部和寺庙僧人

内容，列入到"讲团结爱祖国"节点的一项重点宣传内容，将民族团结广泛宣传到全县各宗教活动场所，推动民族团结教育深入人心。始终把加强广大寺庙僧人、信教群众的社会主义核心价值观的教育和增强广大僧众对伟大祖国的向心力和凝聚力作为开展民族团结工作的一项基础性工作来抓，2018 年开展寺庙民族团结宣传活动 39 次，受教育的僧人和信教群众达 320 人次，增强了广大僧人和信教群众的法制意识、公民意识、爱国爱教意识和民族团结意识，不断夯实民族团结基础。紧紧围绕推进民族团结进步宣传"七进"活动，协调县直相关部门，开展了"民族团结月"集中宣传活动、"民族团结一家亲"座谈会、"民族团结在身边"讲述活动，形成了良好的氛围和带动效应。

【宗教事务管理】 2018 年，县民宗局依法开展日常宗教事务管理，严格按照法定程序审批各寺庙宗教活动，全县寺庙佛事活动安全顺利过渡。积极开展寺庙安全生产暨消防安全大检查工作，对寺庙主殿、僧舍、伙房、接待室等场所输电线路进行了逐一检查，特别是寺庙内燃灯的管理和使用，对消防器材配备、使用及寺庙伙房用火安全作了全面细致的检查，有效消除寺庙的安全隐患。

【宗教政策法规宣传】 2018 年，县民宗局切实将寺庙作为法制宣传教育的重要阵地，不断增强寺庙僧人"四个意识""五个认同"，引导僧人自觉维护祖国统一和民族团结。2018 年开展集中宣传活动 3 次，宣讲覆盖全县寺庙在编僧人，重点宣讲党的民族宗教政策、各项利寺惠僧政策，特别是新修订《宗教事务条例》的学习宣传，寺庙僧人法制意识明显提高；以履行驻寺机构"教育服务管理"三大职能为载体，深入开展寺庙主题教育活动，各寺管会在"3·28""5·1""7·1"等时间节点，组织僧人开展形式多样、丰富多彩的法制宣传和爱国主义宣传教育活动，通过新旧西藏对比、寺庙环境卫生整治、升国旗等活动，引导僧人树立正确的祖国观念、民族观念，自觉做爱国爱教、遵规守法好僧人；始终把"两活动一条例"（"遵行四条标准 争做先进僧尼"教育实践活动、"四讲四爱"群众教育实践活动及新修订《宗教事务条例》）的学习宣传作为当前宗教领域的一项重大政治任务来抓，作为引导宗教与社会主义社会相适应的一项重要内容，联合县委统战部扎实开展教育实践活动和学习宣传工作，按照计划和步骤稳步推进各项目标和任务，持续向僧人讲解"两活动一条例"的深刻内涵和重大现实意义，不断筑牢思想基础，以教育促稳定、以教育促和谐、以教育强基础。2018 年共开展"两活动一条例"学习宣传 122 场次，出动宣传人员 142 人次，覆盖 19 座寺庙、9 个寺管会，发放各类宣传资料 400 余份，驻寺干部及僧人撰写心得体会 89 篇，上报各类信息 187 篇。

【利寺惠僧政策】 走访慰问活动。2018 年三大节日期间，县委统战部、民宗局为寺庙积极争取县财政资金，广泛开展走访慰问送温暖活动，各寺管会（专职特派员机构）认真开展寺庙"六个一"慰问活动，落实慰问经费 12 余万元；免费体检。2018 年 7 月底，波密县组织寺庙僧人免费开展体检工作，重点对“包虫病”“乙肝”“三高”等疾病进行筛查，并对体检结果进行登记备案，真正做到早发现、早诊断、早治疗；开展宗教领域“包虫病”防治工作。按照“包虫病”综合防治工作要求，坚持把“包虫病”防治工作列入宗教管理工作的一项重要内容，形成了县民宗局统筹协调、寺管会狠抓落实、僧人人人参与的良好局面，2018 年共开展“包虫病”防治宣讲教育场次 73 场次，受教育的僧人和信教群众达 500 余人次，发放宣传资料 120 余份，做到了防治宣讲教育全覆盖；僧人服务工作。县民宗局以及各寺管会积极为各寺庙争取环保设施、基础设施改善、消防器材，为僧人办好事、解难事 10 余起，落实帮扶资金 2 万余元，广州市民宗局援助波密县寺庙修缮等各类资金累计 30 余万元，得到了广大僧人的一致好评。

【寺庙主殿维修项目】 2018 年，县民宗局深入推进“十三五”重点宗教活动场所修缮项目续建工作，投入资金 355 万元，建设了许木寺、松宗寺、玉仁寺、成色寺维修项目。为规范项目建设管理，不定期联合县委统战部到项目施工点督查项目维修工程进展情况，同时，为保证项目审批手续正规化，严格按照项目实施相关程序，认真开展项目维修报批工作。2018 年波密县宗教活动场所修缮项目累计完成投资 315 万元，占投资总额的 89%。玉仁寺、松宗寺维修项目顺利完工并通过验收，成色寺维修项目已竣工待验收，许木寺维修项目进度达 76%。

【建立经幡管理长效机制】 2018 年，县民宗局按照县委、县政府的工作部署，有计划、有步骤、有安排地开展全县旧经幡集中悬挂点安置工作，为选好选准全县经幡集中悬挂点，县委统战部、县民宗局主要负责人，多次到经幡集中悬挂点进行实地调研，对各乡镇、各村（居）经幡集中悬挂点位置的可行性、合理性进行反复验证和研究，确定了全县区域内 180 个经幡集中悬挂点，各乡镇、驻村工作队严格按照要求着力做好信教群众经幡集中悬挂引导工作，2018 年开展清理整治活动 150 余场次，出动干部 659 人次，出动车辆 207 台次，拆除乱挂经幡悬挂点 179 处，清理废旧经幡 10 余吨，转移经幡到指定悬挂区域 10000 余条，乱悬乱挂得到有效控制和解决，既满足了信教群众悬挂经幡祈福、许愿的传统风俗需求，又杜绝了乱悬乱挂经幡的现象，对维护青山绿水的生态环境具有积极的作用和影响。

【依法管理伊斯兰教事务】 2018 年，县民宗局组织人员深入调研波密县伊斯兰教现状，通过走访阿訇及穆斯林经商带头人，深入穆斯林群众经营的店铺、餐馆，了解他们的生产生活、宗教信仰与本地群众之间的互动交流情况，认真查阅大量参考资料，特别是穆斯林群众在藏工作生活状况的最新研究成果，了解藏传佛教与伊斯兰教和谐相处的历史传统等各类途径，认真研究分析波密县伊斯兰教管理工作的现状、流动穆斯林群众生产生活规律等，形成调研报告上报业务部门，提供决策依据；将新修订《宗教事务条

2018年2月5日，林芝市委常委、统战部部长达瓦（左三）在波密县多东寺看望慰问僧人和宗教工作一线干部职工

2018年11月30日，波密县召开民族团结进步表彰大会，隆重表彰全县各领域中为民族团结进步事业做出突出贡献的模范集体和模范个人

例》在藏传佛教寺庙和信教群众中的宣传学习工作与在穆斯林群众中的宣传学习工作同安排同部署同落实，通过讲解新修订《宗教事务条例》主要内容和发放宣传资料等方式，要求阿訇和穆斯林经商带头人深入宣传学习新修订《宗教事务条例》，提倡团结和谐包容的理念，正确认识当前伊斯兰教工作形势和基本任务，为保障穆斯林群众信仰自由权利，构建积极健康的宗教关系，维护宗教和睦与社会和谐方面发挥了重要作用。

【思想政治建设】 2018年，县民宗局制定了《2018年波密县民宗局党支部理论学习日程安排表》《民宗局党的十九大精神学习计划》等学习内容，积极组织局全体干部学习新党章和党规党纪，强化政治纪律教育学习，学习党的十九大精神和习总书记系列讲话精神，用党的政治理论知识、法律知识和业务知识武装干部职工的头脑，不断提高干部职工的思想政治水平和业务素质，积极推进创新型、学习型等四型党支部建设，做到理论学习与业务工作两不误。坚持以落实党风廉政建设责任制为重点，以转变作风、提高工作效率为出发点和落脚点，以干部集中整治纪律教育及培训为契机，严格落实党风廉政建设各项制度和规定，定时召开政治纪律教育专题组织生活会，通过强制度、强班子、强作风、强纪律等多种方式和途径，切实教育引导党员干部树立遵纪守法、廉洁从政的思想意识，切实转变工作作风。

【干部队伍】 2018年，县民宗局多方面争取学习培训机会，以挂职锻炼、培训学习、参观考察等形式，多次派干部职工到上级业务部门和内地省市学习民族宗教事务工作先进经验做法，干部业务素质和履职能力明显提高。先后委派干部参加各类培训、学习、跟班学习等10余次，重点对新形势下民族工作、宗教工作、党务工作等内容进行学习，提升了波密县民宗局干部队伍的综合素质和业务能力。为切实加强实践探索、调研，提高解决问题能力，制定了干部轮流下乡计划，以撰写心得体会、简报、调研报告等形式，深入查找工作中的热点、难点问题并研究改进工作的措施办法，不断在实践中锻炼干部职工处理民族宗教问题的能力。年初，2篇调研报告分别荣获自治区民宗委颁发的调研报告一等奖和三等奖。

（达瓦曲珍）

【领导名录】

局　长

田治国（藏族）

副局长

王　雷

波密县卫生和计划生育委员会

【概况】 2018年，波密县卫生工作在县委、县政府的正确领导下，在上级业务部门的亲切关怀下，县、乡、村三级医疗预防保健网络基本健全，初步实现了保健不出村，小病不出乡，大病不出区，重疑难病及时转诊的工作目标，能为农牧民群众提供综合、便捷、安全、有效、经济的医疗卫生保健服务，使波密县农牧民群众有地方看病、看得起病，确保病有所医的国家政策得以有效落实。

【藏医药工作】 2018年，县藏医院特色外治理疗项目包括放血、火罐、针灸、牛角吸、烤电、涂擦、药浴、牵引、藏医雾化、炙烙、霍麦、金针、艾灸、热敷（盐敷）等14项。全年门诊人数9912人次，住院患者90人次。门诊收入达64.77万元，其中医疗收入4.26万元，药品收入60.51万元。住院收入25.33万元，其中医疗收入14.2万元、药品收入11.078万元。总收入90.1万元。全县11个乡镇卫生院均可开展藏医服务。

2018年5月11日，波密县举办农牧区医疗制度分级诊疗培训班

【基础项目建设】 2018年，投资400万元的易贡乡卫生院建设项目于12月竣工；总投资345万元的康玉乡卫生院建设项目完成竣工验收；总投资39万元的卫计委便民大厅改造项目、卫计委办公大楼外墙改造项目投入使用；总投资1418万元的区域医疗中心建设项目主体已完工。

【医疗健康扶贫】 2018年，波密县继续加大医疗健康扶贫工作力度，全面开展医疗救治各项工作，完成在市级及以上医疗机构救治237人，县级医疗机构救治52人，乡镇卫生院跟踪随访管理6万人次。按照精准扶贫“脱贫不脱政策”的工作方针，继续开展绿色救治通道，全面巩固健康扶贫成果。为使波密县重大病患者及时得到救治，积极联系北京慈援基金会和“同心共筑中国心”组委会，对在市、县无法治疗的重特大病患者进行救治。6月17日，派工作人员护送3名重特大患者到北京治疗，波密县政府高度重视医疗精准扶贫工作，在政府兜底资金借支5万元，全力支持3名重特大患者的治疗工作。

【包虫病综合防治】 2018年，波密县卫计委协调邀请新疆及河北省专家甄别包虫病病例，共检查疑似阳性包虫病患者120人，确诊阳性36人，其中需要手术14人，服药13人，随访观察9人，排除5人。同时，完成手术治疗30人，药物治疗20人，跟踪随访管理27人。

【“三病”筛查】 组织保障。2018年，波密县加强组织领导，认真落实防治工作责任，及时成立以县长为组长、分管副县长为副组长的“三病”综合防治工作领导小组。制定下发了《波密县结核病、肝炎、风湿病（骨关节疾病）防治工作细化方案（2018–2020年）》，适时召开“三病”综合防治工作动员部署及推进会，与各成员单位层层签订目标责任书，明确职责任务分工，形成一级抓一级，层层抓落实的良好氛围，各成员单位定期向分管县长汇报工作进展，及时解决存在的问题。从各项资金中安排38万元，用于“三病”筛查工作经费，为工作开展提供足额的资金保障。在筛查过程中，成立以波密县卫计委牵头的督导组，进行全程跟踪监督，县政府成立检查组，不定期地进行督导检查，并及时组织开展督导反馈会。

强化技术力量。县医院、疾控中心分别开展管理及相关业务培训3期，培训人员（包括乡镇卫生院医务人员）共30人次。全县各医疗机构克服人员紧缺的困难，分别从波密县人民医院、乡（镇）卫生院抽调优秀人员组建“三病”筛查团队，疾控中心全程进行跟踪督导，为“三病”筛查提供技术力量。

结核病防治。按期完成重点人群9987人的结核病筛查工作，筛查率为91.36%，胸片578人。

完成全县中小学结核菌素试验工作，共筛查3896人，结核菌素试验3688人。作为全市结核病分级诊疗试点县，及时邀请林芝市疾控中心专家为波密县开展培训工作。县医院设立了结核病门诊、病房、独立的抗结核病药柜、实验室等，各项工作稳步推进。

预防接种。完成新生儿24小时内首针乙肝疫苗接种数85人，接种率98.8%；孕产妇病毒性肝炎筛查数200人，及时开展5岁以下儿童甲乙肝疫苗查漏补种工作，甲肝补种81人，乙肝补种85人，甲乙肝疫苗接种率100%。

风湿病综合防治。波密县大骨节病主要分布于玉许、玉普、扎木等乡镇，已确诊患者136人。县疾控中心严格按照工作要求及时指导患者康复治疗，将全县患者纳入跟踪随访系统，及时开展各项跟踪随访工作。

【惠民政策】 2018年，波密县完成城乡居民体检26520人，完成率100%，僧尼健康体检完成率100%；全县"一孩双女"困难户家庭有327户，发放补助资金31.39万元；特殊子女"特别扶助"家庭40户，其中子女死亡34户，发放补助资金18.36万元，子女伤残6户，发放补助资金2.52万元。2018年，波密县"一孩、双女"困难户家庭和特别扶助家庭符合条件新增36户，退出奖扶183户；波密县农牧区医疗管理制度参加25373人，参合率为99.9%。新型农牧区医疗资金1825.35万元（其中县政府补贴350万元，自治区补贴150万元，农牧民个人筹资50.74万元），分配各乡镇家庭账户资金274.37万元，分配教育局学生医疗资金26.55万元，参合农牧民住院补偿1634.98万元。积极联系广东省一心基金，在波密县人民医院开展"光明博爱同行"白内障义诊活动，为122名白内障患者免费进行手术。

【妇幼保健和计生工作】 开展宣传活动。2018年，县卫计委大力宣传《人口与计划生育法》《西藏自治区人口计划生育条例》《计生法规》以及相关的法律法规知识，讲解各项妇幼保健知识、妇幼保健补助政策，制作藏汉双语计生规章制度78个，在县城中心开展宣传活动9次，发放宣传资料1200余份，发放计生药品药具812盒。农牧民免费技术服务工作，完成免费出生缺陷检查224对，免费孕前检查工作189对，已婚育龄夫妇免费享有基本项目的计划生育技术服务落实率100%，办理准生证99人，计生各类办证率达100%。妇幼保健工作，2018年，活产数共415人，其中住院分娩405人，住院分娩率97.59%。住院分娩补助报销438人，报销资金61.08万元。农牧民35～64岁已婚孕龄妇女"两癌"检查106人。

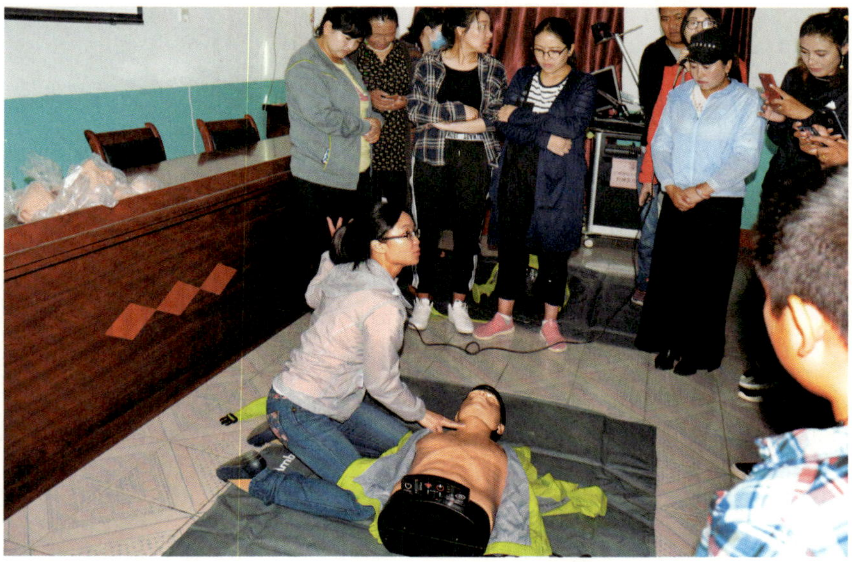

2018年7月27日，第四批援藏医务工作者为波密县医务人员开展技能培训

【医疗服务】 2018年，县卫生服务中心继续深入开展"等级医院"建设，全面提升医疗服务能力，继续深化公立医院改革，各项制度建设不断完善。完成了全县中小学生肝炎、结核病筛查及征兵体检等工作。总投资719.87万元的医技楼、手术室装修改造、急救中心改造工程、住院大楼三楼及一楼装修改造已完成并投入使用，总投资110万元的污水处理系统建设项目已投入使用。

2018年，县卫生服务中心门诊24697人次，住院总人数754人次，出院总人数567人，出院者平均住院日6.35天。常规生化检查12118人次，拍片透视5300人次，CT 检查 40 人次，心电 B 超检查 5612 人次，手术 26 例，病床使用率 78.92%。

【三级医院对口帮扶】 2018 年，波密县成立以县委书记为组长，援藏工作组组长、组织部部长，政府分管领导为副组长，各相关单位共同参与的波密县三级医院对口帮扶工作领导小组。设立三级医院对口帮扶办公室，县政府出资 10 万元，设立三级医院对口帮扶工作经费，市组织部出资 5 万元用于培训和办公设备采购，为三级医院对口帮扶工作提供经费保障。

自 2016 年开展帮扶工作以来，波密县逐步完善了以广州市第一人民医院为主导，广州市第八医院、妇儿中心及广医二院为辅的柔性帮扶机制，已选派医疗援藏专家和创等级医院专家共 39 人，援藏医疗队共接诊门诊患者 5805 人，住院患者 1321 人，麻醉手术 160 例，门诊手术 792 例，抢救及转运危重症患者 303 人次，开展新项目、新技术 23 个，组织各种临床业务技能培训 5329 人次，手术示教达 48 次。

完成 761 万元急救体系建设，配备了 32 层螺旋 CT 机、呼吸机等多种医疗设备，组织波密县卫生从业人员进行急救技能培训。完成 260 万元的远程会诊系统建设，系统以波密县卫生服务中心为核心，上接广州市第一人民医院，覆盖全县 10 个乡镇卫生院，实现优质医疗资源纵向流动，特别是偏远乡镇患者就近享有优质医疗资源服务，有效缓解波密县各级医疗机构严重缺乏优秀医护人员的困难，2018 年远程会诊 108 人次，多次会诊危重病例，如硬膜外血肿、脑疝、大面积脑梗的患者。落实额外援助资金 100 万元，购置 5 台乡镇医疗急救车辆（共 105 万元，县政府投资 5 万元），打通农牧民就医看病的最后一公里瓶颈。

【疾病预防控制】 加强对免疫规划工作的督导。2018 年，县疾控中心专项督导 4 次，覆盖全县所有乡镇，同时积极开展规范化预防接种门诊建设工作，加强儿童预防接种信息管理系统数据质量管理，进一步规范疫苗管理，按民生工程要求及时拨付接种经费。继续做好结核病、艾滋病、精神病、鼠疫防治、地方病等防治工作，开展各类疾病宣讲 16 次，发放有关防治健康教育宣传资料 6352 张、制作宣传横幅、展板 41 份。为掌握波密县饮用水水质现状，了解其水中理化及微生物的含量，进一步做好饮用水卫生监测工作，对全县 9 个乡镇的 12 个行政村、4 所小学及县城 5 个单位进行枯水期水质采样、送样工作，共采集水样 66 份，其中出厂水 24 份、末梢水 42 份。

【公共卫生服务】 2018 年，波密县以乡镇卫生院为主体，在各级医疗机构的配合下，开展城乡居民健康体检及健康档案管理工作、健康教育、预防接种、0–6 岁儿童、孕产妇健康管理、老年人健康管理、高血压患者、2 型糖尿病患者、结核病患者及重性精神病患者健康管理及卫生监督协管等服务工作，全面推进家庭医生签约工作。

【卫生监督执法】 2018 年，全县共有公共场所经营单位 403 家（其中住宿业 263 家，美容美发业 10 家，洗浴中心 5 家，各乡镇家庭旅馆 125 家），持有卫生许可证 275 家，持证率为 100%。个体诊所 11 家，乡镇卫生院 11 所，学校有 14 所，共建档 183 家。对所有公共场所负责人进行相关知识培训，发放培训资料 115 余份，出动现场监督检查 175 余次，全面开展卫生监督执法工作，有效规范公共场所服务秩序。

（侯玉辉）

【领导名录】

主　任

张　斌

副主任

李　健

尼玛拉姆（女，藏族）

合作医疗管理办公室主任

车南拉加（藏族）

波密县卫生服务中心

【概况】 2018 年，在县委、县政府的正确领导下，在县卫生局的关心指导下，波密县卫生服务中心进一步明确“救死扶伤，以病人为中心，以真情换理解，以奉献赢民心”的立院宗旨和“打造一流的县级区域医疗中心”的发展目标，深

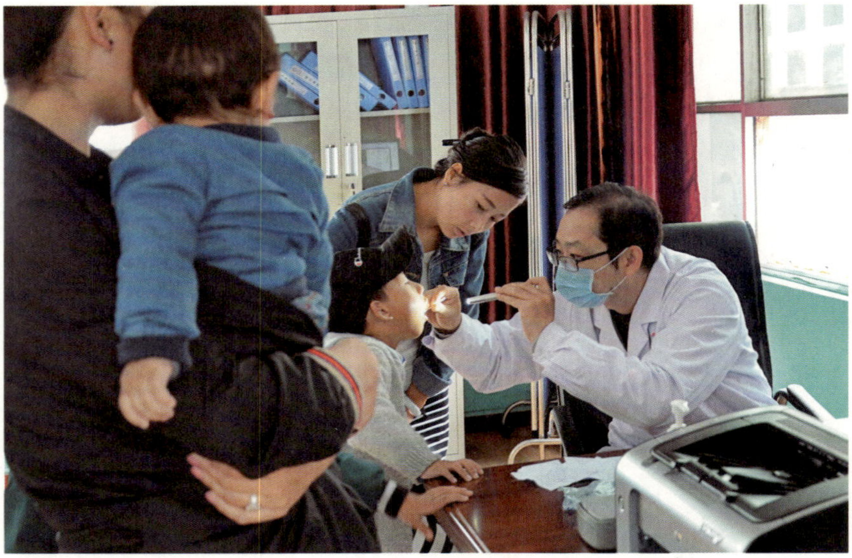

2018年6月19日，第四批儿科援藏医生为患者诊疗

入开展“等级医院”建设，不断开创医院可持续发展新局面，大力弘扬重医德、精医术，全心全意为人民服务的精神，积极为波密县社会经济发展保驾护航并同步发展，有效地保障了人民群众的身体健康，各项工作取得显著成绩。

【业务工作】 2018年，中心门诊就诊总人数24697人次，住院总人数754人次，出院总人数567人，出院者平均住院日6.35天。开展常规生化检查12118人次，拍片透视5300人次，CT检查40人次，心电B超5612人次，手术26例，病床使用率78.92%，病床周转率13.34%。2018年中心住院治愈率、好转率、未愈率、死亡率分别为76.03%、22.99%、0.98%、0%。无一例医疗差错事故发生。

中心结合县委、县政府及上级卫生部门对2018年各项体检工作的安排要求，进一步明确工作任务，细化工作职责，并分组且专人负责各项体检工作。截至10月29日，全县农牧民健康体检人数26520人，两癌筛查99人次，先心病筛查66人次，出生缺陷检查208对，优生优育检查65对，协助“光明博爱同行”专家团队完成白内障复明手术134例。

【基础设施】 2018年6月，波密县卫计委投入资金85万元，中心投入资金23万元的新仓库建设工程建设完成并已投入使用。国家投入资金1418万元，建设打造波密县卫生服务中心，成为林芝市县级区域医疗中心，该项目包括外科住院大楼、妇幼保健中心，外科大楼已于7月开工建设。波密县人民政府投入资金110万元、中心投入资金60万元的污水处理工程，于7月建设完成并投入使用。9月，广东省第八批援藏工作组投入援藏资金250万元，为中心建设了以广州市第一人民医院为中心的远程医疗会诊系统，该工程包括远程临床会诊系统、远程影像会诊系统、远程心电图会诊系统、远程病理会诊系统等，能够实现优质医疗资源纵向流动，切实提升中心医疗服务能力水平，使患者就近享有优质医疗资源服务。9月，广东省第八批援藏工作组援助“波密县医疗急救体系援藏项目”建成，该项目包括飞利浦ACCESS多层螺旋32层CT、麻醉机、呼吸机、除颤监护仪、心电图机、洗胃机等设备，投入资金761万元，中心将利用此批急救体系医疗设备，整合急诊资源，打造一条急救生命链，对病人做更加全面和细致的检查诊断，提高急危重症患者的住院率及抢救成功率。为积极铺垫创建二甲医院前期准备工作，中心投入资金719.87万元对住院大楼、医技楼及急救中心进行装修改造，10月底中心已完成医技楼、手术室装修改造及急救中心改造并已投入使用。通过一系列项目的建设和改造，进一步改善了医院诊疗环境，提升医院整体水平。

（赖　栩）

【领导名录】

院　长

尼玛扎西（藏族）

副院长

张顺德

索那旺堆（怒族，11月任职）

波密县藏医院

【概况】 波密县藏医院于2016年5月成立，为全额拨款的正科级事业单位，经过几年建设，人员由建院时11名发展到2018年的

15 名。在医技人员中，中级职称 3 名、初级职称 6 名，助理级 2 名。设有综合门诊、药房、收费室、住院部、理疗室、牵引室、外治室、药浴室、名老藏医传承工作室、会议室、藏药材展览室等科室。

【基础设施】 2018 年，国家投资 163 万元，对县藏医院综合门诊大楼进行了民族医院文化特色和特色科室建设改造。

【医疗业务】 2018 年，为方便广大患者就医，解决看病难看病贵的问题，县藏医院开始实行藏西医联合治疗，提高治愈率和好转率，但一些慢性病康复治疗，还是坚持“能藏不西，先藏后西”的原则，使藏医在基层得到充分发展和肯定。同时，县藏医院建立藏医名老传承工作室，为医务工作者的提供良好的学习环境。2018 年，县藏医院门诊人数 9912 人次，住院患者 90 人次。门诊收入 64.77 万元，其中医疗收入 4.26 万元、药品收入 60.51 万元；住院收入 25.33 万元，其中医疗收入 14.2 万元、药品收入 11.078 万元。总收入 90.1 万元。理疗外治 897 人次。农牧民健康体检 2 万余人次，0—6 岁儿童、65 岁以上老年人藏医体检 780 人次。

【精准扶贫】 2018 年，为切实帮扶偏远乡镇尽快提升服务能力，县藏医院与县卫计委、卫生服务中心、疾控中心组建县级“组团式”医疗队，定期下乡帮扶乡镇卫生院开展坐诊，并选派 2 名工作人员采取定期轮换方式进驻玉普乡格巴村，切实推动健康扶贫攻坚工作取得实质进展。

（梁玖灿）

2018年12月，波密藏医院名老藏医传承工作室正式投入使用

【领导名录】

院　长

梁玖灿

副院长

格日才旦（藏族）

波密县文化局（新闻出版广电局、版权局、文物局）

【概况】 波密县文化局（新闻出版广电局、版权局、文物局）为正科级建制，管理副科级单位 2 个（县广播电视台、文化活动中心），股级单位 1 个（新华书店）。下辖电视台、综合文化活动中心、新华书店、电影队、民间艺术团。2018 年，共有干部职工 23 名（其中行政人员 4 名、事业单位人员 13 名、工人 6 名）。男 13 名（汉族 4 名、藏族 9 名），女 10 名（汉族 3 名、藏族 7 名），党员 17 名（男 11 名、女 6 名）。公益性岗位 6 名，临时工 3 名，三支一扶 1 名，外聘人员 2 名。

【群众文化】 2018 年，波密县有文化工作者 1000 余人，其中，县文化局 30 余人，县民间艺术团 20 人，各乡镇文化干事 20 人，非遗传承人 17 人，少儿波卓波央文艺队 1 支 20 余人，文物看管人员 10 余人，村级文化室管理人员 85 人，寺庙书屋管理员 19 人，村级业余文化演出队达 30 支、人数达 600 余人，文化志愿者 100 余人。2018 年，县文化局选派工作人员 20 余人、县民间艺术团演员 20 人到基层开展文化服务工作，选派近 20 人参加区内外各类文化文艺培训 17 次。

2018 年，组织人员深入全县 10 个乡镇、85 个村（居）开展各类惠民文艺演出 100 余场次，观演群众达 30000 余人次；送书 2000

2018年8月6日，西藏自治区新闻出版广电局局长、终验组组长韩辉（左三）带领验收组在波密县验收有线数字电视化建设项目

余册，送碟1000余张，放映电影1080余场次。在“3·28”西藏百万农奴解放日期间举办演出近10场次，在各驻村点举办“送文艺”活动72场次，举办惠民演出、建军节拥军演出10余场次。配合自治区话剧团红色文艺轻骑兵小分队举办惠民演出3场，到工布江达县开展县县交流演出1场。选送150名演员参加林芝市雅江节开幕式演出，民间艺术团演员参加专场文艺会演，累计观演群众达50000余人。

组织引导开展各类群众文化广场活动140余场次，参与群众达13000余人次。派出民间艺术团文艺骨干20人，深入8个乡镇、30余个村（居）、6所学校，教授波卓、波央、锅庄、广场舞等80余场次，教授群众、学生1000余人次。在波茂广场开展大型演出和活动10余场次，观演干部群众和游客达4000余人次；每晚安排民间艺术团文艺骨干教授带领群众、游客齐跳波卓、锅庄等传统舞蹈，旅游旺季日均参与人数达700余人次，旅游淡季400余人次。

2018年，通过桃花节波密分会场、藏博会林芝分会场暨雅鲁藏布生态文化旅游节、波密县首届藏王故里文化旅游节3个大型活动，选派民间艺术团文艺骨干深入各乡镇，以农牧民群众为演员主体，编排了系列突出展现波密地域特色的歌舞节目，打造了《牧童花间游》《策马纵歌踏春泥》《丰收圆舞》《卓梦闹春》《千年一梦故里情》《欢腾热巴》等一系列由农牧民群众演出的精品节目，集中展示了波密县“种文化”下乡取得的阶段性成果。大型活动期间，参演的农牧民群众演员达1500余人次。

【公共文化】 2018年，县文化局投资30余万元，占地170平方米的“饮墨斋”书吧投入使用，增配了价值30余万元的各类图书，同时，广东第八批援藏工作队波密工作组多方联系，为县图书馆和阅览室捐赠了价值5万元图书；投资120万元的县级数字电影院于6月正式投入运营，放映厅设置座位75个，由新成立波韵电影有限公司管理；投资170万元的广场文化墙项目正抓紧实施，拓展了干部群众精神文化活动阵地；广播电视户户通方面为95户新增户配置了户户通设备，为66户用户置换损坏老旧设备，并统计上报了256户新分户，全县设备覆盖率达98%。为全县19座寺庙配发了43套电视接收设备。

【文化产业】 2018年，波密县进一步深化“一县一特、一乡一品”发展战略，成功举办了2018年林芝市桃花节波密分会场活动，圆满完成参加林芝市雅鲁藏布大峡谷生态文化旅游节。重点打造本土文化节庆品牌，于9月底成功举办了波密县首届藏王故里文化旅游节，此次文化旅游节以“探秘高原生态博物馆　畅游博窝文化风情园”为主题，以“营造喜庆氛围、挖掘民俗文化、推介旅游品牌、推动经济发展、共享改革开放伟大成果”为内涵，为期3天，同时举行了旅游精品线路发布会、招商引资签约、非遗及农特产展销、藏王故里·仙境回眸摄影书画作品展、波密风情千人锅庄联欢、文艺之乡非遗展演、和谐之夜篝火晚会、炫彩流光焰火晚会、赛马及马术表演、藏乡风情文艺巡演、农牧民传统运动会、放飞梦想音乐晚会、闭幕式等14项活动，累计参与人数达 50000 余人次，其中开幕式文艺演出通过咪咕视频进行全程全网直播，累计点击量突破 300 万人次，是近年来林芝市各县区举办过的规模最大、影响力最强、参与人数最多、效果最好的一次文化盛会，成功打响了“藏王故里文化旅游节”这一品牌。

2018 年，继续实施“一乡一品”文化战略，易贡油菜花节、松宗赛马节、多吉乡非遗文化节相继成功举办，累计参与人数达 30000 余人次，品牌效果进一步凸显，旅游带动作用明显，农牧民群众通过各节庆搭建的农特产品展销平台获益良多。

2018 年，经县人民政府批准，波密县国有资产监督管理委员会注资 10 万元，成立了波密县藏韵文化有限公司，藏韵文化公司的宗旨是打造一个正规成熟的地方国有文化企业，加强文化产业市场化运作，示范带动县域文化产业合作社及作坊走向正轨。

2018年3月31日，在林芝市第十六届桃花节波密分会场开幕式演出现场，波密县农牧民群众表演舞蹈节目

【文物保护】 2018 年，红楼陈列展示工程作为西藏自治区首批三个红色革命历史遗迹保护利用项目，通过了自治区党委常委会审批。县文化局积极落实各相关工作，提炼了“红楼”精神，即忠党报国，造福人民的崇高信仰；自力更生，不畏艰难的优良作风；反对分裂，捍卫统一的斗争精神。同时，提出“四个一”载体（即“出版一本书、拍摄一部纪录片、筹建一个场馆、打造一台戏”），大力弘扬红楼精神。

县文化局工作人员行程 5000 余公里搜集资料，查阅相关文献资料约 2400 万字，在昌都市文化局、历史博物馆、红色博物馆、图书馆找到大量珍贵文献资料 40 余份。深入松宗烈士陵园、波密县烈士陵园等处寻找相关线索。积极寻访联系红楼历史的见证人（或后人）和知情人，通过多方努力，梳理出 200 余位曾在波密参与革命工作并有一定历史影响的历史见证人（或后人），掌握了 20 余位波密历史知情人的相关情况。2 次到成都共接触到 70 位曾直接或者间接参与了解波密情况的老同志（或后人）。在郑州接触到 20 位曾直接或者间接参与了解波密情况的老同志（或后人），搜集到图书及老同志手稿 8 册，实物测量拍照 50 余件，老照片 800 余张，光盘 3 张。经过积极筹备，争取审批，将红楼陈列馆打造为西藏自治区国防教育基地、林芝市爱国主义（民族团结）教育基地、波密县民族团结教育基地、波密县干部教育现场教学基地，并于 11 月正式揭牌。

2018 年 1 月 8 日，召开波密县 2017 年非物质文化遗产工作总结暨 2018 年工作安排部署会，对通麦十英雄纪念碑划定建设控制地段和保护范围地段，选派文物看管人员负责管理；实施扎木中心县委红楼陈列馆展陈文物和民俗用品征集工作，累计征集到各类展品 80 余件；6 月，陪同自治区文研所工作人员对易贡至八盖公路沿线文物开展调研工作；配合自治区文研所文物鉴定专家对波密县个别文物保护单位的可移动文物进行鉴定工作；将通麦十英雄纪念碑、易贡将军楼、拉颇遗址申报为第八批国家级文物保护单位，项目处于待审批中。

【非物质文化遗产】 2018 年 2 月，由多吉乡小学 30 名学生组成的少儿波卓队受邀，参加了首届林芝市春节藏历土狗新年电视联欢晚会录制；在2018年林芝市桃花节波密分会场活动期间，非遗项目易贡藏刀、八盖木制锁、波密服饰、波密竹编、波密藏靴的传承人现场展示了非遗展品；2018年6月，达大赛马节被自治区人民政府批准为第五批自治区级非物质文化遗产代表性项目名录；2018年7月，开展2018年波密县文化工作会议暨“文物、非遗、文艺”知识培训，对17名非遗传承人进行了非遗文物知识培训，同时组织非遗传承人及各乡镇主要负责人在多吉乡非遗文化展示厅参观学习，并进行现场交流，取得了良好的效果；2018年7月21日，以“弘扬非遗文化，铸就文化辉煌”为主题的波密县多吉乡第二届非遗文化旅游节在波密县多吉乡达大赛马场正式开幕。

2018年9月，波密县县级非遗项目藏靴传承人及徒弟到拉萨参演中国西藏旅游文化国际博览会非遗展演；2018年9月底，在波密县首届藏王故里文化旅游节期间，举办了多吉乡非遗展演专场演出，在文化旅游节开幕式演出、闭幕式演出上，波密非遗项目“波卓、达颇夏卓、波央、帕雄热巴舞、易贡藏刀刀舞”等得到精彩展现；2018年12月，成功举办第三届少儿波卓波央比赛暨少儿波央合唱比赛，来自全县10余所中小学校的学生展示了非遗进校园成果和青少年传承优秀传统文化的风采。

【新闻宣传工作】 2018年，由国家投资350.01万元的波密县广播电视中心竣工并通过项目验收，解决了县广播电视台长期以来没有专业用房的困境；投资200万元的波密县制播能力提升工程项目已完成，波密县广播电视台拥有了较为先进的专业演播室、录音室和采编系统，摄影设备更换为高清设备；由西藏自治区投资实施的县级有线数字电视工程已经完工，覆盖县城区域500户用户，无线数字电视前端机房已建设完成，待终端工程实施后，将进一步扩展县城数字电视覆盖范围。

引进人才，提升业务素质。2018年，县广播电视台根据业务需要，通过面向社会招聘，引进专业编辑人员1名、播音主持人员1名、值机人员1名。通过面向县直单位和乡镇征选，调入2名记者，并引进1名从其他县区调入的管理人员，充实了人才队伍。利用援藏渠道，选送2批次共5名工作人员到广州市番禺区广播电视台开展跟班学习，选送3名工作人员到西藏自治区参加新闻采编培训和数字电视管理培训。

2018年，波密县广播电视台录制实况录像15部，制作专题片8部、播放公益广告500余次、播放扶贫广告300余次；全年报道新闻375余条，其中时政新闻305余条，社会新闻70余条，宣传口号标语480余条，林芝市采纳新闻65条，西藏自治区电视台采用7条、康巴卫视采用3条。

【文化市场】 2018年，全县市场经营单位共5大类，总数达34家，其中打字复印店9家（新增2家），音像制品店3家、书店5家、网吧5家、歌舞娱乐场所12家（新增2家，注销3家），从业人员达146人，注册资本达2087万元。

【扫黄打非】 认真开展“护苗2018”专项行动。2018年，县文化局着力查缴盗版文学作品、少儿读物、教材教辅资料，从严查处中小学及其周边复印店擅自编印教材教辅资料行为；“扫黄打非·净网2018”专项行动。2月开始在全县开展对互联网上网服务营业场所的专项治理活动，严格“网吧”的日常管理制度，坚决打击利用“网吧”经营含有色情、赌博、暴力、愚昧迷信等不良内容的电脑游戏和有害信息，严厉查处容留未成年人进入“网吧”和超时营业等违法违规经营行为；开展“秋风2018”专项行动。全面清查波密县各类非法出版物、非法打字复印店、新闻敲诈和假新闻、假媒体、假记者站、假记者、非法“黑电台”等；开展“清源·固边2018”专项行动。县文化市场综合执法大队联合各职能部门对波密县文化经营市场领域开展联合巡查、联合整治行动，采取明查、暗访、随机查和定期查方式，加大清查力度，确保从源头上消除隐患。2018年，共检查打字复印店80家次，检查网吧45家次，检查音像店50家次，检查书店、报刊摊点65家次，检查娱乐场所95家次，收缴盗版、违禁等光碟30张，发放责令改正通知书2份。共出动执法人员670人次。

（王乐乐）

【领导名录】

局　长

卓玛央金（女，藏族）

副局长

王　林

玄桂青（女）

电视台台长

尼玛旺堆（藏族）

波密县档案局（馆）

【概况】 2018年，波密县档案局（馆）在县委、县政府的正确领导和区、市档案局（馆）的大力支持下，认真贯彻落实中共十九大精神和习近平新时代中国特色社会主义思想，全面落实全国档案局长馆长会议精神，坚持围绕中心、服务大局的原则，以营造良好的档案工作环境为保障，不断拓展档案收集、服务工作领域本着为民服务的原则，全方位为社会提供档案信息服务。

县档案局（馆）为一套班子、两块牌子，编制人数2名。2018年，有干部职工3名。馆藏文书档案2428卷、8496件，实物档案28件，照片档案700余张，人口调查本75本，各种公章7枚。历史书籍100余本，手写笔记150余本，馆藏档案起于公元1954年，以藏文、汉语为主。馆藏内容涉及政治、经济、军事、文化、历史、宗教、科技、医疗、卫生、风俗、艺术等人类活动的诸多领域。

【业务指导】 2018年，波密县档案局（馆）以实地指导讲解、电话回复等方式，对各乡（镇）、各单位开展各类档案业务指导工作11次，并邀请区档案局业务指导培训1次。同时积极选派档案局（馆）工作人员到雅安档案学校学习相关业务工作。

【行政执法】 2018年，县档案局（馆）在全县范围内开展档案行政执法检查4次，发出整改通知书7份，明确整改单位的整改任务和目标，对症下药，及时纠正档案工作中的问题，促进波密县档案管理工作标准化、规范化、制度化。

【资源建设】 2018年，县档案局（馆）继续贯彻国家档案局第8、9、10号令，不断加强档案资源建设，优化馆藏档案结构，提升馆藏档案的文化元素。全年共接收县委办公室移交文书档案700余件。

【宣传工作】 2018年，县档案局（馆）利用“6·9”国际档案日举办“改革开放40周年”纪念展，展出宣传展板10块，悬挂横幅3条，利用LED屏滚动播放宣传档案工作15次，发放宣传单100余份。利用藏王故里文化旅游节，举办“不忘初心、牢记使命”之波密记忆档案文献展，展出宣传展板24块，参展照片1200余张，接待参观者200余人次，接受群众咨询50余人次。

【服务利用】 2018年，县档案局（馆）主动为机关单位提供所需的文件资料，充分发挥档案利用价值，扩大档案局（馆）的社会影响，档案利用率得到进一步提高，档案利用范围得到进一步拓展。2018年，共接待档案查阅人员33人次，提供利用档案16卷、62件，同时积极协助县方志办收集全县50多家单位的相关县志资料，复印文件资料3000余页。同时，为红楼展出提供相关书籍资料3次，书籍14本，文件资料12份。

（高　芸）

2018年6月11日，波密县档案局开展“6·9国际档案日”文献展——纪念改革开放40周年

【领导名录】

局(馆)长

刘 俊

波密中波转播台

【概况】 2018年,波密中波台秉承“主动作为,争创一流”的台训,力行“规范、严谨、超越”的理念,坚持以“将党和国家的声音传入千家万户”为宗旨,以“三满播出”(满开机、满功率、满调幅度)为生命线,以人才培养为发展目标,在安播、安保、人才培养、台站管理与建设方面取得了长足进步。波密中波台始建于2005年,坐落于波密县扎木镇桑登村,隶属于西藏自治区新闻出版广电局,占地面积1万平方米,共有干部职工17名,主要承担中央一套、中央二套、中央十一套(中央藏语)、西藏汉语、西藏藏语共5套广播节目的安全播出工作和全台的维稳工作。

【思想政治建设】 2018年,波密中波台共开展习近平新时代社会主义思想、党的十九大精神、中国共产党纪律处分条例、自治区第九次党代会、区党委九届四次全会和市委一届七次全委会精神等各类专题学习教育实践活动32次,逐步强化党员干部责任意识、政治意识、大局意识,夯实思想建设工作。2018年,中波台党支部发展党员2人,积极分子2人,预备党员2人,党员干部占全台干部职工比例达70%。

2018年3月9日,波密中波台干部职工集体学习党的十九大精神

【设备升级改造】 2018年,波密中波台对原有监控设备进行改造升级,加装8部摄像头,台区共32处摄像头,实现了台区无死角监控和远程终端控制;扩大了内存,提高了视频资料调阅和存储安全可靠性,延长了视频资料存储时间;对机房控制系统进行再次改造,将手动切换音频处理系统升级为自动切换音频处理系统;将三部发电机组升级改造为远程电脑终端控制。各系统的升级改造全由波密中波台技术人员独立完成,为安全播出工作奠定了的良好的基础。

【基础设施完善】 2018年,国家投资200万元用于波密中波台基础设施建设,包括投资120万元用于维稳安保值班用房的建设项目,该项目于8月完成了前期准备工作并开工建造,项目位于波密中波台原有大门处,即将原门卫室改扩建为建筑面积214.63平方米的两层建筑,作为波密中波台维稳安保控制中心;投资80万用于中波广播转播发射的智能化系统平台的建设项目,该项目前期规划、招标等工作于2018年7月启动。

(王军强)

【领导名录】

台 长

干尹超

副台长

王军强

机房主任

刘 丽(女)

波密县教育体育局

【概况】 2018年,在波密县委、县政府的坚强领导和市教育体育局的精心指导下,在有关业务部门及社会各界、特别是广州市的帮助指导下,波密县教育体育局高举习近平新时代中国特色社会主义思想伟大旗帜,深入贯彻落实党的十九大、十九届二中全会、自治区第九次党代会、区党委九届三次全会、一届市委第六次全会和县委九届三次全会精神，学习全国教育大会和全区、全市教育工作会精神，团结带领教育系统一行人，牢牢把握教育体育中心工作，主动融入全县经济社会发展大局，求真务实、攻坚克难、改革创新，素质教育决胜实施，学前教育资源迅速扩大，4 所高海拔乡小学供暖项目规划建设，“广州波密 · 区乡对接”教育帮扶模式成功搭建，波密教育改革发展呈现新气象。

2018年5月16日，西藏自治区副主席石谋军（前一）在波密县中学查看学校德育室建设工作

2018 年，波密县各级各类学校 37 所，在校学生共 5359 人，其中，初级中学 1 所，在校生 1384 人，入学率 100%；县级小学 1 所、乡（镇）小学 10 所，在校生 2874 人，入学率 100%；县城双语幼儿园 2 所、乡镇双语幼儿园 10 所、村级双语幼儿园 13 所，在园幼儿 1101 人，学前毛入园率为 83.54%。全县各级各类学校共有教职工 580 人，其中在职 536 人，离退休 44 人；在职教职工中中学 132 人，小学 329 人，幼儿园 75 人；在职专任教师 535 人，其中初中 132 人，小学 329 人，幼儿园 75 人；全县各级各类学校临时聘用人员 128 人。专任教师中高级职称 29 人，中级职称 133 人，初级职称及以下 374 人；专任教师中本科及以上学历 203 名，专科学历 333 名，学历合格率均达 100%。

【教育经费投入】 2018 年，波密县投入县级财政的 20% 共 1240 万元支持教育事业，同比增长 7.83%。

【教育教学质量】 2018 年，波密县初中升学率、小学升学率均达 100%。参加中考人数 377 人，总录取人数 374 人，总录取率 99.20%，高中录取率 68.17%，其中内地高中班录取率 5.04%，区内重点高中录取率 19.36%，区内普通高中录取率 43.77%；内地高中班录取率、区内重点高中录取率、区内普通高中录取率超过总录取率的 50%，即有一半及以上升入高中或重点高中。全县小学毕业生人数 511 人，报考内地西藏初中班招生统一考试人数为 141 人，报考率 27.59%，21 人上线考入内地西藏初中班。执行《波密县教育教学质量监测“红线”制度（试行）》，对全县小学进行质量检测，县中学自行组织教学质量监测。11 月组织召开波密县教研工作暨教学质量分析会，对全县 2016–2018 年中小考和统考进行全面展示，对照全市大数据作了系统的分析，并部署了 2019 年中小考备考和教学常规管理工作。

【素质教育】 2018 年，县教育体育局按照素质教育和新课程标准的要求，遵循教育教学规律和创新型人才成长规律，坚持育人为本、德育为先、能力为重、全面发展的育人理念，在通过林芝市教育督导委员会督导评估的基础上，提炼经验，强化整改，决胜实施，全力迎接自治区级督导评估。全年召开素质教育专项部署会议 2 次，组织乡（镇）小学主要负责人观摩县中学和县完全小学素质教育工作 1 次；分解提炼素质教育主要内容，持续开展素质教育多元宣传活动，在县内交通要道及主要景点设立大型标识牌 8 座、设置宣传牌 40 余个，在学校内外设置宣传栏 11 余个、悬挂横幅 11

2018年波密县中小学校（幼儿园）基本情况统计表

表 7

学校 \ 合计	中学在校生				小学在校生							幼儿人数	教师人数
	合计	一年级	二年级	三年级	合计	一年级	二年级	三年级	四年级	五年级	六年级		
合计	1384	474	483	427	2874	536	519	442	507	423	447	1101	536
县中学	1384	474	483	427	—	—	—	—	—	—	—	—	132
县完全小学	1099	—	—	—	—	195	215	185	195	142	167	—	97
易贡乡中心小学	219	—	—	—	—	48	36	37	37	27	34	—	24
古乡中心小学	61	—	—	—	—	10	14	14	0	12	11	—	21
八盖乡中心小学	83	—	—	—	—	22	14	7	10	6	24	—	18
倾多镇中心小学	357	—	—	—	—	73	42	54	66	69	53	—	33
玉许乡中心小学	209	—	—	—	—	36	43	32	36	24	38	—	24
玉许乡第二小学	258	—	—	—	—	29	55	39	59	48	28	—	24
松宗镇中心小学	120	—	—	—	—	18	22	18	24	17	21	—	19
玉普乡中心小学	141	—	—	—	—	35	24	18	20	25	19	—	24
多吉乡中心小学	210	—	—	—	—	27	36	29	46	37	35	—	24
康玉乡中心小学	117	—	—	—	—	43	18	9	14	16	17	—	21
县中心幼儿园	—	—	—	—	—	—	—	—	—	—	—	273	25
县第二幼儿园	—	—	—	—	—	—	—	—	—	—	—	231	24
八盖乡双语幼儿园	—	—	—	—	—	—	—	—	—	—	—	35	1
玉许乡双语幼儿园	—	—	—	—	—	—	—	—	—	—	—	87	2
多吉乡双语幼儿园	—	—	—	—	—	—	—	—	—	—	—	10	1
倾多镇双语幼儿园	—	—	—	—	—	—	—	—	—	—	—	53	1
松宗镇双语幼儿园	—	—	—	—	—	—	—	—	—	—	—	46	1
八盖乡塔鲁村双语幼儿园	—	—	—	—	—	—	—	—	—	—	—	18	1
倾多镇栋曲村双语幼儿园	—	—	—	—	—	—	—	—	—	—	—	25	1
松宗镇多格村双语幼儿园	—	—	—	—	—	—	—	—	—	—	—	6	1
扎木镇岗村双语幼儿园	—	—	—	—	—	—	—	—	—	—	—	8	1
倾多镇康达村双语幼儿园	—	—	—	—	—	—	—	—	—	—	—	31	1
玉普乡双语幼儿园	—	—	—	—	—	—	—	—	—	—	—	31	1
扎木镇东绕村双语幼儿园	—	—	—	—	—	—	—	—	—	—	—	48	1

续表 7

学校 \ 合计	中学在校生 合计	一年级	二年级	三年级	小学在校生 合计	一年级	二年级	三年级	四年级	五年级	六年级	幼儿人数	教师人数
合计	1384	474	483	427	2874	536	519	442	507	423	447	1101	536
康玉乡乌那村双语幼儿园	—	—	—	—	—	—	—	—	—	—	—	16	1
多吉乡通参村双语幼儿园	—	—	—	—	—	—	—	—	—	—	—	9	1
古乡嘎朗村双语幼儿园	—	—	—	—	—	—	—	—	—	—	—	10	1
玉许乡林琼村双语幼儿园	—	—	—	—	—	—	—	—	—	—	—	29	1
易贡茶场双语幼儿园	—	—	—	—	—	—	—	—	—	—	—	11	1
玉普乡宗坝村双语幼儿园	—	—	—	—	—	—	—	—	—	—	—	17	1
易贡乡江拉村双语幼儿园	—	—	—	—	—	—	—	—	—	—	—	25	1
易贡乡双语幼儿园	—	—	—	—	—	—	—	—	—	—	—	31	3
多吉乡木古村双语幼儿园	—	—	—	—	—	—	—	—	—	—	—	22	1
古乡双语幼儿园	—	—	—	—	—	—	—	—	—	—	—	10	1
康玉乡双语幼儿园	—	—	—	—	—	—	—	—	—	—	—	19	1

余条、播放LED显示屏46余次，依托手机短信、家长微信群宣传近万次，商请电视平台播放2次，素质教育深入人心；组织素质教育大规模专项督导2次、随机督导10次，累计出动人员130余人次，累计反馈问题5类18项108点，检查学校率100%，学校整改率100%；监督执行《波密县教师批改作业制度》《波密县教师备课制度》等规章制度600余人次，表彰5名优秀教研工作者、1名教研工作贡献者。

【教师教学技能大练兵活动】 2018年，县教育体育局因地制宜制定教师教学技能大练兵活动有关方案17类，印发相关资料630余份。突出交流研讨，充分借助"交流论坛"和"片区教研"契机，累计开展交流讨论128次，提炼经验做法8条。坚持立行立改，以"一线督导、全面督导、重点督导、一督到底"的工作方式，深入学校开展专项检查13次，梳理各类问题6条，整改6条，整改率100%。通过教师教学技能大练兵活动，"一师一档"悉数建立并趋于完善，并

2018年8月15日，教育部民族教育司副司长朱小杰（前排左三），西藏自治区教工委副书记、教育厅厅长杜建功（前排右二）一行在波密县中学调研指导工作

在教师技能大赛环节产生自治区级三等奖1名、市级一等奖1名、市级二等奖3名、市级三等奖4名，在微课制作大赛环节产生市级一等奖1名、市级二等奖2名、市级三等奖6名；2名教师获自治区级教学能手称号，106名教师获县级教学能手称号。

【"一师一优课一课一名师"活动】 2018年，县教育体育局组织中小学230名教师注册"一师一优课一课一名师"活动，156人晒课，涉及语文、数学、英语、藏文、信息技术、家庭教育等18个学科，晒课率达全市第一。最终评选出县级优课50节，市级优课31节，省级优课8节。

【师资队伍】 2018年，县教育体育局先后选派教师参加国培217人次，区级培训129人次，市级培训74人次，县级培训32人次，师德师风、国家通用语言文字、教材网络培训等2140人次。按照"控制总量、盘活存量、优化结构、增减平衡"的思路，调整24名教师工作岗位，对新调入和新分配的32名教师进行重新分配；完成10名教师副高职称、11名教师中级职称和60名教师初级职称的推荐和评审工作。根据与广州大学"五年支教"协议，2018年引进广州大学2批次支教老师23名开展支教活动。县委、县政府隆重召开大会庆祝全国第34个教师节，对在教育工作中表现突出的4个优秀集体、3个尊师重教家庭和45名优秀个人进行表彰，表彰资金3.9万元。继续实行教师交流轮岗制度，选拔23名优秀教师开展了新一轮的校际轮岗交流，促进教师编制、职称随教师交流而流动。充分激发新老教师"传帮带"机制，老教师累计上示范课23节，讨论帮助新教师解决问题30余条。刚性执行《波密县教师调动管理办法(试行)》，研究报请县政府同意10名符合调出县外条件的教师外调，外调教师占比上年分配教师的19.23%，师资外流现象得到合理控制。

2018年7月28日，广州大学"筑梦天路"暑期社会实践文艺汇演在波密县宣传部礼堂举行，图为广州大学党委副书记张强（三排左十）、波密县政府副县长马远（三排左九）与演出人员合影留念

表8 2018年波密县中小学校(幼儿园)教师职称统计表

学校＼合计	教师人数	职级结构					
		正高级教师	高级教师	一级教师	二级教师	三级教师	未评
	536	0	29	133	163	10	201
县中学	132	0	9	34	61	1	27
县完全小学	97	0	12	55	21	1	8
易贡乡中心小学	24	0	1	3	8	1	11
古乡中心小学	21	0	0	7	8	3	3

续表 8

学校＼合计	教师人数	职级结构					
		正高级教师	高级教师	一级教师	二级教师	三级教师	未评
	536	0	29	133	163	10	201
八盖乡中心小学	18	0	1	1	5	0	11
倾多镇中心小学	33	0	2	7	10	0	14
玉许乡中心小学	24	0	0	6	9	1	8
玉许乡第二小学	24	0	1	2	3	1	17
松宗镇中心小学	19	0	1	2	7	0	9
玉普乡中心小学	24	0	0	2	5	1	16
多吉乡中心小学	24	0	0	5	7	0	12
康玉乡中心小学	21	0	1	0	2	0	18
县中心幼儿园	25	0	1	7	6	1	10
县第二幼儿园	24	0	0	2	11	0	11
八盖乡双语幼儿园	1	0	0	0	0	0	1
玉许乡双语幼儿园	2	0	0	0	0	0	2
多吉乡双语幼儿园	1	0	0	0	0	0	1
倾多镇双语幼儿园	1	0	0	0	0	0	1
松宗镇双语幼儿园	1	0	0	0	0	0	1
八盖乡塔鲁村双语幼儿园	1	0	0	0	0	0	1
倾多镇栋曲村双语幼儿园	1	0	0	0	0	0	1
松宗镇多格村双语幼儿园	1	0	0	0	0	0	1
扎木镇岗村双语幼儿园	1	0	0	0	0	0	1
倾多镇康达村双语幼儿园	1	0	0	0	0	0	1
玉普乡双语幼儿园	1	0	0	0	0	0	1
扎木镇东绕村双语幼儿园	1	0	0	0	0	0	1
康玉乡乌那村双语幼儿园	1	0	0	0	0	0	1
多吉乡通参村双语幼儿园	1	0	0	0	0	0	1
古乡嘎朗村双语幼儿园	1	0	0	0	0	0	1
玉许乡林琼村双语幼儿园	1	0	0	0	0	0	1
易贡茶场双语幼儿园	1	0	0	0	0	0	1
玉普乡宗坝村双语幼儿园	1	0	0	0	0	0	1
易贡乡江拉村双语幼儿园	1	0	0	0	0	0	1
易贡乡双语幼儿园	3	0	0	0	0	0	3

续表 8

学校 \ 合计	教师人数	职级结构					
		正高级教师	高级教师	一级教师	二级教师	三级教师	未评
	536	0	29	133	163	10	201
多吉乡木古村双语幼儿园	1	0	0	0	0	0	1
古乡双语幼儿园	1	0	0	0	0	0	1
康玉乡双语幼儿园	1	0	0	0	0	0	1

【党建工作】 2018 年，波密县教育系统有党委 1 个，基层党组织 15 个，其中教体局支部 1 个，学校党支部 14 个，全县学校党组织覆盖率达 100%；全县教育系统有党员 230 人，正式党员 224 人，预备党员 6 人，少数民族党员 126 人，汉族党员 98 人，女性党员 109 人，党员人数占总教师数的 49%。全县中小学推行党组织书记、校长“一肩挑”，创新基层党组织带头人培养选拔机制，大胆选优配强基层党组织领导班子，做到班子结构合理、成员责任明确、内部团结协作，全县校级领导任职人数 39 人，其中党员 30 人，党员比例占 80%。研究制定《2018 年度中共波密县教育体育局委员会党风廉政建设工作实施方案》《2018 年度波密县教育系统党建工作实施方案》《中共波密县教育体育局委员会关于推进全县教育系统基层党组织标准化建设的实施方案》《中共波密县教育体育局委员会关于创建学校党建示范点的实施方案》《中共波密县教育体育局委员会关于开展加强政治纪律教育活动实施方案》《中共波密县教育体育局委员会“三重一大”事项集体决策制度实施细则》及中心组学习教育计划。调整充实党委书记 1 名，党委副书记 1 名，党委委员 5 名。发展预备党员 6 名，预备党员转正 5 名，选派 2 人参加市教体局组织的党务工作培训，选派 15 名党支部书记参加县委党校的学习培训，开展书记上党课 14 次，组织学校开展上党课活动 137 节。党员干部结对认亲困难家庭 94 户，走村入户 188 次，发放价值 36610 余元的慰问物资；在藏历新年、春节期间，对 48 名离退休干部职工、15 名在职困难教师进行慰问，发放慰问金 7500 余元。经自查加评估，授予县中学、县完全小学、倾多镇中心小学和县第二幼儿园四所学校党支部 2018 年党建示范点荣誉称号；推荐并获得县级优秀共产党员 6 名，优秀党务工作者 1 名；推荐并获得市级优秀共产党员 1 名；推荐并获得自治区级优秀党务工作者 1 名，先进基层党组织 1 个。投入 9.1 万元充实学校支部投影和会议设备，学校内涵建设持续加强。

【德育工作】 2018 年，县教育体育局组织开展了“3・28”百万农奴解放纪念日朗诵比赛、红歌比赛、新旧西藏对比图片展等活动 14 场次，学生受教率达 100%。“四讲四爱”群众教育实践活动按阶段扎实有效开展，宣讲 342 场次、受众 88832 人次，组织实践活动 307 场次、受众 72900 人次。充分发挥青少年校外活动中心的助推作用，积极组织党员教师开发书法、美术、舞蹈等校外课程，累计培养 100 余名学生。加强中小学禁毒教育工作，保护和促进中小学生健康成长，推动青少年毒品预防教育稳步推进。“五四”青年节，发展新团员 474 名，“六一”儿童节，各小学发展新少先队员 536 名。

【教育精准扶贫】 2018 年，县教育体育局对 116 名精准扶贫大学生提供（兑现）学费资助 95.59 万元，为波密县学前到高中共 36 名学生按每人 1000 元的标准兑换粤藏育才基金 3.6 万元，为 8 名贫困大学生兑现自治区资助资金 3.82 万元。组织各学校通过展板、黑板报、横幅、LED 显示屏、微信平台等方式广泛宣传脱贫攻坚相关政策，通过走村入户向学校困难学子家庭送去米、面、油等慰问品，向家长解读党和国家、自治区一系列的惠民政策、扶贫政策、教育政策，在 10 月 17 日中国第 5 个扶贫日期间，募捐30710元资金助力全市脱贫攻坚。接收1名县人社局分配的波密籍大学生在局机关工作，提供16个保育员岗位供波密籍大学生就业，择优选派8名干部参加波密县创优争先强基础惠民生活动第七批驻村工作。

【“控辍保学”】 年初，由县人民政府牵头与各乡（镇）签订“控辍保学”责任书，把“控辍保学”工作列入各乡（镇）、各学校年度考核指标，作为评优评先的重要依据；主导建立校、班、家庭三级控辍网络，层层签订责任书，并逐层落实，实行周（月）报制度和定期通报制度。学期初对学生学籍认真核实，审批变动、增减花名册，实行电子学籍管理。根据《西藏自治区建档立卡贫困家庭子女接受高等教育实施免费教育补助政策管理办法》要求，严格制定《波密县建档立卡贫困家庭子女接受高等教育实施免费教育补助政策实施细则》，做到每一户贫困家庭子女未因贫辍学，每一笔贫困学生资助金均发放到需要的学生手中。

【教育“三包”】 2018年，波密县享受“三包”及营养餐补助和学前教育补助金的学生总数4748人，其中中学生1391名，小学生2617名，享受学前教育补助金740人。根据相关规定，及时将“三包”及营养餐补助和学前教育补助金年人均标准于2018年秋季学期开始调整为学前教育阶段3120元，义务教育阶段3620元。全年落实“三包”伙食费1348.33万元，装备费172.46万元，作业本及其他学习用品费47.035万元，营养改善资金320.64万元。

【基础设施建设】 为持续巩固义务教育均衡发展成果，不断改善和提高波密县教育系统整体面貌，2018年，县教育体育局积极申报并实施建设项目21个，总投资达6693万元，全年累计完成投资5778.83万元、占总投资的86.34%，累计完成项目15个、占总项目的71.43%。其中续建项目13个，总投资2910万元，完成13个，累计完成投资2910万元，占总投资的43.49%；新建项目5个，总投资1113万元，完成1个，累计完成投资622万元，占总投资的9.30%；改扩建项目3个，总投资2670万元，完成1个，累计完成2246.83万元，占总投资的33.57%。完工项目现均已投入使用，全县师生教学和生活条件得到进一步改善和提高。特别是波密县康玉乡、王普乡、多吉乡中心小学及玉许乡第二小学4所高海拔乡小学供暖项目，属国家重点投资项目，总投资703万元，于10月15日开工建设，全年累计完成投资421万元，完成总投资的60%，完成总项目的60%。

【学前教育】 学前教育是终生学习的开端，办好学前教育、实现幼有所育，是党的十九大作出的重大决策部署。为着力破解幼儿入园难、入园远的难题，2017年起县教育体育局从项目申报、资金投入、师资分配等多层面致力于学前教育事业。2018年，县教育体育局新开设幼儿园18所，并完成幼儿园玩具、办公设备的装配，波密县幼儿园总数达25所。秋季学期25所幼儿园有转岗教师、聘任教师及临时工75人，基本满足了各园教学、学生娱乐需求及师生生活需要。18所幼儿园的投入使用，实现了360余名适龄儿童家门口入学和不同程度的就近入学，人民群众在教育上的满足感和获得感进一步提升。

【招生考试】 2018年，波密县小考考点设在波密县完全小学，共有141人参加考试，其中藏族考生133人，汉族考生8人，参考率27.59%；考点共设7个考场及1个备用考场，考务室1间，医务室1间，监考员休息室1间；监考教师共25人，考务人员14人（其中主考1人，副主考2人，国宝押卷1人，医务人员1人，教育纪检人员1人，工作人员3人，后勤2人，安保2人，驾驶员1人）；考试共有汉语文、数学、藏语文、小学综合4个科目。2018年波密县中考考点设在县中学，共设考场13个，参考人数377人，缺考0人，实考377人；此次考试安排考务人员20人（主考1人，副主考3人，公安押卷1人，医务人员1人，教育纪检人员1人，工作人员4人，后勤4人，安保2人，驾驶员1人，治安2人），监考教师39人。

【教育援藏】 2018年，广州市教育系统给予了波密县教育事业师资培训、跟岗锻炼、经验交流、教师支教等各类支持，同时通过开展教育专题调研、夏令营活动等一系列卓有成效的活动，加强了两地教育交流交往，促进了粤藏文化交融。广州市教育团队在波密县培训教师达260人次，波密县教育系统干部到广州跟岗培训38人，广州大学派出23名优秀大学生充实波密县师资队伍，援助169余万元物资及资金支持波密县教育财力，到波密开展调研18次。2018年，波密县完全小学音乐之家建设完成，"广州波密·区乡对接"教育帮扶模式商洽完成搭建，波密县中学国防班成功成立（系全区首个）。

【信息化工作】 2018年，县教育体育局组织开展林芝市教育云平台项目（第一期）推广应用培训活动，将林芝市教育云平台项目中已经在市教体局和市直学校使用具备推广条件的子系统"教育质量检测平台"（包括题库资源系统、网上阅卷系统、教学质量分析等）和"OA协调办公平台"全面铺开，培训校长、教务主任、校办负责人共32人。组织参加2018年的"华渔杯"全国课件大赛，1名教师荣获一等奖，2名教师获二等奖，1名教师获三等奖，获奖人数仅次于市直学校，列全市第二，获奖作品数量占全市获奖作品总量的26.67%；组织参加第十九届全国中小学电脑制作活动，1名教师获1等奖；组织31名教信专（兼）干参加林芝市教育体育局组织的"送培下乡"培训。成功举办波密县首届实用教学软件（课件）竞赛，评选出1等奖2名，二等奖2名，三等奖2名，优秀奖3名。选派1名教信骨干到广东省肇庆市教育局就教育信息化内容跟岗学习一年，选派2名教信骨干参加林芝市教育体育局组织的为期一周的赴粤参观培训。成功协调广州市教育局共享广州智慧教育公共服务平台，2018年起波密县教师拥有该平台免费使用权，全体教师均持有该平台一个免费账号，可通过"远程登录一号通"方式在电脑、手机等电子设备上实现登录，免费获取阅读、下载使用优质教学资源，数据显示，除去因网络不好等因素未实现登录外，2018年波密县实际上线用户访问数434人，占教师总数的81%，实际资源访问数据量121条。成功安装可同时容纳30人的波密县教育系统视频会议设备，实现与上级教育行政部门的远程交流。

【学校安全管理】 2018年，县教育体育局从制度建设、一线督导、会议部署等方面入手，结合全民国家安全教育日、防灾减灾日、"做自己的首席安全官——平安校园行""结核知识进校园"等活动，加强对各学校安全生产工作的指导。2018年，县教育体育局出台安全类方案预案制度20多类，督导安全工作22次以上，会议安排部署6次以上。督导各学校排查安全隐患累计80余次，宣讲安全知识85余次，组织地震、火灾等安全演练54余次。推荐并获得市级平安校园1所、县级平安校园1所、县级森林防火先进个人1名、县级社会治安综合治理先进个人1名。

【体育工作】 6月，县教育体育局组织波密县代表团参加由林芝市委、市政府牵头，市教体局组织的"尼洋河"杯足球联赛并夺冠；8月，带领波密县中学参加由林芝市教体局举办的第三届中学生运动会并取得总成绩第二名；9月，承办波密县首届藏王故里文化旅游节体育活动，活动内容含赛马、抱石头、押加、拔河、长跑等贴近波密民俗实际、符合群众日常活动的项目，评选出单项项目一等奖7名，集体项目一等奖1个。指导监督各学校有效开展春秋季学校运动会和体质监测，涉及全县师生。

（姚元春）

【领导名录】

局 长

王作谦

副局长

邱育玲（援藏干部，3月离任）

张 亮

白玛桑吉（女，藏族）

林先东（援藏干部，3月任职）

波密县中学

【概况】 2018年，在波密县委、县政府的坚强领导和县教育体育局的正确指导下，波密县中学坚持社会主义办学方向，秉承"抓全面发展、促民族团结、办幸福教

2018年8月18日，西藏自治区人大常委会副主任、林芝市市委书记马升昌（左二）一行在波密县中学参观绘画室

育”的办学理念，在全体教师的共同努力下，学校设施建设取得长足发展，素质教育通过市教育体育局验收，教学质量逐步提升，中考内地班上线人数22名，林芝市县级中学排名第一。2018年，波密县中学在校学生1384名，教职工132名。

【教学教研】 2018年，波密县中学以公开课、集体备课、说课比赛、教案比赛、微课比赛、教研写作能力比赛等教学大练兵的具体形式，借助广州大学附属中学援助，以“请进来”“走出去”方式，提升教师素养；建立健全校本教研制度，提升教师专业素养。经过全体教职工不懈努力，教研成果显著，开设了《雪莲花》《波密，我的故乡》等37本校本教材。

【校园活动】 2018年，波密县中学组织开展了丰富多彩的校园文化活动，结合3·28百万农奴解放纪念日、五四青年节、教师节、九一八、国庆节、一二·九纪念日等重大节日，举办征文比赛、演讲比赛、专题黑板报、校园运动会等活动，以多种途径加强学生思想品德、心理素质、革命传统和理想前途教育，增强学生的爱国主义情感。

【校园特色】 2018年，为促进学生德智体美劳全面发展，波密县中学积极开展“阳光一小时”体育活动，在林芝市第三届中学生运动会上，县中学获得全市团体总分第二，县级中学第一的成绩；不断将优秀传统文化教育渗透到学校日常教育教学当中，积极开展“践行四讲四爱，非物质文化遗产进校园、进课堂”活动，让学生学会“波卓”“波央”，将本地的优秀传统文化传承下去；为拓展学生兴趣爱好，开办了男子足球、女子足球、篮球、美术、硬笔书法、藏文书法、舞蹈、手风琴、声乐、信息技术兴趣小组等；2018年8月，波密县中学开设国防班，为林芝首个中学国防班，广大附中对波密县中学国防班从资金、物资、学员培训等方面给予大力支持，国防班的学习、日常教育管理以学校为主，在完成基础文化课程的同时，由广大附中派来的教官负责对其进行军政教育训练、军事实践活动。

（范　梅）

【领导名录】

校　长

扎西多吉（藏族）

副校长

索朗旺堆（藏族）

洪 长 风

黎 世 川

波密县完全小学

【概况】 波密县完全小学属于六年义务教育的公办寄宿制小学，2018年，共有26个教学班，在校学生1088人，其中农牧学生821人，住校学生371人，城镇学生267人，享受“三包”政策的学生846人（包括农牧民子女、城镇低保、养护段工人子女）；学校以“为学校的可持续发展奠定基础，为学生的终身幸福奠定基础”为办学理念，以“全面贯彻党的教育方针、政策，让孩子快乐成长，办人民满意的教育”为办学宗旨，大力推进素质教育，努力建设一所团结、勤奋、文明、创新的和谐校园。

【教师队伍】 学校师资力量雄

厚，学校现有教职工94人，专任教师93人，职工1人；校长1人，副校长2人，汉族25人，少数民族72人，藏汉比例为10 ：3；教师职称结构中，高级教师9人，一级教师54人，二级教师21人，员级教师8人，高级技工1人；教师学历情况为大学本科60人，大专36人，中专1人，学历合格率100%。

【教学教研】 在各级领导的关心下，学校在教研上成绩明显，学校各教研组每周开展丰富多彩的教研活动，同时数学组在学校教务处制定的“培优补差”方案下，让学校优秀的数学教师利用下午放学后的空档，对学生进行无偿补课，在学校师生的不懈努力下，学生们的知识储量有明显的提升。

【党建工作】 2018年，县完小党支部有党员45名，其中男党员21名，女党员24名，少数民族党员29名，入党积极分子1名，支部中校级领导干部11人，支部委员会设有党支部书记、支部副书记、支部组织委员、支部宣传委员、支部纪检委员各1人，共5人。县完小党支部积极宣传和贯彻执行党的路线、方针、政策，创设了良好的政治舆论氛围。发挥党员先锋模范作用，抓党建促教学教研，以丰富的党建活动为载体，抓好德育和思想政治工作，开展了3·28校园歌手大赛、诗歌诵读比赛、重温誓词、知识竞赛、主题班会、爱国主义影片进校园、“我身边的美德少年”评选活动、党员教师资助贫困学生、保护母亲河行动等。

2018年3月18日，西藏自治区教育厅副厅长吴爱珍（左二）、林芝市教体局党委书记边巴卓玛（左一）一行在波密县完全小学调研

【德育工作】 2018年，县完小开展了以“中华民族传统文化”“特色乡土文化”“民族文化”三大板块特色校园文化建设和班级文化建设，大力弘扬中华民族传统美德，结合养成教育，教育引导学生坚定“小学雷锋永远跟党走”的信念，践行社会主义核心价值观的“六爱、五感恩”主题活动、深入开展“寻找雷锋足迹，弘扬雷锋精神”“学雷锋系列活动”“缅怀革命先烈，争当四好少年”清明节祭扫烈士墓活动、参观县政府“红楼”、参观气象局等社会实践活动及“四讲四爱”手抄报作品展活动；同时以“做一个有道德的人”主题实践活动为主线，以学生行为规范养成教育为主要内容，以学校少先队活动为载体，以重大节日、纪念日为契机，开展生动活泼的德育教育活动，加强对学生进行爱国主义、集体主义、社会主义思想教育和道德规范教育，让学生在丰富多彩的德育活动中愉快地接受教育，形成良好品德。

【教师队伍】 2018年，县完小师资队伍的变化情况较小，教师队伍比较稳定、整体素质有所提高。校领导重视教师素质提升工程，建立了青年教师、骨干教师、新教师成长档案，以老带新，结对互助。认真组织校本培训和校本教研，举办了波密县完全小学教师素质提升暨教师技能竞赛，20余名教师参加比赛。提升教师理论水平、专业素质和道德水平，做好教学工作计划，开展教科研，提高教师驾驭教学、驾驭学生的能力。

【平安校园】 2018年，县完小结合本校实际，对校园内外安全进行排查隐患，加强对校园周边的整治力度，多次开展安全疏散演练，以提高师生们的安全意识和警惕意识。加强师生的法纪教育，始终把依法治校、依法治教贯彻实施在平时的工作中。

【毕业班工作】 2018年，县完小在全校教师的共同努力下，西藏班成绩优异，共录取西藏初中班16人。

【交流合作】 2018年，县完小有乔次仁老师、东嘎扎西老师到林芝市二小交流，林芝市二小明珠老师到县完小交流；广州大学共有16人到县小校支教。

（谭显涛）

【领导名录】

校　长

　　白玛拉珍（女，门巴族）

副校长

　　嘎玛罗布（藏族）

　　央　　珍（女，门巴族）

波密县中心幼儿园

【概况】 波密县中心幼儿园位于波密县县城中心波茂广场东北侧，前身为波密县完全小学幼儿园，创建于1996年9月。新校园由广东省揭阳市援藏投资250万元，于2005年9月建成并投入使用。新园区总占地面积3500平方米，建筑面积1360平方米，户外活动场地2140平方米，园内设有小班、中班、大班3个年级。2018年，县中心幼儿园共6个班，有幼儿270名，教职工28名，教师25名（含聘用4名），专任教师22名。教师大专学历以上合格率达90%。

【教育教学】 2018年，县中心幼儿园在课堂上充分调动孩子的积极性，注重他们的个体差异，打造玩美教育特色，让孩子在玩中学、做中学、学中玩，在游戏中锻炼他们的动手能力、合作技巧，创新能力。

【校园文化建设】 人文环境。2018年，县中心幼儿园在教学楼走廊内均设立了幼儿美术作品和手工制作的展示台，孩子们互相欣赏、互相学习。根据班级的不同特点，老师绘制了不同的游戏格式，既拓展孩子的游戏空间，又开发了幼儿的智力。楼道里、班级内设计了不同的主题墙，活动室有适合儿童不同喜好的区域角，如娃娃家、小商店、小医院理发店等，融知识性、趣味性于一体，幼儿既动手又动脑，深受孩子的喜爱。每周四组织师幼穿民族服装、跳民族舞蹈，进行民族文化教育与传承；阳光体育活动。为响应教育部与国家体育总局的“人人参与，感受快乐”号召，进一步推动幼儿园体育锻炼氛围的形成，根据幼儿年龄的差异，开展跳绳、踢球、沙包等生动有趣的、形式多样的体育教育活动、游戏活动及户外活动，保证每天幼儿户外运动时间不少于2小时，让幼儿走向操场、走进大自然、走到阳光下，积极参加体育锻炼，培养幼儿对体育活动的兴趣，吸引幼儿的主动参与，让孩子们拥有一个健康快乐的身体。

【后勤工作】 2018年，县中心幼儿园把安全卫生工作作为头等大事来抓，成立了安全领导小组，并与教师、幼儿家长签订安全责任书，增强责任感。食堂卫生安全常抓不懈，严把食品入口关和48小时食品留样制度。保教人员时刻关注孩子，消除班级事故隐患。每月组织开展“应急演练”，增强和提高了广大教职工幼儿应急处突能力。

（方晓勇）

2018年3月27日，波密县中心幼儿园开展2018年新旧西藏对比活动

2018年11月15日，波密县中心幼儿园组织幼儿及教师到77650部队，开展践行"四讲四爱"之"国防教育、从娃娃抓起"走进军营活动

【领导名录】

园　长

索朗央宗（女，藏族）

副园长

樊燕青（女）

波密县第二幼儿园

【概况】 2018年，波密县第二幼儿园始终秉承着"尊重孩子的天性，激发孩子的灵性，塑造孩子的个性，玩中学、学中玩"的办园宗旨，坚持以"健康、快乐、自信、明礼"为培养目标，注重五大领域之间的相互渗透，突出双语教育特色，在一日生活中培养幼儿操作、探究、合作、自信的性格品质。2018年，县二幼有专任教师21名，其中本科学历14名，大专学历7名，幼师专业7名。

【平安校园】 2018年，县二幼结合校园实际情况，定期结队对校园及校园周边环境进行安全隐患排查。每周对幼儿进行安全教育，加强幼儿的安全防患意识。

【后勤管理】 2018年，县二幼各硬件设施完善，符合各阶段幼儿的年龄特征，学校后勤加强对食品的监督管理，严格把关食物的生产日期，保证食品安全健康。

【校园活动】 2018年，县二幼为丰富幼儿的在园生活，开展了弘扬本土文化多彩的桃花节手绘画展示、庆祝百万农奴解放日、共度"五一"劳动节、庆祝"六一"儿童节、欢度国庆节红歌会、重阳节树敬老之风及大手牵小手亲子运动会等活动。

（王瑞华）

【领导名录】

园　长

扎西拉珍（女，藏族）

副园长

巴桑曲杰（藏族）

扎西措姆（女，藏族）

波密县气象局

【概况】 波密县气象局为正科级公益性事业单位，设有气象台、综合管理科、防灾减灾科，实有工作人员6名。2018年，波密县平均气温9.9℃，比历年平均气温偏高0.8℃。2018年，年平均最高气温16.8℃，年平均最低气温5.5℃，年内最高气温29.7℃，出现在7月23日，全年最低气温为-10.2℃，出现在12月31日。年平均气温呈上升趋势。2018年，波密县年总降水量579.5毫米，较常年平均值（884.5毫米）偏少三成。通麦、易贡一带降水量在999-1122毫米之间，波密县东北部降水较少，在282-399毫米之间。从逐月降水距平百分率分析，1—7月各站降水偏少，8—9月较为正常，10月偏少，11—12月降水偏多一倍以上。2018年波密日照时数在1429小时，与历年年平均值相比偏多36小时，属正常。

【主要气候事件及其影响】

无霜期。2018年，波密县无霜期为191天（4月18日终霜至10月25日初霜），与历年无霜期（184天）比较偏多7天。

高温。2018年6月，波密月平均气温为17℃，突破了有气象资料以来的历史同期极值（16.9℃）。

雨季开始期。2018年5月28日，波密县（历年平均值3月28日）进入雨季，较历年推迟

61天。

强降水过程。2018年9月13日，波密县出现38—39毫米的大到暴雨；9月12日易贡、通麦出现39—45毫米的大到暴雨；9月13日易贡出现49毫米的大到暴雨；9月12—13日，波密县大部乡镇出现34—60毫米的大到暴雨。

次生灾害。2018年7月7日凌晨，波密县玉许乡达拉村突发融雪性泥石流，造成部分房屋、农田、道路和桥梁均被损毁，由于发现得早，疏散及时，未造成人员伤亡；7月11日，古乡索通、松饶2村突发融雪性泥石流，造成318国道中断，同时形成堰塞湖造成河水上涨，导致2村12户51人的农房、耕地、牲畜损毁或威胁受灾。4–8月，松宗镇、倾多镇、多吉乡一带受干旱天气影响，持续时间长，农牧业不同程度上受到损失，灾民上报情况达39起。

【气象服务】 2018年，县气象局制作发布元旦专题预报1期，春运专题预报41期，3·28百万农奴解放纪念日及桃花节开幕式专题预报1期，春节、藏历新年专题预报1期，清明节专题预报1期，五一专题预报1期，“波密县首届藏王故里文化旅游节”专题预报2期，中秋节专题1期，国庆节专题1期，强降水蓝色预警信号6次，天气实况消息58期，旬预报36期，决策天气预报36期，手机短信预报、交通预报、乡镇预报各有365期，电视天气预报287期，天气消息、手机短信23期，一周趋势预报52期，周末预报52期，重要天气预报7期，为全县防灾减灾救灾和经济社会良好发展提供全方位的气象服务保障。

通过手机短信、微信公众平台、党政网、电子显示屏、电视多媒体系统发布气象信息，不断扩大气象服务面，提高气象服务影响力。2018年短信用户共有424人（较上年增加28.5%），微信关注用户共有403人（较上年增加20.7%），涵盖县、乡、村各级领导，实现了气象信息全覆盖发布。在2018年7月波密县境内连续出现大范围强降水期间，县气象局加强24小时值班制度，密切监测天气变化，准确及时向社会各界发布预警信息，为波密县防御气象灾害提供准确的气象服务保障，由于预报准确，各乡镇防御、救灾措施到位，未发生人员伤亡事故。

开展了45期灾害调查、存档、上报工作，同时为受灾的农牧民群众出具42份保险理赔气象证明。在处理灾情工作中严格执行灾情调查制度，以客观事实为依据，结合多点的气象资料综合分析得出结论后上报和出具证明，在具体工作中，热情细心地向受灾群众讲解手续办理流程并及时办理气象灾害证明，得到农牧民群众的一致好评。

向县网信办申请将县气象局气象微信公众号接入了“网信波密”公众号，每天及时发布气象预报信息，更好地为波密县的生产生活、旅游业提供气象保障服务。

完成划定生态保护红线工作，按照波密县环保局划定并严守生态保护红线的要求，完成全县18个观测站点和5个拟建观测站点相关信息的报送和备案工作，确保波密气象事业可持续发展。

【基础业务】 2018年，县气象局选派6人次到区内外参加学习培训，返回单位后均进行2次培训工作，提升了全局的业务水平。6月23日，将土壤水分站从观测场搬迁至

2018年7月3日，西藏自治区气象局局长向毓意（左一）在波密县检查指导气象业务工作

院内土质较好的东南方向。10月，协助林芝市气象局大探中心完成通麦自动站升级改造工作，更换了华云采集器、风向杆、传感器，完成所有区域自动站新型风杆更换，5个雨量站保持原貌。11月9日，完成光照式日照仪的安装、调试，并投入使用，实现日照自动观测。11月21日，松宗自动站搬迁项目启动（因小集镇建设需要），项目由林芝市威信防雷科技有限公司承建，波密县住建局承担20万元搬迁费用，搬迁工作顺利进行，于12月18日通过初验。12月20日，完成地面综合业务软件（ISOS）升级，正式使用ISOS（ver2.0.2.0）版本，确保业务正常运行。

2018年9月21日，波密县气象局工作人员开展自动气象站运行巡检维护

【防灾减灾】 2018年，县气象局遇有灾害性、关键性、转折性天气时，主动加强同市局气象台的预报会商，及时向县委、县政府领导汇报预报结论，同时通过手机短信，微信和显示屏发布气象信息，第一时间通过电话通知灾害落区乡镇的主要领导、气象协理员、乡镇信息服务站负责人和气象信息员落实预警和防御机制，有效地利用“县、乡、村”三级预警信息传播机制进行预警信息传播，为各乡镇主动防御气象灾害和应急救援提供高效优质的气象保障，降低气象灾害风险和灾害损失，保障农牧民群众的生命财产安全。

【气象科普宣传】 2018年，县气象局分别在3·23世界气象日、5月12日防灾减灾日、法制宣传月等时间节点，组织3次气象法律法规、气象灾害防御知识、气象科普宣传，发放藏汉双语的气象灾害防御手册1万余份，提高了全县防御气象灾害的能力和水平。

【安全生产】 2018年，县气象局定期对油机发电、供电线路进行检查和维护，确保单位用电安全；严格按照督察组的要求，对安全生产、维稳方案和措施进行了完善，有力地保障了安全生产工作的有序开展。

（李 波）

【领导名录】

局 长

李 波

气象台台长

扎西索郎（藏族）

农牧林水电

波密县农牧(科技)局

【概况】 2018年,在波密县委、县政府的坚强领导和上级农牧部门的精心指导下,波密县农牧(科技)局深入贯彻落实上级部门关于农牧业农村工作的各项部署要求,以农牧业增效、农牧民增收为中心,建立健全目标管理责任制,强化各项工作措施,通过不懈努力,农牧业工作取得较好成绩。波密县农牧(科技)局下辖推广站、兽防站2个全额拨款事业单位和草原监理站1个参照公务员管理事业单位,共有干部职工40名,其中行政人员7名(1名援藏干部),农业专业技术人员12名,畜牧及草业专业技术人员15名(6名参照公务员管理事业人员),工人6名。

2018年4月30日,西藏自治区人大常委会副主任、林芝市委书记马升昌(一排左二)一行在波密县调研藏猪产业。波密县委书记朱正辉(二排又四)等陪同

【农业生产】 2018年,全县共完成农作物播种面积6.21万亩(春播面积2.1万亩,冬播面积4.11万亩),粮油总产量20670.2吨(粮食产量19245.2吨,油菜产量1425吨),总体完成生产目标,由于部分乡镇发生旱情,粮食产量较2017年有所下降。全年调运春冬播良种39.9万斤、化肥1009吨、各类农药20吨,组织农牧民以牛粪、秸秆、腐殖质为主自制农家肥9.97万吨。

【畜牧业】 2018年,全县牲畜禽总存栏数为107857(头、羽、匹),其中牛65000头、猪40000头、禽类2857羽。新生仔畜11170头、新生仔畜成活数10946头、成活率98%,肉产量达到4231吨、奶产量达到1758.86吨,蛋产量14.83吨。为保障春秋两季重大动物疫病防控工作质量,县兽防站对各乡镇进行防疫督导,及时了解疫病接种进度,圆满完成防疫工作。2018年,全县春秋两季重大动物疫病免疫接种28.0768万头(只、羽),其中牛口蹄疫疫苗12.545万头、猪口蹄疫疫苗7.52万头、猪瘟疫苗7.44万头、高致病性禽流感疫苗万0.5718万羽。全年检疫生猪7142头、牛羊1195头(只)、家禽16171羽,农贸市场上市的动物及动物产品检疫覆盖率、检疫持证率达100%。积极做好包虫病防治工作,全年发放驱虫药(吡喹酮)1040瓶,犬只驱虫33668只,实现了家犬月月投药、月月驱虫。

【项目建设】 2018年,波密县实施波密县重大动物疫情应急物资储备库及冷链设施等项目21个,总投资15263万元,其中续建项目6个,总投资5156万元,新建项目15个,总投资10107万元,全年完工6个,总投资2376万元。

【特色产业】 天麻产业。2018年,波密县在“企业+合作社+农户”经营管理模式的基础上,引导创新管理模式,发展“村集体+”“能人+”等模式,将产业发展与脱贫攻坚有机结合,转变“等、靠、要”的思想,实现贫困户脱贫致富,产生了良好经济和社会效益。同时,引导企业与村集体、专合社合作,发展“订单式”种植,构建可靠的利益联结机制,保障企业原材料供给,提高群众种植效益。鼓励企业开发天麻藏药材新产品,开发区内外市场,扩大“波密天麻”知名度,“灵芝红景天胶囊”“天麻灵芝黄芪胶囊”“天麻灵芝酸枣仁胶囊”等系列天麻产品在区内外市场逐渐打开,享有盛誉。一系列“冰干天麻”“灵芝茶”等新产品已投放市场。

藏猪产业。2018年,全县顺利完成0.4万头能繁母猪收集工作,全县新增藏猪达4万余头,完成新建藏猪养殖村集体7个,大力培育养殖大户11户,进一步扩大养殖主体范围,提升示范效应。2018年,成功引进西藏绿康园生态农业开发有限公司和广州天丰园农牧科技有限公司,并结合实际出台了“以奖代补”政策,进一步提高群众养殖积极性,提升藏猪出栏率。

茶产业。2017—2018年,全县共投入资金9200万元(政府4200万元、企业5000万元),完成地块平整5300亩,种植茶苗2968亩(其中软枝乌龙340亩,中小叶种2628亩)。2018年,全县共完成茶树苗种植1868亩。

【合作社发展】 2018年,全县共有注册合作社133家,其中种植业43家,养殖业59家,加工业9家,旅游业15家,农资及林下资源销售7家,会员户数1140余户,社员2879余人,带动增收2144余人,社员数占全县总人口的10.84%,注册资金总额达8711余万元。

【虫草采集管理】 2018年,在虫草采挖前期,县农牧局做好县、乡、村虫草采挖隐患排查,加大《西藏自治区冬虫夏草采集管理暂行办法》等法律法规宣传力度,组织召开辖区内虫草采集工作动员会议,与乡(镇)签订《虫草采集管理目标责任书》。加强上山设卡、有证采集管理工作,坚持24小时值班制度和日报信息制度,形成有问题及时发现,发现问题及时处理的良好工作秩序。7月下旬,波密县虫草采集管理工作全面结束。2018年,波密县虫草产量824余斤,虫草销售收入4503.7余万元。

【惠农资金落实】 2018年,县农牧局大力宣传党和政府的一系列支农惠农优惠政策,使广大农牧

2018年4月2日,西藏自治区科技厅党组书记、副厅长王平(左二)一行在波密县产业园区调研指导工作

民群众充分了解各项惠农政策，累计电子屏滚动显示惠农政策40余条，悬挂横幅20余幅，发放各类宣传手册600余份、宣传资料1万余份，发动宣传车辆20余辆次，走村入户宣传政策150余人次。

及时兑现各类支农惠农资金。2018年兑现各类惠农资金2553.49余万元，兑现2017年涉农保险赔款884.81余万元（其中种植业赔款26.49万元、养殖业赔款802.62万元、农房赔款25.2万元、能繁母猪赔款30.5万元）；兑现2018年农机购置补贴951.25万元；兑现2018年草补奖资金668.68万余元。国家惠农补贴项目的扩大和补贴资金的及时发放，进一步激励了农牧民发展农牧业的积极性。

【农作物良种推广与高产创建】2018年，县农牧局按照"优质、高产、生态、安全"原则，走精细化道路，以良种基地建设和良种推广，全面提升农业经济效益。全县共建立良种繁育基地4个，其中小麦良种基地3个，青稞良种基地1个，建立良种繁育田2950亩，其中"山冬7号"良种繁育田2100亩，"喜拉22"良种繁育田850亩；全县"山冬7号"良种生产能力达100万斤左右，"喜拉22"达25万斤以上。冬播期间，巴康村良种繁育基地向朗县供种0.6万斤、向察隅县供种2.12万斤，实现群众增收8.16万元，同时各良种繁育基地向本县群众供种45.9万斤，实现群众增收114.75万元。

2018年12月26日，林芝市农牧局党组书记刘成利（右二）在波密县调研农牧业工作

【非洲猪瘟防控】2018年，波密县及时组织人员对辖区内相关场所采取措施，认真开展非洲猪瘟排查工作和疫病防控工作，降低疫病传播风险，共发放非洲猪瘟防控明白卡700份，张贴挂图234张，针对养殖大户、散养户、养殖点排查30人次，屠宰场累计排查121人次、市场冷库排查45人次，张贴《波密县关于进一步加强动物及其产品调运监管通知》30余张。全年未发现来自疫区省市生猪。

【草补奖及草原划定】2018年，全县草畜平衡面积共441.64万亩，草畜平衡户4630户，涉及10个乡镇85个行政村，其中纯牧户村2个（康玉乡拉瓦西村、八盖乡龙普村）。全县牲畜存栏折合绵羊单位约20.96万个，基本实现草畜平衡，草畜平衡制度得到有效落实。全县基本草原划定工作已全部完成，认定基本草原地两类（重要放牧场、人工草地），共划定基本草原总面积389.93万亩，约占承包面积的88.29%；地块1332个，其中重要放牧场1329个（389.89万亩），人工草地3个（0.04万亩）。完成乡级1:5万和县级1:10万基本草原图斑勾绘工作，修建县级基本草原标示牌11个。5月11日，基本草原划定工作通过自治区级验收（市农牧局代验）；8月31日，草补奖工作顺利通过自治区级验收。

【确权登记颁证】波密县承包地确权工作于2017年3月开始，2018年4月3日通过县级验收、4月26日通过市级验收，2018年6月2日初步通过农业部数据库汇交、10月23日通过自治区验收。全县10个乡（镇）共实测24507块、97313.5亩，其中集体耕地20块、320亩，开荒地64块、1776.9亩，暂缓确权地块331块、1617.59亩，确权户数5336户、地块数24396块、面积94253.51亩。2018年11月7日，举行波密县土地承包经营权确权颁证仪式，年底基本完成全县颁证工作。

（李 欣）

【领导名录】

局 长

拥青卓嘎（女，藏族，1月任职）

副局长

白玛央宗（女，藏族）

何 彬

农技推广服务站站长

郝建伟

兽防站站长

白玛玉珍（女，藏族）

草原监理站副站长

央 青（女，藏族）

兽防站副站长

伦 珠（藏族）

农技推广服务站副站长

白玛旺扎（藏族）

达瓦扎西（藏族）

波密县扶贫开发（农业综合开发）办公室

【概 况】 2018年，波密县继续巩固脱贫攻坚成效，使贫困发生率下降到0.65%，实现了“两不愁”“三保障”，并成功通过国家扶贫考评验收，实现脱贫摘帽。

【扶贫资金管理】 2018年，波密县积极整合各方力量，共整合财政涉农资金20221.23万元（不含“三岩”片区异地搬迁产业配套1318.49万元），用于扶贫产业发展资金8082万元；基础设施建设资金7088.91万元；生态保护、补助资金3659.53万元；其他涉农项目资金1452.79万元。

【产业扶贫】 波密县紧紧围绕“两产业一平台”发展战略，充分利用本地产业资源优势，规划见效快、周期短、收益有保障的产业项目，使特色农业、藏医藏药、水电能源、文化四大产业与生态旅游深度整合，共同发展。2018年投资2000万元实施“4+1”模式扶贫产业项目29个，覆盖全县9个乡镇50个行政村，全县60%农牧民群众受益。

【教育扶贫】 2018年，波密县为116名建档立卡大学生兑现了“三免一补”自治区级所承担部分资金52.392万元、市级所承担部分资金17.28万元、县级所承担部分资金25.92万元，共兑现资金95.592万元，为14名家庭经济困难大学生新生落实资助金1.1万元。

【易地搬迁扶贫】 2018年，波密县易地搬迁安置群众共64户371人，其中倾多镇扎西村31户、多吉乡角落村14户和古乡索通村21户已全部入住完成，3个搬迁点配套产业项目已建设完成。

【社会兜底】 2018年，波密县扶贫工作实现散居五保户有人管、有人看、有人照理，同时及时进行动态调整，对不符合低保条件的人员进行清退，对照最新提标，及时兑现最低生活保障金，全年兑现低保金共228.94万元。

【援藏扶贫】 2018年，在全区第一个搭建广州市各区对口支援乡（镇）的“区乡对接”、携手脱贫奔小康扶贫框架，为粤藏扶贫协作、助推波密县脱贫攻坚打下坚实基础。波密县援藏工作队继续为全

2018年9月25日，林芝市扶贫办党组书记、副主任大尼玛（前排左二）一行在易贡、古乡、倾多3个乡镇检查三岩搬迁一期安置点建设情况及二期安置点选点及储备情况

县1075户建档立卡户和城镇低保户、临界贫困家庭购买“脱贫保”，切实提升全县贫困人口抵御风险保障水平。

【医疗扶贫】 2018年，县扶贫办按照《波密县医疗保障精准扶贫工作实施方案》，完善和推行医疗保障模式，全面实行“农牧区医疗制度+农牧民大病商业保险+民政救助+特大病补充保险+政策兜底”医疗保障套餐，推行分级医疗救助，安排医疗救助资金150万元开辟绿色通道，实行住院就医免交押金、先住院后结算模式，实现了建档立卡贫困户看病“四不”标准（不愁钱、不垫钱、不报销、不跑路），全年累计救助370人。

【社会帮扶】 2018年，波密县继续深化干部“四对一”结对帮扶，采取正县级干部每人包3户、副县级干部每人包2户、正科级干部每人包1.5户、副科级干部每人包1户的帮扶机制，深入开展“讲党恩”、扶志扶智、送衣送物、送钱送技能送思路等帮扶活动，做到结对帮扶全覆盖。全年干部结对帮扶972户，企业结对帮扶65户，累计投入资金100余万元。

【能力提升】 2018年，波密县累计安排转移就业培训19期407人，实现贫困人口就业344人。建立健全建档立卡贫困人口转移就业激励奖励机制，对波密籍贫困人口就业满半年、一年及以上的，分别按照500元/月/人、1000元/月/人的标准予以补贴。加大培植全域旅游、民宿旅游业，引进藏核、千金方等公司投资建设林下资源加工厂，实现旅游资源共同开发、群众广泛参与、林下资源销售有渠道，确保了贫困人口不离乡不离土也能就近就便就业。

【生态补偿及就业岗位】 2018年，县扶贫办积极争取区、市贫困人口生态就业岗位7266个，坚持设岗定责，强化岗前培训，加强监督考核，并严格按照考核结果兑现生态就业补助资金。全年兑现生态补贴资金2543.1万元。

【农业开发】 2013年，波密县实施农业开发项目1个—易贡乡农业综合开发高标准土地治理项目，项目总投资1175万元，其中水利措施731万元，农业措施374.15万元，科技措施26万元，工程管护及项目管理费43.85万元。

（刘晓玲）

【领导名录】

主　任

江　村（藏族）

副主任

刘晓玲（女）

波密县林业局

【概况】 2018年，波密县林业局在县委、县政府的坚强领导下，在上级业务部门的大力支持下，牢牢把握“发展现代林业、建设生态文明、突出科学发展”主题，以生态立县为发展战略，以建设活力、美丽、法制、祥和、幸福波密为目标，以“重点区域造林、生态安全屏障”等国家重点项目为依托，克服冬春季降雨偏少，风干物燥，火险等级持续偏高，各项林业工作任务繁重，工作人员少等不利因素，认真调研，统筹安排，大胆改革，锐意进取，扎实开展各项林业工作，努力开创波密县林业工作新局面。

县林业局（自然保护区管理局）为正科级单位，内设林业局、森林公安局、森防指挥部办公室、大峡谷自然保护区管理局、嘎朗国家湿地公园管理局、林业工作站6个部门。其中设有13个股、站、室，分别为局办公室、营林股、林政股、财务室、森防办、手续室、退耕办、生态办、普法办、档案室、后勤办、项目办、玉普一级木材检查站；森林公安局设有3个办公室，分别为森林公安局办公室、治安股、刑警队；大峡谷自然保护区管理局设有3个办公室，分别为森林病虫害防疫办、野生动植物救护站、宣教办；嘎朗国家湿地公园管理局设1个办公室，为湿地办；林业工作站下设9个公益林专业管护站、5个木材检查站。2018年，县林业局共有干部职工49名，其中干部22名，工人3名，公益性岗位10名，协警7名，临时性工人7名。科级领导9名，其中正科2名，正科实职1名、虚职1名；副科7名，副科实职4名、虚职3名。

【园林绿化】 2018年，波密县完成义务植树造林370亩，其中，县

2018年4月3日，波密县政府副县长姜治强（左二）在八盖乡检查森林防火工作

直机关栽植70亩，树种为高山松；各乡镇栽植300亩，树种为高山松。实施2017年森林抚育项目8000亩，国土绿化项目175亩。

【林业重点工程】 2018年，县林业局有3个建设项目，其中2个续建项目，1个新建项目。续建项目为西藏嘎朗国家湿地公园湿地保护与恢复建设项目，该项目2015年12月开工，2018年8月，该项目建设完成并通过验收；318国道补植复绿工程，该项目于2017年3月开动，2018年9月建设完成；新建项目为政府大院绿化改造工程，于2018年9月建设完成。

【森林资源管理保护】 2018年，波密县生态公益林面积5949915亩，及时兑现2018年公益林补偿金2888.81万元。在原有公益林专业管护队49人的基础上，在全县设县级监护员50人、乡级监护员10人、村级监护员168人，并制定了详细的考勤制度、巡山制度、请销假制度，确保责任落实到人，实现了人有制度管、林有人员看，全力加强波密县森林资源保护工作。

【林业执法】 2018年，县林业局联合各有关单位，开展保护森林资源严打专项整治活动，重点打击盗伐、滥伐、故意损害林木的违法行为，非法经营（加工）木材、非法占用林地、毁林开荒的违法行为，破坏、贩卖野生动植物的违法行为等。共受理各类涉林案件11起，破11起，破案率100%，其中刑事案件1起，治安案件16起。与上年同期相比，涉林案件发案率明显降低，涉林案件破案率大幅提升，全县无盗伐林木案件发生，乱砍滥伐、非法经营（加工）木材、非法占用林地、毁林开荒等违法行为得到有效遏制。

【护林防火】 完善制度建设，严格落实责任。年初，县林业局结合工作实际，修订完善了《波密县森林防火应急预案》《波密县森林火灾扑救演练预案》《波密县森林防火宣传方案》《波密县森林防火隐患排查方案》，明确了各单位、各部门职责。为落实森林防火责任，与各乡镇、森工企业签订了《波密县森林防火目标责任书》《波密县重点公益林管护目标责任书》。

森林防火隐患排查。春季、秋冬季为全县重点防火期，县林业局严格执行24小时值班制度，多次派出检查组，全面了解各乡镇森防工作开展情况，随时掌握林区森防动态，切实做到提前部署、措施得力、监控有效。全年县林业局下发整改通知书3份，限时整改。

森林防火宣传。2018年，县林业局与波密县森警中队联合开展5次森林防火宣传活动，共出动车辆17台次，人员70余人次，发放宣传单2300余份。

强化火源管理。严格管控重点部位。火灾多发地段，通过增设临时防火检查站，加大巡护密度，做到路口有人把、山头有人看；严格火源管理。各乡镇组织护林员及民兵全天候巡逻，严查野外违章用火，确保火种不上山，火源不入林；严格管控高危人员。对痴呆傻及精神病人加强管控，逐一排查登记，明确监管责任人，落实监护责任；严格管控林区内各施工单位的用火安全。对于国家、区内重点工程建设项目，凡需要在林区施工的，施工单位必须与

2018年7月10日，波密县林业局工作人员在国道318沿线开展森林病虫害防治工作

县林业局签订森防责任书，交纳保证金。各施工单位与施工人员也要签订责任书，并交纳保证金；加强各森工企业伐区管理。及时开展伐区清林工作，并对清林材进行安全、无污染处理；加强对朝佛人员用火管理。318国道沿线各乡镇按属地原则对朝佛人员进行管理，让朝佛人员在临时留宿点烧茶做饭，安排专人监管，并负责将朝佛人员送出本乡镇属地移交给下一乡镇；实行联保联防制度。对享受重点公益林的群众实行联保联防制度，对管护责任区内发生林火的坚决按照管护合同不予发放管护费，以制度落实责任，以责任倒逼群众的联防意识，做到管好自家山、看好自家林。

【森林病虫害防治检疫】 2018年，县林业局不断加强林业有害生物监测、病虫害防治，充分发挥公益林专业管护员作用，将林区有害生物监控列为专业管护员日常巡查工作中的重要内容，加强对各林区、沟口的检测。全年波密县未出现规模性森林病虫害。

【湿地和山体公园建设】 2016年，波密县正式成立嘎朗国家湿地公园管理局，2017年落实了人员编制及办公场所。争取嘎朗国家湿地公园湿地保护与恢复、湿地公园补助资金2个项目，开展湿地公园基础建设与恢复保护工作。

【318国道美化绿化发展】 2018年春季，由县林业局牵头，按照“不同风景”“宜草宜花”“层次分明”“全县、全时、全景”的理念，结合318国道两旁原生态植被、高山栎、松树等乔木特点，利用国道两侧的裸露地块、斜坡、边沟见缝插绿，在318国道两侧播种了美国兰草、波斯菊、张大人花、杜鹃、三角梅、塔柏、红花槐等14种景观苗木、花卉，力争把318国道（波密县段）打造成景观大道、生态大道、文化大道，让318国道成为波密县旅游的一张名片。

【野生动物保护】 严格管理。2018年，县林业局森林公安、野生动物保护办向社会公布了举报电话，加大对破坏野生动植物资源违法犯罪案件的查处力度，并不定期对县城菜市、餐馆饭店、土特产店进行清理检查；兑现野生动物肇事损失补偿资金。兑现2017年野生动物肇事损失补偿资金168.67744万元，其中牲畜死亡995（头、匹、只），补偿151.468万元。农作物损失247.7亩，补偿12.847万元。人员受伤1人，补偿4.36244万元。2018年，野生动物肇事损失补偿资金统计工作将移交至中国人民财产保险股份有限公司办理。

【林区安全管理】 严格林区施工管理。2018年，县林业局对于国家、区内重点工程建设项目，凡在林区施工的，必须逐级上报，经批准，缴纳保证金、签订责任书、办理入林证后，方可进入林区施工；加大林地使用情况核查。对全县林地使用情况进行跟踪检查，实行全过程监管，坚决杜绝未批先占，不批就占、少批多占等情况，切实保护好林地资源；开展清山、查山、夜间巡逻。根据实际情况，不定期对各重点林区、沟口开展清山、查山活动，实现了每月开展1–2次清山查山，并在森防期开展夜间巡逻值班，每日夜间由局领导班子成员轮流带班巡逻，有效震慑了违法犯罪分子；规范木材经营、加工、运输管理。定期、不定期开展木材经营加工专项整治活动，依法严厉打击无证经营、证照不齐、非法经营、超核准范围经营等违法犯罪行为，并严格执行木材凭证运输制度，全年检查木材经营加工场所6次，督查木材检查站工作50余次，签订林区施工项目合同9份，承诺书10份，办理入林证2000余份。登记建档涉林重点行业家具店6家，森工企业2家，土特产专卖店22家，沙、土、矿石场14家。

【创建国家森林城市】 为切实抓好创建国家森林城市各项工作，2018年7月9日，波密县成立了由县委副书记、政府县长边巴任组长，县人大常委会副主任张豪杰、政府副县长姜治强任常务副组长，政府办主任白玛四朗、县林业局局长柳军力任副组长，相关单位为成员的创建国家森林城市工作领导小组，并在县林业局下设了领导小组办公室，负责创建国家森林城市的日常工作。向各创森成员单位下发了《波密县创建国家森林城市工作方案》。10月15日，波密县召开创建国家森林城市工作动员大会，全面部署和安排了全县创森各项工作

【集体林权制度改革】 2018年，波密县完成各乡镇共8206.06亩集体林地亩数摸底调查工作。其中扎木镇28.21亩，玉许乡1158.88亩，玉普乡404.66亩，易贡乡191.1亩，松宗镇1152.94亩，倾多镇3880.61亩，康玉乡253.45亩，多吉乡912.52亩。2018年1月26日，由云南省林业调查规划院生态分院院长孔德昌为组长、测绘单位工程师和市林业局林改办负责人组成的验收组一行6人对波密县集体林权制度改革工作进行终验，2018年1月27日，孔德昌宣布波密县集体林权制度改革通过终验。2018年10月19日，由国家林业和草原局中南院吴驾龙带队国家林改核查组一行，在林芝市林改办主任李华平陪同下，在波密县核查林权制度改革工作开展情况，核查组查阅了波密县林改工作实施方案，核查集体林权制度改革档案管理是否规范，综合档案和宗地档案等资料是否按要求立卷编号存档，核查了全部林改小班与全县林地红线、全县国土基本农田对照，查找是否存在重叠小班，并对抽中的12个小班现场核对，核实小班位置，四至界限是否有误等，10月22日，核查组在波密县林业局会议室召开了本次核查结果通报会，波密县集体林权制度改革工作外业部分核查合格率为100%，内业部分核查合格率为99%。

【精准扶贫】 2018年，根据林芝市脱贫攻坚指挥部关于下达《2018年第一批自治区生态补偿脱贫岗位补助资金的通知》要求，县林业局遴选2018年林业生态岗位人员3324名（自治区2344名、林芝市980名）；根据林芝市脱贫攻坚指挥部关于印发《林芝市2018年新增生态补偿岗位分配方案》的通知精神，县林业局从全县10个乡（镇）的建档立卡贫困户、农村低保户、低收入农牧民群众中招聘1656名符合要求的生态岗位人员。2018年，全县4980名生态岗位人员的选聘及岗位落实工作已全部完成。

【森林公安】 2018年，县林业局共受理各类森林案件11起，其中查处森林刑事案件1起，案件性质为盗伐林木案，查处犯罪嫌疑人1人，该案件处于侦办中；治安案件5起，案件性质为拒不执行政府在紧急状态下命令，处理违法人员13人（12人治安拘留5—15日，1人训诫教育）；查处林政案件5起（无证运输2起、滥伐林木1起、毁坏林地1起、非法加工雕刻1起）。

【思想政治教育】 2018年，县林业局召开班子会议，认真传达学习习近平总书记关于开展“两学一做”学习教育重要指示和区市县“两学一做”学习会议精神，扎实推进“两学一做”学习教育常态化制度化；认真贯彻民主集中制，不断完善党内监督，注重调查研究，尊重和反映客观规律，广泛听取各方面意见，把法律法规贯穿于决策全过程、涵盖决策各方面，实现决策于法有据，确保决策贴近波密实际，符合波密经济社会发展规律；以“四讲四爱”学习活动为契机，严格上下班考勤制度，制定学习制度，把每周五下午定为全局理论学习时间，通过学习会教育干部职工、党员调状态、转作风、提效能，激发干部职工的工

作积极性和创造性，全局干部职工精神面貌焕然一新。

（蔡林雁）

【领导名录】

局　长

柳 军 力（藏族）

副局长

扎西达瓦（藏族）

朱　　广

森林公安局政委

柳 军 力（藏族）

森林公安局副局长

达娃扎西（藏族）

波密县水利局

【概况】 2018年，在县委、县政府的正确领导下，在县人大、政协的监督下，在上级业务主管部门的悉心指导下，波密县水利局全面贯彻中共十九大精神，以解决群众最关心、最现实、最直接利益的民生水利需求为重点，以加快水利改革发展，实现“安全发展”“绿色发展”为目标，进一步加大水利基础设施建设力度，提升水利保障能力，实现人人共享水利发展改革成果，进而形成保障民生、服务民生、改善民生的水利格局，为全县经济发展提供坚实的水利支撑和保障。县水利局为正科级行政机关，2018年，有编制3名。内设机构1个（水利服务站），为副科级事业单位，有编制3名。

【党建工作】 2018年，县水利局坚持把管党治党与水利业务工作一同谋划、一同部署、一同检查、一同考核，着力强化从严治党主体责任；按照习近平总书记关于“全党来一个大学习”的重要指示精神，在全局范围内有计划、有步骤地开展了一系列学习活动，坚持领导干部带头学习制度；经支部培养，机关工委考察，共有1名预备党员转正，1名积极分子被确定为预备党员；加强党组织和党员队伍建设，提升党的执政能力，坚持“三会一课”制度和党务公开制度，共召开党员大会6次、领导讲党课4次；严格执行水利规划、项目前期工作、投资计划管理、设计变更、概算调整、竣工验收、财务决算等有关规定，不违规审批水利项目，不擅自调整水利建设资金，不提供虚假统计数据，2018年，县水利局未发生一起违纪违规事件。

【防汛度汛】 2018年，波密县及时调整充实县防汛抗旱指挥部人员，明确各成员单位防汛职能，全面落实防汛工作责任制。同各乡镇签订《2018年防汛抗旱责任书》，确保层层落实防汛抗旱责任。发放了地质灾害防灾工作明白卡和地质灾害避险工作明白卡，公布避险及预警信号、疏散办法、撤离路线、避险地点，确保灾害发生时群众及时安全转移。要求各乡镇加强值班和督导巡查力度，严格落实24小时值班制度、领导带班制度、重要事情报告制度和汛期安全日报告制度；汛前、汛中、汛后及时开展水利工程安全大检查，认真排查存在的安全隐患，采取切实有效的安全度汛措施。

2018年，共采购40万元的防汛物资，汛期来临前分发到各乡镇，确保各乡镇安全度汛；组织10个乡镇分管水利的领导及防汛抗旱联络员参加防汛抗旱知识培训，重点培训了有关山洪的基础知识及应急救援知识，在扎木镇、松宗镇开展山洪灾害防御预案演练，提升了防汛抢险应急处理工

2018年3月28日，由水利部建安中心副主任匡少涛等组成的河长制湖长制工作督导组在波密县对河长制湖长制工作进行考核

2018年3月22日，波密县水利局局长尼玛顿珠带队开展水资源保护宣传工作

作的总体水平，为应对山洪灾害防御抢险救灾积累了实战经验。

【水生态保护】 2018年，县水利局持续推动河长制工作开展，调整充实了县、乡（镇）、村三级河（湖）长，确立了26名县级河（湖）长，221名乡（镇）、村级河（湖）长，编制完成了波密县18条县级主要河流“一河一策”实施方案。编制了《波密县河道采砂规划》，加强河道管理和保护，开展河湖“清四乱”专项行动，促进全县水环境质量持续好转，流域内水生态系统走向良性循环。

【脱贫攻坚】 2018年，波密县投资658.91万元，解决9个乡镇33个行政村1653户7852人的饮水、用电问题。投资181.93万元，解决波密县6个“三岩”易地搬迁点19户174人的饮水及灌溉问题。为全县1520名精准扶贫户提供了生态就业岗位，增加收入456万元。

【水利基础设施建设】 2018年，共实施水利项目9个，完成水利固定资产投资7331.21万元，完成年度目标任务8272万元的88.63%。其中饮水项目4项，总投资2049.58万元，完成投资1951.85万元；灌溉项目2项，总投资4491.51万元，完成投资3091.18万元；山洪治理项目1项，总投资1743.9万元，完成投资1726.46万元；水土保持项目1项，总投资381.72万元，完成投资381.72万元；物资储备库1项，总投资600万元，完成投资180万元。

【项目前期工作】 2018年，县水利局共推进项目前置手续办理5项，其中下达概算批复1项，完成前置手续1项，完成技术审查1项，待技术审查2项。

（王 涵）

【领导名录】

局 长

尼玛顿珠（藏族）

副局长

张昱文（女）

候 建（女）

水利服务站站长

李建军（12月任职）

波密县供电有限公司

【概况】 2018年，波密县供电有限公司在县委、县政府以及上级公司的正确领导下，按照年初确定的工作思路、奋斗目标和重点工作，狠抓安全生产、强化经营管理，坚持以安全生产为前提、以经济效益为中心，不断建立健全各项规章制度，注重安全教育培训，坚持以人为本，科学管理，在安全生产上下功夫，在经营管理上做文章，大力强化规范管理，提高员工素质，不断深化夯实优质服务，扎实开展各项工作。

波密县电力有限公司成立于2014年7月，由波密县尼足电厂变更而来，属于国有独资企业。2017年11月2日，波密县电力有限公司更名为波密县供电有限公司，由国网林芝供电公司代管波密县供电有限公司，波密县供电有限公司于2017年11月实施国网公司代管，是西藏自治区最后代管的县公司之一。公司内设3个部门，分别为综合部、营销部、运维检修部，有正式员工66名，其中藏族员工43名、汉族员工22名、回族1名；大专学历13名，中专学历10名，高中及以下学历42名；党员22名。

2018年10月，波密县供电有

2018年10月26日，波密县供电有限公司董事长刘明辉（左二）及援藏帮扶人员在500千伏波密变电站交流工作

限公司迎来农电代替以来首批来自国家电网的援藏帮扶人员4人，分别是：副经理杨文客、综合部主任刘小坤、运检部主任罗荣毅、营销部主任李武辉。援藏帮扶人员的到来，将进一步提高供电公司各项工作管理水平，为波密电网贡献智慧和力量。

【指标完成情况】 2018年，波密县供电有限公司全年实现购电量2457.96万千瓦时，同比增长54.45%。完成售电量2104.27万千瓦时，同比增长17.45%。发电量为758.84万千瓦时，同比下降25.94%。电费回收率94%，平均电价完成635.14元/千千瓦时。营业总收入2085.32万元。比上年同期增长426.79万元，增长率为25.73%。生产成本2363.10万元，比上年同期增长1011.65万元，增长率为74.86%，利润总额-277.78万元。比上年同期下降584.86万元，下降率190.46%。

【安全生产】 2018年11月18日，波密县接入大电网，正式告别孤网运行。公司始终坚持“安全第一，预防为主，综合治理”的指导思想，合理安排波密县电网供电方式，重视电网设备缺陷及薄弱环节，重大设备检修及变电运行管理工作，认真做好事故预防、危险点分析及管控工作。认真开展防外力破坏整治工作，针对波密县范围内城建过程中对输电线路、地下沟道开挖现场，采取经常巡视检查，下发隐患整改通知等手段，有效防止城市居民建设对电力线路的破坏和危险，保证输配电线路的安全运行。认真执行《电力法》，严格用电安全管理，积极开展用电安全监督检查，确保用电安全。加强对员工培训力度，有计划针对薄弱环节定期对员工进行规章制度、业务技能、法律法规、安全规程等相关知识的培训。加大对电力市场的偷漏电巡查力度，确保用电户安全用电，及时追缴违规用电的相关费用。加强安全防范意识，杜绝习惯性违章事故的发生，为确保机组安全平稳运行，加强对安全设备的检查，在厄足电站及县城供电所及时配备和增设消防安全设施，确保安全工作长效运行。

2018年，公司供电面积覆盖3镇7乡84个行政村，183个自然村，受益群众达4268户21681人。

（次仁嘎吉）

【领导名录】

董事长兼经理、支部书记

刘明辉

支部副书记

巴桑扎西（藏族）

副经理

次仁平措（藏族）

次　松（藏族）

工会主席

巴桑扎西（藏族）

中国大唐集团西藏波堆水电站

【概况】 波堆水电站工程是西藏自治区“十二五”期间无电地区电力建设重点项目，也是西藏无电地区首个采用国家与中央企业共同投资援藏建设试点项目，是中国大唐电力援藏的第一个项目，是解决无电地区供电，推进经济建设，促进民族社会稳定的德政工程、民心工程。

中国大唐电力援藏项目—波堆水电站位于西藏林芝地区波密县境内，坝址位于通多村上游约1.0千米左右的峡谷出口处，距波

波堆水电站全景

堆藏布第一大支流亚龙藏布河口约10.6千米，距倾多镇12千米，距波密县45千米。波堆水电站是波堆藏布流域梯级开发的第三级电站，坝址控制流域面积2453平方千米，年平均流量132立方米每秒。电站由拦河大坝、左岸导流（兼泄洪）洞、左岸洞式溢洪道、左岸引水隧洞、发电厂房及开关站组成。拦河大坝为碾压式沥青混凝土心墙碎石土坝，坝顶高程EL2793.15米，最大坝高为44.65米；水库正常蓄水位为2788.00米，死水位2784.00米，水库总库容1087.52万立方米，调节库容226万立方米，回水长度5.75千米；电站装机为9600千瓦（3×3200千瓦），年利用小时6994小时，是以水力发电为任务的单目标水电工程，电站单机引用流量11.3立方米每秒，额定水头35米。电站总投资59698.6万元。

波堆水电工程于2012年3月开工建设，2014年2月16日实现大江截流，2015年4月6日实现下闸蓄水，同年7月6日波堆水电站1号机组投产发电，2、3号机组分别于2015年12月31日、2016年5月22日投产发电。

波堆电站的投产发电，彻底改善了波密县缺电的现状，从根本上解决了波密县3.5万农牧民用电问题，为波密县农牧民脱贫攻坚和经济发展做出积极的贡献。

大唐西藏波堆水电开发有限公司于2012年在波密县挂牌成立，公司设总经理1名，总工程1名，总经济师1名，设综合管理部、工程建设部、安全环保部3个部门。公司正式员工14名，外聘员工5名。

电站于2015年投产发电后，采用运维一体模式进行生产运营。设立波堆水电站，设站长1名，副站长兼安全环保管理1名，水工专工、电气专工各1名，运维人员10名，外聘员工5名。

（杨　勋）

【领导目录】

总经理

安　钢（土家族）

总经济师

马洪中

总工程师兼站长

柏　沁

波堆水电站副站长

石乐刚（彝族）

2018年10月9日，中国大唐集团公司大坝中心主任王进攻（右一）一行在波堆水电站大坝督查安全管理工作

波密县自来水有限公司

【概况】 2018年,在县委,政府及主管部门的正确领导下,波密县自来水有限公司深入开展“四讲四爱”主题教育实践活动,紧紧围绕供水服务这个中心工作,抓重点求突破,抓实干,不断创新工作方法,各项工作均取得显著成果。2018年,公司实有工作人员15名。

【生产经营】 2018年,公司实现总收入1387677.67元,税费支出4995.64元,其他支出1282583.56元,圆满完成全年各项工作任务。

【完善制度加强管理】 2018年,公司以《章程》和作风建设为指导,补充完善各项规章制度,特别是以严格的工作作风强化上班制度和工作态度,认真贯彻落实上级有关文件精神,通过各项制度的落实,员工服务态度,工作质量有根本的改变。严格按承诺进行服务,急用户所需,特事特办,为用户解决一些问题及突发事件,受到用户的肯定。

波密县自来水公司沉淀池

【队伍建设】 2018年,公司不断提高干部职工队伍素质,全厂牢牢抓住队伍建设不放松,始终把提高干部职工的素质教育放在首位。

【领导名录】

经　理

次仁巴登(藏族)

副经理

安　　定(女,藏族)

城市建设·环保

波密县住房和城乡建设局

【概况】 2018年,在县委、县政府的正确领导和上级业务部门正确指导下,在援藏工作组的无私援助下,努力发挥部门职能,整合资源,统筹谋划,着力推进新型城镇化建设。波密县住房和城乡建设局核定行政编制3个,实有人员5名。内设工程质量监督检查站,核定事业编制人数6名,实有人数6名;城管监察大队核定事业编制人数6名,实有人数15名(包含行政编制1名,工人6名,公益性岗位1名,临时工7名)。

【城乡规划管理工作】 2018年,县住建局完成了《林芝市波密县城市总体规划》《林芝市波密县城市控制性详细规划》的修编和八盖乡、康玉乡总体规划编制及审批。完成了松宗镇等7个乡镇总体规划修编和9个乡镇控制性详细规划编制,完成了全县85个行政村村庄规划编制和通麦特色小集镇规划编制及审批等工作。完成了《西藏林芝市波密县扎木镇城市设计》,并于2018年7月荣获"2017年度西藏自治区优秀城乡规划设计二等奖"。

继续贯彻落实《中华人民共和国城乡规划法》《西藏自治区城乡规划"一书三证"管理办法》等法律法规,切实加强城乡规划管理,不断规范审批程序,积极落实西藏投资项目在线审批监管责任,共办理"一书三证"(《建设项目选址意见书》《建设用地规划许可证》《建设工程规划许可证》《乡村建设规划许可证》)299套,出具《规划设计条件》79份。

【城乡基础设施建设】 2018年,总投资1496万元的松宗镇新型城镇化建设项目(一期)建设,已完成投资1487万元;总投资3510万元的波密县松宗镇基础设施、小集镇建设项目(二期),已完成投资3404万元,完成总工程量97%;总投资1700万元的古乡基

2018年4月28日,西藏自治区住建厅厅长斯朗尼玛(左二)一行在波密县污水处理厂检查指导工作

2018年8月23日，波密县委书记朱正辉（前排左三）检查指导县城建设项目

础设施建设项目，于2018年9月完工并投入使用；总投资6434万元的县城污水处理及收集系统工程，已完成项目初步验收。

【公共租赁住房建设项目】 2018年，波密县公共租赁住房建设项目共新建150套，总投资2690.61万元，于2018年12月开工建设。

【棚户区改造建设项目】 继续推进2017年棚户区改造项目建设，共改造132户及附属设施建设，总投资8118万元，于2018年11月完工并投入使用。积极开展2018年棚户区改造项目建设，共改造1199户，总投资28031.44万元，其中国家投资4362.43万元，融资贷款投资23669.01万元，于2018年9月1日开工建设，已完成投资9357万元，完成总工程量的33.4%。

【城镇低收入家庭住房租赁补贴项目】 2018年，县住建局积极落实城镇低收入家庭住房租赁补贴相关政策，发放2018年城镇低收入家庭住房租赁补贴资金18.83万元，申请2019年城镇低收入家庭住房租赁补贴资金14.382万元。

【人居环境整治建设项目】 总投资147万元的倾多镇扎西村人居环境综合整治项目，于2018年7月开工建设，2018年11月已全部完工并投入使用；总投资590万元的波密县八盖乡日卡村环境综合整治项目，于2018年4月3日开工建设，完成投资472万元，完成总工程量的80%。

【工程领域管理】 2018年，县住建局严格执行投资项目审批、核准、备案管理程序，科学确定项目工程造价和标准，认真落实开工报告制度、施工许可证制度和竣工验收备案制度，确保工程项目审批和建设依法合规、公开透明运行，全年累计核发《施工许可证》92套，开展建设工程领域执法检查25次。切实加强全县建设领域市场管理，特别是建筑施工现场扬尘治理工作，制定了《波密县建筑施工现场环境治理工作方案》《波密县工程建设领域市场环境整治工作实施方案》等实施方案。按要求落实全区建筑工程诚信一体化平台相关政策要求，全面加强项目招投标及施工、监理企业专业人员监督管理。

【工程质量监督检查】 2018年，为确保全县建设工程质量安全，县住建局积极落实一系列关于加强工程质量监管的法规、政策、文件及相关会议精神，狠抓从项目施工许可到竣工验收备案中的每一个环节，全年累计办理《工程质量监督告知书》《工程质量安全告知书》92份，开展全县范围内工程质量执法检查25次，下发整改通知25份。同时，建立健全工程质量监督检查机制，规范建设工程审批、验收程序，切实确保全县建设工程质量安全。

【党组织建设】 2018年，县住建局始终把党建和党风廉政建设作为服务全县住房和城乡建设工作大局的出发点和落脚点，结合本年度工作实际制定了全年党建工作计划、《2018年党风廉政建设制度》，对党建和党风廉政建设工作进行全面安排部署，及时召开党建和党风廉政建设专题会议，积极贯彻落实一系列关于党组织建设和党风廉政建设各项政策、措施,传达学习习近平总书记系列讲话及西藏自治区第九次党代会精神,积极践行“两学一做”和“四讲四爱”教育活动,制定相关实施方案及学习计划,进一步解放思想、实事求是、改革创新,全面改善部门工作作风,提升部门服务水平。

（边巴卓玛）

【领导名录】

局 长

白玛泽成(藏族)

主任科员、副局长

克 珠(藏族)

副局长

杨 帆(广州援藏)

马富杰(9月任职)

波密县环境保护局

【概况】 波密县环境保护局是波密县人民政府主管全县环境保护工作的直属机构,科级设置,直属事业单位有环境监察大队和环境监测站。2018年,全局有干部职工13名,其中,行政编7名,事业编5名,工人1名,党员11名。

【环境质量状况】 地表水环境质量状况。2018年,波密县共设置帕隆藏布上游500米,下游1000米2个地表水监测断面,并委托四川省天晟源环保股份有限公司每月对断面地表水水质开展监测,监测数据表明帕隆藏布上游500米,下游1000米2个断面水质均达到或优于《地表水环境质量标准》(GB3838-2002)中的Ⅲ类以上标准。

饮用水水源地水质状况。波密县县城集中式饮用水水源地为扎木镇卓龙沟饮用水水源地,2018年委托四川省天晟源环保股份有限公司每月对卓龙沟饮用水水源地取水口水质进行了监测分析。监测数据显示卓龙沟饮用水水源地水质均达到或优于《地表水环境质量标准》(GB3838-2002)Ⅲ类以上水质标准,水质达标率为100%。全年未发生饮水安全事故。

空气质量状况。2018年,波密县委托四川省天晟源环保股份有限公司,每季度对县城空气质量开展监测,监测数据显示县城空气质量均达到《环境空气质量标准》一级标准。

【环保宣传】 2018年,县环保局依托党的十九大精神宣讲、“两学一做”学习教育、“四讲四爱”教育实践活动等载体,充分整合广播电视、微信公众号、网络短信等新型媒介和宣传展板、宣传册等传统媒介,全面加强生态文明宣传教育,推动形成简约适度、绿色低碳、文明健康的生活方式和消费模式,营造全社会共同参与环保事业的良好风尚。2018年,累计播报环保新闻15条,编发环保短信1500余条,发放藏汉双语宣传资料4000余份,发放新时代生态环境保护法律法规汇编1000本,开展下乡入户宣传20余次,悬挂宣传标语40余条,接受群众咨询200余人次。

【生态文明创建】 2018年,波密县颁布实施了《波密县生态文明建设规划》。10月底,已完成自治区级生态县复核工作。

【生态红线划定】 2018年,为切实保障和维护生态环境保护红线、底线、高压线,县环保局委托第三方高起点高质量做好生态保

2018年7月29日,西藏自治区环保督察组在波密县开展下沉式督察检查岗巴大桥建设情况

护红线划定工作，拟划定红线面积8370.01平方公里，占县域总面积的49.94%，其中禁止开发区域1363.99平方公里，占县域总面积的8.14%，红线方案已于10月18日通过国家技术审核。

【环保督察反馈问题整改】 2018年，波密县成立了环保督查整改工作领导小组，对照《林芝市贯彻落实中央第六环境保护督察组反馈意见整改方案（送审稿）》认真梳理查摆，制定下发了《波密县贯彻落实中央第六环境保护督察组反馈意见整改方案》，对所涉25项共性问题提出具体整改措施77条，明确了目标任务、责任单位、工作重点及时间节点，按照“边等边改、立行立改”和“一案一策”要求，严格落实整改问题县级领导挂图作战制度，建立整改台账，实行月清单化调度制，定期调度工作进展，掌握问题整改工作进度。全年已完成49项措施整改工作，共向林芝市整改办上报环保督察问题整改信息64期，月调度报告26份，中央环保督察组转办的7项问题已全部办结、自治区环保督察组转办的2项问题已全部办结。

【严格环境准入】 2018年，县环保局认真执行建设项目环境影响登记表备案制度，把好建设项目准入关，严格落实“一票否决制”，未引进“三高”项目，建设单位备案环境影响评价登记表168个。

【污染物减排】 2018年，波密县主要污染物减排目标为化学需氧量、氨氮、二氧化硫和氮氧化物排放总量控制在377吨、35吨、1.2吨和557吨以内，不能超标排放。已核发排污许可证2个，禁止无证排污或不按许可证规定排污。

2018年1月25日，波密县委书记朱正辉主持召开中央环保督察反馈问题整改工作安排部署会议

【污染防治】 大气污染防治。2018年，县环保局与各乡镇签订《波密县“十三五”大气污染防治目标责任书》，在农牧区实施秸秆禁烧、垃圾禁焚，在县城推进油烟治理、锅炉淘汰、油气回收专项行动，对主城区15家大中型餐饮服务场所进行了油烟净化设施改造工作，完成县城内5家燃薪锅炉淘汰和3家加油站油气回收设备改造工作。

水污染防治。制定下发了《波密县水污染防治行动计划》《波密县第二次全国污染源普查实施方案》，全面推进第二次全国污染源普查工作，完成37个入河排污口清查工作及各排污企业入户调查工作。全面建立饮用水水源“一源一档”，结合县级水源地保护区环境保护专项行动要求，对卓龙沟饮用水水源地保护区排查4次，未发现一二级保护区内存在排污口、违法建设项目、网箱养殖等问题。

土壤污染防治。以《波密县土壤污染防治行动计划工作方案》为准绳，积极开展突然污染状况详查点位核实工作，共划定详查单位9个4748.737公顷，并配合自治区生态环境厅完成倾多镇、多吉乡2个点位农产品基地土壤详查工作。

【污染源普查】 2018年，根据《林芝市第二次全国污染源普查实施方案》要求，县环保局印发了《波密县第二次全国污染源普查实施方案》，落实第二次全国污染源普查经费25.98万元。全年波密县污普办普查员已完成37个入河排污口清查工作，并委托第三方对其中较大的3个入河排污口进行枯水期、丰水期水质监测工作。同时，配合市污普办普查员完成清查工作核查及入户调查工作。

【重点项目监管】 2018年，县环保局深入贯彻落实环境执法“双随机”制度，建立重点环境监管企业名单，采取“一企一档”的方式，对辖区内重点污染源企业和重大建设项目进行环境监管。全年出动执法人员105余人次，车次45余次，填写现场笔录45余份，下发限期整改通知书17份，行政处罚8个，行政罚款71.435万元。

【自然保护区监管】 2018年，成立了波密县自然保护区领导小组，并召开会议专题研究“绿盾2018”自然保护区监督检查专项行动相关工作相关事宜。制定印发《波密县“绿盾2018”自然保护区监督检查专项行动工作方案的通知》。波密县涉自然保护区违法违规问题处于整改中。

【环保项目建设】 2018年，县环保局坚持以提升环保功能为出发点和落脚点，为城管大队配备了垃圾摆臂车1辆，为玉普乡、松宗镇、倾多镇配备压缩式垃圾转运车1辆。投入资金80余万元，保障各乡（镇）环保基础设施正常运行。同时，稳步实施公立医院医疗废水处理系统，全面启动乡村振兴垃圾分类试点村建设。

【环境卫生整治】 2018年，县环保局制定下发《波密县城乡环境综合整治工作实施方案》，检查重点景区景点、318国道及公路沿线环境卫生整治情况5次，下发限期整改通知书3份，累计清理生活垃圾约30吨、清理经幡45余处24余吨，清理私搭乱建1处，清理卫生死角3处，城乡面貌得到了进一步改善。

（达　珍）

2018年7月6日，林芝市环保局副局长李振芬（前排右三）在波密县检查污水处理厂建设情况

【领导名录】

局　长

拥青卓嘎（女，藏族，1月离任）

副局长

张洪涛（2–12月主持工作）

张　鑫

波密县城管监察大队

【概况】 2018年，波密县城管监察大队执法人员增至17名，其中干部2名、工人6名、公益性岗位1名、临时工8名，环卫工人40名（公益性岗位14名，临时工21名，长期临时工5名）。

【城区卫生网格化管理】 2018年，县城管大队继续将城区卫生区域分为四大块，对每块卫生区域安排相应人数的环保人员和区域卫生监管人员，对主次街道地面卫生、张贴小广告和垃圾桶等进行清理。每月环卫人员对不同的卫生区域进行相互交换一次，各区域监管人员除了对负责的卫生区域进行检查、负责，还要相互之间进行交叉检查、打分评比。建立每月评星制度，落实奖惩制度，从而形成一套完整的网格化管理，确保责任区市容整洁，保持良好的环境卫生。在此基础上，对市政环境卫生区域从城西广场至老油库警务站路段进行了拓展。

【城管执法】 2018年，县城管大队对城区主次街道乱摆摊设点、非法占道、非法悬挂张贴、乱扔垃圾等破坏城市形象行为进行巡逻执法，共拆除不规范广告牌128个、横幅68条、整治非法占道经营182起，治理乱摆摊设点198余次，收缴大小物品350余件。对31家违章经营现象、29家乱倒垃圾现象进行相应处罚，组织48家违章经营者学习了《波密县环境卫生管理条例》，提升违章者的相关法律意识。

【城区牲畜管理】 2017年12月8日，根据《波密县城区家禽家畜专项整治方案》的通知精神，由城管大队实施依法强制管理，对入城的猪、牛、马依法强制捕捉。2018年，开展捕捉行动153次（其中白天71次、夜间82次），出动捕捉人员1652人次，车辆353台次，捕捉犏牛131头、猪437头、马3匹，将捕捉的全部牲畜进行备案存档，并将牲畜运输至墨脱公路24K处、松宗、古乡、倾多等适合的位置全部放生。实施牲畜管理以来，《禁止家畜家禽入城》管理工作达到预期的效果，广大群众的思想觉悟得到转变，大街小巷猪、牛、马随处可见的现象明显改善，《禁止家畜家禽入城》管理工作达到98%的管控，在街上随处可见牲畜现象这一历史性问题得到解决。

【基础设施】 2018年，县城管大队严格按照县环保局对垃圾填埋的要求，对垃圾填埋场进行维修整改，更换2000平方米防渗膜，采用5000平方米的土工复合膜对防渗膜进行遮盖保护，修建了渗滤液回喷系统。

2018年12月13日，波密县城管监察大队大队长刘仕林在扎墨大桥督导亮化工程进展情况

【军民协作】 2018年，城管大队按照中央环保督查的要求，开展了“军民共建环保波密”为主题的环境卫生大扫除活动。与武警交通二支队、森林武警中队、消防大队进行接洽，联合做好开展城区及城乡接合部重点卫生死角和环境卫生综合整治工作，清理城区重点卫生死角18处，部队官兵共出动80余人。全年共清理垃圾7200吨，运输垃圾7200吨，拉土填埋垃圾7200吨，处理率达100%。

【打造文化走廊】 2018年，县城管大队在县域境内帕隆藏布沿河两岸护栏，分别打造了2条“文化走廊”，共绘制360幅文化宣传画。“文化走廊”以社会主义核心价值观、中华优秀传统文化、波密县当地文化等内容为主题，以贴近生活、贴近实际、贴近群众的方式，在原有河道护栏基础上，采用图文并茂的宣传手法，通过一幅幅内容丰富、主题突出、题材新颖的文化宣传画，在美化县容县貌、提升城市形象的同时，也成为波密县文明创建的“宣传者”“推动者”及“代言人”，在潜移默化中教育引导广大干部群众自觉践行社会主义核心价值观，树立正确的历史观、民族观、国家观、文化观，不断提高思想觉悟、道德水准、文明素养。

【拆除临时建筑】 2018年4月11日，县住建局接到举报，神鹰大酒店南侧靠沿江路，木槿炭火烤肉店不符合县城总体规划，严重影响县城市容市貌。根据县住建局党支部的安排，将展开对此处房屋的拆除工作，4月12日，县城管大队执法人员到木槿炭火烤肉店进行调查，该店建筑面积为100平方米，圈地面积为80平方米，共180平方米，未办理相关合法手续，并出租给商户进行经营，每月收取租金。4月20日，执法人员向违章户当场下发拆除告知书。5月6日，在相关部门的协同配合下，共拆除沿江路与周边建筑不协调、影响市容市貌及城市总体规划和发展的临时建筑2家，拆除面积180平方米。

（刘仕林）

【领导名录】

大队长

刘 仕 林

副大队长

洛桑江村（藏族）

交通·通信

波密县交通运输局

【概况】 波密县交通运输局为正科级行政机关，内设道路运输管理所（海事局）。2018年，全局实有工作人员8名。波密县公路通车总里程1093公里。其中，国道241公里，省道340公里，县道140公里，乡道21公里，村道316公里，专用公路35公里，油路（硬化）路面乡道21公里、村道186公里。全县共有桥梁98座（不含通往牧场桥），全县乡镇通达率100%、通畅率90%；行政村通达率100%、通畅率87%；自然村通达率86%、通畅率50%。

【交通项目后续建设】 2018年，全县交通续建项目13个，完成总投资10.133亿元，完成率98%。波密县康玉乡德热村至拉瓦西村公路项目总投资8600万元，4月底，项目完工并投入使用；波密县古乡松绕桥至松绕村公路硬化项目总投资1934万元，7月底，项目完工并投入使用；波密县倾多镇至巴康村公路改建项目总投资1426万元，5月底，项目完工并投入使用；波密县玉许乡达拉村至则普村公路改建项目总投资2456万元，6月底，项目完工并投入使用；波密县玉许乡帮肯村至普热村公路改建项目总投资4363万元，7月底，项目完工并投入使用；玉许乡布拉桥至沙仁村硬化公路项目总投资1075万元，5月底，项目完工并投入使用；波密县古乡索通村桥那大桥项目总投资974万元，已完成投资427万元，占总工程量的43%；波密县玉许乡玉沙村布拉中桥项目总投资499万元，已完成投资475万元，占总工程量的95%；波密县玉普乡达巴村达兴桥项目总投资688万元，已完成投资562万元，占总工程量的81%；波密县G318线K3939+820K然拉桥项目总投资360万元，已完成投资341万元，占总工程量的94%；波密县易贡乡白玉村巴玉中桥项目总投资456万元，已完成投资442万元，占总工程量的96%。

2018年8月24日，波密县政府副县长阿朔（横排左三）、县交通运输局局长次仁加措在松宗镇参加栋曲村至朗秋冰川项目建设协调会

2018年9月12日，波密县政府副县长阿朗（右二）一行在玉普乡排查公路建筑控制区内违规修建房屋情况

【新建项目】2018年，全县新（改）建道路项目3个，分别为波密县松宗镇栋曲村至朗秋冰川景区公路新建工程，总投资7018万元，于9月正式施工，已完成投资116万元，占总工程量的1.6%；波密县康玉乡通堆村至宗热村道硬化工程，总投资3560万元，已完成投资2032万元，占总工程量的57%；省道S303线波密易贡茶厂至八盖乡公路工程，总投资69444万元，已完成投资18987万元，占总工程量的45%。

【农村公路养护】2018年，县交通运输局始终坚持"质量第一、管养并举"的工作方针，突出日常性养护和规范化管理，以农村公路大中修及道路整治改造为重点，对全县农村公路及沿线桥梁、警示牌进行巡查养护，提高农村公路整体服务水平。全年投入养护资金170余万元，修补油路2700平方米，清理边沟55公里，整修路肩530平方米，修复水毁钢筋石笼800立方米，清扫路面86公里，修补土路320平方米等，有效改善了农村公路交通出行环境。

5月30日，由县交通运输局局长次仁加措带队交通运输管理所人员对卡玉线（路线编码X406540424）K7+500处倾多镇栋曲桥桥面、桥墩及安保设施等进行重点排查，并对检查中发现的栋曲桥桥下淤泥及砂石堵塞、护栏损毁以及完善的安全隐患问题进行修复。

5月15日，易贡乡贡德线K2+200处路段发生塌方，导致道路中断，村民出行困难。县交通运输局第一时间组织养护人员对塌方路段进行抢修，路面堆积物得到及时的清理，于5月16日恢复通车。

7月9日上午09时50分，玉许乡达拉村至则普村公路（麻则线，路线编码：C067540424）K5+755处发生冰湖溃决性山洪灾害，县交通运输局人员第一时间赶往现场查看灾情，并及时安排机械车辆、人员进行抢通。此次山洪灾害造成淤泥及碎石10000立方米，路基路面冲毁40米，过往车辆无法通行；路基两侧被掏空300米；冲毁水沟及硬化路肩500米；冲毁桥梁2座（巴桑桥跨径1–13米桥梁编号C067540424L0020、钢架桥跨径1–18米系县发改委修建无桥梁编码）；涵洞2座被掩埋。县交通运输局安排3台挖掘机、1台装载机、1台车辆和养护人员进行抢通，7月11日该路段恢复通车。

7月12日上午7:00，八盖乡至龙普村公路（龙措线，路线编码X411540424）K10+500处临河路段河水上涨，导致路基冲毁200米，1座涵洞被冲毁。县交通运输局安排3台挖掘机、1台装载机、1台车辆和养护人员进行抢通，7月15日该路段恢复通车。

9月8日下午4时40分，易贡乡贡德线江拉村公路（贡德线，路线编码：C076540424）K5+700处发生泥石流，县交通运输局接报后组织人员第一时间赶往现场查看灾情，并及时安排机械车辆、人员进行抢通。此次泥石流造成近8亩茶田冲毁，300米道路被冲毁，500米网围栏被损坏。县交通运输局安排2台挖掘机、1台装载机进行抢通。9月11日，该路段恢复通车。

【路政管理】2018年，为加强路产路权维护，县交通运输局采取定期不定期对临水、临崖、存在安全隐患路段进行巡查，对侵占公路用地、破坏公路设施的行为进行打击整治。全年出动执法车辆78余次、路政人员160余人次，违章建筑得到进一步控制，路产路权得到有效保护。为提高农牧民群众的爱路护路意识，通过悬挂宣传横幅、发放宣传资料、解答疑点难点等形式，大力宣传《中华人民共和国公路法》《西藏自治区公路条例》《西藏自治区公路路产占用、损坏赔（补）偿收费项目及收费标准》等法律法规，开展宣传教育活动7次，发放藏汉双语宣传册870余份。

2018年9月15日，波密县交通运输局协助武警交通三支队对318国道沿线违法建筑进行强制拆除

【交通安全生产】 2018年，县交通运输局把道路安全作为工作的重中之重，协同武警三支队、安监局、交警大队等单位对全县道路进行拉网式全面排查，对存在安全隐患的桥梁、路段，事故多发路段路面标志标线、警示标牌以及路侧防护设施、隔离设计进行重点排查并建立台账，及时组织对存在安全隐患的路基、路面、护栏设施加固改造，对存在缺失、破损、模糊不清的警示标牌进行更换，避免重特大安全事故发生，保障广大人民群众生命财产安全。同时，定期或不定期对项目施工现场进行安全生产检查，对发现不合生产要求的施工单位，要求立即整改。全年累计出动执法车辆70余次、人员140人次，安全生产大排查20余次，为波密县营造良好的交通环境。

【党建工作】 2018年，县交通运输局持续深化“两学一做”学习教育，按照党支部标准化建设相关要求，坚持“三会一课”制度，科学制定学习计划，认真组织广大党员学理论、学业务，适时调整学习内容，不断创新学习方法，采取自学、集中学习、领导讲课、大讨论等灵活多样的形式，切实增强学习实效。积极参加县委、县组织部统一安排的县委理论中心组学习会及党员领导干部政治纪律规矩集中教育培训。全年累计开展党支部学习30次，“主题党日”活动6次，制作学习专栏2个。

坚持把党风廉政建设和反腐倡廉工作纳入全年工作的整体布局中，切实抓好各项工作任务落实，不断推进党风廉政建设工作。研究制定《波密县交通运输局2018年党风廉政建设工作计划》，层层签订党风廉政建设责任书，明确党风廉政建设中领导班子和干部职工各自职责分工。深入开展政治纪律教育学习，结合开展“两学一做”教育常态化制度化和“四讲四爱”活动，认真组织学习贯彻党的十九大以来中央、区委、市委、县委关于反腐倡廉和转变作风一系列新理念、新思路和新部署，加强党员理想信念教育、严守政治纪律和政治规矩。全年共组织学习30余次，观看警示教育片2次。

（邓曾曲珍）

【领导名录】

局　长

　　次仁加措（藏族）

副局长

　　邹　蓝（女，8月任职）

主任科员

　　白勇平（藏族）

副所长

　　白　拉（女，藏族）

扎墨公路养护管理段

【概况】 2018年，扎墨公路养护

管理段在上级领导的正确领导和大力支持下，以党的十九大精神为指引，认真贯彻习近平总书记系列重要讲话精神和市交通运输局工作会议精神，把握“改革、创新”总基调，较好地完成年度各项工作。扎墨公路养护管理段管养路段为S303（原S305）里程为100.527公里。K0—K22公路已建成交付养护，为四级油路。管养的路段为K0—K22四级油路。全段有机械设备22台，正常使用机械13台，9台机械属无法使用待报废。

【小修保养】 2018年，扎墨公路养护管理段完成小修、日常保养备路面料2775立方米；路肩培土380立方米；修补路面坑槽600平方米；整修路肩7640平方米；清理边沟134400米；清除杂草42150平方米；疏通涵洞257道；桥梁维护6座，清扫桥面4995平方米，清扫路面103870平方米；疏通泄水孔182个；清理零星塌方388立方米；清理养护伸缩缝890米；设置危险标志牌5块；设置临时警示标志牌2块；清洗标志牌222块；缺株补植树150株；粉刷桥栏杆5座111.72米；桥梁日常检查养护5座，打扫院内卫生4840平方米；检查库房安全及消防设施23次。

【抢险保通】 2018年，扎墨公路养护管理段为确保汛期公路安全畅通，快速处置公路发生的各种灾害，养护股精心制定抢险保通预案，组织抢险队进行应急演练，轮流安排汛期道路值班人员，储备抢险应急物资（柴油8000公升、汽油1000公升、修路工具、钢丝绳20米、编织袋100条、尼龙绳50米、铁丝2圈、铁锹15把、铅丝笼10困、保通机械4台）。

【日常管理】 2018年，扎墨公路养护管理段为落实养护体制改革工作，各股室清理统计、规范整理档案，做好档案移交工作。各股室有针对性地组织开展业务培训，提高日常工作水平，并选派人员积极参加上级单位组织的各项学习培训会。

【安全生产】 2018年，扎墨公路养护管理段按照市交通运输局要求，扎实开展“安全生产月”宣传贯彻落实工作，宣传学习各种相关法律法规，认真学习贯彻上级传达的安全指示精神。组织人员对管养的路线、桥梁、涵洞、危险路段、公路乱挖、乱占及路产路权进行全面安全检查；定期检查单位机械，排查机械安全隐患，组织机械操作手进行安全培训、对一线养护人员进行养护作业安全培训；做好日常安全生产工作的规范管理和相关责任股室（工区）签订安全生产目标责任书，做好日常安全生产台账记录。

【党建工作】 强化学习理念，加强队伍建设。2018年，扎墨公路养护管理段以建设“绿、美、畅、安”为核心的交通文化为基调，紧扣建设高素质交通党员队伍这一目标，大力推进学习型党组织建设。围绕“不忘初心、牢记使命、永远奋斗”专题党课内容，开展了一系列政治理论学习，召开集中学习会5次，专题座谈会1次，提升党员干部的政治素养和理论水平。严格做好党员发展工作，坚持高标准严要求、有计划、有目的地培养入党积极分子，通过严格考核，向上级党委报备了1名入党积极分子。通过抓思想教育，不断增强交通队伍的勤政廉政意识，进一步形成良好的党风作风建设环境。按照民主集中制原则，完善制度，以制度规范人，推行党务公开、公务公开，增强日常工作透明度。

（邓丽佳）

【领导名录】

书　记

　　旺　　杰（藏族）

段　长

　　益西旦增（藏族）

副段长

　　佐　　落（藏族）

　　覃　　淋

林芝公路分局扎木机械化养护队

【概况】 2018年，扎木机械化养护队在西藏自治区公路局和林芝公路分局的正确领导下，全面贯彻落实党的十九大、十九届二中、三中全会和习近平总书记系列重要讲话精神，认真贯彻“十三五”期间“改革攻坚、养护转型、管理升级、服务提升”的工作方针，坚持公路建设、养护、管理、服务、安全五位并举，以规范化管理为目标，以改革创新为动力，不断提升公路养护和管理水平，提高养管公路通行能力和服务水平。

扎木机械化养护队下设4个股室（生产股、政工股、财务股、机料股），1个行政办公室，1个路政所、3个工区，共有在职职工152名，其中一线补员90名。主要负责管养国道559线波密至达木乡岔路口，即K300+804—K386+331，里程85.527公里，四级路面；国道219线背崩至格当，即K6114+334—K6211+944，里程97.61公里，四级路面；新接养的省道303线康玉乡德那村钢架桥至松宗镇（接318线），即K634+K602—K756+158，里程112.556公里，四级路面；省道204线曲那玛村至卡达桥西桥头（接318线），即K400+294—K454+158，里程53.854公里，四级路面。总管养里程349.547公里。

【养护工作】2018年，扎木机械化养护队对新接养S303、S204线进行病害调查，共清理边沟2130米、清理边坡杂草杂物72480平方米、清理挡墙泄水孔53个、清理零星塌方及建筑垃圾745立方米、清理落石60立方米、清扫路面及桥面60500平方米、捡白色垃圾1200千克、疏通涵洞40道、清理遮挡标志标牌树枝21处、更换波形护栏栏板132米、修补沥青路面沉陷及坑槽1315.9平方米、警示墩刷漆417块、维修桥涵跳车684.8平方米、新增标志标牌34块，增画路面边缘线75600平方米。组织沥青路面养护现场操作培训1次，60余人次参加培训；对各工区及队部统计员统计培训1次。组织承办了2018年度首届机械操作手及公路钢架桥演练培训。

2018年12月18日，扎木机械化养护队开展首届机械操作手及公路钢架桥演练培训

【安全生产】2018年，扎木机械化养护队积极落实安全生产责任制，与各工区及各股室层层签订安全生产目标责任书，加强安全生产教育。全年召开安全生产例会12次、安全生产专题会议5次、安全生产党支部会议6次，同时每周五组织职工学习安全生产文件精神。累计开展安全隐患排查12次，更换及新增灭火器共104个、新增地面诱导标线1处。同时严格执行物资出入库登记制度。采用发放宣传单等多种方式提高职工安全意识，共发放安全生产宣传单400多份、悬挂横幅20条、制作展板10块、设立安全生产咨询台1处，通过微信公众号发布及转载安全生产类文章55余篇。签订消防个人承诺书40份、整改消防通道堵塞4处、整改私搭乱接电线5处。2018年扎木机械化养护队未发生任何安全生产事故。

【路政执法】2018年，扎木机械化养护队路政所加强公路路域环境法制宣传活动，解答群众法律法规咨询60余次，整治违法建造厕所8处，清理加水点5处，清理废旧的非公路标志标牌7块，悬挂横幅24条，设立宣传展板6块，发放《中华人民共和国公路法》《公路安全保护条例》、超限超载宣传单等760余份。

【机务管理】2018年，扎木机械化养护队有各类设备60台，其中车辆23台，养护及保通机械19台，其他设备18台。其中40台机械设备已购买商业险，参保率达67%。各类设备维修76次，保养93次，设备完好率达到98%以上。

在新接养S204、S303线后，调配装载机2台、推土机1台、平板运输车1台、挖掘机1台、客车1辆及巡路车1辆。

【党建工作】 2018年，扎木机械化养护队党支部制定政治理论学习计划（一年分为四个阶段），共组织理论学习46次，观看教育影片8次，撰写心得体会60余篇。抓制度建设，健全台账，制定内部管理各项规章制度。认真落实党建工作目标责任制，深化学习型党组织建设，严格执行“三会一课”制度。认真开展党的十九大一系列主题教育实践活动，如：十九大知识测试、撰写学习心得、手抄党章、瞻仰革命基地、开展结对帮学等。为庆祝共和国69周年华诞，积极组织干部职工参与林芝公路分局举办的“不忘初心跟党走，凝心聚力新时代”主题文艺会演。

（张继婷　普布琼达）

【领导名录】

党支部书记

加　措（藏族）

队　长

汤刚旦

中国电信集团公司波密县电信局

【概况】 2018年，中国电信集团公司波密县电信局在各级党委、政府的坚强领导下，在区公司的正确指引下，以党的十九大精神为指引，紧紧围绕“以4G高速为引领，以实现高速宽带农牧区全覆盖”的新发展理念，以网络提速降费为目标，不断奋进，锐意进取，用户的服务感知力和满意度大幅提升。

【网络提速】 2018年，县电信局在前期3G基站建设的基础上，全面升级4G基站，4G—LTE800M基站达21个。同时提升宽带速率，从20M、50M提高到100M、200M高速光宽带，至此波密县全面进入网络高速时代。

【提速降费普惠民生】 2018年，县电信局开展提速降费活动，带入更多消费者入场，让老百姓切切实实得到实惠。优化套餐设置，推出一系列不限量优惠套餐，让用户可以无忧畅享高速网络。

【客户服务】 2018年，县电信局以“用户至上、用心服务”为理念，以提升用户满意度为指引，以关键服务环节为切入点，以感知测评为手段，强化差异化服务优势。积极参与政风行风建设，不断规范市场资费及收费行为。明示各项业务收费标准，让用户明白钱到底花在了哪里。为让用户尽早使用上4G网络，推出了3G卡免费换4G卡并赠送6G大流量的活动。为更好地为广大电信用户服务，提出了“五个一”服务承诺：一张账单，明白消费；一键接入，便捷沟通；一站服务，首问负责；一点查询，自主定退；一声提醒，温馨关怀。

【用户个人信息保护和实名制登记】 2018年，县电信局根据《中华人民共和国反恐怖主义法》《全国人民代表大会常务委员会关于加强网络信息保护的决定》《电信和互联网用户个人信息保护规定》《电话用户真实身份信息登记规定》等法律法规的相关要求，用户在办理固定电话、移动电话等业务的入网、过户以及其他需要如实登记用户真实身份信息的业务时，必须出示有效证件原件，并按规

波密县电信局外景

定进行用户信息核验或登记。通过以上措施，从源头防范和打击电信网络诈骗犯罪案件的发生，减少用户个人财产损失。

【安全生产】 2018年，县电信局始终坚持“安全生产、通信畅通”的工作方针，将安全生产工作作为全局重点工作之一，部署专人巡查、检修波密平安视频监控，确保每一台设备不出故障，关键时刻不掉链子。部署专人保障应急通信设备的正常使用，关键时刻能拉得出、连得通、用得上，为党政机关的抢险救灾、应急指挥提供通信保障。

（次仁德吉）

【领导名录】

局　长

　　马志刚

中国移动通信集团西藏有限公司林芝波密县分公司

【概况】 2018年，中国移动通信集团西藏有限公司林芝波密县分公司在自治区、市公司以及县委、县政府的正确领导下，在全体员工的奋力拼搏下，以客户为中心，以市场为导向，以执行力提升为保障，面向流量经营转型时代，打造可持续发展新动力，推动公司可持续健康发展。

【业务工作】 2018年，县移动分公司以市场掌控为导向，以客户发展为动力，提升市场发展空间。按照市公司的总体安排和部署，坚持品牌发展，通过细分市场促进全面发展。全年累计收入2306余万元，宽带用户数达800余户。

【网络覆盖】 网络能力是公司的核心竞争力，充分发挥四网协同效应，在满足当前语音相关数据业务需求下，做好发展规划，保障长远发展和未来竞争优势，提升客户感知能力。2018年，县移动分公司新增2G基站4个，4G基站42个，4G信号覆盖率达90%，新建宽带预覆盖资源4000余端口，实现全县81%行政村通宽带、4G网络覆盖。

【服务提升】 2018年，县移动分公司以不断提升客户感知为导向，以建立健全服务质量管理体系为核心，以解决服务中的热点、难点问题为突破口，全面推行优质、规范服务。全年县移动分公司完成8次三方服务暗访工作，分数均为95分以上，在投诉处理上，解决率达到100%，投诉处理满意率为98%。

【其他工作】 2018年，县移动分公司紧紧围绕中国移动“正德厚生臻于至善”的企业核心价值观，打造以“正身之德”承担社会责任的团队。全年县移动分公司完成重大节日节点国家应急通信保障6次，完成了首届波密县藏王故里文化旅游节应急通信保障、咪咕直播等重大通信保障任务。在学习雷锋月期间，组织公司全体职工看望慰问福利院孤寡老人，帮助老人打扫卫生、洗衣服、包饺子、拉家常，开展互动演出，同老人度过美好的一天。

（罗桑普尺）

【领导名录】

总经理

　　杨建军

2018年11月15日，林芝市移动公司副总经理郭金勇与波密县移动分公司经理杨建军在县政府会议室参加《波密县平安城市建设》项目汇报会

中国联合网络通信有限公司波密县营业部

【概况】 2018 年,中国联合网络通信有限公司波密县营业部在市公司和县委、县政府领导的关心支持下,深入推进营销模式转型,充分发挥 4G 网络优势、终端优势和资费优势,为波密客户提供更快、更好的通信服务,全力推动波密县信息化进程,取得客户和收入继续保持高速增长的较好态势。

2018年5月17日,联通波密县营业部“开展5·17”惠民促销活动

【网络维护】 2018 年,波密县营业部完善通信应急预案,在雨季,雪季加强网络巡查和网络安全检查工作,组织各专业人员做好设备的预检预修工作,加强对网络风险的诊断和预警。同时,不断提升网络运行质量,确保网络通信畅通和网络信息安全。

【网络建设】 波密县营业部经过多年的信息基础设施建设,已实现波密县网络覆盖无通信盲点,通信光缆、电缆、移动信号覆盖城区及各乡镇,信息接入畅通;随着信息技术的发展,不断对网络进行升级改造,其中全球领先、速度最快的 4G 网络已覆盖波密县,信号质量得到质的飞跃;全面提升 100M 端口速率,全县实现光改,为用户提供最优质的服务打下坚实基础。

【提升服务】 2018 年,波密县营业部创新对销售经理和装维人员管理,对销售经理的职责进行更明确的划分分工,针对个人的特点,在原来职责的基础上增加了渠道管理、活动开展、设备维护、客户维系和后台支撑等职责,提高销售经理的综合业务能力。对装维人员进行上门服务注意事项进行培训,降低由于服务时产生的用户投诉。在装机和故障处理过程中,加入装修前预约、装修中规范和装修后回访等流程,提高装机效率和质量,增强用户感知度。

推进细化服务维系工作,提升维系效率。针对消费者手机使用中的种种问题,创新推出众多新型服务形式,为消费者排忧解难。在传统的业务受理、咨询、投诉等人工热线服务和自助查缴费等电子服务的基础上,为 VIP 客户配备专属服务经理,提供专家式、体验式、辅导式的一对一专属服务,为用户提供智能手机辅导,数据应用辅导,让用户会玩、爱玩、多玩 4G。

开展外延性服务渠道建设,不断精耕 4G 网络销售前沿阵地,包括网上营业厅 www.10010.com、手机营业厅,推出选靓号、自助缴费、自助查询、业务办理、网上商城等电子服务新举措,不断增强用户使用电子渠道和选购联通通信产品的便利性。

(补卫刚)

【领导名录】

经　理

补卫刚

金　融

中国农业银行股份有限公司波密县支行

【概况】 2018年，农行波密县支行有直属营业部1个，营业所9个。在职员工70名，其中研究生2名，本科30名，大学专科学历22名，高中(含中专)及以下16名。基层党委1个，基层党支部2个，党员37名，其中党委班子成员3名，机关党支部党员24名，在岗党员16名，退休党员8名，营业室党支部在岗党员10名。

【业务指标】 2018年，农行县支行各项存款余额25.6亿元，其中个人存款6.9亿元，较年初增加6455万元；对公存款18.6亿元，较年初增加5.8亿元。各项贷款余额16.5亿元，较年初增加1.3亿元，实现中间业务收入131万元、营业收入7460万元，净利润1928万元。

【党建工作】 明确党建工作责任。2018年，农行县支行召开党委会30次，其中专题研究部署党建工作4次，严格执行“三重一大”集体决策、“一把手”末位表态制度，党委会议事程序得到规范细化；抓理论学习。召开党委理论中心组学习会12次，学习内容涉及习近平新时代中国特色社会主义思想、习近平谈治国理政、脱贫攻坚、全面从严治党的重要思想等，举办党委班子成员讲党课6次，党支部书记讲党课4次，组织全体党员观看了《厉害了我的国》纪录片，牢固树立“四个意识”，坚定“四个自信”。

【业务工作】 2018年，农行县支行累计发放涉农贷款23046万元，其中，发放农户贷款12346万元，涉农余额达105870万元，农户涉农贷款余额36336万元，实现了“两个不低于”的监管要求；扎实做好金融扶贫工作，认真落实坚决打赢精准脱贫攻坚战的部署要求，全年累计发放“两免”精准扶贫贷款426万元，余额为1744万元，户数达368户，实现了履行社会责任与商业可持续相衔接；积极适应零售业务发展新形势，着力补齐业务短板、优化业务模式、

2018年3月15日，农行波密县支行开展‘3.15消费者权益日”宣传活动

提升服务水平，狠抓联动营销和交叉销售，全行零售业务战略转型扎实有序推进。

成功开办“网捷贷”、ATM“刷脸取款”“二维码取款”业务、西藏活利丰1号、银利多等新产品，实现网捷贷贷款37笔，金额835万元；办理信用卡汽车专项分期业务4笔74万元；为保证“一号工程”提质增效，全行上下把“一号工程”作为“硬性”任务，齐抓共管全力推动，建设成掌上银行柜5个，惠农e贷余额达418.5万元，开通惠农通服务点聚合码支付76户，“惠农e商”35户，极大满足了乡村振兴金融服务需求。

【安保工作】 2018年，农行县支行结合实际需要和人员配备情况，重新调整了防火安全员成员，对营业所和支行员工进行消防培训，不定期对营业网点、ATM机、重点部位进行检查，对检查发现的问题和隐患，现场督导落实整改。

（杨佳佳）

【领导名录】

党支部书记、行长

桑　杰（藏族）

纪委书记

巴　宗（藏族）

副行长

刘　康

中国邮政集团公司林芝市波密县分公司

【概况】 2018年，波密县邮政分公司在中国邮政集团公司西藏自治区分公司、林芝市分公司及波密县委、县政府的正确指导和关怀下，认真学习贯彻林芝市分公司2018年全年工作会议的精神要求，以“突出重点抓经营、持续健康促发展、做大做强代理金融业务、坚持规范化运作”为引领，各项工作取得平稳、较快、可持续发展。2018年，公司从业员工人数11名，5名合同工，6名劳务派遣工，乡邮员24名。

【业务指标】 2018年，波密县邮政分公司业务总收入260万元，同比增长1.16%，完成公司预算的82.16%，其中邮务类业务收入完成33.8万元，完成预算70%；代理金融类业务收入完成150万元，完成预算90%；速递物流类业务收入完成51万元，完成预算119%。

【邮务类】 波密县邮政分公司“以普遍服务为基础，切实做好服务与发展两不误”的理念，自年初开始，与县委宣传部、公安局、旅游局、扶贫办等单位沟通，共同制作宣传资料及宣传手册，为县文广局配发了“农家书屋”书报杂志。同时，积极配合县委宣传部做好党报党刊收订工作，配合教育局做好各乡镇小学春季和秋季教辅图书的订阅，全年报刊流转额达99.4万元，顺利完成市分公司下达的指标。

【代理金融】 2018年，波密县邮政分公司为切实做好邮政金融普惠服务，组建外拓工作队伍，对县城商户，农牧民家庭、部队、寺庙进行走访，向客户推荐及介绍普惠金融服务。如2018年手机银行行内、跨行异地转账免收手续费、办理定期协议存款等业务。组织人员在县城附近的村庄开展金融知识宣讲活动，为村民介绍最新的银行利率，介绍如何识别假币，如何防范金融短信诈骗等，活动期间，现场为村民办理发卡业务，赢得村民的一致好评。

波密县邮政分公司会议室

【代理速递业务】 2018年，波密县邮政分公司共收寄标准特快9190件，实现业务收入51万元。收寄快递包裹6421件，实现收入29.6万元。全年共妥投标准快递23541件，快递包裹52132件，普通包裹31256件，挂信1026件，挂刷1024件。

【安全生产】 2018年，波密县邮政分公司将储汇资金的安全工作为工作重点，勤检查，详记录，多询问，严格按章办事，认真做好交接班手续，确保储汇资金安全。对现有资金及时上划，加强夜间值班制度，提高全体职工风险防范意识，加强运钞押运的安全，严格要求运钞送钞人员务必高度警惕。对邮运驾驶员、乡邮驾驶员随时进行安全教育，定期检查邮运车辆，并认真开展道路交通安全专项检查活动，确保邮运工作和邮件安全。

（尼玛扎西）

【领导名录】

总经理

尼玛扎西（藏族）

副总经理

王美赞

乡（镇）概况

扎木镇

【概况】2018年，在县委、县政府的坚强领导下、广东省援藏工作队的无私帮助下、各级领导关心和支持下，扎木镇党委、政府以习近平新时代中国特色社会主义思想为指导，紧紧围绕西藏社会长足发展和长治久安的总目标，聚焦新时代乡镇工作，强化责任担当，加强督促检查，细化工作举措，扎实推进全镇社会事业发展，各项工作圆满完成。扎木镇位于波密县政府驻地，平均海拔2720米，总面积9.46万公顷。农村经济以农为主，以牧为辅。林下资源丰富，是波密天麻、灵芝、羊肚菌、松茸等名贵林下资源的主产区。旅游资源得天独厚，有嘎瓦龙风景区、卓龙风景区、中国最美原始森林—岗云杉林等自然风景资源及多东寺等丰富独特的民俗文化资源。全镇下辖11个村（居）委会，2018年，共有3653户8805人（其中农牧民657户2795人），境内居住有藏族、汉族、回族等民族。

【经济发展】2018年，扎木镇通过农田基础设施建设、发展运输业、劳务输出、推广经济林木种植、天麻种植项目和特色藏香猪养殖等一系列经济活动，经济社会呈现稳中有进的良好态势。2018年，全镇农作物播种面积7650.31亩，牲畜存栏5294头（匹、只）。农村经济总收入完成14285.61万元，其中第一产业完成4851.83万元，第二产业完成4512.6万元，第三产业完成4921.27万元。农牧民人均可支配收入达24007.55元，同比增长16.99%。农牧民人均现金收入达17285.44元，同比增长13.83%。人均纯收入1万元以上的村有10个。

【基础设施】2018年，在县旅游局、扶贫办的大力帮助下，镇党委、政府积极争取援藏资金，对各村进行村容村貌整治，协助各村开展植树种草，整治脏乱差、建设美丽乡村活动962次，参与群众5000余人次；开展生态环境保护

2018年2月21日，西藏自治区党委书记吴英杰（左三）一行在波密县扎木镇巴琼村看望慰问结对帮扶贫困户

宣传活动54场次，参与群众3765人次；镇党委结合各村党建工作实际情况，因地制宜提出“一村一策”党建发展思路，全面推进各村（居）党建示范村建设。2018年，各村（居）党建基础设施建设已基本完成。

2018年8月18日，西藏自治区人大常委会副主任、林芝市委书记马升昌（前排左三）一行在波密县扎木镇达兴村检查乡村振兴工作开展情况。波密县委书记朱正辉（前排左四）等陪同

【生态旅游】 2018年，在发展旅游产业中，扎木镇严格遵循市场导向规律，积极组织引导群众参与旅游经营活动，加快建设家庭旅馆、藏家乐。重点打造岗云杉林旅游风景区，总投资350万元的岗村旅游示范村建设项目已通过上级部门验收，全年接待游客3000余人次，总收入80余万元，村集体分红7万元。组织农牧民参加旅游服务技能和藏餐培训200余人次，切实提高扎木镇旅游业服务水平。全镇10个村被列为自治区级生态村，岗巴村荣获“国家级生态文明村”。

【特色产业】 2018年，东若村生态采摘园项目已建成并投入使用，项目占地23亩，收益达26余万元，实现分红16.5万元，全村50户村民每户增收3300元；娘那村蔬菜种植基地收益5.8万元；岗巴村旅游服务合作社（新建生态采摘园、游客服务中心），生态采摘园占地5亩，收益6万元，游客服务中心正在打造，完成后主要提供游客集散、服装租赁、土特产售卖、旅游咨询、民宿推介等服务。同时因地制宜发展特色产业，主要为岗巴村绿色糌粑、达兴村仿野生天麻种植、扎木村民族手工艺品（木碗、茶具、泥人雕塑）等旅游产品，切实增加农牧民的收入。2018年，全镇有村集体经济项目17个，覆盖全镇10个行政村。

【基层组织建设】 2018年，扎木镇机关在编干部职工59名，其中行政编制36名，事业编制23名，工人2名，公益性岗位5名。全镇下辖11个村（居）委会、13个党支部，其中机关党支部1个，寺管会党支部1个，村（居）党支部11个，村（居）党支部下辖党小组61个，其中桑登村、达兴村、岗巴村于2018年相继成立了党总支部委员会。

扎木镇党委签订县、乡（镇）两级《波密县2018年度基层党建目标责任书》，镇党委书记与各党支部书记、第一书记签订镇、村（居）两级《扎木镇2018年度基层党建目标责任书》，建立健全责任体系。结合工作实际，制定村（居）党支部书记抓基层党建责任清单，加强责任目标管理，推动基层党建责任有效落实。构建稳定和谐环境，实现矛盾纠纷联调、社会治安联防、重点工作联动、治安突出问题联治、服务管理联抓、基层平安联创的工作机制。镇党委领导班子成员每人至少建立2个党建联系点，明确工作职责和要求，确保工作落到实处；制定镇党政领导班子、包片领导、包村干部下村（居）工作台账和村（居）党支部书记、第一书记走村入户工作台账，逐步形成了“走村（居）不漏户、户户见干部”的长效机制。

每月25日，各党支部按照计划表组织党员、积极分子开展组织活动，增强党员的归属感和责任感。每月10日为“党费固定收缴日”，设专人负责此项工作，全年收缴党费17599元。

根据区党委组织部《关于坚

持以习近平新时代中国特色社会主义思想为指导大力推进基层党组织标准化建设的意见》和波密县委组织部《农牧区基层党组织建设标准(试行)》及有关部署要求,结合扎木镇实际,制定工作方案,通木村、东若村、娘那村、岗巴村、巴琼村、卡达村村级组织活动场所正在实施建设中,达兴村村级组织活动场所已完成建设并投入使用,活动场所有休闲娱乐棋牌室、便民超市、综合演艺厅、健身活动室、放映厅(爱国主义影视教育基地)等11个功能区域。

对党风廉政建设和反腐败工作任务进行了分解,召开了党风廉政建设专门会议,分别与各村党支部签订了党风廉政建设工作责任书,并明确各村(居)党支部书记为落实党风廉政建设责任制的第一责任人,对党风廉政建设负总责,镇纪委负责对党风廉政建设工作的监督检查和协调工作。2018年,根据党风廉政建设工作安排,共开展"中央八项规定"精神、党员不信教、"四风问题"、党员参与赌博等专项检查32次。

【乡村振兴】 抓思想教育增强群众发展产业内生动力。2018年,扎木镇积极组织离退休老干部、老党员、党员致富带头人、技术能手与贫困群众座谈交流,深入剖析致贫原因、共谋致富良策,有效扭转了群众"等、靠、要"和惜杀惜售等落后思想,提升了群众自力更生、发展产业的内生动力。

抓产业发展促进农牧民群众增收致富。按照科学发展、市场主导、因地制宜的原则,采取"党支部+合作社+党员+群众""党支部+合作社+能人+群众"等集体经济发展模式,先后投资209.5万元成立了通木村羊肚菌种植基地、东若村生态采摘园、岗巴村旅游服务社、娘那村蔬菜种植基地等17个村集体经济,成功带动了75户贫困户279人增收,集体收入达50余万元。

抓长效机制创新产业发展机制。销售问题是产业发展所面临的最终考验,为彻底打消农牧民群众发展村集体经济的后顾之忧,扎木镇利用自身交通区位、资源禀赋等优势,确立了以"支部+公司+农户"和"支部+公司+合作社"的产业发展模式,通过与西藏嘉瑞商贸责任有限公司、德庆路蔬菜水果批发站签订《农副产品收售合作协议》《土豆种植收售协议》,以不低于市场采购价的收购协议,有效扩宽销售渠道,彻底打消农牧民群众发展村集体经济的后顾之忧。

【人大工作】 2018年4月18日,顺利召开了扎木镇第九届人民代表大会第三次会议,会议应到代表42名,实到代表36名,参会率达86%,代表们在大会上认真履行职责,积极推荐候选人,先后审议通过了《代表资格审查报告》《扎木镇人民政府工作报告》《扎木镇人大主席团工作报告》以及各项决议11项,代表们紧紧围绕农牧民群众关心的热点问题、难点问题,提出了具有建设性的意见、建议,有力促进了全镇经济和各项事业的协调发展,此次会议共收集代表议案、批评、意见和建议16条。

【扶贫工作】 2018年,扎木镇以党建促脱贫为抓手,以"合作社+能人+贫困户"的运营模式,先后扶持了通木村建档立卡户和娘那村建档立卡户开办藏鸡养殖场,以售卖藏鸡蛋为主,投入资金2.5万元,收益达1.5万余元。

2017年11月建成的通木村羊肚菌种植专业合作社,2018年,收入达9万元,为村内3户建档立卡户每户分红3500余元。

在社会帮扶方面实行"四对一"对口帮扶措施,实现结对帮扶贫困群众全覆盖,市、县、镇三级副科级以上干部结对帮扶75户,慰问折合资金15余万元。

与县人社局共组织建档立卡户培训6次,181人次参加培训,涉及生态就业岗位、挖掘机驾驶、天麻种植、烹饪、农牧民科技等多项培训。

就业帮扶方面充分挖掘发挥生态补偿机制作用,优先安置有一定劳动能力的贫困家庭成员担任生态宣传员、环境保洁员、地震灾害群测群防员等。争取生态就业岗位指标993个,发放2018年生态就业岗位资金347.55万元,覆盖建档立卡户全部劳动力。

为改善贫困户居住条件,按照波密县脱贫攻坚人居环境整治实施方案,波密县为扎木镇64户建档立卡户提供247万元资金,为47户建档立卡户改善人居环境,其中房屋重建17户,包括为14

2018年1月12日，波密县委书记朱正辉（左一）一行在扎木镇达兴村调研乡村振兴工作

户每户提供5万元补贴，3户每户提供8万元补助，投入资金94万元；房屋维修22户，为每户提供3万元补助，投入资金66万元；购买家具29户，为每户提供2万元补贴，投入资金58万元；为64户建档立卡户每户提供5000元庭院整治资金，投入资金32万元。

扎木镇助学扶持贫困家庭大学生11户14名，高中生26户34名，共兑现区、市、县扶贫资金35.02万元。在精准扶贫中，针对因病致贫建档贫困户，积极采取医疗救助方式进行脱贫，2018年扎木镇75户建档立卡户全部纳入医疗救助。

社会兜底方面将符合条件的11户14人，全部纳入最低生活保障范围，其中五保户7户7人、低保户4户7人。

78536部队先后投入31万元用于扎木镇扶贫工作，其中21万元用于开展义诊、赠衣送药等活动，受益群众530余人次，贫困户160余人次；10万元用于发展岗巴村集体经济，带动群众致富增收；77650部队先后到扎木镇开展义诊、送药、发放生活物资及环境整治活动4次，投入资金2万余元。县武装部帮扶扎木镇2户建档立卡户，先后投入资金8000余元。

【民政事业】 2018年，扎木镇纳入农村低保的有22户81人，共兑现26.73万元民政资金，其中为低保户兑现1.91万元，特困对象资金兑现金额5.78万元，寿星老人兑现资金0.7万元，高龄失能老人资金兑现0.3万元，并对1户散居特困户家庭环境进行整改，共投入0.6万余元；扎木镇为35名病人申请了医疗救助并兑现资金13.73万元，享受临时救助的有2户5人，救助金额2万元。

2018年，扎木镇共有133名残疾人，农村残疾人全部参加了农村新型合作医疗，并对2户残疾人家庭进行了危房改造。

【教育工作】 2018年，扎木镇党委、政府高度关注民生，优先发展教育，推进义务教育均衡发展，完善了“控辍保学”责任追究制、“控辍保学”奖惩制度和“一把手”亲自抓教育制度，持续保持小学、初中入学率100%，巩固率100%。

【医疗卫生】 2018年，扎木镇积极推进农牧区合作医疗制度和基本药物制度，下派财政所工作人员走村入户报销合作医疗，报销金额309824.12元。扎木镇农村新型合作医疗参保人数2733人，实现参合率、报销率达到100%；积极协助卫生部门开展免疫规划单苗接种和疫苗查漏补种工作，确保适龄人群人人接种疫苗，免疫规划接种率达100%。

【安全工作】 2018年，扎木镇落实安全生产工作经费2万元，签订安全生产责任书150份，发放各类安全宣传单1000余份。安排巡逻车沿318国道巡逻检查50余次，在全镇11个村（居）完成应急避难安置场所布局规划，设置了标识牌、路线图。协助村委会组织村民进行灭火应急疏散演练11次。

【农牧工作】 2018年，扎木镇组织骨干力量，联合县农业技术推广站，对扎木镇10个村庄展开全面的病虫害调查工作，调查结果显示，扎木镇共发生小麦锈病、病虫害面积1841.57亩，针对此次病虫害上报了种植保险。草原生态

2018年8月11日，波密县委常委、县人大常委会主任马海蕴（前排右二）一行在扎木镇达兴村视察工作

保护补助奖励涉及农户566户，兑现资金25.52万元。农业机械购置补贴45.7万元，兑现涉农保险资金116.92余万元。

【生态文明】 2018年，扎木镇对318国道内非法标牌和违规建筑进行清理整治活动10余次，并制定下发了《扎木镇2018–2019年农村环境综合治理工作安排意见》，全镇共整治318国道沿线内非法标牌和违规建筑等84处，已拆除80个、剩余的4处正在积极协商处理整治。把每周五定为环境整治固定日，实行了以双联户为单位的"一周一大扫，一天一小扫"制。3月13日，镇党委、政府组织全镇干部职工在扎木镇辖区内进行植树造林活动，各村（居）相继开展植被修复活动，完成植树造林400亩。

【宣传工作】 2018年，扎木镇深入各村宣传习近平新时代中国特色社会主义思想和党的十九大精神16场次，受教群众1300余人次；以各大节日为契机，以"四讲四爱"群众教育实践活动、"两学一做"等活动为载体，开展宣传教育活动321场次，受教群众14752人次；向农牧民群众宣讲以习近平同志为核心的党中央为西藏制定的系列富民利民政策和对西藏各族群众的关心关怀78场次，受教群众12765人次，发放宣传单2500余份；扎木镇各村（居）开展精准扶贫政策宣传156场次，受教育群众14943人次，发放相关资料1500余份，改变了农牧民的"等靠要"思想。

（罗布次仁）

【领导名录】

党委书记
　　杨　　帆
党委副书记、镇长
　　大 次 仁（藏族）
党委委员、人大主席
　　拉巴次仁（藏族）
党委副书记、常务副镇长
　　朱 思 敏（援藏）
主任科员
　　罗布次仁（藏族）
党委委员、派出所所长
　　永　　彩（藏族）
党委委员、副镇长
　　扎西卓玛（女，藏族）
党委委员
　　白玛四朗（藏族）
党委委员、人武部长、统战委员
　　贡秋次成（藏族）
党委委员、纪委书记
　　仁增曲珍（女，藏族，10月任职）
党委委员、组织宣传委员
　　永青卓嘎（女，藏族，10月任职）
党委委员、政法委员
　　梅 贞 平
党委委员、副镇长、财务所所长
　　徐　　靖
农牧服务中心主任
　　郭 晓 刚
后勤服务中心主任
　　宗　　吉（女，藏族，11月任职）

倾多镇

【概况】 倾多镇，曾名曲多、波堆，"倾多"，按地形成名，意为河岔口，地处北纬30° 17′、东经95° 33′。位于西藏自治区波密县西北36公里处，帕隆藏布北岸，中国最大野生桃花谷中心地带，辖区面积1756平方公里，其中耕地面积776.63公顷、林地面积14939公顷、草地面积46373公顷。镇政府所在地巴康村海拔2800米。区内景点有桃花谷、朱西冰川、倾多寺、普龙寺等，是第一代藏王聂赤赞普出生地，享有“藏王故里，桃花世界”美誉。

倾多镇下辖巴康、达龙、古通、如纳、扎西、栋曲、朱西、叶巴、德吉、顶仲、热西、康达、曲西13个行政村，25个自然村。辖区内有西藏波密监狱、倾多寺管委会、普龙寺管委会、镇中心小学、派出所、卫生院、邮政所、人民法庭、中国农业银行倾多营业所等单位。2018年，倾多镇共有943户4838人，劳动力人数2384人，人口以藏族为主。居民经济收入主要来源为农牧业，农作物以小麦和青稞为主，牲畜以奶牛、犏牛、牦牛、藏香猪为主，同时虫草采集、松茸等菌类也是居民一大收入来源。

2018年，镇机关及镇直单位有干部职工100名（其中镇机关47名，镇小学35名，卫生院5名，派出所10名，农行营业所3名）。全镇有基层党支部17个，党员464名，其中农牧民党员420名，双联户99个、团员341名、建档立卡户178户793人。全镇大学生数量169名、中学生413名、小学生439名。全镇宗教活动场所数量2个，为倾多寺（格鲁派）和普龙寺（嘎玛派）。

【经济发展】2018年，全镇农村经济总收入完成10156.6652万元，同比增长11.40%；粮油总产量达3970.46吨，同比增长10.94%；农牧民人均纯收入达17130.88元，劳务收入1484.66万元，现金收入达10827.56元，分别同比增长22.09%、10.63%、5.72%。粮食播种面积809.01公顷，其中小麦422.34公顷，青稞275.78公顷，油菜70.9公顷，其他作物38.99公顷；牲畜存栏16396头（匹、只），同比减少3.56%，出栏5856头（匹、只），同比增长24.94%。

2018年8月2日，波密县委书记朱正辉（右二）带队波密县2018年重点工作观摩团一行在倾多镇观摩调研

【党建工作】抓好基础性工作。2018年，倾多镇推进党委理论学习常态化制度化，将《习近平谈治国理政》、红色教育片、警示教育片、“四讲四爱”群众教育实践内容安排到中心组理论学习、党支部会议、党课中，组织党员干部集中学习。坚持可量化、能落地和好操作的原则，每月出台党建工作清单，明确党建各项任务要求，定期对各党支部工作任务完成情况实行“清单式”督查，确保党建各项工作得到落实。落实“三帮一带”，加强对党员的跟踪培养和考察，对优秀的党员在任职、交流和调整中率先考虑，村党支部培养后备人才，共培养后备干部65名，确保党员走在前、干在先，成为各项工作的主力军，成为党建的有力执行者。

抓好主体责任工作。倾多镇党委以落实党风廉政建设主体责任为抓手，强化工作部署，召开2次会议对倾多镇党风廉政建设工作进行安排部署。听取领导班子成员、镇直各部门负责人、各村关于党风廉政建设的工作汇报2次。强化理论学习，镇党委认真组织学习中央和区、市、县会议精神12次。

抓好村级活动场所标准化建设。自倾多镇扎西村村级活动场所标准化项目开建以来，倾多镇党委多次开展相关调研研讨工作，各级领导也数次到倾多镇调研村级活动场所标准化建设。扎西村标准化建设作为样板工程，新建二层综合服务楼已投入使用。古通村、德吉村、巴康村村级活动场所续建工作继续开展，如纳村、栋曲村、朱西村、热西村村级活动场所扩建工作全面开工。倾多镇整合党建经费56万余元用于对康达村、达龙村、扎西村村级活动场所升级改造。

【纪检工作】 2018年，倾多镇纪委认真履行监督执纪问责职责，在重要节点就落实中央八项规定精神、自治区“九项要求”“约法十章”开展专项督查10次。开展扶贫领域走访12次，走访精准扶贫户78户，梳理发现问题线索10条，并及时向镇党委、县纪委报告并督促整改，整改率达到100%。对干部工作纪律进行重点督查，制定台账，发布节前文件6期，推送廉政微信15条，督查20次。加强政治纪律教育，监督各党支部开展学习23场次，专题讨论交流14场次，支部书记带头讲党课12场次，撰写心得体会130余篇，组织知识测试1场次。清理各村举报信箱相关线索10次，收取群众意见建议12条，提醒警示干部5人，依纪依规协助县纪委对4名党员违纪事实提出开除党籍处理建议。

【精准扶贫】 积极营造浓厚氛围。2018年，倾多镇开展精准扶贫集中宣讲4场次，入户宣讲500余次。累计组织扶贫领域政策集中学习5次，分散学习3次；全面掌握村情民意。与13个驻村工作队及村“两委”深入交流，并深入建档立卡户家中，开展走村入户活动7次，范围覆盖倾多镇13个行政村、178户建档立卡户，受教育人数达700余人次；全力推动经济发展。倾多镇把产业扶持脱贫作为帮助建档立卡户脱贫致富的重要举措，通过“扶贫+党建+产业”方式，以各村党支部为主力，以市场为导向，以本镇优势为依托，确定倾多镇9个行政村“4+1”扶贫产业项目规划，分别为“藏猪养殖项目”“林下资源种植项目”，每年为贫困户及群众创收45万余元；确保资金使用精准。倾多镇将“6个精准”作为扶贫工作的首要原则，对扶贫资金的使用严把关，重落实，全年发放生态岗位工资、定向补助资金、教育扶持资金共500万余元。自5月开始，倾多镇统计了131户人居环境整治项目建档立卡户、1290个生态岗位承担人员、317个定向岗位、56名学生的银行卡信息，实现资金直接打卡；德吉村48户同步搬迁项目房屋建筑主体全部完成。选定巴康村、热西村、朱西村3个“三岩”搬迁安置点，配合完成了巴康村安置点4户30人住房、耕地和基本配套设施建设。

【乡村振兴】 实施乡村振兴战略，推动产业发展优势化。2018年，倾多镇投入配套资金40万元，整合推进倾多镇4个藏猪养殖项目建设，首批建成了康达村藏猪养殖场，入库生猪350余只，积极配合热西村藏猪扩繁场建设。加强与本地农业龙头企业合作，加大种植业扶持力度，引入100万元“4+1”产业扶贫资金，用于建设惠及3个行政村的菌类种植项目。进一步谋划扩大良种种植规模，全县唯一“冬青18号”千亩青稞种子繁育项目落户巴康村。整合20万元资金支持如纳村成立梅朵缘旅游文化有限公司，发展新型村集体经济。积极配合完善桃花谷基础设施建设，建设永久性舞台、停车场和旅游厕所

2018年5月16日，倾多镇党委书记拉巴在如纳村察看村级组织活动场所标准化建设情况

等。积极配合建设朱西冰川旅游项目，建设朱西冰川旅游门楼、游客服务中心等。引入集住宿和农家乐于一体的康达村旅游客栈项目，投资规模75万元。引入扶贫资金120万元，在小集镇建设农家乐项目并承租。

提升城镇化建设水平，推动城乡建设一体化。加强小集镇精细管理，全力整治“脏、乱、差、丑”等问题，打造宜居宜业的小集镇环境。实施棚户区改造项目，对小集镇主要道路进行全面改造，打造“点亮”工程，实现主要道路路灯全部改造，同时结合巴康村棚户区改造项目对未硬化道路实施道路硬化，提升小集镇整体美观。集中整治小集镇非法圈地行为，研究规划小集镇发展用地，围圈闲置土地，将原本垃圾填埋场及周边脏乱差土地进行环境整治，并利用整治后的闲置土地施行人工种草项目，达到土地利用、环境保护、风沙治理三重功效。

提升群众幸福感，推动社会发展多元化。持续推进村级活动场所标准化建设、农家书屋建设；提升小集镇和村级医务室医疗服务水平，扎实做好农村低保、大病救助、医疗保险等工作，巩固和扩大社会保障成果；积极参加桃花文化旅游节、首届藏王文化旅游节，弘扬传统文化特色，深入挖掘藏王文化根源；2018年党中央、国务院设立农民丰收节后，波密县首届农民丰收节在倾多镇巴康村举办，展现群众喜获丰收的幸福。

【强基础惠民生活动】 2018年，倾多镇13个驻村工作队开展宣讲学习党的十九大精神127场次，共5637人次受教。始终把脱贫攻坚作为头等大事和第一民生工程，在村“两委”的支持和配合下，认真细致地开展调查研究，严格落实入户走访工作，坚持扶贫先扶智，广泛宣传扶贫惠民政策。维护社会和谐稳定，将促进基层和谐稳定作为做好驻村工作的重要内容。全年入户宣讲107次，积极化解和妥善处理各类社会矛盾19人次，排查调处与邻乡、近村之间草场、水源、矿产等矛盾纠纷12件。

【生态保护】 2018年，倾多镇对植被破坏、河道两岸公路沿线垃圾、非法采石现象、秸秆焚烧、非法标示牌和违规建筑、河流沿线垃圾及“乱堆、乱占、乱建、乱采”等问题进行全面排查和整改。倾多镇辖区范围内大小河流共16条，配备乡镇级河长8名，村级河长28名，开展巡河600余次。通过广泛宣传，使镇、村干部及全体农牧民群众重视支持环保工作，爱护环境、保护环境的意识进一步增强。通过集中学习、入户宣传等多种形式，广泛开展环境保护宣传教育活动，宣传《环境保护法》及相关法律、法规知识。认真摸底排查了全镇环境卫生情况，针对存在的垃圾进行及时清理，共出动群众6640人次，其中包括生态岗位人员4160人次、镇干部400余人次，累计清理垃圾86车次。

【社会治理】 加强矛盾纠纷排查调处力度，妥善处理群体性事件。2018年，倾多镇配齐配强综治人员，切实加强群防群治工作，基本做到“机构、人员、措施”的“三到位”；狠抓法制宣传教育。向广大农民群众宣传《宪法》等130余条与农牧民生产、生活相关的法律法规，受教育群众达1500余人；加大矛盾纠纷排查调处力度。排查各类矛盾纠纷3起，严格制定双联户服务管理工作方案、制度，调整充实领导小组，积极督促各村“两委”、工作队组织户长填写户长日志，严格执行联户单位、联户单位户长考核机制，并按照考核情况评选年度先进双联户、先进集体；严格开展扫黄打非工作，坚决扫除黑恶势力，清除治安乱点。组织派出所干警深入各村开展扫黑除恶，打非治乱宣传工作，定期开展扫黄打非排查检查，对村“两委”开展宣讲教育工作，从思想上遏制黑恶势力滋生，严防村霸路霸问题的出现，发动群众监督举报，确保情报线路通畅，2018年，倾多镇未发现危安黑恶势力，未发生黄赌毒犯罪行为。

【科教文卫】 科技事业。2018年，倾多镇积极向上级部门争取培训机会，提高群众科技素质，加强对各村科技特派员、农业技术员、村医兽医管理，组织专人开展科技知识宣传，发挥驻村工作队作用，推广机械化生产；教育事业。全镇小学入学率100%，辍学率为0，毕业率100%；初中入学率100%，辍学率控制在3%以内；文化事

2018年4月25—26日，倾多镇第九届人民代表大会第三次会议在镇文化站召开，图为镇人大主席索朗仁青作人大工作报告

业。严格制定文化工作计划，配备文化干事2名，充分发挥镇文化服务中心作用，开展各类文体活动，各村重要节点组织开展文娱活动19次，编排歌曲、舞蹈、波卓等节目参加桃花文化旅游节和首届藏王故里文化旅游节；卫生事业。倾多镇卫生院藏医、西医接诊量累计达到11000余人次，住院100余人次，农村新型合作医疗制度参保率、报销率达100%，全镇13个行政村均设有村级卫生室，每村均配有2名村医，共有26名村医，新建疫苗接种卡51份，接种累计达823人次，九大常规疫苗接种率接近95%。

【安全生产】 加强森林防火工作。2018年，倾多镇调整充实了森林防火工作领导小组，逐级签订责任书，各村成立了突发性森林火灾义务扑救队。充分发挥各村监护员作用，特别是在森林防火期内，全天候监控林区动向，禁止任何人员携带火源进入林区，从源头上防止了森林火灾的发生；严格落实安全生产监管措施。通过制定计划、召开部署会议、宣传学习相关法律法规，增强群众安全生产意识，多次开展安全生产大排查工作，把家庭用火、用电、用油等各类安全隐患消除在萌芽状态；强化交通安全管理。倾多镇党委、政府联合派出所积极推进倾多镇道路交通安全工作，定期排查交通安全隐患，对违反交通规则的行为严肃处理，坚决杜绝道路违章行为发生；抓牢食药安全。负责食品安全工作人员按照工作职责，深入到辖区内的食品生产加工经营点进行食品安全大检查，维护倾多镇食品生产经营秩序，人民群众消费安全感进一步增强。

（黄进茂）

【领导名录】

党委书记

拉　　巴（藏族）

党委副书记、镇长

米海成

党委副书记、人大主席

索朗仁青（藏族）

主任科员

洛　　桑（藏族，5月任职）

党委副书记

王烈川

党委委员、纪委书记

杨　　波

党委委员、组织宣传委员

郝文靖（女）

党委委员、副镇长

央　　宗（女，藏族）

副镇长

更　　宗（女，藏族）

副主任科员

卓　　玛（女，藏族）

后勤服务中心主任

索朗普赤（女，藏族，10月任职）

松宗镇

【概况】 松宗镇位于波密县东南部，318国道旁，平均海拔约3100米，属高原温带湿润季风气候，藏语"松"为三之意，"宗"为聚集之意，松宗之名有三岔口交汇而来之说，亦有因松宗寺为三座小庙合并而来之说。全镇共有林地面积260.89平方公里，草场面积13.4万亩，耕地面积7005.4亩。松宗镇林下资源极为丰富，名贵藏药材和野生食用菌种类繁多，特别是天麻、松茸在国内外均享有盛名。镇政府所在地距县城41公里，全镇共有9个行政村、20个自然村，农牧民465户2074人。2018年，全镇共由10个党支部，党员376名（预备党员15名），其中镇机关党支部党员39名，农牧民党员337名，共青团员97名。“三老”人员24人（老党员23人、老干部1人）。

【经济建设】 2018年，全镇生产总值完成6241.10万元，同比增长14.46%；农牧民人均纯收入达18387.16元，同比增长16%；农牧民人均现金收入达12668.75元，同比增长12.7%。

农牧工作。持续对栋亚藏鸡养殖、栋曲村仿野生天麻种植、岗巴土豆种植基地等特色产业加大扶持力度，新建德巴村村集体经济藏香猪养殖业项目，养殖能繁母猪150头。栋曲仿野生天麻种植基地收益达19余万元，岗巴土豆种植基地收获土豆3万余斤，效益达6万余元。

第三产业。松宗镇依托便利的交通及优越的自然条件，大力宣传生态旅游，发展乡村旅游，加强对国道沿线村庄的环境整治管理工作。充分利用林芝市举办的“桃花节”及松宗镇的“赛马节”活动开展文化旅游，积极组织群众参与旅游经营活动。以乡村旅游、生态旅游为发展方向，以松宗镇本地特色产品为依托，竭力打造松茸、天麻等特色产品品牌，丰富旅游产品供给，推动旅游消费，带动旅游扶贫。

【城乡建设】 2018年，松宗镇新建村级幼儿园2座，维修饮用水源地8处，新建自来水厂1处，完成厕所革命5座，农村基础设施有了质的飞跃。

三岩片区搬迁。松宗镇自开展三岩片区搬迁工作以来，严格按照各时间节点认真开展工作，成立专门工作领导小组，及时召开部署会、推进会，制定工作计划、方案，进行选址等工作，同时及时召开村民大会，深入开展国家政策宣传、思想宣讲，切实保证搬迁户搬得入、稳得住、能致富。

乡村振兴。松宗镇党委、政府深入贯彻落实十九大提出的乡村振兴战略，按照县委、县政府的安排部署，及时成立工作领导小组，设立专门办公室，及时召开专题会议，助力乡村振兴战略取得实效。各驻村工作队结合群众所想、所急、所盼，协助村“两委班子”制定《各村乡村振兴项目建设计划表》，推进乡村振兴战略。

【项目建设】 2018年，松宗镇新建朗秋冰川景区大门已竣工，景区道路于2018年8月开工建设。续建项目有广东援藏投资的农家乐项目、小集镇改扩建项目、纳玉村棚户改造项目、松宗镇厕所革命等项目。项目的建成将全面提升松宗镇的整体形象，带动全镇经济发展，提高百姓幸福指数，促进精神文明建设。

【基层党建】 2018年，松宗镇党委制定完善了《2018年松宗镇“两学一做”学习教育常态化制度化工作方案》，规范“三会一课”“主题党日”“四议两公开”“三务公开”和村干部量化考核、坐班制度等方面的工作台账，每月至少组织2次专题学习，平均每人学习笔记2万余字，张贴宣传标语30余条。年初，镇党委组织召开了松宗镇2018年党建工作部署会议，制定并发放了《松宗镇2018

2018年6月24—25日，西藏自治区人大常委会副主任、林芝市委书记马升昌（前排右三）一行在松宗镇调研栋渠村仿野生天麻种植基地建设情况。波密县委书记朱正辉（前排右四）等陪同

年党建工作实施方案》《松宗镇2018年党建工作计划》，与各党支部书记签订了《松宗镇2018年基层党建工作目标责任书》，为每村配备1名副科级党建指导员和农村工作指导员，构建党员联系点，定期检查村"两委"工作开展情况，细心指导驻村工作队关于党建、精准扶贫、维稳等各方面的工作，确保其熟悉农村工作、会干农村工作、干好农村工作，切实发挥工作队应有作用。2018年，全镇发展党员34名，同时，认真开展党员政治教育培训工作，严格按照唱国歌、重温入党誓词、共产党员不信仰宗教承诺宣誓、诵读党章、学习党规党纪等程序进行，使所有党员牢记党的宗旨。加强对农村党员干部教育管理，充分发挥现代远程教育设备作用，每个站点均有专人负责。同时教育引导党员在脱贫攻坚工作、产业发展、乡村振兴等工作中发挥模范带头作用，例如德巴村党员积极投身藏猪养殖建设；栋曲村党员投工投劳，主动让地拓宽村道等，助力乡村振兴。

基层组织阵地建设。2018年，共建设完成村级组织标准化活动场所9个，其中新建村级组织标准化活动场所5座，提升改造4座，年底5个活动场所已投入使用。

党风廉政建设。镇纪委按时组织学习各项违规违纪通报案例和政治纪律方面条例，并定期监督检查各村作风建设情况。镇领导干部严格执行"一岗双责"要求，按季度向镇党委做"一岗双责"履职情况汇报。松宗镇党委书记和党委副书记、镇长定期不定期听取各分管领导在各分管领域内的党风廉政工作情况汇报，并对存在的风险及时提出防控机制和措施。

【脱贫攻坚】 2018年，为全力打赢脱贫攻坚战，松宗镇调整充实了工作领导小组，及时召开扶贫专题会议，研究讨论工作进程，签订脱贫目标责任书，层层分工，顺利完成精准扶贫工作脱贫任务。松宗镇精准扶贫工作顺利通过了国家第三方评估验收。2018年，全镇共脱贫83户352人，贫困发生率从2016年初的18.19%，下降到2018年的0.97%，实现了脱贫摘帽。

【科教文卫】 科技工作。2018年，松宗镇立足提高农牧民科技知识，积极开展农牧业科技知识宣传、指导工作，联系县相关部门到镇里开展农业种植、农业机械、化肥、农药的正确使用以及种植养殖专项培训、藏餐中餐制作等，尤其是对科技特派员的培训。同时要求驻村工作队协同科技特派员不定期在本村开展科技培训指导，提高农牧民科技水平。

教育体育。2018年，松宗镇中心小学有在职专任教师19人，本科学历9人，专科学历10人；共有学生170人（含幼儿园51人），"三包"生170人。为确保松宗镇适龄儿童接受正常义务教育，全镇形成上下齐抓共管的局面，镇政府分别与各村签订了"控辍保学"目标责任书，确保适龄儿童的入学率、巩固率；镇中心小学以不断提高教学质量为宗旨，制定和完善了《学校管理制度》《班级管理制度》等制度，同时多次进行教学研究讨论，加大了对教师备课、学生听课、作业完成等情况检查力度，突出抓好校园安全和学生安全管理工作，以创建"平安校园"活动为主题开展安全隐患检查与排查6次，积极推进平安校园、文明校园创建工作。

文化工作。设立专项资金，指定2名文化干事负责全镇宣传思想文化工作，同时加强对文化服务站及村文化室管理，制定完善了图书借阅制度。加强文化遗产保护力度，大力支持松宗镇"赛马节"及各村开展的传统"赛马节"活动，全镇9个村均组建有农牧民文艺演出队，并为部分演出队配发了演出服装。2018年，在镇文化服务中心举行文体活动8场次，各村农牧民演出队在"3·28""赛马节""藏历新年""春节"等重大节日期间，开展各类文体活动20余次。松宗镇还积极参加波密县首届旅游文化艺术节，先后派出200余名群众参与艺术节开幕式百人山歌对唱、方队、文艺演出及2次专场演出，并派出选手参加赛马及马术表演活动，进一步向外展示了松宗深厚的历史文化。2018年，角达村新建了文化广场（小舞台），极大丰富了群众的业余生活。

医疗卫生。松宗镇卫生院已全面落实基本药物制度，积极推进农牧区医疗卫生制度改革，农牧民合作医疗参保2074人，持续保持参保率100%。认真开展免疫规划疫苗接种和疫苗查漏补种工作，免疫规划接种率达100%。完成免费健康体检达95%，镇卫生院全年门诊人数达3300余人次，基本满足了全镇广大农牧民群众看病就医需求。

【社会保障】 支持就业再就业。2018年，松宗镇加大培训力度，组织农牧民群众参加各级组织的有关挖机培训、生态种养殖培训、藏餐中餐培训等，切实提高了农牧民群众的生产技能，同时联系镇致富带头人解决了部分贫困户的就业问题；城乡居民养老保险。为全面做好全镇城乡居民社会养老保险工作，保障全镇群众特别是老年人的基本生活，实现全镇群众人人“老有所养”的目标，经过镇、村干部和驻村工作队的共同努力，2018年，全镇753人参保，总缴费达84700元。

【生态环保】 国家生态文明示范镇、村创建。结合习近平总书记提出的“绿水青山就是金山银山”绿色发展理念，2018年，松宗镇调整充实生态镇、生态村创建工作领导小组和综合办事机构。为有效防止饮用水水源污染，定期组织人员到各水源地查看水源供水情况，全镇各水源地均配备了水源地保护员和水资源管护员，并签订相应保护目标责任书。

城乡环境综合治理。年初，成立了松宗镇环境监管网格化领导小组，制定了《松宗镇城乡环境综合治理工作实施方案》等，同时

2018年10月3日，松宗镇召开党员政治教育动员部署会，镇党委书记吉美才邓参加会议并作讲话

将环保有关文件精神纳入到镇党委理论学习中心组。镇政府与各村签订了《松宗镇环境卫生综合整治目标责任书》，明确各村支部书记为环境卫生综合整治第一责任人。着重加强了镇小学和国道沿线村庄的环境整治，制定印发了《松宗镇治理校园周边环境的实施意见》。

国土绿化工作。为认真贯彻落实上级有关部门的相关要求，切实加强对生态环境建设的重视，不断拓展义务植树的形式，真正实现全党动员，全民动手，全民搞绿化，把全民义务植树活动落到实处，进一步增强全民对生态环境建设的紧迫感、责任感和使命感，松宗镇制定实施工作方案，引导群众在房前屋后、荒山等地植树造林。

【安全生产】 安全生产监管措施。2018年，松宗镇成立了安全生产领导小组，通过召开大会、组织包村干部深入各村宣传以及张贴安全生产标语等方式进行安全生产宣传，与全镇境内施工方签订安全生产目标责任书41份。加大安全生产检查力度，平均每月组织安全生产检查1–2次。

森林防火。认真开展森林防火工作，形成主要领导亲自抓，分管领导具体抓的格局，通过张贴标语、发放宣传册、召开村民大会等方式大力宣传森防工作，建立完善了《松宗镇森林防火制度》《松宗镇森林防火工作应急预案》等相关方案和制度，与全镇需要入林作业的施工队签订了《松宗镇各施工单位森林防火责任书》，严格管理野外用火。成立了松宗镇森防突击队，加强对森林防火突击队的理论培训和救火演练。

消防工作。松宗镇综治办会同镇派出所对全镇小集镇、各行政村不定期进行安全用火、用电和消防器材配备情况检查，在镇中心小学组织消防知识宣传、安

大美松宗——小集镇鸟瞰图

全教育。签订《消防安全责任书》，定期召开专题会议，定期组织人员进行消防演练，全镇共组织消防演练5次，大大提高了应对火灾的能力。

道路交通安全。松宗镇政府协同镇派出所对道路交通进行了重点管理，对过往车辆进行仔细排查约12000余次，深入各村扎实开展交通法规和交通运输安全知识宣传教育，对安全隐患点进行涂画标识、拉警戒线等，以提示警示过往行人。

【党的十九大精神宣讲】 2018年，松宗镇切实把学习宣传贯彻习近平新时代中国特色社会主义思想和党的十九大精神作为当前和今后一个时期的重要政治任务来抓，领导干部带头学、带头讲，发挥党委政治引领示范作用，全镇逐步营造了浓厚的学习氛围。镇党委和各村党支部及寺庙、学校通过升国旗唱国歌、党员重温入党誓词、邀请"三老人员"讲党课、观看新旧西藏对比影片、发放十九大学习笔记本等办法，不断创新宣讲形式，深入学习宣传贯彻党的十九大精神。将集中宣讲和深入田间地头、农户庭院、僧舍、学校分散宣讲相结合等方式，全方位、深层次宣传党的十九大精神，确保宣讲工作开展无死角、全覆盖、零遗漏。针对不同的人群，分类施教、因人施策，确保党的十九大精神人尽皆知、入脑入心。面向党员干部，侧重于宣讲习近平新时代中国特色社会主义思想等内容；面向农牧民群众，侧重于宣讲共产党人的初心和使命、十九大中提出的土地承包等惠农政策内容；面向寺庙僧尼，侧重于宣讲习近平是党中央的核心、全党的核心及党的民族宗教政策等内容。2018年，松宗镇共开展学习会400余次，受益群众近10000人次。

（白旭梅）

【领导名录】

党委书记

　　吉美才邓（藏族）

党委副书记、镇长

　　牛海燕（女）

党委委员、人大主席

　　达嘎巴珠（藏族）

党委委员、派出所所长

　　普布泽仁（藏族）

党委委员、副书记

　　松　杰（女，藏族）

党委委员、政法委员、人武部部长

　　丹增赤来（藏族）

党委委员、统战委员

　　德青旺堆（藏族）

党委委员、副镇长

　　白玛措姆（女，藏族）

党委委员、组宣委员

　　武　义

副镇长

　　次仁卓玛（女，藏族）

古乡

【概况】 古乡是波密的西大门，318国道贯穿全境，距县城32公里，与波密县的扎木、倾多、玉许、易贡等4个乡（镇）和墨脱县接壤，总面积890平方公里，乡政府所在地海拔2600米。古乡共辖6个村，均沿帕隆藏布江两岸分布。全乡共有农牧民305户1406人，耕地面积3693.75亩，人均2.62亩，牲畜总数3960头（只、匹）。古乡气候温暖湿润，阳光水气充足，是川藏线沿线甚至整个西藏气候条件最为优越的乡。农村经济以农为主，以牧为辅，主要农作物有小麦、青稞、玉米、土豆、油菜，主要牲畜有犏奶牛、黄牛、牦牛、藏香猪等。林下资源非常丰富，是波密天麻、灵芝菌等名贵林下资源的主产区；旅游资源得天独厚，古乡被誉为中国最美景观大道精华段中的精华段，有岗云杉林景区、嘎朗湖景区、古乡湖景区等奇特的自然景观，还拥有西藏历史上著名的嘎朗王朝等历史遗迹及被评为2016年度中国美丽休闲乡村之特色民俗村——巴卡村。

2018年6月27日，西藏自治区人大常委会副主任、林芝市委书记马升昌（右一）一行在古乡古村调研基层党建工作。波密县委书记朱正辉（前排右二）等陪同

【基层党建】 2018年，古乡召开乡党委班子会议15次、乡党委理论中心组暨乡机关支部研讨会10次，组织乡机关支部集中学习25次。完善乡党委、乡村党组织30多项制度，成立了全县第一个村级党总支—中共古乡古村总支部委员会。党支部由7个发展到9个。通过严格程序转正预备党员4名，吸收预备党员2名。积极推动村级活动场所标准化建设，争取援藏资金400万元的古村活动场所、通过易地扶贫搬迁建设的索通村活动场所已投入使用，巴卡、嘎朗、雪瓦卡等3个村标准化场所项目已完成建设。发展壮大村集体经济，全乡6个村集体经济年收入达80余万元。

加强纪律建设，组织开展“六大纪律”（政治纪律、组织纪律、廉洁纪律、群众纪律、工作纪律和生活纪律）专项宣讲8次、受教人次达280余人次。深化作风建设，严格落实中央“八项规定”、区党委“约法十章”“九项要求”精神，着力解决群众关注、社会关切的项目建设、惠农资金兑现、三资等领域的突出问题。乡党委与财政所继续强化联议关系，凡是要兑现的惠农资金，都要经过纪委的审查和备案。按照上级有关文件精神对公车使用情况进行备案登记管理，防止公车私用情况的发生。

【宣传思想】 深入开展“四讲四爱”主题教育实践活动。2018年，古乡通过书记带头宣讲、乡宣讲团巡回宣讲、村宣讲队集中宣讲或入户宣讲等方式，共开展“四讲四爱”宣讲活动大会92次，参与群众4000余人次，制作横幅9条，大型宣传栏3条，LED显示屏8个，宣传标语95条，喷漆标语11条，发放教育提纲20本，微信公众号推送25条，深入田间地头宣讲33次，撰写心得体会48份，制作全家福317张；加强和改进党委理论中心学习。围绕“两准则、四条例”和十九大全会精神等学习内容开展集体学习研讨和交流互动，对因事、因病不能参加中心组会议的，要求中心组成员及时进行补课；民族团结工作。广泛动员各村农牧民群众、学校、寺庙、驻地武警积极开展“党的恩情怎么报”等活动，使古乡各族群众的爱国意识、民族团结意识得到进一步加强，对惠在何处、惠从何来的认识更加深刻，进一步坚定了永远跟党走的信心和决心。

【强基惠民】 2018年，古乡党委高度重视创先争优强基础惠民生活动，及时调整充实活动领导小组，由乡党委书记担任组长，副书记担任副组长。在第七批驻村工作中，乡党委、政府共安排4名科级干部和12名综合能力强的干部入驻4个村。组织各驻村工作队每季度召开工作推进会议，听取各工作队汇报，交流工作经验。各驻村工作队积极配合各村“两委”班子，做好服务群众的工作，为群众排忧解难，化解矛盾，为村理清发展思路，积极争取项目，帮助各村解决村容村貌整治、安全饮水、道路交通等，受到群众的欢迎。

【经济发展】 2018年,古乡农村经济总收入达4053.9万元,同比增长14%;农牧民人均纯收入达2.13万元,同比增长21%;农牧民现金收入达1.56万元,同比增长23%。

【城乡建设】 村级场所标准化建设。2018年,古乡投入资金248.75万元、214.28万元、189万元分别在嘎朗、巴卡、雪瓦卡3个村实施了村级文化活动场所标准化建设项目,年底主体工程均已基本完成;交通建设。松绕桥至松绕村道路硬化项目已完成施工,索通村乔那桥项目主体框架工程已完成建设,巴卡村桥梁和草湖道路拓宽改造项目在武警三支队支持帮助下,于2018年10月完成施工建设;电力设施建设。实施了下古村和松绕村电力网络改造工程,并将下古村接入波堆电站的电力网络中,改善了在枯水季电力差、电压不稳定的状况;小集镇基础设施建设。总投资1557.4万元的古乡小集镇建设项目建成通过验收,并与常青国际公司初步达成古乡康养小镇建设协议,投入资金达5亿元。

【惠民政策】 2018年,古乡通过召开村民现场会、利用宣传栏、张贴标语、发放明白卡和宣传资料等方式,使各项惠民政策家喻户晓。严格执行兑现程序,及时公示资金兑现信息,确保各项惠农政策不折不扣落实。共兑现生态公益林补偿金792995元,草原生态保护奖励机制补助金225893.8元,政策性补助、生态岗位等惠农资金130.92万元。

【教育科技】 2018年,古乡进一步巩固并扩大“两基”工作成果,切实抓好“控辍保学”工作,小学适龄儿童入学率、巩固率达100%;初中适龄入学率达100%,巩固率达99%以上;认真按照《林芝市人民政府关于进一步做好高中阶段入学工作的通知》文件要求,组织领导干部开展劝学工作。深入广泛开展学科技、除陋习、树新风活动,加大科技扶持力度,积极引导农牧民群众参与县农培办开展的技术培训,进一步提高群众的科技增收意识。

2018年2月23日,波密县委副书记、政府县长边巴(左二)一行在古乡索通村调研青梅种植情况

【医疗卫生】 2018年,古乡积极推进农牧区医疗卫生制度改革工作,认真落实基本药物制度,合作医疗覆盖率和个人筹资率达100%。加强医疗业务培训,联合乡卫生院组织六个村村医参加培训,共举办6期培训班,培训人数达到12人次。乡卫生院积极整修旧楼,成立藏药浴治疗室,进行藏医药技术推广,改善群众就医环境。开展了2次以上疫苗查漏补种工作,确保疫苗接种达到100%。安排组织乡卫生院下村巡诊6次,为农牧民群众进行医务巡诊,并广泛宣传妇幼保健、优生优育、卫生保健等知识。

【社会保障】 2018年,古乡积极引导农牧民群众富余劳动力转移,积极发展特色产业,并向劳务输出、旅游业和交通运输业等方向转移,共转移劳动力367人,实现收入1240多万元。

【民俗文化】 2018年,古乡加强对非物质文化遗产的保护,充分挖掘民族文化资源,加大对古村扎西古措、雪瓦卡波卓和波央的扶持力度,成立古村“扎西古措”工作室,推动民间艺术发展。日常表演过程中，引导其在仁青家庭旅馆、古乡途友庄园、旺氏古乡湖庄园及波密县藏王旅游节中进行表演，增加收入，推动民俗文化事业发展。

【旅游发展】 2018年，古乡投入使用的家庭旅馆、酒店已达48家，旅游服务业呈现出齐头并进的发展趋势。古乡群众通过开办家庭旅馆酒店、参与客运服务、出售旅游产品、文艺演出、餐饮服务等创收达715余万元，直接参与旅游业的群众达100多人，接待游客8万余人次，旅游创收1000万元。

【农牧产业】 林下资源采集。2018年，古乡不断引导规范天麻、松茸、灵芝菌等野生林下资源采集秩序，保持野生资源的可持续利用；果蔬产业。雪瓦卡、古村积极同社会商企沟通协调，引进专业技术人员进行大棚蔬菜种植，年产蔬菜1.6吨，创收6万元。嘎朗村试种木梨、雪桃4亩，其中木梨176株、雪桃107株；蜂蜜产业。争取资金45万元建设索通村“品蜜园”，邀请专业技术人员进行蜜蜂扩繁技术指导；茶产业。通过招商引资，波密京藏雪域茶叶有限公司已在索通村种植茶叶，种植面积200亩(典自然村50亩、乔那自然村150亩)，并已完成有机茶园认证；藏猪产业。超额完成县政府下达的藏猪160头收购任务，实际收购176头，散户养殖2363头，有养殖大户1户，养殖藏猪200头。

2018年7月20日，古乡党委书记张旋坤（前排右一）在乡政府党员活动室解读习近平新时代中国特色社会主义思想

【交通运输业】 2018年，古乡有各类大中型运输车辆140余辆，小型车辆130余辆，农牧民群众车辆拥有率达到75%以上。积极引导古乡群众参与旅游客运服务，在波密至八一的营运车辆中，古乡有14辆车，古乡群众参与旅游客运收入达300余万元。

【安全生产】 道路交通安全。2018年，古乡联合乡派出所在318国道急转弯及交通事故多发地段设立警示标志牌2处；森林防火。调整充实了乡森防领导小组，制定完善了森林火情应急预案，层层签订了《森林防火目标责任书》，签订率达100%；加强组织领导。落实目标责任，及时调整充实防灾减灾领导小组，由主要领导任组长，负责协调解决防灾减灾应急工作的重大问题。

【精准扶贫】 2018年，古乡按照市、县两级总体要求和具体部署，坚持把脱贫攻坚作为重要的政治任务，以党的十九大精神宣讲活动为契机，坚持扶贫与扶志、扶智相结合，采取干部“走亲”“帮亲”等方式，教育引导贫困群众解放思想、改变观念，知道惠从何来、惠在何处，知党恩、感党恩，听党话、跟党走，实现“要我脱贫”到“我要脱贫”的转变。乡党委政府认真调研，统筹谋划，稳步落实乡村振兴战略，引导贫困群众积极参与旅游产业发展，确保古乡建档立卡户真脱贫、不返贫。稳步推进素质教育，着力提升教育教学水平和质量，坚决以教育和知识斩断“穷根”。积极壮大产业规模、提升产业效益，建立健全利益联结机制，让贫困群众和临界贫困群众最大程度享受改革发展红利，增加贫困群众收入。2018年，古乡顺利通过第三方评估验收，达到脱贫摘帽标准。

（王国栋　陈小河）

【领导名录】

党委书记

张 旋 坤

党委副书记、乡长

旦 增(藏族)

党委委员、人大主席

西 洛(女,藏族)

党委副书记

吉 尼 玛(藏族)

党委委员、古乡派出所所长

黄 炳 勇

党委委员、副乡长

次仁拉姆(女,藏族)

白 珍(女,藏族)

刘 君 勇

党委委员、统战委员

樊 西 豫(女,藏族)

党委委员、政法委员、人武部部长

伍金次仁(藏族)

党委委员、纪委书记

常 利 伟(女)

党委委员、组织宣传委员

王 国 栋

主任科员

扎西卓玛(女,藏族)

农牧综合服务中心主任

伟 色(藏族)

副主任科员

王 永 奎(4月任职)

玉许乡

【概况】 玉许乡位于波密县西北部,是典型的半农半牧地区,有著名的则普冰川、冰碛丘陵等自然景观。乡政府所在地海拔3000米,距县城74公里,玉许乡总面积约2600平方公里,辖14个行政村、32个自然村,行政村依次为白玉村、林琼村、热西村、玉沙村、棠木村、亚它村、沙仁村、麦差村、扎西岗村、海定村、达拉村、则普村、帮肯村、普热村。2018年,玉许乡农牧民1126户、6112人,总耕地面积1073.99公顷,粮食播种面积930.6公顷,主要种植青稞、小麦、油菜等。草场面积81695.73公顷。境内野生动植物资源丰富,有獐子、熊、狼、鹦鹉、鹿等野生动物80余种。有树种28科、64属、174种,药材植物品种200余种。

【经济建设】 2018年,玉许乡农村经济总收入完成12584.3万元,同比增长14.2%;粮油总产量完成6006.62吨,同比增长11.8%;农牧民人均纯收入完成16618.8元,同比增长12.8%。农牧民现金收入完成11442.4元,同比增长6.6%。

旅游产业。以生态玉许建设为突破口,大力推进生态旅游业发展,以桃花沟、许木鱼庄、则普冰川、冰碛丘陵等为品牌,通过网络大力宣传玉许,不断提高旅游知名度。积极组织群众参与旅游经营,支持和引导农家乐、家庭旅馆、旅游马匹建设,鼓励群众积极参与旅游经营,探索开发鸡血藤、酥油、林下产品等特色旅游商品。2018年,玉许乡共有家庭旅馆57家,实现旅游相关收入60余万元,比2017年增长12.1%。投资100万元的海定村接待旅馆已完工。

特色农牧。林琼村饲养藏香猪550头;亚它村果树种植项目投入35万元,占地20亩;棠木村藏香猪扩繁养殖基地投资200万元,计划饲养藏香猪3000头。

藏医藏药。依托得天独厚的气候、资源优势,大力发展灵芝、波棱瓜药材种植,积极打造特色藏药材种植加工集散基地。先后投资40余万元,积极打造玉许乡藏药材种植示范点。玉许乡种植灵芝菌300平方米,种植波棱瓜

2018年4月30日,西藏自治区人大常委会副主任、林芝市委书记马升昌(左六)一行在玉许乡调研。波密县委书记朱正辉(左一)等陪同

200余亩，建立藏药材种植合作社2家，引领群众发展藏药材规模化、标准化、产业化种植，采取“合作社+农户+基地”发展模式，实行统一购种、统一播种、统一管理、统一收获、统一价格、统一销售，有力促进了农业增效、群众增收。

【城乡建设】 2018年，玉许乡投资83.26万元完成扎西岗村、玉仁寺、沙仁村、玉沙村、林琼村、麦差村、热西村人饮提升工程；完成以乡小集镇为中心，辐射棠木、麦差2村的自来水厂建设，提升了群众用水质量；积极优化人居环境整治，认真落实乡、村、户三级工作责任制，签订人居环境整治目标责任书14份。深入开展环境卫生综合整治工作，14个村均设立垃圾填埋场和垃圾桶，共有垃圾填埋场14个、垃圾桶130个，新配备中型垃圾箱8个，麦差村大型垃圾填埋场已投入使用，在小集镇安排2人专人负责卫生清扫工作。新建亚它村、林琼村水泥桥2座。

【基层党建】 2018年，玉许乡党委下设党支部16个，其中村级党支部14个，机关、事业党支部2个，党员583名（农牧民党员538人）。团支部15个，团员234名。

推进组织体系建设标准化。玉许乡各党支部紧密结合玉许乡党建工作意见制定年度基层党建工作计划，切实加强村“两委”班子建设，结合驻村工作，优化建立党建网格员，把网格员发展成八大员，即做好人口摸查的“信息员”，积攒群众基础，在第一时间掌握各种动态，及时更新信息数据；争当交朋友的“联络员”，制定网格化服务管理联系卡，方便群众与网格员联系；当好传播政策的“宣传员”，网格员经常性深入群众之中，实现在家常化的聊天中潜移默化宣传政策；化解矛盾纠纷的“调解员”，网格员负责掌握本网格内的情况，参与到调解工作中，及时化解邻里纠纷，防止矛盾激化；防范消防隐患的“安全员”，网格员进一步加强消防安全的宣传，提高群众的消防安全防范意识；维护环境卫生的“管理员”，加强环境保护宣传，同时注重引导群众自觉做好家庭环境卫生整治工作；为群众服务的“服务员”，有针对性地开展服务引导活动，帮助群众解决困难；基层组织建设员，通过党建引领形成组织群众、宣传群众、服务群众、凝聚群众的强大合力，让党支部在基层“挑大梁”，让党的声音在基层“唱主角”。

推进领导班子建设标准化。创新管理模式，督促基层党组织书记认真履行党建工作第一责任人职责。乡党委书记同玉许乡16个党支部书记层层签订党建目标责任书，让玉许乡各级党组织书记明责知责，形成“书记抓、抓书记、一级抓一级、层层抓落实”的党建工作格局。推动乡直单位党支部书记、村党支部书记、第一书记认真履行党要管党“第一责任人”职责。扎实做好党建基础工作，认真落实“三会一课”、民主评议党员、党务村务财务公开等制度。按照要求及时充实党务工作人员配置，保障玉许乡至少4名干部专职从事党务工作。

推动党员队伍建设标准化。先后组织实施了无职党员设岗定责、党员公开承诺践诺、处置不合格党员、党员结队帮扶就困等活动，不断探索新的活动模式，丰富活动内容，让党员积极参与其中，增强党员干部的自豪感和使命感，有序开展党员管理自查工作，防止不合格党员、“口袋党员”“隐形党员”现象的发生，及时发现，当即处理。

推动组织生活标准化。建制度，玉许乡结合实际，从规范党内政治生活的制度方面入手，对村级党组织落实“三会一课”、组织生活会等内容进行明确要求，提出具体可行的操作办法，进一步规范村党支部落实组织生活；抓落实，在落实村组织生活中，各级党组织严格按照县委及县委组织部的部署要求，自觉将落实“三会一课”制度与党的十九大精神学习宣传及党员政治教育培训结合起来，与“两学一做”学习教育制度化常态化结合起来，与脱贫攻坚工作结合起来，联动抓落实，确保“三会一课”制度落实有方向、有目标、有责任；见实效，乡党群综合办公室结合实际，及时制定督查措施，并将各党支部落实情况作为基层党建工作目标考核及评优选先的重要内容。同时，在督查过程中，采取专题调研、现场检查等方式，注重探索方法，总结经验，形成长效机制，推动落实组织生活制度取得实效。

推进工作载体建设标准化。利用组织走访慰问困难党员、开展“送温暖、献爱心”等活动，凝聚各方力量，组织动员广大人民群众坚定不移跟党走。利用“三大节日”“3·28”等重大节假日，通过座谈会、主题宣讲、文体活动等形式，有计划地组织开展形式多样的主题教育活动。推进党建带团建、党建带武装建设，加强对团员队伍和民兵队伍的管理，引导团员与民兵积极参与新农村建设，发挥模范带头作用。

推进工作运行机制标准化。以强化班子建设、提升党组织凝聚力和战斗力为着力点，稳步提升党建工作科学化水平，强化组织领导机制，实现“有人抓、有落实、有成效”的良好局面；健全工作推进机制，完善党建联系点指导员制度；完善党建长效机制，采取推进会、座谈会、考察交流、报告会等形式，坚持做到党建工作常抓、常议、常管；坚持党建创新机制，优化党建示范点建设、党员服务群众等机制；严格考核评价机制，切实加强玉许乡党建工作标准化管理。

推动活动场所建设标准化。坚持以打造一批“有特色、有亮点、有规模，内部功能齐全的基层阵地”为目标，结合市委、县委关于加强村级组织活动场所标准化建设的要求，持续完善村级组织活动场所应具备的政治功能、服务功能，全乡共有7个村居进行了村级活动场所标准化建设。

推进基本工作保障标准化。以保障基层党建工作正常开展为基础，把村级党建工作与各级各部门的各项举措有机结合起来，有效整合各方资源，拓宽资金筹措渠道，确保建设资金落实到位。加大社会筹集资金力度。在使用好各类专项资金的同时，鼓励村级组织发挥主观能动性，积极争取社会各界的支持。利用援藏帮扶、部门帮扶等形式，在不增加农牧民负担和村级负担的前提下，多方位拓宽资金来源渠道。

2018年10月25日，波密县委副书记罗松在玉许乡调研扶贫工作

【脱贫攻坚】 2018年，玉许乡在2016年及2017年的工作基础上，做到认识再提升、责任再强化、措施再精准、工作再落实，以全新状态、更高的要求、更实的作风，做好精准扶贫工作，确保打赢脱贫攻坚战。2016年玉许乡建档立卡贫困户脱贫65户271人，2017年脱贫146户547人（其中2个五保户已去世），未能脱贫的有10户36人。2018年玉许乡贫困发生率已降至0.59%。

【社会事业】 推进科技服务业发展。2018年，玉许乡每个村都有1名干部为本村科技服务员，同时做到每个村至少有1名农牧民科技人员，每户有1名科技明白人，村村都有致富带头人。

教育工作。始终坚持教育优先发展战略，把推进义务教育均衡发展作为全年重点工作之一，认真落实教育工作领导责任制，乡与村、村与户签订教育工作目标责任书和“控辍保学”责任书。建立以乡政府、包村干部、驻村工作队、村“两委”班子网格化“控辍保学”机制，扎实推进义务教育均衡发展。玉许乡共有2所小学，13个教学班，478名在校生，小学适龄儿童入学率100%、巩固率100%。

卫生事业。2018年，乡卫生院落实基本药物制度，积极推进农牧区医疗卫生制度改革，合作医疗参合率100%。健全医疗卫生服务体系，开展乡卫生院、村卫生室医务人员轮训28人次，完成农牧民健康体检5000余人次。

制定了《玉许乡突发公共卫生事件应急预案》，认真开展免疫规划单苗接种和疫苗查漏补种工作，免疫规划接种率达 100%。

文化事业。在 14 个村、3 个寺庙建立农家书屋、寺庙书屋，并配备图书管理员 17 名，配备了农业知识、科技培训、历史、小说等各类图书。打造玉许乡图书室和健身室，电子阅览室也建设完毕。以玉许乡政府小集镇为平台，投资 120 万元的玉许乡群众文化活动广场项目已于 2018 年 10 月完工，在 14 个村建设 14 个群众文化广场，充分发挥示范带动作用。大力弘扬传统民族文化，以“玉许文化”为品牌，成立乡文艺演出队 1 个，村文艺演出队 14 个，开展文艺演出 18 场，不断丰富广大农牧民群众的文化生活。

社会保障。组织农牧民参加农作物种植、药材种植、农用器械维修、挖掘机驾驶、汉藏烹饪等技能培训，帮助农牧民参与工程建设，引导和扶持农牧民开展特色种植（灵芝菌、波棱瓜），增加收入，2018 年共转移劳动力 200 余人；广泛开展新型农村社会养老保险政策宣传工作，新农保宣传普及率达 100%；落实党的支农惠农政策，完善补贴办法，健全补贴制度，兑现各类支农惠农资金 16103985.63 元。

2018年1月15日，玉许乡在一楼会议室召开学习宣传贯彻党的十九大精神座谈会

【生态环保】 2018 年，玉许乡政府与 14 个村委会签订了《农村环境综合整治责任书》，并对交通道路、河道沿线、水源地、垃圾填埋场等地域积极开展环境综合检查，共开展检查 24 次，组织动员群众对村环境卫生进行集中处理，开展大型集体性环境卫生整治 10 次。在乡小集镇聘请 2 名环卫工作人员，负责小集镇日常卫生维护工作。大力实施植树造林、重点区域造林、退耕还林工程，加强林政管理，聘用了 5 名林业管护员。加大对林业设备的维护力度，为 14 个行政村共配备 14 台抽水泵。积极发展和鼓励沼气、太阳能等清洁可再生能源，以减少对木材的消耗，增强群众环保意识。

【安全生产】 2018 年，玉许乡调整和完善乡、村安全生产工作和食药安全工作机制 24 项，配备安全生产干事、食药安全干事各 15 名。认真落实森防目标管理责任制，签订森林防火目标责任书 14 份，各村均配备水壶、水枪等灭火设备。与各村、商户、施工单位等共签订安全生产责任书 50 余份，发放各类安全生产工作宣传单（册）1200 余份，召开安全生产工作宣传会议 20 余次。7–9 月，共排查地质灾害、建筑、交通、食品、电动车消防等安全隐患 30 余次，及时落实汛期重点行业专项安全隐患整改 3 次，保障玉许乡汛期重点行业安全。安排巡逻车沿路巡逻检查 7 次，排查各类车辆 500 余台次，新设立各类安全指示牌 20 余个，发放交通安全宣传单（册）500 余份。开展消防安全检查 6 次，配备灭火器 41 个。

【干部队伍建设】 2018 年，玉许乡开展机关干部、乡直单位干部“强素质、树形象、转作风、敢担当、勇作为”活动，不断增强责任意识，激发队伍活力。加强党员教育管理，开展党员政治教育 3 期，规范党内政治生活，提高新发展党员质量。强化村干部轮训工作，举办了 4 期村干部培训班，培训率达 100%。

（张宇飞）

【领导名录】

党委书记

王　　斌

党委副书记、乡长

索朗次仁(藏族)

党委委员、人大主席

朗色森格(藏族)

党委副书记

李振华(11月离任)

党委委员、纪委书记

龙　　珍(女,藏族)

党委委员、统战委员、人武部部长

扎西顿珠(藏族)

党委委员、组织委员、宣传委员

樊银波(11月任职)

党委委员、副乡长

彭　　寻(11月任职)

后勤服务中心主任

白玛德吉(女,藏族)

农牧综合服务中心主任

次旺德吉(女,藏族,11月任职)

主任科员

央　　珍(女,藏族)

副主任科员

郭建明

格　　桑(女,藏族)

八盖乡

【概况】八盖乡地处波密县西北部,东接波密县易贡乡,北与昌都地区边巴县相连,西接那曲地区嘉黎县,南与工布江达县、林芝县接壤。八盖乡属于藏东南温带半湿润高原季风区,气候较湿润,年最高气温22℃,最低气温-5℃,昼夜温差较大,年平均无霜期162天左右。雨季集中在每年4月份到10月份,占全年降水量的90%以上,年平均降雨量1250毫米,年平均蒸发量1437毫米。八盖乡下辖7个行政村(塔鲁村、巴瑞村、卧普村、竹玉村、雄吉村、日卡村、龙普村),共有农牧民250户1333人。境内居住有藏、汉等民族。群众主要信仰藏传佛教。乡政府驻地雄吉村,距波密县城193公里,距八一镇236公里,平均海拔2882米,全乡区划面积2101.8平方公里,耕地面积3149.25亩,有效灌溉面积2414亩,旱涝保收670.5亩,草场面积42.13万亩,已利用草场面积40.12万亩。适宜种植小麦、青稞、荞麦、玉米、油菜等农作物和核桃、苹果、桃子等果树。林下资源主要有天麻、松茸、灵芝菌、手掌参、丹参、三七、五味子、猴头菌等;境内野生动植物资源十分丰富,纯种的藏香猪远近闻名。森林覆盖率达40.7%,树种丰富、景色迷人,属波密县最完整、最原始的森林之一。

2018年5月16日,波密县委书记朱正辉(右一)一行在八盖乡日卡村调研古村落工作

2018年,八盖乡共有干部职工36名(其中1名借调);乡中心小学有教职工23名,在校学生108名,初中在校生88名;乡卫生院有医生4名;派出所干警2名,辅警2名;7个行政村“两委”班子均配备齐全,每村配备5名村干部,每村村务监督委员会配备3名村干部。

【经济发展】2018年,八盖乡农村经济总收入达2054.91万元,同比增长14.94%;粮油产量829.09吨;农牧民纯收入达12033.62元,同比增长15%,现金收入8802.02元,同比增长5.1%;牲畜总数10496头(牛2978头,马437头,藏香猪7081头),家禽藏鸡412只。

第一产业持续发展。2018年,全乡粮食播种面积209.97公顷,其中小麦101.9公顷,青稞99.07公顷,其他作物9公顷;牲畜存栏10496头(匹、只),出栏1740

2018年3月28日，八盖乡举行庆祝西藏百万农奴解放纪念日文艺会演活动

头(匹、只)。

第三产业稳步发展。建立完善农牧民创业工作机制，积极引导八盖乡运输车队，参与运输促进增收，2018 年全乡第三产业总收入 838.75 万元，其中建档立卡户收入达 120 万元，每户均 5 万元。积极引导开展劳务输出工作，共输出务工人员 600 人次，实现收入 60 余万元；依托八盖乡“莲花生大师”瀑布、杜鹃花、原始森林等旅游资源，积极兴办家庭旅馆、藏家乐等。2018 年，八盖乡有家庭旅馆 11 个，有营业执照的 2 个，实现旅游收入 20 余万元。

【公路交通】 八盖乡公路于 2010 年 4 月建成通车。2016 年起，八盖乡政府借助国家力量，联合公路养护队，积极组织广大村民筹工筹劳，对路基进行加固，道路扩宽，修建滑坡防护挡墙，对水毁严重路段架设了钢架桥，大大增强了道路的保通能力，方便了群众出行和生产。2018 年，从易贡茶场至八盖乡政府的 S303 道路改扩建项目正式开工建设，工程已完成 50%，届时八盖乡境内与外界的交流沟通将更加便利，群众生产生活条件进一步提高，农牧民群众增收渠道进一步拓宽，将给八盖乡带来实实在在的好处。

【教育事业】 2018 年，八盖乡加强对适龄儿童、初中生入学管理督导，对学生进行学校、家庭、政府、社会四位一体跟踪管理机制，形成了“党委重视教育、政府狠抓教育、全乡关注教育”的良好局面。采取说服和处罚相结合的方式，逐步引导农牧民思想开放，形成积极送子女上学的习惯，确保全乡教育事业健康发展。八盖乡适龄儿童小学入学率达 100%，巩固率达 99%，初中入学率达 100%，巩固率达 99%，教育均衡发展已顺利通过验收。

【文化事业】 2018 年，八盖乡加强文化服务站及对文化室管理，按要求配齐文化干事。各村组建农牧民演出队，在重大节日期间，开展文体活动 13 余次，充分展现广大农牧民群众在党的惠民政策下，生产生活发生的巨大变化。

【医疗卫生】 2018 年，八盖乡卫生院有医务人员 5 人，定时定期安排卫生人员到各村出诊，下村接种疫苗 110 次。同时加大新型农村合作医疗的宣传和收缴力度，参合率达 100%。做好合作医疗工作，为农牧民群众及时报销，全乡合作医疗报销金额 112450.4 元。

【社会保障】 八盖乡继续巩固农村养老保险工作，巩固民生保障工作，安排包村干部深入各村进行资料收集、数据统计，并归纳整理，纳入档册中。2018 年，全乡参与养老保险正常缴费人数 735 人。

【新农村建设】 八盖乡以“农牧业增产，农牧民增收，农牧区稳定”为主要任务，利用区、市、县各级对于农牧民的政策扶持为契机，不断拓宽新农村建设的渠道，有力促进农牧业快速发展。2018 年，投资 700 万元修建了日卡村、雄吉村道路；投资 90.5 万元为边缘户进行老旧房改造；投资 68 万元改造了卧普、龙普、日卡、雄吉村级活动场所。

【生态建设】 2018 年，八盖乡积极开展植树造林、重点区域造林、退耕还林等工作，组织各村以村“两委”活动场所为重点，开展植绿活动。深入开展《森林防火条例》《野生动物保护法》等法律法规的宣传教育活动，积极组织开展清山查山，划分护林责任区，将管护区域明确到村、到户。

【安全生产】 2018年，乡政府成立安全生产领导小组，与各村签订安全生产目标责任书，与乡派出所、卫生院联合检查食品安全12余次，对于发生的过期、三无产品进行集中销毁，共销毁3吨收缴产品；全年乡政府联合派出所开展道路检查20余次。

【精准扶贫】 2018年，全乡87户362人建档立卡户脱贫，并通过国家第三方验收。为防止返返贫，乡党委、政府全力补齐脱贫攻坚短板，以产业脱贫为依托，构建脱贫长效机制，按照吴英杰书记“就近就便、不离乡不离土、能干会干”的重要指示要求，在已取得的脱贫成就的基础上，突出八盖特色优势和利益联结共享。以技能培训为抓手，积极拓宽就业渠道。以住房安全为底线，有序推进人居环境整治工程，改善群众的生产生活环境。以扶志扶智为关键，有效激发群众自身动力。以舆论宣传为先导，营造全民攻坚氛围。以督导督查为手段，改进作风廉洁扶贫。以组织领导为保障，逐级压实工作责任，在精准施策上出实招、在精准推进上下功夫、在精准落地上见实效，确保脱贫不脱政策、不脱责任，确保贫困户不再返贫。

【基层党建】 2018年，八盖乡按照县委的部署，深入开展“两学一做”学习教育常态化制度化、“四讲四爱”群众教育实践活动、十九大精神宣讲活动和关于加强党员政治纪律教育等活动。坚持把党员队伍思想建设放在首位，签订了《党员不信仰宗教目标责任书》，严明共产党员不得信仰宗教，加大处置不合格党员力度，保持共产党员的纯洁性。活动开展以来，各驻村工作队、村干部采取多种形式，深入所驻村开展走访调研，排查矛盾和问题，落实党的惠民政策，帮助所驻村解决实际问题，融洽了党群干群关系，树立了干部的良好形象。

按照县委、县政府决策和部署，根据县委宣传部统一安排，乡党委将每周五定为理论中心组学习日，组织党员干部深入学习党的十九大、十九届二中、三中全会、第六次西藏工作座谈会精神、习近平新时代中国特色社会主义思想和自治区九次党代会、九届三次全会精神。成立以乡党委书记为团长的宣讲团，带领乡组织委员、组织干事、宣传干事，到全乡7个行政村以群众通俗易懂的语言和群众喜闻乐见的方式进行宣传，共开展宣讲活动60余次，受教育群众2000余人次。

（韩梅梅）

2018年9月29日，八盖乡组织人员参加波密县首届藏王故里文化旅游节方队表演

【领导名录】

党委书记

尼玛次仁（藏族）

党委副书记、乡长

赵 和 林

党委委员、人大主席

扎西多吉（藏族）

主任科员

李 振 华（11月任职）

党委副书记

赵 一 冬

党委委员、纪委书记

扎西白珍（女，藏族）

党委委员、宣传委员、统战委员

葛 曙 光（8月任职）

党委委员、组织委员

措　　姆（女，藏族）

党委委员、副乡长

次仁尼玛（藏族）

副乡长

扎西旺杰（藏族）

农牧综合服务中心主任

洛松曲珍（女，藏族）

文化综合服务中心主任

张　　恒（8月任职）

多吉乡

【概 况】 多吉藏语意为“金刚”，设立于1989年，位于北纬29° 59'7"，东经96° 5'17"，波密县城东北部，距县城75公里，总面积1384平方公里，平均海拔3600米，乡政府驻地海拔3402米。下辖通参、扩拉、德吉、西巴、达大、帕雄、角落、毛江、木古9个行政村，共有641户3031人，共有12个党支部、371名党员（农牧民党员341人），2座寺庙，1座拉康。

多吉乡为半农半牧区，是全县乃至全区的牧业大乡，农业以种植青稞、小麦、油菜、豌豆、蔬菜等为主，牧业以饲养犏奶牛、牦牛、藏香猪等为主，尤其是犏奶牛养殖为区域特色畜牧业，规模达7150头。特产“多吉酥油”品质优、口感好，颇受青睐，深受市场欢迎；全乡森林覆盖率34.2%，生态公益林管护面积47.97万亩，草场面积49.82万亩，可利用草场47.35万亩。盛产松茸、冬虫夏草、贝母、丹参、羊肚菌、黑蘑菇、藏红花、蕨菜等林下资源。矿产资源有铅矿和锌矿。受国家保护的动物有獐子、狗熊、盘羊、黄鸭等珍稀野生动物。2018年，全乡机关干部职工41名，党员22名，平均年龄27.8岁；行政编制26名，事业编制15名；研究生2名，本科生34名，专科及以下5名；藏族及其他民族18名，汉族23名。

【经济发展】 2018年，全乡农村经济总收入6562.46万元，同比增长14.4%。农牧民人均纯收入15614.27元，同比增长16.9%；现金收入11242.27元，同比增长16.9%。全乡耕地面积9815.4亩，牲畜存栏数15813头（只、匹），其中牛11770头（牦牛3988头、犏奶牛4042头，黄牛3350头、奶牛390头），马486匹，藏香猪存栏3557头。

2018年6月24日，西藏自治区人大常委会副主任、林芝市委书记马升昌（右三）一行在多吉乡督导调研基层党建及经济社会发展工作

冬耕备耕春播工作。在确保农作物春播面积2545亩的基础上，积极发展优质青稞种植，完成优质青稞生产基地建设项目。完成冬耕小麦种植5191.2亩，春播青稞2500亩，调运化肥46吨。

专业合作社项目。投资90.8万元的通参村奶制品加工场建设项目主体工程已完成，通过整合2018年强基惠民资金50万元，新建加工场门口停车场硬化约150平方米、16路监控系统、架设160米远的三相动力电，拓宽达龙、夏龙等4个牧场原骡马道部分道路（含德吉村村道建设50米）。“多香酥油”已通过国家工商总局注册，打响“多香酥油”品牌。

集体蔬菜合作社稳步运行。组织群众种植土豆42亩，产量6.5万斤，收入10余万元。总投资110万元的大棚标准化建设已完工，项目建设规模为种植50亩有机蔬菜，其中3亩（2栋）标准化冬暖式大棚，5亩（5栋）大型钢架大棚，5亩（1栋）连栋钢架大棚，其余面积为简易设施种植。

改扩建家具合作社项目。2018年，申请“4+1”模式扶贫产业项目资金50万元帮助扩拉村改扩建家具合作社，改扩建加工厂为单体

2018年8月9日，林芝市委常委、统战部长达瓦（右二）一行在多吉乡督导调研宗教领域工作

一层框架结构，钢筋混凝土条形基础，厂房建筑面积300平方米、库房建筑面积150平方米、办公用房建筑面积50平方米，年底主体工程已完成，营业执照正在办理中。

2018年，德吉村砂石场正式挂牌成立，全村86户410人每户入股6000元，共计51.6万元，整合2016、2017年村公用经费21.664万元，累计总投资达73.264万元，砂石场年净收益达22万元，实现户均增收可达3139元；德吉村砖厂2018年3月投产，参股87户416人，每户入股300元，共计2.61万元，总投资达11.62万元，年净收益25余万元，有效带动全乡经济快速发展。

多吉乡引进西藏绿康园生态农业开发有限公司投资3500万元，计划养殖3万头藏香猪，木古村藏香猪养殖基地采用“政府+企业+村委会”（村委会以土地入股，政府投资，企业运营）的合作模式，同时变废为宝，将有机化肥运输至温室大棚帮助生产有机蔬菜，新建3万头藏香猪猪舍。

【基层党建】 2018年，多吉乡召开党委理论中心组学习12次，开展学习贯彻落实十九大、习近平新时代中国特色社会主义思想、区党委九届三次全会、市委一届七次全会、“四讲四爱”群众教育实践活动30次，在2018年“七一”表彰大会中，按照支部推荐提名，乡党委组织党小组会、支部委员会和党员大会按照研讨、评选和测评程序，授予全乡毛江村党支部、木古村党支部、德吉村党支部3个党支部“先进党支部”荣誉称号；评选授予普尺、郭雯振、玉珍3人“优秀第一支部书记”荣誉称号，授予仁青旺久、卓玛才登、多扎3人“优秀村支部书记”荣誉称号，授予乡村两级次仁措姆等36人“优秀共产党员”荣誉称号。全乡各族干部入户走访调查民情596次，及时化解矛盾纠纷18起。

【教育事业】 2018年，全乡有中心小学1所、幼儿园1所，共占地面积14603.01平方米，有小学在校学生224人，幼儿园在校生20人。小学适龄儿童入学率100%，小学在校生巩固率100%，“三包”经费到位率100%。多吉乡籍参加正式工作人员37人，在校大学生42人。

【文化事业】 2018年，多吉乡申请波密县文化旅游资金30万元，建设多吉乡达大村非遗文化群众大舞台，项目已完工且通过验收，并在多吉乡第二届非遗文化旅游节上投入使用；申请2017年文化产业资金20万元，用于修缮多吉乡文化广场；筹资30万元建成多吉乡非遗文化展示厅，培养了2支非遗文化传承队伍，建成了特色民俗文化广场；鼓励农牧民发展家庭旅馆9家，成功举办多吉乡第二届非遗文化旅游节，文化旅游节期间参与农牧民及游客达1.1万人次，对比首届非遗文化旅游节增长41.6%；传统体育竞技（赛马、跑步、拔河、抱石头）参与人数1000余人，发放奖金达30950元；非遗文艺比赛（波卓、波央）参与人数达300余人，发放奖金5800元；个体工商户设置摊位47家，促进了广大农牧民群众消费；组织农牧民群众270余人参加波密县首届藏王文化旅游节，是唯一开办专场演出的乡（镇），市委常委、副市长张耕耘和县委书记朱正辉亲临现场指导，并给予充分肯定。

【医疗卫生】2018年，全乡有卫生院1所，医护人员4人，村卫生室9个，村医18名。共有西医科药品203种、藏医科药品126种，病房3间，病床12个，急救车1辆。全乡农牧区免费医疗参保率达100%、个人筹资率达100%。卫生院医护人员每月月初深入各村，定期为新生儿、农牧民群众打疫苗，免疫接种率达100%，农牧民健康档案建立率达100%，包虫病筛查率达100%。同时积极宣传优生优育政策，普及健康知识，落实农牧民早产妇住院分娩医药费全免、奖励和生活救助政策，全乡住院分娩达到100%。

2018年7月9日，林芝市人大常委会副主任才佳（左一）一行在多吉乡调研督导工作

【社会保障】2018年，多吉乡严格按照区、市部署要求，推进农村低保与精准脱贫有效衔接，逐步实现农村低保标准与扶贫标准“两线合一”，将贫困户和贫困对象全部纳入社会保障范围，做到应扶尽扶、应保尽保。加强与县民政局的沟通配合，全面落实好有意愿的五保户、残疾人和孤儿100%集中供养。开展餐饮、旅游、电脑技能、挖掘机等方面技能培训6期，培训人员达208人次，其中贫困群众3人次。

【精准扶贫】2018年，多吉乡建档立卡贫困户95户358人（2017年新识别贫困户4户13人），贫困发生率11.5%。根据贫困户退出程序审批，经户申请、村评议、乡审核、县批准，2016年脱贫19户80人；2017年脱贫摘帽67户254人（其中一户全家迁出、2户去世）；因大病、智力和精神障碍等原因不能脱贫9户24人，贫困发生率下降到0.79%。人员变动情况（1户5人户口转移；户口迁出2人，户口迁入1人，新生3人，去世4人，出嫁3人，离婚1人）。2018年10月，多吉乡顺利通过国务院第三方验收，成功脱贫。

2018年，全乡产业扶持开商店6户，为每户兑现2万元扶持资金用于进购货物；产业扶持农机具购置5户，每户补贴2万元，其中自行购置拖拉机1户，完成财政统一购置拖拉机2户，购置面包车出租补贴2万元1户；产业扶持养牛3户，已由政府统一购买并发放给贫困户；家庭旅馆建设13户（2016年13户，2018年新增6户），每户8万元（主体工程补贴6万元，配套设施补贴2万元），14户（包括2017年新增的1户）已完成建设，其中2016年家庭旅馆建设13户已兑现80%的扶持资金。2016年购置家庭旅馆配套设施39户（包括家庭旅馆建设13户），每户资助2万元，已全部完成；利用林芝支行驻村优势，对35户申办金融精准扶贫贷款卡，贷款195万元，并制定详细的贷款使用方案。

易地搬迁。角落村易地搬迁安置14户，年底已实现入住；巴宜区易地搬迁（4户），自筹资金已缴纳完毕。自接到有关“三岩”搬迁工作以来，乡党委、政府高度重视，迅速成立以乡党委书记陶长能为组长，乡党委副书记、乡长于云波为常务副组长的工作领导小组，进一步明确责任，成立“三岩”搬迁工作办公室，抽调2名工作人员具体负责日常工作开展；召开“三岩”搬迁工作动员部署会议1次、“三岩”搬迁工作推进会2次。2018年，扩拉村、达大村、毛江村三岩搬迁安置点基础设施建设已完成。

教育助学。2018年，全乡有贫困户大学生4人，高中生2

人，兑现2018年助学资金26000元。近年来，多吉乡利用“微信平台”“网络平台”和“教育平台”三大信息平台全方位多渠道筹资，引进深圳雷诺表业有限公司、广东深圳悠悠道、上海红双喜股份有限公司、广西人行南宁市中支、清华大学工商管理EMBAM30班、天津市人行和双鸭山中支7家单位81位爱心人士筹集善款46.87万元。

医疗救助。加强与县卫生局沟通协调，为全乡有医疗救助的贫困户进行免费体检，并按病情对贫困户进行市、县、乡三级分类，其大病3人、一类21人、二类14人、三类25人，自愿放弃治疗6人。

【基础设施建设】 2018年，总投资721万元的多吉乡角落村、帕雄村、德吉村、扩拉村、通参村村级活动场所标准化建设主体工程已完成，正在进行装修采购及办公设备配备；总投资500万元的广东援建项目—毛江村小康示范村建设项目主体工程已完成90%；投资290余万元新修建厕所10座，项目待验收后投入使用；9个村的人畜安全饮水工程已完成，供水普及率达100%；9个行政村均实现农网电全覆盖；广播电视“村村通”工程覆盖率达100%；全乡9个行政村已实现通讯讯号全覆盖，实现乡通宽带，西巴、达大、扩拉、德吉、毛江5个村实现村通宽带。投资720万元的52套干部职工周转房已建成入住；投资550万元多吉乡供水工程已投入使用；8个村10条农田灌溉水渠建设项目已完工；新建毛江村、通参村幼儿园已完工，幼儿园已正式开始运行；投资8000万元康玉公路角落村多吉—康玉段公路建设项目已完工通车，并通过验收，正式更名为303省道。

（黄泳辉）

【领导名录】

党委书记
陶长能

党委副书记、乡长
于云波（藏族）

党委委员、人大主席
冯勇

党委副书记
陈颖

党委委员、派出所所长
刘金明（10月离任）

党委委员、统战委员、人武部部长
陈银

党委委员、纪委书记
次央（女，藏族）

党委委员、副乡长
次仁措姆（女，藏族）

副乡长
洛桑旺久（藏族）

后勤服务中心主任
普尺（女，藏族）

康玉乡

【概况】 康玉乡地处怒江流域，东临昌都八宿县，北接昌都洛隆县，距县城143公里，平均海拔3900余米。全乡下辖通堆、乌那、达曲、宗热、拉瓦西5个行政村。2018年，全乡共有314户1884人，党支部6个，其中村级党支部5个，机关党支部1个，党员175人，预备党员5人。全乡共有3户建档立卡贫困户，共计4人，其中低保户3户。全乡初中生98名，小学生117名，幼儿园35人，残疾人94人，孤儿3人。乡政府共有干部职工32名，其中党政领导班子11人，干部20人，驾驶员1名。乡卫生院共有医生5人，派出所5人，乡中心小学教师26人（生活老师1人，保安1人，厨师2人，教师22人）。乡境内有拉康1座。康玉乡属于半农半牧地区，耕地3729亩，主要种植小麦、青稞、豌豆以及油菜，全年粮食作物总产量632.32吨；草场686700亩，牛、马、骡、猪、羊等牲畜8726头。

【经济指标完成情况】 2018年，全乡农村经济总收入达4357.27万元，同比增长6.49%；人均纯收入15457.33元，同比增长1.04%；人均现金收入9865.75元，同比增长1.22%。

【特色产业】 2018年，宗热村坚持支部引路、党员带路、产业铺路的党建促脱贫思路，以发展“一村一品”、壮大培育新型集体经济为突破口，深入推行“党建+合作社+建档立卡户”的精准扶贫模式，在乡政府、驻村工作队和村“两委”班子的指导帮助下，经过召开村民大会表决通过成立了宗热村蔬菜温室大棚村集体经济。宗热村温室大棚种植的有白菜、萝卜、莴笋、菜瓜、西瓜、黄瓜，大小葱等，在满足本村村民吃菜需求的基础上，驻村工作队积极联系乡政府、学校进行出售，2018年总收入达2.5万余元。

达曲村于2016年7月在乡政府与市质监局驻村工作队的帮助下，成立了昂思拉农牧民商贸有限公司，主要经营日用品批发、零售。公司于2016年8月初正式运营，聘用达曲村贫困户闲置劳动力7名，负责公司日常事务的经营，为贫困户增加了就业和经济收入。昂思拉商贸有限公司采取群众集资入股分红的盈利模式，按出资比例进行所得分配，多投多分。2018年公司分红共计40余万元。

2018年7月8日，林芝市人大常委会副主任才佳（右二）一行在康玉乡检查指导工作

【耕地保护】 2018年，全乡耕地保有量达到3729亩，基本农田保护面积达3551亩，乡政府与各村各户签订了《耕地保护责任书》，并成立了相应的耕地保护工作领导小组，将责任落实到人。

【基本草原划定】 2018年，按照县农牧局关于草原奖励与保护机制的相关工作规定，成立了康玉乡基本草原划定工作领导小组，为落实草原承包责任制和惠农补贴，乡分管领导和部分乡干部通过近半年的努力，完成了基本草原划定的相关工作，全乡可利用草场面积686700亩。

【教育工作】 2018年，康玉乡有小学1座，学校占地总面积25000平方米，其中建筑面积2035平方米。学校配专职教师22名，临聘人员4名，本科学历教师11名，大专学历教师11名，基础设施日趋完善。乡党委政府全力抓好学生家长思想教育工作，随时掌握学校学生入学情况、辍学情况、学生学习成绩、家庭情况等，2018年共劝回学生10余人，出动人力40余人次，劝学成功率达100%。

2018年康玉乡3座幼儿园投入建设，包括宗热村幼儿园（主要接收拉瓦西村、宗热村适龄儿童）、康玉乡中心小学附属幼儿园（主要接收达曲村及通堆村部分适龄儿童）、康玉乡乌那村幼儿园（主要接收乌那村及通堆村部分适龄儿童），园区均于年底建设完成，每所幼儿园配有老师2人，共6人。

【文化创建】 2018年3月28日，康玉乡举办了“百万农奴解放纪念日”庆祝活动暨第二届康玉乡全民运动会。7月1日，隆重举行了七一建党节的系列活动，采取召开座谈会、重温入党誓词、书法比赛、篮球赛等多种形式活动庆祝建党97周年。

【医疗卫生】 2018年，康玉乡卫生院有5人，其中聘用人员2名，每个行政村均配备2名村医，各类药品、设备相对齐全，药品共计200余种，可以治疗一般疾病，其中藏药76种，西药95种。B超、镜检、常规检查等设备基本齐全。2018年，全乡新生儿疫苗接种率达100%，共接待疾病预防群众700余人次，治疗患病群众350余人次，转移重病患17人次。持续开展包虫病和大骨节病筛查工作，受检群众共计2300余人次。投资350余万元的康玉乡医技综合大楼已建成，提升了全乡农牧民就医环境。

【社会保障】 2018年，康玉乡有建档立卡户24户，共计83人，其中五保户7户7人，低保户17户76人，2017年已脱贫21户79人。定期不定期对五保户、低保户、“三老”人员进行走访慰问，及时足额把五保金、低保金发放至困难群众手中。

【精准扶贫】 产业扶持工作。2018年，宗热村、达曲村以本村实际情况打造了以党建+合作社+农户、巩固脱贫成果的模式，宗热村温室大棚种植初见成效，达曲村昂司拉农牧民商贸有限公司经营稳定，可带动全乡建档立卡户24户83人脱贫致富，户均增收4000余元；转移就业安置。积极与县相关部门协调优先安置有一定劳动能力的贫困家庭成员担任生态宣传员、护林员、环境监督员等生态就业岗位102个，为生态就业岗位人员发放资金357000元，并与每个就业岗位人员签订了责任书，7月12日，为全乡建档立卡户42人兑现2018年度政策性补贴资金共计10400元；社会帮扶。通过“四对一”帮扶措施，开展结对认亲帮扶活动，2018年共为困难群众发放物品、慰问金等合计资金达33200余元；医疗救助和助学帮扶。11月15日，波密县悠游道旅游有限公司为康玉乡学生捐赠了240余套羽绒服及开展价值4万余元医疗救助活动。

【生态文明建设】 认真做好环保督查迎检工作。2018年，康玉乡成立了由乡党委书记任组长的迎检工作领导小组和以乡党委副书记、乡长任组长的环境督查工作领导小组，配齐、配强办公室工作人员、设备，进一步落实领导责任，把责任层层分解到各村“两委”、各双联户，把相关责任细化到了个人；建立环境保护综合督察制度。成立环境保护督察领导小组，重点督察各村和乡直机关部门履行环境保护职责、贯彻执行环境保护法律法规情况，环境保护“党政同责”和“一岗双责”主体责任落实情况，针对环境保护中的突出问题，不定期开展环境保护专项督察，督促及时整改到位；辖区内环境卫生综合整治。按照康玉乡环境卫生综合治理实施方案和工作计划，每周五为康玉乡环境卫生清洁日，组织全乡5个行政村村“两委”、党员、双联户户长和农牧民群众，对公路沿线以及河道周边的垃圾、卫生死角进行集中整治清理40余次，清扫和处理垃圾20余吨，参与群众达2000多人次。

2018年6月4日，波密县“四讲四爱”督导组一行在康玉乡开展“四讲四爱”群众教育实践活动巡回宣讲活动

【安全生产】 2018年，康玉乡加强“山火家火联防联控”机制建设，调整充实农牧区消防队人员，组建农牧区消防队6支，开展护林员责任培训、森林防火宣传工作6次。层层签订《森林防火目标责任书》，不断加大森林防火力度，定期组织专人检查森防、消防设施，组织森防救火演练2次，完善森防物资储备，全年未发生一起森林火灾。定期、不定期组织人员深入林区，加大森林巡逻力度和密度，同时在进出乡道路口设置检查站，逐级签订《安全生产目标责任书》，深化落实安全生产目标责任制。开展“安全生产月”活动，深入田间地头开展农机具安全使用宣传20余次，深入辖区各餐馆、娱乐场所、建筑施工工地以及各村进行安全生产宣传5场次，发放安全生产宣传单1000余份，受教育群众1200余人次。组织2次灭火应急疏散演练，归置应急救援储备物资。联合乡派出所开展道路安全集中整治6次，查处摩托车无佩戴头盔30起，超员超载4起，批评教育农牧民群众20余人。

【基层组织建设】 绘好党建蓝图。2018年，康玉乡研究制定基层党建规划，分领域明确和细化基层党建目标任务、责任主体、推进措施等具体要求，全乡基层党建工作逐步形成了“一盘棋”的良好局面。

落实主体责任。乡党委与各支部签订基层党建工作目标责任书，坚持把基层党建工作摆上重要议事日程，将党建工作与发展稳定各项工作同部署、同落实、同考核，有效传导压力、压实责任，让各基层党组织书记牢固树立“抓好党建是本职，不抓党建是失职，抓不好党建是不称职”的正确政绩观。

推进“两学一做”学习教育常态化制度化。制定了“两学一做”学习计划，坚持理论联系实际，有目的、有计划地学习理论知识，2018年，全乡共发放各类学习教材、宣传资料1100余份，乡党委带头开展学习讨论8次，各党支部开展专题研讨20余次，书记带头讲党课、开展专题辅导60余场次。持续推进“户户悬挂国旗、党员佩戴党徽”活动。

抓干部队伍建设。完善《干部周例会制度》《早操制度》《干部工作点评会议制度》《工作日志制度》等，并将周例会制度延伸到村一级，每月开展一次村干部点评工作。

软弱涣散党组织整顿工作。结合2017年末各支部基层党建考核结果，把排名最末的定为后进党组织，逐一分析问题，建立整改台账，明确具体整改内容、整改时限及责任人。后进党组织书记“挂帅”主抓，采取“一问题一对策”和“不转化、不脱钩”办法，限时开展整顿工作。

村“两委”班子建设情况。加大村干部培训工作力度，在乡里自行举办4期村干部培训班，并积极组织村干部参加市、县两级组织的培训班1次。发挥基层组织领导作用和党员先锋模范作用，在2018年虫草采集期间共处理6起矛盾纠纷；深入推广“村干部例会制度”“五星党员、十星农户”“优秀共产党员”“优秀党务工作者”创建评选。

“四讲四爱”开展情况。及时成立康玉乡“四讲四爱”活动办公室，积极开展宣讲工作，2018年全乡共开展“四讲四爱”群众教育实践活动专题宣讲144场次，受教育群众、学生、僧尼达7280余人次；组织各类活动48场次，参与群众3140余人次；悬挂横幅130余条，宣传栏7个，宣传展板7块，发放宣传手册314册，挂历500余张，张贴宣传标语7套，上报简报信息40余期。

【党风廉政建设】 2018年，康玉乡严格用制度管权管事管人，健全完善乡政府议事决策制度，明确大额资金使用、重大决策等重要事项的研究决定步骤，全面提升乡领导班子决策科学化、民主化、规范化水平。乡党委政府班子严格遵守中央八项规定和区党委“约法十章”“十项要求”，严格执行《波密县公务接待办法》《波密县公车管理试行办法》，细化公车配备使用管理、公车接待等工作，确保“三公”经费支出稳步下降，确保反对“四风”彻底到位。

【创先争优强基础惠民生活动】 2018年，整合强基惠民经费50万元，其中35万元用于乌那村犏奶牛养殖基地建设项目，10万元用于宗热村温室大棚维修项目，5

2018年5月22日，康玉乡党委书记古桑阐杰（左三）在乌那村看望慰问贫困群众

万元用于开展送温暖、送祝福慰问活动。

（何　磊）

【领导名录】

党委书记

古桑朗杰（藏族）

党委副书记、乡长

陈　亮

党委委员、人大主席

阿旺索朗（藏族）

党委副书记

刘丙康

党委委员、组织委员

索朗扎西（藏族）

党委委员、政法委员

央　措（女，藏族）

党委委员、副乡长

罗银吉

副乡长

单增洛桑（藏族）

人大专职副主席

赤　列（藏族）

农牧综合服务中心主任

格桑平措（藏族，10月任职）

玉普乡

2018年8月3日，波密县委书记朱正辉（前排右三）带领波密县10个乡（镇）党委书记在玉普乡调研指导工作

【概况】 玉普乡位于波密县东南部，国道318线北侧，乡政府驻地阿西村距县城65公里，地处北纬29° 38′，东经96° 15′，东邻昌都市八宿县然乌镇，南接察隅县上察隅镇，西毗墨脱县格当乡，北通波密县松宗镇，是波密县乃至林芝市“东大门”。玉普乡气候属高原温暖半湿润气候，夏季凉爽湿润，冬季寒冷干燥，林下资源丰富，其中冬虫夏草、贝母等林下资源为农牧民群众收入的主要来源。全乡国土面积约2000平方公里，其中耕地面积2429.3亩。下辖6个行政村（达巴、阿西、格巴、宗坝、米美、米堆）17个自然村，468户1700人。全乡行政编制27名、事业编制20名，有8个党支部，201名党员（机关事业单位党员23名，农牧民党员178名）。2018年，全乡农村经济总收入3787.41万元，同比增长11.31%；粮油总产量完成876.53吨，同比下降4.61%；农牧民人均可支配收入17154.73元，同比增长10.11%；牲畜7235头（匹、只）。

【经济建设】 2018年，米堆村“两委”成功走出抓党建促旅游发展和农牧民增收致富新路子，户均收入实现5万元以上；米美村结合砂石厂整合，将原有3个分散经营砂石厂合并成立玉普乡利民砂石厂，富民利民效益有力彰显；宗坝村依托市场经济组建施工队，有效拓宽农牧民增收渠道；格巴村粮油加工项目建设完毕，工程项目已通过验收；整合54万元强基惠民资金，稳步推进达巴村集体经济农家乐项目，着力打造集餐饮、休闲、生态采摘于一体的农业综合体。

【项目建设】 2018年，玉普乡依托“区乡对接”合作框架，所涉援藏资金858万元的格巴村村级组织活动场所标准化建设项目（总投资526万元，占地面积899.14平方米）、米堆村村级组织活动场所标准化建设项目（总投资332万元、占地面积576.25平方米）稳步推进，主体工程已竣工。由国家投资的米美村村级组织活动场所标准化建设项目（总投资221万元、占地面积525.36平方米）、达巴村村级组织活动场所标准化建设项目（总投资115万元，占地面积322.05平方米）主体工程已完工。乡党委、政府整合资金120

万元建设的阿西村（总投资60万元、占地面积298平方米）、宗坝村村级组织活动场所改扩建项目（总投资60万元，占地面积305平方米）全部竣工；总投资20万元的格巴村电焊条加工厂项目完成厂房建设；总投资80万元的乡政府农牧仓库于2018年10月建成并投入使用。

【基础设施建设】 2018年，由县扶贫专项资金420万元投资修建的阿西村农村饮水安全巩固提升工程建设完成并投入使用，解决了阿西村、乡政府、玉普乡检查站、卫生院饮水安全问题，切实保障人畜四季饮水安全。

【基层党组织建设】 2018年，玉普乡党委理论学习中心组先后召开5次专题会议，研究部署学习贯彻党的十九大精神、推进“两学一做”学习教育常态化制度化和“四讲四爱”群众教育实践活动宣传工作，利用“三会一课”、党员固定活动日和党内组织生活会形式，组织全乡干部职工集中开展学习讨论，实现周周有学习笔记、月月有心得体会。乡党政主要负责人先后深入乡小学、日昂寺和全乡6个行政村以通俗易懂语言和受众喜闻乐见方式开展党的十九大精神宣讲40次、“四讲四爱”群众教育实践活动宣讲25次，受教育群众达3200余人次。

严格落实党建工作经费和第一书记办实事经费，进一步规范党费收缴、党员发展教育、“三会一课”“三务公开”和“四议两公开”等制度，认真履行好党管意识形态工作，积极开展村干部文化素质提升、村干部量化管理、党员干部结对认亲、党员公开承诺、党员固定活动日和“主题党日”活动等党建工作，2018年乡党委先后组织召开党建专题会议6次，有效确保党管一切政策方针落到实处。

2018年3月14日，波密县委副书记、政府县长边巴（前排左二）一行在玉普乡调研维稳工作

调整充实党风廉政建设责任制领导小组和反腐败工作协调小组，制定2018年廉政工作计划，把党风廉政建设工作纳入党委、政府日常工作来抓。制定完善制度4项，党委书记与班子成员和全乡驻村工作队第一书记谈话1次，党委班子成员与干部谈心谈话3次，举行党风廉政宣传教育月活动1次，开展学习7次，召开专题会议9次，听取班子成员和纪委汇报各4次，乡党政主要负责人下村调研指导工作10次，先后召开5次专题会议传达学习《新形势下党内政治生活的若干准则》《中国共产党党内监督条例》、十九届中央纪委二次全会精神和西藏自治区纪委九届三次全会精神以及各类违纪典型案例的通报精神，召开党风廉政深化建设专题会议3次，党委书记上廉政党课3次，把中央八项规定和区党委“约法十章”“九项要求”作为全乡开展各项工作的戒尺和高压线；乡党政班子成员深入各自分管领域开展监督检查8次，乡党委、纪委联合督查组到乡各部门特别是财务部门及各村“两委”检查资金使用情况及党务政务、财务及村务公开情况4次，有效检查并督促落实了各项规章制度，切实让上墙制度“走出来”并落实到位。

【基层团组织建设】 2018年，玉普乡认真落实各级党委的群团工作会议精神，结合实际制定工作计划，召开专题会议1次，听取共青团工作汇报1次，在“五四”青

玉普乡人民政府党政大楼

年节、“七一建党节”和“十一国庆节”等重要节点开展升国旗、唱国歌、法律进课堂、重温入党誓词等重要活动，有效推动基层团组织工作纵向深入开展。

【创先争优强基础惠民生活动】 2018年，玉普乡先后组织各驻村工作队召开7次工作会议，听取各驻村工作队长工作汇报4次；乡强基办按月开展工作督查，对于群众反映强烈的事项，要求驻村工作队立改立办，限期整改；完善队员请假和轮休工作制度，确保在重大节点全员在岗和日常工作3人以上在岗工作目标。

【耕地保护】 2018年，玉普乡党委、政府与各村“两委”班子签订《波密县玉普乡2018年耕地保护目标责任书》，明确责任人、责任单位、考核标准、奖惩措施，严格化分指标，进一步加强土地管理，坚持对标对表，推动耕地保护守牢耕地“红线”。

【基本草原划定工作】 2018年，玉普乡成立基本草原划定领导小组，严格按照《波密县开展基本草原划定工作实施方案》文件要求进行划定工作，圆满完成草地地块权属界限清晰明确、草地坐标和图件与实际面积一致的工作目标。通过5次集体宣讲、召开4次座谈会，对村民进行草原保护法律法规的宣传教育，有效提高群众保护林草自觉性，推动全乡41.95万亩草场发挥应有效益。

【科技工作】 2018年，玉普乡开展6次科技宣传活动，积极宣传、指导和引导群众科学种植，提高粮食产量；在农牧民技能培训上，协调43名农牧民群众参加市、县挖掘机维修、农牧特色种养等技能培训，开展生态岗位培训95人次；在农业发展方面，及时帮助农牧民转运化肥、农药和种子等农用物资。

【教育事业】 2018年，玉普乡坚持教育优先发展战略，扎实推动教育持续发展，乡党委、政府与6个行政村签订教育工作目标责任书，采取党政主要负责人亲自抓，各包村干部、村干部具体抓的举措，切实抓好“控辍保学”工作。全乡有1所小学和2所幼儿园，小学及学前班在校生共178名，其中小学125名，学前班53名，“三包”生178人，寄宿生125人，义务教育阶段适龄儿童入学率、巩固率达100%。中学在校生139人，其中初中生75人、高中生64人，义务教育入学率达100%，巩固率达到98.5%。2018年，乡党政主要负责人慰问2018年新录取的17名大学生，共发放慰问金8500元。

【宣传文化】 2018年，玉普乡制定民族团结创建活动实施方案，在民族团结教育月和各类节庆活动开展丰富多彩活动，参与群众达600余人次。积极发挥乡文化站的服务作用，配备4名专职文化干事负责全乡文化建设。以春节、藏历新年、“3·28”百万农奴解放纪念日等节日为契机，乡党委、政府精心组织，先后举办4次形式多样、群众喜闻乐见的“感党恩—老党员讲述新旧社会对比”“歌唱比赛”“集体锅庄”等文艺活动；5月，成功举办阿西村赛马节，吸引1500余人次参与；8月，成功举办达巴村首届村级民俗文化节，吸引500余人次参与，进一步推动玉普乡民俗文化产业的发展，经济效益、文化效益明显。

【卫生食药】2018年,玉普乡积极推进农牧区医疗卫生制度改革,农牧民参加合作医疗比率达100%,新农保参与比率达100%,参保率和参保缴费人数完成全年既定目标;认真开展疫苗接种工作,接种率达96%以上。全乡有1所卫生院,配有7名医护人员、4间病房、20个床位、1辆急救车;6个行政村均设有医务室,配有2名村医。食品药品安全方面成立食品药品安全工作领导小组,明确职责分工,与卫生院、商店、饭店签订《食品药品安全责任书》,积极会同乡卫生院,定期不定期开展食品药品安全联合专项整治工作。

【社会保障】2018年,玉普乡始终把就业和再就业工作作为社会保障重要一环,未出现新登记的失业人员。开展波棱瓜种植、生态岗位等培训,培训人员达250余人次,农村剩余劳动力转移就业有效落实。开展"低保"和"五保"核查工作,实现应保尽保、集中供养、残疾人动态管理工作目标。在养老金发放方面,实现有存折人员、未办理存折人员办理全覆盖,并完成系统信息录入工作。组织乡干部到6个行政村开展社保卡采集工作,2018年实现全乡社保卡信息采集全覆盖。

【防抗救灾体系建设】2018年,玉普乡制定了《玉普乡2018年地质灾害应急预案》,开展灾情应急演练2次,政策宣传5次,及时上报灾情4次,妥善处置米堆村雪灾2次,救灾款物管理严格、救灾力量建设充足,有效确保自然灾害应急处突到位。

【生态环境保护】2018年,玉普乡高度重视城乡环境综合治理工作,成立专门领导机构,明确职责分工,制定实施方案,建立长效机制。乡党政主要负责人带队先后开展全乡环境整治排查工作12次,对河道、国道、村道等死角垃圾进行集中处理,有效推动乡村生态文明建设。同时,成立由乡党委书记任组长的318国道沿线整治领导小组,坚持"五乱"清理整治,联合乡派出所、各村"两委"班子开展整治活动10余次,共清理经幡15处1650余条,有效淡化宗教消极影响,拆除违规广告牌23处50余块,协助县联合整治工作组勘察确定违规建筑41处,其中4处已拆除完毕,剩余37处违规建筑完成门窗拆除。

【脱贫攻坚】2018年,顺利通过国务院第三方扶贫工作评估验收。同时,持续落实教育扶持、医疗扶持、产业扶持、金融扶持、政策兜底等政策,开展入户思想宣传283次;办理贫困户医疗报销16次,涉及资金4.6万元;建成增收示范点14个,其中米堆村马帮为贫困户增收2万余元;举办技能培训班6场,参与群众180余人次。

【道路交通安全】2018年,玉普乡联合派出所在318国道流水处及交通事故多发地段设立警示标志牌2处。根据区、市、县关于交通整治工作的部署,联合派出所和玉普一级公安检查站加大交通检查,检查各类车辆12000余台次,对违章车辆进行有效查处。

【普法教育宣传】2018年,玉普乡认真落实"七五"普法发展规划,调整充实玉普乡普法领导小组,积极做好干部群众法律教育工作。以3月的综治宣传教育月、6月的综治宣传周和"9·16"平安西藏宣传日等活动为契机,全乡机关干部开展集体和自学法律知识活动6次,开展群众普法宣传6次,全面推进依法治国、依法行政工作,极大增强全乡干部群众学法、懂法和守法意识。

（汪宗位）

【领导名录】

党委书记
拉巴桑珠（藏族）

党委副书记、乡长
邹　谋

党委委员、人大主席团主席
次仁顿珠（藏族）

党委委员、组织委员
巴桑布芝（女,藏族,8月离任）

党委委员、纪委书记
郭海东

党委委员、人民武装部部长
旺杰旦增（藏族,9月任职）

人大专职副主席
次仁卓嘎（女,藏族）

副乡长
乔德吉（女,藏族）

易贡乡

2018年4月27日，易贡乡召开机关党支部换届选举大会

【概况】 易贡乡位于波密县西北方向，临近318国道，坐落于易贡湖畔，距县城所在地136公里。全乡总面积2800平方公里，平均海拔2100米，有耕地511.02公顷，草场27560公顷，林地99254.9公顷。易贡乡下辖5个行政村11个自然村。有7个党支部243名党员（农牧民党员222人），共372户1398人。有桑林寺、成色寺2座寺庙。境内森林密布，河流纵横交错，受印度海洋性季风气候影响，冬无严寒，夏无酷暑，雨量充沛，气候温润。易贡乡以种植青稞、小麦、玉米、荞麦等为主，特色种植有辣椒、油菜等，牲畜以牛、猪、马为主，属于半农半牧区。2018年，易贡乡农村经济总收入5140.64万元，同比增长14.5%，农牧民人均收入22627.62元，同比增长15.49%，人均现金收入14471.31元，同比增长2%。粮油总产量1816.74吨，同比减少6%（冬小麦263.52吨、玉米709.42吨、青稞84.45吨、荞麦105.24吨、油菜籽596.7吨、其他作物57.41吨）；牲畜总头数6844头（牛2109头，猪4293头，马442匹），同比增长6.9%。

【三大产业】 2018年，易贡乡加大耕地保护宣传力度，建立健全基本农田保护制度，组织签订耕地保护责任书，树立7块土地基本农田保护牌。严格管理691.7亩流转土地用途，无非法侵占、破坏耕地及基本农田行为、无乱签土地流转协议、乱搭乱建、乱圈乱占行为；召开5次会议专题研究农村土地（耕地）确权登记颁证相关事宜，化解调处矛盾纠纷1次，整理完善归档资料。全乡确权土地1457块，6392.67亩，涉及全乡310户1291人，颁证310个，完成土地确权颁证。组织做好春秋动物防疫工作，牲畜集中接种疫苗6000余针，有效预防各种瘟疫疾病。协调县农牧局采样化验疫病猪，做好疫病猪体防疫工作，避免猪瘟疫传染扩散，保护群众财产安全。

辖区内共有非公经济70余家，2018年新增非公经济2家。易贡乡共有12个农牧民合作社、11个集体经济，其中4个村集体经济项目前置手续已完成，3个正在实施，4个经济效益初现。2018年，易贡藏刀合作社有成员29名，打制藏刀2876把，出售2145把，纯利润97万元。

【项目建设】 2018年，易贡乡协调推动4511.2亩茶叶种植项目落地生根，种植1018.5亩。贡仲村2094.2亩、沙玛村78亩、江拉村1835.4亩、通加村503.6亩；通过“以奖代补”政策，鼓励支持村集体、合作社、示范户养殖藏猪，整合驻村资金7万元用于贡仲村藏猪养殖，推进规模化藏猪养殖产业。协助县养殖场在全乡收购能繁母猪229头，收益161664元。

【基础设施建设】 2018年，易贡乡通加、格通维修农田灌溉水渠5200米，辐射灌溉1800亩。完成贡仲村35户/80平方米房屋改造，打造民俗文化墙3700米，新修水渠380米，硬化道路10340米，安装43盏太阳能灯，完成乡小集镇硬化、美化、亮化、绿化工程。投资79万元新建易贡乡304.18平方米的乡级农牧业防抗灾货物储备仓库。投资378.22万元对全乡2930亩土地进行治理，其中客土改良2628亩，土地平整302

亩，在白玉、玛古通新修5条总长2623米的机耕道。

2018年3月28日，易贡乡举办第四届油菜花节

【基层组织建设】 2018年，易贡乡推进“两学一做”学习教育常态化制度化，促进党内生活常态化、规范化。党支部党建指导员定期听取支部书记、第一书记汇报党建工作，帮助解决经费、分类指导党建工作，督查驻村工作经费、党建经费使用及公示情况。开展集中整治不作为慢作为、文山会海等形式主义、官僚主义突出问题。推进村级组织活动场所标准化建设，江拉村村级组织活动场所标准化已建成，后续装修、配置办公用品正在稳步推进，年底通过竣工验收并投入使用。通加村村级组织活动标准化建设主体工程正在抓紧实施。探索打造“四个带头”（带头抓学习，带头送服务，带头谋发展，带头保稳定）主题党建实践活动，树立典型人物10名，机关党支部走在前做表率，支部战斗堡垒和党员先锋模范作用日益凸显。加强党建带群团工作，创新活动载体，以五四青年节、六一儿童节、七一建党节、十一国庆节为契机，组织开展形式多样内容丰富的文体活动，加强对少先队工作的领导，激发青少年的内在潜力。一名团干出席团中央十八大，返乡宣讲团改革、团建思路，引导各级团干树立核心意识、看齐意识。全年开展共青团员、妇女等群团活动22次，累计参加宣讲学习1028人次。

【党建工作】 2018年，易贡乡深入贯彻《关于新形势下党内政治生活的若干规定》，完善“三会一课”“主题党日”、建立健全领导班子谈话谈心制度，督查民主评议党员制度，严肃党内政治监督，按期组织召开民主生活会和组织生活会。完善干部培养、财务监督管理制度，严格执行党务、政务、财务公开，充分发挥村务监督委员会作用，做到“三资”（资金、资产、资源）公开透明，规范有序，按要求填写惠农政策及资金“明白卡”，让群众清楚明白。严把党员“入口关”“程序关”，发展9名预备，转正6名。组织党员干部为烧伤住院的格通村村民扎西顿珠捐款9000元（机关党支部捐款5000元，格通村党支部捐款4000元）。

在重大节日期间加强督查中央八项规定、自治区约法十章、九项要求精神贯彻落实情况，暗访党员不信教、不参与赌博情况7次。严明党员不信教、不参与赌博纪律要求，先后督查承诺践诺10次，对发现的1起违纪行为严肃批评教育，加大处置不合格党员力度，开除3名违纪违法党员党籍，保持党员队伍的先进性和纯洁性。开展扶贫领域监督执纪，将脱贫攻坚监督检查与基层“微腐败”问题同步考虑、统筹推进，严格落实每月向上级纪委报送扶贫政策落实、资金使用、项目管理情况，对全乡56户202人建档立卡户政策资金落实情况进行督查10余次。投资25万元新建党建走廊1处，更新粘贴宣传栏20个，廉政图画10个。

【脱贫攻坚】 2018年，易贡乡开展建档立卡“四对一”帮扶活动，累计定向结对58对，慰问物资合计29.186万元；兑现入户产业扶持资金75.8万元，通麦异地产业扶贫项目年收入21.2万元，集体经济农家乐建设项目总投资135万元，实现年收入7万元；医疗救助扶持24人；累计教育扶持38名高中生和38名大学生，兑现扶持资金36.5638万元；人居环境整治扶持16户房屋重建，兑现125万元；庭院整治49户，兑现24.5万元；累计兑现生态岗位710个，投入资金227.65万元。易贡铁山建筑有限公司、驷维电子有限公司慰问物资价值2万余元。全国红军小学理事会、万达企业捐助乡小学物资价值5万元。2018年，精准扶贫工作顺利完成省际交叉检查及国家第三方精准扶贫评估验收，易贡乡退出贫困乡。2018年4月12日，松赞集团兑现易贡乡江拉村土地补偿资金，征用贫困户18.99亩土地，补偿资金662864.94元。村集体用地0.87亩，兑现资金30368.22元。

【"三岩"搬迁】 2018年，易贡乡结合各村实际情况，采用分散安置方法进行插花式安置，5个村每村安置30人。已完成安置点选址、测绘等前期准备工作。召开易地搬迁工作推进会2次，协助昌都市"三岩"办工作人员实地调研，妥善谋划安置点。

【科教文卫】 2018年，易贡乡组织科技特派员参加果树修剪嫁接、天麻种植等技能培训，发挥专招生园林设计、植物等专业特长，开展技术指导培训工作。组织农牧民群众参加藏餐、汽修、计算机等培训55人次，帮助解决就业9人。县人社局组织藏、川菜餐饮培训，易贡乡50人参加培训。协调精准扶贫户5人进入茶企业工作，组织7名群众参与易贡茶校学习种植、管理茶树技术。帮助大学生就业13人，完成就业帮扶制度9对，解决14人就业。2018年，易贡乡652人参加社会保险，参保资金91200元；新农保、医保参保1386人，投保27720元，参保率100%；建立健全74名持证残疾人基本数据库。

2018年，易贡乡学生入学率和巩固率均达到100%，1名学生考取内地班。2所幼儿园2个教学班有56名适龄儿童就读，中心小学完成基础设施改造，并新修建2栋教师住宿楼。协调易贡乡中心小学师生到北京参观红色爱国主义教育基地。

2018年6月10日，易贡乡第九届人民代表大会第四次会议与会代表合影留念

组织党员干部观看红色电影，《将改革进行到底》《红河谷》《榜样3》系列纪录片，树立"四个意识"；举办易贡乡第四届油菜花节，观演群众达1000余人，40余家商铺物资交易达20余万元；组建村级民俗演出队，开展"波卓"进校园活动，参与桃花节、藏王故里文化旅游节汇演，展现易贡风采；加强与拉孜藏刀的合作，充分挖掘易贡藏刀文化底蕴，组织配合西藏诱惑、七彩林芝、中央10台、中央旅游台、凤凰卫视等到藏刀打制合作社录制打制过程，参加波密桃花节、鲁朗旅游文化节、雅鲁藏布文化旅游节等活动，大力宣传推介易贡藏刀，将文化产业与非遗保护紧密结合。

2018年，易贡乡卫生院选址新建，援藏捐赠救护车1辆。全乡育龄妇女364人，孕产妇10人，新生儿15人，住院分娩率100%，新生儿免疫疫苗接种率100%，儿童基础免疫接种率100%。落实农牧区"一孩双女"困难家庭扶助政策、"西藏特殊子女家庭特别扶助制度"，奖励扶助22人，政策落实率达100%。建立居民健康档案，体检1404人，60岁以上体检99人，在编僧尼免费健康体检率100%。筛查包虫病1000余人，确诊3人。

【生态环保】 2018年，易贡乡投资1770万元改造贡仲村棚户区，投入25万元实施乡政府庭院绿化和人居环境整治，投入8万余元集中清理整治通麦小集镇环境卫生。开展垃圾分类清运，推进2个垃圾转运站综合利用。全面推行河长制，召开部署会议4次，开展巡河8次。杜绝乱采滥挖沙石现象，组织清理河道白色垃圾10余次。完成义务植树造林4次，种植面积500余亩。

【安全生产】 2018年，易贡乡层层签订《安全生产目标责任书》7份，排查可燃易燃物使用管理隐患105次，成立农牧区义务森林消防队11支，开展森林防火宣传。乡综治办会同民警开展道路交通安全检查11次，开展交通专题讲座3次。

（张 芸）

【领导名录】

党委书记

陆文刚

党委副书记、乡长

益西江成（藏族）

党委委员、纪委书记

贾芳丽（女）

党委委员、统战委员、人武部部长

西热江措（藏族）

党委委员、宣传委员

尼 玛（门巴族）

党委委员、副乡长

邬志强

党委委员、副乡长

旦增罗布（藏族）

党委委员、政法委员

顿 珠（藏族，9月任）

副乡长

陈兰兰（女）

附 录

受县(区)级以上表彰的先进集体名录

表9

获奖单位	获奖名称	表彰时间	授予单位
西藏波密监狱	全国监狱工作先进集体	2019年1月	中华人民共和国司法部
波密县环境保护局	全国环境保护系统先进集体	2018年2月	中华人民共和国人力资源和社会保障部、中华人民共和国环境保护部
波密县中学七年级(4)班中队	积极开展动感中队活动,增强少先队员光荣感和组织归属感,表现突出	2018年	全国少工委办公室
波密县玉许乡人民政府	自治区创先争优强基础惠民生活动第七批自治区级优秀组织单位	2018年	中共西藏自治区委员会、西藏自治区人民政府
波密县多吉乡人民政府	自治区创先争优强基础惠民生活动第七批自治区级优秀组织单位	2018年	中共西藏自治区委员会、西藏自治区人民政府
波密县公安局	自治区创先争优强基础惠民生活动第七批自治区级优秀组织单位	2018年	中共西藏自治区委员会、西藏自治区人民政府
波密县扎木镇人民政府驻东若村工作队	自治区创先争优强基础惠民活动第七批自治区级先进驻(居)村工作队	2018年	中共西藏自治区委员会、西藏自治区人民政府
波密县公安局交通管理大队	2018年春运“评优活动”先进集体	2018年	西藏自治区公安厅
西藏波密监狱	2018年度司法厅系统纪检监察工作先进集体	2019年1月	中共西藏自治区司法厅委员会
西藏波密监狱	2018年度司法厅系统监狱工作先进集体	2019年1月	中共西藏自治区司法厅委员会
西藏波密监狱	加强政治建警、打造过硬队伍“大练兵大比武”组织奖	2018年12月	西藏自治区司法厅
波密县税务局	西藏自治区巾帼文明岗	2018年12月	西藏自治区税务局
波密县民政局	自治区文明单位	2018年	西藏自治区文明办
波密县中学	民族团结进步学校	2018年	西藏自治区教育厅、西藏自治区民族事务委员会

续表9

获奖单位	获奖名称	表彰时间	授予单位
波密县中学	示范党支部	2018 年	中共西藏自治区教育工作委员会
波密县中学党支部	全区教育系统党建示范学校	2018 年	中共西藏自治区教育工作委员会
扎木镇人民政府	全区乡镇(街道)工会规范化建设"八有"达标单位	2019 年 1 月	西藏自治区总工会
古乡	西藏自治区文明村镇	2018 年 12 月	西藏自治区文明办
交通第三支队	武警部队参与脱贫攻坚先进单位	2018 年 12 月	武警部队政治工作部
养护四中队党支部	先进基层党组织	2018 年 7 月	武警某部总队党委
养护十七中队党支部	先进基层党组织	2018 年 7 月	武警某部总队党委
养护五大队	基层建设标兵大队	2018 年 12 月	武警第某部总队
养护十七中队	基层建设标兵中队	2018 年 12 月	武警第某部总队
保障部	先进支队机关	2018 年 12 月	武警第某部总队
多吉乡完小	中国智慧教育督导"十三五"规划重点课题壹等奖	2018 年 6 月	中国智慧教育督导"十三五"规划重点课题"教育信息技术应用总课题组
波密县税务局	2017 年林芝市市级平安创建先进单位	2018 年 1 月	林芝市委、市政府
玉普乡人民政府	林芝市级平安乡(镇)	2018 年 1 月	林芝市委、市政府
波密县卫生院	2017 年市级平安创建先进集体	2018 年 1 月	林芝市委、市政府
波密县供电有限公司	平安企业	2018 年 1 月	林芝市委、市政府
扎木镇人民政府	"脱贫攻坚 我为乡村振兴做贡献"先进集体	2018 年 7 月	林芝市委、市政府
扎木镇人民政府	优秀基层党组织	2018 年 7 月	林芝市委、市政府
波密县政协	《林芝区域文化丛书》编撰工作先进集体二等奖	2018 年 9 月	林芝市委、市政府
波密县公安局	林芝市级平安单位	2018 年 12 月	林芝市委、市政府
扎木镇人民政府	林芝市民族团结进步示范乡镇	2018 年 12 月	林芝市委、市政府
松宗镇	林芝市"先进双联户"创建活动先进乡镇	2018 年 12 月	林芝市委、市政府
古乡巴卡寺特派办公室	林芝市"遵行四条标准 争做先进僧尼"教育实践活动优秀组织单位	2018 年 12 月	林芝市委、市政府

续表9

获奖单位	获奖名称	表彰时间	授予单位
巴卡寺	林芝市“遵行四条标准 争做先进僧尼”模范寺庙	2018年12月	林芝市委、市政府
玉许乡许木寺管会	林芝市“遵行四条标准 争做先进僧尼”教育实践活动优秀组织单位	2018年12月	林芝市委、市政府
多吉乡曲宗寺庙	林芝市2018年度“遵行四条标准 争做先进僧尼”教育实践活动模范寺庙	2018年12月	林芝市委、市政府
多吉乡曲宗寺管委会	林芝市2019年度“遵行四条标准 争做先进僧尼”教育实践活动优秀组织单位	2018年12月	林芝市委、市政府
波密县农牧科技局	林芝市创先争优强基础惠民生活动第七批市级优秀组织单位	2018年	林芝市委、市政府
波密县文化局	林芝市创先争优强基础惠民生活动第七批市级优秀组织单位	2018年	林芝市委、市政府
波密县扎木镇人民政府	林芝市创先争优强基础惠民生活动第七批市级优秀组织单位	2018年	林芝市委、市政府
波密县古乡人民政府	林芝市创先争优强基础惠民生活动第七批市级优秀组织单位	2018年	林芝市委、市政府
波密县委组织部驻松宗镇栋亚村工作队	林芝市创先争优强基础惠民生活动第七批市级先进驻村(居)工作队	2018年	林芝市委、市政府
波密县交通运输局、玉普乡人民政府 驻玉普乡米美村工作队	林芝市创先争优强基础惠民生活动第七批市级先进驻村(居)工作队	2018年	林芝市委、市政府
波密县玉许乡人民政府驻玉许乡棠木村 工作队	林芝市创先争优强基础惠民生活动第七批市级先进驻村(居)工作队	2018年	林芝市委、市政府
波密县倾多镇人民政府驻倾多镇康达村 工作队	林芝市创先争优强基础惠民生活动第七批市级先进驻村(居)工作队	2018年	林芝市委、市政府
波密县多吉乡人民政府驻多吉乡毛江村 工作队	林芝市创先争优强基础惠民生活动第七批市级先进驻村(居)工作队	2018年	林芝市委、市政府
玉许乡玉沙村	林芝市2018年双联户创建评选工作先进村(居)	2018年	林芝市委、市政府
林芝公路分局扎木机械化养护队	2018年林芝市“四讲四爱”群众教育实践活动先进集体	2019年1月	中共林芝市委员会、林芝市“四讲四爱”群众教育实践活动领导小组
扎木镇人民政府	林芝市创建“人大之家”先进单位	2018年1月	林芝市人大常委会
波密县政协	提案工作先进单位	2018年2月	政协林芝市委员会
县委组织部	林芝市网宣工作先进集体	2018年	中共林芝市委组织部
县委组织部	林芝市信息工作先进集体	2018年	中共林芝市委组织部
扎木镇人民政府	2018年度林芝市宣传思想工作先进集体	2019年2月	中共林芝市委宣传部

续表9

获奖单位	获奖名称	表彰时间	授予单位
多吉乡人民政府	2017 年度林芝市宣传思想文化工作先进单位	2018 年 3 月	中共林芝市委宣传部
波密县委办公室	2018 年度林芝市党委系统信息工作先进集体	2019 年 5 月	中共林芝市委办公室
波密县人民检察院	2018 年度检察机关公益诉讼工作先进集体	2019 年 4 月	林芝市人民检察院
波密县人民法院	全市法院先进集体	2018 年 2 月	林芝市中级人民法院
波密县总工会	2017 年度全市工会工作目标责任考核三等奖	2018 年 3 月	林芝市总工会
波密县总工会	2017 年度全市工会信息报送第一名	2018 年 3 月	林芝市总工会
波密县工商业联合会	三八红旗集体	2018 年 3 月	林芝市妇女联合会
扎木镇人民政府	巾帼文明岗	2019 年 4 月	中共林芝市妇联合会
波密县安全生产监督管理局	林芝市“安全生产月”活动暨安全生产法律法规知识竞赛 三等奖	2018 年 3 月	林芝市安全生产委员会办公室
波密县卫生和计划生育委员会	医疗卫生业务综合考评一等奖	2018 年	中共林芝市卫生计生委党组
波密县疾病预防控制中心	医疗卫生突出贡献奖	2018 年	中共林芝市卫生计生委党组
波密县卫生服务中心	医疗卫生机构规范化和标准化建设先进单位	2018 年	中共林芝市卫生计生委党组
波密县广播电视台	2018 年度《林芝新闻》栏目供稿第三名	2019 年 2 月	林芝市广播电视台
波密县广播电视局	2018 年林芝市广播电视电影工作先进集体	2019 年 4 月	林芝市文化局
多吉乡完小	2018 年林芝春节藏历土狗新年电视联欢晚会集体奖	2018 年 2 月	林芝市文化局
波密县中学	林芝市教育系统民族团结进步创建活动模范学校	2018 年	林芝市教育体育局
倾多镇中心小学	市级先进党组织集体	2018 年	林芝市教育局
波密县农牧(科技)局	2017 年畜牧良种推广及防疫工作二等奖	2018 年 3 月	林芝市农牧局
农行波密县支行	2018 年“万马奔腾”对公业务营销组织奖第一名	2018 年	农行林芝分行
农行波密县支行	2018 年度综合绩效考评第二名	2019 年	农行林芝分行
兽防站	2018 年林芝市第一届动物检疫职业技能比武集体三等奖	2018 年 6 月	林芝市动物防疫卫生及植物检疫监督所
波密县人民法院	2017 年波密县社会治安综合治理工作先进单位	2018 年 1 月	波密县委、县政府

续表9

获奖单位	获奖名称	表彰时间	授予单位
多吉乡人民政府	波密县2017年度先进乡镇	2018年4月	波密县委、县政府
玉普乡日昂寺寺管会	波密县先进寺管会	2018年7月	波密县委、县政府
波密县委办党支部	先进基层党组织	2018年7月	中共波密县委员会
波密县人民检察院	先进基层党组织	2018年7月	中共波密县委员会
波密县公安局	“不忘初心、牢记使命，做神圣国土守护者、做幸福家园建设者”军民联欢文艺汇演二等奖	2018年8月	波密县委、县政府、县双拥办
易贡乡中心小学	第34个教师节先进集体	2018年9月	波密县委、县政府
波密县东若村委会	波密县“先进双联户”创建活动县级先进村（居）	2018年11月	波密县委、县政府
波密县水利局	2018年波密县民族团结进步模范集体	2018年11月	波密县委、县政府
波密县人大常委会办公室	2018年度波密县森林防火工作先进集体	2018年11月	波密县委、县政府
波密县人民检察院	2018年度波密县民族团结进步模范集体	2018年11月	波密县委、县政府
波密县人民检察院	2018年度波密县社会治安综合治理工作先进单位	2018年12月	波密县委、县政府
波密县人民法院	2018年波密县民族团结进步模范集体	2018年12月	波密县委、县政府
波密县人民法院	2018年波密县社会治安综合治理工作先进单位	2018年12月	波密县委、县政府
政府办	2018年度波密县社会治安综合治理工作先进单位	2018年12月	波密县委、县政府
波密县纪委监委	2018年波密县社会治安综合治理工作先进单位	2018年12月	波密县委、县政府
县委组织部	2018年度波密县社会治安综合治理工作先进单位	2018年12月	波密县委、县政府
波密县城市投资有限责任公司	2018年波密县社会治安综合治理工作平安企业	2018年12月	波密县委、县政府
扎木镇人民政府	2018年波密县社会治安综合治理工作第一名	2018年12月	波密县委、县政府
波密县东若村委会	林芝市“先进双联户”创建评选工作先进村（居）	2018年12月	波密县委、县政府
古乡	2018年波密县社会治安综合治理工作第三名	2018年12月	波密县委、县政府
多吉乡人民政府	波密县2018年度“四讲四爱”群众教育实践活动先进集体	2018年12月	波密县委、县政府
波密县委办公室	2018年波密县社会治安综合治理工作先进单位	2018年12月	波密县委、县政府

续表9

获奖单位	获奖名称	表彰时间	授予单位
波密县国土资源局	2018年社会治安综合治理工作	2018年12月	中共波密县委员会
波密县倾多镇人民政府	波密县创先争优强基础惠民生活动第七批县级优秀组织单位	2018年	波密县委、县政府
波密县松宗镇人民政府	波密县创先争优强基础惠民生活动第七批县级优秀组织单位	2018年	波密县委、县政府
波密县易贡乡人民政府	波密县创先争优强基础惠民生活动第七批县级优秀组织单位	2018年	波密县委、县政府
中共波密县纪律检查委员会	波密县创先争优强基础惠民生活动第七批县级优秀组织单位	2018年	波密县委、县政府
波密县教育(体育)局	波密县创先争优强基础惠民生活动第七批县级优秀组织单位	2018年	波密县委、县政府
波密县林业局	波密县创先争优强基础惠民生活动第七批县级优秀组织单位	2018年	波密县委、县政府
波密县财政局	波密县创先争优强基础惠民生活动第七批县级优秀组织单位	2018年	波密县委、县政府
波密县玉许乡人民政府驻玉许乡林琼村工作队	波密县创先争优强基础惠民生活动第七批县级先进驻村(居)工作队	2018年	波密县委、县政府
波密县康玉乡人民政府驻康玉乡通堆村工作队	波密县创先争优强基础惠民生活动第七批县级先进驻村(居)工作队	2018年	波密县委、县政府
波密县古乡人民政府驻古乡古村工作队	波密县创先争优强基础惠民生活动第七批县级先进驻村(居)工作队	2018年	波密县委、县政府
波密县商务局、国土资源局驻倾多镇叶巴村工作队	波密县创先争优强基础惠民生活动第七批县级先进驻村(居)工作队	2018年	波密县委、县政府
波密县松宗镇人民政府驻松宗镇格尼村工作队	波密县创先争优强基础惠民生活动第七批县级先进驻村(居)工作队	2018年	波密县委、县政府
波密县易贡乡人民政府驻易贡乡江拉村工作队	波密县创先争优强基础惠民生活动第七批县级先进驻村(居)工作队	2018年	波密县委、县政府
波密县八盖乡人民政府驻八盖乡日卡村工作队	波密县创先争优强基础惠民生活动第七批县级先进驻村(居)工作队	2018年	波密县委、县政府
波密县多吉乡人民政府驻多吉乡达大村工作队	波密县创先争优强基础惠民生活动第七批县级先进驻村(居)工作队	2018年	波密县委、县政府
波密县农牧(科技)局驻扎木镇达兴村工作队	波密县创先争优强基础惠民生活动第七批县级先进驻村(居)工作队	2018年	波密县委、县政府
波密县食品药品监督管理局	2018年度波密县民族团结进步模范集体	2018年	波密县委、县政府
波密县食品药品监督管理局	2018年度森林防火工作先进集体	2018年	波密县委、县政府
波密县人力资源和社会保障局	2018年波密县民族团结进步模范集体	2018年	波密县委、县政府

续表9

获奖单位	获奖名称	表彰时间	授予单位
多吉乡卫生院	2017年度卫生计生综合目标考核工作一等奖	2018年	波密县委、县政府
扎木镇卫生院	2017年度卫生计生综合目标考核工作二等奖	2018年	波密县委、县政府
倾多镇卫生院	2017年度卫生计生综合目标考核工作三等奖	2018年	波密县委、县政府
八盖乡卫生院	2017年度医疗管理工作优秀集体	2018年	波密县委、县政府
玉普乡卫生院	2017年度医疗管理工作优秀集体	2018年	波密县委、县政府
多吉乡卫生院	2017年度疾控综合工作一等奖	2018年	波密县委、县政府
扎木镇卫生院	2017年度疾控综合工作二等奖	2018年	波密县委、县政府
倾多镇卫生院	2017年度疾控综合工作三等奖	2018年	波密县委、县政府
八盖乡卫生院	2017年度重大公共卫生工作先进集体	2018年	波密县委、县政府
玉普乡卫生院	2017年度重大公共卫生工作先进集体	2018年	波密县委、县政府
古乡卫生院	2017年度重大公共卫生工作先进集体	2018年	波密县委、县政府
古乡人民政府	2017年度卫生健康工作先进集体	2018年	波密县委、县政府
多吉乡人民政府	2017年度卫生健康工作先进集体	2018年	波密县委、县政府
古乡卫生院	2017年度重大公共卫生工作先进集体	2018年	波密县委、县政府
古乡人民政府	2017年度卫生健康工作先进集体	2018年	波密县委、县政府
多吉乡人民政府	2017年度卫生健康工作先进集体	2018年	波密县委、县政府
波密县中学	“四讲四爱”群众教育实践活动先进集体	2018年	波密县委、县政府
波密县中学	中考优秀单位	2018年	波密县委、县政府
波密县中学	先进集体	2018年	波密县委、县政府
波密县小学	2018年度林芝市民族团结进步模范集体	2018年	波密县委、县政府
波密县小学	先进集体	2018年	波密县委、县政府
波密县小学	小考优秀单位	2018年	波密县委、县政府
倾多镇中心小学	优秀学校	2018年	波密县委、县政府
倾多镇中心小学	内地班达标学校	2018年	波密县委、县政府

续表9

获奖单位	获奖名称	表彰时间	授予单位
倾多镇人民政府	波密县2018年县级“先进双联户”创建评选工作先进集体	2018年	波密县委、县政府
倾多镇扎西村第1联户	波密县2018年县级先进双联户	2018年	波密县委、县政府
倾多镇普龙寺	2018年“遵行四条标准 争做先进僧尼”教育实践活动模范寺庙	2018年	波密县委、县政府
倾多镇普龙寺寺庙管理委员会	2018年“遵行四条标准 争做先进僧尼”教育实践活动优秀组织单位	2018年	波密县委、县政府
八盖乡	2018年度波密县生态环境保护工作良好乡镇	2018年	波密县委、县政府
政府办	2018年度波密县生态环境保护工作先进单位	2019年2月	波密县委、县政府
县委组织部	2018年度综合工作先进单位	2019年2月	波密县委、县政府
波密县城市投资有限责任公司	2018年度综合工作先进单位	2019年2月	波密县委、县政府
波密县财政局	波密县生态环境保护工作先进单位	2019年2月	波密县委、县政府
波密县财政局	综合工作先进单位	2019年2月	波密县委、县政府
波密县林业局	2018年度波密县生态环境保护工作先进单位	2019年2月	波密县委、县政府
波密县环境保护局	2018年度波密县生态环境保护工作先进单位	2019年2月	波密县委、县政府
扎木镇人民政府	2018年度波密县生态环环境保护工作先进单位	2019年2月	波密县委、县政府
扎木镇人民政府	2018年度综合工作先进乡镇	2019年2月	波密县委、县政府
古乡	2018年度波密县生态环境保护工作良好乡镇	2019年2月	波密县委、县政府
波密县委办公室	2018年度波密县生态环境保护工作先进单位	2019年2月	波密县委、县政府
政府办	2018年度波密县政务信息进步集体	2019年3月	波密县委、县政府
倾多镇古通村	2018年度波密县“四讲四爱”群众教育 实践活动先进集体	2019年	波密县委、县政府
波密县财政局	先进基层党组织	2018年7月	中共波密县委员会
波密中波台	先进基层党组织	2018年7月	中共波密县委员会
波密县扶贫办	先进基层党组织	2018年7月	中共波密县委员会
扎木镇人民政府	先进基层党组织	2018年7月	中共波密县委员会

续表9

获奖单位	获奖名称	表彰时间	授予单位
波密县达兴村委会	先进基层党组织	2018年7月	中共波密县委员会
波密县消防大队	波密县民族团结进步模范集体	2018年11月	中共波密县委员会
波密县国土资源局	2018年波密县民族团结进步模范集体	2018年11月	中共波密县委员会
易贡乡人民政府	食药安全工作考评先进集体良好奖	2018年5月	波密县人民政府
易贡茶场	食药安全单位(企业)进步奖	2018年5月	波密县人民政府
巴卡寺	波密县和谐模范寺庙	2018年7月	波密县人民政府
巴卡寺管理委员会	波密县先进寺管会	2018年7月	波密县人民政府
古乡	藏王节运动会拔河比赛第三名	2018年9月	波密县人民政府
波密县国土资源局	2018年度森林防火工作先进集体	2018年11月	波密县人民政府
波密县气象局	森林防火工作先进集体	2018年11月	波密县人民政府
波密县纪委监委	2018年森林防火工作先进集体	2018年11月	波密县人民政府、波密县森防指挥部
波密县政协	2018年度森林防火工作先进集体	2018年11月	波密县人民政府、波密县森林防火指挥部
波密县委办公室	2018年度森林防火工作先进集体	2018年11月	波密县人民政府、波密县森林防火指挥部
波密县公安局	2018年度森林防火工作先进集体	2018年11月	波密县人民政府、波密县森林防火指挥部
波密县人民检察院	2018年度森林防火工作先进集体	2018年11月	波密县人民政府、波密县森林防火指挥部
波密县人民法院	2018年度森林防火工作先进集体	2018年11月	波密县人民政府、波密县森林防火指挥部
波密县安全生产监督管理局	森林防火工作先进集体	2018年11月	波密县人民政府、波密县森林防火指挥部
波密县财政局	森林防火工作先进集体	2018年11月	波密县人民政府、波密县森林防火指挥部
波密县林业局	2018年度森林防火工作先进集体	2018年11月	波密县人民政府、波密县森林防火指挥部
玉普乡人民政府	2018年度森林防火工作先进单位	2018年11月	波密县人民政府、波密县森林防火指挥部

受县(区)级以上表彰的先进个人名录

表 10

姓名	性别	民族	工作单位	获奖名称	表彰时间	授予单位
王　风	女	汉	波密县中学	“华渔杯”全国中小学教师信息化教学设计多媒体课件评比三等奖	2018 年	中国教育技术协会
王　风	女	汉	波密县中学	“华渔杯”全国中小学教师信息化教学设计多媒体课件评比二等奖	2018 年	中国教育技术协会
汪演婷	女	汉	波密县中学	全国大学生就业创业年度新闻人物	2018 年	全国高等学校学生信息咨询与就业指导中心、中国互联网新闻中心
范艳娇	女	汉	波密县中学	“华渔杯”全国中小学教师信息化教学设计评比一等奖	2018 年	中国教育技术协会
米　玛	男	藏	倾多镇卫生院	全国乡镇卫生院优秀员工	2018 年	中国农村卫生协会
普布次仁	男	藏	波密县公安局	全国青少年毒品预防教育“6·27”工程优秀校外辅导员	2018 年 6 月	国家禁毒委员会办公室、中国禁毒基金会
扎西顿珠	男	藏	波密县公安局	全国青少年毒品预防教育“6·27”工程优秀校外辅导员	2018 年 6 月	国家禁毒委员会办公室、中国禁毒基金会
洪长风	男	汉	波密县中学	全国青少年毒品预防教育“6·27”工程优秀教师	2018 年	国家禁毒委员会办公室、中国禁毒基金会
代文学	男	汉	县委党校	中共中央党校研究生院 2018 年度优秀研究生	2018 年 7 月	中共中央党校研究生院
桑　杰	男	藏	农行波密县支行	2018 年度优秀行长	2019 年	农总行
王军平	男	汉	扎木镇人民政府	自治区创先争优强基础惠民生活动先进工作者	2018 年 12 月	中共西藏自治区委员会、西藏自治区人民政府
陈小云	女	汉	松宗镇人民政府	自治区创先争优强基础惠民生活动先进工作者	2018 年 12 月	中共西藏自治区委员会、西藏自治区人民政府
杨成洪	男	汉	波密县政协办	自治区创先争优强基础惠民生活动第七批自治区级先进驻村(居)工作队员	2018 年	中共西藏自治区委员会、西藏自治区人民政府
扎西拉达	男	藏	波密县公安局	自治区创先争优强基础惠民生活动第七批自治区级先进驻村(居)工作队员	2018 年	中共西藏自治区委员会、西藏自治区人民政府
索那旺堆	男	藏	波密县卫计委	自治区创先争优强基础惠民生活动第七批自治区级先进驻村(居)工作队员	2018 年	中共西藏自治区委员会、西藏自治区人民政府
米玛央宗	女	藏	波密县玉普乡人民政府	自治区创先争优强基础惠民生活动第七批自治区级先进驻村(居)工作队员	2018 年	中共西藏自治区委员会、西藏自治区人民政府

续表10

姓名	性别	民族	工作单位	获奖名称	表彰时间	授予单位
单增洛桑	男	藏	波密县康玉乡人民政府	自治区创先争优强基础惠民生活动第七批自治区级先进驻村（居）工作队员	2018年	中共西藏自治区委员会、西藏自治区人民政府
扎西白珍	女	藏	波密县八盖乡人民政府	自治区创先争优强基础惠民生活动第七批自治区级先进驻村（居）工作队员	2018年	中共西藏自治区委员会、西藏自治区人民政府
四郎旺姆	女	藏	波密县玉许乡人民政府	自治区创先争优强基础惠民生活动第七批自治区级先进驻村（居）工作队员	2018年	中共西藏自治区委员会、西藏自治区人民政府
樊西豫	女	汉	波密县古乡人民政府	自治区创先争优强基础惠民生活动第七批自治区级先进驻村（居）工作队员	2018年	中共西藏自治区委员会、西藏自治区人民政府
贾俊兵	男	汉	波密县多吉乡人民政府	自治区创先争优强基础惠民生活动第七批自治区级先进驻村（居）工作队员	2018年	中共西藏自治区委员会、西藏自治区人民政府
夏东升	男	汉	波密县人力资源和社会保障局	三等功	2018年4月	中共西藏自治区委员会、西藏自治区人民政府
布鲁	男	藏	倾多镇倾多寺	全区民族团结进步模范	2018年	中共西藏自治区委员会、西藏自治区人民政府
赵明军	男	汉	波密县纪委监委	自治区级优秀村（居）党支部第一书记	2018年12月	中共西藏自治区委员会
扎西旺秋	男	藏	扎木镇人民政府	全区第二批优秀村（居）党组织第一书记	2018年12月	中共西藏自治区委员会
顿珠多吉	男	藏	波密县政府办	2018年度自治区政府系统信息工作先进个人	2019年3月	西藏自治区政府办公厅建议提案与信息处
普琼	男	藏	县委组织部	西藏自治区“四讲四爱”优秀宣讲员	2018年12月	西藏自治区党委宣传部
张继璞	女	汉	波密县玉普乡人民政府	2017—2018年度大学生优秀志愿者	2018年8月	共青团西藏自治区委员会、西藏自治区青年志愿者协会
米玛	男	藏	波密县委宣传部	庆祝改革开放四十周年喜迎西藏妇女十大幸福生活随手拍活动优秀奖	2018年10月	西藏自治区妇女联合会
米玛	男	藏	波密县委宣传部	自治区文明家庭	2018年	西藏自治区精神文明建设指导委员会
文桥	男	汉	波密县人力资源和社会保障局	全区人社系统劳动保障监察先进工作者	2018年7月	西藏自治区人力资源和社会保障厅
大扎西	男	藏	波密县中学	第九届“中国移动‘和教育’杯”全国教育技术论文活动西藏赛区三等奖	2018年	西藏自治区教育厅

续表10

姓名	性别	民族	工作单位	获奖名称	表彰时间	授予单位
桑旦曲珍	女	藏	波密县中学	初中教师教学竞赛三等奖	2018 年	西藏自治区教育厅
益西桑布	男	藏	波密县小学	“雅酷笔栽”第二届文化系列活动暨全区中小学教师藏汉书法比赛中荣获二等奖	2018 年 2 月	西藏自治区文化厅、西藏自治区教育科学研究院
黄开团	男	汉	波密县农牧(科技)局	2017 年度优秀网评员	2018 年 2 月	西藏自治区网信办
克　珠	男	藏	波密县住建局	《西藏林芝市波密县扎木镇重点地区城市设计》获得 2017 年度西藏自治区优秀城乡规划设计二等奖	2018 年	西藏自治区住建厅
才旺江村	男	藏	波密县扎木居委会党支部书记、主任	全区“四讲四爱”优秀宣讲员	2019 年 1 月	中共西藏自治区委员会宣传部
多吉占堆	男	藏	古乡卫生院	全区十佳医生	2018 年 8 月	西藏自治区医疗卫生委员会
吴　佳	男	汉	多吉乡完小	西藏自治区师德标兵	2018 年 9 月	西藏自治区教育厅
扎西卓玛	女	藏	扎木镇人民政府	优秀学员	2018 年 11 月	中山大学管理学院
吉美才邓	男	藏	松宗镇人民政府	2018 年第二期乡镇党委书记(镇长)进修班学习期间,撰写的研究报告被评为优秀	2018 年 7 月	中共广东省委党校
吉美才邓	男	藏	松宗镇人民政府	2018 年 6 月至 7 月参加我校乡镇党委书记(镇长)进修班学习,被评为优秀学员干部	2018 年 7 月	中共广东省委党校
益西江成	男	藏	易贡乡人民政府	2018 年第五期乡镇党委书记进修班撰写研究报告评为优秀	2018 年 1 月	中共广东省委党校
益西江成	男	藏	易贡乡人民政府	2018 年乡镇党委书记进修班优秀学员	2018 年 1 月	中共广东省委党校
白玛旺扎	男	藏	波密县农牧(科技)局	西藏少数民族专业技术人才特殊培养“优秀学员”	2018 年 7 月	西南大学
黄炳勇	男	汉	波密县公安局	2018 年度全区公安机关大侦查业务培训班优秀学员	2018 年 5 月	西藏警官高等专科学校
宿海舰	男	汉	交通第三支队副政治委员	二等功	2019 年 1 月	武警部队
肖海波	男	汉	交通第三支队交通大队舟桥中队中队长	二等功	2018 年 12 月	武警某部
桑吉卓玛	女	藏	波密县中心幼儿园	优秀学员	2018 年 10 月	“粤藏同心幼教培训工程”领导小组办公室
益西旦增	男	藏	波密县中学	西藏自治区第十二届运动会暨第四届民族传统体育运动会“拉萨城投杯”男子篮球第二名	2018 年	西藏自治区第十二届运动会暨第四届民族传统体育运动会委员会

续表10

姓名	性别	民族	工作单位	获奖名称	表彰时间	授予单位
车　薇	女	汉	波密县中心幼儿园	“拉萨城投杯”民族健身操第一名	2018年7月	西藏自治区第十二届运动会暨第四届民族传统体育运动会委员会
尼玛次旦	男	藏	达大村村委会	“助力脱贫攻坚,我为乡村振兴做贡献”致富标兵	2018年3月	林芝市委、市政府
阿旺尼玛	男	藏	康玉乡达曲村	“助力脱贫攻坚,我为乡村振兴做贡献”致富标兵	2018年7月	林芝市委、市政府
朱　丽	女	汉	玉许乡小学	2018年林芝市模范班主任	2018年9月	林芝市委、市政府
次　仁	男	藏	多吉乡完小	《林芝区域文化丛书》先进个人三等奖	2018年9月	林芝市委、市政府
次巴扎西	男	藏	易贡乡中心小学	2017-2018学年优秀教职工——骨干教师	2018年9月	林芝市委、市政府
夏　加	男	藏	松宗寺在编僧尼	林芝市“遵行四条标准 争做先进僧尼”教育实践活动优秀僧尼	2018年12月	林芝市委、市政府
嘎　多	男	藏	松宗寺在编僧尼	林芝市“遵行四条标准 争做先进僧尼”教育实践活动优秀僧尼	2018年12月	林芝市委、市政府
仁增江措	男	藏	松宗寺在编僧尼	林芝市“遵行四条标准 争做先进僧尼”教育实践活动优秀僧尼	2018年12月	林芝市委、市政府
李　炎	男	汉	古乡巴卡寺管理委员会	林芝市“遵行四条标准 争做先进僧尼”教育实践活动先进寺管干部	2018年12月	林芝市委、市政府
李　炎	男	汉	古乡巴卡寺管理委员会	2018年林芝市民族团结进步模范个人	2018年12月	林芝市委、市政府
次仁旺姆	女	藏	波密县人力资源和社会保障局	林芝市创先争优强基础惠民生活动先进村(居)工作队员称号	2018年12月	林芝市委、市政府
边巴次仁	男	藏	波密县人民政府办公室	林芝市创先争优强基础惠民生活动第七批市级先进驻村(居)工作队员	2018年	林芝市委、市政府
赵明军	男	汉	中共波密县纪律检查委员会	林芝市创先争优强基础惠民生活动第七批市级先进驻村(居)工作队员	2018年	林芝市委、市政府
王　姣	女	汉	波密县人民检察院	林芝市创先争优强基础惠民生活动第七批市级先进驻村(居)工作队员	2018年	林芝市委、市政府
贡布扎西	男	藏	波密县人民法院	林芝市创先争优强基础惠民生活动第七批市级先进驻村(居)工作队员	2018年	林芝市委、市政府
白　拉	女	藏	波密县交通运输局	林芝市创先争优强基础惠民生活动第七批市级先进驻村(居)工作队员	2018年	林芝市委、市政府
拉巴次仁	男	藏	波密县公安局	林芝市创先争优强基础惠民生活动第七批市级先进驻村(居)工作队员	2018年	林芝市委、市政府

续表10

姓名	性别	民族	工作单位	获奖名称	表彰时间	授予单位
尼玛旺堆	男	藏	波密县文化局	林芝市创先争优强基础惠民生活动第七批市级先进驻村(居)工作队员	2018年	林芝市委、市政府
次仁旺姆	女	藏	波密县人力资源和社会保障局	林芝市创先争优强基础惠民生活动第七批市级先进驻村(居)工作队员	2018年	林芝市委、市政府
邓行翔	男	汉	波密县农牧科技局	林芝市创先争优强基础惠民生活动第七批市级先进驻村(居)工作队员	2018年	林芝市委、市政府
达瓦扎西	男	藏	波密县农技推广服务站	林芝市创先争优强基础惠民生活动第七批市级先进驻村(居)工作队员	2018年	林芝市委、市政府
和平	男	藏	波密县教育(体育)局	林芝市创先争优强基础惠民生活动第七批市级先进驻村(居)工作队员	2018年	林芝市委、市政府
杨丽	女	汉	波密县妇女联合会	林芝市创先争优强基础惠民生活动第七批市级先进驻村(居)工作队员	2018年	林芝市委、市政府
蔡林雁	男	汉	波密县林业局	林芝市创先争优强基础惠民生活动第七批市级先进驻村(居)工作队员	2018年	林芝市委、市政府
曹爽	男	汉	波密县林业局	林芝市创先争优强基础惠民生活动第七批市级先进驻村(居)工作队员	2018年	林芝市委、市政府
西绕卓玛	女	藏	波密县财政局	林芝市创先争优强基础惠民生活动第七批市级先进驻村(居)工作队员	2018年	林芝市委、市政府
龙珍	女	藏	波密县玉许乡人民政府	林芝市创先争优强基础惠民生活动第七批市级先进驻村(居)工作队员	2018年	林芝市委、市政府
代维川	男	汉	波密县玉许乡人民政府	林芝市创先争优强基础惠民生活动第七批市级先进驻村(居)工作队员	2018年	林芝市委、市政府
达娃	男	藏	波密县康玉乡人民政府	林芝市创先争优强基础惠民生活动第七批市级先进驻村(居)工作队员	2018年	林芝市委、市政府
德吉卓嘎	女	藏	波密县康玉乡人民政府	林芝市创先争优强基础惠民生活动第七批市级先进驻村(居)工作队员	2018年	林芝市委、市政府
扎西旺秋	男	藏	波密县扎木镇人民政府	林芝市创先争优强基础惠民生活动第七批市级先进驻村(居)工作队员	2018年	林芝市委、市政府
朱晨晨	男	汉	波密县倾多镇人民政府	林芝市创先争优强基础惠民生活动第七批市级先进驻村(居)工作队员	2018年	林芝市委、市政府
尼玛拉措	女	藏	波密县松宗镇人民政府	林芝市创先争优强基础惠民生活动第七批市级先进驻村(居)工作队员	2018年	林芝市委、市政府
刘松松	男	汉	波密县易贡乡人民政府	林芝市创先争优强基础惠民生活动第七批市级先进驻村(居)工作队员	2018年	林芝市委、市政府
王来永	男	汉	波密县易贡乡人民政府	林芝市创先争优强基础惠民生活动第七批市级先进驻村(居)工作队员	2018年	林芝市委、市政府

续表10

姓名	性别	民族	工作单位	获奖名称	表彰时间	授予单位
扎西旺杰	男	藏	波密县八盖乡人民政府	林芝市创先争优强基础惠民生活动第七批市级先进驻村(居)工作队员	2018年	林芝市委、市政府
普　尺	女	藏	波密县八盖乡人民政府	林芝市创先争优强基础惠民生活动第七批市级先进驻村(居)工作队员	2018年	林芝市委、市政府
德吉央宗	女	藏	波密县卫生服务中心	医德医术模范奖	2018年	林芝市委、市政府
卓　嘎	女	藏	波密县藏医院	医德医术模范奖	2018年	林芝市委、市政府
索朗旺堆	男	藏	波密县疾控中心	医德医术模范奖	2018年	林芝市委、市政府
索朗卓玛	女	藏	波密县卫生服务中心	医德医术先进奖	2018年	林芝市委、市政府
旦增卓玛	女	藏	波密县卫生服务中心	医德医术先进奖	2018年	林芝市委、市政府
李肖杰	女	汉	波密县卫生服务中心	医德医术先进奖	2018年	林芝市委、市政府
边　巴	女	藏	波密县卫生服务中心	白衣天使模范奖	2018年	林芝市委、市政府
索朗曲珍	女	藏	波密县卫生服务中心	白衣天使模范奖	2018年	林芝市委、市政府
次仁拉姆	女	藏	波密县卫生服务中心	白衣天使先进奖	2018年	林芝市委、市政府
巴　桑	女	汉	波密县卫生服务中心	白衣天使先进奖	2018年	林芝市委、市政府
桑旦欧珠	男	藏	波密县玉许乡白玉村	百名优秀村医	2018年	林芝市委、市政府
江安拉姆	女	藏	波密县倾多镇顶仲村	百名优秀村医	2018年	林芝市委、市政府
白玛益西	男	藏	波密县倾多镇康达村	百名优秀村医	2018年	林芝市委、市政府
索朗次仁	男	藏	波密县多吉乡木古村	百名优秀村医	2018年	林芝市委、市政府
其美拉姆	女	藏	波密县扎木镇扎木村	百名优秀村医	2018年	林芝市委、市政府
小达次仁	男	藏	波密县康玉乡乌那村	百名优秀村医	2018年	林芝市委、市政府
桑旦卓玛	女	藏	波密县松宗镇格尼村	百名优秀村医	2018年	林芝市委、市政府
索朗央宗	女	藏	波密县松宗镇德巴村	百名优秀村医	2018年	林芝市委、市政府
洛桑扎西	男	藏	波密县玉普乡宗巴村	百名优秀村医	2018年	林芝市委、市政府
次仁卓玛	女	藏	波密县玉普乡达巴村	百名优秀村医	2018年	林芝市委、市政府

续表10

姓名	性别	民族	工作单位	获奖名称	表彰时间	授予单位
仓　觉	女	藏	波密县古乡索通村	百名优秀村医	2018年	林芝市委、市政府
支确贡布	男	藏	波密县八盖乡雄金村	百名优秀村医	2018年	林芝市委、市政府
泽旺达杰	男	藏	波密县八盖乡竹玉村	百名优秀村医	2018年	林芝市委、市政府
央　珍	女	藏	波密县易贡乡贡仲村	百名优秀村医	2018年	林芝市委、市政府
索朗玉珍	女	藏	波密县易贡乡格通村	百名优秀村医	2018年	林芝市委、市政府
索朗曲珍	女	藏	波密县易贡乡卫生院	优秀乡镇医务工作者	2018年	林芝市委、市政府
拉巴卓玛	女	藏	波密县古乡卫生院	优秀乡镇医务工作者	2018年	林芝市委、市政府
米玛拉姆	女	藏	波密县玉许乡卫生院	优秀乡镇医务工作者	2018年	林芝市委、市政府
洛桑加措	男	藏	波密县玉普乡卫生院	优秀乡镇医务工作者	2018年	林芝市委、市政府
索　朗	女	藏	波密县扎木镇卫生院	优秀乡镇医务工作者	2018年	林芝市委、市政府
次仁曲宗	女	藏	波密县八盖乡卫生院	最美乡村医生	2018年	林芝市委、市政府
索朗加措	男	藏	波密县康玉乡卫生院	最美乡村医生	2018年	林芝市委、市政府
尼玛丁增	男	藏	波密县多吉乡卫生院	最美乡村医生	2018年	林芝市委、市政府
孙万春	女	藏	波密县易贡茶厂卫生院	最美乡村医生	2018年	林芝市委、市政府
王宗华	女	藏	波密县倾多镇卫生院	最美乡村医生	2018年	林芝市委、市政府
巴　久	男	藏	波密县玉许乡扎西岗村	最美乡村医生	2018年	林芝市委、市政府
扎西拉姆	女	藏	波密县古乡嘎朗村	最美乡村医生	2018年	林芝市委、市政府
久美多吉	男	藏	波密县康玉乡达曲村	最美乡村医生	2018年	林芝市委、市政府
斯朗顿珠	男	藏	波密县多吉乡角落村	最美乡村医生	2018年	林芝市委、市政府
仁钦旺姆	女	藏	波密县扎木镇达兴村	最美乡村医生	2018年	林芝市委、市政府
次　珍	女	藏	波密县多吉乡卫生院	职称晋升奖	2018年	林芝市委、市政府
次　拥	女	藏	波密县卫生服务中心	职称晋升奖	2018年	林芝市委、市政府
扎西达宗	女	藏	波密县卫生服务中心	职称晋升奖	2018年	林芝市委、市政府
邬　琳	女	汉	波密县古乡卫生院	职称晋升奖	2018年	林芝市委、市政府

续表10

姓名	性别	民族	工作单位	获奖名称	表彰时间	授予单位
扎西普赤	女	藏	波密县倾多镇卫生院	职称晋升奖	2018年	林芝市委、市政府
王宗华	女	汉	波密县倾多镇卫生院	职称晋升奖	2018年	林芝市委、市政府
索朗多布杰	男	藏	波密县易贡乡卫生院	职称晋升奖	2018年	林芝市委、市政府
仓决	女	藏	波密县古乡卫生院	职称晋升奖	2018年	林芝市委、市政府
曲珍	女	藏	波密县玉普乡格巴村	林芝市文明卫生家庭奖	2018年	林芝市委、市政府
扎西平措	男	藏	波密县玉普乡米堆村	林芝市文明卫生家庭奖	2018年	林芝市委、市政府
顿珠	男	藏	波密县玉普乡米麦村	林芝市文明卫生家庭奖	2018年	林芝市委、市政府
德吉	女	藏	波密县玉普乡阿西村	林芝市文明卫生家庭奖	2018年	林芝市委、市政府
布布玛	女	藏	波密县玉普乡达巴村	林芝市文明卫生家庭奖	2018年	林芝市委、市政府
阿旺卓玛	女	藏	波密县玉普乡仲呗村	林芝市文明卫生家庭奖	2018年	林芝市委、市政府
罗珠	男	藏	波密县倾多镇朱西村	林芝市文明卫生家庭奖	2018年	林芝市委、市政府
多杰扎西	男	藏	波密县倾多镇康达村	林芝市文明卫生家庭奖	2018年	林芝市委、市政府
普拉	男	藏	波密县倾多镇古通村	林芝市文明卫生家庭奖	2018年	林芝市委、市政府
波地玛	女	藏	波密县倾多镇顶仲村	林芝市文明卫生家庭奖	2018年	林芝市委、市政府
格桑	女	藏	波密县倾多镇巴康村	林芝市文明卫生家庭奖	2018年	林芝市委、市政府
斯朗罗布	男	藏	波密县倾多镇叶巴村	林芝市文明卫生家庭奖	2018年	林芝市委、市政府
索朗拉宗	女	藏	波密县倾多镇热西村	林芝市文明卫生家庭奖	2018年	林芝市委、市政府
德吉	女	藏	波密县倾多镇达龙村	林芝市文明卫生家庭奖	2018年	林芝市委、市政府
消朱	男	藏	波密县倾多镇栋曲村	林芝市文明卫生家庭奖	2018年	林芝市委、市政府
仁青江措	男	藏	波密县倾多镇德吉村	林芝市文明卫生家庭奖	2018年	林芝市委、市政府
次仁罗布	男	藏	波密县倾多镇扎西村	林芝市文明卫生家庭奖	2018年	林芝市委、市政府
贡松	女	藏	波密县倾多镇如纳村	林芝市文明卫生家庭奖	2018年	林芝市委、市政府
次旺贡秋	男	藏	波密县倾多镇曲西村	林芝市文明卫生家庭奖	2018年	林芝市委、市政府
陈连	男	藏	波密县易贡乡贡扎村	林芝市文明卫生家庭奖	2018年	林芝市委、市政府

续表10

姓名	性别	民族	工作单位	获奖名称	表彰时间	授予单位
尼　玛	男	藏	波密县易贡乡格尼村	林芝市文明卫生家庭奖	2018年	林芝市委、市政府
其美仁增	男	藏	波密县易贡乡江色岗	林芝市文明卫生家庭奖	2018年	林芝市委、市政府
顿珠斯朗	男	藏	波密县易贡乡沙玛村	林芝市文明卫生家庭奖	2018年	林芝市委、市政府
才旺罗布	男	藏	波密县易贡乡加拉村	林芝市文明卫生家庭奖	2018年	林芝市委、市政府
波姆卓嘎	女	藏	波密县扎木镇娘那村	林芝市文明卫生家庭奖	2018年	林芝市委、市政府
泽　多	男	藏	波密县扎木镇东绕村	林芝市文明卫生家庭奖	2018年	林芝市委、市政府
索郎曲西	女	藏	波密县扎木镇扎木村	林芝市文明卫生家庭奖	2018年	林芝市委、市政府
仁青旺堆	男	藏	波密县扎木镇达兴村	林芝市文明卫生家庭奖	2018年	林芝市委、市政府
阿旺群培	男	藏	波密县扎木镇通木村	林芝市文明卫生家庭奖	2018年	林芝市委、市政府
达瓦次仁	男	藏	波密县扎木镇康木村	林芝市文明卫生家庭奖	2018年	林芝市委、市政府
四郎次仁	男	藏	波密县扎木镇岗巴村	林芝市文明卫生家庭奖	2018年	林芝市委、市政府
洛松赤列	男	藏	波密县扎木镇巴琼村	林芝市文明卫生家庭奖	2018年	林芝市委、市政府
扎　珠	男	藏	波密县扎木镇卡达村	林芝市文明卫生家庭奖	2018年	林芝市委、市政府
洛松卓玛	女	藏	波密县扎木镇桑登村	林芝市文明卫生家庭奖	2018年	林芝市委、市政府
米　玛	男	藏	波密县八盖乡卧普村	林芝市文明卫生家庭奖	2018年	林芝市委、市政府
次久罗布	男	藏	波密县八盖乡巴瑞村	林芝市文明卫生家庭奖	2018年	林芝市委、市政府
罗　布	男	藏	波密县八盖乡塔鲁村	林芝市文明卫生家庭奖	2018年	林芝市委、市政府
秋　点	男	藏	波密县八盖乡龙普村	林芝市文明卫生家庭奖	2018年	林芝市委、市政府
朗　贡	男	藏	波密县八盖乡日卡村	林芝市文明卫生家庭奖	2018年	林芝市委、市政府
普布卓玛	女	藏	波密县八盖乡雄金村	林芝市文明卫生家庭奖	2018年	林芝市委、市政府
白玛曲珍	女	藏	波密县八盖乡木玉村	林芝市文明卫生家庭奖	2018年	林芝市委、市政府
江安罗布	男	藏	波密县古乡索通村	林芝市文明卫生家庭奖	2018年	林芝市委、市政府
多吉央措	女	藏	波密县古乡嘎朗村	林芝市文明卫生家庭奖	2018年	林芝市委、市政府
牛　穷	女	藏	波密县古乡巴卡村	林芝市文明卫生家庭奖	2018年	林芝市委、市政府

续表10

姓名	性别	民族	工作单位	获奖名称	表彰时间	授予单位
索朗措姆	女	藏	波密县古乡松绕村	林芝市文明卫生家庭奖	2018年	林芝市委、市政府
白玛玉珍	女	藏	波密县古乡雪瓦村	林芝市文明卫生家庭奖	2018年	林芝市委、市政府
才　松	男	藏	波密县古乡古村	林芝市文明卫生家庭奖	2018年	林芝市委、市政府
布　琼	男	藏	波密县多吉乡通层村	林芝市文明卫生家庭奖	2018年	林芝市委、市政府
大索朗占堆	男	藏	波密县多吉乡扩拉村	林芝市文明卫生家庭奖	2018年	林芝市委、市政府
玛　贡	男	藏	波密县多吉乡角落村	林芝市文明卫生家庭奖	2018年	林芝市委、市政府
扎西次单	男	藏	波密县多吉乡毛江村	林芝市文明卫生家庭奖	2018年	林芝市委、市政府
扎西德勒	男	藏	波密县多吉乡木古村	林芝市文明卫生家庭奖	2018年	林芝市委、市政府
米　久	男	藏	波密县多吉乡帕雄村	林芝市文明卫生家庭奖	2018年	林芝市委、市政府
布珠嘎	男	藏	波密县多吉乡达大村	林芝市文明卫生家庭奖	2018年	林芝市委、市政府
益西明久	男	藏	波密县多吉乡德吉村	林芝市文明卫生家庭奖	2018年	林芝市委、市政府
德　吉	女	藏	波密县多吉乡西巴村	林芝市文明卫生家庭奖	2018年	林芝市委、市政府
参加尼玛	男	藏	波密县康玉乡达曲村	林芝市文明卫生家庭奖	2018年	林芝市委、市政府
赤　贡	男	藏	波密县康玉乡拉瓦西村	林芝市文明卫生家庭奖	2018年	林芝市委、市政府
格桑多吉	男	藏	波密县康玉乡宗热村	林芝市文明卫生家庭奖	2018年	林芝市委、市政府
仁青罗布	男	藏	波密县康玉乡乌那村	林芝市文明卫生家庭奖	2018年	林芝市委、市政府
普　巴	女	藏	波密县康玉乡通堆村	林芝市文明卫生家庭奖	2018年	林芝市委、市政府
尼玛次仁	男	藏	波密县玉许乡白玉村	林芝市文明卫生家庭奖	2018年	林芝市委、市政府
次仁多吉	男	藏	波密县玉许乡玉沙村	林芝市文明卫生家庭奖	2018年	林芝市委、市政府
扎西次仁	男	藏	波密县玉许乡亚它村	林芝市文明卫生家庭奖	2018年	林芝市委、市政府
珠来卡	男	藏	波密县玉许乡棠木村	林芝市文明卫生家庭奖	2018年	林芝市委、市政府
斯郎央青	男	藏	波密县玉许乡沙仁村	林芝市文明卫生家庭奖	2018年	林芝市委、市政府
扎　琼	男	藏	波密县玉许乡热西村	林芝市文明卫生家庭奖	2018年	林芝市委、市政府
旦增罗布	男	藏	波密县玉许乡普热村	林芝市文明卫生家庭奖	2018年	林芝市委、市政府

续表10

姓名	性别	民族	工作单位	获奖名称	表彰时间	授予单位
罗布江才	男	藏	波密县玉许乡麦差村	林芝市文明卫生家庭奖	2018年	林芝市委、市政府
从　丁	男	藏	波密县玉许乡林琼村	林芝市文明卫生家庭奖	2018年	林芝市委、市政府
扎　加	男	藏	波密县玉许乡海定村	林芝市文明卫生家庭奖	2018年	林芝市委、市政府
噶　如	男	藏	波密县玉许乡达拉村	林芝市文明卫生家庭奖	2018年	林芝市委、市政府
次仁罗布	男	藏	波密县玉许乡邦肯村	林芝市文明卫生家庭奖	2018年	林芝市委、市政府
铁　朱	男	藏	波密县玉许乡则普村	林芝市文明卫生家庭奖	2018年	林芝市委、市政府
尼玛扎西	男	藏	波密县玉许乡扎西岗村	林芝市文明卫生家庭奖	2018年	林芝市委、市政府
索朗丁增	男	藏	波密县松宗镇岗巴村	林芝市文明卫生家庭奖	2018年	林芝市委、市政府
布阿娘	男	藏	波密县松宗镇栋曲村	林芝市文明卫生家庭奖	2018年	林芝市委、市政府
边巴卓玛	女	藏	波密县松宗镇角达村	林芝市文明卫生家庭奖	2018年	林芝市委、市政府
次旺仁增	男	藏	波密县松宗镇角通村	林芝市文明卫生家庭奖	2018年	林芝市委、市政府
顿　堆	男	藏	波密县松宗镇栋亚村	林芝市文明卫生家庭奖	2018年	林芝市委、市政府
阿　堆	男	藏	波密县松宗镇纳玉村	林芝市文明卫生家庭奖	2018年	林芝市委、市政府
阿　珠	男	藏	波密县松宗镇格尼村	林芝市文明卫生家庭奖	2018年	林芝市委、市政府
索朗尼玛	男	藏	波密县松宗镇多格村	林芝市文明卫生家庭奖	2018年	林芝市委、市政府
才松洛布	男	藏	波密县松宗镇德巴村	林芝市文明卫生家庭奖	2018年	林芝市委、市政府
彭超文	男	汉	波密县中学	骨干教师	2018年	林芝市委、市政府
黎世川	男	汉	波密县中学	学科带头人	2018年	林芝市委、市政府
加永卓玛	女	藏	波密县中学	模范职工	2018年	林芝市委、市政府
旺　杰	男	藏	倾多镇中心小学	骨干教师	2018年	林芝市委、市政府
德　吉	女	藏	倾多镇中心小学	教育奉献奖	2018年	林芝市委、市政府
扎西次仁	男	藏	倾多镇中心小学	教育奉献奖	2018年	林芝市委、市政府
次仁多吉	男	藏	倾多镇中心小学	教育奉献奖	2018年	林芝市委、市政府
扎西旺堆	男	藏	倾多镇中心小学	教育奉献奖	2018年	林芝市委、市政府

续表10

姓名	性别	民族	工作单位	获奖名称	表彰时间	授予单位
扎西拉姆	女	藏	倾多镇中心小学	教育奉献奖	2018年	林芝市委、市政府
次多措姆	女	藏	倾多镇中心小学	教育奉献奖	2018年	林芝市委、市政府
刘松松	男	汉	易贡乡人民政府	“助力脱贫攻坚 我为乡村振兴做贡献”优秀基层干部	2018年6月	林芝市委员会
旦增秋朗	男	藏	波密县委统战部	林芝市2018年“四讲四爱”群众教育实践活动先进个人	2019年1月	中共林芝市委员会、林芝市“四讲四爱”群众教育实践活动领导小组
扎西次旺	男	藏	玉许乡海定村	林芝市2018年“四讲四爱”最美人物	2019年1月	林芝市委员会 林芝市“四讲四爱”群众教育实践活动领导小组
卢冰璇	女	汉	玉许乡人民政府	林芝市2018年“四讲四爱”群众教育实践活动先进个人	2019年1月	林芝市委员会 林芝市“四讲四爱”群众教育实践活动领导小组
格桑曲珍	女	藏	波密县中心幼儿园	林芝市模范班主任	2018年9月	林芝市人民政府
刘鹏飞	男	汉	波密县政府办	2018年度林芝市政务信息先进个人	2019年3月	林芝市政府办信息科
李荣金	男	瑶	县直机关工委	林芝市信息工作先进个人	2018年	林芝市委组织部
陈理彬	男	汉	扎木镇人民政府	林芝市2018年第二期青年人才论坛辩论赛优秀辩手	2018年8月	中共林芝市委组织部、中共林芝市委党校、共青团林芝市委员会
扎西旺杰	男	藏	八盖乡人民政府	“助力打赢脱贫攻坚战 我为乡村振兴做出贡献”扶贫先锋	2018年	中共林芝市委组织部
扎西罗布	男	藏	许木寺管会	林芝市“遵行四条标准 争做先进僧尼”主题实践活动藏文书法比赛一等奖	2018年9月	林芝市委统战部、林芝市宗教工作领导小组办公室
土登江村	男	藏	寺庙僧人	林芝市“遵行四条标准 争做先进僧尼”主题实践活动藏文书法比赛一等奖	2018年9月	林芝市委统战部、林芝市宗教工作领导小组办公室
王艳	女	汉	波密县委办公室	2018年度林芝市党委系统信息工作先进集体	2019年5月	中共林芝市委办公室
扎西平措	男	藏	倾多镇巴康村聂赤赞普合作社	第三届“中国创翼”创新林芝赛区选拔赛暨2018年林芝创新创业大赛三等奖	2018年	林芝市人社局、团市委
次旺德吉	女	藏	玉许乡人民政府	林芝市2018年度脱贫攻坚十佳扶贫专干	2018年10月	林芝市脱贫攻坚指挥部

续表10

姓名	性别	民族	工作单位	获奖名称	表彰时间	授予单位
冯　勇	男	汉	多吉乡人民政府	林芝市第一届文明家庭	2018年3月	林芝市精神文明建设指导委员会
刘松松	男	汉	易贡乡人民政府	2017年度林芝市优秀共青团干部	2018年5月	共青团林芝市委员会
刘　斌	男	汉	波密县公安局	2018年度全市优秀人民警察	2018年12月	林芝市公安局
多吉次仁	男	藏	波密县公安局	2018年度全市公安工作先进个人	2018年12月	林芝市公安局
贡确次仁	男	藏	波密县公安局	2018年度全市公安工作先进个人	2018年12月	林芝市公安局
达娃占堆	男	藏	波密县公安局	二级优秀警务辅助人员	2018年12月	林芝市公安局
旺　堆	男	藏	波密县公安局	三级优秀警务辅助人员	2018年12月	林芝市公安局
陈俊玲	女	汉	波密县人民法院	全市法院优秀法官	2018年2月	林芝市中级人民法院
赵兴佳	男	白	波密县人民法院	2018年全市法院优秀法官	2019年4月	林芝市中级人民法院
余玲玲	女	汉	波密县人民法院	2018年全市法院办案标兵	2019年4月	林芝市中级人民法院
赵三元	男	汉	县工商局	林芝市工商局优秀公务员	2018年11月	林芝市工商局
多吉次仁	男	藏	县工商局	林芝市工商局优秀公务员	2018年11月	林芝市工商局
扎西拉姆	女	藏	波密县文化局	2018年林芝市基层文化组织先进个人	2019年4月	中共林芝市文化广播电视局党组
索朗多点	男	藏	波密县文化局	2018年度文物安全先进个人	2019年4月	中共林芝市文化广播电视局党组
刘恒山	男	汉	波密县文化局	2018年度林芝市文化市场管理先进个人	2019年4月	中共林芝市文化广播电视局党组
次　旦	女	汉	波密县文化局	2018年度林芝市非物质文化遗产传承工作	2019年4月	中共林芝市文化广播电视局党组
王乐乐	女	汉	波密县文化局	2018年度《林芝新闻》栏目供稿优秀记者	2019年3月	林芝市广播电视台
卓玛央金	女	藏	波密县文化局	2018年林芝市文化先进个人	2019年4月	中共林芝市文化广播电视局党组
贡秋旺姆	女	藏	波密县中学	林芝市教育系统优秀共产党员	2018年	中共林芝市教育体育局委员会
贡秋旺姆	女	藏	波密县中学	优秀共产党员	2018年	中共林芝市教育体育局委员会
朱晨光	男	汉	波密县中学	微课比赛二等奖	2018年	林芝市教育体育局
王　赛	男	汉	波密县中学	教学竞赛三等奖	2018年	林芝市教育体育局

续表10

姓名	性别	民族	工作单位	获奖名称	表彰时间	授予单位
罗　　超	男	汉	波密县中学	教学竞赛三等奖	2018年	林芝市教育体育局
王　　风	女	汉	波密县中学	“一师一优课 一课一名师”市级优课	2018年	林芝市教育体育局
洛桑达瓦	男	藏	波密县中学	“一师一优课 一课一名师”市级优课	2018年	林芝市教育体育局
洛桑达瓦	男	藏	波密县中学	教学竞赛二等奖	2018年	林芝市教育体育局
吴盛滔	男	汉	波密县中学	中小学电脑制作活动在评为优秀指导老师	2018年	林芝市教育体育局
尼玛央金	女	藏	波密县中学	“一师一优课 一课一名师”市级优课	2018年	林芝市教育体育局
边巴卓玛	女	藏	波密县中学	“一师一优课 一课一名师”市级优课	2018年	林芝市教育体育局
雷才明	男	汉	波密县中学	“一师一优课 一课一名师”市级优课	2018年	林芝市教育体育局
巴　　珠	女	藏	波密县中学	“一师一优课 一课一名师”市级优课	2018年	林芝市教育体育局
黎世川	男	汉	波密县中学	“一师一优课 一课一名师”市级优课	2018年	林芝市教育体育局
大扎西	男	藏	波密县中学	第三届中学生运动会优秀教练员	2018年	林芝市教育体育局
解安旭	男	汉	波密县中学	“一师一优课 一课一名师”市级优课	2018年	林芝市教育体育局
杨亚垒	男	汉	波密县中学	微课比赛三等奖	2018年	林芝市教育体育局、林芝市教育学会
郑洪涛	男	汉	波密县中学	微课比赛一等奖	2018年	林芝市教育体育局、林芝市教育学会
郑洪涛	男	汉	波密县中学	“一师一优课 一课一名师”市级优课	2018年	林芝市教育体育局
葛冠岭	女	汉	波密县中学	“一师一优课 一课一名师”市级优课	2018年	林芝市教育体育局
汪海军	男	汉	波密县中学	“一师一优课 一课一名师”市级优课	2018年	林芝市教育体育局
其美卓玛	女	藏	波密县中学	“一师一优课 一课一名师”市级优课	2018年	林芝市教育体育局
益西旦增	男	藏	波密县中学	林芝市第三届中学生运动会优秀裁判员	2018年	林芝市教育体育局
田安江	男	汉	波密县中学	“一师一优课 一课一名师”市级优课	2018年	林芝市教育体育局
索朗旺堆	男	藏	波密县中学	林芝市初中教师教学竞赛优秀指导教师	2018年	林芝市教育体育局
文　　雯	女	汉	波密县中学	“一师一优课 一课一名师”市级优课	2018年	林芝市教育体育局

续表10

姓名	性别	民族	工作单位	获奖名称	表彰时间	授予单位
鱼行涛	男	汉	波密县中学	“一师一优课 一课一名师”市级优课	2018年	林芝市教育体育局
桑旦曲珍	女	藏	波密县中学	初中教师教学竞赛一等奖	2018年	林芝市教育体育局
汪演婷	女	汉	波密县中学	“一师一优课 一课一名师”市级优课	2018年	林芝市教育体育局
朗吉卓玛	女	藏	波密县中学	“一师一优课 一课一名师”市级优课	2018年	林芝市教育体育局
崔强	男	藏	波密县中学	“一师一优课 一课一名师”市级优课	2018年	林芝市教育体育局
范艳娇	女	汉	波密县中学	微课比赛三等奖	2018年	林芝市教育体育局、林芝市教育学会
范艳娇	女	汉	波密县中学	写作能力大赛一等奖	2018年	林芝市教育体育局
措姆	女	藏	波密县中学	“一师一优课 一课一名师”市级优课	2018年	林芝市教育体育局
袁文军	男	汉	波密县中学	“一师一优课 一课一名师”市级优课	2018年	林芝市教育体育局
文葵	女	布依	波密县中心幼儿园	教师写作能力大赛三等奖	2018年	林芝市教育体育局
车薇	女	汉	波密县中心幼儿园	优秀裁判员	2018年8月	林芝市教育体育局
央金措姆	女	藏	玉许乡小学学生	2018年林芝市教育体育系统民族团结进步创建活动模范个人	2018年10月	林芝市教育体育局
白玛央宗	女	藏	波密县农牧(科技)局	2017年度农牧业工作先进个人	2018年3月	林芝市农牧局
姚俊梅	女	汉	农行波密县支行	2018年度优秀运营主管	2019年	农行林芝分行
钱学军	男	汉	农行波密县支行	2018年度优秀大堂经理	2019年	农行林芝分行
强巴平措	男	藏	农行波密县支行	2018年度优秀营业所主任	2019年	农行林芝分行
堆桑次仁	男	藏	农行波密县支行	2018年度优秀营业所主任	2019年	农行林芝分行
张莉	女	藏	农行波密县支行	2018年度优秀干部员工	2019年	农行林芝分行
普琼	男	藏	县委组织部	林芝市“四讲四爱”优秀宣讲员	2019年1月	林芝市“四讲四爱”群众教育实践活动领导小组
刘松松	男	汉	易贡乡人民政府	2017年社会治安综合治理先进个人	2018年4月	波密县委、县政府
刘伟男	男	汉	易贡乡中心小学	第34个教师节学科带头人	2018年5月	波密县委、县政府
王振超	男	汉	易贡乡中心小学	第34个教师节学师德标兵	2018年5月	波密县委、县政府

续表10

姓名	性别	民族	工作单位	获奖名称	表彰时间	授予单位
次仁多吉	男	藏	桑林寺管委会	2018上半年和谐模范寺庙优秀驻寺干部	2018年7月	波密县委、县政府
吉　拉	女	藏	易贡乡中心小学	第34个教师节优秀教师	2018年9月	波密县委、县政府
何　磊	男	汉	康玉乡人民政府	2018年波密县社会治安综合治理先进个人	2018年11月	波密县委、县政府
央　措	女	藏	康玉乡人民政府	优秀公务员	2018年11月	波密县委、县政府
罗银吉	男	藏	康玉乡人民政府	优秀公务员	2018年11月	波密县委、县政府
刘思敏	女	汉	康玉乡人民政府	优秀公务员	2018年11月	波密县委、县政府
罗布次仁	男	藏	扎木镇人民政府	2018年度波密县民族团结进步模范个人	2018年11月	波密县委、县政府
巴桑曲扎	男	藏	波密县文化局	2018年度波密县森林防火工作先进个人	2018年11月	波密县委、县政府
张　虎	男	汉	波密县委办公室	波密县民族团结进步模范个人	2018年11月	波密县委、县政府
益西群措	女	藏	波密县委机要局	波密县创先争优强基础惠民生活动第七批县级先进驻村(居)工作队员	2018年12月	波密县委、县政府
代舒芸	女	汉	县委政法委(综治办)	综治先进个人	2018年12月	波密县委、县政府
吴光岩	男	汉	县委政法委(综治办)	综治先进个人	2018年12月	波密县委、县政府
曹开建	男	汉	古乡派出所	2018年波密县民族团结进步模范个人	2018年12月	波密县委、县政府
方　宪	男	汉	波密县人大常委会办公室	2018年度波密县优秀工作队员	2018年12月	波密县委、县政府
索朗卓嘎	女	藏	波密县藏医院	波密县创先争优强基础惠民生活动第七批县级先进驻村(居)工作队员	2018年	波密县委、县政府
邓彪权	男	汉	波密县玉普乡人民政府	波密县创先争优强基础惠民生活动第七批县级先进驻村(居)工作队员	2018年	波密县委、县政府
白玛央金	女	藏	波密县玉普乡人民政府	波密县创先争优强基础惠民生活动第七批县级先进驻村(居)工作队员	2018年	波密县委、县政府
吴　瑞	男	汉	波密县食药监督局	波密县创先争优强基础惠民生活动第七批县级先进驻村(居)工作队员	2018年	波密县委、县政府
欧阳小娟	女	汉	波密县玉许乡人民政府	波密县创先争优强基础惠民生活动第七批县级先进驻村(居)工作队员	2018年	波密县委、县政府
次仁扎西	男	藏	波密县玉许乡人民政府	波密县创先争优强基础惠民生活动第七批县级先进驻村(居)工作队员	2018年	波密县委、县政府

续表10

姓名	性别	民族	工作单位	获奖名称	表彰时间	授予单位
四朗登巴	男	藏	波密县委宣传部	波密县创先争优强基础惠民生活动第七批县级先进驻村(居)工作队员	2018年	波密县委、县政府
李　豪	男	汉	波密县玉许乡人民政府	波密县创先争优强基础惠民生活动第七批县级先进驻村(居)工作队员	2018年	波密县委、县政府
白玛达娃	女	藏	波密县玉许乡人民政府	波密县创先争优强基础惠民生活动第七批县级先进驻村(居)工作队员	2018年	波密县委、县政府
何　磊	男	汉	波密县康玉乡人民政府	波密县创先争优强基础惠民生活动第七批县级先进驻村(居)工作队员	2018年	波密县委、县政府
赵　康	男	汉	波密县康玉乡人民政府	波密县创先争优强基础惠民生活动第七批县级先进驻村(居)工作队员	2018年	波密县委、县政府
吴卫兵	男	汉	波密县公安	波密县创先争优强基础惠民生活动第七批县级先进驻村(居)工作队员	2018年	波密县委、县政府
莫启丹	女	汉	波密县古乡人民政府	波密县创先争优强基础惠民生活动第七批县级先进驻村(居)工作队员	2018年	波密县委、县政府
伟　色	男	藏	波密县古乡人民政府	波密县创先争优强基础惠民生活动第七批县级先进驻村(居)工作队员	2018年	波密县委、县政府
扎西顿珠	男	藏	波密县古乡人民政府	波密县创先争优强基础惠民生活动第七批县级先进驻村(居)工作队员	2018年	波密县委、县政府
肖林辰	男	汉	波密县古乡人民政府	波密县创先争优强基础惠民生活动第七批县级先进驻村(居)工作队员	2018年	波密县委、县政府
方　宪	男	汉	波密县人大办	波密县创先争优强基础惠民生活动第七批县级先进驻村(居)工作队员	2018年	波密县委、县政府
扎西卓玛	女	藏	波密县扎木镇人民政府	波密县创先争优强基础惠民生活动第七批县级先进驻村(居)工作队员	2018年	波密县委、县政府
达娃曲珍	女	藏	波密县扎木镇人民政府	波密县创先争优强基础惠民生活动第七批县级先进驻村(居)工作队员	2018年	波密县委、县政府
珠　西	女	藏	波密县扎木镇人民政府	波密县创先争优强基础惠民生活动第七批县级先进驻村(居)工作队员	2018年	波密县委、县政府
益西群措	女	藏	波密县委办	波密县创先争优强基础惠民生活动第七批县级先进驻村(居)工作队员	2018年	波密县委、县政府
格桑旺姆	女	藏	波密县人民法院	波密县创先争优强基础惠民生活动第七批县级先进驻村(居)工作队员	2018年	波密县委、县政府
才巴拉加	男	藏	波密县民政局	波密县创先争优强基础惠民生活动第七批县级先进驻村(居)工作队员	2018年	波密县委、县政府
郑仕伦	男	汉	波密县检察院	波密县创先争优强基础惠民生活动第七批县级先进驻村(居)工作队员	2018年	波密县委、县政府

续表10

姓名	性别	民族	工作单位	获奖名称	表彰时间	授予单位
阿　珠	男	藏	波密县倾多镇人民政府	波密县创先争优强基础惠民生活动第七批县级先进驻村(居)工作队员	2018年	波密县委、县政府
旦增卓玛	女	藏	波密县卫生服务中心	波密县创先争优强基础惠民生活动第七批县级先进驻村(居)工作队员	2018年	波密县委、县政府
次旦卓嘎	女	藏	波密县倾多镇人民政府	波密县创先争优强基础惠民生活动第七批县级先进驻村(居)工作队员	2018年	波密县委、县政府
陈　波	男	汉	波密县委组织部	波密县创先争优强基础惠民生活动第七批县级先进驻村(居)工作队员	2018年	波密县委、县政府
杨家国	男	汉	波密县松宗镇人民政府	波密县创先争优强基础惠民生活动第七批县级先进驻村(居)工作队员	2018年	波密县委、县政府
扎西措姆	女	藏	波密县松宗镇人民政府	波密县创先争优强基础惠民生活动第七批县级先进驻村(居)工作队员	2018年	波密县委、县政府
张晓霞	女	汉	波密县松宗镇人民政府	波密县创先争优强基础惠民生活动第七批县级先进驻村(居)工作队员	2018年	波密县委、县政府
冯晓娟	女	汉	波密县松宗镇人民政府	波密县创先争优强基础惠民生活动第七批县级先进驻村(居)工作队员	2018年	波密县委、县政府
王　艳	女	汉	波密县易贡乡人民政府	波密县创先争优强基础惠民生活动第七批县级先进驻村(居)工作队员	2018年	波密县委、县政府
旦增罗布	男	藏	波密县易贡乡人民政府	波密县创先争优强基础惠民生活动第七批县级先进驻村(居)工作队员	2018年	波密县委、县政府
姜　波	男	汉	波密县易贡乡人民政府	波密县创先争优强基础惠民生活动第七批县级先进驻村(居)工作队员	2018年	波密县委、县政府
次仁欧珠	男	藏	波密县公安局	波密县创先争优强基础惠民生活动第七批县级先进驻村(居)工作队员	2018年	波密县委、县政府
达　琼	男	藏	波密县兽防站	波密县创先争优强基础惠民生活动第七批县级先进驻村(居)工作队员	2018年	波密县委、县政府
索朗卓玛	女	藏	波密县八盖乡人民政府	波密县创先争优强基础惠民生活动第七批县级先进驻村(居)工作队员	2018年	波密县委、县政府
德吉卓玛	女	藏	波密县多吉乡人民政府	波密县创先争优强基础惠民生活动第七批县级先进驻村(居)工作队员	2018年	波密县委、县政府
黄泳辉	男	汉	波密县多吉乡人民政府	波密县创先争优强基础惠民生活动第七批县级先进驻村(居)工作队员	2018年	波密县委、县政府
祝海清	女	汉	波密县多吉乡人民政府	波密县创先争优强基础惠民生活动第七批县级先进驻村(居)工作队员	2018年	波密县委、县政府
玉　珍	女	藏	波密县住建局	波密县创先争优强基础惠民生活动第七批县级先进驻村(居)工作队员	2018年	波密县委、县政府

续表10

姓名	性别	民族	工作单位	获奖名称	表彰时间	授予单位
张　倩	女	汉	波密县多吉乡人民政府	波密县创先争优强基础惠民生活动第七批县级先进驻村（居）工作队员	2018年	波密县委、县政府
丹　增	男	藏	波密县水利局	波密县创先争优强基础惠民生活动第七批县级先进驻村（居）工作队员	2018年	波密县委、县政府
侯玉辉	男	汉	波密县卫计委	2017年度卫生工作优秀个人	2018年	波密县委、县政府
扎　西	女	藏	波密县卫计委	2017年度卫生工作优秀个人	2018年	波密县委、县政府
桑丁曲珍	女	藏	波密县卫计委	2017年度卫生工作优秀个人	2018年	波密县委、县政府
刘玉龙	男	藏	波密县人民医院	2017年度卫生工作优秀个人	2018年	波密县委、县政府
才　珍	男	汉	波密县人民医院	2017年度卫生工作优秀个人	2018年	波密县委、县政府
泽旦旺姆	男	藏	波密县人民医院	2017年度卫生工作优秀个人	2018年	波密县委、县政府
噶松卓嘎	女	藏	波密县人民医院	2017年度卫生工作优秀个人	2018年	波密县委、县政府
旦增赤列	男	藏	波密县藏医院	2017年度卫生工作优秀个人	2018年	波密县委、县政府
索朗旺堆	男	藏	波密县疾控中心	2017年度卫生工作优秀个人	2018年	波密县委、县政府
何选平	男	藏	波密县疾控中心	2017年度卫生工作优秀个人	2018年	波密县委、县政府
央　珍	女	藏	扎木镇卫生院	2017年度卫生工作优秀个人	2018年	波密县委、县政府
吴晏慧	女	汉	松宗镇卫生院	2017年度卫生工作优秀个人	2018年	波密县委、县政府
扎西普尺	女	藏	倾多镇卫生院	2017年度卫生工作优秀个人	2018年	波密县委、县政府
次　卓	女	藏	古乡卫生院	2017年度卫生工作优秀个人	2018年	波密县委、县政府
次　珍	女	藏	多吉乡卫生院	2017年度卫生工作优秀个人	2018年	波密县委、县政府
次旺白久	男	藏	玉许乡卫生院	2017年度卫生工作优秀个人	2018年	波密县委、县政府
达　珍	女	藏	玉普乡卫生院	2017年度卫生工作优秀个人	2018年	波密县委、县政府
拉　琼	女	藏	易贡乡卫生院	2017年度卫生工作优秀个人	2018年	波密县委、县政府
强巴央珍	女	藏	茶场卫生院	2017年度卫生工作优秀个人	2018年	波密县委、县政府
次仁德吉	女	藏	八盖乡卫生院	2017年度卫生工作优秀个人	2018年	波密县委、县政府
旦增曲珠	男	藏	八盖乡卫生院	2017年度卫生工作优秀个人	2018年	波密县委、县政府
布　珠	男	藏	扎木镇巴琼村	2017年度卫生工作优秀个人	2018年	波密县委、县政府

续表10

姓名	性别	民族	工作单位	获奖名称	表彰时间	授予单位
尼玛江村	男	藏	松宗镇格尼村	2017年度卫生工作优秀个人	2018年	波密县委、县政府
白玛次仁	男	藏	倾多镇达龙村	2017年度卫生工作优秀个人	2018年	波密县委、县政府
多吉拥措	男	藏	古乡嘎朗村	2017年度卫生工作优秀村医	2018年	波密县委、县政府
益西赤列	男	藏	多吉乡西巴村	2017年度卫生工作优秀村医	2018年	波密县委、县政府
桑登欧珠	男	藏	玉许乡白玉村	2017年度卫生工作优秀村医	2018年	波密县委、县政府
次仁卓玛	男	藏	玉普乡达巴村	2017年度卫生工作优秀村医	2018年	波密县委、县政府
嘎玛卓玛	女	藏	易贡乡沙玛村	2017年度卫生工作优秀村医	2018年	波密县委、县政府
觉阿旺姆	女	藏	八盖乡雄金村	2017年度卫生工作优秀村医	2018年	波密县委、县政府
土吉	男	藏	康玉乡拉瓦西村	2017年度卫生工作优秀村医	2018年	波密县委、县政府
伍敏	女	汉	波密县中学	优秀教师	2018年	波密县委、县政府
范艳娇	女	汉	波密县中学	师德标兵	2018年	波密县委、县政府
周万年	男	汉	波密县中学	师德标兵	2018年	波密县委、县政府
德吉	女	藏	倾多镇中心小学	第34个教师节优秀教师	2018年	波密县委、县政府
扎西次仁	男	藏	倾多镇中心小学	第34个教师节学科带头人	2018年	波密县委、县政府
次仁多吉	男	藏	倾多镇中心小学	第34个教师节师德标兵	2018年	波密县委、县政府
扎西旺堆	男	藏	倾多镇中心小学	2017年度教育体育工作先进个人	2018年	波密县委、县政府
郭炎	男	汉	倾多镇人民政府	2018年度社会综合治理工作先进个人	2019年	波密县委、县政府
顿珠益西	男	藏	倾多镇普龙寺	2018年“遵行四条标准 争做先进僧尼”教育实践活动优秀僧人	2018年	波密县委、县政府
索朗平措	男	藏	倾多镇普龙寺	2018年“遵行四条标准 争做先进僧尼”教育实践活动优秀僧人	2018年	波密县委、县政府
吉吉	男	藏	倾多镇普龙寺	2018年“遵行四条标准 争做先进僧尼”教育实践活动优秀僧人	2018年	波密县委、县政府
大嘎玛	男	藏	倾多镇普龙寺	2018年“遵行四条标准 争做先进僧尼”教育实践活动优秀僧人	2018年	波密县委、县政府
布嘎	男	藏	倾多镇普龙寺	2018年“遵行四条标准 争做先进僧尼”教育实践活动优秀僧人	2018年	波密县委、县政府

续表10

姓名	性别	民族	工作单位	获奖名称	表彰时间	授予单位
四郎旺堆	男	藏	倾多镇普龙寺	2018年“遵行四条标准 争做先进僧尼”教育实践活动优秀僧人	2018年	波密县委、县政府
嘎玛仁增	男	藏	倾多镇普龙寺	2018年“遵行四条标准 争做先进僧尼”教育实践活动优秀僧人	2018年	波密县委、县政府
旺德扎西	男	藏	倾多镇普龙寺	2018年“遵行四条标准 争做先进僧尼”教育实践活动优秀僧人	2018年	波密县委、县政府
四　它	男	藏	倾多镇普龙寺	2018年“遵行四条标准 争做先进僧尼”教育实践活动优秀僧人	2018年	波密县委、县政府
洛桑成培	男	藏	倾多镇普龙寺	2018年“遵行四条标准 争做先进僧尼”教育实践活动优秀僧人	2018年	波密县委、县政府
嘎玛久美	男	藏	倾多镇普龙寺	2018年“遵行四条标准 争做先进僧尼”教育实践活动优秀僧人	2018年	波密县委、县政府
四朗才加	男	藏	倾多镇普龙寺	2018年“遵行四条标准 争做先进僧尼”教育实践活动优秀僧人	2018年	波密县委、县政府
尼玛桑杰	男	藏	倾多镇普龙寺寺庙管理委员会	2018年“遵行四条标准 争做先进僧尼”教育实践活动先进寺管会干部	2018年	波密县委、县政府
冷　杰	男	汉	倾多镇倾多寺寺庙管理委员会	2018年“遵行四条标准 争做先进僧尼”教育实践活动先进寺管会干部	2018年	波密县委、县政府
阿旺吉扎	男	藏	倾多镇派出所	2018年波密县民族团结进步模范个人	2018年	波密县委、县政府
杜凯杭	男	汉	倾多镇人民政府	2018年波密县民族团结进步模范个人	2018年	波密县委、县政府
徐　靖	男	汉	扎木镇人民政府	优秀公务员	2019年3月	波密县委、县政府
李　克	男	汉	扎木镇人民政府	优秀公务员	2019年3月	波密县委、县政府
梁耀文	男	汉	扎木镇人民政府	优秀公务员	2019年3月	波密县委、县政府
阿旺措姆	女	藏	扎木镇人民政府	优秀公务员	2019年3月	波密县委、县政府
其美次仁	男	藏	倾多镇德吉村	2018年度平安家庭	2019年	波密县委、县政府
嘎松曲珍	女	藏	倾多镇达龙村	2018年度平安家庭	2019年	波密县委、县政府
夏东升	男	汉	波密县人力资源和社会保障局	优秀党员	2018年7月	中共波密县委员会
文　桥	男	汉	波密县人力资源和社会保障局	优秀党务工作者	2018年7月	中共波密县委员会
仁青曲珍	女	藏	古乡人民政府	优秀共产党员	2018年7月	中共波密县委员会

续表10

姓名	性别	民族	工作单位	获奖名称	表彰时间	授予单位
邓彪权	男	汉	波密县玉普乡人民政府	2017-2018年度优秀党务工作者	2018年7月	中共波密县委员会
付昭浩	男	汉	易贡乡人民政府	2018年度先进基层党组织优秀党务工作者	2018年7月	中共波密县委员会
任治佳	男	汉	易贡乡人民政府	2018年度先进基层党组织优秀共产党员	2018年7月	中共波密县委员会
尼玛扎西	男	藏	易贡乡江拉村	2018年度先进基层党组织优秀共产党员	2018年7月	中共波密县委员会
涂晓军	男	汉	波密县旅发委	优秀公务员	2018年12月	中共波密县委员会
张丽蓉	女	汉	波密县旅发委	优秀公务员	2018年12月	中共波密县委员会
旺青罗布	男	藏	波密县人大常委会	2018年度优秀公务员	2018年12月	中共波密县委员会
梁模	男	汉	波密县人大常委会办公室	2018年度优秀公务员	2018年12月	中共波密县委员会
武小燕	女	藏	县直机关工委	2018年度优秀公务员	2018年12月	中共波密县委员会
索朗玉珍	女	藏	县老干部局	2018年度优秀公务员	2018年12月	中共波密县委员会
伊万栋	男	汉	县老干部活动中心	2018年度优秀公务员	2018年12月	中共波密县委员会
王军平	男	汉	扎木镇人民政府	2018年度优秀公务员	2018年12月	中共波密县委员会
曲珍	女	藏	波密县工商业联合会	优秀公务员	2018年	中共波密县委员会
罗秀红	女	汉	波密县工商业联合会	优秀共产党员	2018年	中共波密县委员会
益西卓玛	女	藏	波密县食品药品监督管理局	2018年度优秀公务员	2018年	中共波密县委员会
西嘎拉姆	女	藏	波密县食品药品监督管理局	2018年度社会综合治理暨平安建设工作先进个人	2018年	中共波密县委员会
仁增旺加	男	藏	波密县食品药品监督管理局	2018年度优秀公务员	2018年	中共波密县委员会
起京	男	彝	波密县国土资源局	优秀公务员	2018年	中共波密县委员会
嘎松拉姆	女	藏	波密县国土资源局	优秀公务员	2018年	中共波密县委员会
杨楠	女	汉	波密县国土资源局	优秀公务员	2018年	中共波密县委员会
旦增伦珠	男	藏	波密县国土资源局	优秀公务员	2018年	中共波密县委员会
郑祖云	男	汉	波密县中学	优秀共产党员	2018年	中共波密县委员会

续表10

姓名	性别	民族	工作单位	获奖名称	表彰时间	授予单位
朱学枫	男	汉	波密县住建局	2018年度波密县森林防火工作先进个人	2018年	中共波密县委员会
旺青格堆	男	藏	波密县住建局	2018年度优秀公务员	2018年	中共波密县委员会
马长庆	男	汉	波密县住建局	2018年度优秀公务员	2018年	中共波密县委员会
边巴卓玛	女	藏	波密县住建局	2018年度优秀公务员	2018年	中共波密县委员会
普珍	女	藏	波密县中心幼儿园	优秀班主任	2018年6月	波密县人民政府
格桑曲珍	女	藏	波密县中心幼儿园	2018年度优秀教师	2018年9月	波密县人民政府
次珍措姆	女	藏	波密县中心幼儿园	学科带头人	2018年9月	波密县人民政府
白马群错	男	藏	古乡小学	第三十四个“教师节”师德标兵	2018年9月	波密县人民政府
杨亚垒	男	汉	波密县中学	林芝市第三届中学生运动会优秀教练员	2018年	波密县人民政府
阿央	女	藏	扎木镇人民政府	2018年度波密县森林防火工作先进个人	2018年11月	波密县人民政府、波密县消防大队指挥部
洛桑达瓦	男	藏	波密县中学	波密县中学	2018年	波密县人民政府、县委宣传部
大扎西	男	藏	波密县中学	波密县首届藏王故里旅游文化节美术书法作品展优秀奖	2018年	波密县人民政府、县委宣传部
莫斌全	男	汉	波密县食品药品监督管理局	2018年度森林防火工作先进个人	2018年	波密县人民政府、波密县消防大队指挥部

在2018年全县经济工作会议上的讲话

波密县委书记 朱正辉

（2018年4月2日）

一、总结经验、肯定成绩，坚定发展的信心决心

2017年以来，在区党委、政府，市委、市政府的坚强领导下，波密县主动适应经济发展新常态，坚持“两产业一平台”发展战略，按照“生态旅游立县、特色农牧稳县、藏医藏药兴县、水电能源富县、文化产业活县”发展定位，切实推动县域经济社会快速发展。2017年，全县地区生产总值完成19.53亿元，增长10.01%；社会固定资产投资完成22.88亿元，增长22.33%；财政一般预算收入完成6200万元，增长12.22%；社会消费品零售总额完成2.28亿元，增长14.7%；城镇居民和农村居民人均可支配收入分别达到26946元、14777元，增长10.2%和增长13.4%。从整个发展态势和成效上看，取得了较好的成效。

一是产业发展稳步推进。紧扣“生态旅游立县”的总体定位，“一轴三线”的总体布局，“串珠成链”的总体战略，“点线块面”统筹推进的总体方法，积极稳妥地推进旅游产业的发展，并且以旅游为龙头，按照“旅游+”和“+旅游”的发展思维和模式，促进其他产业的融合发展，齐头并进。2017年接待游客76.6万人次，实现旅游相关收入6.7亿元分别增长36.12%、81.57%。坚持特色农牧产业协同发展，推广种植天麻400亩，完成江拉村、沙玛村茶叶种植2000亩，完成倾多镇两个扩繁场建设的项目风险评估和用地预审工作。目前，全县藏香猪达到4.9万头，灵芝菌种植规模1.5万平方米，波棱瓜种植274亩，羊肚菌种植45亩。

二是民生福祉不断提升。脱贫攻坚成绩显著，紧扣“13934”精准扶贫总体思路，举全县之力合力攻坚，整合各类资金1.06亿元，稳步实施产业帮扶、美丽家园行动、家门口就业等13项扶贫工程，全年完成减贫595户2244人，退出贫困村79个，贫困发生率从11.8%下降至0.68%，达到脱贫摘帽标准，我县被自治区党委、政府评为全区脱贫攻坚优秀县。科教文卫事业快速发展，开展科技培训4期，培训人员254人次，培训合格率达95%以上，科技特派员实现行政村全覆盖；教育“五个100%”工作目标顺利完成，学生入学率、巩固率都达到98%以上；全县每万人拥有“三馆一站”公共文化设施建筑面积达到6163平方米，2017年，波密县民间艺术团荣获全国“双服务”先进集体；县医院成功创建“二乙”综合医院，县藏医院建成使用，全市首家县级民营医院—波密普济医院正式运营。社会保障更加有力，发放低保金478.77万元，开展医疗救助4427人次、发放资金147.24万元，发放临时救助和自然灾害救助192.18万元，有意愿“双集中”均达到100%；实现城镇新增就业407人，城镇失业人员再就业91人，城镇登记失业率控制在2.3%，在全区率先招聘39名波密籍未就业高校毕业生。

三是生态环境持续向好。坚持“绿水青山就是金山银山”的发展理念，全年完成义务植树造林370亩，防沙治沙5000亩，防护林体系建设1.35万亩。编制完成《波密县生态文明建设规划》，4个行政村获得自治区级生态村命名，县环保局荣获“全国环境保护系统先进集体”荣誉称号。全面推行河长制，设置县乡村三级河长237人，河湖得到有效保护。加强污水处理与整治，县城污水处理及收集系统工程开工建设，乡（镇）及景区11个污水处理

设施建设项目、投资170万元的公立医院医疗废水处理系统前期工作已完成。圆满完成中央环保督察迎检工作，生态环境明显优化。

*四是发展环境逐步优化。*基层设施得到提升，2017年，全县国家投资重点建设项目134项，完成19.17亿元，同比增长53.93%。其中，国道318线松宗至古乡整治工程、303省道八盖乡至那曲嘉黎县尼屋乡公路等重点项目建设完成并投入使用，易贡湖生态修复与综合治理工程预计2018年完成初步设计并开工建设。招商引资持续推进，大力实施“走出去，请进来”招商引资战略，2017年，全县招商引资签约4个项目，到位资金4.2亿元，累计解决就业人数141人，2018年，签订了近20亿元招商引资意向性合约。援藏工作有序推进，2017年，衔接落实援藏物资801.93万元，争取规划外村级文化活动场所等项目建设资金2636.6万元，广州市各区对口支援其他乡（镇）“区乡对接”合作共建框架正在相继形成。

*五是社会局势全面稳定。*以喜迎党的十九大、打赢十九大维稳安保攻坚战为主线，实现“三无”“三不出”“三稳定”目标，首次捧起全国综治工作最高奖项—“长安杯”。全面落实利寺惠僧政策，落实各类资金400余万元用于寺庙基础设施维修。认真开展民族团结进步创建活动，努力推动少数民族经济社会全面发展，争取专项资金100万元帮助少数民族群众发展生产。落实经费13万元开展少数民族群众实用技能培训，不断推动科技兴农科技兴牧。安全生产领域态势良好，实现安全生产事故起数和伤亡人数“双下降”。

在肯定成绩的同时，我们还面临不少困难和挑战。经济发展水平仍不能满足农牧民群众对美好生活的向往；优势产业的规模化、集约化、品牌化建设任重道远；区域发展不充分、不平衡，特别是康玉、八盖两乡还相对落后；巩固脱贫攻坚成果和防返贫任务十分艰巨；个别干部责任心不强、担当精神不足、部门协调不够、执行力较弱，干部作风建设仍需加强。对此，我们一定要高度重视，并认真加以解决。

二、明确任务、突出重点，推动经济社会高质量绿色发展

2018年是全面贯彻落实党的十九大精神的开局之年，是我国改革开放40周年，是巩固脱贫攻坚成果的决胜之年，是实施“十三五”规划承上启下的关键一年。必须高举习近平新时代中国特色社会主义思想伟大旗帜，全面贯彻落实党的十九大、十九届二中、三中全会精神，按照中央、区党委、市委经济工作会议部署，加强党对经济工作领导，牢固树立以人民为中心的发展思想，坚持稳中求进、进中求好、补齐短板工作总基调，认真落实新发展理念，紧扣社会主要矛盾变化，以供给侧结构性改革为主线，以处理好“十三对关系”为根本方法，坚决打好精准扶贫、污染防治、防范化解重大风险三大攻坚战，突出做好产业发展、生态保护、民生改善、深化改革、社会稳定、乡村振兴等重点工作，着力建设活力波密、祥和波密、幸福波密、法治波密、美丽波密，努力走出一条高质量绿色发展路子。今年主要预期目标是：全县地区生产总值（GDP）达到22.07亿元，增长13%，全社会固定资产投资达到28.14亿元，增长23%，财政一般预算收入实现6820万元，增长10%，社会消费品零售总额达到2.64亿元，增长15%以上；城乡居民人均可支配收入分别达到29910元、16846元，分别增长11%、14%。

今年的经济发展任务艰巨，全县上下各级各部门要坚持统筹兼顾、突出重点、精准施策、稳步推进，重点抓好以下四个方面的工作。

*（一）抓产业，壮大特色经济。*经济的发展，根本上要靠产业去推动，没有产业，发展是不可持续的，也是没有前途的。要深刻认识到只有发展壮大产业，才能从根本上解决经济建设动力不足的问题，我们应继续坚持实施“两产业一平台”发展战略。一是高质量发展生态旅游业，要抓好生态旅游这个核心，所有的产业发展，包括城镇化建设、乡村振兴，都要在旅游的框架、思维、模式下推动。紧扣“生态旅游立县”的总体定位，全力发展全域旅游。围绕“一轴三线”的总体布局，加快易贡沟旅游综合开发规划，推进倾多沟“桃花谷”停车场基础设施建设，打造多吉沟非遗文化基地建设。按照“串

珠成链”的总体战略，加快国道318线最美景观大道建设，积极推动米堆冰川、嘎朗湖、岗云杉林、桃花谷、易贡等景区景点创A申报，完成米堆冰川4A创建工作，实现景区景点串珠成链。依照“点线块面”统筹推进的总体方法，加强与藏游公司、同元集团等企业的深度合作，积极吸引社会资本和借鉴内地经验进行旅游开发；加快游客服务中心、岗巴大桥、VR体验馆改造升级等旅游服务设施建设，提升旅游综合接待能力；加深波密旅游知名度宣传推介，以举办首届旅游文化节为契机，积极拓展区外客源市场。2018年确保实现游客接待量突破80万人次，旅游收入力争达8亿元的目标。进一步加快基础设施和信息化的建设，加快景区景点的创建，宣传推荐要融合当地特色文化，结合产业的振兴和繁荣策略，完善和规范旅游秩序。二是高标准发展特色农牧产业，以供给侧结构性改革为主线，坚持政府引导、企业主导、群众受益原则，以天麻、有机茶叶、藏香猪三大优势产业为重点，协调推进果蔬、特色菌类、藏药材种植加工，做大产业规模、延伸产业链。坚持政府引导，厘清政府在产业发展中的作用定位，通过制定产业扶持、税收优惠、资源配置等政策措施，突出激发市场活力、用好市场要素、扩大市场需求等政府作用，积极进行思想引导、信息引导、组织引导和技术支撑，进而引导全社会全方面参与到既定的特色产业发展方向上来；坚持企业主导。在市场经济下，企业是资源配置的主体，实践多次证明，市场的事主要还是要依靠企业去做。要加大对本土企业的扶持力度，对既有强烈发展意愿又与政府产业发展规划相契合的本地企业，要加强在资金、金融、技术等方面的帮扶。要加大招商引资力度，通过用最活的政策、最好的资源、最诚信的服务，支持一批有诚信、有实力、效益好、能扎根、讲责任的“大企”“强企”入驻波密、共谋发展，实现企业获利、群众增收、财政收益；把握好群众资源、财政受益、“带动一个产业”这个方向，搞活经济这个根本；没有企业就没有产业，要持续加大招商引资的力度，增加稳定的税源。坚持群众受益。发展农牧特色产业根本目的就是带动农牧民群众增收致富，要切实保护好群众的利益，积极建立完善利益联结机制，通过就业带动、保底分红等形式，让农牧民合理分享产业发展成果。三是高效协同发展“五大产业”。坚持“旅游+”模式，推进特色农牧、藏医藏药、水电能源、文化产业融合发展。以打造区域性医疗培训中心和县医院创二乙为契机，大力开发卫生医疗和藏医藏药产业，衔接千金方、藏核、新泰等公司，研发推广藏药材新型产品，扩大产业规模，进一步拓展旅游产业链条。积极推进我县水能资源开发各项基础性工作，主动对接，进一步完善帕隆藏布、波堆藏布、易贡藏布流域水电能源规划，积极争取水电企业落地，加快我县水电能源的推进，为旅游产业发展提供电力保障。按照“旅游搭台，文化唱戏”，打造文化旅游精品线路的发展思路，整合资源优势，努力提升波密文化旅游层次，使文化产业通过旅游产业发展受益，使旅游产业通过文化产业丰富内涵，实现文化旅游产业融合发展。

（二）抓项目，扩大有效投资。我县当前和今后一段时期经济增长的类型仍将是投资拉动型，要牢固树立抓项目就是抓经济、就是保增长、就是促发展理念，以项目建设为依托，改善基础设施条件，提高经济发展实力。一是做大政府项目总盘子。以“十三五”规划中期调整为契机，各项目单位要认真研究国家、区、市各项重大发展战略、规划、计划，从乡村振兴、产业发展、生态保护、脱贫攻坚、发展村集体经济等目前的关注点入手，以最大契合度对接国家改革红利。各分管县级领导及各部门要加强与上级部门的沟通衔接，派专人在自治区和林芝市进行项目的对接，一个部门一个部门跑办，一个项目一个项目紧盯，尽可能地争取更多项目进入总盘子。二是做强招商引资项目。紧紧围绕“两产业一平台”发展战略和“五大产业”发展定位，进一步完善招商引资工作机制，强化分析研判，坚持产业链招资、优化区域招商，充分依托现有龙头企业和产业基础，深入挖掘和包装一批上、下游产品，把项目配套企业引进来，补齐产业链条短板。要多引进大项目、好项目，力争在招大引强、集群承接上取得新突破，确保圆满完成林芝市下达的全年招商引资任务。三是深化援藏合作项目。借助“区乡对接”合作共建等框架，积极与对口援藏的广州市和各辖区沟通衔接，丰富援藏内涵，注重充分发挥援藏干部的桥梁纽带作用，推动波密与内地特别是广东省的经济、社会、文化全方位、多层次交流合作。要立足波密实际引进资金项目、技术人才，力争年底完成第八批援藏全部项目，并靠上衔接，积极争取预算外资金。四是加快项目建设进度。加快实施“十三五”规划内项目，无论是续建还是新建项目，都要倒排工期、挂图作战，列出明细表，明确责任人，使每个项目都能达到进度要求，确保波密县2018年重点规划项目逐一落地，力争年内完成固定资产投资28亿元以上。五是注重项目建设质量。树立“建成一个，见效一个”的项目工作理念，在加强工程质量、进度、合同履行等各方面加大监管力度，严把工程质量关，加强质量监督，严格落实建设、勘察、设计、施工、监理等五方责任主体质量终身责任制，确保项目建设规范运行，助推经济健康快速发展。要加强建筑市场诚信体系建设，对失信企业特别是落实质量责任不到位、拖欠农民工工资的一律列入“黑名单”，禁止参与我县各类工程项目建设。

（三）抓统筹，推动乡村振兴。实施乡村振兴战略，是党的十九大作出的重大决策部署，是新时代“三农”工作的总抓手。坚持城乡规划同步走。要完成《波密县城市总体规划（2013–2030）》和《波密县主城区控制性详细规划》修编评审，完成古乡等7个乡（镇）总体规划修编评审，完成除扎木镇外的9个乡（镇）控制性详细规划修编评审，完成85个行政村村庄规划评审。坚持城镇化平台建设。按照“一核四心”城镇化布局，加快推进通麦等4个小集镇建设，稳步推进县城棚户区改造项目，实施县城沿江北面的扎木路风貌和基础设施改造项目，推动县城持续扩容提质、环境不断改观。通过318国道，将“一核四心”串联起来，搞好城镇化建设，并将各乡（镇）的沿路景点“串珠成链”，形成点线块面的统筹推进的格局；持续推进我县“净化、亮化、绿化、美化”四部曲，特别是要搞好县城的绿化，不但要绿化还要美化，打造好“花园县城”。坚持乡村统筹发展。以产业兴旺为重点，帮助有条件的乡（镇）、村（居）发展壮大集体经济，着力培育壮大种养大户、农民专业合作社等多种形式的新型经营主体，充分利用自然风光、乡村文化等特色资源，发展各具特色的乡村旅游；要以企业为依托，以激励为平台，以村集体经济为基础推动产业发展，下大功夫打牢基础结构。以生态宜居为关键，深入开展“厕所革命”“厕所革命”要以实用为标准，选址要准确，确保干净卫生。推进农牧区生活垃圾集中处理，加快扎木镇娘那村等7个小康村建设，力争完成56个行政村民房屋顶改造；以乡风文明为保障，强化村规民约建设，树立健康文明、积极向上的新风尚，引导农民群众抵制封建迷信、杜绝黄赌毒、破除陈规陋习；以治理有效为基础，深入开展“扫黑除恶、打非治乱”专项行动，积极开展“双联户”创建工作，全力提升村“两委”班子履职能力；以生活富裕为根本，进一步加大财政资金向农牧区投入力度，积极整合农业、扶贫、交通、水利、林业、农综、国土等涉农资金，确保资金发挥更大效益。

（四）抓民生，增进人民福祉。巩固脱贫攻坚成果，做好国务院第三方评估验收迎检准备工作，确保我县顺利脱贫摘帽，对贫困群众，采取“摘帽”不摘政策，继续扶上马、送一程。同时，高标准、高质量做好昌都“三岩”片区易地扶贫搬迁工作，确保今年搬迁的300名群众搬得进、留得住、能致富。要处理好“富口袋”和“富脑袋”的关系问题，转变农牧民的思想观念，调动积极性，加强教育引导。在全面落实林芝市“十件民生实事”基础上，继续办好利民惠民、利寺惠僧“十件实事”。大力推动教育均衡发展，提升教育服务水平和教育教学质量，在落实“五个100%”的基础上，力争实现中小学生入学率、巩固率达到100%；强化医疗卫生服务，提升人民健康水平，继续落实大病统筹医疗政策，持续抓好“两降一升”工作；积极推进文化惠民，丰富人民精神文化生活，制作完成“藏王故里”舞台剧，编纂出版《桃花盛开的藏王故里—波密》，加快“红楼”爱国主义教育基地申报工作；千方百计扩大就业，完善政府扶持、就创业培训、就创业服务“三位一体”工作机制，加大技能培训和就业服务力度，城镇登记失业率控制在2%以内；健全社会保障体系，提升人民幸福指数，完善防灾减灾救灾体系，统筹城乡社会保障和社会救助体系，持续落实全民参保计划，基本社会保险覆盖率巩固在97%以上；进一步改善农牧区生产生活条件，建设宜居宜业波密，力争开工建设倾多镇曲西村、松宗镇栋曲村、康玉乡通堆村、倾多镇德吉村等4个农村公路及交通重点项目，积极推进帕隆藏布、波堆藏布、加桑藏布、德曲流域等重点河段治理等水利项目建设。

三、加强领导、统筹推进，强化经济社会发展的服务保障

我们要实现今年的经济发展目标，必须以习近平新时代中国特色社会主义思想为指引，进一步加强党对经济工作的领导，夯实社会稳定这个经济发展的前提条件，切实优化经济发展的硬环境和软环境，确保圆满完成全年经济目标任务。

（一）抓党建、夯实发展根基。习近平总书记指出，能不能保持经济持续健康发展，从根本上取决于党的领导核心作用发挥得好不好。我们必须增强责任感、使命感、紧迫感，加快改革步伐，强化工作落实，转变工作作风，切实为经济高质量发展提供坚强保证。一是坚持党对经济工作的领导这个根本要求。党政军民学，东西南北中，党是领导一切的。我们必须牢固树立“四个意识”，坚决维护以习近平同志为核心的党中央权威，不折不扣落实中央和区党委、市委、县委的经济方针和决策部署。全县各级党组织和领导干部要牢牢把握抓好经济工作的主动权，切实履行好领导经济工作的职能，全面提升抓经济工作的制度化、法治化、专业化水平，积极开创跨越发展新局面。县财经工作、旅游发展、城镇化建设、产业发展等领导小组要切实发挥好职能作用，紧密围绕县委决策部署，认真分析研判，及时提出涉及产业发展、城镇化建设等方面的意见和建议，切实为县委决策部署提供科学依据。二是做好党建引领这个根本格局。坚持党建引领、协调发展，牢固树立“大党建”理念，不断提升党建工作规范化科学化水平，同时以党建推动改革发展稳定各项工作，实现经济社会发展和党的建设同频共振、同向发力。坚持围绕中心谋划党建工作，充分发挥党建在各项工作中的基础性、保障性作用，坚持“以党建促脱贫攻坚、以党建促稳定、以党建促产业发展、以党建促项目建设、以党建促宗教管理、以党建促非公经济发展”的工作思路，全面推动党建与经济社会发展各项工作有机融合。三是建强基层党组织这个根本堡垒。要理顺“五支队伍”职能分工，进一步明确村（居）党支部核心领导、第一书记参谋助手、驻村工作队帮带引导、大学生村官辅助配合、包村干部沟通协调等职能定位，形成互相搭台、协作配合的有利局面。要大力推进支部示范点建设工作，采取“规范一套制度、整合一批资源、打造一体化场所”三项重点措施，预计投资7000余万元，建设39个标准化村级组织活动场所。四是抓好作风建设这个根本保障。各级各部门要继续发扬“钉钉子”精神，保持工作的主动性、前瞻性和针对性，严格落实工作制度和工作规程，对确定的工作任务和硬性指标，一件一件推动，一件一件落实，一件一件问效。县委办、政府办要改进督办方式，通过专项检查、随机检查等方式，根据年初工作计划，对县委、政府的各项决策部署，及时分解立项，按照轻重缓急分别实施督查，及时掌握工作进展情况，着力抓好跟踪督办。县纪委要严格贯彻落实《中国共产党问责条例》，对履行经济发展工作职责不到位、工作效果不明显、年度任务完成不了的，该约谈的约谈，该问责的问责，通过问责追责倒逼责任落实。同时，全县各级党员干部要认真贯彻执行“两准则、四条例”，自觉遵守中央八项规定和区党委“约法十章”“九项要求”，主动接受监督，争做政治上的明白人、工作上的干净人、生活中的清廉人。

（二）抓稳定，筑牢发展前提。祥和的社会环境是经济发展的前提，稳定是祥和发展的基础，是压倒一切的大局。要抓好民族团结。广泛开展民族团结宣传教育和民族团结创建活动，引导广大干部群众牢固树立“三个离不开”“五个认同”思想，促进各民族和睦相处、和衷共济、和谐发展。切实强化寺庙管理，深化“九有”“六建”“六个一”工程，落实好利寺惠僧政策措施，引导僧人潜心修法、遵规守法，确保宗教和睦、佛事和顺、寺庙和谐，积极引导宗教与社会主义社会相适应，淡化宗教的消极影响。要加强社会治理。不断深化社会网格化创新管理，按照抓早抓小要求，着力排查化解矛盾纠

纷，全力维护社会稳定，不断提升各族群众安全系数。要充分发挥驻村驻寺干部、双联户的积极作用，不断增强联防联治、群防群治能力。健全完善公共安全体系，严厉打击各类违法犯罪活动。要抓好安全生产。一定要深刻汲取各类重大安全生产事故教训，严格落实“党政同责、一岗双责、失责追责”的安全生产责任制。切实提高认识，强化工作措施，严格按照“谁主管、谁负责”和属地管理原则，树立安全生产“红线”意识和“底线”意识，突出道路交通、森林防火、项目建设、公共安全等重点领域安全隐患排查整治，排查各类隐患，堵塞安全漏洞，确保人民生命财产安全。

（三）抓环境，激活发展潜力。经济建设离不开一个好的发展环境，这个发展环境既包括环境优美、生态宜人的硬环境，更包括服务高效、公平公正的软环境。要坚决守护生态优美硬环境。要切实强化生态安全和环境保护意识，认真贯彻落实生态文明建设的各项要求，正确处理经济发展与环境保护的关系，始终坚持把保护生态环境作为底线、红线、高压线。严格建设项目准入，严禁“三高”项目进波密；以调整生态功能区保护红线划定工作为契机，扎实落实生态环境保护建设规划，切实增强经济社会可持续发展能力；完善河长制体系，实行“一河一策”，保障水生态安全；突出国土资源保护，完成农村土地确权颁证登记和基本草原划定工作，严格落实耕地、草地保护制度；不断强化生态环境监管，严查严打各类环境违法行为，特别是盗伐林木的违法犯罪行为，切实保护好波密的一草一木、山山水水；进一步加强生态文明宣传教育，引导广大干部群众牢固树立保护生态、爱护环境的意识，营造全社会环保节约的良好风尚，为波密人与自然和谐相处、经济社会可持续发展提供坚强保障。要着力优化经济发展软环境。一是优化服务环境：要树立法治政府意识，持续推进供给侧结构性改革，深化“放管服”和行政审批制度改革，推进“五证合一、一照一码”登记制度，强化“双随机、一公开”监管。要深化土地“五乱”治理和砂石整治工作，对违法违规行为，要坚持依法打击、依法治理，努力创造包容有序、充满活力的发展环境；要树立团结协作意识，项目单位要相互支持、相互配合，不能互设前置条件，积极协调解决在项目建设过程中遇到的困难和问题，特别是涉及林评、环评、征地拆迁等问题；要树立担当作为意识，党员干部要主动作为，敢于担当，对“不作为、慢作为、乱作为”和“索、拿、卡、要”等行为要严肃查处、坚决问责。同时，建立落实容错纠错机制，以保护我们干部的创业热情和干事激情。二是优化建设环境：土地治理必须要加快推进，要牢固树立土地是“命根子”的意识，加快土地集中整顿治理，要实行规范化管理；加大治理乱收费、乱要价的乱象，以深入开展“扫黑除恶”专项整治行动为契机，妥善依法处置各种干扰工程建设的行为，为项目顺利落地和建设营造良好的环境。三是优化市场环境：要营造公平的交易环境，工商管理部门、旅游监管部门等执法单位要形成合力，以高压态势严厉打击强买强卖、欺客宰客等违法违规行为，营造良好的市场交易环境。

同志们，唯其艰难，更显勇毅；唯其磨砺，始得玉成。让我们紧密团结在以习近平同志为核心的党中央周围，不忘初心、牢记使命，团结拼搏、砥砺奋进，为五个波密建设、夺取决胜全面建成小康社会新胜利而努力奋斗！

在中共波密县第九届纪律检查委员会第三次全体会议上的讲话

波密县委书记 朱正辉

（2018年4月9日）

今天召开的九届县纪委三次全会，是在全县上下深入学习贯彻党的十九大、十九届二中、三中全会精神和习近平新时代中国特色社会主义思想，全力推进全面从严治党新形势下召开的一次重要会议。主要任务是认真学习贯彻十九届中央纪委二次全会以及区、市纪委全会精神，回顾总结2017年我县纪检监察工作，安排部署2018年工作任务，努力推动全面从严治党工作开创新局面。一会儿，王芳同志还将代表县纪委常委会作工作报告，希望大家认真学习领会，切实抓好贯彻落实。

下面，我就推进全面从严治党、加强党风廉政建设和反腐败斗争工作，讲几点意见。

一、肯定成绩、正视问题，增强推进党风廉政建设和反腐败斗争的责任感和使命感

过去的一年，在县委的坚强领导下，全县各级纪检监察机关坚持以习近平新时代中国特色社会主义思想为指引，牢固树立“四个意识”、坚定“四个自信”，着力提高管党治党工作的能力和水平，切实推动了全县党风廉政建设和反腐败斗争取得新成效，为建设“五个波密”提供了坚强的政治、纪律和作风保证。

一是纪律规矩进一步严明。严格遵守政治纪律和政治规矩，主动履职尽责，强化正面引导和反面警示，教育广大党员干部以坚决执行党的决议、坚守党内规章制度为着力点，自觉在思想上拥护核心、在政治上信赖核心、在组织上忠诚核心、在感情上认同核心、在行动上捍卫核心，有力维护了纪律和规矩的严肃性、权威性。二是工作制度进一步健全。认真履行监督责任，研究制定《波密县深化落实党委（党组、党支部）党风廉政建设主体责任和纪委监督责任实施细则》，健全和落实县委部门、基层党组织、领导干部责任清单，形成了层层抓落实、责任全覆盖的工作机制。组织开展“两个责任”落实专项监督检查4次，开展党风廉政约谈工作300余人次，推动工作落地生根。三是日常监管进一步加强。强化重点预防，将“两准则四条例”列入干部任前廉政测试内容，坚持任前党风廉政必谈的原则，严把廉政鉴定关，有效防止了干部“带病提拔”“带病上岗”“带病”评先评优。四是巡察利剑进一步发挥。组织开展了九届波密县委一轮巡察，安排巡察组对多吉乡和曲宗寺管委会开展巡察工作，发现问题20个，提出整改意见10条。五是监察体制进一步深化。按照中央、区党委和市委关于深化国家监察体制改革的统一部署和要求，及时成立波密县深化国家监察体制改革试点工作小组，对全县监察体制改革试点工作进行前期筹备和具体安排，并在全市率先完成县级监察委员会的组建。六是“四种形态”进一步运用。坚持把纪律挺在前面，进一步减少腐败存量，重点遏制增量，把违反中央八项规定精神作为监督执纪的重点，驰而不息纠正“四风”，坚决查处顶风违纪行为。2017年，受理信访举报案件32件，给予党纪处分7人，政纪处分3人，诫勉谈话5人，谈话提醒11人，下达监察建议书3份。以上成绩的取得，是全县纪检监察机关从严落实各级党委和各级纪委决策部署的结果，是纪检监察干部队伍辛勤工作、努力拼搏的结果。在此，我

代表县委对全县各纪检监察机关和干部队伍的辛苦付出表示衷心的感谢和诚挚的敬意！

在肯定成绩的同时，我们也要清醒地看到，全县党风廉政建设和反腐败斗争工作中还存在不足和短板：一是主体责任落实力度不到位。个别党组织对党风廉政建设工作的重视程度不够，抓党风廉政建设日常工作持续性不够，缺乏对本单位党风廉政建设工作开展的清晰思路和具体措施；二是履行监督责任方面不到位。部分纪检监察干部思想政治水平、担当精神还有欠缺，对新时代纪检监察工作适应能力不足，实践运用“四种形态”的能力不强，抓监督执纪问责力度与从严治党的新要求还有差距；三是干部作风转变不到位。“四风”问题病根未除，病源还在，高压之下仍有个别党员干部明知故犯、我行我素、顶风违纪，防止反弹任务艰巨；四是管党治党不到位。一些党组织班子整体作用发挥不够，党的建设缺失，不注重抓党的理论和政策学习，民主集中制贯彻落实不好；有的党组织全面从严治党不力，民主生活会、组织生活会上，开展批评和自我批评流于形式，缺乏咬耳扯袖、红脸出汗、相互提醒，防微杜渐的氛围。

为此，全县各级各部门必须高度重视，深刻认识反腐败工作的长期性、复杂性、艰巨性，牢固树立党风廉政建设和反腐败斗争工作永远在路上的理念，进一步增强责任感、使命感和紧迫感，坚持“零容忍”的态度不变、猛药去疴的决心不减、刮骨疗毒的勇气不泄、严厉惩处的尺度不松，奋力开创党风廉政建设和反腐败工作新局面。

二、保持定力、砥砺前行，全力推进党风廉政建设和反腐败斗争各项工作

党风廉政建设和反腐败斗争，是全面从严治党的重要内容，是协调推进“四个全面”战略布局的重要保证。十九届中纪委二次全会指出：“当前反腐败斗争形势依然严峻复杂，全面从严治党决不能半途而废，必须以永远在路上的韧劲和执着，把‘严’字长期坚持下去，一以贯之、坚定不移。”

一要坚持党中央权威和集中统一领导。全县各级党组织和广大党员干部要牢固树立“四个意识”，坚定执行党的路线方针政策，严格遵守政治纪律和政治规矩。要高举习近平新时代中国特色社会主义思想这面伟大旗帜，深入推进“两学一做”学习教育常态化制度化，坚持不懈用习近平新时代中国特色社会主义思想武装头脑、指导实践、推动工作。要认真学习党章、遵守党章、贯彻党章、维护党章，严格执行党内政治生活若干准则，坚决防止“七个有之”，坚决做到“五个必须”。要坚持县委的集中统一领导，特别是县委常委会的统一领导，坚决反对搞“两面派”、做“两面人”，绝不允许搞小山头、小团伙、小圈子，不断巩固发展风清气正的政治生态。

二要坚持纠正“四风”不止步。作风建设永远在路上，纠正“四风”没有休止符。要坚定不移贯彻落实中央八项规定精神和区党委“约法十章”“九项要求”，瞄准违规公款吃喝、公车私用、滥发钱物、参与赌博等突出问题，紧盯不作为、慢作为、乱作为等突出现象，严抓老问题，注意新动向，常态化开展“四风”整治，坚决防松懈、防变通、防反弹；要坚持抓常抓细抓长，紧盯年节假期，看住“关键少数”，加强明察暗访，严查顶风违纪违规行为，实名通报曝光典型问题，绝不姑息、绝不迁就。全县党员领导干部，特别是县级领导干部和单位“一把手”要坚持以上率下，从自身做起，推动形成真抓实干、苦干实干的好作风，真正以作风建设的实际成效让区党委、市委放心，让全县各族干部群众满意。

三要坚持把纪律和规矩挺在前面。监督执纪“四种形态”，是党中央从党的历史和全面从严治党实践中总结提炼的创新举措，全县各级纪检监察机关要在用好第一形态上下功夫，加大函询、谈话力度，严格组织生活制度，让红脸出汗成为常态，防止小病拖成大病。要把执纪审查重点放在不收敛不收手，问题线索反映集中、群众反映强烈，身居重要岗位而且可能还要提拔的领导干部上；对以身试法的，新账旧账一起算从严惩处；对有错能主动交代，且积极干事创业的要给平台给出路；对犯了错不主动讲，对组织不忠诚、不老实，庸政懒政怠政不作为的，要严肃查处、严肃问责。同时，要坚持宽严相济、区别对待的原则，既严厉惩处腐败者，又旗帜鲜明地支持改革者、鼓励创业者、教育失误者，在全县上

下努力营造创新创业、干事担当的良好氛围，努力实现波密长足发展和长治久安。

四要坚持把全面从严治党延伸至基层。人民群众对美好生活的向往，就是我们的奋斗目标。全县各级党组织和纪检监察机关要切实解决好发生在群众身边的不正之风和腐败问题，提升人民群众对反腐败工作成效的满意度。要深入推进扶贫领域腐败和作风问题专项治理工作，对胆敢向扶贫民生、救灾救济款物伸手的决不手软，对吃拿卡要、盘剥克扣、优亲厚友的坚决查处，切实把党的惠民好政策落实到群众心里。要强化扫黑除恶专项斗争监督执纪问责，严惩横行乡里、欺压百姓的村霸、宗族恶势力和其背后的腐败行为，既抓黑恶势力，也抓后面的"保护伞"，肃清农牧区基层政治生态。

五要坚持发挥政治巡察利剑作用。开展巡察是巡视工作向基层延伸、向纵深发展的必然要求。要按照《中共波密县委巡察工作五年规划》要求，确保巡察工作在一届党委任期内实现全覆盖。在巡察过程中，要提高政治巡察基本站位，自觉贯彻落实政治巡察内涵，深入了解被巡察单位党的领导、党的建设、全面从严治党情况，深入了解贯彻执行党的基本路线和方针政策情况，对被巡察的党组织及其负责人的政治方向、政治立场和政治担当作出系统评价。要用好巡察监督成果，建立整改问题台账和回访督查机制，对需整改的问题持续跟踪，紧盯不放，确保件件有着落，事事有回音。同时，对巡察中敷衍搪塞、拒不配合、拒不整改的，纪检监察部门要依法依规从严惩处。

六要坚持深化国家监察体制改革工作。今年1月，波密县监察委挂牌成立，作为林芝市首个县级监察委员会，标志着波密县监察体制改革试点工作迈出了成功的关键一步，但这只是万里长征的第一步，接下来还有很长的路要走。监察委要坚持在法定权限、法定程序、法定程序范围内切实履行好监督、调查、处置3项职责，要充分运用好谈话、讯问、询问、查询、冻结、调取、查封、扣押、搜查、勘验检查、鉴定、留置等12项措施手段。要加快推进监察委员会思想融合、能力融合、工作磨合、实战融合、制度融合、人员融合，形成衔接有序、监督有力、制衡有效的工作格局，稳步推进改革试点工作。要积极探索纪检监察机关内部运行机制，及时制定完善监委会议事决策规则，切实提升工作科学化规范化水平。

三、标本兼治、固本培元，增强推进党风廉政建设和反腐败斗争的向心力和凝聚力

全面从严治党，核心是加强党的领导，基础在全面，关键在严，要害在治。全县各级党组织要把加强党的领导融入到具体工作中，以更加坚决的态度、更加有力的措施、更加扎实的工作，为落实全面从严治党提供有力保障。

一要更好地肩负起管党治党的政治责任。各级党组织要坚持守土有责、自觉担责、认真负责，做到真管真严、敢管敢严、长管长严。"一把手"要带头履行"第一责任人"的职责，认真抓班子、从严带队伍，做到重要工作亲自部署、重大问题亲自过问、重点环节亲自协调，既要做到己廉，又要以上率下，作出榜样，促进班子队伍群廉。其他班子成员要按照"一岗双责"要求，自觉承担起党风廉政建设的具体责任，专题研究和部署分管领域的党风廉政建设工作，定期不定期向班子主要负责人报告职责范围内工作开展情况，指导分管部门和单位制定党风廉政建设和反腐败工作计划、目标要求和具体措施并督促落实，切实做到一手抓党风廉政建设、一手抓业务工作。纪检监察机关要认真履行监督责任，强化监督执纪问责，加强对主体责任落实情况的监督检查，对在党的建设和党的事业中失职失责的党组织和党员干部，严肃问责。要坚持落细落小，督促各级党组织及时发现解决党的建设和党内政治生活中存在的突出问题。要加大正风肃纪和腐败案件查办工作力度，坚持原则、敢于碰硬、刚正不阿，用好手中的利剑，做到有案必查、有腐必惩。

二要更好地发挥党员领导干部的表率作用。巩固正风反腐成果，引申全面从严治党，发挥好领导干部的表率作用至关重要。要引导广大党员干部时时处处事事树立带头意识，争做模范榜样，坚持以党风带政风促民风。广大党员干部特别是各级领导干部要强化使命担当，自觉做"两学一做"的楷模，"三严三实"的榜样，在管好自己的同时，严格

要求家属和身边工作人员，自觉接受监督，乐于接受批评，一级抓一级，一级带一级，推动全面从严治党向纵深拓展，实现层层传导、层层落实。

三要更好地加强纪检监察机关自身建设。纪委是党内监督的专责机关，是管党治党的专门力量。正人必先正己，“打铁必须自身硬”，管纪律的更要守纪律、讲规矩，这对纪检监察干部提出了更高要求。纪检监察干部要认真贯彻执行《中国共产党纪律检查机关监督执纪工作规则（试行）》，健全内控机制，加强重要岗位和关键环节的监督，加大制度约束，把监督执纪权力关进制度的笼子。要在“忠诚干净担当”上作出表率，带头坚定理想信念，带头增强本领、锤炼作风，用实际行动诠释对党和人民的忠诚。要加强干部队伍教育管理，以刀刃向内的勇气自我革命，坚决防止“灯下黑”，用铁的纪律锻造纪检监察队伍，确保党和人民赋予的权力规范使用。

同志们，新的征程需要有新的作为。让我们紧密团结在以习近平同志为核心的党中央周围，在区党委和市委的坚强领导下，坚定信心、振奋精神，求真务实、开拓创新，不忘初心、牢记使命，以良好的作风和奋发有为的精神状态，推动全面从严治党取得新成效，为建设“五个波密”、决胜全面建成小康社会提供坚强有力的保证！

中共波密县委员会　波密县人民政府 关于表彰2017年度综合考评先进乡（镇）和先进单位的决定

波县委〔2018〕21号

2017年以来，县委、政府团结带领全县各族干部群众，以习近平新时代中国特色社会主义思想为指引，深入贯彻落实中央和自治区、市系列会议精神，加快推进“两产业一平台”和“五个波密”建设步伐，确保全县经济建设持续增长，社会局势持续稳定，群众生活更加幸福。全县各乡（镇）、各部门团结协作，奋发作为，为全县经济社会发展作出了突出贡献，涌现出了一大批先进乡镇和单位。为表彰先进，肯定成绩，县委、政府决定：

授予多吉乡、扎木镇、玉许乡等3个乡（镇）“波密县2017年度年终考评先进乡（镇）”荣誉称号；

授予县纪委、县委统战部、宣传部、县财政局、文化局、环保局、发改委、扶贫办、工商局等9个部门和县卫生服务中心、波隅旅游开发有限公司等2个企事业单位“波密县2017年度年终考评先进单位”荣誉称号。

授予国税局“税收组织奖”、城投公司“税收贡献奖”。

希望受到表彰的乡镇和单位珍惜荣誉、戒骄戒躁、发扬成绩，在新的一年里再接再厉、再创佳绩。全县各级各部门要以先进为榜样，振奋精神、开拓创新，攻坚克难、扎实工作，为推动“两产业一平台”和“五个波密”建设，为率先全面建成小康社会作出新的更大贡献！

中共波密县委员会　波密县人民政府 关于表彰2017年度波密县社会治安综合治理先进乡(镇)、先进集体和先进个人的决定

波县委〔2018〕22号

2017年以来，在县委、政府坚强领导下，全县各级各部门和各族干部群众深入学习贯彻党的十九大精神，以习近平新时代中国特色社会主义思想为指导，贯彻落实习近平总书记治边稳藏重要战略思想和加强综治工作的重要指示精神，坚持围绕中心、服务大局，坚持以巩固深化各项维稳措施为重点，围绕党的十九大维稳安保主线，持续推进反分裂斗争，依法加强重点区域治理，大力加强矛盾纠纷排查化解，不断完善社会治安防控体系建设，群防群治基础进一步夯实，综治工作进一步深化，社会和谐稳定的局面进一步巩固，平安建设的水平进一步提高，群众安全感满意度进一步上升，涌现出一批改革创新、真抓实干，敢于担当、甘于奉献的先进典型。

为表彰先进、树立典型，进一步激励全县各级各部门深入推进新时代加强和创新社会治理，根据《波密县2015—2017年社会治安综合治理目标管理责任书》和《波密县2017年社会治安综合治理考评办法》，县委、政府决定：授予玉普乡、扎木镇、多吉乡3个乡镇“2017年度波密县社会治安综合治理先进乡(镇)”荣誉称号；县委办等16家单位“2017年度波密县社会治安综合治理先进集体”荣誉称号；毛卫林等25名同志“2017年度波密县社会治安综合治理先进个人”荣誉称号。希望受到表彰的先进乡(镇)、先进集体和先进个人珍惜荣誉、戒骄戒躁，再接再厉、再立新功。

县委、政府号召，全县各级各部门和广大干部职工要以先进为榜样，更加紧密地团结在以习近平同志为核心的党中央周围，高举中国特色社会主义伟大旗帜，贯彻落实党的十九大、区党委九届三次全会、市委一届六次全会精神以及习近平总书记给隆子县玉麦乡群众的回信精神，以习近平新时代中国特色社会主义思想为指导，深入贯彻落实各级综治工作表彰会议精神，加强党对综治工作领导，坚持以人民满意为方向，紧扣社会主要矛盾变化和西藏特殊矛盾，按照推进社会治理体系和治理能力现代化为总要求，不忘初心、牢记使命，保安全、护稳定，打基础、谋长远，同心同德、扎实工作，不断推进社会治理理念思路、体制机制、方法手段创新，深入推进社会治理社会化、法治化、专业化，着力推进社会治理“七个提升”，为奋力夺取决胜全面建成小康社会、全面建设社会主义现代化的伟大胜利，谱写新篇章。

2017年度社会治安综合治理工作先进乡(镇)、先进集体和先进个人名单

一、先进乡镇(3个)

玉普乡、扎木镇、多吉乡

二、先进集体(16家)

县委办、人大办、政府办、政协办、纪委、组织部、统战部、公安局、法院、检察院、安监局、民宗局、森林公安局、玉普一级公安检查站、武警消防大队、武警波密二大队

三、先进个人（25 名）

毛 卫 林 工妇委副主任、工会主席
确　　珠 食药局主任科员
万 永 刚 民政局副局长
尼　　娜 政法委（综治办）副主任科员
巴桑卓嘎 环保局副主任科员
央　　珍 扎木镇科员
郭　　炎 倾多镇科员
何　　勇 玉普乡科员
旦增平措 多吉乡科员
拉巴平措 玉许乡科员
冯 小 娟 松宗镇科员
何　　磊 康玉乡科员
刘 松 松 易贡乡科员
陈　　瑊 古乡科员
德吉卓嘎 八盖乡干部
杜 富 豪 维稳办科员
曾 晓 燕 司法局科员
阳 雨 庆 人社局科员
桑　　妞 财政局科员
扎　　西 卫计委科员
多吉次仁 工商局科员
索朗多点 文化局干部
姚 元 春 教育局干部
多吉玉普 一级公安检查站辅警
次　　仁 多吉乡派出所辅警

中共波密县委员会
关于表彰2018年度先进基层党组织
优秀党务工作者和优秀共产党员的决定

波县委〔2018〕40号

近年来，特别是党的十九大以来，全县各级党组织和广大党员高举中国特色社会主义伟大旗帜，坚持以习近平新时代中国特色社会主义思想为指引，深入学习宣传贯彻落实党的十九大精神，坚决落实中央大政方针、区党委重大决策部署和市委、县委工作要求，攻坚克难、奋勇争先，锐意进取、开拓创新，为推进“五个波密”建设做出了重要贡献，取得了显著成效，涌现出了一批先进典型。伟大时代召唤伟大精神，崇高事业需要榜样引领。为进一步表彰先进、树立典型、弘扬正气，在庆祝中国共产党成立97周年之际，县委决定，授予扎木镇党委等26个单位“先进基层党组织”荣誉称号，授予侯国聪等20名同志“优秀党务工作者”荣誉称号，授予兰建等51名同志“优秀共产党员”荣誉称号。

此次受表彰的先进集体和优秀个人，是全县各级党组织和广大党员的优秀代表，是各条战线、各个领域、各项工作中涌现出的先进典型。他们的先进事迹，充分展现了党的先进性和纯洁性，展现了共产党人的优秀品质和先锋形象，是各级党组织和广大党员学习的榜样。县委希望，受表彰的集体和个人珍惜荣誉、谦虚谨慎，戒骄戒躁、再接再厉，发扬成绩、扎实工作，牢记党和人民的重托，在推进波密长足发展和长治久安工作中，以新担当新作为，不断创造新业绩，开创各项工作新局面。

县委号召，全县各级党组织和广大党员要向受表彰的先进集体和优秀个人学习，紧密团结在以习近平为核心的党中央周围，坚定不移用习近平新时代中国特色社会主义思想和十九大精神武装头脑、指导实践、推动工作。要切实增强“四个意识”，坚定“四个自信”，持续推进“两学一做”学习教育常态化制度化，牢固树立新发展理念，坚持以人民为中心的发展思想，不忘初心、牢记使命，敢于担当、务实进取，充分发挥基层组织战斗堡垒和党员先锋模范作用，为奋力打赢脱贫攻坚战、推动乡村振兴、决战决胜全面建成小康社会而努力奋斗！

2018年度先进基层党组织、优秀党务工作者和优秀共产党员名单

一、先进基层党组织（26个）

扎木镇党委、玉许乡党委、多吉乡党委。

县委办党支部、人大机关党支部、纪检监察机关党支部、财政局党支部、政法委党支部、检察院党支部、林业局党支部、波茂广场便民警务站联合党支部、国税局党支部、中波台党支部。

扎木镇东若村党支部、扎木镇达兴村党支部、古乡古村党支部、倾多镇巴康村党支部、倾多镇康达村党支部、松宗镇格尼村党支部、玉许乡林琼村党支部、玉许乡沙仁村党支部、玉普乡米美村党支部、多吉乡达大村党支部、易贡乡江拉村党支部、康玉乡宗热村党支部、八盖乡竹玉村党支部。

二、优秀党务工作者（20名）

侯国聪　县政协副主席

大次仁　扎木镇党委副书记、镇长

于云波　多吉乡党委副书记、乡长

卓玛央金　县文化局（新闻出版局、版权局、文

物局)局长
尼玛顿珠 县水利局局长
赵一冬 八盖乡党委副书记
武 义 松宗镇党委委员、组织宣传委员
索朗扎西 康玉乡党委委员、组织委员
李荣金 县直机关工委副书记
万永刚 县民政局副局长
刘仕林 县城管大队大队长
杨 昆 古乡人民政府科员
郑 斐 倾多镇人民政府事业人员
荣 萨 玉许乡人民政府科员
邓彪权 玉普乡人民政府科员
付昭浩 易贡乡人民政府科员
文 桥 县人社局(公务员局)科员
田 刚 县林业局(自然保护区管理局)科员
达 珍 县环保局科员
史旌剑 县教体局事业人员

三、优秀共产党员(51名)

兰 建 县纪委副书记、监察委副主任
柳军力 县林业局(自然保护区管理局)局长
普 布 县国土局(不动产登记局)局长
达 珍 团县委书记
尼玛扎西 县卫生服务中心主任
朱思敏 扎木镇党委副书记、常务副镇长
王学位 县政府办(法制办、信访局、综合执法局)副主任(副局长)
白玛央宗 县农科局副局长
夏东升 县人社局(公务员局)副局长
付新河 县发改委(工信局、粮食局)副主任(副局长)
杨 帆 县住建局(人防办)副局长(副主任)
林先东 县教体局副局长
周泉鹤 县农科局副局长
罗银吉 康玉乡党委委员、副乡长
罗秀红 县工商联副主席
刘 敬 县卫生服务中心副主任
杨 利 县委统战部主任科员
丁增卓玛 县国土局(不动产登记局)主任科员
尹少飞 扎木镇人民政府副主任科员
王松泽 县委组织部科员
赵诣国辅 县委政法委(综治办)科员
坚 增 县强基办事业人员
任智勇 县发改委项目评审中心事业人员
次仁卓玛 县水利服务站助理工程师
旦 增 县司法局(社区矫正大队)科员
仁青曲珍 古乡人民政府科员
樊银波 玉许乡人民政府科员
其美玉珍 松宗镇人民政府事业人员
任治佳 易贡乡人民政府事业人员
德 吉 八盖乡人民政府事业人员
冷 杰 倾多寺管委会科员
高栋梁 县教体局教师
郑祖云 县中学教师
方晓勇 县幼儿园教师
吴 佳 多吉乡中心小学教师
林珠旺姆 玉普乡中心小学教师
晁玉梅 波密县八一离退休党支部退休干部
占 堆 扎木离退休党支部退休干部
次仁拉姆 波密县驻拉萨联络点退休干部
巴桑顿珠 扎木镇达兴村党支部书记
才杰罗布 古乡雪瓦卡村党支部书记、村委会主任
嘎玛占堆 倾多镇古通村纪检委员
顿 堆 松宗镇栋亚村党支部书记、村委会主任
次仁罗布 玉许乡白玉村党支部书记、村委会主任
扎西次旺 玉普乡格巴村党支部副书记、村委会主任
洛 鲁 多吉乡达大村蔬菜合作社董事长
尼玛扎西 易贡乡江拉村党支部副书记、村委会主任
卓 拥 康玉乡乌那村党支部书记、村委会主任
罗 布 八盖乡塔鲁村党支部副书记、村委会主任
陈 川 县公安局通麦便民警务站辅警
次仁卓嘎 县公安局刑警大队(经侦大队、禁毒大队)辅警

中共波密县委员会　波密县人民政府 关于表彰波密县2018年上半年和谐模范寺庙暨爱国守法先进僧人和先进寺管会（专职管理特派员办公室）及优秀驻寺干部的决定

波县委〔2018〕47号

今年以来，在区党委、政府，市委、市政府和县委、县政府的坚强领导下，全县各乡（镇）、各部门及各寺庙认真履职、扎实工作，各寺管会（专职管理特派员办公室）和驻寺干部开拓进取、主动作为，广大寺庙僧人积极响应、主动参与，达到了思想认识有新提高、寺庙条件有新改善、宗教和睦有新局面、社会稳定有新成效，为维护祖国统一、加强民族团结、确保全县社会大局持续和谐稳定做出了重要贡献。

为进一步鼓励先进、树立典型、弘扬正气、汇聚共识，不断增强各寺庙和广大僧人及驻寺干部维护波密安定和谐的自觉性、主动性和积极性，县委、县政府决定，授予许木寺等6座寺庙"波密县和谐模范寺庙"荣誉称号；授予大桑登等48名僧人"波密县爱国守法先进僧人"荣誉称号；授予许木寺管理委员会等3个寺庙管理委员会（专职管理特派员办公室）"波密县先进寺管会（专职管理特派员办公室）"荣誉称号；授予李炎等6名驻寺干部"波密县优秀驻寺干部"荣誉称号。希望受到表彰的模范寺庙、先进僧人、先进寺管会（专职管理特派员办公室）和优秀驻寺干部珍惜荣誉、谦虚谨慎、戒骄戒躁、再接再厉，继续发挥好模范带头作用，在全县寺庙充分营造遵纪守法、爱国爱教、护国利民、和谐稳定的良好氛围，努力为波密的和谐稳定发挥积极作用。

县委、县政府号召，全县各寺庙（宗教活动场所）和广大宗教界人士要更加紧密地团结在以习近平同志为核心的党中央周围，高举中国特色社会主义伟大旗帜，深入贯彻落实党的十九大、十九届二中、三中全会精神，贯彻落实习近平新时代中国特色社会主义思想，贯彻落实全国宗教工作会议和中央第六次西藏工作座谈会精神，贯彻落实自治区九届三次全会精神，扎实开展"四讲四爱"主题教育实践活动和深入开展"遵行四条标准 争做先进僧尼"教育实践活动，为推动波密长足发展和长治久安、全面建成小康社会凝聚强大正能量。

附件

波密县2018年上半年和谐模范寺庙暨爱国守法先进僧人、先进寺管会（专职管理特派员办公室）、优秀驻寺干部名单

一、和谐模范寺庙（6座）

许木寺、贡果寺、玉仁寺、巴卡寺、日昂寺、江嘎日追

二、爱国守法先进僧人（48名）

（一）许木寺（14名）

大桑登、格桑次仁、嘎玛洛珠、扎西次培、扎西尼玛、布穷、拉巴、白玛扎西、才巴、次仁多吉、阿登、索朗尼玛、阿南、次仁尼玛

（二）贡果寺（8 名）

曲尼伟色、布穷、次仁顿珠、次成、巴桑、嘎罗、达杰、土登江村

（三）玉仁寺（11 名）

罗珠桑布、罗布顿珠、索朗才旺、嘎罗、当珍、穷穷、扎西罗布、群培、索朗格桑、加塔、嘎嘎、

（四）巴卡寺（9 名）

布措、阿次、索朗平措、阿尼、尼玛次仁、阿布、其美多吉、白玛登珠、布索朗

（五）日昂寺（1 名）

阿旺美拉

（六）江嘎日追（2 名）

贡桑旦增、小桑登

（七）通更次久拉康（1 名）

顿　珠

（八）宗来日追（1 名）

曲　英

（九）桑林寺（1 名）

嘎　加

三、先进寺管会（专职管理特派员办公室）（3 处）

许木寺庙管理委员会

巴卡寺专职管理特派员办公室

日昂寺专职管理特派员办公室

四、优秀驻寺干部（6 名）

李　炎　巴卡寺专职管理特派员办公室

次仁多吉　桑林寺管委会

边巴卓玛　多东寺管委会

李　辉　曲宗寺管委会

次仁顿珠　许木寺管委会（干警）

丁国涛　普龙寺管委会

中共波密县委员会　波密县人民政府关于表彰广州市第四批精准扶贫对口帮扶援藏医疗队优秀个人的决定

波县委〔2018〕51号

2018年3月，广州市第一人民医院抽调4名专家组成第四批医疗队来我县开展为期半年的医疗帮扶工作。援藏期间，医疗队员充分发挥“老西藏精神”和“两路精神”，制定了第四批援藏医疗队帮扶计划，进一步健全和完善了我县卫生服务中心各项规章制度；积极开展各项临床工作，完成各类手术161例；开通专家门诊，接诊人数达2321人次；开展巡回义诊4次，巡回医疗诊治患者470人次；开展新技术5个、新项目4个；举办波密县医务人员技能培训班，编写培训材料1本、培训1342人次，充分发挥了“帮、扶、带”的作用，为县卫生服务中心的发展打下了坚实基础，有力推动了全县医疗脱贫工作，受到了广大农牧民患者的一致好评。

为表彰广州市第四批精准扶贫对口帮扶援藏医疗队的突出贡献，县委、县政府研究决定：授予广州市第一人民医院第四批精准扶贫对口帮扶医疗队员伍兆锋、曾涛、谢金华、傅得佳等4名同志“医疗援藏优秀个人”荣誉称号。

县委、政府号召，全县各级党组织和广大党员干部要向受到表彰的优秀个人学习，进一步牢固树立“四个意识”，为加快推进“五个波密”建设做出新的更大贡献！

中共波密县委员会 波密县人民政府关于表彰第三十四个教师节先进集体、个人及模范家庭的决定

波县委〔2018〕57号

2018年，全县教育工作者以学习党的十九大为主线，以办人民满意的教育为发展理念，紧紧围绕“科教兴县、科教强县”的发展思路和目标，为培养德、智、体、美、劳全面发展的社会主义事业建设者和接班人，做出了积极贡献。社会各界情系教育，关心教育，支持教育，形成了良好的尊师重教氛围，有力推动了教育事业的健康发展。为弘扬广大教育工作者的崇高敬业精神，激励学校进一步提高教育教学质量，激发社会各界关心支持教育事业发展，经县委、县政府研究决定：

授予波密县中学、波密县完全小学、易贡乡中心小学、玉许乡中心小学四所学校“先进集体”荣誉称号；

授予于多吉乡于云波、松宗镇多格村阿旺扎西、玉许乡海定村白玛多吉三个家庭“尊师重教 模范家庭”荣誉称号；

授予央珍（波密县第二幼儿园）、格桑曲珍（波密县中心幼儿园）、洛松曲珍（松宗镇中心小学）、刘晓娟（玉普乡中心小学）、白玛罗布（古乡中心小学）、郑祖云（波密县中学）、伍敏（波密县中学）、次旦（玉许乡第二小学）、德吉（倾多镇中心小学）、巴桑旺姆（多吉乡中心小学）、边巴扎西（康玉乡小学）、吉拉（易贡乡中心小学）、扎西（八盖乡中心小学）、扎西旺姆（玉许乡中心小学）、巴桑（波密县完全小学）、潘小林（波密县完全小学）16名教师“优秀教师”荣誉称号；

授予次仁卓玛（波密县第二幼儿园）、次仁措姆（波密县中心幼儿园）、宗吉（松宗镇中心小学）、央吉（玉普乡中心小学）、扎桑（古乡中心小学）、马超（波密县中学）、次仁央宗（玉许乡第二小学）、扎西次仁（倾多镇中心小学）、旺青罗布（多吉乡中心小学）、次旺桑巴（康玉乡中心小学）、刘伟男（易贡乡中心小学）、陆洲洋（八盖乡中心小学）、顿珠扎西（玉许乡中心小学）、朗卡玉珍（波密县完全小学）14名教师“学科带头人”荣誉称号；

授予赖曼（波密县第二幼儿园）、樊燕青（波密县中心幼儿园）、白玛央宗（松宗镇中心小学）、西若多吉（玉普乡中心小学）、白玛群措（古乡中心小学）、周万年（波密县中学）、范艳娇（波密县中学）、曲永卓玛（玉许乡第二小学）、次仁多吉（倾多镇中心小学）、查珠卓玛（多吉乡中心小学）、顿珠（康玉乡中心小学）、王振超（易贡乡中心小学）、熊靖（八盖乡中心小学）、大索朗卓玛（玉许乡中心小学）、吴淑英（波密县完全小学）15名教师“师德标兵”荣誉称号。

希望受表彰的集体及个人谦虚谨慎、发扬成绩、再接再厉。广大教职工要以他们为榜样，爱岗敬业、严谨笃学、勇于创新、奋发进取，为建设“教育强县”做出积极的贡献，为决胜全面建成小康社会作出新的、更大的努力。

中共波密县委员会 波密县人民政府关于表彰波密县2018年度县级“先进双联户”创建评选工作先进集体及“先进双联户”的决定

波县委〔2018〕70号

今年以来，在县委、政府的坚强领导下，全县各级各部门不断创新工作方式，拓宽工作形式和内容，积极调动各族群众的主人翁意识，积极广泛参与到双联户创建的各项工作中，取得了良好的成效，有力推动了我县“联户平安、联户增收”和社会治安综合治理的深入开展，切实在全县形成了联创联营、共创和谐、共同致富的良好氛围，促进了波密社会局势持续和谐稳定和经济又好又快发展。

为表彰先进，树立典型，激励广大干部群众参与“联户平安、联户增收”工作的热情，努力开创“双联户”工作新局面，根据《中共西藏自治区委员会办公厅西藏自治区人民政府办公厅印发〈西藏自治区“先进双联户”创建评选活动实施方案（试行）〉的通知》（藏委厅〔2013〕43号）的文件要求，经村、乡、县三级“先进双联户”创建评选工作领导小组依据联户单位绩效考核情况，县委、县政府决定授予倾多镇等3个乡（镇）县级“先进双联户”创建评选工作先进乡（镇）称号，授予玉许乡玉沙村等8个村县级“先进双联户”创建评选工作先进村称号，授予扎木镇扎木路居民委员会第104联户单位等11个联户单位（116户）县级“先进双联户”称号。

希望受表彰的“先进双联户”及先进集体珍惜荣誉，总结经验，克服不足，在今后的“双联户”服务管理中，开拓创新，再创佳绩，为深化社会治安综合治理，构建“平安波密、和谐波密”做出新的贡献！

波密县2018年度县级“先进双联户”创建评选工作先进集体及县级“先进双联户”名单

一、县级“先进双联户”创建评选工作先进集体名单（11个）

（一）“先进双联户”创建评选工作先进乡（镇）（3个）

倾多镇　松宗镇　玉许乡

（二）“先进双联户”创建评选工作先进村（8个）

扎木镇东若村　古乡巴卡村　康玉乡拉瓦西村

多吉乡扩拉村　玉普乡格巴村　玉许乡玉沙村

八盖乡竹玉村　易贡乡江拉村

二、“先进双联户”名单（116户）

（一）扎木镇（51户）

扎木镇扎木路居民委员会第59联户单位

嘎玛左珍（户长）

扎木镇扎木路居民委员会第59联户单位

李 金 红

扎木镇扎木路居民委员会第59联户单位

阮 思 源

扎木镇扎木路居民委员会第59联户单位

任 东 娟

扎木镇扎木路居民委员会第59联户单位

邓 俊 超

扎木镇扎木路居民委员会第59联户单位

刘　林
扎木镇扎木路居民委员会第 59 联户单位
刘建儒
扎木镇扎木路居民委员会第 59 联户单位
袁淑如
扎木镇扎木路居民委员会第 59 联户单位
旺青罗布
扎木镇扎木路居民委员会第 104 联户单位
永　彩(户长)
扎木镇扎木路居民委员会第 104 联户单位
向　巴
扎木镇扎木路居民委员会第 104 联户单位
马　辉
扎木镇扎木路居民委员会第 104 联户单位
晋　美
扎木镇扎木路居民委员会第 104 联户单位
巴桑玉杰
扎木镇扎木路居民委员会第 104 联户单位
徐　龙
扎木镇扎木路居民委员会第 104 联户单位
扎　巴
扎木镇扎木路居民委员会第 104 联户单位
刘定欣
扎木镇扎木路居民委员会第 104 联户单位
阿旺朗加
扎木镇扎木路居民委员会第 178 联户单位
扎西多吉(户长)
扎木镇扎木路居民委员会第 178 联户单位
才　吉
扎木镇扎木路居民委员会第 178 联户单位
达瓦平措
扎木镇扎木路居民委员会第 178 联户单位
贡　嘎
扎木镇扎木路居民委员会第 178 联户单位
普布次仁
扎木镇扎木路居民委员会第 178 联户单位
索朗次旦
扎木镇扎木路居民委员会第 178 联户单位
索朗占堆
扎木镇扎木路居民委员会第 178 联户单位
布　穷
扎木镇扎木路居民委员会第 178 联户单位
次仁措姆
扎木镇扎木路居民委员会第 178 联户单位
占　堆
扎木镇扎木路居民委员会第 210 联户单位
索朗旺秋(户长)
扎木镇扎木路居民委员会第 210 联户单位
巴　桑
扎木镇扎木路居民委员会第 210 联户单位
次仁巴姆
扎木镇扎木路居民委员会第 210 联户单位
布　嘎
扎木镇扎木路居民委员会第 210 联户单位
次卓嘎
扎木镇扎木路居民委员会第 210 联户单位
贡布仁青
扎木镇扎木路居民委员会第 210 联户单位
桑杰卓玛
扎木镇扎木路居民委员会第 210 联户单位
旺　加
扎木镇扎木路居民委员会第 210 联户单位
旺青贡布
扎木镇扎木路居民委员会第 210 联户单位
吴金才旺
扎木镇扎木路居民委员会第 210 联户单位
西绕巴姆
扎木镇扎木路居民委员会第 210 联户单位
扎西曲珍
扎木镇扎木路居民委员会第 210 联户单位
张潇红
扎木镇扎木路居民委员会第 210 联户单位
齐玉红
扎木镇扎木路居民委员会第 210 联户单位
珠嘎玛
扎木镇扎木路居民委员会第 210 联户单位
达瓦次仁
扎木镇卡达村第 2 联户单位　布　尼(户长)
扎木镇卡达村第 2 联户单位　边　巴
扎木镇卡达村第 2 联户单位　布　布

扎木镇卡达村第2联户单位　布卓嘎
扎木镇卡达村第2联户单位　尼　达
扎木镇卡达村第2联户单位　群英伦珠
扎木镇卡达村第2联户单位　索朗巴姆

（二）松宗镇（13户）

松宗镇栋亚村第1联户单位　洛　卢（户长）
松宗镇栋亚村第1联户单位　索朗仁曾
松宗镇栋亚村第1联户单位　卓　群
松宗镇栋亚村第1联户单位　达　瓦
松宗镇栋亚村第1联户单位　白玛才旺
松宗镇栋亚村第1联户单位　巴　珍
松宗镇栋亚村第1联户单位　香　觉
松宗镇栋亚村第1联户单位　曲　达
松宗镇栋亚村第1联户单位　阿　吉
松宗镇栋亚村第1联户单位　四朗措姆
松宗镇栋亚村第1联户单位　向秋多吉
松宗镇栋亚村第1联户单位　贡　布
松宗镇栋亚村第1联户单位　巴　姆

（三）玉许乡（10户）

玉许乡麦差村第6联户单位　迪　迪
玉许乡麦差村第6联户单位　次仁贡布
玉许乡麦差村第6联户单位　索朗罗布
玉许乡麦差村第6联户单位　嘎　嘎
玉许乡麦差村第6联户单位　巴　桑
玉许乡麦差村第6联户单位　白玛占堆
玉许乡麦差村第6联户单位　罗布占堆
玉许乡麦差村第6联户单位　贡觉罗布
玉许乡麦差村第6联户单位　珍琼玛
玉许乡麦差村第6联户单位　白玛旺姆

（四）古乡（12户）

古乡嘎朗村第6联户单位　群　培（户长）
古乡嘎朗村第6联户单位　次仁罗布
古乡嘎朗村第6联户单位　扎西曲珍
古乡嘎朗村第6联户单位　江　拥
古乡嘎朗村第6联户单位　索朗仁青
古乡嘎朗村第6联户单位　罗松尼玛
古乡嘎朗村第6联户单位　米玛措姆
古乡嘎朗村第6联户单位　扎西措姆
古乡嘎朗村第6联户单位　桑杰卓玛
古乡嘎朗村第6联户单位　吉　拉
古乡嘎朗村第6联户单位　阿　弟
古乡嘎朗村第6联户单位　顿珠措姆

（五）易贡乡（10户）

易贡乡格通村第3联户单位　白玛曲珍
易贡乡格通村第3联户单位　格桑罗布
易贡乡格通村第3联户单位　阿　朗
易贡乡格通村第3联户单位　布　佐
易贡乡格通村第3联户单位　扎西次仁
易贡乡格通村第3联户单位　扎　西
易贡乡格通村第3联户单位　索朗尼玛
易贡乡格通村第3联户单位　扎西达瓦
易贡乡格通村第3联户单位　仁青多吉
易贡乡格通村第3联户单位　索朗拉姆

（六）倾多镇（10户）

倾多镇扎西村第1联户单位　古　如（户长）
倾多镇扎西村第1联户单位　白玛饿色
倾多镇扎西村第1联户单位　德　青
倾多镇扎西村第1联户单位　久美多吉
倾多镇扎西村第1联户单位　扎　西
倾多镇扎西村第1联户单位　日　贡
倾多镇扎西村第1联户单位　索朗尼扎
倾多镇扎西村第1联户单位　扎　加
倾多镇扎西村第1联户单位　扎西措
倾多镇扎西村第1联户单位　扎西顿珠

（七）八盖乡（10户）

八盖乡巴瑞村第1联户单位　桑　珠（户长）
八盖乡巴瑞村第1联户单位　阿　叫
八盖乡巴瑞村第1联户单位　阿　牛
八盖乡巴瑞村第1联户单位　白玛拉嘎
八盖乡巴瑞村第1联户单位　白玛曲珍
八盖乡巴瑞村第1联户单位　布　鲁
八盖乡巴瑞村第1联户单位　次久罗布
八盖乡巴瑞村第1联户单位　江仁措姆
八盖乡巴瑞村第1联户单位　索朗顿珠
八盖乡巴瑞村第1联户单位　扎　西

中共波密县委员会 波密县人民政府关于表彰2018年“遵行四条标准 争做先进僧尼”教育实践活动模范寺庙、优秀僧人、优秀组织单位、先进驻寺干部的决定

波县委〔2018〕73号

2018年以来，全县各寺管会驻寺干部和广大宗教界人士深入贯彻落实习近平总书记提出的宗教界人士要做到“政治上靠得住、宗教上有造诣、品德上能服众、关键时起作用”指示精神，积极教育引导寺庙僧人强化对伟大祖国、中华民族、中华文化、中国共产党、中国特色社会主义的认同，使全县寺庙僧人成为旗帜鲜明、立场坚定的模范，精进学识、勤学苦修的模范，遵纪守法、道德高尚的模范，积极作为、发挥作用的模范，有力推进藏传佛教与社会主义社会相适应，为打赢脱贫攻坚战、决胜全面建成小康社会、加快“五个波密”建设、推进全县长足发展和长治久安做出新的贡献。为表彰先进、树立典型，县委、县政府决定，授予多东寺等7座寺庙为“遵行四条标准 争做先进僧尼”教育实践活动模范寺庙、授予次仁罗布等54名僧人为“遵行四条标准争做先进僧尼”教育实践活动优秀僧人、授予多东寺庙管理委员会等5个寺管会为“遵行四条标准争做先进僧尼”教育实践活动优秀组织单位、授予扎西罗布等6名寺管会干部为“遵行四条标准争做先进僧尼”教育实践活动先进驻寺干部。

希望受到表彰的模范寺庙、优秀僧人、寺管会和驻寺干部珍惜荣誉、谦虚谨慎、戒骄戒躁、再接再厉，继续发挥好模范带头作用，在全县寺庙充分营造遵纪守法、爱国爱教、护国利民、和谐稳定的良好氛围，努力为波密的和谐稳定发挥积极作用。希望全体驻寺干部和广大宗教界人士更加紧密地团结在以习近平同志为核心的党中央周围，紧紧围绕主题，弘扬主旋律、传播正能量，全力将“遵行四条标准、争做先进僧尼”教育实践活动推向深入，为宗教和睦、社会和谐做出更大贡献。

波密县2018年“遵行四条标准 争做先进僧尼”教育实践活动模范寺庙、优秀僧人、优秀组织单位、先进驻寺干部名单

一、模范寺庙（7座）

多东寺、普龙寺、曲宗寺、加达寺、松宗寺、桑林寺、成色寺

二、优秀僧人（54名）

（一）多东寺（22名）

次仁罗布、贡桑罗布、才旺曲珠、扎西罗布、向秋多吉、次旺扎西、其美次仁、索朗扎西、次旺巴旦、多吉贡布、拉旺扎西、曲珠、布布、永旦赤列、扎西占堆、布穷、阿道、江村普布、扎左、索朗才旺、旺青尼玛、旺久多吉

（二）普龙寺（12名）

大嘎玛、四朗旺堆、嘎玛仁增、吉吉、布嘎、索朗次加、旺德扎西、嘎玛久美、顿珠益西、四它、罗桑次平、索朗平措

（三）曲宗寺（8名）

索朗尼玛、尼玛江村、扎巴、扎西、赤列、布饶、向秋次仁、扎西平措

（四）加达寺（6名）

布央、多吉次仁、斯朗多旦、嘎玛扎西、扎西罗布、拉巴

（五）桑林寺（2名）

嘎加、嘎桑久美

（六）成色寺（1名）

扎西巴旦

（七）松宗寺（3名）

嘎多、夏加、仁增江措

三、优秀组织单位（5处）

多东寺庙管理委员会

普龙寺庙管理委员会

曲宗寺庙管理委员会

桑林寺庙管理委员会

松宗寺专职管理特派员办公室

四、先进寺管会干部（6名）

扎西罗布　许木寺管委会

尼玛桑杰　普龙寺管委会

冷　　杰　倾多寺管委会

次仁平措　巴卡寺专职管理特派员办公室

多吉旺杰　松宗寺专职管理特派员办公室

嘎玛达瓦　巴卡寺专职管理特派员办公室

中共波密县委员会 波密县人民政府关于表彰2018年波密县民族团结进步模范集体和模范个人的决定

波县委〔2018〕75号

今年以来，全县各族人民在县委、县政府的正确领导下，深入贯彻落实中央、自治区民族工作会议精神，深入贯彻落实习近平总书记关于“加强民族团结、建设美丽西藏”的指示精神，以推进波密跨越式发展和长治久安为目标，以巩固和发展平等团结互助和谐的社会主义民族关系为己任，积极投身波密经济发展和社会建设之中，扎实推动了全县各民族人民和睦相处、和衷共济、和谐发展，涌现出一批维护民族团结、维护祖国统一、维护社会稳定的模范集体和模范个人。

为表彰先进、树立典型，凝聚人心、汇聚力量，不断推动我县民族团结进步事业全面发展，县委、县政府决定：授予县人社局等13个单位“2018年波密县民族团结进步模范集体”荣誉称号，授予张虎等15名同志“2018年波密县民族团结进步模范个人”荣誉称号。希望受表彰的模范集体和模范个人，珍惜荣誉，戒骄戒躁，发扬成绩，再接再厉，为促进民族交往交流交融发挥积极作用。

全县各级党政组织和各族干部群众要以模范典型为榜样，认真贯彻落实新形势下中央和自治区、林芝市关于加强民族团结的工作要求，自觉做国家统一、民族团结和社会稳定的维护者，做各民族交往交流交融的促进者，坚定不移改善民生，坚定不移维护社会稳定，坚定不移强化生态建设，坚定不移推进依法治县，为全面建成小康社会做出新的更大贡献！

2018年波密县民族团结进步模范集体和模范个人名单

一、波密县民族团结进步模范集体（13个）

波密县人民法院
波密县人民检察院
波密县人力资源和社会保障（公务员）局
波密县水利局
波密县食品药品监督管理局
波密县国土资源局
波密县交通运输局
波密县消防大队
波密县“四讲四爱”领导小组办公室
波密县多吉乡人民政府
波密县扎木镇扎木村村民委员会
波密县八盖乡雄吉村村民委员会
武警交通三支队养护四大队十四中队

二、波密县民族团结进步模范个人（15名）

张　　虎　县委办主任
白玛四朗　县政府办（信访局、法制办、综合执法局）主任（局长）
索朗次仁　波密县玉许乡党委副书记、乡长
普布罗布　县委统战部副部长
田 治 国　波密县民族宗教事务管理局局长
罗布次仁　波密县扎木镇主任科员
阿旺吉扎　波密县倾多镇派出所副所长
张 庆 冲　波密县古乡人民政府科员

边巴次仁　波密县疾病预防控制中心主任
曹 开 建　波密县古乡派出所干警
王 战 波　波密县八盖乡小学教师
杜 凯 杭　波密县倾多镇康达村驻村干部
次旺江村　波密县扎木镇居委会党支部书记
次仁顷珠　波密县许木寺驻寺干警
大 嘎 玛　波密县普龙寺僧人

中共波密县委员会 波密县人民政府关于表彰广州市第五批精准扶贫对口帮扶援藏医疗队优秀个人的决定

波县委〔2018〕82号

2018年7月，广州市第一人民医院抽调3名专家组成第五批医疗队深入我县开展为期半年的医疗帮扶工作。援藏期间，医疗队严格落实三级医院对口帮扶各项工作制度，认真开展各项帮扶工作，在科室建设、制度完善、医技培训、抢救危重病人及惠民义诊等方面为我县医疗卫生事业发展作出了不懈努力，取得了优异成绩，受到广大干部职工和农牧民群众的一致好评。

为表彰广州市第五批精准扶贫对口帮扶援藏医疗队的突出贡献，县委、县政府决定：授予广州市第一人民医院第五批精准扶贫对口帮扶医疗队员伍军华、白园园、李燕芳等3名同志“医疗援藏优秀个人”荣誉称号。

县委、县政府号召，全县各级党组织和广大党员干部要以先进为榜样，向受到表彰的优秀个人学习，坚持以习近平新时代中国特色社会主义思想为指导，深入贯彻落实区党委、政府和市委、市政府决策部署，进一步牢固树立“四个意识”，坚定“四个自信”，切实做到“两个维护”，不断推动县域民生改善，努力提升人民福祉，为加快推进波密经济社会长足发展和长治久安做出新的更大贡献！

中共波密县委员会 波密县人民政府关于表彰全县深入开展创先争优强基础惠民生活动第七批驻村先进集体和先进个人的决定

波县委〔2018〕86号

第七批干部驻村工作开展以来，全县各级各部门以习近平新时代中国特色社会主义思想为指引，按照自治区党委、政府，市委、市政府和县委、县政府的决策部署，从践行"两个维护"的政治高度，紧紧围绕长足发展和长治久安的总目标，加强组织领导、强化保障支持、做好坚强后盾，推动了驻村工作有力有序开展。各驻村（居）工作队和广大驻村（居）工作队员怀着对党和人民事业的无限忠诚、怀着对人民群众无比热爱的真挚感情，紧紧围绕新时代干部驻村"七项重点任务"，讲政治、讲担当，广泛宣传党的路线方针政策，基层干部群众感党恩、听党话、跟党走的信心决心更加坚定；加强对群众的教育引导，各族群众我要稳定的意识越来越强；在产业发展上出实招、强引导，各族群众融入产业发展的路子越来越宽；坚持不懈加强基层党组织建设，党在农牧区的主心骨地位更加巩固；大力践行为民服务宗旨，党群干群关系更加密切，赢得了全县各族群众的称赞和好评，涌现出了一批先进集体和先进个人。

为表彰先进、树立典型，县委、政府决定，授予玉许乡人民政府驻玉许乡林琼村等9个工作队"创先争优强基础惠民生活动先进驻村（居）工作队"荣誉称号、波密县藏医院驻玉普乡格巴村工作队员索朗卓嘎等44名驻村干部"创先争优强基础惠民生活动先进驻村（居）工作队员"荣誉称号、波密县倾多镇人民政府等7个单位"创先争优强基础惠民生活动优秀组织单位"荣誉称号。希望受到表彰的先进集体和先进个人珍惜荣誉、戒骄戒躁、再创佳绩。

波密县党委、政府号召，全县各级党组织和广大党员干部要以受到表彰的先进集体和先进个人为榜样，更加紧密地团结在以习近平总书记为核心的党中央周围，高举中国特色社会主义伟大旗帜，以习近平新时代中国特色社会主义思想为指导，深入学习贯彻习近平总书记治边稳藏的重要论述和"加强民族团结、建设美丽西藏"的重要指示以及给隆子县玉麦乡卓嘎央宗姐妹的回信精神，贯彻落实自治区第九次党代会和区党委九届四次全会精神，贯彻落实区党委关于精准推进全区干部驻村工作的实施意见，按照市委统一部署要求，深刻认识新时代干部驻村工作面临的新形势、新任务，聚焦新时代干部驻村"七项重点任务"，不忘初心、牢记使命，以更加坚定的决心、更加积极的态度、更加有力的措施，精准深入推进干部驻村工作，在事关基层基础的根本性、基础性、长远性问题上精准发力，为夯实基层基础、推进乡村振兴战略、决胜全面建成小康社会、实现波密长足发展和长治久安而继续奋斗！

波密县深入开展创先争优强基础惠民生活动第七批先进驻村（居）工作队先进驻村（居）工作队员优秀组织单位名单

一、先进驻村（居）工作队（9个）

玉许乡人民政府驻玉许乡林琼村工作队

康玉乡人民政府驻康玉乡通堆村工作队

古乡人民政府驻古乡古村工作队

波密县商务局、国土资源局驻倾多镇叶巴村工作队

松宗镇人民政府驻松宗镇格尼村工作队

易贡乡人民政府驻易贡乡江拉村工作队

八盖乡人民政府驻八盖乡日卡村工作队

多吉乡人民政府驻多吉乡达大村工作队

波密县农牧（科技）局驻扎木镇达兴村工作队

二、先进驻村（居）工作队员（44名）

索朗卓嘎 波密县藏医院驻玉普乡格巴村工作队副队长

邓彪权 玉普乡人民政府驻玉普乡米堆村工作队队员

白玛央金 玉普乡人民政府驻玉普乡米美村工作队副队长

吴瑞 波密县食药监督局驻玉许乡白玉村工作队队长

欧阳小娟 玉许乡人民政府驻玉许乡亚它村工作队队员

次仁扎西 玉许乡人民政府驻玉许乡则普村工作队副队长

四朗登巴 县委宣传部驻玉许乡帮肯村工作队队长

李豪 玉许乡人民政府驻玉许乡棠木村工作队副队长

白玛达娃 玉许乡人民政府驻玉许乡达拉村工作队副队长

何磊 康玉乡人民政府驻康玉乡拉瓦西村工作队队员

赵康 康玉乡人民政府驻康玉乡通堆村工作队队员

吴卫兵 波密县公安局驻康玉乡达曲村工作队队员

莫启丹 古乡人民政府驻古乡古村工作队副队长

伟色 古乡人民政府驻古乡雪瓦卡村工作队队长

扎西顿珠 古乡人民政府驻古乡松饶村工作队队员

肖林辰 古乡人民政府驻古乡索通村工作队队员

方宪 波密县人大办驻扎木镇桑登村工作队队员

扎西卓玛 扎木镇人民政府驻扎木镇巴琼村工作队队长

达娃曲珍 扎木镇人民政府驻扎木镇康木村工作队副队长

珠西 扎木镇人民政府驻扎木镇岗巴村工作队队员

益西群措 波密县委办驻扎木镇通木村工作队队长

格桑旺姆 波密县人民法院驻倾多镇栋曲村工作队队员

才巴拉加 波密县民政局驻倾多镇曲西村工作队队长

郑仕伦 波密县检察院驻倾多镇热西村工作队队员

阿珠 倾多镇人民政府驻倾多镇古通村工作队副队长

旦增卓玛 波密县卫生服务中心驻倾多镇顶仲村工作队队长

次旦卓嘎 倾多镇人民政府驻倾多镇古通村工作队队员

陈波 中共波密县委组织部驻松宗镇栋亚村工作队队员

杨家国 松宗镇人民政府驻松宗镇栋曲村工作队队员

扎西措姆 松宗镇人民政府驻松宗镇纳玉村工作队队长

张晓霞 松宗镇人民政府驻松宗镇纳玉村工作队队员

冯 晓 娟　松宗镇人民政府驻松宗镇格尼村工作队队员
王　　艳　易贡乡人民政府驻易贡乡沙玛村工作队队员
旦增罗布　易贡乡人民政府驻易贡乡江拉村工作队队长
姜　　波　易贡乡人民政府驻易贡乡通加村工作队副队长
次仁欧珠　波密县公安局驻八盖乡巴瑞村工作队队长
达　　琼　波密县兽防站驻八盖乡卧普村工作队副队长
索朗卓玛　八盖乡人民政府驻八盖乡塔鲁村工作队副队长
德吉卓玛　多吉乡人民政府驻多吉乡毛江村工作队副队长
黄 泳 辉　多吉乡人民政府驻多吉乡西巴村工作队副队长
祝 海 清　多吉乡人民政府驻多吉乡扩拉村工作队副队长
玉　　珍　波密县住建局驻多吉乡木古村工作队副队长
张　　倩　多吉乡人民政府驻多吉乡达大村工作队队员
丹　　增　波密县水利局驻多吉乡扩拉村工作队队长

三、优秀组织单位（7个）

波密县倾多镇人民政府
波密县松宗镇人民政府
波密县易贡乡人民政府
中共波密县纪律检查委员会
波密县教育体育局
波密县林业局
波密县财政局

中共波密县委员会　波密县人民政府关于表彰2018年度社会治安综合治理工作先进乡(镇)、先进集体、先进个人和平安创建工作先进集体的决定

波县委〔2019〕3号

2018年以来，在县委、政府坚强领导下，全县各级各部门和各族干部群众以习近平新时代中国特色社会主义思想为指导，深入贯彻落实习近平总书记关于治边稳藏的重要论述和加强综治工作的相关指示精神，以保持社会局势持续稳定和提升人民群众安全感、满意度为目标，围绕中心、强化措施、健全机制，加强和创新社会治理，依法进行宗教管理，群防群治基础进一步夯实，综治工作进一步深化，社会和谐稳定局面进一步巩固，平安建设水平进一步提高，群众安全感和满意度进一步提升，涌现出一批改革创新、真抓实干、敢于担当、甘于奉献的先进典型。

为表彰先进、树立典型，凝聚力量、带动全局，进一步激发全县干部群众参与综治工作和平安创建的积极性、主动性、创造性，县委、政府决定，授予扎木镇“波密县2018年社会治安综合治理工作第一名”荣誉称号；授予八盖乡“波密县2018年社会治安综合治理工作第二名”荣誉称号；授予古乡“波密县2018年社会治安综合治理工作第三名”荣誉称号；授予倾多镇、松宗镇、玉许乡、多吉乡、玉普乡、易贡乡、康玉乡“波密县2018年社会治安综合治理工作达标乡(镇)”称号；授予县委办等16家单位“波密县2018年社会治安综合治理工作先进单位”荣誉称号；授予县林业局柳军力等26名同志“波密县2018年社会治安综合治理工作先进个人”荣誉称号，授予县第二幼儿园为县级“平安校园”，波密县藏医院、康复诊所为县级“平安医院(诊所)”，波密县城市投资有限责任公司为县级“平安企业”，波密县邮政分公司为县级“平安寄递”，格拉丹东酒店、恒鑫藏王大酒店为县级“平安酒店”，扎木路居民委员会布党等25户为县级“平安家庭”。

县委、政府号召，全县各级各部门和各族干部群众要以先进为榜样，更加紧密地团结在以习近平同志为核心的党中央周围，高举中国特色社会主义伟大旗帜，以习近平新时代中国特色社会主义思想为指导，全面贯彻落实党的十九大、十九届二中、三中全会和中央第六次西藏工作座谈会精神，贯彻落实习近平总书记关于治边稳藏的重要论述和“加强民族团结、建设美丽西藏”的重要指示精神，坚持党的治藏方略和依法治藏、富民兴藏、长期建藏、凝聚人心、夯实基础的重要原则，贯彻落实区党委九次党代会和区党委九届三次、四次全会精神，贯彻落实市委一届七次全会精神，紧扣社会主要矛盾变化和西藏特殊矛盾，以维护国家安全和社会局势持续和谐稳定为首要目标，不忘初心、牢记使命，深入推进社会治理社会化、法治化、智能化、专业化，切实提升社会综合治理能力，持续深化平安波密建设，为推动波密长足发展和长治久安，奋力夺取决胜全面建成小康社会而努力奋斗！

中共波密县委员会　波密县人民政府关于表彰 2018 年度社会治安综合治理工作先进乡（镇）、先进集体、先进个人和平安创建工作先进集体名单

一、先进乡镇（3 个）

扎木镇
八盖乡
古乡

二、先进集体（16 个）

波密县委办公室
波密县政府办公室
波密县人大办公室
波密县政协办公室
中共波密县纪律检查委员会
波密县人民法院
波密县人民检察院
波密县委组织部
波密县委统战部
波密县公安局
波密县民宗局
玉普一级公安检查站
波密县人武部
波密县国土局
波密县综治办
波密县消防大队

三、先进个人（26 名）

柳 军 力　县林业局局长
米　　玛　县委宣传部副部长、网信办主任
达　　珍　团县委书记
布　　鲁　易贡茶场党政办主任
阿　　姑　县司法局主任科员
松　　杰　松宗镇党委副书记
索朗央宗　县人社局（公务员局）副局长
次仁多吉　桑林寺寺管会副主任
次仁曲吉　县财政局科员
李 国 连　县民政局科员
刘 月 华　县林业局科员
西嘎拉姆　县食药局科员
代 舒 芸　县维稳办科员
吴 光 岩　县综治办科员
索朗多吉　县公安局驻寺民警
郑 端 阳　玉普乡科员
何　　磊　康玉乡科员
戴　　灿　多吉乡科员
郭　　炎　倾多镇科员
段　　炎　易贡乡科员
马 慧 英　县卫计委科员
郭　　靖　玉普一级公安检查站民警
阿旺平措　玉许乡干部
姚 元 春　县教体局干部
次仁平措　城东警务站辅警
扎西由加　老油库警务站辅警

四、平安校园（1 所）

波密县第二幼儿园

五、平安医院（诊所）（2 家）

波密县藏医院
康复诊所

六、平安企业（1 家）

波密县城市投资有限责任公司

七、平安酒店（2 家）

格拉丹东酒店
恒鑫藏王大酒店

八、平安家庭（25 户）

布　　觉　扎木镇扎木路居民委员会
东　　杰　扎木镇扎木路居民委员会
多　　吉　扎木镇扎木路居民委员会
王 身 利　扎木镇扎木路居民委员会
周　　波　扎木镇扎木路居民委员会
央吉卓嘎　扎木镇扎木路居民委员会
大 次 仁　扎木镇镇政府
多　　吉　扎木镇镇政府
央青次仁　多吉乡达大村
次　　松　多吉乡德吉村
桑吉多吉　玉许乡卫生院
朗色森格　玉许乡乡政府
扎　　西　古乡索通村
吉 尼 玛　古乡乡政府

其美次仁　倾多镇德吉村
嘎松曲珍　倾多镇达龙村
格桑多吉　康玉乡宗热村
扎　　西　易贡乡格通村
扎　　果　易贡乡江拉村
晓　　扬　松宗镇格尼村
扎西巴登　松宗镇栋曲村
边　　巴　八盖乡龙普村
白玛曲珍　八盖乡竹玉村
扎西次仁　玉普乡阿西村
向秋次成　玉普乡达巴村

九、平安寄递（1家）

波密县邮政分公司

中共波密县委员会　波密县人民政府
关于表彰2018年度波密县“四讲四爱”群众
教育实践活动先进集体和最美人物的决定

波县委〔2019〕4号

2018年以来，在县委、政府的坚强领导下，全县各级各部门和广大干部群众坚持以习近平新时代中国特色社会主义思想为指导，加强和改进新形势下群众思想教育工作，通过创新载体、丰富内容、彰显特色，在农牧民群众、青少年学生、寺庙僧人、企业职工中全面深入开展“四讲四爱”群众教育实践活动，切实带动全县各族干部群众真诚拥护爱戴核心、自觉维护民族团结、崇尚科学文明生活、大力弘扬美德善行，有力推动“四讲四爱”群众教育实践活动取得阶段性成效，活动中涌现出了一批先进集体和最美人物。

为表彰先进、树立典型，县委、政府决定，授予玉许乡等7家单位“波密县‘四讲四爱’群众教育实践活动先进集体”荣誉称号；授予县委宣传部四朗登巴等8名同志“波密县‘四讲四爱’群众教育实践活动最美人物”荣誉称号。希望受到表彰的先进集体和先进个人珍惜荣誉，戒骄戒躁，再接再厉，充分发挥模范带头作用，在“四讲四爱”群众教育实践活动中再立新功。

县委、政府号召，全县各级各部门和各族干部群众要以先进为榜样，更加紧密地团结在以习近平同志为核心的党中央周围，高举中国特色社会主义伟大旗帜，以习近平新时代中国特色社会主义思想为指导，深入贯彻落实党的十九大、十九届二中、三中全会和中央第六次西藏工作座谈会精神，贯彻落实习近平总书记关于治边稳藏的重要论述和“加强民族团结、建设美丽西藏”的重要指示精神，大力弘扬“两路”精神、“老西藏”精神，切实树立参与改革发展稳定的主人翁意识，把党的好政策与自力更生有机结合起来，靠自己的勤劳双手过上文明富裕的新生活，为推动波密长足发展和长治久安，奋力夺取决胜全面建成小康社会而努力奋斗！

中共波密县委员会　波密县人民政府
关于表彰2018年度波密县“四讲四爱”群众
教育实践活动先进集体和最美人物名单

一、先进集体（7家）

玉许乡人民政府
多吉乡人民政府
易贡乡人民政府
县委统战部活动办
扎木镇达兴村
倾多镇古通村
县中学

二、“四讲四爱”最美人物（8名）

四朗登巴　县委宣传部驻玉许乡帮肯村第一书记
巴　　向　玉普乡米美村党支部书记
次久旺姆　扎木镇扎木村双联户户长
尼玛江村　多吉乡曲宗寺僧人
扎西央宗　八盖乡雄金村党支部第一书记
格桑平措　康玉乡农牧服务中心主任
布　　仁　易贡乡江拉村委会副主任
王 海 龙　松宗镇人民政府科员

中共波密县委员会办公室 波密县人民政府办公室关于表彰2018年波密县“森林防火先进集体”和“森林防火先进个人”的决定

波县委办〔2018〕27号

2018年以来，全县森林防火工作在县委、政府的坚强领导下，各乡（镇）、各部门积极作为、认真履职，坚决贯彻“预防为主、积极消灭”的森林防火工作方针，全面落实《波密县森林防火目标管理责任书》具体要求，保障了全县森林资源安全。为树立典型、激励先进，经县委、县政府研究，决定授予县委办等24家单位“森林防火先进集体”荣誉称号，授予拉桑等27人“森林防火先进个人”荣誉称号。

希望受到表彰的先进集体和先进个人珍惜荣誉、戒骄戒躁，发扬成绩，再立新功。希望全县广大党员干部以习近平中国特色社会主义思想为指导，以先进集体和个人为榜样，进一步解放思想、与时俱进、开拓创新、扎实工作，为保卫森林资源和人民群众生命财产安全，促进全县生态文明建设和经济社会稳定发展作出更大的贡献！

波密县2018年度森林防火工作先进集体及先进个人名单

一、先进集体（24个）

县委办、人大办、政府办、政协办、纪委、县委组织部、宣传部、县检察院、法院、公安局、财政局、食药局、国土局、安监局、气象局、环保局、林业局、森林公安局、玉普检查站、八盖乡、玉普乡、多吉乡、松宗镇、康玉乡。

二、先进个人（27人）

政法委（拉桑）、统战部（邹保玉）、人社局（郭永全）、发改委（胡国靖）、住建局（朱学枫）、旅发委（次旺热旦）、司法局（阿姑）、文化局（巴桑曲扎）、综治办（扎西多吉）、统计局（闫强强）、森防办（嘎玛才旺）、教育局（张亮）、民宗局（拉巴卓玛）、水利局（张建涛）、食药局（莫斌全）、卫生局（车南拉加）、国土局（旦增伦珠）、电信局（马志刚）、森警中队（李志洋）、林业局（陈盛）、易贡乡（廖建吉）、古乡（伍金次仁）、倾多镇（王烈川）、玉许乡（扎西顿珠）、扎木镇（阿央）、商务局（金珠）、通麦检查站（西绕）。

勘误表

《波密年鉴（2018）》勘误表

页 数	位 置	误	正	备注
数字波密	第 2 行	3 个乡 7 个镇	7 乡 3 镇	
数字波密	第 3 行	84 个	85 个	
95 页	保密工作第 4 行	县委办公室主	办公室主任　张虎	

索 引

说 明

一、本索引采用主题分析法编制。索引范围包括篇目、类目、部(门)目、条目等。
二、本索引按主题词首字汉语拼音音序(同音按音调)排列,若首字拼音相同则按第二字音序排列,以此类推。
三、索引款目后的数字表示内容所在的页码,数字后的拉丁字母(a、b、c)表示栏别(从左至右)。
四、篇目、类目、部(门)目用黑体字。

A

B

C

D

E

F

G

H

J

K

L

M

X

Y

Z